Received with thanks
from Thierry Perrard
on 10th April 2008.

La bonne cuisine française

1 000 RECETTES DES PLUS SIMPLES AUX PLUS ÉLABORÉES

La bonne cuisine française

1 000 RECETTES DES PLUS SIMPLES AUX PLUS ÉLABORÉES

Marie-Claude Bisson

SOLAR

Si vous souhaitez recevoir notre catalogue
et être tenu au courant de nos publications, envoyez-nous
vos nom et adresse en citant ce livre et en précisant
les domaines qui vous intéressent.

SOLAR - 12, avenue d'Italie, 75013 Paris
Site Internet : www.solar.tm.fr

Direction : Dominique Raynal

Un département de place des éditeurs

ISBN : 2-263-02619-3
Code éditeur : S02619/11
Suite du premier tirage

Dépôt légal : septembre 1997
Imprimé et relié par G. Canale & C. S.p.A. - Borgaro T.se (Turin)

Sommaire

Préface

La Bonne Cuisine Française, c'est pour moi la vraie cuisine, celle qui ne sacrifie pas à la facilité ni à un luxe outrancier dans la présentation, celle qui, accomplie avec de bons produits, doit avoir comme finalité la satisfaction gustative et spirituelle de ceux pour lesquels elle est faite. D'où les trois grands principes suivants :

simplicité - rigueur - minutie ;

1) simplicité dans la conception,
2) rigueur dans le choix des produits, du matériel et de l'arrangement de la table,
3) minutie dans l'exécution et la préparation des mets.

Ne pas oublier qu'un bon repas doit être un beau repas et qu'un beau repas doit être un bon repas.

Dans l'art de la cuisine, le beau c'est le bon.

En conséquence, pas de préparation alambiquée, sophistiquée, fardée, maquillée. La vérité, rien que la vérité.

La cuisine doit être vraie parce qu'elle est l'expression d'une éthique issue des profondeurs de notre civilisation. C'est un humanisme, un art de vivre, une pratique qui, autour d'une bonne table, permet d'améliorer et de conserver les rapports humains. La cuisine est un ensemble, un tout, une entité. N'oublions pas d'autre part que toute préparation destinée à nourrir l'être humain peut être et doit être de la cuisine.

La cuisine, expression artistique impliquant une relation entre la pensée, inspiratrice, et l'exécution de cette pensée, peut revendiquer à juste titre, me semble-t-il, sa place aux côtés des arts majeurs ses frères, la musique et la peinture : si le peintre dispose de sept couleurs, le musicien de sept sons, le cuisinier a en effet à son service sept saveurs, ce qui ne veut pas dire que l'art de la cuisine réside uniquement dans la confection de plats dispendieux employant à profusion truffe, foie gras, homard, etc.

En effet, une simple purée de pommes de terre faite comme on doit la faire peut être et doit être de la vraie cuisine.

La Bonne Cuisine Française, de Marie-Claude Bisson, devrait être un livre d'un grand secours et aussi un guide pour ceux et celles qui désirent faire plaisir à leurs amis (ce qui doit être la raison d'être de la cuisine), en leur servant des préparations capables de ravir non seulement leur palais mais tous leurs sens. Car la cuisine s'adresse à tous les sens, l'ouïe lorsqu'on en parle, la vue lorsque apparaît un plat bien dressé (ce qui ne veut pas dire de façon compliquée), le sens olfactif quand on en hume les effluves, le goût lorsque le palais est tapissé par une sauce subtile, sans oublier le toucher lingual quand avec ravissement une pâte feuilletée friable à souhait vient s'y écraser.

André GUILLOT
Maître cuisinier, professeur de cuisine,
auteur de
« *La grande cuisine bourgeoise* »
(*Ed. Flammarion*).

Introduction

Des recettes par centaines : voilà ce que vous apporte ce livre, conçu et réalisé aussi bien pour apprendre les préparations de base à celles qui n'ont pas encore la pratique de la cuisine que pour permettre aux maîtresses de maison plus expérimentées de varier leurs menus en toutes circonstances, en toute saison. Et cela sans oublier les contraintes d'un budget familial.

Ce livre est plus encore qu'un recueil de recettes exceptionnellement riche. Il représente aussi le fruit de l'expérience de l'auteur, qui vous communique tous ses secrets, ses tours de main, ses conseils de bons achats.

Pour que la constitution et l'utilisation en soient commodes, la durée de préparation et de cuisson des plats — information déterminante pour la maîtresse de maison — a été mise en évidence. Passer des heures à mijoter un mets, certaines femmes le peuvent, d'autres pas, pour des raisons diverses telles que manque de temps ou désir de consacrer les loisirs à des occupations étrangères à l'art culinaire. Précisons que la bonne chère n'est pas obligatoirement le résultat d'une longue présence devant le fourneau : de nombreuses recettes de ce livre en apportent la preuve.

Les recettes sont classées dans l'ordre classique du menu : hors-d'œuvre et entrées, potages, œufs, poissons, crustacés, coquillages, volailles et gibiers, viandes et abats, légumes, pâtes et riz, salades, desserts.

Un chapitre est consacré aux sauces, farces, beurres et marinades.

La cuisine n'est pas une routine, comme certains le prétendent. Si elle exige le respect de quelques règles, elle fait surtout appel à l'imagination.

Ainsi existe-t-il dix façons de préparer une sauce tomate ou une crème au chocolat, et chaque région — chaque famille, presque — a « sa » recette de pot-au-feu ou de bœuf en daube. La vérité dans ce domaine reste l'affaire d'experts en gastronomie plus historiens que praticiens. L'important, à notre avis, est de réussir un plat, même si quelques modifications sont intervenues sur une recette vieille de cent ans, autrefois réalisée dans des conditions de cuisson et avec des produits qui n'existent plus ou guère aujourd'hui. De cela nous avons voulu tenir compte et ne poursuivre qu'un but : vous permettre de réussir la recette choisie, à coup sûr, tout simplement en suivant à la lettre les renseignements détaillés qui l'accompagnent.

Tout dans ces pages a été étudié pour que la cuisine soit un plaisir sans souci et la table une fête quotidienne.

Alimentation et Santé

Chacun connaît aujourd'hui le rôle de l'alimentation dans le maintien de l'organisme en bonne santé : il ne s'agit plus de manger n'importe quoi, en n'importe quelle quantité, mais de respecter un équilibre alimentaire, facile à définir, simple à appliquer — et cela en dehors de toute notion de régime.

Que faut-il manger ?

Tout d'abord :

• Des aliments qui apportent quotidiennement à l'organisme la quantité de calories indispensables à son fonctionnement (soit environ 2 600 à 3 000 calories par jour pour un adulte exerçant une activité moyenne),

c'est-à-dire des aliments qui contiennent :

— des glucides (sucres), 1 g donne 4 calories ;

— des lipides (graisses), 1 g donne 9 calories ;

— des protéines (matières azotées), 1 g donne 4 calories.
Et, d'autre part :

• Des aliments qui apportent à l'organisme tous les principes nutritifs qui, indépendamment de leur pouvoir « calorigène », sont indispensables à la vie,

c'est-à-dire des aliments qui contiennent :

— des matières azotées (protéines) ;

— des minéraux (calcium, sodium, potassium) ;

— de l'eau ;

— des vitamines (A, B, C, D, etc.).

Tous ces aliments ont un rôle à jouer dans l'organisme.

a) **Les protéines :**
Ce sont des fournisseurs d'énergie, mais leur rôle principal est de construire, entretenir et réparer nos tissus par leur apport azoté. Ce sont des pièces de rechange, les aliments constructeurs. La viande et le poisson en contiennent 15 %, les légumes secs 24 %, le fromage 24 %, les œufs 12 %, la farine 11 %, les noix 7 %, le lait 37 %, le pain 7 %.

b) **Les glucides :**

Ce sont les grands fournisseurs d'énergie, les aliments de l'effort musculaire.

Il existe différentes sortes de glucides qui se trouvent utilisés dans l'organisme sous une seule forme : le glucose.

Les aliments apportent le glucose sous des formes très diverses :

1. Les sucres solubles, qui sont très rapidement utilisables sans travail digestif particulier. Par exemple :

— Fructose (les fruits en contiennent environ 12 %) ;

— Saccharose (les confitures en contiennent 75 %, le chocolat en contient 64 %, les biscuits de 10 à 30 %) ;

— Lactose (le lait en contient 5 %).

2. Les sucres insolubles ou amidons, qui sont d'une digestion plus lente. On les trouve, par exemple, dans le pain (50 %), dans le riz (20 %), les biscuits (40 % environ).

c) **Les lipides :**

Avec les glucides, ce sont les combustibles de l'organisme. Ce sont des réserves pour nous approvisionner en énergie. Ils sont contenus dans l'huile (100 %), le beurre (84 %), la margarine (83 %), la crème (20 à 30 %), le chocolat (24 %) et le lait (3,7 %).

d) **Les vitamines :**

Agissant comme catalyseur (à dose faible), elles ont pour but de régulariser le mécanisme de la machine humaine, et sont nécessaires à la bonne utilisation des aliments.

e) **L'eau et les sels minéraux :**

Destinés à remplacer les pertes subies par l'organisme. On trouve des vitamines et des sels minéraux surtout dans les fruits, mais aussi dans d'autres aliments, notamment le lait, les fromages frais, les yaourts, le chocolat, les œufs, etc.

Ces indispensables éléments nutritifs sont dispersés dans les aliments qui composent notre nourriture, c'est pourquoi il faut la varier suffisamment pour retrouver tous les éléments nutritifs énumérés et équilibrer notre alimentation pour se les procurer en quantité nécessaire.

La teneur de chaque aliment en calories, protéines, vitamines, etc., vous est donnée sous forme de tableau en page 204.

Parlons diététique

Le mot diététique est trop souvent associé à la notion de régime, alors que c'est une science ayant pour objet l'étude de la valeur alimentaire des denrées et la détermination des rations convenant aux diverses catégories de consommateurs.

Nous venons de le voir, les besoins alimentaires de l'individu se divisent en deux groupes :

— Besoins d'énergie ;

— Besoins de protection.

Les premiers sont couverts par les glucides et par les lipides, les seconds par les protides, les vitamines et les sels minéraux. L'énergie, c'est la chaleur, ce qui actionne le moteur humain, et qui s'évalue en calories. Nous en consommons d'une façon constante, en quantité plus ou moins grande selon nos activités quotidiennes (une femme de ménage en use davantage qu'une dactylo), mais également quand nous dormons, pour alimenter notre système neurovégétatif. Le simple fait de respirer use des calories. Si notre ration énergétique, ou calorique, est insuffisante, nous brûlons nos propres tissus pour nous procurer les calories nécessaires.

Les besoins énergétiques varient selon notre sexe, notre âge, notre taille, notre ossature, notre activité. On peut donc envisager qu'il existe pour chacun un poids idéal, auquel correspond un apport calorique précis (ou presque). Les spécialistes américains de la nutrition ont établi un barème des poids, en fonction de la carrure (ossature), en considérant que le poids d'un adulte, à 25 ans, ne devait pas subir de modification jusqu'à sa mort.

Il s'agit encore là d'une évaluation idéale. Le U.S. Board of Nutrition, en fonction du poids idéal à 25 ans, a établi une échelle calorique individuelle par tranches d'âge fixant le nombre de calories souhaitable (voir tableaux p. 23).

- Hommes :

25 ans : 725 + 31 fois le poids idéal (calories nécessaires).

45 ans : 650 + 28 fois le poids idéal (calories nécessaires).

65 ans : 550 + 23,5 fois le poids idéal (calories nécessaires).

- Femmes :

25 ans : 525 + 27 fois le poids idéal (calories nécessaires).

45 ans : 475 + 24,5 fois le poids idéal (calories nécessaires).

65 ans : 400 + 20,5 fois le poids idéal (calories nécessaires).

Il apparaît que le besoin calorique s'abaisse avec l'âge. Alors que généralement, les femmes comme les hommes, l'âge venant, consomment plus volontiers de « douceurs » (sucreries) ou de matières grasses (également douces, du moins onctueuses).

A titre d'exemple, si nous prenons une femme de taille moyenne, 165,1 cm, d'ossature fine, elle devrait avoir un poids moyen de 55 kg. Pour maintenir ce poids, à 45 ans, il lui faudrait un apport calorique de : $475 + (24{,}5 \times 55) = 1\,822{,}5$ calories.

Si cette personne pèse 60 kg au lieu de 55, il lui faut éliminer 5 kg sur ses réserves. D'après les diverses études et les ouvrages les plus sérieux sur la nutrition, 500 g de poids correspondent à environ 3 500 calories, soit 7 000 calories pour 1 kg. Une perte de 500 g par semaine, soit un abaissement de 500 calories par jour, est considérée comme raisonnable. Pour poursuivre notre exemple, cette femme de 45 ans, pour maigrir de 500 g par semaine, doit limiter sa ration calorique quotidienne à : $1\,822{,}5 - 500 = 1\,322{,}5$ calories.

Les dépenses de base de l'organisme, ce que l'on nomme le métabolisme basal : respiration, régulation thermique, digestion, etc., s'évaluent à environ 1 600 calories. Si l'on fait tomber la ration calorique en dessous de ce chiffre, sans tenir compte des besoins de l'organisme en nutriments de protection : protides, vitamines, sels minéraux, on risque une grande fatigue et un état dépressif. Ainsi, dans les régimes amaigrissants, si la quantité de protéines, de vitamines et de sels minéraux reste importante, l'amaigrissement se fait à un rythme modéré, ce qui ne devrait pas entraîner une carence en protides, vitamines, sels minéraux.

Les groupes alimentaires

Certains aliments sont interchangeables quant à leur valeur en protides, mais par forcément en ce qui concerne les vitamines et les sels minéraux. Ainsi, le fromage, riche en calcium et en vitamine A, peut remplacer le lait, qui lui est apparenté, mais ne peut se substituer à la viande qui, en plus des protéines animales, contient du fer. Ce qui amène à classer les aliments par catégories d'équivalence alimentaire.

Produits laitiers : tous les laits sous toutes leurs formes, tous les fromages.

Viande : protéines animales, contenues dans la viande fraîche ou conservée, le poisson, frais, salé, fumé, en conserve, les coquillages et crustacés, la volaille, les charcuteries diverses, les abats.

Œufs : aliment azoté, riche en protides, en éléments minéraux et en vitamines, mais manque de glucides et de vitamine C.

Légumes et fruits secs : riches en protides, qui ne peuvent remplacer les protides animaux, plus riches encore en glucides.

Céréales : tous les produits à base de céréales, pain, biscottes, biscuits, pâtisserie, pâtes alimentaires, farine, riz, seigle, etc. Riches en amidon (glucides), en phosphore, mais pauvres en calcium.

Légumes frais : riches en eau, en sels minéraux, en vitamines ; contiennent des protides végétaux et peu de glucides.

Pomme de terre : riche en glucides, elle est également riche en vitamine C, ce qui lui donne une place à part dans l'alimentation.

Fruits : contiennent des protides végétaux, des lipides, des glucides, des vitamines, notamment B et C.

Graisses : tous les corps gras, beurre, saindoux, margarine, huiles, végétaline, etc. Il faut faire une place particulière au beurre, riche en vitamines liposolubles A et D.

Sucres : tous les sucres, en morceaux, en poudre, cristallisé, les confitures et gelées, le miel, les simples ou composés (glucose, fructose, saccharose), ce sont les aliments à la plus haute teneur calorique.

Boissons : vin, alcool, jus de fruits, tisanes, potages présentent des valeurs caloriques diverses, qui s'ajoutent aux calories alimentaires.

Cette classification établie, il faut encore savoir que certains équilibres doivent être respectés, sous peine de perturber les échanges du corps humain et léser fonctions ou tissus.

— Protides animaux / Protides végétaux : doivent être consommés à peu près à valeur égale.

— Lipides animaux / Lipides végétaux : doivent également être consommés en quantité à peu près égale.

— Glucides / Vitamine B : plus on mange de sucre, plus il faut absorber de vitamine B, qui en favorise l'utilisation par l'organisme. Réduire les glucides ne doit pas entraîner la diminution de la vitamine B, dont la carence peut entraîner des accidents nerveux, des troubles gastro-intestinaux, des manifestations cutanées, des troubles oculaires. On trouve la vitamine B dans la levure de bière, les germes de céréales (soja), les légumes verts, le foie, les œufs, la viande, le lait, le fromage.

— Calcium / Phosphore : l'un et l'autre doivent s'équilibrer pour maintenir le squelette et les dents en bon état. Le calcium est fourni en particulier par le lait, le fromage, le jaune d'œuf, les fruits secs, les légumes verts, les fruits frais, notamment les agrumes. Le phosphore se trouve surtout dans les abats, les poissons, les mollusques, les viandes, les œufs, les fromages, les légumes secs, les céréales.

La vitamine D peut remédier à un déséquilibre calcium/phosphore. Dite antirachitique, elle se trouve esentiellement dans le foie de veau, le foie de poisson (huile de foie de morue en capsule), les poissons gras, le jaune d'œuf, le beurre, le lait.

— Acidité / Alcalinité : les déchets acides sont dus aux aliments riches en soufre, en phosphore, en chlore. Ce sont tous les aliments d'origine animale (exception faite pour le lait et le fromage) et les produits à base de céréales.

Les déchets alcalins résultent d'aliments riches en calcium, sodium, potassium, magnésium. Ce sont tous les aliments d'origine végétale (sauf les céréales), le lait et les fromages. Une bonne digestion dépend de l'équilibre rationnel de ces deux sortes d'aliments.

A la maîtresse de maison, donc, de combiner ses menus en tenant compte de ces divers éléments. Qu'elle ne soit pas inquiète : l'équilibre alimentaire est toujours respecté si l'on mange « de tout » et en quantités raisonnables.

TABLEAU DES VALEURS CALORIQUE ET NUTRITIONNELLE DES ALIMENTS

(pour 100 g sans déchets)

Aliments	Calories	Protéines g	Calcium mg	Phosphore mg	Vit. A mg	Vit. B1 mg	Vit. PP mg	Vit. C mg
1. PRODUITS LAITIERS								
Lait frais entier	67	3,5	125	90	0,05	0,05	0,22	2
Lait en poudre entier	500	25	950	680	0,42	0,04	—	—
Lait en poudre écrémé	345	36	1 300	950	(traces)	0,36		
Lait condensé non sucré	157	7,2	240	195		0,05	0,2	1
Lait condensé sucré	346	10	273	228		0,05	0,2	1
Yogourt	100	5						
Fromage blanc écrémé	100	20	90	100				0,1
Fromage blanc demi-sel	142	14,5	81	184				
Gruyère	391	37	1 080	700		0,05		
Fromage Hollande	375	28	900	480				
Port-Salut	360	27	600	440				
Brie	330	17	100	195				0,4
Camembert	300	20	100	500	0,8		1,6	0,4
Roquefort	360	23	730	530	0,4	0,03	1,25	
Chèvre	360	33						1,2
Crème fraîche	300	3,5	73	57				0,9
2. VIANDES								
Agneau	140	19				0,25	8	
Bœuf maigre	210	18	10	220	0,02	0,20	4,5	1,5
Cheval	110	22	13	200			4,7	3,5
Mouton	265	17	7	90	0,02	0,1	4,5	2,5
Porc maigre	160	20	20	200		1	4,5	1,5
Porc saucisse	450	15	5	100				
Porc rillettes	600	22						
Porc boudin	370	15	10	160				
Porc jambon	172	20	20	200		1	4,5	
Veau	186	18	10	205		0,1	4,5	
Veau foie	200	21	10	210	0,5 à 3	0,2	17	30
Veau rognons	124	20	10	200	0,9	0,3	10	10
Volaille								
Poulet	120	20	10	220		0,1	8	4
Lapin	90	21	10	220		0,05	7,5	2
3. POISSONS								
Brochet	80	19	20	200		0,1	1,7	
Cabillaud	80	15	10	190		0,1	2	2
Merlan	80	16	45	240		0,09		4
Maquereau	130	19	11					4
Sardines (huile)	185	25	30	300	0,025	0,05	4,5	
Sole	82	16	120	260		0,10		
Thon (huile)	175	28	35	290	0,025	0,04	10	
Truite	135	19	20	220	(traces)	0,10	3,5	2
Coquillages								
Crabe	104	16			(traces)		2,8	3,5
Huîtres (1 douzaine)	120	10	70	200	(traces)	0,3	1	8
Moules	96	12	100	250	(traces)			

Aliments	Calories	Protéines g	Calcium mg	Phosphore mg	Vit. A mg	Vit. B1 mg	Vit. PP mg	Vit. C mg
4. ŒUFS								
Œuf de poule (environ 60 g)	76	6	55	200	0,4	0,12	0,07	
Jaune	61	3	140	525	1	0,3	0,05	
Blanc	15	4	14	12			0,1	
5. LÉGUMES ET FRUITS SECS								
Amandes sèches	600	21	243			0,15		
Cacahuètes	560	27				1,10		
Haricots secs	338	21	140	400		0,5	1,5	
Lentilles	339	23	50	300		0,5	3	3
Noix	630	15	75	500				
Noisettes	656	14	200	300				
Pois cassés	344	22	33	300				
6. CÉRÉALES								
Pain de blé blanc	245	7	30	100		100	0,32	
Pain de seigle	240	7	25	150			1	
Biscottes	360	10						
Biscuits secs	410	10	5					
Pain d'épice	355	9	40	200				
Farine de blé	350	9,5	25	160		0,10		
Flocons d'avoine	400	14,2	55	365	(traces)	0,5	1	
Germe de blé	361	27,3	100	1 100		1	5	3
Riz blanc	346	6,2	8	80		0,04	1,5	
Pâtes sans œuf	149	12	22	144		0,10	2	
Grains maïs	85	9,5	20	280	0,01	0,20	1,3	
7. LÉGUMES FRAIS (rouges, vert foncé, orange)								
Tomate	20	1	12	20	0,7 à 0,9	0,1	0,3	30 à 50
Carotte crue	42	1,2	50	30	2 à 6	0,1	0,4	9
Épinard	20	2,3	65	52	3 à 9	0,16	0,23	60
Piment	20	1,1	6	26	0,02			160
Persil (1 cuillerée à soupe)	1	3,7	193	84	8	11	1,4	66
Cresson	22	1,8	200	50	3	0,15		100
Artichaut	63	3,4	40	94	0,007	0,15		9
Aubergine	30	1,3	0,5	15		0,05		8
Asperge	20	2	12	80	0,35	0,15	1,2	22
Betterave cuite	45	1,6						6
Céleri-rave	18	2	60	60		0,03		15
Champignons	16	4	25	130				
Chou	24	1,8	60	32	0,4	0,07	0,4	52
Chou de Bruxelles	47	4	30	60		0,15	1	80
Chou rouge	24	1,9	53	32	0,10			70
Chou-fleur	25	2,4	120	60	0,03	0,10	0,6	50
Choucroute	22	1,3	40	10		0,02	0,2	3 à 20
Concombre	16	0,9	18	30	0,07	0,05	0,15	5
Haricots verts	35	2,5	4	50	0,2	0,1	0,5	15
Navet	30	1	6	30		0,12		20
Oignon	45	1,6	35	35	0,003	0,1	0,1	15
Petits pois	98	6,5	30	120	0,24	0,3	1,1	20
Poireau	35	2,4	60	50	0,05	0,12		20
Laitue	16	1,1	30	40	1	0,08		15
Mâche	36	2,5						50
8. POMMES DE TERRE	90	2	15	60	0,005	0,11	2	15 à 30

Aliments	Calories	Protéines g	Calcium mg	Phosphore mg	Vit. A mg	Vit. B1 mg	Vit. PP mg	Vit. C mg
9. FRUITS - AGRUMES								
Citron (moyen)	20	0,9	13	10	(traces)	0,5	0,1	60
Orange	44	0,9	35	22	0,5	0,1	0,2	50
Pamplemousse	40	0,4	8	7	0,005	0,04	0,02	90
Divers								
Abricot	51	0,8	15	23	1,8	0,04	0,7	10
Ananas	55	0,5	25	70	0,05	0,07	0,2	25
Avocat (1/2)	185	1,7	10	38		0,06	1,1	16
Banane	88	1,2	7	30	0,13	0,10	0,05	10
Cerise	61	1,2	18	20	0,36	0,05	0,14	17
Dattes sèches	284	2,2	65	70		0,08	2,2	
Figues	270	1,4	50	35		0,1	0,60	22
Fraises	37	0,7	30	25		0,03	0,07	60
Framboises	57	1	45	40		0,03		25
Groseilles	55	1	28	30		0,08		25
Melon	31	0,8	18	18		0,02		10
Pêche	46	0,5	6	20		0,03	0,3	5
Poire	63	0,3	99	9		0,05	0,2	5
Pomme	58	0,4	9	9		0,05	0,2	5
Prune	56	0,7	15	20		0,10	0,5	5
Raisin	66	0,4	11	11				3
10. CORPS GRAS								
Beurre	760	0,8	12	15			0,007	0,3
Huile	890							
Lard	780	4	2	42		0,2	1	
Margarine	752	0,8				0,006		
Saindoux	850	1						0,5
11. SUCRES								
Sucre blanc	370							
Sucre brun	370	0,1						
Lactose	397	0,2						
Confitures	290	0,5	12	12		0,02	0,2	4
Gelées	260	0,2	12					
Miel	319	0,3					0,2	0 à 6
Boissons (pour 100 ml)								
Café	4	0,4	3,4	2,8				
Thé	1	0,1	0,3	1				
Limonade	47		10	1				
Bière	46	0,5	10	20		0,009	0,8	
Vin	65		10					
Champagne	91	0,2						
Bénédictine	365							
Eau-de-vie	250							
Rhum	312							
Whisky	301							

Tableau établi d'après les Tables de Composition des Aliments de Mme L. Randoin, P. Le Gallic et J. Causeret (J. Lanore, 1974).

Pour faciliter le calcul de la ration calorique autorisée, il existe un disque (vendu en pharmacies et dans les maisons de diététique), qui permet d'additionner la valeur calorique des aliments au fur et à mesure qu'ils sont consommés. De la sorte, on sait immédiatement quelle proportion de la ration calorique reste disponible. (Cal. Stop. des établissements Delatex, 9 F).

POIDS DES HOMMES À 25 ANS EN FONCTION DE LEUR TAILLE ET DE LEUR CARRURE

Taille en cm	Carrure étroite	Carrure moyenne	Carrure large
157	52 - 56	56 - 60	59 - 64
160	54 - 58	57 - 61	60 - 65
162	55 - 60	59 - 63	62 - 67
165	57 - 61	60 - 65	64 - 69
167	58 - 63	62 - 66	65 - 71
170	60 - 65	64 - 68	67 - 73
172	61 - 66	65 - 70	69 - 75
175	63 - 68	67 - 72	71 - 77
177	65 - 70	69 - 74	73 - 79
180	67 - 72	71 - 76	74 - 81
183	69 - 74	73 - 78	76 - 84
185	71 - 76	75 - 80	79 - 86
188	74 - 79	77 - 83	81 - 89
190	76 - 81	79 - 85	83 - 91

POIDS DES FEMMES À 25 ANS EN FONCTION DE LEUR TAILLE ET DE LEUR CARRURE

Taille en cm	Carrure étroite	Carrure moyenne	Carrure large
150	47 - 50	49 - 53	53 - 57
152	47 - 51	50 - 54	54 - 58
155	48 - 52	51 - 55	55 - 59
157	50 - 53	53 - 56	56 - 61
160	51 - 55	54 - 58	57 - 62
162	52 - 56	56 - 59	59 - 64
165	54 - 58	57 - 61	60 - 65
167	55 - 60	59 - 63	62 - 68
170	57 - 61	60 - 65	64 - 69
172	58 - 63	62 - 66	65 - 71
175	60 - 65	64 - 68	67 - 73
177	61 - 66	65 - 70	69 - 75
180	63 - 68	67 - 71	70 - 76

Ces poids étant admis comme « valeur idéale » en fonction de la taille et de l'ossature, quelle valeur calorique leur correspond, en fonction de l'âge ?

BESOINS CALORIQUES QUOTIDIENS SELON L'ÂGE (d'après les « Nutritional Studies » de la F.A.O. américaine)

Âge	Hommes	Femmes
20 - 30	3 200	2 300
30 - 40	3 104	2 231
40 - 50	3 008	2 162
50 - 60	2 768	1 990
60 - 70	2 528	1 817
70 -	2 208	1 587

Savoir Acheter

La bonne cuisine
commence au marché.
Le choix des produits est essentiel.
N'achetez pas sans avoir comparé
non seulement les prix mais aussi l'aspect.

Sachez que la tomate n'a de saveur
que si elle est d'un beau rouge vif que lui a donné le soleil,
que le poisson doit avoir
les écailles brillantes, les ouïes rouges et l'œil vif;
tâtez les fruits pour vous assurer de leur maturité;
refusez le veau dont la chair n'est ni blanche ni légèrement rosée;
choisissez le bœuf rouge sombre et brillant,
le mouton pas trop gras et le porc de même.
Préférez les volailles portant un label de qualité,
les pâtes à base de blé dur et le riz non traité.

Restez fidèle aux commerçants dont les produits
vous auront donné satisfaction. Soyez une acheteuse
vigilante et assurée de la qualité des denrées
que vous aurez choisies, cuisinez-les avec la
certitude du succès.

Le Bœuf

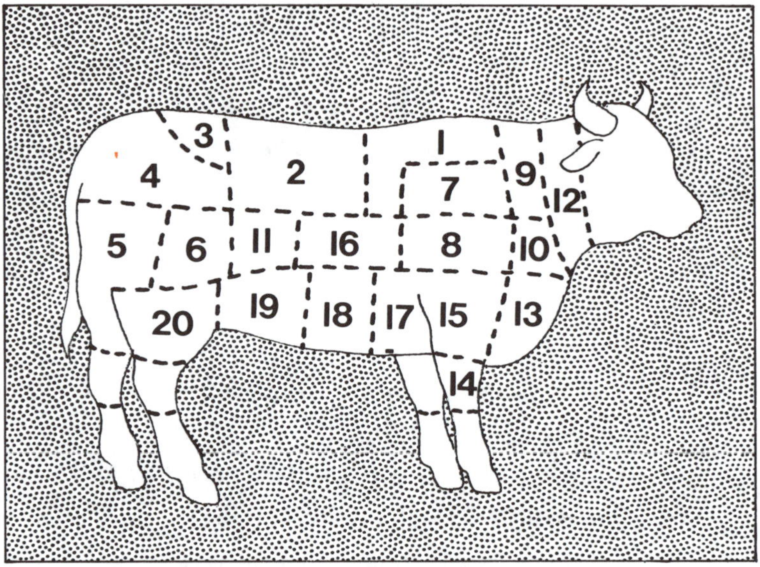

PREMIÈRE CATÉGORIE :

1 Entrecôte.
2 Faux-filet ou filet.
3 Rumsteak.
4 Culotte.
5 Gîte.
6 Tranche grasse et aiguillette.

DEUXIÈME CATÉGORIE :

7 Paleron.
8 Macreuse.
9 Talon.
10 Griffe.
11 Bavette.

TROISIÈME CATÉGORIE :

12 Collier.
13 Poitrine.
14 Crosse.
15 Gîte avant.
16 Plat de côtes.
17 Poitrine.
18 Tendron.
19 Flanchet.
20 Gîte arrière.

Le Mouton

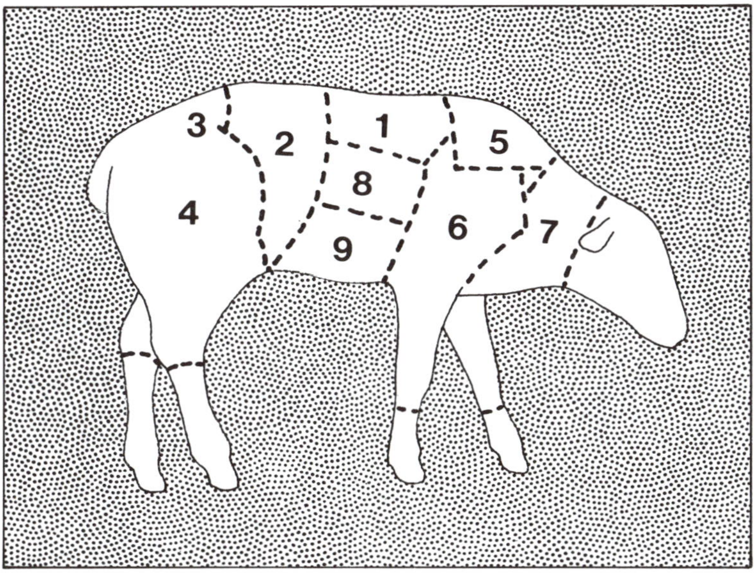

PREMIÈRE CATÉGORIE :

1 Carré couvert.
2 Filet.
3 Selle.
4 Gigot.

DEUXIÈME CATÉGORIE :

5 Carré découvert.
6 Épaule.

TROISIÈME CATÉGORIE :

7 Collier.
8 Haut de côtelettes.
9 Poitrine.

Le Veau

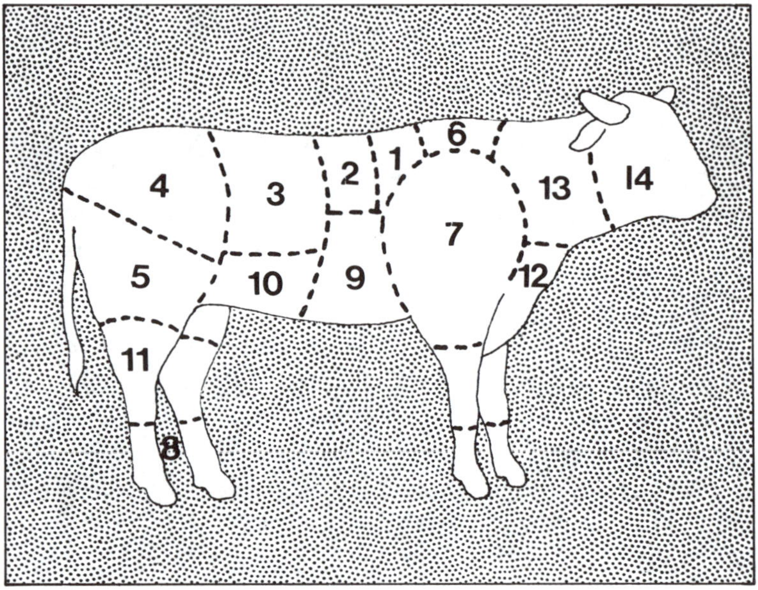

PREMIÈRE CATÉGORIE :

1 Côtes secondes.
2 Côtes premières.
3 Longe.
4 Quasi et culotte.
5 Cuisse ; noix, sous-noix.

DEUXIÈME CATÉGORIE :

6 Côtes découvertes.
7 Épaule.
8 Pied.

TROISIÈME CATÉGORIE :

9 Tendron.
10 Flanchet.
11 Jarret.
12 Poitrine.
13 Collier.
14 Tête.

Le Porc

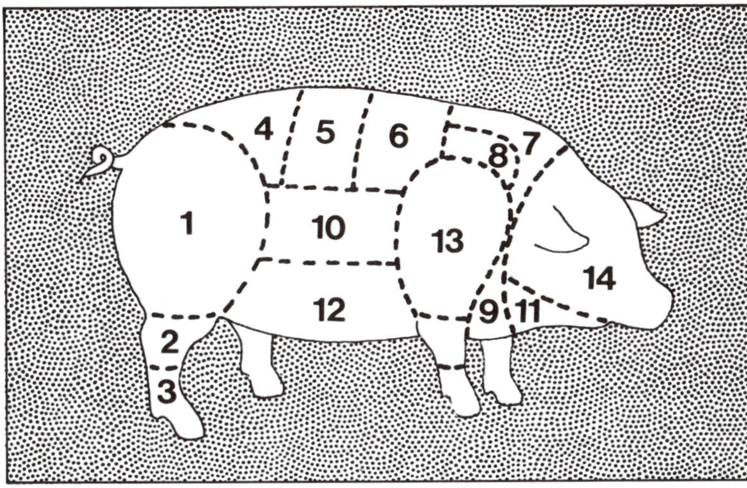

1 Jambon.
2 Jambonneau.
3 Pied.
4 Pointe.
5 Filet.
6 Carré.
7 Échine.
8 Palette.
9 Plat de côtes.
10 Travers de côtes.
11 Gorge.
12 Poitrine.
13 Épaule.
14 Tête.

Le Bœuf

C'est la viande de boucherie la plus consommée en France ; elle représente environ 45 % des dépenses totales de viande.

Catégorie et qualité

Quand vous consultez le tableau des prix affichés chez votre boucher, sachez distinguer la catégorie et la qualité.

1. **La qualité**

Elle dépend de la race du bœuf, de son âge, de son sexe et de la façon dont il a été nourri, ces différents éléments déterminant la saveur et la tendreté de la viande.

Vous trouverez sur le marché quatre qualités ;

— Qualité extra : rouge vif, grain ferme plus ou moins persillé.

— Première qualité : rouge vif, grain ferme, graisse blanche ou jaunâtre.

— Deuxième qualité : rouge vif, peu de graisse, persillé rare.

— Troisième qualité : rose ou presque noire, grain grossier.

2. **La catégorie**

On distigue deux catégories de morceaux :

a) MORCEAUX A CUISSON RAPIDE : grillades et rôtis.

A chaque morceau correspond une appellation bien précise et une qualité bien définie.

Le bifteck

— Est une tranche de viande, en général assez mince, taillée dans diverses parties du bœuf : dans la tranche, la bavette, le rumsteck, l'onglet. Certains morceaux peu connus font des biftecks très savoureux. Demandez-les à votre boucher : l'araignée, la poire, la hampe.

Le chateaubriand

— Désigne une tranche de milieu de filet épaisse de trois à cinq centimètres. Un chateaubriand doit être cuit lentement pour que le cœur chauffe sans que la surface se dessèche.

Le médaillon ou tournedos

— Est une tranche de filet de un à deux centimètres d'épaisseur, paré, bardé, ficelé.

La mignonnette ou noisette

— Est un tournedos épais de deux centimètres et demi à trois centimètres, moins large que le précédent.

La côte de bœuf

— Est une entrecôte épaisse, avec un os, ne pesant jamais moins de deux à trois livres.

Le rosbif

— Est un rôti paré, bardé de lard. Comme le bifteck, il peut être choisi dans différents morceaux.

Le filet

— Est sans surprise, c'est tout simplement un rôti découpé dans le filet, morceau particulièrement fondant.

Le contre-filet

— Est un rôti découpé dans le contre-filet. Légèrement moins tendre que le précédent, il est plus haut en goût.

La cuisson de ces différents morceaux correspond également à des appellations très précises. La viande est dite bleue, saignante, à point, cuite.

Bleue :

La viande sera saisie, rouge foncé à la surface, presque crue à cœur, avec tout son jus.

Saignante :

Elle sera dorée à la surface, rouge vif à cœur, avec des perles de sang.

A point :

La surface de la viande sera dorée, l'intérieur rose vif.

Cuite :

Façon, en général, peu prisée des vrais amateurs, l'extérieur sera beige saumoné, le cœur rose très clair.

b) MORCEAUX A CUISSON LENTE : utilisés pour les braisés et les pot-au-feu, ils sont couramment appelés bas morceaux et sont plus osseux, nerveux, tendineux et gras que ceux à cuisson rapide.

Le colller

— Qui correspond aux vertèbres cervicales.

Le paleron

— Qui se situe dans l'épaule et le membre antérieur, et se divise en jumeau, macreuse, griffe, gîte-gîte ; convenant aux ragoûts et aux pot-au-feu.

La poitrine

— Comprenant le gros bout de poitrine, le tendron et le flanchet ; recommandés pour les pot-au-feu.

Les côtes

— Côtes charbonneuses et plat de côtes, également excellents pour les pot-au-feu.

La bavette

— Dont une partie peut être débitée en biftecks, l'autre convenant aux pot-au-feu.

La queue

— Qui sert à préparer des bouillons.

La culotte

Convenant au bœuf mode.

Les plus belles viandes sont rouge vif, à grain fin et odeur douce. L'actuelle législation oblige les bouchers à afficher le nom des morceaux, leur prix d'achat et leur prix de vente.

Certains bouchers utilisent un attendrisseur, petit appareil muni de fines aiguilles qui, en transperçant la viande, sectionnent les nerfs et les fibres dures. Mais il est interdit au boucher d'employer cet appareil, sinon sur votre demande et en votre présence. Dans une viande ainsi traitée, les germes pathogènes se développent rapidement ; il faut donc la faire cuire très peu de temps après son achat. De même pour la viande hachée, qui doit être utilisée immédiatement.

Le Mouton

En boucherie, le terme de mouton s'applique à la viande de bélier châtré, engraissé, ou à une brebis ayant déjà eu un agneau. Si la bête a moins de quatorze mois, sa viande est vendue sous l'appellation d'agneau. L'agneau de lait ne se trouve que de février à avril.

Catégorie et qualité

Les prix de vente sont fonction de la catégorie et de la qualité des morceaux.

1. **La qualité**

Elle dépend de la race, de l'âge, de l'alimentation et des conditions de vie de l'animal. Les meilleurs moutons sont les fameux « prés-salés », nourris dans les pâtures côtières riches en herbes aromatiques et profitant de l'air iodé.

2. **La catégorie**

Elle dépend de l'emplacement du morceau dans le corps de la bête. On distingue deux catégories de morceaux :

a) MORCEAUX A GRILLER ET A ROTIR :

Le gigot qui, entier, comprend le gigot proprement dit et la selle. Raccourci, il est vendu sans la selle.

Le baron comprend les deux gigots et les deux selles.

La selle qui, entière, se fait rôtir et, débitée en tranches, est grillée.

Le filet, vendu entier ou débité en côtelettes appelées aussi mutton-chops.

Le carré couvert ou les côtes couvertes, vendu entier ou débité en côtelettes : les premières, de la neuvième à la treizième côte, avec noix de viande et manche droit ; les secondes, sixième, septième et huitième côtes, avec manche incurvé.

b) MORCEAUX A RAGOUTS :

Le collet, très osseux.

La poitrine, entrelardée et osseuse.

Le haut de côtelettes, également entrelardé et osseux.

Le mouton de belle qualité a les reins larges, la chair rouge vif, brillante, à grain serré, les gigots courts et ronds, la graisse blanche ou jaune clair. Rejetez les bêtes à gigots longs et graisse jaune dont la chair est grisâtre. Ce sont généralement de vieux moutons ayant un goût et une odeur de suif.

L'agneau doit avoir une viande blanche et une graisse blanc rosé, ferme sans excès.

Le Veau

La viande de veau provient d'animaux abattus entre deux et cinq mois. Certains, dits de Saint-Etienne ou de Lyon, peuvent avoir de dix à quinze mois. A l'achat, il faut distinguer la qualité et la catégorie.

1. **La qualité**

Elle dépend de l'époque de l'année, de la race, de l'âge et de l'alimentation de l'animal. Il y a quatre qualités :

— Qualité extra : chair blanche, parfois rosée, onctueuse au toucher, à graisse blanche et ferme.

— Première qualité : coloration plus foncée, graisse jaunâtre.

— Deuxième qualité : rose virant au rouge, peu de graisse.

— Troisième qualité : viande grisâtre, chair molle et gélatineuse.

2. **La catégorie**

On distingue trois catégories de morceaux :

a) A CUISSON RAPIDE POUR ROTIS ET GRILLADES :

Le cuisseau, comprenant le quasi, la noix.

La sous-noix, pour escalopes et rôtis.

La noix pâtissière, pour escalopes et rôtis en cocotte.

La longe, pour rôtis avec ou sans os.

Le carré couvert (côtes premières, secondes et dessus de côtes) à griller, à sauter ou à rôtir.

b) MORCEAUX A BRAISER :

Le carré découvert, comprenant les côtes découvertes et le bas du carré, excellents morceaux pour ragoûts.

L'épaule, toujours désossée, à braiser entière ou en morceaux à la cocotte.

c) MORCEAUX A BOUILLIR OU A PRÉPARER EN RAGOUT :

Le collier, morceau charnu relativement maigre.

Le haut de côtelettes, pour ragoûts.

La poitrine, à farcir ou à préparer en ragoût.

Les tendrons, entrelardés, cartilagineux, pour sautés et ragoûts.

Le flanchet, avec peu d'os pour ragoûts.

Le jarret, à bouillir ou à braiser.

Préférez le veau de couleur rosée, à grain serré, moelleux au toucher. Le tableau d'affichage du boucher doit obligatoirement annoncer le nom des morceaux et le prix de vente, ce dernier variant selon les saisons, la plus favorable se situant de juin à août.

Le Porc

La viande de porc est la plus avantageuse sur le marché et elle se prête à des préparations variées et savoureuses.

Contrairement aux autres viandes de boucherie, il n'existe pas pour le porc de classement par catégorie et par qualité. Cette dernière dépend essentiellement de l'alimentation de la bête qui est, on le sait, omnivore. Le porc de bonne qualité a une chair claire, à grain serré et graisse blanche.

Les principaux morceaux du porc sont :

Le jambon ou cuisse, qui est le plus souvent cuit, salé ou fumé, et débité au poids chez les charcutiers.

Les jambonneaux, également traités par le charcutier, salés ou cuits, et panés.

La pointe, morceau à rôtir.

Le filet, morceau à rôtir pouvant être désossé.

Le carré, qui comprend les côtes à rôtir, avec ou sans os.

L'échine, à rôtir, avec ou sans os.

La palette, proposée salée ou fraîche. Salée, on la fait bouillir en potée, avec des légumes secs ou du chou. Fraîche, on la rôtit.

Le travers, salé ou frais. Salé, on l'utilise comme la palette. Frais, on le fait griller, de préférence au barbecue : c'est le « sparerib », si apprécié des Américains qui l'enduisent de sucre avant de le griller pour obtenir sur la viande une croûte croustillante et dorée.

L'épaule, morceau à rôtir, avec ou sans os.

Abats de boucherie

On désigne sous le nom d'abats les parties accessoires des animaux de boucherie, notamment la cervelle, le cœur, le foie, la fraise, le gras-double et les tripes, la tête, la langue, les ris et les rognons, qui tous peuvent s'accommoder de façons savoureuses et variées.

Le tableau ci-contre vous donne quelques recommandations pour « bien acheter ».

NOM	CARACTÉRISTIQUES	REMARQUES
Cervelle	De BŒUF : la moins chère, mais la moins fine. Poids moyen : 600 grammes. De MOUTON ou d'AGNEAU : fine et savoureuse. Poids moyen : 100 grammes. De VEAU : la plus chère. Excellente. Poids moyen : 250 grammes.	Choisissez-la bien ferme, de couleur nacrée et peu sanguinolente.
Cœur	De BŒUF : très ferme. Exige une longue cuisson. Poids moyen : 250 grammes. De VEAU : plus tendre. Poids moyen : 200 grammes. De MOUTON : goût assez fort. Poids moyen : 150 grammes. De PORC : goût assez fort. Poids moyen : 200 grammes.	Choisissez-le bien rouge.
Foie	De BŒUF : de goût médiocre. De GÉNISSE : assez fin. De MOUTON : assez fin. De VEAU : cher, mais excellent. De PORC : assez bon.	Choisissez-le lisse, brillant et clair.
Fraise	Seule la fraise de veau est bonne. C'est une partie de la paroi de l'intestin du ruminant.	Achetez-la nettoyée et partiellement cuite.
Gras-double	C'est la panse du ruminant ou ses quatre estomacs.	Achetez-le nettoyé et parfaitement cuit.
Langue	De BŒUF : goût fin. Poids moyen : 2,5 kg. De MOUTON : goût fin. Poids moyen : 150 grammes. De VEAU : très fine. Poids moyen : 750 grammes.	Doit toujours être épluchée.
Ris	Glande appelée aussi le thymus, que l'on ne trouve que chez les jeunes veaux et les agneaux. Excellent, mais cher.	Achetez-les fermes et d'un blanc à peine rosé.
Rognons	De BŒUF : goût assez fort. Exigent des préparations cuisinées. De MOUTON : assez bons. De PORC : peuvent avoir un goût assez prononcé. De VEAU : les plus fins, les meilleurs.	Pour enlever le goût un peu fort des rognons de bœuf et de porc, lavez-les à l'eau vinaigrée.
Tête	De BŒUF : utilisée surtout par les charcutiers pour des préparations telles que museau, fromage de tête. De PORC : également utilisée par les charcutiers. De VEAU : excellente.	Vendue le plus souvent désossée et roulée.
Tripes	Panse, bonnet, feuillet et caillette du bœuf.	Achetez-les nettoyées et cuites.

La Volaille

On désigne du nom de volaille, l'ensemble des produits de basse-cour : poules, poulets, coqs, pigeons, canards, dindes, oies, pintades, lapins.

Les poulets

De tous les animaux de basse-cour, le poulet est celui qui figure le plus souvent à nos menus en raison de son prix raisonnable.

On distingue le poulet d'élevage, le poulet de ferme, la poule à braiser, la poule à bouillir et le coq.

1. **Le poulet d'élevage**

D'un poids moyen de 1,5 à 1,8 kg (1,2 à 1,5 kg vidé), il est toujours tendre, mais sa saveur varie avec son âge et son alimentation. Le plus connu et le meilleur est le « bresse ». Egalement excellents, le poulet jaune des Landes, le périgord, le sarthois de Loué. Tous ces poulets portent un écusson ou une bague qui garantit leur origine. Ils ont reçu une alimentation sans aucune graisse animale, ce qui est très important, car, chez le poulet, la graisse se fixe sous la peau.

Il existe aussi des poulets sans label, moins chers mais moins savoureux que les précédents, convenant toutefois à des préparations cuisinées telles que sautés à la tomate, aux olives, panés ou frits.

2. **Le poulet de ferme**

D'un poids moyen de 1 à 2 kilos (700 grammes à 1,6 kg vidé), il est plus ferme que le poulet d'élevage et plus rare aussi. On le trouve surtout de septembre à avril.

Quand vous achetez un poulet, regardez ses pattes : elles doivent être lisses, avec des ergots courts. La chair peut être blanche ou jaune, selon la race et l'alimentation de la volaille.

Dans les grandes surfaces, vous trouverez des poulets dits effilés et « éviscérés ».

Le poulet effilé est plumé et débarrassé de son intestin, mais il conserve ses autres viscères (jabot, foie, gésier, cœur, poumons) et ses abattis (cou, tête, pattes).

Le poulet « éviscéré » est plumé et débarrassé de la totalité de ses viscères. Son cou est coupé au ras de la carcasse. Les pattes sont coupées à l'articulation du jarret.

Se trouvent également sur le marché actuel des poulets congelés, entiers, ou en morceaux choisis (blancs, cuisses), obligatoirement étiquetés (ils se cuisent de la même façon que les poulets non congelés), et des poulets fumés pouvant être consommés tels quels ou cuisinés.

Les poules et les coqs

Moins chers que le poulet, ils sont aussi moins tendres, plus gras, et exigent de longues cuissons. Plus la volaille est âgée, plus elle est dure, ce que vous reconnaîtrez aux écailles que portent alors les pattes. Avant de cuire une poule, il faut enlever la graisse et la poche à œufs qu'elle contient, ces derniers risquent d'être toxiques.

Les canards

Oiseau aquatique, qui se plaît à barboter dans les mares, le canard doit être dodu sans être trop gras. Vous saurez qu'il est tendre si la partie inférieure de son bec et les pointes de ses ailes sont flexibles.

Il existe différentes races de canards :

— Le canard de Barbarie : à chair ferme et maigre, à saveur légèrement musquée. On le trouve d'août à février.

— Le canard nantais : tendre et gras, que l'on trouve de mars à août.

— Le canard de ferme, qu'il faut choisir jeune afin d'être sûr qu'il n'a pas de goût de vase.

Les dindes

Traditionnellement servies aux repas de fin d'année, ces grosses volailles sont maintenant débitées en morceaux, en rôtis prêts à cuire ou en escalopes, ce qui permet d'en acheter la quantité que l'on désire.

Quand vous achetez une dinde entière, choisissez-la plutôt grasse, avec le cou court, les pattes lisses et noires. Les bêtes les plus tendres sont celles qui ont moins d'un an. Elles ont les caractéristiques que nous venons de citer.

Plus petit, le mâle de la dinde, le dindonneau, est maintenant surtout vendu sous forme de rôti désossé, parfois farci, toujours prêt à cuire en cocotte ou au four (30 minutes par livre).

Les oies

D'un poids moyen de 4 kilos, l'oie est vendue soit entière, soit en morceaux. Vous la choisirez à chair rosée ou rouge clair, à graisse blanche ou jaune pâle, à pattes blanches et lisses, à duvet doux. La couleur de son plumage dépend de sa région d'élevage : grise en Bresse et en Normandie, blanche dans les pays de la Loire qui sont les principaux producteurs.

Les pintades

On les appelle aussi pintadeaux. Leur chair est fine mais parfois sèche. Préférez les bêtes à peau souple, pattes lisses et bec flexible : elles sont alors jeunes et tendres. On trouve maintenant des pintades d'élevage toute l'année.

Les pigeons

Le pigeon est la seule volaille dont le foie ne comporte pas de poche de fiel. Choisissez-le à peau rosée ou bleutée, bec flexible et croupion dodu : vous serez sûre ainsi d'avoir une bête tendre.

Les lapins

Le lapin domestique ou lapin de chou se vend entier ou en morceaux toute l'année. Il doit avoir la chair rose, l'œil brillant, le foie rouge vif, les pattes flexibles à articulations épaisses, les rognons enrobés de graisse blanche. Un lapin de plus de 1,8 kg risque d'être dur.

Le Poisson

Pour bien l'acheter, vous devrez tenir compte : de la saison, des déchets, de la fraîcheur.

LA SAISON :

Tous les poissons ne sont pas disponibles toute l'année. Leur prix varie bien entendu suivant l'abondance des pêches. Il est toujours intéressant d'acheter l'une des variétés dont c'est la pleine saison de pêche. C'est alors que le poisson est le meilleur et le moins cher. Il est avantageux, par exemple, de choisir :

En été : thon, sardine, maquereau.

En hiver : hareng, merlan, limande, églefin, lieu.

En toute saison : cabillaud, dorade, grondin.

Notre calendrier (p. 65) vous aidera à connaître les saisons favorables.

LES DÉCHETS :

Il est important de bien savoir les évaluer puisqu'ils déterminent les quantités de poisson à acheter.

Il faut compter en moyenne :

Poissons ayant une grosse tête et une arête centrale importante et que l'on achète entiers (saint-pierre, dorades, merlus, cabillauds) : 50 à 60 % de déchets, 250 à 400 grammes par personne.

Poissons ayant une tête moyenne ou petite et que l'on achète entiers (maquereaux, sardines, merlans, harengs, limandes, soles) : 25 à 35 % de déchets, 180 à 250 grammes par personne.

Tranches de poisson : 10 % de déchets, 125 à 200 grammes par personne.

Filets de poisson : pas de déchets, 180 à 200 grammes par personne.

LA FRAICHEUR :

Pour apprécier l'état de fraîcheur du poisson, basez-vous sur son aspect et son odeur.

Odeur : fraîche et rappelant la marée. Elle ne doit être ni ammoniacale ni désagréable.

Chair : ferme et élastique au toucher. La peau doit être brillante, les écailles bien adhérentes.

Œil : clair, brillant, légèrement saillant, remplissant bien l'orbite.

Branchies : brillantes, d'une coloration uniforme rouge ou rose, bordeaux sombre pour le hareng et le maquereau.

Simplifiez votre travail

Au moment de l'achat, demandez au poissonnier de vider et écailler les poissons choisis, de lever les filets, toutes opérations pour lesquelles il possède une dextérité et parfois un outillage qui peuvent vous faire défaut et en tout cas vous prendraient du temps.

Comment garder le poisson

Le poisson cru s'abîme rapidement. Il faut le consommer vite après l'achat.

Pour le conserver cru (vingt-quatre heures au maximum), videz-le soigneusement avant de l'envelopper de papier d'aluminium. Placez-le dans le haut du réfrigérateur. Si vous voulez garder un reste de poisson ou un poisson cuit au court-bouillon, mettez-le dans un récipient en plastique fermé. La durée de conservation est de deux à trois jours au milieu du réfrigérateur. Si vous avez prévu d'ôter la peau de ce poisson, il est préférable de le faire tant qu'il est encore tiède.

S'il s'agit de poissons surgelés, vous les conserverez vingt-quatre heures sur les clayettes de votre réfrigérateur, trois jours dans le compartiment à glace ou freezer, trois mois dans le compartiment congélateur assurant une température constante de — 18 °C.

Les Œufs

L'appellation « œuf » est réservée aux œufs de poule. Toutes les autres doivent être suivies, pour leur commercialisation, du nom de l'oiseau qui les a pondus (œuf de cane, œuf de perdrix, etc.).

L'œuf se compose de trois parties principales : la coquille, le jaune et le blanc.

La coquille

Recouverte d'une couche protectrice, la cuticule, mince pellicule d'albumine, la coquille est d'aspect brillant et gras. Essentiellement constituée par du calcaire, elle est d'épaisseur variable (donc plus ou moins fragile) suivant que l'alimentation de la poule est riche ou non en calcium. Sa coloration peut varier du blanc au roux suivant la race, l'alimentation de la poule et l'époque de la ponte.

Le jaune

Le jaune est de forme sphérique. Sa couleur varie du jaune clair au jaune d'or foncé et provient également, en grande partie, de la nourriture ingérée par la poule. Plus celle-ci manque d'herbe verte, de maïs, de produits à base de carotène, plus les jaunes ont une teinte foncée. La présence d'une pointe de sang ou germe prouve que l'œuf a été fécondé, mais ne lui enlève rien de ses qualités.

Le blanc

Le blanc est une masse transparente où l'on distingue nettement deux parties : l'une très dense entoure le jaune, tandis que l'autre mouvante et fluide s'étale autour. Des filaments, tortillons d'albumine appelés chalazes, maintiennent le jaune au centre.

Deux membranes minces, mais très résistantes, doublent et adhèrent fermement à la coquille, évitant tout contact du blanc avec celle-ci.

Comment reconnaître un œuf frais

La consommation de l'œuf, aliment riche et bon marché (si on le compare à la viande), reste relativement faible comparée à l'ensemble des produits animaux. La production des œufs en France s'élève à environ 10 milliards d'unités par an, soit une moyenne de 200 œufs par habitant (chiffre modeste par rapport à la consommation annuelle mondiale : 358 œufs pour l'Israélien, 323 pour l'Américain et 262 pour l'Anglais). Il faut en chercher la raison dans le caractère méfiant des Français et aussi dans la mauvaise qualité toujours suspectée des œufs.

Il est vrai que, aliment vivant, l'œuf est fragile. Il s'abîme vite et peut même devenir dangereux lorsqu'il n'est pas suffisamment frais, et peu de consommateurs savent à quels critères se référer pour en reconnaître la bonne qualité.

L'examen minutieux des détails suivants permet, à coup sûr, de la déterminer.

La coquille doit être nacrée, lisse, brillante et naturellement propre. Etant poreuse, toute souillure déposée à sa surface pénètre à l'intérieur de l'œuf, malgré l'action protectrice des membranes. On peut penser qu'il suffit alors de nettoyer les coquilles. Le remède serait pire que le mal : l'humidité facilite la pénétration des bactéries. De plus, le lavage ou le brossage détruisent la cuticule, ce qui permet la pénétration ultérieure d'autres germes.

Les œufs à coquille foncée sont généralement préférés par le consommateur. Ce caractère dû, nous l'avons vu, essentiellement à la nourriture de la poule, n'ajoute rien aux qualités de l'œuf, si ce n'est une coquille plus forte et moins poreuse, donc peut-être une meilleure conservation de celui-ci.

L'œuf doit être lourd. Il ne faut pas, si on l'agite, entendre un bruit de clapotis.

Après la ponte, au moment du refroidissement, le jaune et le blanc se contractent, provoquant un léger vide qui attire l'air entre les membranes de la coquille. Il se forme une poche appelée chambre à air. Cette poche est d'autant plus importante que l'œuf est vieux, d'où un déplacement de celui-ci dans la coquille et un bruit facilement reconnaissable.

Les deux parties du blanc doivent nettement se différencier et les chalazes apparaître nettement (les blancs d'un œuf moins frais tendent à se confondre et à se liquéfier).

Le jaune doit être bombé, brillant, un peu transparent (un jaune affaissé, de couleur terne, est propre à un œuf trop vieux pour la consommation).

Et si, encore une fois, les œufs à jaune foncé sont plus recherchés, sachez qu'ils n'ont aucune valeur nutritive particulière.

La forme de l'œuf n'a aucune incidence sur sa qualité, sinon que les œufs trop longs ou trop ronds sont plus difficiles à emballer, donc plus fragiles.

Quant à la présence de deux jaunes dans un œuf, cela signifie simplement qu'il provient d'une poule très jeune commençant seulement à pondre.

On peut également, soit plonger l'œuf dans un récipient d'eau salée (une cuiller à soupe de sel par verre d'eau) : s'il touche le fond, il est frais ; s'il reste entre deux eaux, mieux vaudra le manger bien cuit ; s'il flotte à la surface, il est incontestablement mauvais... soit le mirer, c'est-à-dire repérer par un système lumineux (placer l'œuf devant une source de lumière) la grandeur de la chambre à air (plus elle est petite, plus l'œuf est frais voir plus haut) ; l'ombre du jaune doit être bien centrée, assez claire et d'une mobilité relative.

Ce dernier procédé est utilisé industriellement à l'aide de mireurs perfectionnés appelés ovoscopes.

L'œuf et la loi

La concentration urbaine et l'éloignement des lieux de production rendent de plus en plus impossible au consommateur de se procurer un œuf fraîchement pondu. Cette fraîcheur était donc à sauvegarder quelques jours, voire quelques semaines. C'est pourquoi la commercialisation des œufs est maintenant strictement réglementée.

Les producteurs sont tenus de mirer les œufs et de les trier par qualité :

— Œufs extra-frais pour les œufs dont la chambre à air ne dépasse par 4 mm de profondeur (les œufs ont alors moins de 6 jours).

— Œufs frais pour les œufs dont la chambre à air est comprise entre 4 et 6 mm (les œufs ont moins de 12 jours).

— Œufs de deuxième choix pour tous les autres.

Cette dénomination de qualité doit figurer sur les emballages. Les autres appellations, telles que œuf coque, ne correspondent à rien de précis et ne sont d'ailleurs pas admises par la réglementation en vigueur.

Les œufs de deuxième choix doivent porter le chiffre « 2 » sur leur coquille et ceux de conserve, l'indication du mode de conservation auquel ils ont été soumis, c'est-à-dire :

— Un cercle pour les œufs conservés dans un bain de silicate de chaux.

— Un triangle pour les œufs réfrigérés en chambre froide.

— Un losange pour les œufs stabilisés dans un bain de gaz.

Un œuf traité dans ces conditions conserve toutes ses qualités mais doit être consommé rapidement après avoir été enlevé de son milieu de conservation.

Les œufs sont également classés par poids. Les calibrages sont imposés et doivent être affichés :

+ 70	=	plus de 70 grammes
67/68	=	de 65 à 70 grammes
62/63	=	de 60 à 65 grammes
57/58	=	de 55 à 60 grammes
52/53	=	de 50 à 55 grammes
47/48	=	de 45 à 50 grammes
— 45	=	45 grammes et moins

Cela, bien sûr, détermine leur prix de vente, mais il est intéressant de noter que la grosseur du jaune est à peu près constante, quelle que soit la taille de l'œuf.

Or c'est surtout dans le jaune que réside sa richesse alimentaire. La ménagère a donc avantage à rechercher les œufs de petite taille, moins chers et aussi nourrissants que les gros œufs.

Et s'il est préférable de manger l'œuf le plus frais possible, il est toutefois nécessaire d'attendre vingt-quatre heures après sa ponte avant de le consommer, temps nécessaire à la stérilisation.

Pour mieux conserver les œufs

1. Conservez les œufs à l'abri de l'air, de la chaleur et de l'humidité. Le froid ralentit ou stoppe la croissance des bactéries qui auraient traversé la coquille.

2. Ne lavez pas la coquille avant l'utilisation, les bactéries présentes ne peuvent franchir la coquille qu'en présence d'humidité.

3. Ne conservez pas les œufs au réfrigérateur plus d'une semaine.

4. Ne mettez jamais les œufs directement du réfrigérateur dans l'eau bouillante.

Le Beurre

Il existe différentes sortes de beurre. Les voici par ordre décroissant de qualité... et de prix !

Beurre fermier fin ou extra-fin

Il est fabriqué à la ferme avec du lait cru. C'est le meilleur, mais il ne se conserve pas longtemps : dix à douze jours. A réserver pour manger cru.

Beurre laitier

Il est fabriqué en usine avec des crèmes de lait non pasteurisé. Excellent, il a, lui aussi, une durée de conservation limitée. A déguster cru.

Beurre pasteurisé

Il est fabriqué en usine avec du lait pasteurisé. Moins fin que les beurres fermiers et laitiers, il est aussi moins cher et se conserve longtemps. Bon tel quel et pour la cuisine.

Beurre demi-sel

Il contient du sel dans une proportion inférieure à 5 %. Très bonne conservation. A consommer tel quel. Excellent pour la cuisine.

Beurre salé

Il contient du sel dans une proportion inférieure à 10 %. Longue conservation. Parfait pour la cuisine.

L'Huile

Lisez attentivement l'étiquette. Les meilleures huiles — celles-ci sont aussi les plus chères — sont les huiles vierges. Voici ce que vous trouverez en vente :

Huile vierge ou **huile naturelle :** c'est une huile extraite de fruits ou de graines par des procédés mécaniques, clarifiée seulement par des moyens physiques ou mécaniques et n'ayant subi aucun traitement chimique ni aucune opération de raffinage.

Huile de... ou **huile pure de... :** suivi d'un nom de fruit ou de graine. Cette huile provient uniquement de cette graine ou de ce fruit (noix, colza, tournesol, maïs).

Huile supérieure : provenant d'une ou plusieurs espèces de graines ou de fruits (tournesol, arachide, pépins de raisin). Cette huile ne contient pas plus de 1 % d'acide linolénique.

Huile comestible ou **huile de table :** mélange d'huiles alimentaires. L'indication de composition est facultative.

Huile d'olive vierge : extraite de l'olive par pression, centrifugation ou tous autres procédés mécaniques autorisés ; elle peut être clarifiée (par décantation, centrifugation ou filtration uniquement).

Huile d'olive vierge « extra » ou « extra fine » : acidité ne dépassant pas 1 %.

Huile d'olive vierge « fine » : acidité ne dépassant pas 1,5 %.

Huile d'olive vierge « courante » : acidité ne dépassant pas 3 %.

Huile d'olive : elle provient de l'olive, est exempte d'huiles de noyaux et peut être colorée à l'aide de colorants autorisés.

Huile d'olive « pure » : sans colorant.

Huile d'olive « deuxième qualité » : c'est un mélange d'huile d'olive vierge et d'huile d'olive. Huiles de noyaux autorisées dans une proportion ne dépassant pas 50 %.

Les Épices

Provenance, présentation et utilisation des épices

NOM	ORIGINE	PRÉSENTATION	UTILISATION
CANNELLE	Ecorce du cannelier de Ceylan et de Chine.	Tuyaux d'écorce roulée, séchée. Poudre.	Entremets, crèmes, marmelades, compotes de pruneaux, poires, pommes, pâtisseries, crêpes, beignets, vin chaud.
CARDAMOME	Graine d'une plante à rhizomes d'Inde et Viêt-nam.	Grains blanchis et décortiqués. Poudre.	Curry, viandes et poissons à l'indienne, bouquet garni pour court-bouillon, gâteaux, pain d'épices, vin chaud. Croqué, couvre l'odeur de l'ail.
CURCUMA	Tubercule de Malaisie et d'Inde, cultivé au Viêt-nam, aux Antilles et en Amérique centrale. Le plus estimé est celui du Bengale.	Séché, réduit en poudre.	Entre dans la composition du curry, de plats antillais, ou sert à colorer le riz en lui donnant une saveur épicée proche du gingembre.
GINGEMBRE	Tubercule originaire de l'Inde et de la Malaisie, cultivé au Viêt-nam, à Java, à la Jamaïque, aux Antilles.	Frais : gris avec son écorce extérieure blanche, dépouillé de sa peau. Poudre.	Frais. Râpé : aromatise salades et hors-d'œuvre, sauces. En morceaux. Au vinaigre : s'utilise comme les pickles. En confiture : avec rhum et citron pour accompagner les entremets froids. Confit et sucré en dessert. En poudre : aromatise certains gâteaux et petits pains. Certaines bières et des tonics sont parfumés au gingembre.

NOM	ORIGINE	PRÉSENTATION	UTILISATION
GIROFLE	Bouton floral du giroflier, cueilli avant épanouissement dans les îles Moluques.	Séché.	Piqué dans les oignons du pot-au-feu et des potées, courts-bouillons, dans le gigot pour atténuer le goût de l'ail, choucroute, cornichons au vinaigre, liq. ménagères.
MANIGUETTE	Grains brun rougeâtre extraits d'une baie africaine à l'état sauvage.	Séchée en poudre.	Entre dans la composition de certaines épices industrielles.
MUSCADE	Amande du fruit du muscadier des îles Moluques, arbre cultivé en Malaisie, à la Réunion, aux Antilles, à Madagascar.	Séchée, sous forme de bille oblongue. En poudre.	Râpée, pour aider la digestion des viandes lourdes ou grasses. Sauces, notamment sauce blanche. Légumes tels que épinards, choux-fleurs ; féculents, purée de pommes de terre. Compote de fruits, crèmes, pâtisseries, vin chaud, liq. ménagères.
MACIS	Enveloppe de la noix muscade.	Trempée, séchée, réduite en mucilage, en poudre.	Mélangé à d'autres épices, goût de muscade.
PIMENT	Fruit d'une plante herbacée, annuel dans les pays méditerranéens, vivace dans les pays tropicaux ; cultivé en Asie, Afrique, Europe.	Frais : piments d'Espagne ou d'Italie. En conserve. Au vinaigre. Séché (piment langue d'oiseau). En poudre (poivre de Cayenne, paprika de Hongrie, harissa d'Afrique du Nord).	Frais : salades, hors-d'œuvre, légumes frits, en ratatouille. Farci : en accompagnement de certains plats de viande. Confit au vinaigre : se marie aux pickles. En poudre (selon son origine) : salades brésiliennes ou orientales, boulet à la diable, chili con carne, goulasch, cary, couscous, etc., bisques de homard et d'écrevisses, sauces.
POIVRE	Fruit d'une liane sauvage en Inde et au Viêt-nam ; cultivé dans l'Asie méridionale, la Malaisie, l'Insulinde.	Séché, en grains. Poivre noir : fruit recouvert de son enveloppe, cueilli avant maturité. Poivre blanc : fruit mûr débarrassé de son enveloppe. En poudre.	Entre dans l'assaisonnement de la plupart des plats, des hors-d'œuvre et salades jusqu'aux fromages.

Les Aromates

Provenance, présentation et utilisation des aromates

NOM	ORIGINE	PRÉSENTATION	UTILISATION
ANETH	Fruit d'une ombellifère annuelle, originaire de l'Europe méridionale, de l'Inde, de la Perse et de l'Egypte, cultivée dans tout le Bassin méditerranéen, ressemblant au fenouil.	Sec en graines (petites lentilles aplaties). Frais en feuilles, comme du persil.	Marinades de poisson, conserves, pickles, vinaigre, sauces, ragoûts, croûtes de pain, gâteaux, dragées, liqueurs.
ANGÉLIQUE	Ombellifère du nord de l'Europe, de Russie, de Scandinavie et du Groenland.	Tiges cylindriques et creuses.	Entremets, poisson, vinaigre, confiserie (angélique confite), liqueur d'angélique, Bénédictine, Grande-Chartreuse.
ANIS VERT	Fruit d'une ombellifère annuelle, originaire d'Asie Mineure, probablement d'Egypte, voire de Russie, cultivé en Russie, en Espagne, à Malte, en France (Languedoc, Côte d'Or, Touraine).	Grains séchés battus au fléau et ensachés.	Entremets, soupes de poissons, bouillabaisse, loup de mer farci, viandes, gibiers, sauces, salades, crèmes, soufflés, tartes, bretzels à l'anis, kletzenbrot, pain d'épices, dragées, liqueurs, anisette.
ANIS ÉTOILÉ ou **BADIANE**	Fruit d'un arbre exotique de la famille des magnoliacées : le badianier, originaire de Chine méridionale, surtout cultivé au Tonkin, dans la région de Lang-Son.	Fruit en forme d'étoile, sec et dur.	Entre dans la préparation du curry, bière, infusions avec le ginseng, liqueurs (vermouth, anisette, quinquina).
BASILIC	Labiée originaire des Indes, très anciennement cultivée en Egypte et en Grèce, annuelle.	Frais ou séché, feuilles, rameaux.	Feuilles : salades. Rameaux : vinaigre. Séché : composition des bouquets de "persil" pour ragoûts, sauces, courts-bouillons de poisson, soupe provençale au pistou.

NOM	ORIGINE	PRÉSENTATION	UTILISATION
CARVI	Plante ombellifère bisannuelle, originaire d'Asie Mineure, à l'état spontané dans toute l'Europe centrale et septentrionale, en France dans les pâturages alpins et vosgiens.	Racines, graines.	Racines : utilisées comme légume. Graines : pour aromatiser soupes, ragoûts et surtout choucroutes, fromages (livarot, munster, fromage de Leyde), pain, pâtisserie (biscuit d'York, Carvi biscuit), dragées des Vosges ; liqueur : kummel.
CÉLERI	Légume originaire des bords de la Méditerranée, cultivé en France dans les jardins.	En branches. En poudre.	Céleri-rave : cuit ou cru en salade, potages. Céleri en branches : à la sauce Béchamel, à la maître d'hôtel, à la crème, sauté, braisé, en ragoût. Sel de céleri : Viandox et jus de tomate.
CERFEUIL	Plante potagère originaire de Grèce.	Herbe, graines.	Une des fines herbes avec la ciboule, les cives, le persil, pour assaisonner salades, omelettes, vinaigrettes, potages. Bouquets garnis pour ragoûts et sauces. Graines : en salade, à l'huile et au vinaigre.
CORIANDRE	Herbacée originaire d'Orient, naturalisée aux abords de la Méditerranée, en Grèce, en Egypte, au Sahara, cultivée en France et au Maroc.	Graines, poudre.	Entre dans la composition du curry. Confite dans du vinaigre pour viandes et charcuterie. Cibior, champignons à la grecque, bière, pain, gâteaux, liqueurs : eau de mélisse, base de la Chartreuse, de l'Izarra, de la liqueur d'Hendaye, cordial.
CUMIN	Plante annuelle originaire d'Asie centrale et du Turkestan, cultivée à Malte, au Maroc, en Egypte, en Prusse, en Russie, en Norvège et en France dans le Var et le Vaucluse.	Graines, poudre.	Charcuterie, saucisses, choucroute, fromage, pain. Liqueurs : crèmes de Munich.

NOM	ORIGINE	PRÉSENTATION	UTILISATION
ESTRAGON	Plante de la famille des armoises, originaire des vallées de la Russie méridionale, des plaines de Tartarie et de Sibérie, cultivée en France dans les jardins.	Herbe.	Remplace sel, poivre, pour aromatiser salades, vinaigre. Entre dans la composition des bouquets de "persil" et des fines herbes, sauces (béarnaise, rémoulade, ravigote), poulets de grain, chapons farcis, blanquette.
FENOUIL	Plante originaire des bords de la Méditerranée, d'Egypte, de Chine, d'Inde, cultivée dans le midi et l'ouest de la France.	Tiges, graines, ombelles coupées avant maturité, battues au fléau avant d'être vannées, hachées.	Tiges : litières pour poissons grillés (loup, rouget). Haché : sauces, légumes, daubes, choucroutes. Graines : conserves de cornichons, concombres, câpres, olives, pain, fromage, gâteaux. Liqueurs : entre dans la fabrication de l'anisette, de la Chartreuse et de l'absinthe.
GENIÈVRE	Conifère répandu un peu partout en France (landes, bois, coteaux).	Graines, baies.	Bois : sert à fumer les viandes. Baies : aromatisent chair, gibier à poil et à plume, boissons alcoolisées : "genevrette", crème de genièvre, ratafia, gin.
HYSOPE	Plante originaire de la Méditerranée et de l'Asie méridionale, peu cultivée en France, sauf dans le Doubs et la Haute-Saône.	Feuilles, rameaux.	Feuilles : sur les tranches de pain bis, recouvertes de lait et saupoudrées de sel. Rameaux : sauces, ragoûts, bouquets de "persil". Liqueur : élixir de la Grande-Chartreuse.
LAURIER	Plante originaire d'Asie Mineure, à l'état rustique en Provence et dans l'ouest de la France.	Feuilles.	Sauces, courts-bouillons, marinades, bouquets de "persil", saucissons, jambons.

NOM	ORIGINE	PRÉSENTATION	UTILISATION
MARJOLAINE ou **ORIGAN**	Plante originaire d'Asie Mineure. Cultivée en France.	Feuilles.	Entre dans la confection d'épices diverses pour hachis, ragoûts, sauces, tomates farcies, charcuteries, pois, fèves, salades, bière, thé, liqueurs.
MENTHE	Plante cultivée en Angleterre (à Mitcham), en France (dans les Alpes-Maritimes, à Milly-la-Forêt).	Feuilles.	Sauce à la menthe à la française (gigots), à l'anglaise (gigots d'agneau, mouton), petits pois, pommes de terre, salades, sirops, crèmes, alcools (Bénédictine), thé.
PERSIL	Ombellifère originaire de Sardaigne, à l'état sauvage dans toute l'Europe méridionale. Cultivée dans les jardins.	Feuilles et tiges.	Garniture décorative, potages, base des bouquets de "persil", litières pour poissons ou croquettes, assemblé aux épices et plantes aromatiques pour cuisson des poissons, des viandes, des ragoûts, du gibier ou des crustacés, sauces (dont sauce verte), persillade (bœuf bouilli), omelettes aux fines herbes, féculents, salades.
POURPIER	Plante annuelle originaire du Proche-Orient, de Russie méridionale, d'Iran et de Grèce.	Feuilles.	Peu utilisé en cuisine. Cuit : potages, en salade à la place de l'oseille et de l'épinard. Cru : en salade, relevé à l'ail.
ROMARIN	Labiée originaire de la région méditerranéenne, à l'état spontané sur dunes et coteaux. Cultivée dans les jardins.	Tiges, fleurs.	Apéritif obtenu par distillation de la plante dans du banyuls ou du frontignan. Donne du bouquet aux vins ordinaires. Bouquets garnis pour aromatiser gibiers (civets de lièvre, gibelottes de lapin), poissons, viandes (mouton), saumures (jambon de Bayonne). Fleurs : infusions.

NOM	ORIGINE	PRÉSENTATION	UTILISATION
SARRIETTE	Labiée annuelle d'origine méditerranéenne, à l'état spontané sur coteaux arides. Cultivée dans les jardins.	Rameaux.	Salades, daubes, ragoûts, marinades, sauces, correctif du gibier faisandé, vinaigre, fèves, haricots, lentilles, petits pois, liqueurs : Chartreuse, infusions.
SAUGE	Plante à l'état spontané sur coteaux secs. Cultivée dans les jardins.	Branches.	Entre dans la composition du bouquet de "persil". Jeunes pousses : en salade. Branches : ragoûts de mouton ou rôtis de porc. Associée au genièvre et au romarin, donne du bouquet aux vins, remplace cannelle dans vin chaud. Très appréciée en Extrême-Orient (infusions).
SERPOLET	Plante à l'état spontané dans les lieux arides, les anciens champs caillouteux, les rocailles.	Rameaux.	Entrc dans la composition des bouquets de "persil" pour civets, ragoûts, sauces et marinades. Parfume chair de mouton, de lapin, courts-bouillons, saumures pour préparation des jambons et saucissons.
THYM	Plante vivace originaire de la région méditerranéenne, du Portugal, d'Espagne où il croît à l'état sauvage. Cultivé aussi bien sur des terres légères que pierreuses.	Touffes compactes.	Entre dans la composition des bouquets garnis pour accompagner civets, boudins, ragoûts, soupes de poissons, marinades de gibier, de chevreuil, de sanglier, civets de lièvres, gibelottes de lapin. Relève gelées et galantines, saumures, pain cuit au four chauffé avec du thym.
VANILLE	Fruit originaire du Mexique.	Gousse.	Parfum condimentaire destiné aux mets sucrés, entremets, œufs à la neige, chocolat, crèmes (à la vanille), riz soufflé associé au café et au cacao. Liqueur "crème à la vanille".

Le Fromage

Le fromage est l'une des richesses gastronomiques de notre pays
et il a toujours sa place au menu,
aux repas familiaux comme dans les grandes réceptions.
Il en existe plus de trois cents, classés en cinq familles :
les pâtes fraîches, les pâtes fondues,
les pâtes cuites, les pâtes molles, les pâtes persillées.
A cette liste ajoutons les fromages de chèvre,
si savoureux dans leur variété.

Nous avons répertorié les différents fromages et donné
pour chacun d'entre eux la région, le type de pâte, la teneur
en matière grasse, et enfin la meilleure saison de consommation
et les secrets pour les bien choisir.

Ainsi pourrez-vous composer des plateaux de fromages de qualité,
appréciés par les petits comme par les grands.

Vous aimez le fromage, mais le connaissez-vous vraiment ? Bien sûr, quand il est dans votre assiette vous savez en apprécier la saveur et faire la différence entre le bon, le mauvais ou le médiocre. Nous souhaitons vous permettre de présenter « à coup sûr » sur votre table les meilleurs fromages en vous apprenant à les bien choisir parmi les centaines de produits qui vous sont proposés aussi bien dans les crémeries traditionnelles que dans les grandes surfaces.

Le fromage est un aliment obtenu par la fermentation du lait caillé, lait de vache, de brebis ou de chèvre. Le caillage du lait se fait par l'addition de présure, tout comme le font de nombreuses maîtresses de maison chez elles, à la campagne surtout. La suite des opérations se complique et surtout se diversifie selon le résultat que l'on veut obtenir. Résumons-les : au moulage, qui donne au fromage sa forme, aux lavages et frottages avec de l'eau salée ou parfois du vin, de la bière ou même de l'alcool régional, à l'égouttage et au séchage, et enfin à l'affinage. Ce dernier stade est extrêmement important car de lui dépend la qualité du produit : le fromage est placé dans une cave où règnent une température et une humidité bien déterminées pour chaque type de pâte ; il y « mûrit » à la façon dont le vin se bonifie en cave, et cela pendant un temps très variable ; ainsi il faut deux à trois semaines pour un camembert et six mois pour du beaufort. Cet affinage a lieu chez les producteurs de fromages, industriels ou fermiers, mais il peut être poursuivi par le commerçant soucieux d'offrir des produits parfaitement à point pour la consommation. Ces commerçants ajoutent à leur dénomination de fromager celle d'affineur.

Voici un petit « truc » pour repérer les bons camemberts, pont-l'évêque, carrés de l'Est, livarots et autre pâtes molles vendus en boîtes : s'ils remplissent bien ces dernières c'est qu'ils sont à point et pas desséchés.

Rares sont les crémiers et les grandes surfaces qui disposent de caves d'affinage où les produits sont « soignés » jusqu'au moment où ils sont parfaits pour la consommation. Alors, devenez affineur vous-même : achetez le fromage tel qu'il vous est proposé et placez-le dans une boîte en plastique que vous mettrez dans le bac à légumes de votre réfrigérateur. Retournez-le deux à trois fois dans la semaine. Vous jugerez au toucher, par sa souplesse sous votre doigt, qu'il est prêt à être dégusté.

En règle générale, préférez toujours un fromage fermier à un fromage laitier : le premier est de préparation artisanale à base d'un lait cru qui a gardé toute sa saveur ; le second est préparé industriellement avec un lait pasteurisé (parfois même en poudre) au goût plus neutre.

Comment reconnaître l'un de l'autre ? Le fermier a une apparence rustique : sa forme est irrégulière, la couleur de sa croûte n'est pas uniforme.

La provenance compte aussi. Un bon camembert, par exemple, ne peut être que normand ; le brie, fabriqué en Ile-de-France. Lisez donc les étiquettes attentivement, elles indiquent obligatoirement le lieu de fabrication.

Autre point important : la saison. Tous les fromages ne sont pas bons toute l'année.

Et maintenant la classification des fromages.

Il en existe plus de 300. Difficile de donner un chiffre exact car certaines productions fermières disparaissent au fur et à mesure que se dépeuplent nos campagnes.

Les fromages sont classés en cinq grandes familles : les pâtes fraîches, les pâtes fondues, les pâtes cuites, les pâtes molles, les pâtes persillées.

Grâce à nos tableaux, à vous de choisir !

Christian CANTIN,
maître fromager.

Pour bien choisir et acheter les fromages

FROMAGE	RÉGION D'ORIGINE	LAIT	TYPE DE PÂTE	TENEUR EN MATIÈRE GRASSE	MEILLEURE SAISON DE CONSOMMATION	COMMENT CHOISIR
ABONDANCE	Savoie (vallée d'Abondance)	Vache (écrémé en partie)	Pressée, non cuite	40 %	Fin juin à fin septembre	Croûte fine. Pâte à la fois ferme et souple.
AISY CENDRÉ	Bourgogne	Vache	Molle	45 %	Mi-septembre à mi-juin	Revêtement de cendre gris noir. Pâte plutôt dure et blanche.
ALIGOT (ou tomme fraîche)	Aquitaine Rouergue	Vache	Pressée, non cuite	45 %	Juin à septembre	Pas de croûte. Pâte souple de couleur ivoire.
APPENZELL	Appenzell (en Suisse)	Vache	Pressée, cuite assez dure	45 %	Mi-juin à mars	Croûte jaune, sans rugosités ni gerçures. Pâte ivoire, ferme, avec quelques petits trous.
ARÔME au gène de marc	Lyonnais	Chèvre	Même que rigotte et saint-marcellin	45 %	Fin septembre à fin février	Croûte visqueuse. Forte odeur de marc.
BAGUETTE LAONNAISE	Valais (en Suisse)	Vache	Molle	45 %	Fin juin à fin février	Croûte brillante et lisse, de couleur brique. Pâte assez tendre. Odeur forte.
BANON	Provence	Vache, Chèvre ou Brebis	Molle	45 %	Vache : toute l'année Chèvre : juin à mi-septembre Brebis : avril à septembre	Feuilles de châtaignier bien sèches.
BEAUFORT	Savoie Haute-Tarentaise	Vache	Dure, pressée, cuite	50 %	Décembre à fin septembre	Pâte jaune très pâle, lisse, avec des "becs".
BEAUMONT	Savoie	Vache, pasteurisé	Pressée, non cuite	50 %	Fin juin à fin novembre	Croûte jaune, mince et régulière. Pâte homogène et souple.
BEL PAESE	Lombardie (en Italie)	Vache, pasteurisé	Pressée, non cuite	45 % à 50 %	Toute l'année	Mince croûte lisse et jaune. Pâte jaune clair, moelleuse et tendre.
BLEU D'AUVERGNE	Auvergne	Vache	Molle à moisissures internes bleues	45 %	Fin juin à mi-septembre	Pâte bien persillée et onctueuse.

FROMAGE	RÉGION D'ORIGINE	LAIT	TYPE DE PÂTE	TENEUR EN MATIÈRE GRASSE	MEILLEURE SAISON DE CONSOMMATION	COMMENT CHOISIR
BLEU DE BRESSE	Pays de l'Ain	Vache, pasteurisé	Molle, veinée de bleu	50 %	Toute l'année.	Pâte souple sous le doigt.
BLEU DES CAUSSES	Aquitaine Rouergue	Vache	Molle à moisissures internes bleues	45 %	Fin juin à fin octobre	Pâte grasse à moisissures bleues abondantes.
BLEU DE GEX	Franche-Comté Pays de Gex	Vache	Un peu pressée, très veinée de bleu	45 %	Fin juin à fin septembre	Pâte grasse, très veinée.
BLEU DE SASSENAGE	Dauphiné	Vache	Un peu pressée à veinures bleues internes	45 %	Fin juin à novembre	Croûte gris-bleu, peu rugueuse. Pâte persillée bien répartie, souple, peu odorante.
BONBEL	France	Vache, pasteurisé	Pressée, non cuite	45 % à 50 %	Toute l'année	Croûte régulière, de couleur paille clair. Pâte lisse et moelleuse.
BONDARD	Normandie Pays de Bray	De vache enrichi	Molle, double crème	60 %	Fin octobre / novembre	Croûte grise et non rougeâtre.
BONDON DE NEUFCHÂTEL	Pays de Bray Normandie	Vache	Molle	45 %	Fin juin à fin février	Croûte duveteuse avec quelques petites taches rouges. Pâte homogène et souple.
BOULETTE D'AVESNES	Flandre Hainaut	Vache	Molle, broyée, malaxée	50 %	Juin à fin février	Croûte rougeâtre. Odeur forte.
BOUTON DE CULOTTE	Bourgogne	Chèvre, mi-chèvre ou vache	Molle, durcie en cellier	40 % à 45 %	Décembre à mars	Croûte jaunâtre. Pâte dure.
BRESSAN	Pays de l'Ain	Chèvre ou mi-chèvre	Molle	40 % à 45 %	Fin juin à fin novembre	Croûte jaune clair, sans moisissures. Pâte homogène et souple.
BRIE DE COULOMMIERS	Ile-de-France	Vache	Molle	45 %	Septembre à mars	Croûte légèrement duvetée, tachetée de rouge. Pâte jaune crémeuse mais non coulante.
BRIE LAITIER	Ile-de-France	Vache, pasteurisé	Molle	45 %	Toute l'année	Croûte duveteuse avec quelques pigments rouges. Pâte jaune, lisse, souple et moelleuse.

FROMAGE	RÉGION D'ORIGINE	LAIT	TYPE DE PÂTE	TENEUR EN MATIÈRE GRASSE	MEILLEURE SAISON DE CONSOMMATION	COMMENT CHOISIR
BRIE DE MEAUX	Ile-de-France	Vache	Molle	45 %	Fin juin à fin février	Croûte légèrement duvetée et tachetée de rouge. Pâte jaune, crémeuse.
BRIE DE MELUN	Ile-de-France	Vache	Molle	40 % à 45 %	Fin juin à fin février	Croûte colorée de traces rouges et gris foncé. Pâte souple sous le doigt, mais avec un peu de résistance.
BRILLAT-SAVARIN	Pays de Bray Normandie	Vache	Molle, triple crème	75 %	Toute l'année	Croûte blanche duveteuse. Pâte jaune clair, assez ferme, très grasse.
BROCCIO	Corse	Brebis, chauffé et battu	Fraîche, non salée	45 %	Toute l'année	Préparer le broccio pas trop égoutté : il est plus moelleux.
CABECOU D'ENTRAYGUES	Rouergue	Chèvre	Molle	45 %	Novembre à début mars	Croûte lissée, légèrement bleutée. Pâte ferme.
CABECOU DE ROCAMADOUR	Rouergue	Chèvre	Molle	45 %	Novembre à début mars	Mince peau rosée et bleutée. Pâte assez tendre.
CAILLEBOTTE	Poitou	Vache	Fraîche, non salée	Variable	Fin juin à mi-septembre	Blanc, tendre et gras.
CAMEMBERT	Normandie Pays d'Auge	Vache (cru)	Molle	45 %	Juin à octobre	Croûte ridée, non lisse, blanche, légèrement tachetée de rouge. Pâte souple sous le doigt, sur les bords comme au centre du fromage.
CANCOILLOTTE	Franche-Comté	Vache, écrémé	Cuite	30 %	Toute l'année	Pâte jaune clair pouvant avoir des reflets verdâtres. Quand la pâte est grise, elle n'est plus consommable.
CANTAL	Auvergne	Vache	Pressée, non cuite	45 %	Juin à septembre	Croûte grise, lisse, à reflets dorés. Pâte jaune très pâle, lisse.
CAPRICE DES DIEUX	Bassigny-en-Champagne	Vache, pasteurisé enrichi	Molle, double crème	60 %	Toute l'année	Croûte blanche duveteuse. Pâte jaune, molle et lisse.
CARRÉ DE L'EST	Champagne ou Lorraine	Vache, pasteurisé	Molle	45 % à 50 %	Toute l'année	Croûte blanche duveteuse. Pâte souple, mais assez ferme sous le doigt. Légère odeur de forêt.

FROMAGE	RÉGION D'ORIGINE	LAIT	TYPE DE PÂTE	TENEUR EN MATIÈRE GRASSE	MEILLEURE SAISON DE CONSOMMATION	COMMENT CHOISIR
CHABICHOU	Poitou	Chèvre	Molle	45 %	Fin juin à fin octobre	Croûte à dominante rouge, avec moisissures gris-bleu. Pâte ferme.
CHAOURCE	Champagne	Vache	Molle	45 % à 50 %	Fin juin à fin novembre	Croûte blanche duveteuse. Pâte souple. Légère odeur de forêt.
CHAROLAIS	Bourgogne	Chèvre, mi-chèvre	Molle	40 % à 45 %	Fin juin à fin novembre	Croûte grisâtre. Pâte de consistance assez ferme.
CHESHIRE	Grande-Bretagne	Vache	Pressée, non cuite, colorée en rouge	45 %	Toute l'année	Croûte grisâtre unie, légèrement brillante. Pâte colorée en rouge, lisse, grasse et ferme.
CHESTER	France	Vache	Pressée, non cuite, colorée en rouge	45 %	Toute l'année	Croûte jaune unie. Pâte homogène, jaune, assez ferme.
CHEVROTIN DES ARAVIS	Savoie	Chèvre	Pressée, non cuite	45 %	Fin juin à novembre	Croûte jaune rosé. Pâte assez souple sous le doigt.
CŒUR DE BRAY	Normandie Pays de Bray	Vache	Molle	45 %	Juin à septembre	Croûte blanche veloutée. Pâte légèrement ferme.
COMTÉ	Franche-Comté	Vache	Pressée, cuite	45 %	Début septembre à mi-mars	Trous de la grosseur d'une noisette, très espacés, avec quelques "becs". Pâte jaune très clair. Croûte grise.
COULOMMIERS	Ile-de-France	Vache	Molle	45 % à 50 %	Toute l'année, sauf mai et début juin	Croûte ridée, blanc grisâtre, avec un peu de rouge. Pâte jaune pâle et crémeuse.
CROTTIN DE CHAVIGNOL	Berry	Chèvre	Molle	45 %	Avril à fin novembre	Croûte à moisissures blanches ou bleuâtres. Pâte à consistance demi-dure.
DÉLICE DE SAINT-CYR	Brie (en Ile-de-France)	Vache, enrichi	Molle, triple crème	75 %	Toute l'année	Croûte blanche duveteuse avec petites taches rouges. Pâte jaune pâle, moelleuse, assez souple.
DUCS	Tonnerrois (en Bourgogne)	Vache, pasteurisé	Molle, à caillé divisé	50 %	Toute l'année	Croûte légèrement duveteuse. Pâte molle.
EDAM	Pays-Bas	Vache	Pressée, demi-dure	30 % à 40 %	Toute l'année	Croûte lisse. Pâte homogène, sans trous, assez dure sans être cassante.

FROMAGE	RÉGION D'ORIGINE	LAIT	TYPE DE PÂTE	TENEUR EN MATIÈRE GRASSE	MEILLEURE SAISON DE CONSOMMATION	COMMENT CHOISIR
EDAM DEMI-ÉTUVÉ	Pays-Bas France Belgique	Vache	Pressée, demi-dure	30 % à 40 %	Toute l'année	Croûte lisse. Pâte homogène, sans trous, assez dure sans être cassante.
EDAM ÉTUVÉ	Pays-Bas France Belgique	Vache	Pressée, demi-dure	30 % à 40 %	Toute l'année	Croûte paraffinée jaune-rouge. Pâte dure et cassante, sans trous.
EDAM FRANÇAIS	France	Vache, pasteurisé	Pressée, réchauffée	40 %	Toute l'année	Croûte paraffinée teintée de rouge. Pâte jaune, lisse, luisante, avec parfois quelques petits trous.
EMMENTAL	Suisse	Vache, cru, pasteurisé ou activisé	Pressée, cuite	45 %	Toute l'année	Croûte sèche, jaune ou brun clair. Pâte ferme, jaune ivoire, avec trous ronds, pas trop rapprochés, de la taille maximale d'une noix.
EMMENTAL FRANÇAIS	Franche-Comté Savoie	Vache, cru, pasteurisé ou activisé	Pressée, cuite	45 %	Toute l'année	Croûte graissée. Pâte ivoire, riche en trous bien répartis. Aspect luisant.
EPOISSES	Bourgogne	Vache	Molle	45 %	De mi-juin à mi-mars	Croûte brun rougeâtre. Pâte souple. Odeur forte.
EXCELSIOR	Normandie Pays de Bray	Vache, enrichi	Molle, double crème	72 %	Juin à décembre	Croûte blanche duvetée. Pâte compacte ne cédant pas sous le doigt.
FEUILLE DE DREUX	Ile-de-France	Vache, écrémé en partie	Molle	30 % à 40 %	Septembre à mi-mars	Croûte grisâtre, tachetée de rouge. Pâte souple.
FONDU AU RAISIN	Savoie	Vache	Fondue	45 %	Toute l'année	Eliminer les fromages dont la croûte porte des moisissures.
FOURME D'AMBERT	Auvergne Livradois	Vache	Molle, légèrement pressée, à moisissures internes	45 %	Mi-juin à mi-décembre	Croûte saine, grise, à pigmentations rougeâtres. Pâte grasse à très nombreuses moisissures bleu foncé.
GÉROMÉ	Lorraine	Vache, pasteurisé	Molle	45 % à 50 %	Toute l'année	Le fromage doit bien remplir sa boîte : c'est le signe qu'il n'est pas desséché.

FROMAGE	RÉGION D'ORIGINE	LAIT	TYPE DE PÂTE	TENEUR EN MATIÈRE GRASSE	MEILLEURE SAISON DE CONSOMMATION	COMMENT CHOISIR
GORGONZOLA	Lombardie (en Italie)	Vache	Molle, à moisissures bleues internes	48 %	Toute l'année	Croûte grise rougeâtre. Pâte jaune, molle, avec moisissures bleues nombreuses.
GOUDA	Pays-Bas	Vache, pasteurisé	Pressée, réchauffée	30 % à 40 %	Toute l'année	Croûte paraffinée, teintée de jaune. Pâte jaune, très ferme.
GOUDA DEMI-ÉTUVÉ	France Pays-Bas Belgique	Vache, pasteurisé	Demi-dure, réchauffée	30 % à 40 %	Toute l'année	Croûte lisse et luisante, paraffinée, teintée en rouge. Pâte jaune, très ferme, sans trous.
GOUDA ÉTUVÉ	France Pays-Bas Belgique	Vache, pasteurisé	Demi-dure, pressée	30 % à 40 %	Toute l'année	Croûte paraffinée, teintée en jaune, lisse et luisante. Pâte dure, sans trous ni fissures.
GOUDA FRANÇAIS	Flandres	Vache, pasteurisé	Pressée, réchauffée	30 % à 40 %	Toute l'année	Croûte paraffinée, teintée en jaune. Pâte lisse, luisante, colorée en jaune, comportant parfois quelques petits trous.
GOURNAY	Normandie Pays de Bray	Vache	Molle	45 %	Juin à décembre	Croûte blanc crème, légèrement duvetée. Pâte souple.
GRUYÈRE	Cantons de Fribourg, Vaud, Neuchâtel (en Suisse)	Vache	Pressée, cuite	45 %	Septembre à février	Croûte jaunâtre, peu rugueuse. Pâte jaune pâle, plutôt tendre, grasse, avec peu de petits trous.
LANGRES	Champagne-en-Bassigny	Vache	Molle	45 %	Juin à fin novembre	Croûte brun brique un peu poisseuse. Pâte souple. Odeur forte.
LIVAROT	Normandie	Vache	Molle	40 %	Juin à mi-mars	Croûte rougeâtre. Pâte crémeuse, homogène, sans trous.
MAROILLES	Hainaut Flandre Thiérache	Vache	Molle	45 % à 50 %	Fin juin à mi-mars	Croûte lisse et luisante, de couleur brun acajou. Pâte jaune et onctueuse.
MIMOLETTE	Hollande du Nord	Vache, pasteurisé	Pressée, réchauffée, colorée en orange	45 %	Toute l'année	Croûte dure, grise, légèrement rugueuse. Pâte orange, ferme, avec de rares trous de petite taille.

FROMAGE	RÉGION D'ORIGINE	LAIT	TYPE DE PÂTE	TENEUR EN MATIÈRE GRASSE	MEILLEURE SAISON DE CONSOMMATION	COMMENT CHOISIR
MIMOLETTE FRANÇAISE	Flandre	Vache, pasteurisé	Pressée, non cuite, réchauffée, colorée en orange	45 %	Toute l'année	Mince croûte grise. Pâte orangée, ferme et grasse, avec quelques petits trous.
MONSIEUR-FROMAGE	Normandie (dans le Roumois)	Vache, enrichi	Molle	60 %	Début juin à fin novembre	Croûte duvetée blanche. Pâte ferme, très grasse.
MONT-D'OR	Lyonnais	Chèvre, mi-chèvre ou vache	Molle	45 %	Chèvre : de juin à fin novembre Vache : toute l'année	Mince peau bleue avec taches rougeâtres. Pâte fine avec coulures.
MUNSTER	Alsace	Vache	Molle	45 % à 50 %	Fin juin à novembre	Croûte mince jaune ocré avec tachetures rouges. Pâte très souple. Odeur forte.
MUNSTER AU CUMIN	Alsace	Vache	Molle	45 % à 50 %	Fin juin à fin novembre	Croûte mince jaune ocré tachetée de rouge. Pâte très souple. Odeur forte.
NANTAIS	Bretagne	Vache	Pressée, non cuite	40 %	Toute l'année	Croûte lisse jaune clair ou ocrée. Pâte souple, onctueuse.
NEUFCHÂTEL	Normandie Pays de Bray	Vache	Molle	45 %	Mi-mars à fin novembre	Croûte duveteuse blanche avec petits points rouges. Pâte jaune, lisse et onctueuse.
NIOLO	Corse	Brebis	Molle	45 %	Fin juin à novembre	Peau lisse, gris-blanc. Pâte ferme et grasse, sans fissures.
OLIVET BLEU	Orléanais	Vache	Molle	45 %	Juin à décembre	Mince peau colorée de bleu. Pâte souple sous le doigt, jaune et lisse.
OLIVET CENDRÉ	Orléanais	Vache	Molle	40 %	Fin juin à fin février	Enrobage uniforme de cendre, pas trop desséché. Pâte assez ferme, cependant souple sous le doigt.
PARMESAN	Emilie (près de Parme, en Italie)	Vache	Pressée, cuite	32 %	Toute l'année	Croûte grise, lisse. Pâte jaune paille, granuleuse.

FROMAGE	RÉGION D'ORIGINE	LAIT	TYPE DE PÂTE	TENEUR EN MATIÈRE GRASSE	MEILLEURE SAISON DE CONSOMMATION	COMMENT CHOISIR
PITHIVIERS AU FOIN	Orléanais (surtout Gâtinais)	Vache	Molle	40 % à 45 %	Fin juin à fin novembre	Croûte grise avec brins de foin. Pâte jaune pâle, souple.
POIVRE D'ÂNE	Provence	Chèvre, vache ou chèvre et vache	Molle	45 %	Fin mars à mi-juin	Enrobage régulier d'herbes sèches. Pâte assez ferme sous le doigt.
PONT-L'ÉVÊQUE	Normandie	Vache	Molle	50 %	Fin juin à mi-mars	Croûte rougeâtre et lisse. Pâte souple, lisse et onctueuse.
PORT-SALUT	France (origine : Bretagne)	Vache	Pressée, non cuite	45 % à 50 %	Toute l'année	Croûte lisse portant l'empreinte de l'étamine dans laquelle le fromage est enveloppé pendant l'affinage. Pâte assez souple, jaune pâle.
POULIGNY-SAINT-PIERRE	Berry	Chèvre	Molle	45 %	Juin à mi-septembre	Mince croûte, légèrement bleutée. Pâte lisse assez souple.
PUANT-MACÉRÉ	Flandre et Thiérache	Vache	Molle	45 % à 50 %	Fin juin à mi-mars	Croûte rougeâtre. Pâte molle. Odeur très forte.
PYRAMIDE	Anjou Charentes Poitou Touraine	Chèvre	Molle	45 %	Toute l'année	Croûte blanche, duveteuse. Pâte assez ferme.
REBLOCHON	Savoie (massif des Aravis)	Vache	Molle, un peu pressée	50 %	Fin juin à fin novembre	Croûte lisse, jaune rosé. Pâte onctueuse, très souple sous le doigt.
RECOLLET	Lorraine	Vache, pasteurisé	Molle	45 % à 50 %	Toute l'année	Croûte blanche, duveteuse. Pâte souple.
ROLLOT	Picardie (arrondissement de Montdidier)	Vache	Molle	45 %	Juin à novembre	Croûte lisse et brillante, de couleur légèrement ocrée. Pâte souple.
ROQUEFORT	Aquitaine Rouergue	Brebis	Molle, persillée	45 %	Mars à novembre	Croûte sans moisissures, portant les traces des trous d'aiguilles qui favorisent le persillage intérieur. Pâte légèrement jaune, grasse, persillée dans la masse.

FROMAGE	RÉGION D'ORIGINE	LAIT	TYPE DE PÂTE	TENEUR EN MATIÈRE GRASSE	MEILLEURE SAISON DE CONSOMMATION	COMMENT CHOISIR
ROUY	Bourgogne	Vache, pasteurisé	Molle	45 %	Toute l'année	Croûte lisse, jaunâtre. Pâte souple, légèrement élastique sous le doigt.
SAINT-MARCELLIN	Isère	Vache	Molle	50 %	Toute l'année	Mince croûte gris bleuté. Pâte homogène, souple sous le doigt.
SAINTE-MAURE FERMIER	Touraine	Chèvre	Molle	45 %	Juin à novembre	Croûte fine, légèrement bleutée, avec des petites plaques rouges. Pâte assez ferme.
SAINTE-MAURE LAITIER (ou chèvre long)	Touraine	Chèvre	Molle	45 %	Juin à décembre	Croûte duveteuse blanche. Pâte homogène assez ferme.
SAINT-NECTAIRE	Auvergne (monts Dore)	Vache	Pressée, non cuite	45 %	Fin juin à fin novembre	Croûte à moisissures jaunes et rougeâtres. Pâte souple.
SAINT-PAULIN	France	Vache, pasteurisé	Pressée, non cuite	45 % à 50 %	Toute l'année	Croûte lisse, sans taches. Pâte lisse et moelleuse, de couleur jaune ocrée.
SBRINZ	Cantons de Schwyz, Uri, Unterwald (en Suisse)	Vache	Pressée, cuite	45 %	Toute l'année	Croûte jaune. Pâte jaune, dure, cassante.
SELLES-SUR-CHER	Orléanais Berry Sologne	Chèvre	Molle	45 %	Juin à fin novembre	Peau bleu sombre. Pâte très blanche, fine et ferme.
SORBAIS	Flandre Hainaut	Vache	Molle	45 % à 50 %	Juin à fin novembre	Croûte lisse et luisante, de couleur brun brique. Pâte souple et grasse, de teinte crème. Odeur assez forte.
STILTON	Grande-Bretagne (comté de Leicester)	Vache, enrichi	Molle, à moisissures internes	55 %	Mi-septembre à mi-mars	Croûte grise. Pâte de couleur crème, abondamment veinée de bleu-vert, plutôt souple.

FROMAGE	RÉGION D'ORIGINE	LAIT	TYPE DE PÂTE	TENEUR EN MATIÈRE GRASSE	MEILLEURE SAISON DE CONSOMMATION	COMMENT CHOISIR
TOMME AU MARC	Savoie	Vache (en partie écrémé)	Pressée, non cuite	20 % à 40 %	Mi-décembre à mi-mars	Croûte avec fermentations, mais sans suintements. Pâte ferme mais non dure.
TOMME DE SAVOIE	Savoie	Vache	Pressée, non cuite	20 % à 40 %	Juin à fin novembre	Croûte grise, sans gerçures, marquée de taches rouges et jaunes. Pâte souple et homogène de couleur jaunâtre.
VACHERIN D'ABONDANCE	Savoie (dans le Chablais)	Vache	Molle	45 %	Décembre à mi-mars	Croûte lisse, rose ocré. Pâte tendre, très crémeuse.
VACHERIN DES BAUGES	Savoie	Vache	Molle	45 %	Décembre à mi-mars	Croûte lisse et légèrement rose. Pâte très crémeuse.
VACHERIN MONT-D'OR	Franche-Comté	Vache	Molle	45 %	Septembre à mars	Croûte lisse et rosée. Pâte souple, tendre et crémeuse.
VACHERIN MONT-D'OR	Canton de Vaud (en Suisse)	Vache	Molle	45 %	Septembre à juin	Croûte rougeâtre, épaisse. Pâte blanche, grasse et crémeuse.
VALENÇAY	Berry	Chèvre	Molle	45 %	Mai à fin novembre	Croûte bleu marine et sèche. Pâte assez ferme.
VENDÔME BLEU	Orléanais	Vache	Molle	50 %	Mi-juin à mi-décembre	Mince croûte bleu clair. Pâte lisse et ferme.
VENDÔME CENDRÉ	Orléanais	Vache	Molle	50 %	Mi-juin à mi-mars	Croûte cendrée noirâtre. Pâte ferme mais pas dure.

Sachez acheter à la bonne saison

De bons produits sont la base de la bonne cuisine, qu'il s'agisse de plats simples comme de mets élaborés. Et dans ce domaine la nature est reine : à chaque saison ses produits.

Bien sûr on peut se procurer tout au long de l'année tomates, fraises, haricots verts, etc., venus des pays du soleil.

Mais ces produits, toujours très cher, n'ont jamais la saveur inimitable de ceux cueillis à la pleine saison de production.

Ainsi manger des fraises en décembre est un luxe flatteur pour une maîtresse de maison, mais qui n'apportera que peu de satisfaction aux vrais amateurs qui préféreront toujours ces fruits mûris à point au soleil de l'été.

Associez donc esprit d'économie et gourmandise en n'utilisant que des produits de saison.

Pour vous y aider, nous avons établi un calendrier qui vous indiquera les saisons des aliments : poissons, crustacés, viandes, volailles, gibiers, légumes et fruits.
Un calendrier à consulter avant d'aller faire votre marché.

Calendrier des Viandes, Gibiers, Volailles et Animaux de basse-cour

	MOIS											
	JAN	FÉV	MARS	AVRIL	MAI	JUIN	JUIL	AOUT	SEPT	OCT	NOV	DÉC
Agneau	pleine saison	pleine saison	saison moyenne	pleine saison		saison moyenne						
Bœuf	pleine saison	pleine saison	saison moyenne				saison moyenne			pleine saison	pleine saison	pleine saison
Mouton	pleine saison				saison moyenne	saison moyenne	pleine saison			pleine saison	pleine saison	pleine saison
Porc	pleine saison	saison moyenne	saison moyenne						saison moyenne	pleine saison	pleine saison	pleine saison
Veau			pleine saison	pleine saison	pleine saison	pleine saison	saison moyenne			saison moyenne		
Chevreuil		saison chère								pleine saison		
Faisan										saison chère		
Lièvre									pleine saison	saison chère	saison chère	pleine saison
Perdreau									pleine saison			
Perdrix									pleine saison	saison chère	saison chère	
Sanglier	saison chère	saison chère								pleine saison		
Canard						saison moyenne	pleine saison	pleine saison	pleine saison	saison moyenne	saison moyenne	saison moyenne
Chapon	pleine saison	pleine saison										pleine saison
Dinde	pleine saison	saison moyenne	saison moyenne							saison moyenne	saison moyenne	pleine saison
Oie	pleine saison	saison moyenne									pleine saison	pleine saison
Pigeon				saison chère	pleine saison	pleine saison	pleine saison	saison moyenne	saison moyenne			
Pintade							pleine saison	pleine saison	pleine saison			
Poule	pleine saison	saison moyenne	saison moyenne	saison moyenne	saison moyenne	saison moyenne	saison moyenne	saison moyenne	saison moyenne	pleine saison	pleine saison	pleine saison
Poulet				saison chère	saison moyenne	pleine saison	pleine saison	pleine saison	pleine saison			
Lapin	pleine saison	saison moyenne	saison moyenne	saison moyenne	saison moyenne	pleine saison	pleine saison	pleine saison	saison moyenne	saison moyenne	pleine saison	pleine saison

pleine saison — saison moyenne — saison chère — hors saison

Cabillaud en pot-au-feu. *(Recette page 306)*

Poulpes en daube. *(Recette page 370)*

Canard aux choux rouges. *(Recette page 405)*

Pâté en croûte de canard aux noisettes. *(Recette page 221)*

Calendrier des Poissons

	MOIS											
	JAN	FÉV	MARS	AVRIL	MAI	JUIN	JUIL	AOUT	SEPT	OCT	NOV	DÉC
Alose	moyenne	moyenne	moyenne	pleine	pleine	moyenne	moyenne	hors	hors	hors	hors	hors
Anguille	pleine	pleine	pleine	pleine	pleine	pleine	pleine	pleine	pleine	pleine	pleine	pleine
Bar	chère	chère	chère	pleine	pleine	pleine	pleine	pleine	hors	hors	hors	hors
Cabillaud	pleine	pleine	pleine	pleine	pleine	pleine	pleine	pleine	pleine	pleine	pleine	pleine
Carpe	moyenne	moyenne	chère	hors	hors	hors	hors	pleine	pleine	pleine	pleine	pleine
Colin ou Merluche	pleine	pleine	pleine	pleine	pleine	pleine	pleine	pleine	pleine	pleine	pleine	hors
Dorade	chère	chère	pleine	pleine	pleine	pleine	pleine	pleine	pleine	chère	chère	chère
Goujon	hors	pleine	pleine	pleine	pleine	pleine	pleine	hors	hors	pleine	pleine	pleine
Grondin	pleine	pleine	pleine	pleine	pleine	pleine	pleine	chère	chère	chère	pleine	pleine
Hareng	pleine	pleine	pleine	hors	hors	hors	hors	hors	hors	pleine	pleine	pleine
Lieu	pleine	pleine	pleine	pleine	pleine	hors	hors	hors	hors	hors	pleine	pleine
Limande	pleine	pleine	pleine	pleine	pleine	hors	hors	hors	hors	pleine	pleine	pleine
Maquereau	pleine	chère	chère	pleine	pleine	pleine	pleine	pleine	hors	hors	hors	hors
Merlan	pleine	pleine	pleine	hors	hors	moyenne	hors	hors	hors	moyenne	pleine	pleine
Morue	pleine	moyenne	moyenne	hors	hors	hors	hors	hors	hors	hors	hors	pleine
Perche	pleine	pleine	chère	hors	hors	hors	hors	pleine	pleine	pleine	pleine	pleine
Plie	pleine	hors	hors	hors	hors	pleine	pleine	pleine	pleine	pleine	pleine	pleine
Raie	pleine	pleine	pleine	pleine	pleine	pleine	pleine	pleine	pleine	pleine	pleine	pleine
Rouget	pleine	pleine	pleine	pleine	pleine	pleine	pleine	chère	pleine	chère	pleine	pleine
Sardine	pleine	pleine	pleine	pleine	pleine	pleine	hors	pleine	hors	hors	hors	hors
Saumon	pleine	pleine	hors	pleine	pleine	chère	chère	hors	hors	hors	hors	hors
Sole	pleine	pleine	chère	chère	chère	chère	chère	chère	pleine	pleine	pleine	pleine

pleine saison saison moyenne saison chère hors saison

Calendrier des Poissons et Crustacés et Œufs

	MOIS											
	JAN	FÉV	MARS	AVRIL	MAI	JUIN	JUIL	AOUT	SEPT	OCT	NOV	DÉC
Thon	saison moyenne	saison moyenne	saison moyenne	saison moyenne	pleine saison	pleine saison	pleine saison	saison moyenne	saison moyenne	saison moyenne	saison moyenne	saison moyenne
Truite	hors saison	hors saison	pleine saison	pleine saison	pleine saison	saison chère	hors saison	hors saison	hors saison	hors saison	hors saison	hors saison
Truite saumonée	saison chère	pleine saison	hors saison	hors saison	hors saison	hors saison	pleine saison	pleine saison	pleine saison	pleine saison	hors saison	hors saison
Turbot	pleine saison	pleine saison	pleine saison	pleine saison	pleine saison	pleine saison	pleine saison	pleine saison	saison chère	saison chère	saison chère	pleine saison
Crabe	hors saison	hors saison	hors saison	pleine saison	pleine saison	pleine saison	pleine saison	pleine saison	pleine saison	hors saison	hors saison	hors saison
Crevette	hors saison	hors saison	hors saison	pleine saison	pleine saison	pleine saison	pleine saison	pleine saison	pleine saison	hors saison	hors saison	hors saison
Écrevisse	hors saison	hors saison	hors saison	pleine saison	pleine saison	pleine saison	saison chère	pleine saison	pleine saison	hors saison	hors saison	hors saison
Homard	pleine saison	pleine saison	pleine saison	pleine saison	pleine saison	hors saison	hors saison	pleine saison	pleine saison	pleine saison	pleine saison	pleine saison
Huître	saison chère	saison chère	pleine saison	pleine saison	hors saison	hors saison	hors saison	hors saison	saison chère	saison chère	saison chère	saison chère
Langouste	pleine saison	pleine saison	pleine saison	pleine saison	pleine saison	hors saison	saison chère	pleine saison	pleine saison	pleine saison	pleine saison	pleine saison
Langoustine	pleine saison	pleine saison	pleine saison	pleine saison	pleine saison	hors saison	saison chère	pleine saison	pleine saison	pleine saison	pleine saison	pleine saison
Moule	hors saison	hors saison	hors saison	hors saison	hors saison	hors saison	hors saison	hors saison	pleine saison	hors saison	pleine saison	hors saison
Œufs	saison chère	saison chère	hors saison	pleine saison	pleine saison	pleine saison	saison moyenne	saison moyenne	saison moyenne	saison moyenne	saison moyenne	saison chère

pleine saison — saison moyenne — saison chère — hors saison

Calendrier des Légumes

	JAN	FÉV	MARS	AVRIL	MAI	JUIN	JUIL	AOUT	SEPT	OCT	NOV	DÉC
Artichauts				saison moyenne	saison moyenne	pleine saison	pleine saison					
Asperges			saison chère	saison chère	pleine saison	saison moyenne						
Aubergines			saison moyenne	saison moyenne	saison moyenne	saison moyenne	saison moyenne	pleine saison	pleine saison	saison moyenne		
Bettes						pleine saison	pleine saison	pleine saison	pleine saison			
Betteraves	saison moyenne	saison moyenne	saison moyenne	saison moyenne	saison moyenne	pleine saison	pleine saison	pleine saison	pleine saison	saison moyenne	saison moyenne	saison moyenne
Carottes	saison moyenne	saison chère	saison moyenne	saison moyenne	pleine saison	pleine saison	pleine saison	saison moyenne	saison chère	saison moyenne	saison chère	saison chère
Céleri branches									pleine saison			
Céleri-rave	saison moyenne	saison moyenne	saison moyenne						pleine saison	pleine saison	saison moyenne	saison moyenne
Champignons										pleine saison	pleine saison	pleine saison
Choux	saison moyenne	saison moyenne	saison moyenne	saison moyenne		saison moyenne	saison moyenne	saison moyenne	saison moyenne	saison moyenne	saison moyenne	saison moyenne
Choux-fleurs	saison moyenne	saison moyenne	saison moyenne	saison moyenne	saison moyenne	saison moyenne	saison moyenne	saison moyenne		saison moyenne	saison moyenne	saison moyenne
Choux de Brux.	pleine saison	pleine saison	pleine saison	pleine saison							pleine saison	pleine saison
Chou rouge	saison moyenne	saison moyenne	saison moyenne	saison moyenne	saison moyenne	saison moyenne	saison moyenne	saison moyenne	pleine saison	saison moyenne	saison moyenne	saison moyenne
Citrouille	pleine saison								saison moyenne	saison moyenne	saison moyenne	saison moyenne
Concombre					saison chère	pleine saison	saison moyenne					
Cornichons						pleine saison	pleine saison					
Endives	saison moyenne	saison moyenne	pleine saison	pleine saison							saison moyenne	saison moyenne
Epinards			saison chère	saison moyenne	pleine saison	saison moyenne	saison moyenne					
Haricots verts					saison chère	saison moyenne	pleine saison	pleine saison				
Haricots blancs									pleine saison	saison moyenne	saison moyenne	

pleine saison — saison moyenne — saison chère — hors saison

Calendrier des Légumes

	MOIS											
	JAN	FÉV	MARS	AVRIL	MAI	JUIN	JUIL	AOUT	SEPT	OCT	NOV	DÉC
Maïs						pleine saison	pleine saison	pleine saison	pleine saison			
Navets			saison moyenne	saison moyenne	saison moyenne	saison moyenne	saison moyenne	saison moyenne	pleine saison	saison moyenne		
Oignons						pleine saison	saison moyenne	saison moyenne				
Oseille				pleine saison								
Poireaux	pleine saison					pleine saison	pleine saison	pleine saison				
Pois				saison chère	pleine saison	saison moyenne	saison moyenne	saison moyenne				
Pom. de ter. nouv.			saison chère	pleine saison	saison moyenne	saison moyenne	saison moyenne	saison moyenne				
Pommes de terre	saison moyenne	saison moyenne			saison chère	pleine saison	saison moyenne	saison moyenne	saison moyenne	saison moyenne	saison moyenne	saison moyenne
SALADES												
laitue				pleine saison	pleine saison	pleine saison	pleine saison		pleine saison			
cresson					pleine saison							
mâche		pleine saison	pleine saison									
batavia						pleine saison						
pissenlit		pleine saison										
romaine			pleine saison	pleine saison	pleine saison	pleine saison	pleine saison		pleine saison			
Salsifis		pleine saison	pleine saison								pleine saison	
Tomates					saison moyenne	saison moyenne	pleine saison	pleine saison	saison chère			
Topinambours		pleine saison										
Légumes secs	saison moyenne	saison moyenne	saison moyenne	saison moyenne	saison moyenne	saison moyenne	saison moyenne	saison moyenne	saison moyenne	saison moyenne	pleine saison	saison moyenne
Lentilles	saison moyenne	saison moyenne	saison moyenne	saison moyenne	saison moyenne	saison moyenne	saison moyenne	saison moyenne	saison moyenne	saison moyenne	pleine saison	saison moyenne

pleine saison — saison moyenne — saison chère — hors saison

Calendrier des Fruits

	MOIS											
	JAN	FÉV	MARS	AVRIL	MAI	JUIN	JUIL	AOUT	SEPT	OCT	NOV	DÉC
Abricots	hors saison	hors saison	hors saison	hors saison	saison chère	saison chère	pleine saison	pleine saison	pleine saison	hors saison	hors saison	hors saison
Amandes (fraîches)	hors saison	hors saison	hors saison	hors saison	saison chère	saison chère	pleine saison	pleine saison	pleine saison	hors saison	hors saison	hors saison
Ananas	pleine saison	pleine saison	saison moyenne	saison moyenne	saison moyenne	pleine saison	pleine saison	pleine saison	pleine saison	pleine saison	pleine saison	pleine saison
Bananes	pleine saison	pleine saison	pleine saison	pleine saison	pleine saison	pleine saison	pleine saison	pleine saison	pleine saison	pleine saison	pleine saison	pleine saison
Cerises	hors saison	hors saison	hors saison	saison chère	saison chère	pleine saison	pleine saison	saison chère	saison chère	hors saison	hors saison	hors saison
Châtaignes	pleine saison	pleine saison	saison chère	hors saison	hors saison	hors saison	hors saison	hors saison	saison chère	pleine saison	pleine saison	pleine saison
Coings	hors saison	hors saison	hors saison	hors saison	hors saison	hors saison	hors saison	hors saison	pleine saison	pleine saison	saison chère	hors saison
Figues	hors saison	hors saison	hors saison	hors saison	hors saison	hors saison	hors saison	pleine saison	pleine saison	pleine saison	saison moyenne	hors saison
Fraises	hors saison	hors saison	hors saison	saison chère	saison moyenne	pleine saison	pleine saison	pleine saison	hors saison	hors saison	hors saison	hors saison
Framboises	hors saison	hors saison	hors saison	hors saison	hors saison	hors saison	pleine saison	pleine saison	pleine saison	saison moyenne	hors saison	hors saison
Groseilles	hors saison	hors saison	hors saison	hors saison	hors saison	hors saison	saison chère	pleine saison	pleine saison	saison moyenne	hors saison	hors saison
Mandarines	pleine saison	pleine saison	pleine saison	hors saison	hors saison	hors saison	hors saison	hors saison	hors saison	saison chère	saison moyenne	pleine saison
Noisettes (fraîches)	hors saison	hors saison	hors saison	hors saison	hors saison	hors saison	saison chère	pleine saison	pleine saison	saison moyenne	hors saison	hors saison
Noix	saison moyenne	hors saison	hors saison	hors saison	hors saison	hors saison	hors saison	hors saison	hors saison	saison moyenne	pleine saison	pleine saison
Oranges	pleine saison	pleine saison	pleine saison	saison moyenne	saison moyenne	saison chère	saison chère	saison chère	saison moyenne	pleine saison	pleine saison	pleine saison
Pamplemousses	pleine saison	pleine saison	pleine saison	pleine saison	saison moyenne	saison chère	saison chère	saison chère	pleine saison	pleine saison	pleine saison	pleine saison
Pêches	hors saison	hors saison	hors saison	hors saison	hors saison	saison chère	pleine saison	pleine saison	pleine saison	saison moyenne	hors saison	hors saison
Poires	saison moyenne	saison chère	saison chère	saison chère	saison chère	saison moyenne	pleine saison	pleine saison	pleine saison	pleine saison	pleine saison	saison moyenne
Pommes	pleine saison	pleine saison	pleine saison	saison chère	saison chère	saison moyenne	pleine saison	pleine saison	pleine saison	pleine saison	pleine saison	pleine saison
Prunes	hors saison	hors saison	hors saison	hors saison	hors saison	saison chère	saison moyenne	pleine saison	pleine saison	saison moyenne	hors saison	hors saison
Raisin	hors saison	hors saison	hors saison	hors saison	hors saison	saison chère	pleine saison	pleine saison	pleine saison	pleine saison	pleine saison	saison chère

pleine saison — saison moyenne — saison chère — hors saison

Conserves et Surgelés

Les premières existent depuis plus d'un siècle, les secondes sont entrées récemment dans notre vie domestique. La préparation des uns et des autres est sévèrement contrôlée.

Il existe bien sûr des différences de qualité et de prix selon les marques. Lisez toujours attentivement l'étiquette des conserves et suivez à la lettre le mode d'emploi indiqué : certaines doivent être passées sous un jet d'eau froide, d'autres réchauffées au bain-marie. Si elles n'ont pas toujours la saveur du « frais », elles sont cependant bien utiles pour préparer rapidement un repas ou faire face à un imprévu.

De même pour les surgelés. Leur fraîcheur est garantie et si leurs prix sont encore un peu élevés, vous avez en compensation un gain de temps considérable et une absence totale de déchets.

Les Conserves

Elles offrent une extrême variété et peuvent figurer sur la table familiale sans que vous ayez à craindre pour votre réputation de cordon bleu ni pour votre santé.

Le procédé de conservation des aliments en boîtes est universel : il s'applique à toutes les denrées, qu'elles soient simplement cuites ou savamment cuisinées. Il en résulte que la ménagère a à son service, dans tous les magasins d'alimentation, une gamme extraordinaire de conserves de toutes sortes, de produits nationaux et exotiques.

Loin d'être la cause d'une alimentation monotone, les conserves judicieusement employées permettent, au contraire, de mieux varier vos menus, d'enrichir vos repas et, finalement, de faire une cuisine plus personnelle.

Conserves et vitamines

Contrairement à ce que l'on a longtemps cru, les vitamines résistent à l'action de la stérilisation : on retrouve dans le produit de conserve 70 % en moyenne et 90 % parfois des vitamines présentes dans le produit frais. Le pourcentage de perte de vitamines est donc minime et, dans bien des cas, inférieur à celui que subit le produit frais au cours de la cuisson à la maison. Les conserves fournissent à notre organisme les trois aliments de base (glucides, lipides, protides) nécessaires à notre ration quotidienne. La stérilisation ne les altère en aucune façon. Les spécialistes de la nutrition sont formels à ce sujet. Pendant treize mois, les quinze membres d'une expédition polaire ont vécu au Groenland en parfaite condition physique alors qu'ils ne disposaient d'aucun aliment frais.

Strictement contrôlées

Aucun produit chimique ne peut être ajouté dans les boîtes de métal pour assurer la conservation de leur contenu. La loi l'interdit d'une façon très stricte. La conservation est assurée par le chauffage. Parfaitement hermétique, la boîte de métal met son contenu à l'abri de toute contamination.

L'intérieur des boîtes est recouvert d'un vernis doré, incolore ou blanc, parfaitement inoffensif, qui évite à certains légumes ou fruits de noircir ou de se décolorer au contact du fer blanc.

Le sifflement qui se produit parfois lorsqu'on ouvre une boîte n'est pas le signe d'un contenu défectueux. Il est provoqué par la précipitation de l'air extérieur dans le vide de la boîte.

L'emploi des conserves est économique, car il n'y a aucune perte de la denrée comme c'est parfois le cas lorsque l'on achète des produits frais : par exemple, il vous faudrait 1,6 kg de petits pois frais pour obtenir les 530 grammes de légumes que vous avez dans une boîte de conserve 4/4 de petits pois très fins. Si vous avez une balance, amusez-vous à faire les comptes : vous constaterez combien les conserves sont intéressantes.

Votre réserve de conserves

A toujours avoir dans votre placard (pour une famille de quatre personnes) :

— 3 boîtes de sardines 1/6,

— 2 boîtes 1/4 de thon au naturel,

— 2 boîtes 1/8 de miettes de thon,

— 4 boîtes 4/4 de légumes,

— 4 boîtes de plats cuisinés variés (par exemple : bœuf en gelée, ravioli, tripes, colin au naturel, cannelloni, gratin dauphinois, quenelles de volaille et de poisson),

— 2 boîtes 1/2 de légumes,

— 4 boîtes 1/8 de sauces,

— 4 boîtes 4/4 de fruits au sirop,

— 2 boîtes 4/4 de confitures.

Pensez à renouveler vos conserves au fur et à mesure que vous les avez consommées.

Gastronomie minute

Recevoir des amis à l'improviste est un plaisir... à condition de pouvoir préparer en peu de temps un agréable repas. Une réserve de conserves bien choisies vous permettra de toujours faire face à l'imprévu.

Voici quelques idées de menus, certains simples, d'autres raffinés, dont tous les éléments sont des conserves :

1. Sardines à l'huile sur toasts ; cassoulet au gratin ; poires au sirop.

2. Brandade de morue aux croûtons ; pigeon en gelée ; salade de haricots verts ; crème de marrons.

3. Quenelles de brochet ; langue de porc en salade ; fonds d'artichauts à la mayonnaise ; salade de fruits.

4. Bisque de homard ; jambonneau aux épinards ; ananas au kirsch.

5. Escargots en ramequin ; céleris à la charcutière (avec jambon) ; ananas au kirsch.

6. Sardines au gril ; noix de porc en gelée ; compote de pommes.

7. Bohémienne catalane avec œufs frits ; tarte aux pêches au sirop.

8. Haricots verts en salade aux anchois ; noix de jambon à la crème ; abricots au sirop.

9. Fonds d'artichauts vinaigrette ; daube aux coquillettes ; crème à la vanille.

10. Pain de thon ; lentille aux saucisses ; compote d'ananas.

VOS CONSERVES	CE QU'ELLES ACCOMPAGNERONT	VOTRE NOTE PERSONNELLE
Haricots verts et Petits pois	Grillades et rôtis de bœuf. Veau poêlé, braisé et rôti. Mouton grillé et rôti. Porc braisé et rôti. Volailles rôties (poulets et pigeons). Foie de veau. Ris de veau. Rognons.	Lardons rissolés. Sauce tomate. Noisettes sautées au beurre.
Epinards	Veau (escalopes et rôtis). Porc (côtes et rôtis). Charcuterie (jambon, saucisses, jambonneau). Foie de veau et de génisse. Œufs durs, mollets, en omelette, brouillés. Poissons (sardines, daurades, saint-pierre).	Crème fraîche ou béchamel. Dés de jambon. Croûtons dorés au beurre.
Haricots blancs et Flageolets	Mouton (gigot, épaule). Porc (rôtis, côtes, foie). Charcuterie (saucisses, cervelas, saucissons à cuire). Volailles grasses (oies, canard, dinde).	Sauce harissa. Sauce tomate. Dés de poivrons crus.
Macédoine de légumes	Viandes et volailles froides. Poissons blancs cuits au court-bouillon. Jambon.	Rondelles de tomates crues. Mayonnaise. Câpres, cornichons, olives.
Cœurs de céleris	Bœuf (rôtis, grillades). Veau (escalopes, côtes). Porc (rôti). Jambon. Volailles rôties.	Crème fraîche. Jus de viande. Dés de jambon.
Salsifis	Veau (rôti, sauté). Porc (rôti).	Hachis d'échalotes cuit dans du vin blanc.
Choux de Bruxelles	Porc (rôti). Charcuterie (saucisses, lard, jambonneau, petit salé). Volailles (oies, canards, dindes, pintades).	Lardons, fines herbes. Jus de viande. Béchamel, crème fraîche.
Champignons	Toutes les viandes et volailles rôties. Toutes les viandes et volailles en sauce. Œufs (brouillés, omelette).	Hachis de fines herbes. Anneaux d'oignons frits.
Fonds d'artichauts	Toutes les viandes rouges et blanches rôties. Toutes les volailles rôties. Poissons blancs cuits au court-bouillon. Œufs (pochés, durs).	Mayonnaise. Sauce mousseline. Anchois. Fromage râpé.
Lentilles	Porc (rôti, braisé). Saucisses. Cervelas. Jambonneau. Palette de porc.	Lardons, gousses d'ail. Chair à saucisse émiettée.

Les Surgelés

Dans la conception de vos menus, ne négligez pas les produits surgelés du commerce. Ils sont sains et frais, strictement contrôlés. Leur utilisation est simple. Il vous suffit de vous conformer au mode d'emploi, qui est toujours indiqué sur l'emballage des produits "au naturel" comme sur celui des plats cuisinés.

Si vous en avez le goût et le temps, vous pouvez aussi vous amuser à composer des recettes originales à partir de produits surgelés. Vous varierez ainsi vos menus tout en passant moins de temps aux préparations de base, puisque vous emploierez des denrées déjà nettoyées et souvent partiellement cuites. Les possibilités sont infinies, en toute saison et pour toutes les bourses.

La liste ci-dessous vous donnera un aperçu de la gamme des surgelés et congelés que vous pourrez vous procurer dans le commerce.

Les légumes :

Artichauts
Asperges
Aubergines
Carottes
Céleris
Cèpes
Choux
Choux de Bruxelles
Choux-fleurs
Epinards
Flageolets
Choux-raves
Haricots verts
Courgettes
Maïs
Navets
Pois
Poireaux
Salsifis
Macédoine
Pommes de terre crues
Poivre vert

Les plus vendus : Haricots - Petits pois - Epinards - Choux de Bruxelles

Les fruits :

Cassis
Fraises
Framboises
Groseilles
Mûres
Myrtilles
Melon

Les plus vendus : Framboises

Les poissons de mer :

Anchois	Lotte
Bar (loup)	Maquereau
Barbue	Merlan
Cabillaud	Merlu
Congre	Plie (carrelet)
Daurade	Raie
Eglefin	Rascasse du Nord
Eperlan	Roussette saumonette
Flétan	Sardine
Grondin	Sole
Hareng	Saumon
Lieu jaune	Sprat
Lieu noir	Thon
Limande	Turbot
Lingue (julienne)	

Les plus vendus : Cabillaud en filets - Lieu noir en filets

Les crustacés :

Crabe	Langouste
Crevettes	Langoustines
Homard	

Les plus vendus : Langoustines

Les poissons d'eau douce :

Anguille	Truite
Brochet	Grenouilles (cuisses)
Sandre	

Les plus vendus : Truites

Les mollusques :

Blanc de seiche	Coquilles Saint-Jacques
Calmars, encornets	Palourdes

Les plus vendus : Calmars - Encornets

Les pains et pâtisserie :

Pain ordinaire
Pains spéciaux
Croissants, viennoiserie
Pâtisserie salée
Pâtisserie sucrée

Les plus vendus : Pâtisserie salée

Les plats cuisinés :

Bouillabaisse
Cassoulet
Poisson au four
Crêpes salées fourrées
Croque-monsieur
Escargots préparés
Quenelles
Choucroute garnie
Pommes dauphine
Gratin dauphinois
Ravioli
Beignets et croquettes de poisson
Bœuf bourguignon
Bœuf mode
Navarin
Paëlla
Pizzas
Quiches
Soufflés au fromage
Friands
Croquettes de viande
Poulet frit
Soupe à l'oignon

Les plus vendus : Les plats à base de produits de la mer

Les viandes et volailles :

Cervelles
Steaks hachés
Dindonneaux en rotis
Blancs d'oie
Cuisses de poulet
Lapins
Pintades

Les plus vendus : Volailles - Cervelles

Les entremets :

Crêpes sucrées
Cake
Quatre-quarts
Omelette norvégienne
Glaces
Crème Chantilly sous pression

Les plus vendus : Glaces

D'après les statistiques de la F.I.C.U.R. (Fédération interprofessionnelle de la congélation ultra-rapide).

Constituez votre cave de surgelés

Tout dépend d'abord de la dimension de votre appareil, puis de votre mode de vie. Sachez qu'il faut compter un kilo de produits surgelés par trois à quatre litres de grand froid, soit dix kilos pour un petit conservateur de trente litres, c'est-à-dire vingt à vingt-cinq paquets.

Et maintenant, comment faire votre choix en fonction de votre mode de vie :

● Vous voulez surtout être tranquilles pour les retours de week-end ou les soirs de shopping? Faites une large part au raisonnable : légumes, de toute sorte, filets de poisson, panés ou non, entrées chaudes (type crêpes, soufflés, quiches).

● Vous voulez pouvoir retenir des amis de passage pour dîner? Insistez sur les plats préparés, les crustacés, les poissons fins, les fruits (sortez-les vite du conservateur, ils doivent dégeler deux à trois heures), les fonds de tarte. Dans tous les cas, prévoyez aussi quelques paquets de pommes dauphine et de pâte brisée, feuilletée en bloc (elle doit dégeler trois à quatre heures avant l'emploi).

● Vous voulez vivre sur votre congélateur, c'est-à-dire consommer à chaque repas au moins un produit surgelé? Il est difficile de chiffrer exactement vos besoins car ils dépendent à la fois du nombre de personnes de la famille, de vos habitudes alimentaires et, aussi, de votre équipement : il faut, dans un tel cas, un grand appareil conservateur ou congélateur.

Sachez que les quantités de viande à prévoir sont les mêmes, qu'il s'agisse de viande fraîche ou congelée (150 g environ par personne, sans os, 200 g environ avec os).

Pour le poisson surgelé, comptez par convive :

— 100 g de cabillaud, églefin ou lieu noir, soit 150 g environ du même poisson frais.

— 100 g de filets de poissons plats (limande, plie...), soit 200 g environ du même poisson fileté.

— 100 g de coquilles Saint-Jacques, au lieu de 500 g en coquilles.

Voici, enfin, les quantités nécessaires de légumes surgelés par personne, comparées aux quantités de mêmes légumes frais :

LÉGUMES	FRAIS NON ÉPLUCHÉS	SURGELÉS
Petits pois	300 g	150 g
Haricots verts	250 g	125 g
Epinards	400 g	150 g
Choux de Bruxelles .	250 g	150 g

Comment utiliser les produits surgelés

PRÉSENTATION	PRÉPARATION	CUISSON
Légumes	Ne pas dégeler.	Dans une casserole, à feu doux, dans 2 centimètres d'eau bouillante.
Epinards hachés ...	Ne pas dégeler.	Sans eau, 10 minutes.
Plats cuisinés	Ne pas dégeler.	Chauffez au bain-marie, dans emballage non ouvert.
Fruits	Dégelez 2 heures à l'air ambiant pour les fraises, 3 heures pour les myrtilles, ou placez le paquet dans de l'eau froide pendant 1 heure.	

Comment utiliser les poissons surgelés

PRÉSENTATION	PRÉPARATION	CUISSON
Blocs surgelés (cabillaud, colin noir, églefin...)	Découpez en quatre ou cinq portions. Ne pas dégeler.	Friture. “Meunière”, à la poêle. Au four (20 à 30 minutes). Court-bouillon (15 minutes).
Tranches panées ...	Prêtes à cuire.	A la poêle (5 à 6 minutes). Friture (2 à 3 minutes).
Sticks ou bâtons panés	Déjà précuits.	A la poêle (5 à 6 minutes). Friture (2 à 3 minutes).
Filets (limande, merlan, carrelet)	A dégeler 3 à 4 heures à l'air ambiant, ou en plongeant le paquet, non ouvert, 40 minutes dans l'eau froide.	A la poêle. Au four. Au court-bouillon.

Suggestions d'utilisation des produits surgelés

Asperges

Servez-les tièdes, arrosées de beurre fondu, salé et poivré, auquel vous aurez mêlé quelques amandes émincées, passées à la poêle dans du beurre.

Tièdes, saupoudrées de fromage râpé et de noisettes de beurre, et passées quelques minutes au four pour gratiner.

Vinaigrette.

Avec une mayonnaise.

Avec une mayonnaise à laquelle vous aurez mêlé des blancs d'œufs battus en neige très ferme.

Coupées en morceaux dans des œufs brouillés ou dans une omelette.

Les pointes seulement, assaisonnées d'un peu de mayonnaise et posées sur des fonds d'artichauts cuits.

Céleri-rave

Présentez-le, coupé en dés et assaisonné à la vinaigrette.

Coupé en dés et assaisonné avec un fin hachis d'oignons et une sauce citron et huile d'olive.

Coupé en tranches et passé au beurre à la poêle.

Coupé en tranches et passé au beurre à la poêle, puis nappé d'un peu de crème fraîche que l'on chauffe également dans la poêle.

Saupoudré de fines herbes hachées, d'une pincée de sucre en poudre et de vinaigre d'estragon.

Choux de Bruxelles

Servez-les chauds, simplement assaisonnés d'un morceau de beurre et poivrés.

Avec du beurre et du parmesan.

Avec des oignons émincés.

Passés à la moulinette pour obtenir une purée à laquelle on ajoute beurre et crème fraîche.

Choux

Faites-les chauffer avec une sauce tomate bien relevée.

Chauffez-les avec un peu de beurre et de poivre.

Faites revenir des oignons émincés. Ajoutez le chou cuit, coupé en lamelles, arrosé d'un tout petit peu de vinaigre, et servez bien chaud.

Carottes

Chauffez-les avec un morceau de beurre et arrosez-les avec un tout petit peu de jus de citron au moment de servir.

Servez-les avec de minces rondelles d'oignons, revenues au beurre.

Ou encore, passées à la moulinette pour obtenir une purée que vous délayez avec du bouillon obtenu en faisant fondre dans de l'eau bouillante un cube de concentré de bouillon de volaille. Vous avez ainsi préparé un très bon potage que vous saupoudrez de persil haché fin, auquel vous ajouterez un morceau de beurre au moment de servir.

Choux-fleurs

Nappez-les d'une sauce Béchamel à laquelle vous mêlerez du fromage, et faites gratiner au four.

Faites-les sauter en petits bouquets, à la poêle, avec du beurre. Poivrez.

Chauffez-les avec une sauce tomate bien relevée d'herbes.

Servez-les en salade, avec une vinaigrette classique ou une vinaigrette à laquelle vous aurez ajouté des câpres. Vous saupoudrez alors d'un œuf dur écrasé à la fourchette.

Haricots verts

Chauffez-les avec un morceau de beurre et poivrez avant de servir.

Ajoutez des petites lamelles fines de poivron rouge, revenues 7 à 8 minutes à la poêle, au beurre.

Présentez-les en salade tiède ou froide.

Vous pouvez utiliser également des haricots pour faire des salades composées avec tomates, pommes de terre, œufs durs, etc.

Petits pois

Servez-les chauds avec de petits lardons revenus à la poêle.

Mêlez-les à des champignons émincés revenus au beurre.

Ajoutez-leur des noisettes grossièrement pilées, un morceau de beurre et du poivre. Vous pouvez remplacer les noisettes par des amandes.

Épinards

Servez-les chauds avec un morceau de beurre et poivrez-les avant de servir.

Vous pouvez aussi ajouter de la crème fraîche.

Vous pouvez encore les mettre dans un plat après les avoir passés en purée et mêlés à une sauce Béchamel pour obtenir une sorte de crème très onctueuse.

Vous pouvez également les mettre dans un plat à gratin, les saupoudrer de fromage, les parsemer de noisettes de beurre et faire gratiner au four.

En branches ou hachés, les épinards pourront aussi fourrer des omelettes et servir de base à des préparations que l'on met sur des pâtes à tarte brisées (jambon haché, œufs battus, fromage, petits lardons, restes de viande, etc.). On parsème de noisettes de beurre et on fait cuire au four, le temps de cuire la pâte.

Macédoine

Froide, en salade, additionnée de lamelles de cornichons.

Froide, avec mayonnaise.

Froide dans tomates crues évidées.

Froide, avec morceaux de poisson au court-bouillon pour faire une salade.

Chaude, avec crème fraîche.

Chaude, avec petits lardons rissolés.

Chaude, avec lamelles de jambon.

Filets de poisson

Arrosez de beurre fondu et jus de citron avec persil haché.

Huile, vinaigre et câpres.

Sauce tomate.

Béchamel.

Mornay (sauce Béchamel avec fromage râpé).

Pâte d'anchois délayée dans l'huile et jus de citron.

Anneaux d'oignons frits.

Au gratin, avec crème et fromage.

Au gratin, en couches alternées avec fines rondelles de pommes de terre et d'oignons.

Une cave en ordre

Il faut ranger votre cave surgelés en disposant les paquets de façon à pouvoir lire le nom du produit dès l'ouverture de la porte. Vous éviterez ainsi les manipulations inutiles et la porte restera ouverte moins longtemps.

Etiquetez les paquets : inscrivez au marqueur la date de vos achats. Premier acheté, premier utilisé, doit être votre principe de base.

La Congélation maison

En achetant les produits à congeler pendant les périodes de pleine production, vous profiterez d'un double avantage : les denrées sont alors à leur point maximal de qualité et au minimum de leur prix de vente.

Le procédé de congélation propre à chaque aliment n'entre pas dans le propos de ce livre, mais il existe d'excellents ouvrages spécialisés.

Il ne me paraît pas très intéressant de congeler de la crème fraîche, facile à trouver partout, excellente en toute saison et de prix constant.

Les variations saisonnières du prix des œufs pourraient vous inciter à les congeler. Mais la préparation en est assez difficile et également l'utilisation après congélation. En effet, les œufs ne peuvent être congelés dans leur coquille qui éclaterait sous l'action du froid. Il faut donc les casser et séparer les blancs des jaunes pour les mettre dans deux récipients différents, des petits gobelets enduits, que l'on couvrira de papier d'aluminium maintenu par un lien ou un élastique. Les jaunes devront être préalablement battus à la fourchette avec un gramme de sel par œuf. La durée de conservation est de huit mois.

Ces restrictions faites, tout peut être congelé. Votre appareil conservateur, le congélateur, est une véritable armoire à provisions aux ressources inépuisables en toutes saisons. Grâce à lui, vous aurez toujours sous la main de quoi faire face aux imprévus. D'après tous les spécialistes de la nutrition, « le froid représente le moyen le plus adapté pour maintenir au maximum les principes nutritifs originels du produit et stabiliser celui-ci dans un état très proche de sa constitution naturelle ».

Dans un aliment surgelé bien traité, bien conservé, consommé dans des délais normaux, la valeur nutritive est pratiquement la même que celle du produit frais.

MON CONSEIL

Les légumes frais cueillis que l'on achète chez un maraîcher voisin moitié moins cher qu'au marché, l'agneau au prix de gros débité en portions individuelles ou familiales, les plats cuisinés pendant des heures de loisir, tout cela retrouvé des mois plus tard sur la table familiale.

Je n'ai pas besoin d'insister sur les avantages de ce mode moderne de conservation ; ils sont évidents et peuvent se résumer à cette simple formule : économies dans tous les domaines.

Qu'avez-vous intérêt à congeler vous-même ?

Voici un petit tableau des catégories d'aliments et quelques remarques basées sur l'expérience.

ALIMENTS	AVANTAGES	REMARQUES
Les viandes fraîches	Avoir toujours sous la main des réserves. Possibilité de profiter de prix réduits pour achats de quantités assez importantes, ou directement dans un abattoir. Possibilité également d'utiliser les produits d'un élevage personnel. Possibilité de se procurer chez certains éleveurs des viandes d'animaux dont la nourriture est naturelle et qui ne reçoivent aucun traitement chimique. Pouvoir profiter des saisons où certaines viandes ont leur point optimal de saveur (veau, agneau).	Déconseillé aux citadins qui achètent chez des commerçants sans avoir de réelle garantie sur le degré de fraîcheur et de maturation de la viande. Ne pas congeler n'importe quel morceau de l'animal. Nous vous indiquons dans les tableaux des pp. 87-88 ceux qui se prêtent le mieux à ce mode de conservation.
Les volailles et les lapins	Economie : il est intéressant de congeler les volailles et les lapins aux périodes où les prix sont particulièrement bas. Et, quand on élève soi-même des animaux de basse-cour, mieux vaut les congeler lorsqu'ils ont atteint le poids correspondant à leurs qualités gustatives les plus parfaites et ainsi ne pas continuer à les nourrir après.	Si vous habitez une ville, vous ne pourrez pas congeler les volailles et lapins que vous trouvez chez les commerçants. Même d'excellente qualité, ces produits, ayant voyagé pour parvenir au lieu de vente, n'auraient pas la fraîcheur indispensable à la réussite de la congélation.
Le gibier	Congelé en période de chasse, on le consomme avec plaisir en dehors de cette saison.	
Les poissons	Commodité d'en avoir toujours en réserve. Possibilité d'économies en achetant en période de grande pêche.	Impossible de congeler en ville des poissons d'arrivage. On ne peut traiter que des poissons venant d'être pêchés. Il faut donc s'en procurer dans des centres de pisciculture, dans des ports de pêche..., ou avoir un mari pêcheur.

ALIMENTS	AVANTAGES	REMARQUES
Les coquillages et crustacés	Possibilité d'économies en achetant et congelant en période de grande production.	Mêmes impératifs de fraîcheur, donc d'achat, que pour le poisson.
Les légumes et les fruits	Constituer des réserves de produits pour les consommer hors saison. Les acheter au meilleur prix aux périodes de pleine production.	Il faut acheter directement chez un producteur ou utiliser les produits de son jardin, la congélation devant intervenir dans les heures qui suivent la cueillette, d'où impossibilité de traiter fruits et légumes ayant voyagé et ayant été récoltés avant leur parfaite maturité pour pouvoir supporter le transport.
Les laitages	Il peut être commode d'avoir en réserve un peu de lait, de beurre et de crème si l'on habite loin d'un centre d'approvisionnement ou pour des dépannages dans des résidences secondaires. La congélation de ces produits est surtout intéressante pour les exploitants agricoles.	La conservation est relativement courte (3 mois pour le lait) et la décongélation longue (10 heures).
Les fromages	Pour pouvoir consommer toute l'année des fromages saisonniers.	Mieux vaut acheter des fromages au fur et à mesure des saisons.
Les plats cuisinés	Il est toujours commode d'avoir toujours disponibles des rôtis cuits, des plats cuisinés variés, des concentrés de bouillon que l'on n'a plus qu'à réchauffer.	La gamme des plats cuisinés que l'on peut congeler est très étendue. Nous vous donnons dans ce livre de nombreuses recettes.
Les glaces et les sorbets	Un dessert qui fait plaisir aux enfants. Plus économique que les glaces et les sorbets du commerce.	Exigent une extrême propreté des récipients et accessoires utilisés pour la préparation et une parfaite fraîcheur des produits.
Les pâtes à pâtisserie	Il est bien pratique d'en avoir toujours sous la main : pâtes feuilletées, brisées et sablées sont excellentes ainsi conservées.	Ne sucrez pas les pâtes feuilletées et brisées pour pouvoir les utiliser pour des préparations salées : quiches, pizzas, pâtés, vol-au-vent, etc.
Le pain frais, les croissants, les brioches	Eviter d'aller chaque jour s'approvisionner chez le boulanger-pâtissier.	Restent parfaitement croustillants après un passage au four.

Votre calendrier congélation

Produits	JANVIER	FÉVRIER	MARS	AVRIL	MAI	JUIN
Viandes	Agneau Bœuf Mouton Porc	Agneau Bœuf	Veau	Agneau Veau	Veau	Veau
Volailles	Chapon Dinde Lapin Oie Poule	Chapon			Pigeon	Lapin Pigeon Poulet
Poissons	Cabillaud Colin ou merluche Grondin Hareng Lieu Limande Maquereau Merlan Perche Plie Raie Sardine Saumon Sole Turbot	Cabillaud Colin ou merluche Grondin Hareng Lieu Limande Merlan Perche Raie Sardine Saumon Sole Truite saumonée Turbot	Cabillaud Colin ou merluche Dorade Grondin Hareng Lieu Limande Merlan Raie Sardine Truite Turbot	Alose Bar Cabillaud Colin ou merluche Dorade Grondin Lieu Limande Maquereau Raie Sardine Saumon Truite Turbot	Alose Bar Cabillaud Colin ou merluche Dorade Grondin Lieu Limande Maquereau Raie Sardine Saumon Thon Truite Turbot	Bar Cabillaud Colin ou merluche Dorade Grondin Maquereau Plie Raie Sardine Thon Turbot
Crustacés	Homard Langouste et langoustine	Homard Langouste et langoustine	Homard Langouste et langoustine	Crabe Crevette Ecrevisse Homard Langouste et langoustine	Crabe Crevette Ecrevisse Homard Langouste et langoustine	Crabe Crevette Ecrevisse
Œufs				Œufs	Œufs	Œufs
Légumes	Choux de Bruxelles	Choux de Bruxelles	Choux de Bruxelles	Choux de Bruxelles	Asperges Carottes	Artichauts Bettes Betteraves Carottes

VOTRE CALENDRIER CONGÉLATION

Produits	JANVIER	FÉVRIER	MARS	AVRIL	MAI	JUIN
Légumes	Poireaux			Oseille	Cresson Epinards Pois	Maïs Oignons Poireaux
Fromages	Brie Camembert Cantal Livarot	Brie Camembert Livarot	Brie Camembert	Brie Coulommiers Roquefort	Coulommiers Roquefort	Coulommiers Pont-l'Evêque
Fruits	Oranges Pample-mousses Pommes	Oranges Pample-mousses Pommes	Oranges Pample-mousses Pommes	Pample-mousses		Cerises Fraises

Produits	JUILLET	AOÛT	SEPTEMBRE	OCTOBRE	NOVEMBRE	DÉCEMBRE
Viandes	Mouton			Bœuf Mouton Porc	Bœuf Mouton Porc	Bœuf Mouton Porc
Gibier			Lièvre Perdreau Perdrix	Chevreuil Sanglier		Lièvre
Volailles	Canard Lapin Pigeon Pintade Poulet	Canard Lapin Pintade Poulet	Canard Pintade Poulet	Poule	Lapin Oie Poule	Chapon Dinde Lapin Oie Poule
Poissons	Bar Cabillaud Colin ou merluche Dorade Grondin Maquereau	Bar Cabillaud Carpe Colin ou merluche Dorade Maquereau Perche	Cabillaud Carpe Colin ou merluche Dorade Perche	Cabillaud Carpe Colin ou merluche Hareng Limande Perche	Cabillaud Carpe Colin ou merluche Grondin Hareng Lieu Limande Merlan Perche	Cabillaud Carpe Grondin Hareng Lieu Limande Merlan Perche

VOTRE CALENDRIER CONGÉLATION

Produits	JUILLET	AOÛT	SEPTEMBRE	OCTOBRE	NOVEMBRE	DÉCEMBRE
Poissons	Plie Raie Thon Truite saumonée Turbot	Plie Raie Sardine Truite saumonée Turbot	Plie Raie Sole Truite saumonée	Plie Raie Sole Truite saumonée	Plie Raie Sole	Plie Raie Sole Turbot
Crustacés	Crabe Crevette	Crabe Crevette Ecrevisse Homard Langouste et langoustine	Crabe Crevette Ecrevisse Homard Langouste et langoustine Moule	Homard Langouste et langoustine	Homard Langouste et langoustine Moule	Homard Langouste et langoustine
Légumes	Artichauts Bettes Betteraves Carottes Haricots verts Maïs Poireaux Tomates	Aubergines Bettes Betteraves Haricots verts Maïs Poireaux Tomates	Aubergines Bettes Betteraves Céleri branches Céleri-rave Maïs Navets	Céleri-rave Champignons	Champignons Choux de Bruxelles	Champignons Choux de Bruxelles
Fromages	Gruyère Hollande Pont-l'Evêque Port-Salut Reblochon	Gruyère Hollande Pont-l'Evêque Port-Salut Reblochon	Gruyère Livarot Port-Salut	Brie Camembert Livarot Pont-l'Evêque	Brie Camembert Cantal Livarot	Brie Camembert Cantal Livarot Pont-l'Evêque
Fruits	Abricots Cerises Fraises Framboises Pêches Poires Pommes Prunes	Abricots Fraises Framboises Groseilles Pêches Poires Pommes Prunes	Abricots Framboises Groseilles Pample-mousses Pêches Poires Pommes Prunes	Oranges Pample-mousses Poires Pommes	Oranges Pample-mousses Poires Pommes	Oranges Pample-mousses Pommes

La Cuisson des Aliments

Il est bien évident que le temps de cuisson varie d'une denrée à l'autre. Trop cuit ou pas assez, un aliment perd sa saveur, sa tendreté.

Le tableau ci-après vous permettra de ne pas commettre d'erreur.

Vous savez qu'il existe des modes en cuisine et actuellement les gastronomes vantent ce qu'ils appellent la nouvelle cuisine dont l'une des caractéristiques est la sous-cuisson des aliments.

Ainsi les haricots cuiront-ils en 10 minutes, le poisson sera servi "rose à l'arête", les épinards à peine blanchis.

La saveur de l'aliment se trouve alors mise en valeur.

Mais certains n'apprécient pas le haricot qui craque sous la dent ou le foie de veau saignant. Affaire de goût... et de cuisson.

Les temps que nous proposons ici sont ceux de la traditionnelle cuisine classique.

Les différents modes de cuisson

Il n'existe en fait que cinq façons de cuire les aliments :

— la cuisson à l'eau,

— la friture,

— l'étouffée,

— la grillade,

— le rôtissage.

1. La cuisson à l'eau

Elle convient aussi bien aux viandes (le pot-au-feu est un exemple classique) qu'aux légumes, céréales, poissons (au court-bouillon), fruits aussi.

Il s'agit tout simplement de plonger l'aliment dans de l'eau froide ou en ébullition, suivant la recette, eau additionnée de sel et parfois d'aromates ou ingrédients divers.

Les temps de cuisson varient suivant la grosseur de la pièce à cuire, sa tendreté, sa texture, etc. (Dans ce livre, tous les temps de cuisson sont toujours indiqués avec chaque recette.)

La cuisson à la vapeur peut être assimilée à celle de l'eau. Le principe en est le suivant : l'aliment à cuire est déposé dans un récipient avec couvercle, récipient dont le fond est muni de trous ; on le place au-dessus d'une casserole ou d'un fait-tout contenant de l'eau salée en ébullition qui dégage de la vapeur. Ce mode de cuisson fait merveille pour les légumes, qui gardent ainsi toute leur saveur et leurs vitamines (qui ne sont pas ainsi abandonnées dans l'eau de cuisson). Excellente méthode aussi pour les filets de poisson et poissons entiers de petites ou moyennes dimensions.

2. La friture

Frire un aliment, c'est le plonger dans un bain de matières grasses portées à température très élevée. Toutes les matières grasses, végétales ou animales, conviennent à la friture : beurre, margarine, végétaline, saindoux, huile. Chacune de ces matières grasses sera chauffée à une température différente, pour ne pas atteindre le degré où intervient la formation de l'acroléine, substance non seulement néfaste à la santé, car irritante, mais qui dégrade aussi le goût des aliments. D'où l'intérêt des friteuses électriques, dont on peut régler la température à son gré. Sans appareil de ce genre, vous jugerez que le bain est à « point » lorsqu'il commence à bouillonner, mais sans produire de fumée.

En règle générale, il faut chauffer :

— le beurre à 130 degrés,

— l'huile à 250 degrés,

— le saindoux à 200 degrés,

— la graisse de bœuf à 180 degrés.

La réussite d'une friture ne dépend pas uniquement du corps gras choisi ni de sa température, mais aussi de la préparation des aliments à frire. Ils doivent être séchés au maximum : essuyage avec un linge ou du papier absorbant, passage dans la farine. Autre procédé : recouvrir les aliments d'une pâte dite « à frire », composée de farine, œuf, eau et, éventuellement, levure pour la rendre plus légère.

Ces précautions prises, vous obtiendrez des fritures dorées et croustillantes, toujours appréciées.

Tout ou presque peut être cuit en friture : filets de poisson ou petits poissons entiers, croquettes de viande, riz, semoule, maïs, etc., légumes et fruits enrobés de pâte, etc., sans oublier les célèbres frites, l'une des gloires de la cuisine familiale française.

3. La cuisson a l'étouffée

Elle consiste à cuire des aliments dans un récipient clos, grâce à la vapeur qui s'en dégage. Le récipent est généralement une cocotte avec son indispensable couvercle. La cuisson se déroule suivant un schéma classique :

a) Les aliments sont mis à dorer quelques minutes dans des matières grasses, à feu vif, en remuant à la cuiller en bois. C'est ce que l'on appelle « saisir ».

b) L'aliment étant saisi, on lui ajoute aromates divers puis un peu de liquide, la valeur d'un verre, d'eau ou de vin suivant les recettes.

c) On couvre, on règle le feu bien bas et on laisse doucettement mijoter pendant le temps de cuisson nécessaire à la recette.

Excellent mode de cuisson pour les viandes (type de bœuf mode), pour des légumes, des poissons, le riz et aussi des fruits.

4. La grillade

Griller un aliment, c'est l'exposer au-dessus d'une source de chaleur rayonnante : le foyer, alimenté par charbon, bois divers, gaz, électricité. Notons aussi les barbecues et les grilloirs électriques.

Que grille-t-on ? Essentiellement des viandes et des poissons ; quelquefois des légumes tels que aubergines, tomates, poivrons, etc. L'aliment, enduit ou non d'un corps gras, est posé sur le gril placé directement au-dessus de la source de chaleur. La pièce à cuire est aussitôt saisie sur une face. On la retourne pour saisir l'autre face. (Quand il s'agit de viande, il ne faut pas utiliser de fourchette qui formerait des trous par lesquels s'échapperaient les sucs.) Nous ne salerons qu'après la cuisson, qui est généralement rapide car on grille surtout des petites pièces.

On compte environ 10 minutes pour 500 g de viande.

5. Le rôtissage

Rôtir un aliment, c'est le cuire

en l'exposant soit devant une source de chaleur (rôti à la broche), soit au sein d'une atmosphère sèche, plus ou moins chauffée (four, cocotte). Le développement de l'utilisation des barbecues a favorisé le rôtissage à la broche. La viande, embrochée et enduite de corps gras, est placée au-dessus d'un brasier ardent qui la saisit puis la cuit sur toutes ses faces, soit que la broche soit munie d'un système électrique de rotation, soit que le cuisinier la fasse tourner lui-même fréquemment, pour que toutes les parties soient également exposées à la source de chaleur vive. Là encore, salez en fin de cuisson. Et n'oubliez pas d'arroser souvent, pendant le rôtissage, avec la matière grasse de votre choix, nature ou aromatisée.

Le rôti au four est un grand classique. La pièce à rôtir est placée dans un plat, enduite de corps gras, salée, éventuellement aromatisée et mise au four chaud pour une durée déterminée par la recette. Ne pas oublier l'arrosage avec le jus en cours de cuisson.

Le rôti à la cocotte est la ressource des maîtresses de maison qui ne disposent pas de four. Ce procédé est le même que pour la cuisson à l'étouffée, mais en maintenant constamment le feu vif et, surtout, sans ouvrir la cocotte à aucun moment.

Comptez un quart d'heure de cuisson par livre de viande.

Les temps de cuisson

Les œufs

Cuits dans la coquille

A la coque	Dans l'eau bouillante.	2 minutes après reprise de l'ébullition.
Mollets	Dans l'eau bouillante.	5 minutes après reprise de l'ébullition.
Durs	Dans l'eau bouillante.	10 minutes après reprise de l'ébullition.

Cuits hors de la coquille

Cocotte	En ramequin, au bain-marie.	5 à 6 minutes.
Frits	Dans l'huile chaude, à la poêle ou la bassine à frire.	3 à 4 minutes.
Pochés	A l'eau frémissante vinaigrée.	3 minutes.
Au plat	A la poêle, au beurre ou à l'huile, à feu doux.	4 à 5 minutes au goût.
Au miroir	Dans un plat à feu au-dessus de la vapeur d'eau, sans corps gras.	7 à 8 minutes.

Cuits hors de la coquille et mélangés

Brouillés	Avec un corps gras, à très petit feu ou au bain-marie en remuant constamment.	5 à 6 minutes.
Omelette	A la poêle, au beurre ou à l'huile, en décollant les bords et le fond.	4 à 5 minutes.

Poissons plats ou légèrement bombés
Poissons de mer

BARBUE	Filets, à l'anglaise, à la poêle, dans beurre ou huile.	3 à 4 minutes sur chaque face.
	Filets frits, farinés, dans la friture chaude.	4 à 5 minutes.
	Entière, grillée.	8 minutes sur chaque face.
	Meunière, entière, farinée, à la poêle, moitié beurre, moitié huile, à petit feu.	5 à 6 minutes sur chaque face.
	Poché, entier ou en filets, à l'eau froide additionnée de lait.	3 minutes à eau frémissante après la prise d'ébullition.
	Au four, entier ou en filets, avec garniture, un peu d'eau, de vin blanc ou de fumet de poisson.	20 minutes à four chaud.
LIMANDE ou SOLE	En filets, à l'anglaise, à la poêle.	3 à 4 minutes sur chaque face.
	Filets frits, farinés, dans la friture chaude.	3 à 4 minutes.
	Filets grillés.	4 à 5 minutes sur chaque face.
	Meunière, en filets ou entière, à petit feu.	5 à 6 minutes sur chaque face.
	Pochée, en filets, à l'eau froide avec rondelles de citron.	3 à 4 minutes à eau frémissante après la prise d'ébullition.
TURBOT	En filets, à l'anglaise, à la poêle.	3 à 4 minutes sur chaque face.
	En filets, en tranches ou entier, sur le gril.	5 à 8 minutes sur chaque face.

Mixed grill. *(Recette page 517)*

Moules poulette. *(Recette page 366)*

Lapin à la moutarde. *(Recette page 433)*

Soupe à l'ail. *(Recette page 184)*

TURBOT (suite)	Poché, entier, au court-bouillon froid.	4 à 5 minutes à eau frémissante après la prise d'ébullition.
	Au four, au vin blanc, avec échalotes et oignons.	20 à 30 minutes à four chaud.
DAURADE	Grillée, en filets, entière si de petite taille.	3 à 4 minutes sur chaque face pour les filets, 5 minutes, entière, sur chaque face.
	Meunière, en filets.	4 à 5 minutes sur chaque face.
	Pochée, en filets, à l'eau froide citronnée.	3 minutes à eau frémissante après la prise d'ébullition.
	Au four, entière, avec échalotes, oignons, tomates.	20 minutes à four chaud.

Poissons ronds ou très bombés
Poissons de mer

COLIN	Frit, en tronçons farinés, à la friture.	4 à 5 minutes.
	Meunière, en tronçons farinés à la poêle.	4 à 5 minutes sur chaque face.
	Poché, en tronçons ou entier, à l'eau froide citronnée.	Selon la grosseur, de 5 à 10 minutes à l'eau frémissante après la prise d'ébullition.
	Au four, avec garniture de champignons, tomates, citron, vin blanc.	A four très chaud, pendant 10 minutes, plus doux pour 10 minutes ou plus si la pièce est grosse.
EPERLANS	Entiers, à l'anglaise, à la poêle.	3 à 4 minutes sur chaque face.
	Frits, entiers, farinés, en pleine friture.	3 à 4 minutes.

GRONDIN	Grillé entier.	4 à 5 minutes sur chaque face.
	Au four, avec garniture de tomates et fumet de poisson.	15 à 20 minutes.
MERLANS	Frits, en filets farinés, en pleine friture.	3 à 4 minutes.
	Meunière, farinés entiers.	4 minutes sur chaque face.
	Au four, avec garniture et vin blanc.	10 à 15 minutes à four chaud.
MAQUEREAU	Grillé, entier, si de petite taille, ou en tronçons.	3 à 4 minutes sur chaque face.
	Poché, entier, à l'eau froide citronnée.	Arrêter la cuisson dès la reprise d'ébullition.
	Au four, avec garniture et vin blanc.	15 à 20 minutes à four chaud selon la taille.
SARDINES	Grillées entières.	3 à 4 minutes sur chaque face.
THON	En tronçons ou darnes grillés.	5 à 8 minutes sur chaque face selon épaisseur.
	Braisé en sauteuse avec garniture et vin blanc.	15 à 20 minutes selon épaisseur.
	Au four, avec garniture.	20 minutes.

Poissons ronds d'eau douce

BROCHET	Poché entier à l'eau froide citronnée ou court-bouillon vinaigré.	20 à 30 minutes à eau à peine frissonnante après la prise d'ébullition.
TRUITE	Meunière, entière.	8 minutes sur chaque face.

Les viandes

BŒUF	Grillé ou poêlé.	
	Chateaubriand. Filet. Tournedos. Entrecôte. Steak.	Bleu : 3 minutes sur chaque face. A point : 4 à 5 minutes sur chaque face. Cuit : 5 à 6 minutes sur chaque face selon l'épaisseur.
	Rôti au four chaud.	
	Contre-filet. Filet. Rumsteck. Côte de bœuf. Rosbif.	15 minutes par livre.
	Braisé.	
	Aiguillette. Bœuf mode.	30 minutes par livre.
	Poché.	
	Pot-au-feu (plat de côtes, tendron, macreuse, culotte, etc.).	2 heures 30 minutes à 3 heures.
VEAU	Grillé ou poêlé.	
	Côte dans le carré.	8 minutes sur chaque face.
	Escalope dans la noix.	5 à 6 minutes sur chaque face.
	Rôti au four chaud. Cuisseau. Noix. Sous-noix. Longe. Selle. Carré. Epaule.	De 1 heure à 1 heure 15 minutes par livre selon préparation.
	Sauté en morceaux.	
	Chasseur. Blanquette. Fricassée.	De 30 minutes à 1 heure par livre selon préparation.
	Sauté en pièces individuelles.	

VEAU (suite)	Côte. Escalope. Grenadin. Piccata. Médaillon.	20 minutes.
	Osso Bucco.	2 heures pour 1,300 kg.
MOUTON	Grillé.	
	Côtelettes. Tranche dans la selle. Tranche dans le filet. Noisettes ou Mignonnettes. Brochettes.	2 à 3 minutes sur chaque face au gril. 3 à 4 minutes sur chaque face à la poêle.
	Rôti.	
	Gigot. Selle. Carré. Epaule.	10 à 12 minutes par livre à four chaud.
	Sauté.	
	Cassoulet.	3 heures.
	Navarin. Ragoût.	1 heure à 2 heures.
PORC FRAIS	Grillé.	
	Côtes. Grillades.	5 à 7 minutes sur chaque face.
	Sauté en morceaux.	30 minutes à 1 heure par livre.
	Rôti.	
	Cuisseau. Carré. Filet. Longe.	30 à 45 minutes par livre.

Les volailles et gibiers

POULET	Rôti au four.	45 minutes.
	Sauté en morceaux.	1 heure à 1 heure 30 minutes.
	Poule au pot.	3 heures.

DINDE	Rôtie. Braisée. En daube.	30 minutes par livre. 45 minutes par livre. 1 heure au moins par kilo.
CANARD	Rôti. A la broche. Braisé.	10 minutes par livre. 18 à 20 minutes. 1 heure 35 minutes.
OIE	Rôtie. En daube. En ragoût.	20 minutes par livre. 3 à 4 heures. 2 heures.
LAPIN	Rôti. Braisé. Sauté.	20 minutes par livre. 40 minutes par livre. 40 minutes par livre.

Les abats

CŒUR	Poêlé (bœuf, veau) en tranches. Braisé (veau, mouton).	3 à 4 minutes sur chaque face. 1 heure 45 minutes à 2 heures.
CERVELLE	Pochée (veau, mouton) à l'eau vinaigrée.	10 à 15 minutes.
FOIE	Grillé (en tranches).	4 minutes sur chaque face.
	Rôti (veau ou porc) en un seul morceau.	1 heure 30 minutes.
	Braisé (en un seul morceau).	2 heures 30 minutes à 3 heures.
LANGUE	Bouillie (veau, mouton).	2 à 3 heures.
RIS	Blanchis à l'eau vinaigrée. Sautés.	5 minutes. 30 minutes.
ROGNONS	Grillés (veau, mouton).	15 minutes en retournant.
	En sauce (bœuf, veau).	15 à 20 minutes.

Les pâtes

Fraîches, à l'eau bouillante salée, avec une cuillerée d'huile	3 à 5 minutes.
Sèches	6 à 8 minutes.

Les pommes de terre

En robe des champs, à l'eau bouillante salée .	30 minutes environ selon qualité.
Sautées à cru	30 minutes à feu moyen.
Sautées après cuisson à l'eau bouillante ..	10 minutes.
Au four.	
En rondelles (gratin)	45 minutes environ.
Entières dans leur peau	1 heure environ.
Vapeur	40 à 45 minutes.
Purée, cuisson à l'eau bouillante salée, épluchées et coupées en morceaux	30 minutes.
Frites, crues, en bâtonnets	10 à 12 minutes.

Le riz

Créole, à l'eau bouillante salée	15 à 20 minutes à eau frémissante après reprise de l'ébullition.
Pilaf, revenu à l'huile avec oignons émincés, avec deux fois le volume d'eau bouillante ..	15 à 20 minutes après la reprise d'ébullition.
Rizotto, revenu à l'huile avec petits oignons, trois fois le volume d'eau, couvert	18 à 20 minutes.

Les légumes

ARTICHAUTS	A l'eau bouillante.	40 à 45 minutes.
ASPERGES	A l'eau bouillante salée.	15 à 20 minutes après reprise de l'ébullition.
AUBERGINES	Au four, farcies.	15 à 20 minutes.
	Frites, en rondelles, en beignets.	4 à 5 minutes.
	Sautées, en rondelles ou en cubes.	15 à 20 minutes.

CAROTTES	Vichy, en rondelles, mouillées d'eau salée à hauteur.	45 minutes environ à couvert.
	Glacées, petites rondes ou tournées, couvertes d'eau froide à hauteur.	50 à 60 minutes à couvert.
	Jardinière, à l'eau bouillante salée.	45 à 50 minutes.
CÉLERI	En branches (cœur), blanchi à l'eau bouillante salée.	10 minutes.
	Rave, en quartiers ou en tranches, à l'eau bouillante salée et citronnée.	30 à 40 minutes.
CHOU	A l'eau bouillante salée.	10 minutes.
CHOU-FLEUR	A l'eau bouillante salée.	15 minutes après reprise de l'ébullition.
CONCOMBRE	A l'eau bouillante salée, en tronçons.	6 à 8 minutes après reprise de l'ébullition.
COURGETTES	Au four, farcies. Sautées, en rondelles ou en cubes. Frites, en rondelles et en beignets.	15 à 20 minutes. 20 à 25 minutes. 5 minutes.
ENDIVES	Braisées, mouillées à l'eau froide citronnée.	50 à 60 minutes à couvert.
ÉPINARDS	A l'eau bouillante salée.	15 minutes.
HARICOTS FRAIS EN GRAINS	A l'eau froide aromatisée.	30 minutes après la prise d'ébullition.
HARICOTS VERTS ...	A l'eau bouillante salée.	15 à 20 minutes à découvert après reprise de l'ébullition.
FENOUILS	A l'eau bouillante salée, coupés en deux.	15 minutes après reprise de l'ébullition.
NAVETS	Glacés, couverts d'eau froide salée.	30 à 40 minutes à couvert.

NAVETS (suite)	Jardinière, à l'eau bouillante salée.	40 minutes environ.
OSEILLE	Fondue au beurre en sauteuse.	3 minutes.
PETITS POIS	A l'anglaise, à l'eau bouillante salée.	10 à 20 minutes à découvert après reprise de l'ébullition.
	A la française, en sauteuse, avec petits oignons et feuilles de laitue.	25 à 30 minutes à couvert selon qualité.
POIREAUX	A l'eau bouillante salée.	15 à 20 minutes après reprise de l'ébullition selon grosseur.
SALSIFIS	A l'eau bouillante mélangée de farine et citronnée.	1 heure 30 minutes à 2 heures.
TOMATES	Pochées à l'eau bouillante pour les concasser.	15 à 30 secondes.
	Grillées, entières ou par moitiés.	5 minutes sur chaque face.
	Farcies au four.	10 à 15 minutes.
	Sautées.	8 à 10 minutes.
TOPINAMBOURS	A l'eau salée dans leur peau.	45 minutes à 1 heure après reprise d'ébullition.

Les légumes secs

HARICOTS EN GRAINS	A l'eau froide aromatisée après trempage.	1 heure 30 minutes à 2 heures selon qualité.
LENTILLES	A l'eau froide aromatisée après trempage.	1 heure environ.
POIS CHICHES	A l'eau tiède salée après trempage.	1 heure 30 minutes à 2 heures.

Les Vins

Faut-il offrir un seul vin ou plusieurs ?
C'est une affaire de goût et de budget.
S'il était traditionnellement d'usage d'offrir plusieurs vins au cours d'un même repas,
la mode et les goûts ont aujourd'hui évolué.

Bien des maîtresses de maison adoptent la formule du vin unique tout au long du repas. Formule excellente à condition que le vin choisi soit très bon : rosé, blanc sec, blanc de blanc ou champagne brut s'accordent avec la plupart des plats, exception faite du fromage qui, lui, exige un vin rouge.

Pour les simples repas familiaux, un seul verre par personne suffit. Il en faudra deux, un pour l'eau, l'autre pour le vin si vous avez un invité, même intime. Pour un repas plus habillé, prévoyez trois verres par personne et un quatrième au cas où vous serviriez du champagne. Ces trois verres seront assortis mais de tailles différentes : le plus grand pour l'eau, le plus petit pour le vin blanc, le moyen pour le vin rouge. On les place devant l'assiette, par rang de taille, décroissant de gauche à droite.

On ne remplit jamais un verre à ras bord.
Verser le vin aux deux tiers de la hauteur du verre.

Pour vous aider à choisir bien les vins qui s'accorderont le mieux avec votre menu, voici un tableau pratique que rendent nécessaire les richesses du vignoble français.

L'accord des vins et des mets

	Mets	Vin conseillé	Température de service	Verre
HORS-D'ŒUVRE	Crudités	Vin blanc sec : Sancerre (L) Graves (Bx) Entre-deux-Mers (Bx)	6 à 12 degrés — —	Verre tulipe Petit verre tulipe ovoïde —
	Charcuteries : jambon - galantine - boudin, etc.	Rosé ou Rouge fruité : Beaujolais frais (Bg) Arbois (Bg) Tavel (R) Rosé de Provence (P)	7 à 10 degrés — — —	Petit verre ballon — Verre ballon haut Verre tulipe resserré en haut
	"A la russe"	Blanc sec : Graves de Vayres (Bx)	6 à 12 degrés	Petit verre tulipe ovoïde
POISSONS	Huîtres et coquillages	Blanc sec : Muscadet (L) Gros Plant (L) Bourgogne aligoté (Bg)	6 à 12 degrés — —	Verre tulipe — Petit verre ballon
	Gratin de fruits de mer	Rosé sec : Rosé de Provence (P)	7 à 10 degrés	Verre tulipe resserré en haut
	Poisson gras, à la crème, bordelaise, bouillabaisse, barbue amiral	Blanc demi-sec moelleux : Graves de Vayres (Bx) Monbazillac (Bx) Rosé d'Anjou (An)	6 à 12 degrés 2 à 6 degrés 7 à 10 degrés	Petit verre tulipe ovoïde — Verre à coupe cylindrique à fond plat
	Poissons grillés et pochés	Blanc sec : Chablis (Bg) Hermitage blanc (R) Entre-deux-Mers (Bx) Gaillac (Bx)	8 à 14 degrés 6 à 12 degrés — 8 degrés	Petit verre ballon Verre ballon haut Verre tulipe ovoïde —
	Ecrevisses, soles, saumon, turbot, truites	Blanc sec : Muscadet de Sèvres (L) Sancerre - Clos de la Poussie (L) Meursault (Bg) Riesling (Al)	6 à 12 degrés — 8 à 14 degrés 6 à 12 degrés	Verre tulipe — Petit verre ballon Coupe profonde et évasée, longue jambe

(Al) Alsace · (Bg) Bourgogne · (Bx) Bordeaux · (L) Loire · (R) Côtes-du-Rhône · (An) Anjou · (P) Provence · (J) Jura

L'ACCORD DES VINS ET DES METS

	Mets	Vin conseillé	Température de service	Verre
POISSONS	Matelotes	Rouge ou blanc selon la sauce utilisée		
	Moules	Blanc demi-sec ou rouge fruité : Bordeaux demi-sec Beaujolais frais (Bg)	 3 à 5 degrés 7 à 10 degrés	 Tulipe ovoïde Petit ballon
	Poissons accommodés au vin rouge	Rouge : Le même que celui de la cuisson	 14 à 18 degrés	
ENTRÉES	Vol-au-vent, omelettes, soufflés	Blanc liquoreux et fins : Sauternes (Bx) Barsac (Bx)	 2 à 6 degrés —	 Tulipe ovoïde —
	Foie gras	EN ENTRÉE Blanc : Meursault (Bg) Tokay (Al) AU COURS DU REPAS Rouge : Chambertin (Bg) Château-Lafite (Bx) Château-Latour (Bx)	 8 à 14 degrés 2 à 6 degrés 14 à 16 degrés 16 à 18 degrés —	 Petit verre ballon Coupe profonde et évasée sur longue jambe Verre ballon Tulipe ovoïde —
	Melon	SI LE MELON EST SERVI AU PORTO Porto SINON, Blanc liquoreux : Vin d'Alsace Vin d'Anjou blanc Bordeaux blanc	 16 à 18 degrés 2 à 6 degrés 8 degrés 2 à 6 degrés	 Verre cylindrique à pied Coupe profonde et évasée sur longue jambe Coupe cylindrique à fond plat sur longue jambe Tulipe ovoïde
	Grenouilles et escargots	Blanc très sec : Cérons (Bx) Pouilly-Fuissé (L)	 6 à 9 degrés —	 Tulipe ovoïde Tulipe
POTAGES	Pot-au-feu	Vin léger : Beaujolais frais (Bg)	 14 degrés	 Ballon

L'ACCORD DES VINS ET DES METS

	Mets	Vin conseillé	Température de service	Verre
POTAGES	Potage aux légumes	Rouge ou rosé : Cassis (P)	7 à 10 degrés	Tulipe resserrée en haut, pied renflé
	Potage aux champignons	Blanc : Château-Chalon (J)	8 à 14 degrés	Ballon
VIANDES	Agneau, porc, veau	Rouge léger : Graves rouge (Bx) Saint-Estèphe (Bx) Sorbet-Médoc (Bx)	14 à 16 degrés — —	Tulipe ovoïde — —
	Bœuf et mouton	Rouge corsé : Montagne Saint-Emilion (Bx) Pomerol (Bx) Sauternes (Bx) Corton, Pommard (Bg) Beaune (Bg)	16 à 18 degrés — — 14 à 16 degrés —	Tulipe ovoïde — — Ballon —
	Côtelettes de mouton grillées	Rouge léger : Château-Latour (Bx) Saint-Emilion (Bx) Monteguillon-Montagne	16 à 18 degrés — —	Tulipe ovoïde — —
	Carbonades	Rouge nerveux : Beaujolais sélectionné (Bg) Château du Grand Talancé (Bx)	14 à 16 degrés 16 à 18 degrés	Ballon Tulipe ovoïde
	Jambon d'York	Blanc moelleux : Bordeaux blanc demi-sec	3 à 5 degrés	Tulipe ovoïde petit
	Choucroute garnie	Blanc vif : Riesling (Al) Pinot (Al) Graves de Vayres (Bx)	2 à 6 degrés — 6 à 12 degrés	Coupe profonde et évasée sur très longue jambe — Tulipe ovoïde

L'ACCORD DES VINS ET DES METS

Mets		Vin conseillé	Température de service	Verre
VOLAILLES ET GIBIERS	Poulet et lapin	Rouge pas trop corsé : Beaujolais, Santenay (Bg) Côte-Rôtie (R) Bourgueil, Chinon (L) Graves, Médoc (Bx)	 14 à 16 degrés 14 degrés 14 à 16 degrés 16 à 18 degrés	 Ballon Ballon haut Tulipe Tulipe ovoïde
	Pintades, pigeons, canards	Rouge plus corsé que pour les viandes blanches : Lalande Pomerol (Bx) Saint-Emilion (Bx) Cahors Côtes-du-Rhône Beaune (Bg)	 16 à 18 degrés — 14 à 16 degrés 14 degrés 14 à 16 degrés	 Tulipe ovoïde — — Ballon haut Ballon
	Gibiers à poil et venaison	Grands vins très corsés : Clos-Vougeot (Bg) Nuits-Saint-Georges (Bg) Richebourg, Romanée, Bonnes Mares (Bg) Châteauneuf-du-Pape (R)	 14 à 16 degrés — — 14 degrés	 Ballon — — Ballon haut
	Poularde sauce suprême	Blanc : Côte de Bordeaux demi-sec (Bx) Château-Laretan	 3 à 5 degrés —	 Ballon ovoïde —
FROMAGES	Pâtes persillées (bleus)	Rouge léger : Beaujolais Bordeaux supérieur Château-Montaigne	 14 degrés 16 à 18 degrés —	 Ballon Tulipe ovoïde —
	Pâtes molles (brie, etc.)	Rouge charnu : Château-Talbot (Bx) Château-Gruaud-Larose (Bx)	 16 à 18 degrés —	 Tulipe ovoïde —
	Pâtes sèches cuites (gruyère)	Rouge corsé : Brouilly (Bg) Saint-Estèphe (Bx)	 14 degrés 16 à 18 degrés	 Ballon Tulipe ovoïde
	Pâtes sèches pressées (Port-Salut, etc.)	Vin tendre : Saint-Amour (Bg) Rosé d'Anjou	 14 degrés 7 à 10 degrés	 Ballon Coupe cylindrique à fond plat, sur longue jambe

L'ACCORD DES VINS ET DES METS

	Mets	Vin conseillé	Température de service	Verre
FROMAGES	Pâtes fondues et fromages frais	Blanc liquoreux : Monbazillac (Bx) Château-Lafaurie-Peyraguey (Bx) Premiers grands crus (Bx) Rosé moelleux : Rosé d'Anjou	2 à 6 degrés — — 7 à 10 degrés	Tulipe ovoïde — — Coupe cylindrique à fond plat, sur longue jambe
FROMAGES	Dans le cas d'un plateau de fromages classique servi à la fin du repas, proposez le vin rouge accompagnant le plat principal.			
DESSERTS	Compotes, tartes	Blanc doux naturel : Muscat blanc	3 à 5 degrés	Coupe ou flûte
DESSERTS	Crêpes flambées	Demi-sec moelleux : Demi-sec Blanc Impérial Monbazillac moelleux (Bx)	3 à 5 degrés 2 à 6 degrés	Coupe ou flûte Tulipe ovoïde
DESSERTS	Fruits Gâteaux à la crème Fraises à la crème fraîche	Blancs liquoreux : Anjou blanc moelleux Sauternes doux (Bx) Côte d'Agly Banyuls	2 à 6 degrés — — —	Coupe cylindrique à fond plat Tulipe ovoïde — —

Vins : les grandes années

ANNEE	BORDEAUX		BOURGOGNE		ALSACE	VALLÉE DU RHÔNE	LOIRE	JURA	BEAUJOLAIS
	rouge	blanc	rouge	blanc					
1960	+					+			
1961	+ +	+ +	+ +	+ +	+ +	+ +	+ +	+ +	+ +
1962	+	+	+	+ +	+			+	+
1964	+ +	+ +	+ +	+ +	+ +	+	+ +	+	+
1966	+ +	+ +	+ +	+ +	+	+ +		+	+
1967	+			+	+	+ +	+	+	+
1968					+				
1969	+		+ +	+ +	+		+		+
1970	+ +	+ +	+	+ +	+ +	+	+		+
1971	+ +	+	+ +	+	+ +	+	+		+
1973	+			+	+ +		+ +		+
1974	+	+	+	+			+		
1975	+ +	+ +		+	+		+ +		+
1976	+ +	+	+ +	+ +	+ +		+ +		+
1977		+		+					
1978	+	+	+ +	+ +	+	+ +	+		
1979	+ +	+ +	+ +	+ +	+ +	+	+	+ +	+
1980		+				+			
1981							+		+
1982	+ +	+ +	+	+ +	+	+ +	+	+	+
1983	+	+ +	+	+ +	+ +	+	+		+
1984						+			
1985	+ +	+ +	+ +	+ +	+ +	+	+ +	+	+ +
1986	+ +	+ +	+	+	+	+		+	
1987								+ +	+
1988	+ +	+ +	+ +	+ +	+ +	+ +	+ +	+ +	+
1989	+ +	+ +	+ +	+ +	+ +	+ +	+ +	+ +	+ +
1990	+ +	+ +	+ +	+ +	+ +	+ +	+ +	+ +	+ +
1991	+	+	+	+ +		+ +			+
1992			+	+ +	+	+	+	+	
1993	+		+	+	+	+	+		+
1994	+	+	+ +	+ +	+	+ +	+ +	+	+
1995	+ +	+ +	+ +	+ +	+ +	+ +	+ +	+ +	+ +
1996	+ +	+ +	+ +	+ +	+	+	+ +	+ +	+

+ : *Bonne année*   + + : *Excellente année*

1 **Fourchette du service à poissons - Couteau du service à poissons - Fourchette de service - Couteau à trancher –** *2* **Fourchette de service - Cuiller à sauce –** *3* **Fourchette à poisson - Couteau à poisson - Fourchette - Couteau –** *4* **Fourchette à gâteaux - Fourchette à huîtres - Fourchette à fruits - Cuiller à sucre en poudre –** *5* **Rince-doigts - Assiette à salade –** *6* **Pelle à tarte - Cuiller de service - Cuiller à glace - Cuiller à soupe - Couteau à fromages - Instrument à décortiquer les crustacés –** *7* **Ciseaux à raisins –** *8* **Verre à eau - Verre à vin blanc - Verre à vin rouge –** *9* **Flûte à champagne - Verre à champagne –** *10* **Verre à vin de Bordeaux –** *11* **Verre à vin du Rhin - Verre à whisky ou à jus de fruits - Verre à liqueur –** *12* **Verre tulipe à chammpagne - Coupe à champagne –** *13* **Carafe à vin de Bordeaux**

La Table

*Un bon repas commence
par le plaisir des yeux que donne une table bien mise,
nappe impeccablement repassée, argenterie
et verrerie étincelantes, assiettes brillantes.*

Il y a la table de tous les jours, que l'on dresse avec un couvert rustique ou peu coûteux, et la table des jours de fête pour laquelle on sort des placards le linge et les services précieux réservés aux grandes occasions.

La table se dresse selon des règles précises :

la fourchette se place à gauche de l'assiette, le couteau et la cuiller à droite ; dans le cas où le menu comporte du poisson on met la fourchette à poisson à gauche, après la première fourchette, et le couteau à poisson à droite du couteau à viande.

Quant aux verres, ils se placent par rang de taille, le verre à eau — le plus grand — étant à gauche des verres à vin. Comptez 50 à 60 centimètres d'écart entre chaque convive et fleurissez votre table en harmonisant les couleurs des fleurs à celles de la nappe.

Le couvert

D'abord sous la nappe, un molleton qui permet d'amortir les chocs des objets, qui protège la table de la chaleur des plats et qui donne à l'ensemble une impression de douceur.

Le centre de la table doit être garni de fleurs, d'une coupe de fruits ou de toute autre décoration à votre fantaisie. Cela donne un air de fête, adoucit la symétrie des couverts et ajoute des notes de couleurs fort heureuses.

Les assiettes seront disposées avec le même écart entre elles. On compte de cinquante à soixante centimètres par convive.

Si vos assiettes ont un décor et que celui-ci est symétrique, posez votre assiette de façon que ce dessin soit dans l'axe. Le couvert se met « à la française », c'est-à-dire les pointes de fourchettes posées sur la nappe. De même la cuiller dont on doit voir la partie bombée et non pas creuse (en Angleterre, c'est le contraire).

Vous devez placer la fourchette seule ou accompagnée de la fourchette à poisson, à gauche de l'assiette. Le couteau et le couteau à poisson avec la cuiller à soupe à droite. Le couvert à dessert peut se placer soit sur les assiettes à dessert préparées sur la table de service, soit, pour simplifier le service, horizontalement au-dessus de l'assiette, entre celle-ci et le jeu de verres.

Place des couverts

— Couvert à poisson : la fourchette à gauche, à l'extérieur, le couteau à droite, entre le couteau et la cuiller à soupe.

— Fourchette à huîtres : se met soit entre l'assiette et le verre, au-dessus des couverts à dessert, soit à la droite des couverts de droite.

Présentez chaque plat avec des couverts de service en laissant déborder les manches.

Le service à salade doit être dans le saladier et la salade tournée d'avance. La pelle à gâteau est posée sur le côté du plat, lorsque l'entremets ou le gâteau est coupé d'avance.

Place des verres

Les verres se placent par rang de taille, le verre à eau, le plus grand, étant à gauche des verres à vin.

Pour les simples repas familiaux, un seul verre par personne suffit. Il en faudra deux, un pour l'eau, l'autre pour le vin, si vous avez un invité, même un intime. Pour un repas plus habillé, prévoyez trois verres par personne et un quatrième au cas où vous serviriez du champagne. Ces trois verres seront assortis, mais de tailles différentes : le plus grand pour l'eau, le plus petit pour le vin blanc, le moyen pour le vin rouge. On les place devant l'assiette, par rang de taille décroissant, de gauche à droite.

On ne remplit jamais un verre à ras bord.

Versez le vin aux deux tiers de la hauteur du verre.

Places à table

Règles générales : le maître et la maîtresse de maison se font face et mettent à leur droite l'invitée et l'invité les plus importants, puis, à leur gauche, celui ou celle qui viennent immédiatement après dans l'ordre de l'importance. On répartit ensuite les autres invités en alternant les sexes.

Si, parmi les invités, figure un personnage de très haut rang : évêque, prince ou princesse de sang royal, roi ou chef d'Etat, le maître ou la maîtresse de maison s'efface pour lui laisser la présidence de la table.

S'il s'agit d'un évêque ou d'un autre dignitaire religieux, la maîtresse de maison s'assied à sa gauche et l'invitée que l'on tient le plus à honorer sera placée à sa droite.

Si l'invité de marque est marié, c'est alors le maître de maison qui lui cède sa place et s'assied à sa gauche.

Il existe deux manières de présider un repas : « à la française » et « à l'anglaise ». Chacune a son avantage et c'est la qualité de vos invités, ou le problème particulier que vous aurez à résoudre, qui déterminera votre choix.

— A la française : le maître et la maîtresse de maison occupent le centre de la table, face à face. Auquel cas, les deux bouts de la table se trouvent être les coins que l'on réserve aux familiers, aux jeunes gens, enfin à qui ne se trouvera pas choqué ou vexé de cet éloignement du centre de la table.

— A l'anglaise : les maîtres de maison se placent aux deux extrémités de la table, ce qui permet de valoriser le centre où l'on peut placer des invités que l'on tient à honorer.

Service de table

Si vous n'avez pas de personnel.

C'est un cas très fréquent de nos jours. Pour que vos invités ne se sentent pas gênés de vous imposer un surcroît de travail, il vous faut ne pas déployer une trop grande activité et, surtout, ne pas passer la moitié de votre temps dans la cuisine. Vous y parviendrez en vous organisant minutieusement.

Le premier point est de choisir un menu dont tous les plats se préparent à l'avance : une entrée froide que vous n'aurez qu'à sortir du réfrigérateur au moment de passer à table, suivi d'un plat chaud, qui n'exigera aucune mise au point de dernière minute et qu'il vous suffira de mettre dans un plat de service.

Voici un bon exemple de ce type de menu : salade de riz à la royale, coq au bordeaux, plateau de fromages, tarte aux fraises.

Vous pouvez aussi offrir une entrée chaude et un plat de résistance froid : par exemple, un saumon au champagne et un canard en gelée aux pêches. A vous d'équilibrer votre menu pour utiliser le moins possible de vaisselle et pour n'avoir à vous lever de table que quelques instants. Demandez à votre mari de prendre en charge le service des vins. Les plats circuleront de main en main, chacun se servant au passage. Enlevez discrètement les assiettes à chaque changement de plat. Empilez-les sans les débarrasser des restes et déchets, et déposez-les dans la cuisine où elles attendront le départ de vos invités pour être lavées et rangées. Fromages et desserts, assiettes et couverts de rechange seront disposés sur une desserte ou, mieux, à côté de vous sur une table roulante. L'idéal est de disposer d'une table roulante chauffante à plusieurs plateaux sur lesquels on dépose les assiettes desservies et les assiettes propres.

Avec un menu combinant une entrée froide et un plat principal chaud, tenu prêt dans le casier chauffant de la table, la maîtresse de maison n'a pas besoin de quitter sa place.

Si vous avez du personnel.

Exigez de la personne chargée du service une tenue vestimentaire irréprochable : robe noire à manches longues et petit tablier blanc pour une femme ; pantalon noir, chemise et veste blanches, cravate noire pour un homme.

L'employé de maison sert les convives dans l'ordre des préséances, c'est-à-dire en commençant par la dame placée à la droite du maître de maison, et enfin toutes les autres dames, en terminant par la maîtresse de maison. On sert ensuite les messieurs dans le même ordre, c'est-à-dire en commençant par celui qui est placé à la droite de la maîtresse de maison, et ainsi de suite. Le maître de maison sera le dernier servi. Le plat doit être présenté à chaque invité sur sa gauche.

On enlève l'assiette sale sur la gauche également et on la remplace par une assiette propre glissée sur la droite.

Tous les plats — sauf le potage et les fromages — doivent être passés deux fois.

Petits conseils

Si votre table est grande, si vous avez de nombreux invités, si vous voulez bien faire les choses, je vous conseille de mettre, si ce n'est à côté de chaque convive, du moins entre deux convives, une salière.

Glissez un petit pain dans les plis de la serviette, ou posez-le dans une petite soucoupe à pain placée à la droite et au-dessus des couteaux et cuillers à soupe. Vous pouvez mettre également entre les convives une minuscule assiette à beurre, sans oublier son petit couteau.

Si vous n'avez pas de domestique pour le service et que vous faites tout vous-même, donnez à votre mari le soin des vins et vous ne vous occuperez que des plats. Ayez, l'un et l'autre, une corbeille de pain à votre disposition.

Les « assiettes froides »

A composer suivant les ressources de votre imagination et le contenu de votre placard à provisions.

Voici quelques suggestions :

ASSIETTE DANOISE

Saumon fumé, esturgeon fumé, anguille fumée, œufs de saumon. Pain noir beurré et citron.

ASSIETTE CHARCUTIÈRE

Jambon, saucisson, andouillette, hure de porc, rillettes. Pain de campagne, beurre et cornichons.

ASSIETTE HOLLANDAISE

Tranches très fines de gouda, d'édam, de mimolette. Pain noir, pumpernikel, crackers, beurre.

ASSIETTE DE CANTAL

Minces lamelles de cantal et tranches de poires crues citronnées. Pain blanc et beurre.

ASSIETTE MAROCAINE

Tranches de saucisses pimentées (chorizo), grosses crevettes décortiquées, rondelles de tomates, dés de poivrons, olives noires.

ASSIETTE PLAZZA

Lamelles de poulet froid désossé, feuilles de laitue, dés de gruyère piqués sur bâtonnets, mayonnaise.

ASSIETTE CAMARGUAISE

Filets de canard cru coupés en très minces tranches et marinés au moins trois heures dans l'huile d'olive et herbes de Provence. Olives noires. Pain de seigle beurré.

ASSIETTE ALSACIENNE

Assortiment de saucisses aussi variées que possible. Chou rouge cru, finement haché, à la vinaigrette. Moutarde. Pain noir beurré.

ASSIETTE ITALIENNE

Jambon de Parme en tranches très fines. Figues noires, tranches de melon. Pain de mie beurré.

ASSIETTE BRETONNE

Andouillette, rillettes, jambon fumé, salade de pommes de terre.

ASSIETTE FINLANDAISE

Foie de morue fumé tartiné sur du pain de seigle. Citron. Betteraves en salade.

ASSIETTE MÉDITERRANÉENNE

Lamelles de poivron cru, rondelles de tomates, olives noires, salade de riz, anchois, œufs durs, petits artichauts crus. Sauce : vinaigrette additionnée de crème d'anchois.

ASSIETTE DE LANGOUSTE

Langouste cuite au court-bouillon. Petites saucisses-cocktail. Tomate farcie de pousses de soja à la mayonnaise. Mayonnaise. Feuilles de laitue.

ASSIETTE AU THON

Fond de salade romaine émincée. Rondelles de tomate. Œuf dur à la mayonnaise. Sardine à l'huile. Morceau de thon au naturel. Petite brochette en bois garnie de variantes (légumes au vinaigre). Tranche de salami. Tranche de chorizo. Bottillon de petites asperges au naturel.

ASSIETTE GRECQUE

Tranches de tomates salées. Tranches de concombre. Tranches de feta (fromage grec). Feuilles de vigne roulées. Grosses olives de Grèce. Tranches de saucisson.

ASSIETTE DE FOIE GRAS

Tranche de foie gras. Feuilles de mâche sans assaisonnement. Coupelle contenant un peu de vinaigre de cidre, sel et poivre et huiles de noix. Cerises au vinaigre.

ASSIETTE CORSE

Aile ou cuisse de pintade rôtie. Tranches de coppa (saucisson corse). Feuille de laitue remplie d'une portion de salades de haricots blancs. Olives noires.

Les petits pièges de la bonne tenue à table

Artichaut

Servi entier, vous pouvez le manger avec les doigts, feuille par feuille, trempée dans la sauce versée dans votre assiette que vous ne devrez pas soulever.

Il existe des services spéciaux à artichauts, avec un logement creux pour la sauce.

Asperges

Deux façons de les manger :

— Simplement, en les saisissant du bout des doigts ; on les trempe ensuite dans la sauce et on en mange les deux tiers en plusieurs bouchées.

— Protocolairement ; on coupe la pointe de l'asperge avec la fourchette et on laisse tout le reste.

Quant vous êtes invité, attendez que la maîtresse de maison ait commencé à manger pour adopter la même formule qu'elle.

Bananes

Deux façons de les manger :

— Simplement, en détachant la peau en quatre morceaux, dans le sens de la longueur, à l'aide d'un couteau ou d'une fourchette ; puis, on tient la banane par sa base, de la main gauche, et on mord à petites bouchées dans le fruit.

— Protocolairement ; on maintient la banane avec une fourchette et on incise la peau sur toute sa longueur avec un couteau, et on l'écarte. Puis, avec la fourchette, on coupe le fruit en morceaux que l'on porte au fur et à mesure à sa bouche.

Beurre

Se pose sur la table, dans un ravier ou à gauche de chaque couvert, sur une petite assiette ou dans une beurrier individuel.

S'il n'y a qu'un seul ravier pour toute la table, prenez avec le couteau de service un morceau de beurre que vous déposerez sur le coin de votre assiette. Beurrez des bouchées de pain et non pas des tartines, sauf quand il s'agit du petit déjeuner ou des tranches de pain de seigle avec les coquillages.

Boire

Essuyez votre bouche avant de porter un verre à vos lèvres. Faites de même après avoir bu. Ne buvez jamais la bouche pleine. Ne levez pas le coude en buvant.

Si un repas se termine sur un toast, levez votre verre en même temps que les autres convives, mais ne heurtez pas votre verre contre un autre.

Café

Ne demandez pas à vos invités s'ils prennent du café. Présentez-le leur d'office ; libre à eux de refuser.

Pensez à proposer du café « décaféiné », surtout le soir.

Le café sera servi de préférence au salon, mais il est admis de l'offrir à table, ce qui évite parfois de « casser » une conversation intéressante.

C'est la maîtresse de maison, ou sa fille, ou une personne de service, qui tend la tasse vide et le sucrier. L'invité met le sucre lui-même, s'il n'y a pas de pince, instrument dont l'usage tend à se perdre.

Le café est ensuite versé dans la tasse, sans la remplir à ras bord. Et on boit en tenant l'anse entre le pouce et l'index de la main droite. N'oubliez pas, enfin, qu'un bon café se sert toujours brûlant.

Cure-dent

A n'employer en aucun cas au restaurant ou chez des amis, même s'il y en a sur la table.

Fromage

Les fromages seront servis sur un plateau, qui peut être garni de feuilles ou de paillasson. Offrez plusieurs sortes de fromages, fermentés et cuits. Posez deux couteaux sur le plateau et présentez règles : le gruyère, le hollande, le plupart des gastronomes soient opposés à cet accompagnement.

Les fromages entiers doivent être entamés. On ne repasse pas le plateau de fromages. Dans un repas « habillé », on mange le fromage avec un couteau et une fourchette, réservant à l'intimité l'usage du seul couteau. Pour vous servir, respectez ces quelques règles : le gruyère, le hollande, le cantal se coupent en tranches dans le sens de la longueur, verticalement par rapport à la croûte. Le camembert, ou tout autre fromage de forme ronde, se coupe par quartiers. Le chèvre se coupe en tranches. Le brie se coupe sur le côté : on ne prend jamais la pointe.

Les fromages s'accompagnent obligatoirement de vin rouge, même dans le cas d'un repas au champagne.

Homard

Se sert souvent ouvert en deux ou coupé en tranches, accompagné d'un couvert à poisson, d'un casse-noix, pour briser les pinces, et d'une fourchette spéciale à deux dents, pour en extraire la chair. On présente ensuite des rince-doigts.

Langouste

Se sert, ouverte en deux ou coupée en tranches, avec un couvert à poisson et un casse-noix, pour briser les pattes. On présente ensuite un rince-doigts.

Œuf a la coque

Décapitez-le avec votre petite cuiller, jamais avec votre couteau. Après avoir mangé le contenu de l'œuf, brisez la coquille après l'avoir enlevée du coquetier.

Les mouillettes sont-elles admises ? Oui, car on ne consomme des œufs à la coque que dans l'intimité ou à la campagne.

Si vous vous trouvez en compagnie d'un Anglais ou d'un Américain, ne vous étonnez pas de les voir vider le contenu de l'œuf dans leur assiette ou dans une tasse ; c'est du meilleur ton dans leur pays.

Orange

Vous la pèlerez avec un couteau dans l'intimité : fendez l'écorce en quatre, puis détachez-la et mangez les tranches d'orange une par une.

Dans un grand dîner, vous devez suivre la même méthode, mais sans y mettre les doigts, en utilisant un couteau et une fourchette. S'il y a des pépins, crachez-les discrètement dans le creux de votre main avant de les déposer sur votre assiette.

Pain

Aux repas familiaux, le pain est présenté, coupé, dans une corbeille. Pour des déjeuners ou des dîners moins intimes, un morceau de pain ou un petit pain individuel est placé soit à gauche de l'assiette, soit sous la serviette. Vous pouvez adopter la pratique courante anglaise et poser le pain sur une petite assiette, à la droite de chaque convive.

On ne mord pas dans son pain, on ne le coupe pas avec un couteau, mais on le rompt en petites bouchées.

A la fin du repas, avant le dessert, les restes de pain sont enlevés par la personne de service, qui ôte ensuite les miettes sur la table à l'aide d'une serviette ou d'un ramasse-miettes.

Pêche

A ne jamais manger avec les doigts.

Coupez la pêche en quatre ; piquez chaque quartier au bout de votre fourchette, tenue de la main gauche et, avec le couteau tenu de la main droite, enlevez la peau.

Poire

A ne jamais manger avec les doigts.

Coupez le fruit en quatre ; piquez chaque quartier au bout de votre fourchette, tenue de la main gauche et, avec le couteau tenu de la main droite, enlevez le cœur et la peau.

Poisson

Sa dégustation exige l'utilisation du couvert à poisson, composé d'une fourchette et d'une petite palette spéciale. En aucun cas vous n'utiliserez un couteau. A défaut du couvert, employez deux fourchettes.

Si, en mangeant du poisson, vous tombez sur une malencontreuse arête, prenez-la délicatement entre le pouce et l'index et déposez-la sur le rebord de votre assiette. Inutile de vous détourner ou de vous cacher dans votre serviette.

Porte-couteau

Son usage est réservé à l'intimité ; il se place à droite de l'assiette, au niveau du bord supérieur.

Dans un repas habillé, on change les couverts à chaque service ; le porte-couteau n'a donc pas sa raison d'être.

Potage

Dans un grand dîner, on sert le plus souvent le potage avant que les convives ne soient assis à table. Il faut, dans ce cas, qu'il soit brûlant et les assiettes creuses chaudes.

Vous mangerez votre potage en tenant la cuiller de la main droite et en la faisant rentrer dans la bouche par la pointe. N'inclinez pas l'assiette pour prendre les dernières gouttes de potage.

Raisin

Servez-le accompagné d'une paire de ciseaux, pour en détacher des grappillons, et d'un récipient rempli d'eau, pour le laver. Mangez-le avec vos doigts, grain par grain, et crachez discrètement peaux et pépins dans le creux de votre main, puis déposez-les dans votre assiette.

Rince-doigts

Obligatoire après les huîtres, les écrevisses, les moules, les langoustes, les homards. Posé sur une petite assiette munie d'un léger napperon, il est placé à la gauche de chaque convive. Il est rempli d'eau tiède, parfumé d'une rondelle de citron ou d'une pétale de rose. On y plonge discrètement le bout des doigts que l'on essuie ensuite avec sa serviette. Une nouvelle mode consiste à imiter la coutume chinoise et à remplacer les rince-doigts par de petites serviettes humectées d'eau chaude citronnée.

Salade

Quand vous recevez, disposez à gauche de chaque couvert une assiette spéciale pour la salade, en forme de demi-lune. La salade est servie lorsque le plat de viande a été présenté une seconde fois aux convives. On n'y touche qu'avez la fourchette, jamais avec le couteau. Aussi, les maîtresses de maison devraient-elles couper les feuilles pour éviter tout embarras à leurs invités.

Peut-on passer la salade deux fois ?

Les anciens savoir-vivre l'interdisaient mais, aujourd'hui, les amateurs de verdure sont nombreux et on ne peut que leur faire plaisir en leur offrant une seconde fois de la salade.

Certaines personnes ont adopté la mode anglo-saxonne qui consiste à servir le fromage avec la salade. C'est très bon.

Organiser un buffet

Cette formule permet de recevoir un grand nombre de personnes à la fois et de donner à la réception un ton particulier, rustique, classique ou sophistiqué. Le buffet pourra être à l'heure du déjeuner, du dîner, du goûter ou du cocktail. Dans tous les cas, boissons et aliments, vaisselle et verres sont exposés sur une grande table, et chacun se sert.

Le buffet avec assiettes et fourchettes

Il comprend à la fois un ou plusieurs plats, à servir chauds ou froids, avec assiettes et fourchettes, et des petits canapés (sandwiches, petits pains ou bouchées). Si la majorité des invités n'a pas la possibilité de s'asseoir pour manger, choisissez des mets qui peuvent se rompre avec une fourchette et ne proposez pas de couteaux.

Voici quelques suggestions :

Les salades

— Riz cuit à la créole (dans un large récipient rempli d'eau bouillante salée) et refroidi, mélangé à une mayonnaise bien épicée, mis dans un saladier et recouvert de tomates en quartiers, rondelles de concombres, morceaux de crabe ou de langouste, crevettes décortiquées, rondelles d'œufs durs, filets d'anchois.

— Riz créole, thon à l'huile, œufs durs, le tout recouvert de vinaigrette à la moutarde et aux fines herbes.

— Riz mayonnaise à la volaille ou au rôti de veau (les viandes étant coupées en petits dés).

— Salade de pommes de terre aux fines herbes.

— Cornets de jambon à la macédoine de légumes ou au riz mayonnaise.

— Salade niçoise.

— Petits pois froids et tranches de saucissons secs coupés en quatre, le tout arrosé d'une vinaigrette à la moutarde.

— Saumon froid, présenté sur des feuilles de salade verte, entouré d'œufs durs, de quartiers de tomates, de radis en tranches, etc. Mayonnaise servie à part, ou sauce suivante : trois cuillerées à soupe de crème fraîche mélangées à une cuillerée à café de moutarde.

Les terrines

Gibier, lapin, canard, foies de volailles, jambon et veau, foie de porc, etc. Démoulez sur un grand plat garni de salade verte, de cornichons, etc., et coupez en tranches.

Plats en gelée et divers

Langue de bœuf en gelée.
Rôti de veau en gelée.

Aspics de poulet, de veau, de tomates, d'œufs.

Œufs durs farcis (sardines, anchois, maquereaux au vin blanc, jambon, etc.).

Œufs en gelée à l'estragon.

Saucisson brioché ou feuilleté.

Les desserts

(servis avec assiette individuelle)

Salade de fruits (nature, alcoolisée ou au champagne) présentée dans de grands compotiers.

Ananas ou melon surprise. L'ananas ou le melon sont évidés et remplis d'une salade de fruits.

Glaces.

Mousses.

Grandes tartes.

Gros gâteau moka à plusieurs étages.

Riz condé.

Riz à l'impératrice.

Les boissons

Boissons alcoolisées.

Punchs :

— Punch classique : 1 orange, 1 citron, 150 g de sucre, 1/4 de litre de rhum, 3/4 de litre de thé fort. Faites fondre le sucre dans le thé bouillant. Ajoutez le jus de citron et d'orange, puis le rhum. Servez bouillant ou glacé.

— Punch à l'orange : 6 oranges, 1 citron, 250 g de sucre, 1/2 litre de thé, 1 verre de rhum. Pressez le jus de 3 oranges et du citron. Coupez les autres oranges en rondelles et ajoutez-les au liquide. Versez enfin le rhum. En le servant, faites flamber le liquide. Remuez-le avec une cuiller et servez dès qu'il cesse de flamber.

— Punch Marquise : 1/2 bouteille de vin blanc sec, 1/2 bouteille de champagne, 1 verre de Cointreau, 1 verre de rhum, 8 oranges. Pressez 6 oranges. Mettez dans une jatte : vin blanc, champagne, Cointreau, rhum et jus d'orange. Coupez finement dans ce liquide les autres oranges. Servez très froid dans de grands verres.

Cocktails et long-drinks :

Le cocktail est un mélange de boissons alcoolisées. Beaucoup de glace. Doit toujours être préparé devant les invités et servi très frais dans des verres à madère.

Le long-drink est, lui aussi, un mélange d'alcools, mais il contient en outre une forte proportion d'eau, gazeuse en général, et se sert dans de grands verres (verres à whisky).

Les flips sont des cocktails dans la préparation desquels il entre un jaune d'œuf cru.

Le matériel pour préparer les cocktails ; il faut au minimum :

— Un shaker (un shaker contient 5 à 6 verres de cocktail).

— Une cuiller à mélange.

— Une passoire spéciale.

— Un presse-fruit.

— Un flacon stilligoutte.

— Un broyeur à glace.

Le buffet sans fourchette

Il n'est composé que d'aliments qui se prennent avec les doigts et se consomment en une seule ou, au maximum, en deux bouchées : canapés, sandwiches, croustades, petits pains, bouchées, etc. Tout est disposé sur une ou plusieurs tables avant l'arrivée des invités. Ceux-ci viennent se servir eux-mêmes. On peut aussi faire circuler des plateaux.

Avantages

C'est une formule qui peut n'exiger aucun personnel, puisque tout ou presque peut être préparé à l'avance, surtout si toutes les préparations sont froides. Compte tenu évidemment du choix des ingrédients, c'est la formule qui peut être la plus économique. C'est d'ailleurs la formule préférée des jeunes qui veulent passer plus de temps à danser qu'à manger.

Par ailleurs, si quelques-unes des préparations sont chaudes (canapés, gratinés, saucisses de cocktail, quiches individuelles), elles ne requerront de la part de la maîtresse de maison que quelques minutes de présence à la cuisine. Enfin, c'est une formule qui ne demande pratiquement pas de vaisselle.

Inconvénients

Ce genre de buffets peut devenir facilement monotone. Il faut l'agrémenter de beaucoup de fantaisie.

Les mets sont obligatoirement présentés sur du pain ou des croûtes. Si ceux-ci ne sont pas extrêmement fins, le buffet semblera bien « bourratif ».

Les quantités à prévoir

Elles sont évidemment très variables selon que vous préparez un buffet :

— pour un cocktail (de 18 à 20 ou 21 heures), en supposant donc qu'ensuite vos invités vont dîner ailleurs ;

— ou pour remplacer un dîner ;

— ou encore pour réunir quelques amis après un spectacle.

D'autre part, si vous invitez peu de personnes (une dizaine, par exemple), ce sont en général des gens que vous connaissez bien et vous savez qu'ils sont, ou non, doués d'un solide appétit. Le problème est tout autre s'il s'agit d'un buffet destiné à vingt, trente, quarante personnes ou plus.

Mais de toute façon, il faut prévoir largement. Tant pis s'il doit vous rester beaucoup de choses le lendemain. Vous les consommerez en famille. Mais rien n'est plus déplaisant qu'un buffet où il n'y a pas eu assez ! Comptez toujours que vos invités resteront un peu plus longtemps que vous ne le prévoyez. Car, après tout, s'ils s'attardent, c'est qu'ils se plaisent chez vous !

Voici donc des appréciations moyennes :

Il faut compter par personne, pour un cocktail-dîner :

— sept canapés salés,

— quatre autres bouchées individuelles (saucisses, pizzas),

— quatre canapés sucrés,

— une ou deux pâtisseries : petits fours glacés (quatre à cinq par personne), tartelettes, moka,

— un entremets : glace, salade de fruits rafraîchis, gâteau de riz.

Les boissons

Si vous connaissez le goût de vos invités, cela simplifie considérablement le problème. Dans le cas contraire, il faut prévoir un assortiment aussi complet que possible et, comme pour les aliments, compter assez largement.

Une bonne formule consiste aussi à offrir un seul bon vin et à s'y maintenir : vin d'Alsace de première qualité ou champagne, par exemple. Dans ce cas, il faut compter une demi-bouteille par personne. Mais il faut tout de même prévoir autre chose pour ceux qui ont d'autres goûts :

Apéritifs (de deux sortes différentes) ou punch, ou whisky.

Jus de fruits (orange, pamplemousse) ou de tomate.

Citronnade.

Eau gazeuse.

Café.

Quelques indications utiles

Trente tranches dans un pain de mie, donc environ soixante canapés, mais dans votre compte laissez une marge assez grande pour tous les canapés qui seront brisés, mal faits, et que vous ne pourrez pas servir.

Cent vingt petits pains briochés, dits petits pains mignons, dans un kilo.

Quatre-vingts petits fours dans un kilo.

Cent quarante petits fours secs dans un kilo.

Quatre-vingt-dix fruits déguisés dans un kilo.

Soixante noix, dattes ou pruneaux fourrés dans un kilo.

Huit à dix parts dans un litre de glace.

Sept coupes de champagne dans une bouteille.

Douze à quinze verres par bouteille de porto.

Huit à dix verres dans un litre d'orangeade.

Dix tasses dans un litre de café.

Sachez aussi :

Avec 200 g de pâte à pain, vous ferez 20 pizzas miniatures de 5 cm de côté environ.

Avec 100 g de pâté de foie, ou crème de foie, 25 canapés.

Un tube de crème d'anchois donnera 15 canapés.

Il y a environ 10 filets d'anchois dans une petite boîte.

Une pâte brisée, préparée avec 300 g de farine, 150 g de beurre ou de margarine, 1/3 de verre de lait ou d'eau et une pincée de sel, vous donnera 25 à 30 tartelettes ou barquettes. Vous en obtiendrez 20 à 25 avec un paquet de pâte feuilletée vendue, toute prête à être étalée, dans les épiceries.

Pour faire 20 petites brioches, il vous faut : 500 g de farine, 200 g de beurre ou de margarine, 6 œufs, 15 g de levure de boulanger, 15 g de sel, 1 décilitre d'eau tiède, et 75 g de beurre à incorporer à la pâte quand elle est terminée.

Il faut 6 oranges et 100 g de sucre pour faire 1 litre d'orangeade.

Quelques Trucs pour...

Présenter les glaces,
utiliser le lait tourné,
rafraîchir du beurre rance,
ne jamais rater une mayonnaise,
renforcer l'arôme d'un poisson grillé,
peler des tomates sans difficulté, préparer
votre propre ketchup, empêcher l'omelette
d'attacher au fond de la poêle.

Et des dizaines d'idées et de tours
de main pour personnaliser vos
recettes et mettre en valeur
vos talents culinaires.

Quelques trucs

Beurre

— Si vous avez du beurre rance, enlevez-lui ce goût désagréable en le pétrissant avec de l'eau contenant du bicarbonate de soude (40 g de bicarbonate par litre d'eau). Laissez-le dans cette eau pendant deux heures. Rincez ensuite sous le jet d'eau froide.

— Pour éviter que le beurre ne grésille et ne saute partout : mettre une pincée de sel dans le fond de la poêle.

Boissons

— Pour garder des bouteilles fraîches si vous n'avez ni glacière ni réfrigérateur à votre disposition, enveloppez-les dans des linges mouillés d'eau froide et placez-les dans un courant d'air.

— Une boisson très désaltérante : eau glacée avec une rondelle de citron, une rondelle d'orange et un morceau de pelure de concombre par verre.

— Personnalisez vos boissons (eau-limonade) avec des glaçons colorés. Vous les préparerez en ajoutant du sirop de fruits à l'eau que vous mettrez dans les bacs. Autre formule : une fraise ou une cerise dans l'eau de chaque compartiment du bac.

Crème anglaise

— Pour la réussir à coup sûr, ajoutez une cuillerée à café de Maïzena.

— Si la crème a tourné, versez-la chaude dans une bouteille que vous boucherez avant de l'agiter fortement. La crème retrouve ainsi son velouté.

— Parfumez la crème anglaise : vanille, rhum, zestes de citrons ou d'oranges, extrait de café, poudre d'amandes.

Dinde

— Beurrer ou huiler la peau. La recouvrir d'un torchon trempé dans l'huile ou du beurre fondu. Enfourner et arroser sur le torchon. Oter ce dernier une heure avant la fin pour faire colorer et croustiller la peau.

Écrevisses

— Les meilleures écrevisses sont celles à pattes rouges ; préférez-les à celles qui ont des pattes blanches.

— Pour réussir la mayonnaise, il faut que tous les éléments qui la composent soient à la même température.

Poulet aux aromates. *(Recette page 453)*

Bœuf en gelée. *(Recette page 479)*

Tarte au raisin. *(Recette page 850)*

Tomates farcies provençales. *(Recette page 233)*

Fromages

— Ne pas les mettre dans le réfrigérateur. Les envelopper dans du papier aluminium, si vous n'avez pas gardé l'emballage d'origine.

— Pour éviter au gruyère de se dessécher, enveloppez-le dans un linge humecté de vin blanc.

— Passez à la moulinette vos restes de fromage. Ajoutez un œuf en purée obtenue. Façonnez en boulettes, roulez dans la chapelure et cuisez cinq minutes en pleine friture.

— Délicieux : les petits chèvres que vous aurez mis à mariner vingt-quatre heures dans de l'huile d'olive.

— Conservez le fromage râpé dans des récipients hermétiques (verre, plastique, mais pas métal).

Gâteaux

— Pour démouler sans difficultés les glaces, les charlottes, les crèmes prises, plongez le fond du moule pendant une demi-minute dans de l'eau froide.

— Pour couper aisément un gâteau chaud, utilisez une lame de couteau que vous aurez plongée dans l'eau bouillante.

— Si votre four est trop chaud, placez à l'intérieur un petit récipient rempli d'eau froide.

— Pour que les gâteaux n'attachent pas au fond du moule, placez ce dernier dans un autre moule plus grand et rempli de gros sel.

— Pour que le dessus d'un gâteau soit bien doré, passez sur sa surface un pinceau trempé dans du jaune d'œuf battu avec un peu d'eau.

— Pour garder les crêpes moelleuses, placez-les entre deux assiettes posées sur une casserole d'eau en faible ébullition.

— Pour ramollir le beurre qui entre dans la confection de diverses pâtes, coupez-le en morceaux que vous mettez dans un bol ébouillanté. Ecrasez avec une fourchette.

— Pour que les fonds de tarte ne soient pas ramollis par la garniture, saupoudrez-les de fine chapelure.

Glaces

Si vous décidez de servir la glace entière sur un plat de service :

1° Placez ce plat une heure au réfrigérateur pour qu'il soit, lui aussi, bien froid : la glace fondra moins vite.

2° Disposez un napperon ou un papier dentelle sur le plat où vous allez placer la glace, le napperon absorbera la crème au fur et à mesure qu'elle fond, et l'empêchera de glisser dans le plat.

Quelques trucs

Si vous décidez de servir la glace en coupes individuelles :

1° Placez les coupes pendant une heure au réfrigérateur avant de servir la glace.

2° Si vous ajoutez d'autres ingrédients (fruits frais ou en conserve, tranches de génoise, etc.), n'omettez pas de les mettre également à refroidir.

Deux exceptions :

— la sauce au chocolat chaude,

— l'alcool pour flamber les glaces.

3° Pour former des boules de glace avec un appareil ou deux cuillers, plongez entre chaque usage l'appareil dans l'eau tiède.

A quelle température servir la glace ?

La glace doit être servie entre — 15 °C et — 12 °C. Si vous sortez la glace du conservateur à — 20 °C, laissez-la se réchauffer 10 à 15 minutes avant de servir. Si vous avez du mal à la couper au couteau, elle est encore trop froide. Une glace trop froide perd de son arôme. Vous pouvez aussi la laisser décongeler pendant 2 heures dans le réfrigérateur et la sortir juste au moment de servir.

Les glaces existent dans toute une gamme de parfums, en coffrets de 1/2 litre à 3 litres. On trouve également des gâteaux et des bombes glacés de qualité très satisfaisante. Si vous en avez le temps et l'envie, vous pouvez également personnaliser les glaces simples.

Vous trouverez quelques idées dans ce qui suit.

SUGGESTIONS DE PRÉSENTATION

Vanille

Arrosez d'une sauce au chocolat (chocolat noir fondu au bain-marie avec très peu d'eau).

Nappez de gelée de groseille, additionnée d'un peu de kirsch, et délayée dans un peu d'eau.

Couvrez de fraises fraîches ou surgelées (après décongélation) et garnissez de chantilly.

Chocolat

Placez entre deux épaisseurs de gâteau de Savoie humecté de rhum.

Nappez de chantilly. Saupoudrez d'amandes grillées.

Laissez fondre. Mélangez à une quantité égale de crème de marrons.

Mettez dans un moule et laissez durcir.

Moka

Arrosez de sauce au chocolat.

Nappez de crème anglaise.

Parsemez de macarons écrasés.

Arrosez de caramel blond encore chaud.

Praliné

Arrosez d'un sirop de fraise parfumée d'un peu de kirsch.

Saupoudrez de pralines concassées.

Garnissez de demi-noix décortiquées et de rosaces de chantilly.

Fraise

Arrosez de sirop de cassis et décorez avec des fraises fraîches ou surgelées.

Entourez de cerises à l'eau-de-vie et arrosez avec l'alcool des fruits.

Couvrez de petits dés d'ananas frais ou en boîte.

Ananas

Posez sur un lit de macédoine de fruits.

Nappez de crème anglaise.
Arrosez de raisins secs macérés quelques heures dans du rhum.

Huîtres

— Les huîtres ouvertes craignent la chaleur et le grand froid. En attendant de les consommer mettez-les dans le réfrigérateur à 8°, mais pas plus de trois heures.

— Si vous avez du mal à ouvrir des huîtres, plongez-les quelques instants dans de l'eau vinaigrée.

Lait

— Si votre lait a tourné, ne le jetez pas ; vous pourrez l'utiliser dans diverses préparations : pâte à crêpes, clafoutis, puddings de semoule.

— Pour éviter que le lait ait le goût de bouilli, plongez la casserole qui le contient dans de l'eau froide jusqu'à complet refroidissement.

— Lorsque du lait a brûlé, rendez-lui sa saveur en étendant sur la casserole un torchon blanc mouillé à l'eau froide. Recommencez cinq ou six fois l'opération.

— Pour éviter que le lait n'attache à la casserole en cuisant, passez l'intérieur du récipient sous un jet d'eau froide avant d'y verser le lait.

Lard

— Si vous avez du lard rance, lavez-le dans deux litres d'eau tiède contenant 100 g de bicarbonate de soude. Rincez avec de

Quelques trucs

l'eau vinaigrée à raison de deux cuillerées à soupe par litre d'eau. Egouttez, laissez sécher à l'air.

Légumes secs

— Salez-les à mi-cuisson ; ils seront plus moelleux.

— Dans l'eau de cuisson des lentilles ajoutez une cuillerée à soupe de vinaigre et deux de sucre.

— Les haricots secs « âgés » de moins de quatre mois cuisent en une heure. Ajoutez-leur ensuite 1/4 de cuisson supplémentaire par mois d'âge.

— Un peu d'huile versée à la surface de l'eau de cuisson des légumes secs empêche celle-ci de former de l'écume et de déborder de la casserole.

— Pour rendre les légumes secs plus digestes, renouvelez l'eau de cuisson à mi-cuisson (eau chaude bien entendu).

Lentilles

Très parfumées si on les cuit avec une cuillerée de vinaigre et deux de sucre.

Mayonnaise

La mayonnaise tourne facilement si les ingrédients sont trop froids. Attendre qu'ils soient à température ambiante. L'huile froide se fige un peu et se sépare.

Pour la rattraper, répartir dans un deuxième bol sur une cuillerée d'eau chaude ou froide et fouetter en l'ajoutant peu à peu. On peut ajouter un autre jaune. Ou une cuillerée de moutarde. Ou bien remplacer l'eau chaude par du vinaigre bouillant. Même remplacer vinaigre ou eau par un blanc d'œuf cru.

Moutarde

Poser une rondelle de citron sur le pot entamé. La moutarde ne durcira ni ne brunira.

Œufs

— Pour cuire un œuf fêlé, frottez la fente avec du citron ou du vinaigre avant de le plonger dans l'eau.

— Mettez du vinaigre dans l'eau de cuisson des œufs pochés, cela active la coagulation du blanc.

— Pour que l'omelette n'attache pas dans la poêle en cuisant, ajoutez aux œufs battus du beurre ou de la margarine fondue.

— Pour écaler facilement les œufs, plongez-les dans l'eau froide puis roulez-les ensuite entre vos mains.

— Pour rendre une omelette plus moelleuse, ajoutez aux œufs battus de la crème fraîche (une cuillerée à soupe pour quatre œufs).

— Mettez une pincée de sel dans les blancs d'œufs avant de les monter en neige, celle-ci sera plus ferme.

— Mêlez à votre pâte à friture un blanc d'œuf battu en neige. Elle sera plus légère.

— En fin de cuisson des œufs brouillés ajoutez-leur un jaune d'œuf cru : ils seront plus moelleux.

— Pour éviter qu'un œuf éclate à la cuisson, piquez-en le gros bout avec la pointe d'une épingle.

Oignons

Pour faire une salade à cru, faire dégorger quelques minutes les tranches au sel, puis les rincer et les éponger avant assaisonnement.

Olives

— Si vous avez des olives trop salées, plongez-les un quart d'heure dans de l'eau bouillante.

Poissons

— Avant de faire griller un poisson, mettez-le au moins pendant une demi-heure dans une marinade faite avec huile, jus de citron et aromates.

— Pour éviter que l'odeur de poisson ne se répande dans l'appartement, faites brûler dans une soucoupe des branchettes de thym ou des feuilles de laurier.

— Les laitances des poissons dont le nom commence par un b ne sont pas consommables.

— Pour conserver frais du poisson cru, videz-le, lavez-le, saupoudrez-le de gros sel et enveloppez-le dans un torchon humecté d'eau largement vinaigrée (1/2 l de vinaigre pour 1/2 l d'eau).

— Pour dessaler des harengs saurs, plongez-les pendant une heure dans du lait froid.

Pommes de terre

— Quand vous les cuisez en robe des champs, piquez-les avec une grosse épingle pour éviter qu'elles n'éclatent en cuisant.

— Assaisonnez la salade de pommes de terre quand celles-ci sont encore chaudes. A la classique vinaigrette relevée ou non de moutarde, d'oignons et d'herbes, ajoutez un verre de vin blanc.

Quelques trucs

— Cuisez les pommes de terre pelées dans de l'eau vinaigrée (vinaigre blanc) ; elles seront ainsi bien blanches et ne se déferont pas à la cuisson.

Riz et pâtes

Une cuillerée d'huile dans l'eau de cuisson empêche les grains ou les pâtes de coller. Deux sûretés valant mieux qu'une...

Sauces

Pour colorer les sauces, préparer un extrait de chicorée : faire cuire 10 minutes 150 g de chicorée, 10 morceaux de sucre dans 2 verres d'eau. Filtrer et conserver au frais.

Quelques gouttes dans sauces et bouillons les rendront plus appétissants.

Soufflés

— Vous pouvez préparer la pâte de base plusieurs heures à l'avance et ajoutez au moment de mettre à cuire les blancs d'œufs battus en neige très ferme.

— Beurrez votre moule à soufflé puis saupoudrez le fond et les parois avec la farine. Ainsi après cuisson le soufflé se détachera complètement du récipient.

— Mettez une pincée de muscade dans votre pâte à soufflé.

Tomates

— Pour les peler sans difficulté, plongez-les quelques secondes dans de l'eau bouillante.

— Pour faire rendre leur eau à des tomates, coupez-les en deux, salez-les et placez-les dans un récipient, sur la partie coupée.

— Les tomates au vinaigre sont un excellent accompagnement pour les viandes froides. Choisissez des petites tomates cerises, essuyez-les sans les laver ; mettez-les dans un bocal ; couvrez de vinaigre et fermez. Attendez trois semaines avant de consommer. Conservation indéfinie.

— Vous pouvez préparer un très bon ketchup maison, plus économique que celui que vous achetez. A un litre de sauce tomate, ajoutez un quart de litre de vinaigre de vin, une cuillerée à soupe de sucre et autant de poudre de quatre-épices. Chauffez et laissez bouillonner doucement trente minutes. Filtrez et mettez en flacons que vous fermerez après refroidissement du contenu.

Viandes et abats

— Pour qu'un rôti destiné à être servi froid reste bien moelleux, enveloppez-le dans du papier d'aluminium ménager dès sa sortie du four.

— Pour que les bords des escalopes ne se recroquevillent pas à la cuisson, pratiquez tout autour quelques incisions avec un couteau bien aiguisé.

— Pour que les morceaux de veau de votre blanquette soient bien blancs, frottez-les avec du citron avant la cuisson.

— Un rôti cuit au four sera plus tendre si avant de le découper vous le laissez reposer pendant quelques minutes dans le four éteint, porte ouverte.

— Pour que la cervelle reste ferme, ne la faites pas bouillir. Cuisez-la de la façon suivante : chauffez du court-bouillon jusqu'à ébullition ; retirez du feu et plongez-y la cervelle pendant dix minutes.

— Pour attendrir un morceau de viande, plongez-le une heure dans une marinade chaude faite de un litre de bouillon (cube de concentré délayé dans de l'eau) et un demi-litre de vinaigre de vin.

Vinaigre

— Le meilleur, mais le plus cher aussi, est celui de xérès. Excellents aussi les vinaigres de vin. Aromatisez-le vous-même, c'est plus économique que d'acheter du vinaigre aromatisé. Il suffit de glisser dans la bouteille soit deux tranches d'estragon ou de basilic ou encore un petit verre de marc. Ajoutez 30 g de sucre ou une cuillerée de miel.

— Quelques gouttes de vinaigre dans les blancs d'œufs permettent d'obtenir une neige très ferme.

— Un morceau de viande à moitié cuit et sans os se conserve six mois au frais dans du vinaigre. On rince la viande à l'eau fraîche au moment de l'utilisation puis on termine sa cuisson. Le procédé convient à toutes les viandes.

— On peut faire une gênoise en remplaçant le beurre par du lait caillé auquel on ajoute un filet de vinaigre.

— Ayez dans votre placard de cuisine une bouteille de vinaigrette toute prête à l'emploi. Vous gagnerez ainsi du temps dans la préparation des salades.

— Si vous avez des pommes de terre vieilles et ratatinées, rendez-leur leur fraîcheur d'aspect en les cuisant dans de l'eau vinaigrée (un quart de litre de vinaigre pour un litre d'eau).

Petit lexique des principaux termes de cuisine

ABAISSE Pâte étalée sur une égale épaisseur à l'aide d'un rouleau à pâtisserie ou, à défaut, d'une bouteille.

ABAISSER Etaler de la pâte sur une égale épaisseur à l'aide d'un rouleau à pâtisserie ou, à défaut, d'une bouteille.

AIGUILLETTE Morceau mince et long de filet de canard. Egalement partie de rumsteck.

ASPIC Aliment servi froid, moulé dans de la gelée transparente.

BAIN-MARIE Mode de cuisson ou de réchauffage consistant à mettre les aliments dans un récipient lui-même placé dans un récipient plus grand contenant de l'eau maintenue à faible ébullition.

BARDE Mince tranche de lard dont on enveloppe viandes, volailles ou gibiers, ou dont on tapisse le fond d'une cocotte, d'une casserole ou d'une terrine.

BLANCHIR Plonger dans de l'eau bouillante salée pendant quelques minutes des aliments dont la cuisson sera ensuite poursuivie autrement.

BOUQUET GARNI Bouquet composé de thym, persil et laurier utilisé pour relever la saveur des sauces et des ragoûts.

BRAISAGE Cuisson à feu doux en récipient couvert.

BRAISER Cuire à feu doux en récipient couvert.

BRIDER Ficeler une volaille ou une pièce de viande de façon à ce qu'elle conserve sa forme à la cuisson.

CHINOIS Passoire à trous très fins, de forme conique.

CONCASSER Réduire en petits morceaux.

DARNE Tranche de gros poisson.

DÉBRIDER Retirer d'une volaille ou d'une pièce de viande la ou les ficelles qui l'ont maintenue en forme pendant sa cuisson.

DÉCANTER Transvaser un liquide en ayant soin de ne pas entraîner le dépôt qu'il a formé.

DÉGORGER Faire tremper dans l'eau fraîche viandes et abats pour en enlever le sang ou certains légumes pour supprimer leur âcreté.

DÉGRAISSER Enlever le gras des bouillons et des sauces.

DRESSER Disposer le mieux possible les mets sur un plat afin de les rendre encore plus appétissants.

ÉBARBER Enlever avec des ciseaux les nageoires d'un poisson.

ÉCHAUDER Plonger pendant quelques minutes dans de l'eau bouillante.

ÉCUMER Retirer avec une écumoire la mousse qui se forme à la surface des liquides dans lesquels cuisent les aliments.

ÉMINCER Couper en tranches très minces.

ÉTUVER Cuire dans un récipient fermé avec feu dessus et dessous.

FLAMBER Brûler à flamme vive les duvets des volailles et gibiers déjà plumés.

FONCER Garnir le fond d'un récipient destiné à une cuisson. (Foncer un moule de pâte, une cocotte de bardes de lard.)

FONTAINE Creux pratiqué au centre d'un tas de farinc.

FRAISER Ecraser petit à petit de la pâte avec la paume de la main pour la rendre lisse.

GLACER Enduire un aliment d'une couche qui deviendra brillante en séchant ou en cuisant (réduction de jus de viande, gelée, fondant, etc.).

JULIENNE Potage composé de légumes variés coupés en petits dés.

LARDER Introduire dans un aliment des bâtonnets de lard ou de jambon.

LIER Donner de la consistance à une sauce en y additionnant farine, fécule, crème ou œufs.

MACÉRER Faire tremper les aliments dans un liquide froid (huile, vinaigre, jus de citron).

MANIER Mélanger du beurre avec de la farine ou du persil haché à l'aide de la fourchette.

MARINER Faire tremper des aliments dans une marinade, préparation à base d'un liquide (vin blanc ou rouge) additionné d'aromates et ingrédients divers tels que huile, vinaigre, sel, poivre, laurier, thym, persil, rondelles de carottes, oignons, etc.

MIJOTER Faire bouillir très doucement.

MONDER Peler des amandes après les avoir plongées d'abord dans de l'eau chaude puis de l'eau fraîche.

MOUILLER Ajouter du liquide pendant la cuisson d'un mets pour composer une sauce.

NAPPER Couvrir un aliment d'une couche de sauce, crème, gelée, jus, confiture.

PANER Tremper des aliments de petite taille dans l'œuf battu puis dans de la chapelure afin de bien les en enrober.

POCHER Plonger les aliments le temps nécessaire à leur cuisson dans de l'eau maintenue à la limite de l'ébullition, c'est-à-dire à léger frémissement.

RÉDUIRE Faire évaporer un liquide sur feu vif.

REVENIR Faire prendre une couleur dorée à un aliment en le cuisant dans un corps gras, à feu vif, en récipient découvert.

RISSOLER Faire dorer des aliments dans un corps gras.

SAUTER Cuire à feu vif, sans mouiller et sans couvrir, dans des corps gras.

SINGER Saupoudrer de farine.

TROUSSER Même signification que brider.

VANNER Agiter une sauce ou une crème avec une spatule.

ZESTE Ecorce extérieure d'oranges ou de citrons utilisée pour parfumer crèmes, pâtisseries ou sauces.

Équivalences des poids et des mesures

DENRÉES	CUILLER RASE		CUILLER BOMBÉE		VERRE ORDINAIRE (12,5 cl)
	à café	à soupe	à café	à soupe	
Alcool	—	—	—	—	135 g
Beurre	4 g	12 g	7,0 g	22 g	—
Cacao	4 g	10 g	7,0 g	20 g	90 g
Café moulu	5 g	18 g	8,5 g	18 g	100 g
Corn-flakes	—	—	—	—	10 g
Coquillettes (crues)	—	10 g	—	17 g	80 g
Eau	5 g	18 g	—	—	125 g
Farine	5 g	15 g	8,5 g	25 g	80 g
Fécule	6 g	17 g	9,0 g	28 g	95 g
Gruyère râpé	4 g	12 g	8,0 g	20 g	70 g
Huile	5 g	16 g	—	—	115 g
Maïzena	4 g	12 g	8,5 g	25 g	60 g
Miel	5 g	18 g	8,5 g	18 g	200 g
Moutarde	—	—	—	—	190 g
Riz cru	5 g	18 g	9,0 g	27 g	110 g
Riz cuit	8 g	25 g	12,0 g	35 g	190 g
Sel (gros)	5 g	15 g	8,5 g	25 g	170 g
Semoule	4 g	12 g	8,5 g	25 g	150 g
Sucre poudre	5 g	15 g	8,5 g	25 g	120 g
Tapioca	5 g	15 g	8,5 g	25 g	100 g
Vermicelle (cru)	—	—	—	7 g	60 g
Vin	—	—	—	—	123 g

Un morceau de sucre N° 4 . . . 5 g

Un morceau de sucre N° 3 . . . 7 g

Une carotte . . . . 100 g

Une échalote . . . . 10 g

Un navet . . . . 150 g

Un oignon . . . . 50 g

Une pomme de terre . . . 90 g

Une tomate . . . . 90 g

Les Recettes

La valeur calorique de chaque recette a été calculée proportionnellement par personne.

Signification des sigles :

E très économique.

F très facile.

D difficile.

C cher.

 réceptions.

 surgelés.

I

Farces, Beurres
Marinades, Sauces

AIOLI

415 calories

La reine des sauces froides émulsionnées, mêlant l'ail et l'huile d'olive.

Préparation : 15 minutes
Pas de cuisson

Pour 6 personnes :

8 gousses d'ail
2 jaunes d'œufs
1 grand verre d'huile d'olive
1 pincée de sel
1 cuillerée à soupe de jus de citron

1. Pelez les gousses d'ail et pilez-les dans un mortier.

2. Mettez dans un petit saladier l'ail pilé, les jaunes d'œufs et le sel, et amalgamez bien le tout à l'aide d'une cuiller en bois.

3. Mesurez votre quantité d'huile et mettez-la dans un récipient qui verse bien. Sans cesser de tourner d'une main le mélange ail-œufs, versez de l'autre l'huile goutte à goutte, en remuant toujours énergiquement et régulièrement, jusqu'à ce que la préparation prenne un peu consistance.

4. Lorsque vous aurez incorporé la moitié environ de l'huile, votre sauce devra être plus épaisse. Vous pourrez alors verser l'huile plus rapidement mais sans cesser de remuer. Votre sauce doit devenir de plus en plus épaisse (dans un bon aïoli, une petite cuiller doit tenir debout).

5. Ajoutez pour finir un très mince filet de citron, toujours en remuant. Servez.

MON SECRET : *Si par malheur votre sauce « tournait », c'est-à-dire se décomposait en se liquéfiant, vous la « rattraperez » facilement : mettez dans une autre jatte à nouveau un jaune d'œuf, et procédez avec la sauce « tournée » comme vous venez de le faire avec l'huile, en remuant énergiquement, et votre sauce reviendra.*

BAGNA CAUDA

505 calories

Une sauce raffinée pour accompagner les crudités.

Préparation : 10 minutes
Cuisson : 10 minutes

Pour 4 personnes :

200 g de beurre
100 g d'huile
1 tasse de coulis de tomate

1. Mettez l'huile et le beurre dans une casserole.

2. Ajoutez les anchois pilés et cuisez dix minutes.

3. Ajoutez alors ail et coulis de tomate. Salez, poivrez.

4. Retirez du feu et tournez la sauce pour la monter comme une mayonnaise. L'huile s'incorpore au coulis pour faire une sauce liée.

6 anchois
2 truffes
4 gousses d'ail
Sel
Poivre

5. Ajoutez alors les truffes hachées. Servez avec des poivrons et du céleri en branche. On trempe les crudités dans cette sauce chaude.

BEURRE D'ANCHOIS

95 calories

Anchois et beurre mêlés, prêts à garnir toasts ou sandwiches.

Préparation : 5 minutes
Pas de cuisson

Pour 6 toasts :

100 g de beurre
100 g d'anchois dessalés

1. Retirez les têtes et les arêtes des poissons et écrasez les anchois avec une fourchette solide pour les réduire en fine purée (ou utilisez un mortier).

2. Ecrasez également le beurre à la fourchette.

3. Mêlez les deux préparations pour former un mélange homogène.

4. Tenez au frais et tartinez au dernier moment.

MON SECRET : *Délicieux avec du fromage de chèvre.*

BEURRE BERCY

680 calories

Préparation : 20 minutes
Cuisson : 15 minutes

Pour 4 personnes :

1 verre de vin blanc
1 échalote
150 g de beurre
100 g de moelle de bœuf
4 branches de persil
1 citron
sel, poivre

1. Pelez l'échalote. Hachez-la grossièrement.

2. Mettez sur feu doux le vin contenant le hachis d'échalote, sel et poivre. Laissez cuire jusqu'à ce qu'il ne reste plus qu'une cuillerée à soupe de liquide.

3. Plongez la moelle 4 à 5 minutes dans de l'eau salée en ébullition. Retirez-la.

4. Hachez le persil.

5. Coupez le beurre en morceaux. Mettez-les dans une casserole sur feu doux. Ajoutez la moelle, le vin blanc avec l'échalote, sel, poivre, persil haché, jus de citron. Tournez à la cuiller en bois en laissant cuire 5 à 6 minutes.

MON SECRET : *Le choix d'un bon beurre doux et d'un vin blanc très sec de bonne qualité.*

BEURRE BLANC

210 calories

La merveilleuse sauce qui accompagne des poissons fins tels que le brochet.

Préparation : 5 minutes
Cuisson : 15 minutes

Pour 4 personnes :

1 verre de vin blanc sec
1 échalote
150 g de beurre
sel, poivre

1. Pelez l'échalote. Pilez-la pour réduire en purée.
2. Mettez-la dans une petite casserole avec le vin blanc, sur feu doux jusqu'à évaporation presque complète du vin. Il doit en rester une petite cuillerée.
3. Dans un bol, écrasez le beurre avec une fourchette pour en faire une pommade.
4. Ajoutez vin et échalote froids, petit à petit en battant sans arrêt. Tenez au chaud au bain-marie.

MON SECRET : *Un beurre doux de première qualité, fermier plutôt que pasteurisé.*

BEURRES COMPOSÉS POUR ESCARGOTS

Pour une douzaine d'escargots :

Beurre d'ail : 4 gousses d'ail blanchies à l'eau bouillante pendant 15 minutes, pilées au mortier en pommade + 150 g de beurre.

Beurre Chivry : 1 poignée de persil, d'estragon, de ciboulette, 2 échalotes, finement hachés et pilés au mortier + 150 g de beurre.

Beurre dit d'escargots : 1 échalote finement hachée, 2 gousses d'ail blanchies à l'eau bouillante et broyées au mortier, 1 cuillerée à soupe de persil haché, sel, poivre + 150 g de beurre et 1 cuillerée à café de cognac.

Beurre d'estragon : 1 vingtaine de feuilles d'estragon hachées et pilées + 150 g de beurre.

MON SECRET : *J'emploie de préférence un beurre des Charentes très frais.*

BEURRE MAITRE D'HOTEL

120 calories

Accompagne viandes, légumes, poissons, grillés ou bouillis.

Préparation : 5 minutes
Pas de cuisson

Pour 6 personnes :

100 g de beurre
le jus d'un citron
quelques brins de persil
sel, poivre

1. Hachez le persil finement.

2. Malaxez le beurre avec une fourchette dans un bol pour le faire ramollir.

3. Ajoutez le persil, salez et poivrez ; ajoutez enfin le jus de citron.

4. Mélangez la préparation quelques instants. Elle doit être homogène et crémeuse, prête à fondre dès que vous en mettrez sur un mets chaud.

MON SECRET : *Attention, le beurre ne doit pas être fondu à la chaleur, mais ramolli par le travail à la fourchette.*

BEURRE AU ROQUEFORT

170 calories

Roquefort et beurre mélangés : une base idéale pour tous sandwiches (jambon, œufs, anchois...).

Préparation : 5 minutes
Pas de cuisson

Pour 6 sandwiches :

100 g de beurre frais
100 g de roquefort

1. Ecrasez avec une fourchette (ou pilez dans un mortier) le beurre et le roquefort ensemble pour obtenir une pâte uniformément bleue.

2. Tenez au frais et tartinez au dernier moment.

MON SECRET : *Tartinez sur des lamelles de cœur de céleri frais cru.*

BEURRE DE SARDINES

116 calories

Sardines et beurre frais relevés de sauce anglaise.

Préparation : 10 minutes
Pas de cuisson

Pour 6 toasts :

100 g de beurre frais
100 g de sardines à l'huile
1 cuillerée à soupe de sauce anglaise (Picadilly) toute prête

1. Retirez la tête et la peau des sardines, partagez-les dans le sens de la longueur pour retirer l'arête.

2. Pilez au mortier, ou écrasez avec une fourchette solide sardines épluchées et beurre ramolli.

3. Lorsque le mélange est parfait, ajoutez une cuillerée de sauce anglaise.

4. Tenez au frais et tartinez au dernier moment.

MON SECRET : *Très bon à l'apéritif dans des mini-barquettes de pâte brisée.*

COURT-BOUILLON

Pour la cuisson des poissons.

Préparation : 10 minutes
Cuisson : 30 minutes

Pour 1 poisson de 1 kg environ :

2 litres d'eau
3 cuillerées à soupe de vinaigre
2 échalotes
2 cuillerées à soupe de sel
1 oignon
1 clou de girofle
1 bouquet garni
1 morceau de zeste d'orange
10 tours de moulin à poivre

Mettez le tout ensemble sur le feu. Laissez bouillonner doucement à couvert pendant 30 minutes et laissez refroidir. En effet, pour la cuisson le poisson doit être plongé dans le court-bouillon froid, lequel sera chauffé jusqu'à frémissement. Le poisson cuira dans ce court-bouillon à peine frémissant un temps variable suivant son poids et la densité de sa chair. Comptez 10 minutes en moyenne pour un poisson d'un kilo à chair ferme.

COURT-BOUILLON - VARIANTES

1. Remplacez 1 litre d'eau par 1 litre de vin blanc. Supprimez le vinaigre et ajoutez les mêmes aromates que dans la recette précédente.

2. Ajoutez à l'une des deux formules de court-bouillon les têtes et les parures des poissons.

CRÈME DE TOMATES

145 calories

Un délicieux coulis lié à la crème fraîche.

Préparation : 20 minutes
Cuisson : 45 minutes

Pour 6 personnes :

1 kg de tomates
1 oignon
40 g de beurre
1 tasse de lait
1/2 tasse de crème fraîche
sel, poivre blanc

1. Plongez les tomates dans l'eau bouillante pendant 1 minute, pelez-les, coupez-les en petits dés.

2. Pelez l'oignon, émincez-le finement.

3. Faites cuire tomates et oignon avec sel et poivre sur feu très doux pendant 30 minutes en remuant fréquemment, puis passez au moulin à légumes ou au mixer pour réduire en purée.

4. Remettez le tout dans une casserole.

5. Faites fondre le beurre dans une autre casserole, ajoutez le lait et la crème, chauffez et versez dans la purée. Faites cuire 10 minutes, servez avec des croûtons.

MON SECRET : *Très bon avec une dorade au four, un poisson blanc poché ou un rôti de veau.*

FARCES

Les farces sont constituées d'un mélange d'éléments divers, bien relevés et intimement mélangés.
On les utilise pour remplir des légumes : tomates, poivrons, courgettes, choux, etc.
Ou des pâtes : tourtes, cannelloni, ravioli, etc.
Ou encore des volailles.
Certaines — celles qui ne sont pas à base de viande — conviennent aux poissons.

FARCE A L'AMÉRICAINE

465 calories

Pour garnir des paupiettes de bœuf ou faire des croquettes.

Préparation : 10 minutes

Pour 4 personnes :

600 g de restes de bœuf (grillade ou rôti)
2 oignons
sel, poivre

1. Hachez la viande.
2. Hachez les oignons.
3. Mélangez. Ajoutez l'œuf, un peu de sel, du poivre. Malaxez.

FARCE AU CERFEUIL

560 calories

Pour cannelloni, ravioli, tomates, aubergines, poivrons.

Préparation : 10 minutes

Pour 4 personnes :

600 g de restes de viande de bœuf (steak ou braisé)
1 poignée de feuilles de cerfeuil
1 œuf
2 cuillerées à soupe de farine
2 cuillerées à soupe d'huile
poivre

1. Hachez la viande.
2. Hachez le cerfeuil.
3. Mélangez ; ajoutez l'œuf. Poivrez. Mélangez de nouveau.

FARCE AUX CHAMPIGNONS

302 calories

Pour farcir des poissons entiers ou des paupiettes de soles ou de merlans en filets.

Préparation : 15 minutes
Cuisson : 10 minutes

Pour 6 personnes :

500 g de restes de poissons blancs cuits au court-bouillon
200 g de champignons de Paris
2 œufs
2 cuillerées à soupe de farine
30 g de beurre
1/4 de litre de lait
3 cuillerées à soupe d'huile
sel, poivre

1. Hachez le poisson.

2. Nettoyez les champignons. Hachez-les très finement.

3. Faites fondre sur feu doux le beurre. Ajoutez une cuillerée à soupe de farine. Tournez vivement. Versez en une seule fois le lait froid. Mélangez jusqu'à épaississement, toujours sur feu doux. Salez et poivrez. Laissez cuire 10 minutes.

4. Ajoutez à cette sauce le hachis de champignons, le poisson haché et les deux œufs. Salez très peu. Poivrez. Mélangez bien le tout et laissez complètement refroidir.

FARCE A LA CHARCUTIÈRE

510 calories

Excellente pour garnir courgettes, tomates, aubergines, poivrons et gros oignons.

Préparation : 10 minutes

Pour 6 personnes :

300 g de restes de bœuf (bouilli ou braisé)
300 g de chair à saucisse
6 cornichons
1 œuf
sel, poivre

1. Hachez la viande.

2. Hachez les cornichons.

3. Mélangez la viande, la chair à saucisse, les cornichons, l'œuf, du sel et du poivre.

FARCE AU FROMAGE

635 calories

Pour cannelloni et ravioli.

Préparation : 10 minutes

Pour 6 personnes :

600 g de restes de bœuf (braisé ou bouilli)
100 g de fromage râpé
2 œufs
60 g de beurre
poivre

1. Hachez la viande.
2. Ajoutez le fromage et les œufs. Poivrez. Mélangez bien.

FARCES POUR RAVIOLI

Farce à la viande :
1 tasse 1/2 de bœuf ou de veau haché
1/4 de tasse de parmesan râpé
1/4 de tasse de chapelure
40 g de beurre
1 pincée de noix muscade

Faites fondre le beurre à la poêle, mettez-y à revenir la viande 5 minutes. Laissez refroidir. Mélangez à la viande le fromage, la chapelure et la noix muscade.

735 calories

Farce à la viande et aux épinards :
3/4 de tasse d'épinards cuits, égouttés et hachés
3/4 de tasse de viande cuite hachée
1/4 de tasse de parmesan râpé
3 cuillerées à bouche de chapelure
1 pincée de noix muscade

Mélangez tous ces ingrédients pour obtenir une farce bien homogène.

410 calories

Farce aux épinards et au fromage :
1 tasse d'épinards cuits, égouttés, hachés
1/2 tasse de fromage frais égoutté
1/4 de tasse de parmesan râpé
3 cuillerées à bouche de chapelure

Mélangez tous ces ingrédients pour obtenir une farce homogène.

405 calories

Farce bolognaise :
1/2 tasse de chair à saucisse
25 g de beurre
1 tasse de porc cuit haché
3/4 de tasse de parmesan râpé
1 jaune d'œuf
3 cuillerées à bouche de chapelure
1 pincée de noix muscade

Faites dorer la chair à saucisse dans une poêle sans y mettre de matière grasse. Jetez la graisse rendue par la cuisson. Ajoutez dans la poêle le beurre et le porc et faites cuire 5 minutes. Laissez refroidir. Ajoutez le fromage, le jaune d'œuf, la chapelure, la noix muscade. Mélangez bien le tout.

1 120 calories

FARCE A LA RUSSE

457 calories

A utiliser aussi pour faire des boulettes.

Préparation : 10 minutes

Pour 4 personnes :

600 g de restes de bœuf (steak ou rôti)
1 cuillerée à soupe de moutarde forte
1 cuillerée à soupe de câpres
1 cuillerée à soupe de persil haché
sel, poivre

1. Hachez la viande.
2. Ajoutez-lui la moutarde, les câpres, l'œuf, le persil, très peu de sel, du poivre. Mélangez bien.

FARCE A LA TOMATE

605 calories

Une farce riche, parfaite pour des tomates ou de grosses pommes de terre.

Préparation : 20 minutes
Cuisson : 20 minutes

Pour 4 personnes :

600 g de restes de bœuf (grillade, rôti, braisé ou bouilli)
5 tomates
1 feuille de laurier
1 branchette de thym
1/2 verre de vin
1 oignon
1 gousse d'ail
1 œuf
3 cuillerées à soupe d'huile
sel, poivre

1. Hachez la viande.

2. Pelez l'oignon ; coupez-le en tranches très fines.

3. Plongez les tomates dans l'eau bouillante. Pelez-les. Coupez-les en quartiers.

4. Dans une petite casserole, chauffez une cuillerée à soupe d'huile. Mettez les oignons à dorer très doucement 5 minutes puis ajoutez les tomates, l'ail, le thym, le laurier, le vin, du sel et du poivre. Laissez cuire tout doucement un bon quart d'heure.

5. Mélangez la viande hachée et l'œuf. Ajoutez-les à la préparation précédente. Mélangez bien.

MARINADES

La marinade sert à parfumer la chair du gibier ou des viandes et à la rendre plus tendre. La pièce de gibier y est plongée et laissée de 2 à 4 jours, suivant les bêtes : 2 jours pour le petit gibier, 4 jours pour le gros, la viande 12 à 24 heures seulement.

LA MARINADE CRUE

1 litre de vin rouge
1 verre de vinaigre de vin
1 verre d'huile d'olive
3 échalotes émincées
1 oignon piqué d'un clou de girofle
6 grains de genièvre
8 grains de poivre gris
1 carotte coupée en rondelles
8 pincées de sel fin
1 bouquet garni

Versez le tout dans un récipient tenu au frais et à l'abri de la lumière et laissez reposer 5 ou 6 heures avant d'y plonger la pièce de gibier.

composé d'une feuille de laurier
1 branchette de thym
3 brins de persil

LA MARINADE EXPRESS

2 oignons coupés en lamelles fines
1 verre d'huile d'olive
1 verre de vinaigre de vin
1 gousse d'ail
1 feuille de laurier
1 branchette de thym
3 brins de persil
6 grains de poivre gris
8 pincées de sel fin

Mélangez bien le tout et versez immédiatement sur le gibier placé dans un plat de terre ou de verre.

LA MARINADE CUITE

5 carottes
6 oignons
8 grains de poivre gris
2 clous de girofle
8 grains de genièvre
4 feuilles de laurier
1 branchette de thym
3 brins de persil
1 litre de vinaigre de vin
1 zeste d'orange
6 grains de coriandre
1 verre d'huile d'olive
1 verre de cognac
1 petite cuillerée de sel fin

Pelez les carottes et les oignons. Faites-les revenir dans l'huile, puis ajoutez tous les aromates, le sel, le vinaigre, le cognac et 1 verre d'eau. Laissez mijoter 30 minutes à feu doux. Laissez refroidir cette marinade avant d'y plonger la pièce de gibier.
Quelle que soit la marinade, il faut retourner le gibier ou la viande qui y est plongé au moins deux fois par jour.

SAUCE BÉARNAISE

225 calories

D'une incomparable onctuosité. A servir avec les viandes rouges grillées, tournedos notamment.

Préparation : 5 minutes
Cuisson : 25 minutes

Pour 4 personnes :

1 verre de bon vinaigre de vin

1. Pelez les échalotes. Hachez-les finement.
2. Mettez dans une petite casserole le vinaigre, les échalotes finement hachées et les feuilles d'estragon.
3. Placez sur feu doux et laissez réduire 20 minutes (intercalez entre la casserole et le feu une plaque pour diffuser la chaleur).

1 branche d'estragon
2 échalotes
3 jaunes d'œufs
150 g de beurre
sel

4. Mettez le jus obtenu dans un bol et mélangez vivement avec les trois jaunes d'œufs et un peu de sel.

5. Placez le bol sur une casserole d'eau bouillante (coincez-le car vous avez besoin de vos deux mains), et à partir de ce moment, n'arrêtez pas de tourner la sauce. Ajoutez le beurre par petits dés, en n'ajoutant le suivant que lorsque le précédent est bien incorporé. La sauce doit épaissir progressivement, mais elle ne doit jamais bouillir. Rectifiez l'assaisonnement et servez.

MON SECRET : *On peut filtrer le vinaigre pour supprimer échalotes et estragon. La sauce est ainsi plus présentable.*

SAUCE BÉCHAMEL

115 calories

Classique pour accompagner œufs, légumes, poissons.

Préparation : 10 minutes
Cuisson : 15 minutes

Pour 1/2 litre de sauce (6 personnes) :

40 g de beurre
40 g de farine
1/2 litre de lait
sel, poivre

1. Dans une casserole moyenne, mettez le beurre à fondre sur feu doux.

2. Lorsqu'il est complètement fondu, mais avant qu'il ne mousse, saupoudrez avec la farine et mélangez sur le feu à la cuiller de bois pendant 2 ou 3 minutes.

3. Maintenez la casserole sur le feu, et versez le lait froid en une seule fois. Salez, poivrez et laissez chauffer en tournant régulièrement pour éviter les grumeaux.

4. Lorsque la sauce approche de l'ébullition, elle épaissit. Laissez-la bouillir quelques instants sans cesser de remuer. Rectifiez l'assaisonnement (le lait et la farine demandent beaucoup de sel) et servez chaud, en saucière ou pour napper un plat.

MON SECRET : *Une pincée de muscade dans la sauce vers la fin de la cuisson.*

SAUCE AU BEURRE D'ANCHOIS

250 calories

Cette sauce accompagne les viandes ou les poissons grillés.

Préparation : 15 minutes
Cuisson : 5 minutes

Pour 6 personnes :

Pour le beurre d'anchois :
6 anchois au sel
125 g de beurre

Pour la sauce :
25 g de beurre
1 pincée de farine

1. Lavez les anchois à l'eau courante. Lavez les filets et débarrassez-les bien de toutes les arêtes. Egouttez-les.

2. Pilez-les au mortier avec le beurre.

3. Dans une petite casserole, faites blondir les 25 grammes de beurre, saupoudrez d'une pincée de farine, laissez prendre couleur tout en tournant puis, à feu doux, incorporez doucement le beurre d'anchois.
Employez la sauce aussitôt.

MON SECRET : *J'utilise un beurre fermier non pasteurisé dont la saveur n'est pas dominée par celle des anchois.*

SAUCE BLANCHE

60 calories

La base de sauces plus élaborées.

Préparation : 10 minutes
Cuisson : 15 minutes

Pour 1/2 litre de sauce (pour 6 personnes) :

40 g de beurre
40 g de farine
1/2 litre d'eau
sel, poivre

1. Dans une casserole moyenne, mettez le beurre que vous ferez fondre sur feu doux.

2. Lorsqu'il est complètement fondu, mais avant qu'il ne mousse, saupoudrez avec la farine. Mélangez sur le feu pendant 2 à 3 minutes, à la cuiller en bois.

3. Maintenez la casserole sur le feu et versez l'eau froide en une seule fois et en tournant constamment. Avant de rajouter de l'eau, assurez-vous que la préparation est bien homogène, vous éviterez ainsi les grumeaux.

4. Arrêtez de tourner lorsque la sauce a atteint la consistance voulue et laissez encore quelques instants sur le feu. Rectifiez l'assaisonnement et servez en saucière.

MON SECRET : *Cette sauce n'a guère de saveur. Ne la considérez que comme base d'autres sauces. Ainsi, vous la transformerez en lui ajoutant une cuillerée à soupe de concentré de tomate. Vous en napperez alors des œufs durs.*

SAUCE BOLOGNAISE

540 calories

Une célèbre sauce à la tomate, à la viande et au vin blanc.

Préparation : 15 minutes
Cuisson : 1 h 15

Pour 4 tasses de sauce environ :

2 tomates
1 oignon
80 g de jambon cuit
1 carotte
1/2 branche de céleri
350 g de bœuf haché
125 g de porc haché
1/2 tasse de vin blanc sec
3 tasses de bouillon de bœuf pouvant être préparé avec un cube de concentré
60 g de beurre
125 g de champignons
1 pincée de noix muscade
sel, poivre noir fraîchement moulu

1. Plongez les tomates pendant 1 minute dans de l'eau bouillante, pelez-les, coupez-les en très petits dés que vous écraserez avec une fourchette pour obtenir une sorte de purée.

2. Pelez l'oignon, hachez-le.

3. Coupez le jambon en tout petits dés.

4. Nettoyez la carotte, râpez-la.

5. Nettoyez le morceau de branche de céleri, hachez-le.

6. Nettoyez les champignons sans les peler, émincez-les finement.

7. Faites fondre le beurre dans une casserole, mettez-y à dorer légèrement les morceaux de jambon puis ajoutez l'oignon, la carotte et le céleri. Laissez cuire à feu doux pendant 5 minutes. Ajoutez alors le bœuf et le porc hachés. Laissez cuire en remuant continuellement pendant 5 minutes.

8. Ajoutez le vin. Laissez cuire encore pendant 10 minutes. Ajoutez alors la purée de tomates, une tasse de bouillon, le sel, le poivre et la muscade. Laissez cuire à feu doux pendant 15 minutes. Ajoutez enfin les champignons et le reste du bouillon. Couvrez. Laissez cuire sur feu très doux 45 minutes.

MON SECRET : *J'ajoute parfois à la sauce terminée une demi-tasse de crème fraîche.*

SAUCE A LA BORDELAISE

75 calories

A base d'une fine purée de tomates. Accompagne les viandes rouges.

Préparation : 10 minutes
Cuisson : 20 minutes

Pour 1/2 litre de sauce environ (pour 6 personnes) :

750 g de tomates
1 carotte

1. Lavez, équeutez et coupez les tomates en quartiers.

2. Mettez-les dans une casserole, sans rien d'autre, à feu doux 5 minutes.

3. Passez alors le contenu de la casserole au tamis pour recueillir la pulpe des tomates et éliminer les peaux et les graines.

4. Préparez un roux blond avec le beurre, la farine et un verre de bouillon (procédez

1 oignon
20 g de beurre
1 bonne cuillerée à soupe de farine
2 verres de bouillon
1 branche de persil
1 branche de thym
1 feuille de laurier
sel, poivre

comme pour une sauce blanche, mais avant de verser le liquide, laissez roussir le mélange beurre-farine pendant 1 ou 2 minutes de plus).

5. Ajoutez à ce roux la purée de tomates, puis le reste du bouillon et réduisez le feu. Pelez et coupez la carotte en petits dés et ajoutez-la dans la casserole. Ajoutez également l'oignon pelé, les herbes, et assaisonnez de sel et de poivre. Laissez mijoter à couvert 20 minutes.

6. Passez la sauce pour retirer carotte, oignon et herbes, et servez aussitôt en nappage ou en accompagnement dans une saucière.

MON SECRET : *Je remplace le deuxième verre de bouillon par un verre de vin blanc du Bordelais.*

SAUCE CHAUDE AUX CAPRES F

145 calories

Cette sauce aux câpres accompagne très bien un poisson au court-bouillon ou des légumes bouillis.

Préparation : 15 minutes
Pas de cuisson

Pour 1 tasse de sauce environ :

150 g de beurre
1/3 de tasse de câpres égouttées
1 cuillerée à dessert de jus de citron
sel

1. Faites fondre le beurre dans une petite casserole sur feu très doux sans le laisser cuire ni colorer.

2. Versez-le dans une saucière. Ajoutez-lui les câpres, le jus de citron et du sel.

MON SECRET : *Un moyen sûr de ne pas laisser colorer le beurre est d'intercaler entre la casserole et la flamme un diffuseur de chaleur.*

SAUCE CRÈME AU MARSALA

110 calories

Cette sauce se sert chaude ou froide sur des beignets, des gâteaux de riz ou de semoule, ou des puddings.

Préparation : 5 minutes
Cuisson : 10 minutes

1. Séparez les blancs et les jaunes des œufs. Seuls les jaunes seront utilisés dans cette recette.

Pour 2 tasses de sauce:

3 jaunes d'œufs
1/2 tasse de marsala ou de xérès
1 cuillerée à dessert de cognac
1 cuillerée à soupe de sucre en poudre

2. Mettez les jaunes dans un bol avec le sucre et placez ce bol dans un bain-marie. Tournez les œufs et le sucre avec une cueiller en bois jusqu'à ce que le mélange soit épais et clair. Ajoutez alors le vin et faites cuire au bain-marie jusqu'à épaississement. Ajoutez alors le cognac. Mélangez.

MON SECRET : *Un truc pour séparer sans difficulté les blancs et les jaunes des œufs : les casser sur le bord d'un petit entonnoir placé au-dessus d'un bol. Le blanc s'écoule dans le bol, le jaune reste dans l'entonnoir.*

SAUCE A LA DIABLE D

130 calories

A base de vin et très relevée, convient aux viandes rouges, aux langues et têtes de veau.

Préparation : 15 minutes
Cuisson : 20 minutes

Pour 1/2 litre de sauce (pour 6 personnes) :

1/2 verre de vin blanc sec
1/2 verre de vinaigre de vin
1 verre de bouillon de viande
1 cuillerée à soupe de glace de viande (obtenue en déglaçant un plat de cuisson d'une viande avec 1 cuillerée d'eau)
2 échalotes
2 bonnes cuillerées à soupe de farine
60 g de beurre
quelques branches de cerfeuil
1 branche d'estragon
sel, poivre

1. Epluchez et hachez finement les échalotes.

2. Dans une petite casserole, mettez les échalotes recouvertes du vin blanc et du vinaigre. Faites chauffer doucement en remuant de temps en temps, jusqu'à ce que le liquide réduise de moitié.

3. Ajoutez alors le bouillon et laissez cuire sans couvercle pendant 10 minutes.

4. Du bout des doigts, malaxez le beurre ramolli avec la farine dans un bol, pour obtenir un mélange homogène.

5. Ajoutez le beurre dans la casserole, inclinez-la et battez vivement au fouet la préparation, toujours sur le feu, jusqu'à épaississement.

6. Lorsque la sauce a atteint la consistance voulue (bien liée, mais encore fluide), ajoutez la glace de viande et assaisonnez de sel et de poivre, largement.

7. Incorporez le cerfeuil et les branches d'estragon finement hachées et versez en saucière. Servez très chaud.

MON SECRET : *J'ajoute un piment langue d'oiseau à la cuisson des échalotes et je l'enlève après réduction du liquide.*

Tournedos chasseur. *(Recette page 504)*

Chou-fleur aux crevettes. *(Recette page 207)*

Lotte au poivre vert. *(Recette page 356)*

Tarte au citron. *(Recette page 845)*

SAUCE A L'ESTRAGON

190 calories

Heureux complément du veau rôti ou de pommes vapeur.

Préparation : 10 minutes
Cuisson : 20 minutes

Pour 6 personnes :

1/3 de litre d'eau ou de bouillon
50 g de beurre
50 g de farine
1 oignon
125 g de lard
1 bouquet garni
6 brins de persil
30 feuilles d'estragon
le jus d'un citron
sel, poivre

1. Coupez le lard en petits dés. Epluchez l'oignon et coupez-le en quartiers.

2. Dans une casserole moyenne, faites chauffer le beurre et mettez-y à revenir les quartiers d'oignon et les dés de lard. Quand ils sont dorés, retirez-les.

3. Mettez à leur place dans la casserole la farine et tournez vivement sur le feu à la cuiller en bois jusqu'à ce que le mélange brunisse.

4. Ajoutez alors le bouillon ou l'eau froide en une seule fois et remettez l'oignon et le lard. Ajoutez le bouquet garni, salez et poivrez et portez à ébullition sans cesser de remuer.

5. Laissez mijoter à tout petit feu pendant 15 minutes en tournant une fois ou deux.

6. La cuisson terminée, passez la sauce pour retirer l'oignon, le lard et les herbes.
Ajoutez, hors du feu, le persil et l'estragon hachés, ainsi que le jus de citron. Mélangez bien et servez chaud, en saucière.

MON SECRET : *En utilisant du lard gras ou du lard de Hongrie, les lardons fondent presque entièrement.*

SAUCE AUX FOIES DE POULETS

475 calories

Foies de volaille et champignons dans une sauce au vin cuit.

Préparation : 15 minutes (+ 15 minutes de trempage des champignons)
Cuisson : 30 minutes

Pour 4 tasses de sauce environ :

5 champignons séchés
500 g de foies de

1. Lavez les champignons, couvrez-les avec de l'eau chaude et laissez-les tremper 15 minutes. Au bout de ce temps égouttez-les et hachez-les.

2. Lavez les foies, coupez-les en lamelles et épongez-les dans un papier absorbant ; puis détaillez-les en dés que vous passerez dans la farine.

3. Lavez le persil, hachez-le.

4. Faites fondre le beurre dans une casserole,

poulets
3 cuillerées à dessert de farine
80 g de beurre
1/3 de tasse de marsala ou de xérès
1 tasse 1/2 de bouillon de volaille pouvant être préparé avec un cube de concentré
12 branches de persil
sel, poivre noir fraîchement moulu

mettez-y à revenir ensemble les foies et les champignons pendant 5 minutes. Salez, poivrez, ajoutez le vin, faites cuire à feu moyen pendant 5 minutes ; ajoutez ensuite le bouillon et laissez cuire sur feu très doux dans la casserole couverte pendant 20 minutes. La sauce étant cuite, ajoutez le persil.

MON SECRET : *Plus qu'une sauce, presque un plat : j'en assaisonne du riz ou des haricots blancs.*

SAUCE GRIBICHE

290 calories

Pour 6 personnes :

Faites durcir les œufs. Mettez les jaunes dans un grand bol, écrasez-les. Ajoutez une cuillerée à soupe de moutarde forte. Versez 1 bon verre d'huile petit à petit en tournant comme une mayonnaise. Ajoutez enfin des câpres, des cornichons, coupés en petit dés, des fines herbes hachées et les blancs des œufs durs coupés en très petits dés. A servir froid.

SAUCE HOLLANDAISE

310 calories

D'une finesse incomparable, complément de choix des asperges, des œufs pochés, de poissons au court-bouillon.

Préparation : 5 minutes
Cuisson : 10 minutes

Pour 4 personnes :

2 jaunes d'œufs
150 g de beurre
1 cuillerée à café d'eau froide
1/2 cuillerée à café de sel

1. Malaxez le beurre dans une assiette avec une fourchette pour le ramollir.

2. Mettez une casserole (juste assez grande pour pouvoir adapter un bol dessus) remplie d'eau sur le feu.

3. Mettez dans un bol les jaunes, l'eau froide et le sel fin. Posez le bol sur la casserole d'eau bouillante et remuez vivement à la cuiller en bois ou au fouet pour faire prendre les œufs.

4. Dès que le mélange commence à épaissir, ajoutez par petits morceaux le beurre ramolli, hors du feu, et en tournant toujours.

5. Lorsque le beurre est incorporé, vous obtenez une sauce jaune pâle. Tenez-la dans un

bain-marie pas trop chaud jusqu'au moment de servir.

MON SECRET : *Quand on incorpore le beurre, si la sauce épaissit trop, il suffit d'ajouter quelques gouttes d'eau froide pour l'assouplir.*

SAUCE AU MADÈRE

190 calories

Mijotée avec lard et oignons. Pour accompagner bœuf et veau.

Préparation : 5 minutes
Cuisson : 30 minutes

Pour 1/2 litre de sauce (pour 6 personnes) :

1/2 litre de bouillon
60 g de beurre
60 g de farine
1 oignon
100 g de lard
1 bouquet garni
3 cuillerées à soupe de madère
sel, poivre

1. Coupez le lard en dés. Epluchez l'oignon et coupez-le en quartiers.

2. Dans une casserole moyenne, mettez le beurre à chauffer et faites-y revenir le lard et l'oignon. Retirez-les quand ils sont dorés et mettez-les de côté.

3. Mettez à leur place dans la casserole la farine et tournez vivement sur le feu à la cuiller de bois jusqu'à ce que le mélange brunisse.

4. Ajoutez alors le bouillon froid, en une seule fois, et remettez dans la casserole l'oignon et le lard. Ajoutez encore le bouquet garni, le sel et le poivre, et laissez épaissir sur le feu sans cesser de remuer.

5. Au premier bouillon, ajoutez le madère et laissez mijoter 20 minutes, tout doucement.

6. Filtrez au moment de servir et versez en saucière.

MON SECRET : *Je choisis du lard de poitrine pas trop gras.*

SAUCE MAYONNAISE

385 calories

Bien ferme et d'une belle couleur d'or.

Préparation : 10 minutes
Pas de cuisson

Pour un bol de mayonnaise (6 personnes) :

1. Pour réussir votre sauce, vérifiez que l'œuf et l'huile sont bien à la même température : sortez-les et laissez-les à la température ambiante plusieurs heures auparavant.

2. Mettez le jaune d'œuf dans un bol. Battez-le à la cuiller en bois ou au batteur mécanique. (Si vous voulez utiliser le batteur élec-

1 jaune d'œuf
1 bon verre d'huile
2 cuillerées à soupe de vinaigre
sel, poivre

trique ou le mixer, cette recette ne convient pas ; suivez alors les explications fournies avec l'appareil.)

3. Versez l'huile d'une main, en un très mince filet le long des bords du bol, et en tournant vigoureusement de l'autre main. Arrêtez fréquemment de verser pour permettre au mélange de s'émulsionner et assurez-vous que l'émulsion est bien complète avant de recommencer.

4. Versez ainsi toute l'huile. La mayonnaise doit être très dure. Assouplissez-la avec le vinaigre en mélangeant, vivement, et ajoutez sel et poivre à volonté. Mélangez encore et tenez au frais jusqu'au moment de servir.

MON SECRET : *Si votre mayonnaise a tourné, mettez-en 2 cuillerées dans un bol, versez dessus 1 cuillerée de vinaigre bouillant, mélangez et ajoutez petit à petit en tournant la totalité de la sauce.*

SAUCE MAYONNAISE TARTARE

230 calories

Préparation : 10 minutes
Pas de cuisson

Pour 4 personnes :

1 jaune d'œuf
1 cuillerée à café de moutarde
2 verres d'huile
5 petits cornichons
1 cuillerée à soupe de câpres
1 cuillerée à soupe de vinaigre

1. Mettez le jaune d'œuf et la moutarde dans un grand bol et mélangez bien. Ajoutez l'huile petit à petit pour obtenir une mayonnaise.

2. Hachez grossièrement les cornichons.

3. Au dernier moment, juste avant de servir, ajoutez votre hachis, les câpres et le vinaigre à la mayonnaise. Mélangez bien.

MON SECRET : *Je prends des câpres de petite taille. Si elles sont grosses, je les hache.*

SAUCE MAYONNAISE VERDURETTE

210 calories

Préparation : 15 minutes
Pas de cuisson

Pour 4 personnes :

1 jaune d'œuf
1 cuillerée à café de moutarde
2 verres à moutarde d'huile
1 cuillerée à soupe de fines herbes hachées
2 cuillerées à soupe d'oseille crue pressée et hachée
sel, poivre

1. Mettez le jaune d'œuf et la moutarde dans un grand bol et mélangez bien. Ajoutez l'huile petit à petit pour obtenir une mayonnaise.

2. Dans un torchon très propre, ou dans un grand morceau de gaze, mettez les légumes hachés et pressez fortement pour bien en extraire tout le jus qui risquerait de faire tourner votre préparation.

3. Avant de servir, ajoutez à la mayonnaise fines herbes et légumes hachés finement.

MON SECRET : *L'oseille peut être remplacée par 5 ou 6 feuilles de jeunes épinards.*

MIGNONNETTE

160 calories

Pas de préparation
Cuisson : 15 minutes

Pour 4 personnes :

3 cuillerées à soupe de vinaigre de vin
6 cuillerées à soupe d'huile
1 cuillerée à café de poivre noir concassé (mignonnette)
1 cuillerée à café de moutarde
1 cuillerée à café de fines herbes hachées
sel

Mélangez bien tous ces ingrédients. Servez cette sauce bien fraîche.

MON SECRET : *A défaut de fines herbes, un peu de persil.*

SAUCE MORNAY

120 calories

Une béchamel enrichie de fromage.

Pas de préparation
Cuisson : 15 minutes

Pour 4 personnes :

30 g de beurre
40 g de farine
1/2 litre de lait
100 g de gruyère râpé
sel, poivre

1. Chauffez le beurre dans une petite casserole sur feu doux. Quand il est juste fondu, ajoutez la farine. Tournez. Le beurre absorbe la farine. Ajoutez alors le lait froid en une seule fois. Tournez jusqu'à épaississement. Laissez cuire doucement 8 à 10 minutes environ. Salez, poivrez.

2. Ajoutez le fromage. Mélangez bien.

MON SECRET : *Une pincée de muscade avant d'ajouter le fromage et beaucoup de poivre du moulin.*

SAUCE MOUSSELINE

310 calories

Pour 6 personnes :

Faites réduire 1 verre de vinaigre avec 6 grains de poivre sur petit feu jusqu'à ce qu'il n'en reste qu'une cuillerée. Retirez du feu. Enlevez le poivre. Ajoutez 2 jaunes d'œufs. Fouettez en incorporant 80 g de beurre ramolli coupé en petits morceaux. Toujours en fouettant, ajoutez une tasse de crème Chantilly (non sucrée).

SAUCE MOUTARDE

195 calories

Une sauce relevée pour accompagner des viandes rôties, rouges ou blanches.

Préparation : 5 minutes
Cuisson : 10 minutes

Pour 4 personnes :

125 g de beurre
2 cuillerées à soupe de moutarde forte

1. Mettez sur le feu une casserole d'eau (suffisamment grande pour y placer un bol au bain-marie).

2. Mettez la moutarde dans un bol. Posez le bol sur la casserole d'eau bouillante et ajoutez, sans cesser de tourner, le beurre par petits morceaux. Attendez que l'émulsion soit complète pour ajouter de nouveaux morceaux de beurre.

de Dijon
1 cuillerée à café de Maïzena
1/2 verre d'eau
sel, poivre

3. Lorsque tout le beurre est incorporé, saupoudrez avec la Maïzena ; mélangez et versez le demi-verre d'eau chaude sur le mélange. Tournez encore. Assaisonnez de sel et de poivre et servez tout de suite, en saucière ou en nappage.

MON SECRET : *Une sauce moutarde simplifiée : crème fraîche et moutarde forte en quantités égales, chauffées sans bouillir.*

SAUCE NANTUA

315 calories

Pour 6 personnes :

Coupez en petits dés 1 carotte, 1 oignon et 80 g de lard. Faites revenir dans 75 g de beurre avec 6 écrevisses. Flambez au Cognac. Mouillez avec 1 verre et demi de vin et 1 verre d'eau (ou de fumet de poisson). Ajoutez 2 tomates pelées et épépinées, 1 cuillerée à soupe de purée de tomates. Salez, poivrez. Couvrez et laissez cuire à petit feu 30 minutes.

SAUCE PIQUANTE

180 calories

Relevée de vinaigre, câpres et cornichons.

Préparation : 10 minutes
Cuisson : 15 minutes

Pour 4 personnes :

50 g de beurre
25 g de farine
120 g de lard frais
1 oignon
1/2 litre de bouillon
1 bouquet garni
3 cuillerées à soupe de câpres
4 cornichons
1 cuillerée à soupe de vinaigre
sel, poivre

1. Coupez le lard en dés. Epluchez l'oignon et hachez-le finement.

2. Dans une casserole moyenne, chauffez le beurre et mettez-y à revenir l'oignon. Saupoudrez de farine et tournez vivement sur le feu à la cuiller de bois, jusqu'à ce que le mélange devienne brun.

3. Ajoutez alors le bouillon froid, en une seule fois. Salez, poivrez et ajoutez le bouquet garni. Laissez épaissir sur le feu sans cesser de remuer pendant un quart d'heure.

4. Au moment de servir, ajoutez les câpres, les cornichons coupés en rondelles et le filet de vinaigre. Laissez reprendre un bouillon et retirez aussitôt pour napper un plat ou servir en saucière, bien chaud.

MON SECRET : *Si j'ai du jus de viande, je l'utilise à la place du bouillon en lui ajoutant un peu d'eau et de porto.*

SAUCE PIQUANTE

255 calories

Un coulis de tomate bien condimenté et lié de jaunes d'œufs durs.

Préparation : 10 minutes
Cuisson : 20 minutes

Pour 2 tasses de sauce environ :

4 œufs
1 boîte de sauce tomate de 250 g
3 cuillerées à dessert d'huile d'olive
1 cuillerée à dessert de vinaigre de vin
1 pincée de sucre en poudre
1 cuillerée à café de moutarde en poudre
sel, poivre noir

1. Faites cuire les œufs pendant 10 minutes dans de l'eau bouillante salée. Egouttez-les, passez-les sous le robinet d'eau froide, enlevez les coquilles et ouvrez les œufs en deux. Prenez les jaunes de ces œufs (les blancs ne serviront pas) et écrasez-les avec une fourchette de façon à obtenir une sorte de purée à laquelle vous ajouterez la moutarde en poudre délayée dans quelques gouttes d'eau.

2. Dans une casserole mélangez l'huile, le vinaigre, la sauce tomate, le sel, le poivre et le sucre. Chauffez jusqu'à ébullition et faites cuire à feu doux sans couvrir pendant 10 minutes en remuant fréquemment avec une cuiller en bois. Retirez la casserole du feu, ajoutez le mélange de moutarde et de jaunes d'œufs et laissez refroidir.
Cette sauce accompagnera un poisson cuit au court-bouillon ou des viandes bouillies.

MON SECRET : *J'utilise les demi-blancs d'œufs cuits pour en faire un petit hors-d'œuvre : je les remplis de carottes crues râpées liées à la mayonnaise.*

SAUCE POIVRADE

285 calories

Pour 6 personnes :

Coupez en petits dés 1 carotte, 1 oignon, 80 g de jambon. Hachez 6 tiges de persil. Faites revenir dans 2 cuillerées à soupe d'huile avec du thym, du laurier et du sel. Mouillez avec 2 verres de vinaigre de vin. Laissez cuire sans couvercle à feu doux pendant 30 minutes. Filtrez en écrasant.

SAUCE POULETTE

130 calories

Pour accompagner une poule bouillie au riz nature ou des légumes bouillis.

Préparation : 10 minutes
Cuisson : 20 minutes

Pour 4 personnes :

80 g de beurre
20 g de farine
1/3 de litre d'eau
100 g de petits oignons
le jus d'un citron
1 jaune d'œuf
sel, poivre

1. Pelez les oignons.
2. Dans une petite casserole, faites fondre 20 g de beurre ; ajoutez la farine. Quand elle a été absorbée par le beurre, versez l'eau en une seule fois. Tournez sur le feu jusqu'à ébullition.
3. Ajoutez les oignons dans la casserole. Salez et poivrez. Laissez mijoter 15 minutes, tout doucement.
4. En fin de cuisson, ajoutez le jus du citron. Laissez reprendre l'ébullition.
5. Mélangez dans un bol le jaune d'œuf et le restant du beurre ramolli, jusqu'à obtention d'une crème.
6. Versez très doucement la sauce sur cette préparation en battant au fouet pour bien amalgamer sans coaguler l'œuf. Servez bien chaud.

MON SECRET : *Quand je sers cette sauce avec une poule bouillie, j'utilise du bouillon au lieu d'eau pour sa préparation.*

SAUCE RAVIGOTE

60 calories

Huile et vinaigre liés au jaune d'œuf dur.

Préparation : 5 minutes
Cuisson : 10 minutes

Pour 4 personnes :

1 cuillerée à soupe de vinaigre de vin
3 cuillerées à soupe d'huile
1 œuf

1. Faites durcir l'œuf dans l'eau bouillante salée pendant 10 minutes.
2. Epluchez-le après l'avoir refroidi dans l'eau froide, et ne conservez pour la sauce que le jaune.
3. Ecrasez le jaune d'œuf dans un bol et délayez-le avec le vinaigre.
4. Versez l'huile en filet sur le bord du bol, tandis que vous tournez vivement la préparation de l'autre main. La sauce doit être très liée, presque émulsionnée.

5. Salez, poivrez et servez frais.
Si cette sauce doit attendre, tenez-la au frais.

MON SECRET : *On peut ajouter une cuillerée à café de moutarde et le blanc d'œuf haché très finement.*

SAUCE RÉMOULADE

140 calories

Préparation : 10 minutes
Pas de cuisson

Pour 4 personnes :

2 jaunes d'œufs durs
1 jaune d'œuf cru
1 cuillerée à café de moutarde
1 verre d'huile
vinaigre ou citron
sel, poivre

1. Faites une pâte avec le jaune d'œuf cru, les jaunes d'œufs durs et la moutarde.
2. Versez l'huile peu à peu en tournant sans arrêt, comme pour une mayonnaise.
3. Salez, poivrez, ajoutez un filet de vinaigre ou de citron.

MON SECRET : *Une variante : pas de jaunes d'œufs durs, mais alors 2 jaunes crus.*

SAUCE ROUILLE

140 calories

La sauce reine qui accompagne la bouillabaisse.

Préparation : 10 minutes
Pas de cuisson

Pour 4 personnes :

2 gousses d'ail
1 petit piment rouge
1 noix de mie de pain trempée
4 cuillerées à soupe d'huile d'olive
1 pomme de terre
bouillon de la bouillabaisse

1. Pilez finement au mortier les gousses d'ail épluchées et le piment rouge.
2. Ajoutez la mie de pain trempée et essorée, broyez à nouveau et travaillez le tout avec l'huile d'olive que vous verserez peu à peu.
3. Ajoutez en même temps une pomme de terre que vous aurez fait cuire dans le bouillon de la bouillabaisse.
4. Quand tout est bien mélangé, éclaircissez la sauce de 3 ou 4 cuillerées du bouillon de la bouillabaisse.

MON SECRET : *Remplacer la mie de pain par un jaune d'œuf et monter la sauce comme une mayonnaise en versant l'huile goutte à goutte.*

SAUCE SOUBISE

270 calories

Pour 6 personnes :

Emincez 3 oignons et faites-les revenir doucement dans 60 grammes de beurre sans les laissez dorer. Ajoutez une grande tasse de sauce béchamel. Couvrez et cuisez à feu doux 30 minutes. Filtrez avant de servir.

SAUCE SUPRÊME

320 calories

Un velouté de volailles enrichi de crème fraîche.

Pour 4 personnes :

1 bol de sauce béchamel dans laquelle le lait est remplacé par du bouillon de volailles pré-concentré
1 tasse de crème

Ajoutez la crème petit à petit dans la béchamel en remuant sans arrêt.

SAUCE TOMATE

90 calories

Veloutée et parfumée.

Préparation : 10 minutes
Cuisson : 20 minutes

Pour 4 personnes :

600 g de tomates
2 cuillerées à soupe d'huile
2 branches de thym
2 feuilles de laurier
1 gousse d'ail
sel, poivre

1. Coupez les tomates en quatre. Mettez-les sur feu vif avec sel et poivre. Laissez cuire 10 minutes.

2. Passez à la moulinette. Ajoutez l'huile à la purée obtenue.

3. Remettez 10 minutes à feu moyen avec ail, thym et laurier.

MON SECRET : *Il existe plusieurs formules de sauce tomate. Celle-ci est particulièrement onctueuse. Vous pouvez, à la saison, lui ajouter du basilic ou de l'estragon (pas les deux ensemble).*

SAUCE TOMATE CRUE

420 calories

Pulpe de tomate et herbes de Provence marinées en réfrigérateur.

Préparation : 15 minutes
(+ 1 heure de repos en réfrigérateur)
Pas de cuisson

Pour 4 tasses de sauce environ :

1 kg de tomates bien mûres
25 branches de basilic frais
6 gousses d'ail
1 tasse d'huile d'olive
1 cuillerée à café de sel
poivre noir fraîchement moulu

1. Plongez les tomates une minute dans de l'eau bouillante, pelez-les et coupez-les en dés en vous plaçant au-dessus d'un bol afin d'en recueillir tout le jus.

2. Lavez le basilic, séchez-le avec du papier absorbant, effeuillez-le, ôtez les tiges et hachez les feuilles menu.

3. Mélangez le basilic aux tomates puis ajoutez les gousses d'ail entières, le sel et le poivre. Mélangez bien à l'aide d'une cuiller en bois, arrosez d'huile. Couvrez et mettez au frais, de préférence dans un réfrigérateur pendant 1 heure.

4. Au bout de ce temps, jetez les gousses d'ail. La sauce est prête à être utilisée.

MON SECRET : *Je sers cette sauce au parfum très naturel avec des viandes froides. J'en assaisonne aussi des pâtes ou du riz. Dans ce cas je la chauffe tout doucement en veillant bien à ne pas la laisser bouillir.*

SAUCE VERTE

205 calories

Pour 6 personnes :

Hachez finement 2 échalotes, 1 gousse d'ail, un poivron vert. Ciselez une botte d'estragon et une branche de menthe. Mélangez à la fourchette tous ces ingrédients avec un fromage demi-sel. Poivrez.

II

Potages et Soupes

BOUILLABAISSE D'ŒUFS

350 calories

Une curiosité gastronomique : pas de poissons dans cette bouillabaisse.

Préparation : 20 minutes
Cuisson : 30 minutes

Pour 4 personnes :

500 g de pommes de terre
4 œufs
3 tomates
2 poireaux
1 oignon
4 gousses d'ail
1 bouquet garni
1 petit paquet de safran
1 ou 2 brins de fenouil
1 morceau d'écorce d'orange
1/2 verre d'huile d'olive
tranches de pain
sel, poivre

1. Ebouillantez les tomates, pelez et épépinez-les, coupez-les en quartiers.

2. Epluchez les pommes de terre, les poireaux, les gousses d'ail et l'oignon.

3. Emincez finement les poireaux (les blancs seulement) et l'oignon.

4. Essuyez les pommes de terre sans les laver et coupez-les en rondelles d'un demi-centimètre d'épaisseur environ.

5. Dans une grande casserole, faites roussir, dans l'huile chaude, les poireaux et l'oignon émincés.

6. Ajoutez les quartiers de tomates, les gousses d'ail écrasées, le bouquet garni, le fenouil et l'écorce d'orange.

7. Mouillez avec 1 litre d'eau, mettez le safran et les pommes de terre. Salez et poivrez.

8. Portez à ébullition, laissez cuire à feu vif et à découvert pendant 15 minutes.

Lorsque les pommes de terre sont cuites, pochez les œufs 3 minutes dans le bouillon. Disposez des fines tranches de pain dans un plat creux, versez le bouillon par-dessus, dressez les pommes de terre et les œufs sur un autre plat et servez aussitôt.

MON SECRET : *Pour pocher les œufs sans difficulté, je les casse un par un dans une tasse que je renverse doucement à la surface du bouillon pour y faire glisser l'œuf.*

BISQUE DE CREVETTES

508 calories

Un velouté à la saveur marine.

Préparation : 25 minutes
Cuisson : 35 minutes

Pour 4 personnes :

750 g de crevettes « bouquets »

1. Pelez oignons et carottes. Coupez-les en petits dés. Coupez aussi le céleri.

2. Décortiquez les crevettes.

3. Chauffez ensemble l'huile et le beurre dans une casserole sur feu assez vif. Ajoutez les crevettes, les oignons, les carottes, le céleri, le thym et le laurier. Tournez en lais-

2 oignons
2 carottes
1 branche de céleri
2 verres de vin blanc
1 branchette de thym
2 feuilles de laurier
50 g de beurre
2 cuillerées à soupe d'huile
6 cuillerées à soupe de crème fraîche
2 œufs
sel, poivre

sant cuire 5 à 6 minutes puis versez le vin blanc. Couvrez la casserole. Cuisez 15 minutes à feu doux.

4. Retirez le thym et le laurier. Passez le reste à la moulinette. Vous obtenez une purée à laquelle vous ajouterez 1 litre d'eau, sel et poivre.

5. Remettez sur le feu et faites bouillir doucement pendant 5 bonnes minutes. Filtrez. Remettez sur feux doux.

6. Pendant ce temps, séparez les blancs et les jaunes des œufs. Vous n'utiliserez que les jaunes. Mettez-les dans un saladier avec la crème fraîche. Mélangez bien.

7. Versez petit à petit la soupe aux crevettes chaude, sans cesser de battre le mélange avec une fourchette ou un fouet. Servez bien chaud.

MON SECRET : *J'accompagne de dés de pain de mie dorés au beurre et saupoudrés de persil finement haché.*

BISQUE DE HOMARD C

680 calories

Riche et délicieux potage pour grandes occasions.

Préparation : 40 minutes
Cuisson : 1 heure

Pour 4 personnes :

1 homard de 1,500 kg environ
2 oignons
2 carottes
1 gousse d'ail
4 branches de persil
1 bouquet garni
2 verres de vin blanc
2 œufs
8 cuillerées à soupe de crème fraîche
1 cuillerée à soupe de concentré de tomate
3 cuillerées à soupe d'huile

1. Coupez le homard : la queue en 4 morceaux, le coffre en deux par le milieu.

2. Sur feu vif, chauffez l'huile et faites revenir vivement 5 à 7 minutes les morceaux de homard. Puis versez dessus le cognac et flambez. Prélevez les morceaux de homard avec l'écumoire et mettez-les de côté.

3. Pelez carottes et oignons. Coupez-les en lamelles minces. Hachez grossièrement le persil, y compris les queues. Pelez la gousse d'ail ; écrasez-la sous la lame d'un couteau.

4. Mettez le tout dans la casserole où vous avez fait revenir le homard, à feu vif, pendant 5 minutes. Ajoutez le concentré de tomate, le bouquet garni, le vin blanc, les morceaux de homard et 1 litre d'eau. Laissez cuire 15 minutes assez doucement. Salez et poivrez.

5. Retirez du feu. Prélevez les morceaux de homard et décortiquez-les. Coupez les beaux morceaux en petits dés ; mettez-les de côté.

1 verre à liqueur
de cognac
sel, poivre

Pilez le restant dans un mortier pour obtenir une purée.

6. Mettez cette purée dans la casserole contenant le bouillon et placez sur le feu. Laissez cuire une vingtaine de minutes.

7. Pendant ce temps, séparez les blancs et les jaunes des œufs. Vous n'utiliserez que les jaunes. Mélangez-les à la crème.

8. Filtrez le bouillon et versez-le petit à petit sur le mélange œufs + crème sans cesser de le battre avec une fourchette ou un fouet. Ajoutez les dés de homard et servez aussitôt très chaud.

MON SECRET : *Je remplace le litre d'eau par un demi-litre de lait et un demi-litre d'eau.*

CONSOMMÉ AUX ŒUFS DE SAUMON F C

145 calories

Délayés dans un bouillon de tortue au xérès.

Préparation : 5 minutes
Cuisson : 10 minutes

Pour 4 personnes :

1 grande boîte de bouillon de tortue claire
1 petit pot d'œufs de saumon
1 verre à bordeaux de xérès
poivre

1. Ouvrez la boîte, chauffez son contenu auquel vous aurez ajouté le xérès. Poivrez.

2. Répartissez les œufs de saumon dans 4 bols individuels. Versez dessus le bouillon et servez très chaud.

MON SECRET : *Les meilleurs œufs de saumon sont russes, très supérieurs à ceux d'autres provenances. Hélas, plus chers !*

CONSOMMÉ AUX RAVIOLI

260 calories

Des ravioli tout frais et du fromage enrichissent ce consommé de viande.

Préparation : 25 minutes
Cuisson : 5 minutes

Pour 6 personnes :

1. Pétrissez sur une planche la farine avec 1 œuf battu pour obtenir une pâte légère et homogène.

2. Etalez cette pâte en une couche d'un mil-

4 cubes de consommé
de bœuf ou de poule
150 g de farine
2 œufs
100 g de bœuf ou
de poulet cuit, haché
1/2 tasse d'épinards
cuits hachés
50 g de gruyère
ou de parmesan râpé
sel, poivre

limètre d'épaisseur, et découpez-la en rondelles à l'aide d'un verre à porto.

3. Dans une terrine, mêlez la viande, les épinards, l'œuf restant, sel et poivre.

4. Mettez un peu de farce au centre de la moitié des rondelles. Recouvrez avec l'autre moitié, en soudant les bords avec un peu d'eau.

5. Faites bouillir 1 litre et demi d'eau et mettez-y les cubes de consommé à dissoudre. Lorsqu'ils ont complètement fondu, jetez dans le bouillon les ravioli que vous ferez cuire 5 minutes. Ne salez pas.

6. Mettez le fromage râpé dans le fond de la soupière. Versez dessus le consommé brûlant et servez aussitôt.

MON SECRET : *Vous pouvez ajouter un petit verre de porto ou de xérès dans le bouillon pour en relever le goût.*

GAZPACHO MINUTE

190 calories

Une version simplifiée du fameux potage espagnol.

Préparation : 10 minutes
Pas de cuisson
Réfrigération : 2 ou 3 heures

Pour 4 personnes :

2 demi-boîtes de jus
de tomate
le jus de 2 citrons
1 cuillerée à soupe
de vinaigre de vin
1 cuillerée à soupe
d'huile d'olive
1 piment doux
1 tomate
1 oignon
1 petit concombre
4 tranches de pain
de mie grillées
sel, poivre

1. Mettez dans un flacon hermétique (du genre Tupperware), d'une contenance d'un litre environ, le jus de tomate, le jus de citron, l'huile et le vinaigre. Salez et poivrez, secouez bien le flacon fermé et mettez au réfrigérateur pour 2 ou 3 heures.

2. Au moment de servir, lavez la tomate et épluchez l'oignon et le concombre. Détaillez tous ces légumes, ainsi que le piment doux, en petits dés, et répartissez-les sur une coupe.

3. Coupez les tranches de pain grillées en quatre et mettez ces petits morceaux dans une corbeille.

4. Servez le liquide glacé dans des tasses. Apportez sur la table la corbeille de pain et la coupe de légumes. Chaque convive ajoutera dans sa tasse pain et légumes crus selon son goût.

MON SECRET : *Frotter les croûtons d'ail et les rouler dans du persil finement haché.*

GRATINÉE PARISIENNE

570 calories

L'une des variantes de la soupe à l'oignon.

Préparation : 10 minutes
Cuisson : 30 minutes

Pour 4 personnes :

300 g d'emmenthal râpé
8 oignons moyens
25 g de beurre
100 g de croûtons beurrés
1 litre de bouillon de volaille ou de pot-au-feu
sel, poivre

1. Epluchez et émincez les oignons. Faites-les revenir avec le beurre dans une casserole. Ils doivent être légèrement roussis.

2. Ajoutez le bouillon (ou, à défaut, un bouillon en cube, voire même de l'eau). Laissez cuire à petit feu une dizaine de minutes.

3. Dans des terrines individuelles, disposez une couche de croûtons, une couche de fromage râpé, puis le bouillon aux oignons. Saupoudrez largement la surface de fromage.

4. Placez les terrines sous le gril du four et faites gratiner une dizaine de minutes.

MON SECRET : *Je saupoudre les oignons d'une pincée de muscade.*

GRATINÉE AU PORTO

290 calories

Une soupe à l'oignon enrichie de porto et d'œufs.

Préparation : 10 minutes
Cuisson : 20 minutes

Pour 4 personnes :

1 sachet de soupe à l'oignon
1 verre de vin blanc sec
4 cuillerées à soupe de porto
2 jaunes d'œufs
6 tranches de pain
75 g de gruyère râpé

1. Préparez la soupe à l'oignon comme indiqué sur le sachet. Ajoutez le vin blanc. Faites griller les tranches de pain.

2. Dans une soupière allant au four, mélangez porto et jaunes d'œufs. Versez, petit à petit, la soupe à l'oignon. Déposez dessus le pain grillé. Saupoudrez de gruyère râpé. Passez sous le grilloir, le temps de gratiner.

MON SECRET : *La soupe à l'oignon en sachet est une bonne solution gain de temps et ainsi corsée richement, elle est excellente.*

POTAGE AUX CÈPES

215 calories

Tout le parfum de la forêt dans ce potage crémeux.

Préparation: 5 minutes
Cuisson : 25 minutes

Pour 4 personnes :

2 cuillerées à café d'extrait de viande liquide
1 noix de beurre
2 cuillerées à soupe de crème d'orge
50 g de cèpes séchés
1 petit pot de crème fraîche
sel

1. Dans une casserole, versez un litre d'eau et amenez à ébullition. Ajoutez l'extrait de viande liquide. Salez au goût. Ajoutez le beurre.
2. Dans un bol, délayez la crème d'orge avec 2 cuillerées à soupe d'eau froide. Versez dans le bouillon bouillant en remuant à la spatule en bois.
3. Ajoutez les cèpes au potage. Laissez bouillir 15 minutes.
4. Passez le potage sur une passoire fine pour éliminer les champignons. Recueillez-le dans la soupière de service. Ajoutez la crème fraîche. Remuez et servez immédiatement.

MON SECRET : *Une pincée de quatre épices qui se composent de poivre noir, de cayenne, de girofle et de gingembre.*

POTAGE AUX CONCOMBRES

260 calories

A servir glacé.

Préparation : 20 minutes
Pas de cuisson
Réfrigération : plusieurs heures

Pour 6 personnes :

1 concombre
4 tomates
2 petits poivrons (1 rouge, 1 vert)
1 gousse d'ail
1 oignon
1 cuillerée à soupe de jus de citron
1 litre de bouillon de volaille bien dégraissé
1 litre de vin blanc sec
4 minces tranches de pain blanc
4 cuillerées à soupe d'huile d'olive
sel, poivre

1. Pelez l'ail et l'oignon. Frottez le pain avec l'ail, puis pilez la gousse. Hachez finement l'oignon.
2. Pelez les tomates et le concombre. Coupez-les en petits dés.
3. Lavez les poivrons, retirez les graines et coupez-les en très fines lamelles.
4. Mettez dans un grand saladier le bouillon, le vin et le jus de citron. Ajoutez les tomates et le concombre, l'ail et l'oignon, sel et poivre, ainsi que les poivrons.
5. Mettez au réfrigérateur au moins trois heures.
6. Au moment de servir, faites chauffer l'huile dans une poêle. Coupez les tranches de pain en petits cubes et faites-les dorer. Servez ces croûtons en même temps que le potage glacé.

MON SECRET : *Vous pouvez, au moment de servir, ajouter quelques glaçons dans le potage pour qu'il soit encore plus froid.*

POTAGE AU CRESSON

130 calories

Frais, léger et cependant nourrissant.

Préparation : 20 minutes
Cuisson : 1 h 10

Pour 6 personnes :

1 botte de cresson
30 g de beurre
30 g de farine
4 cuillerées à soupe de riz
1 jaune d'œuf ou 2 cuillerées à soupe de crème
sel, poivre

1. Lavez soigneusement le cresson après avoir coupé les queues. Hachez-le grossièrement.

2. Faites fondre le beurre dans une grande casserole et ajoutez la farine. Ajoutez également le cresson haché et mélangez sur le feu à la cuiller de bois pendant quelques instants.

3. Versez alors 1 litre 3/4 d'eau bouillante, les 4 cuillerées de riz, salez et poivrez. Laissez reprendre l'ébullition, puis couvrez, réduisez le feu et laissez mijoter doucement pendant 1 heure.

4. Mettez le jaune d'œuf ou la crème dans la soupière. Versez un peu de soupe dans la soupière en tournant vivement à la cuiller en bois, puis continuez à verser doucement tout le potage, toujours en mélangeant. Servez aussitôt.

MON SECRET : *Je garde quelques feuilles de cresson crues ; je les hache et j'en saupoudre le potage au moment de le servir.*

POTAGE EXPRESS

190 calories

Délicieusement parfumé au cerfeuil.

Préparation : 5 minutes
Cuisson : 10 minutes

Pour 6 personnes :

200 g environ de thon au naturel
1 sachet de potage au poulet
4 cuillerées à soupe de crème fraîche
3 feuilles de laitue
cerfeuil

1. Préparez le potage au poulet comme indiqué sur le mode d'emploi.

2. Lavez, séchez les feuilles de laitue. Coupez-les en lamelles.

3. Ouvrez la boîte de thon. Egouttez-le et émiettez-le grossièrement.

4. Ajoutez au potage terminé les morceaux de thon et la crème fraîche.

5. Disposez les lamelles de laitue au fond de la soupière. Versez le potage dessus, saupoudrez de cerfeuil haché. Servez aussitôt.

MON SECRET : *Très bon aussi avec un sachet de crème de champignons.*

POTAGE A LA LAITUE

390 calories

Un lait de poule au vert.

Préparation : 5 minutes
Cuisson : 10 minutes

Pour 4 personnes :

4 laitues
1 litre de lait
80 g de beurre
2 jaunes d'œufs
sel, poivre

1. Faites chauffer 1 litre de lait salé et poivré.

2. Lavez 4 laitues, hachez-les finement. Faites-les cuire sur feu moyen dans 80 g de beurre pendant 8 minutes.

3. Versez dessus le lait bouillant. Laissez bouillir 2 minutes.

4. Battez 2 jaunes d'œufs dans la soupière. Versez-y le potage petit à petit en battant sans cesse.

MON SECRET : *Du fromage râpé corse agréablement ce potage de santé.*

POTAGE A L'ŒUF

115 calories

De la semoule dans un bouillon et une liaison à l'œuf.

Pas de préparation
Cuisson : 15 minutes

Pour 4 personnes :

2 cuillerées à café d'extrait de viande liquide
1 noix de beurre
4 cuillerées à soupe de semoule très fine
2 jaunes d'œufs
1/4 de citron
sel

1 Dans une casserole, versez un litre d'eau. Amenez à ébullition. Ajoutez l'extrait de viande liquide. Laissez bouillir quelques secondes. Salez au goût. Ajoutez le beurre.

2. Jetez la semoule en pluie dans le bouillon bouillant en tournant à la spatule en bois. Dès que l'ébullition reprend, baissez le feu et laissez bouillir à petit feu 7 à 8 minutes.

3. Retirez la casserole du feu. Cassez les œufs, recueillez les jaunes dans un bol et délayez-les avec une cuillerée à soupe de potage brûlant. Rallongez avec deux autres cuillerées de potage ajoutées l'une après l'autre.

4. Versez le contenu du bol dans la casserole toujours éloignée du feu. Mélangez pour que le potage soit bien lié. Ajoutez le jus du quart de citron et servez immédiatement.

MON SECRET : *Bien sûr, un bouillon de viande ou de volaille peut remplacer l'extrait. Je sers ce potage à l'œuf avec un bol de parmesan râpé.*

POTAGE AU PERSIL

100 calories

Une recette toute saison.

Préparation : 20 minutes
Cuisson : 1 h 30

Pour 6 personnes :

1 gros bouquet de persil
1 laitue
500 g de pommes de terre
60 g de beurre
sel, poivre

1. Mettez sur le feu une grande casserole avec 1 litre 1/2 d'eau et 1 bonne cuillerée à soupe de gros sel.

2. Pendant qu'elle chauffe, lavez le persil et la laitue. Pelez les pommes de terre, lavez-les et coupez-les en petits dés.

3. Jetez persil (sauf 3 brins), laitue et pommes de terre dans l'eau bouillante, laissez reprendre l'ébullition puis cuire 1 heure 1/2 à petit feu et à couvert.

4. Passez au mixer ou au presse-purée et versez dans la soupière où vous aurez mis le morceau de beurre.

5. Hachez les 3 brins de persil réservés, et parsemez-en la soupière. Servez aussitôt.

MON SECRET : *Mêler au persil cru haché dont je saupoudre le potage, un œuf dur écrasé à la fourchette.*

POTAGE ROI HENRI

200 calories

Un bouillon de volaille aux croûtons, au paprika et au cerfeuil.

Préparation : 15 minutes
Cuisson : 10 minutes

Pour 6 personnes :

1 litre et demi de bouillon de volaille (fait avec 6 cubes de poule-au-pot)
1 pincée de sucre
1 pincée de paprika
200 g de pain grillé
quelques branches de cerfeuil

1. Délayez les cubes de bouillon dans 1,5 litre d'eau bouillante.

2. Mouillez le sucre que vous aurez placé dans une casserole et faites-le caraméliser sur feu vif. Dès qu'il est coloré, versez dessus le bouillon. Ajoutez le paprika.

3. Hachez le cerfeuil et détaillez le pain grillé en petits dés.

4. Mettez les dés de pain et le cerfeuil au fond de la soupière. Versez la soupe brûlante dessus et servez sans attendre.

MON SECRET : *Une demi-tasse de porto dans le bouillon.*

POTAGE RUSTICA

540 calories

Un bon classique de la cuisine familiale d'hiver.

Préparation : 10 minutes
Trempage : 12 heures
Cuisson : 2 heures

Pour 6 personnes :

300 g de haricots blancs
300 g de lentilles
1 jaune d'œuf
6 croûtons frits dans le beurre
sel, poivre

1. Douze heures avant l'utilisation, faites tremper les haricots et les lentilles dans de l'eau froide, séparément.

2. Egouttez-les et mettez-les dans une casserole contenant 2 litres et demi d'eau froide avec 2 cuillerées à soupe de gros sel et du poivre.

3. Portez à ébullition et laissez cuire 1 heure et demie sans couvercle, en remuant souvent.

4. Mettez un jaune d'œuf au fond de la soupière. Versez la soupe dessus, très doucement, et en battant vivement à la cuiller en bois. Lorsque tout est versé, garnissez de croûtons de pain frits dans le beurre et servez aussitôt.

MON SECRET : *Une boîte de haricots blancs, une autre de lentilles et mon potage est prêt en un quart d'heure.*

SOUPE A L'AIL

270 calories

Avec du vermicelle et liée au jaune d'œuf.

Préparation : 15 minutes
Cuisson : 5 minutes

Pour 6 personnes :

1,5 litre d'eau
5 ou 6 gousses d'ail
100 g de vermicelle fin
1 cuillerée à soupe d'huile d'olive
2 jaunes d'œufs
1 feuille de laurier
6 tranches de pain rassis
1 bol de gruyère râpé
sel, poivre

1. Epluchez l'ail et pilez-le (dans un mortier ou avec les dents d'une fourchette solide).

2. Mettez dans une grande casserole l'eau froide, le laurier, l'ail écrasé, le sel et le poivre.

3. Portez à ébullition et jetez alors le vermicelle en pluie dans la casserole. Laissez reprendre un bouillon, puis laissez cuire encore 5 minutes à petit feu en remuant.

4. Mettez les 2 jaunes d'œufs dans la soupière. Battez-les à la cuiller en bois et versez tout en battant le contenu de la casserole en un mince filet pour lier la soupe sans coaguler les œufs. Rectifiez l'assaisonnement.

5. Servez sans attendre, accompagné de tranches de pain rassis et d'un bol de fromage râpé.

MON SECRET : *Pour écraser l'ail plus facilement, faites blanchir les gousses épluchées pendant 5 minutes à l'eau bouillante.*

SOUPE A LA BIÈRE

345 calories

Une onctueuse crème que l'on déguste avec du pain grillé.

Préparation : 10 minutes
Cuisson : 15 minutes

Pour 6 personnes :

1 litre et demi de bière légère
3 cuillerées à soupe de farine
50 g de beurre
1 petit pot de crème fraîche (100 g)
1 cuillerée à café de sucre
sel, poivre
1 pincée de cannelle
6 tranches de pain grillé

1. Mettez le beurre à fondre dans une grande casserole sur feu moyen. Ajoutez la farine et tournez énergiquement avec une cuiller en bois pour obtenir un mélange lisse. Ajoutez la bière, la cannelle, le sucre, le sel et le poivre, et portez à ébullition sans cesser de remuer. Laissez cuire une dizaine de minutes en remuant de temps en temps.

2. Au moment de servir, retirez la casserole du feu et ajoutez-y la crème en battant avec un fouet pour bien la mélanger.

3. Versez brûlant dans la soupière garnie de tranches de pain grillé.

MON SECRET : *Versez la bière en penchant lentement la bouteille afin d'éviter une mousse abondante.*

SOUPE AU CANTAL

505 calories

Brûlante et toute blanche, une soupe au lait, aux pommes de terre et au fromage.

Préparation : 5 minutes
Cuisson : 35 minutes

Pour 4 personnes :

1 litre 1/4 de lait
5 pommes de terre
3 gousses d'ail
150 g de cantal râpé
4 cuillerées à soupe de crème fraîche
sel, poivre

1. Pelez les pommes de terre, coupez-les en petits dés.

2. Faites chauffer le lait avec du sel et du poivre, Quand il bout, mettez-y à cuire les pommes de terre, à tout petit feu, pendant 25 minutes.

3. Un peu avant la fin de la cuisson des pommes de terre, frottez la soupière avec les gousses d'ail pelées et mettez au fond le cantal râpé.

4. Les pommes de terre étant cuites, versez-les avec le lait de cuisson dans la soupière. Ajoutez la crème fraîche, mélangez bien et servez.

MON SECRET : *Servie avec des œufs pochés cette soupe devient un plat complet pour un menu du soir.*

SOUPE DE CHOUCROUTE

250 calories

Une savoureuse spécialité alsacienne.

Préparation : 15 minutes
Cuisson : 1 h 30

Pour 4 personnes :

500 g de choucroute crue
1 cuillerée à soupe de farine
3 cuillerées à soupe d'huile
8 petites pommes de terre
1 gros oignon
sel, poivre
1 litre 1/4 de bouillon

1. Lavez la choucroute à plusieurs eaux et égouttez-la. Jetez-la dans une casserole d'eau bouillante non salée et laissez blanchir 15 minutes.

2. Pendant ce temps, pelez l'oignon et coupez-le en lamelles fines. Mettez le bouillon à chauffer.

3. Egouttez la choucroute et hachez-la.

4. Dans une grande casserole, faites chauffer l'huile sur feu moyen. Mettez-y l'oignon et la choucroute que vous ferez dorer 5 minutes environ, en remuant sans cesse.

5. Saupoudrez de farine, remuez vivement pendant quelques instants sur le feu, puis versez le bouillon bouillant.
Laissez cuire 3/4 d'heure, à feu doux et à couvert.

6. Pelez les pommes de terre, lavez-les, coupez-les en tranches et mettez-les dans la soupe. Laissez encore cuire 30 minutes à couvert.

7. Poivrez au moulin et servez brûlant.

MON SECRET : *Je fais aussi une soupe à la choucroute express en employant de la choucroute en boîte et des cubes de concentré de bouillon. Dans ce cas, une demi-heure de cuisson suffit.*

SOUPE AUX CHOUX

555 calories

Non seulement une soupe mais un plat complet.

Préparation : 20 minutes
Cuisson : 2 h 30

Pour 6 personnes :

1 chou
250 g de lard fumé (en un morceau)
250 g de jambon

1. Dans un grand fait-tout, versez 3 litres d'eau froide.

2. Plongez-y le lard maigre, le lard fumé et le jambon.

3. Portez à ébullition et écumez pour enlever toute la mousse blanchâtre qui se forme en surface (avec une écumoire).

4. Lorsque l'eau est propre, ajoutez le chou coupé en quatre, les carottes, les pommes de

(en un morceau)
200 g de lard maigre
(en un morceau)
2 ou 3 pommes de terre
3 navets
3 carottes
1 oignon
poivre
tranches de pain rassis

terre, les navets et l'oignon, épluchés et entiers. Réduisez le feu, couvrez et laissez cuire doucement pendant 2 heures.

5. Pêchez la viande et la moitié des légumes pour constituer le plat de résistance.

6. Passez le reste des légumes et le jus au mixer ou au presse-purée et poivrez.

7. Tapissez la soupière de fines tranches de pain rassis de préférence. Versez la soupe dessus, et servez sans attendre.

MON SECRET : *Je poivre généreusement ma soupe aux choux, mais je la sale peu, le lard et le jambon rendant toujours du sel à la cuisson.*

SOUPE A LA FARINE

240 calories

De la farine roussie donne un goût délicieux à cette soupe toute simple.

Préparation : 5 minutes
Cuisson : 15 minutes

Pour 6 personnes :

6 cuillerées à soupe de farine (100 g)
1 petit pot de crème fraîche (100 g)
50 g de beurre
sel, poivre
croûtons frits

1. Mettez sur feu doux une casserole à fond épais avez la farine à sec. Tournez sans arrêter avec une cuiller en bois, jusqu'à ce que la farine devienne dorée. Cela prendra quelques minutes seulement.

2. Ajoutez alors petit à petit 1 litre 1/2 d'eau chaude, sans cesser de tourner pour éviter la formation de grumeaux, salez, poivrez et laissez cuire 15 minutes en remuant de temps en temps.

3. Versez dans la soupière, ajoutez beurre et crème, mélangez bien et garnissez de petits croûtons frits dans le beurre. Servez aussitôt.

MON SECRET : *Ce potage aura un goût plus fin si vous remplacez l'eau par du bouillon de volaille ou de bœuf.*

SOUPE AUX HUITRES

365 calories

Les coquillages à peine cuits sont servis dans un court-bouillon de légumes lié à l'œuf et à la crème.

Préparation : 20 minutes
Cuisson : 35 minutes

Pour 6 personnes :

3 douzaines d'huîtres

1. Epluchez les légumes et lavez-les. Coupez les carottes en rondelles, émincez le céleri et les oignons. Hachez l'ail et l'échalote.

2. Faites dorer 5 minutes oignon, ail et échalote dans l'huile. Ajoutez carottes et céleri. Saupoudrez de farine. Remuez.

500 g de carottes
1/2 litre de vin blanc
300 g d'oignon
80 g de céleri-rave
50 g d'huile
1 gousse d'ail
1 échalote
6 jaunes d'œufs
1 cuillerée à soupe de farine
5 cuillerées à soupe de crème fraîche
1 bouquet garni
estragon
persil
sel, poivre

3. Mouillez avec le vin blanc et 1 litre 1/2 d'eau. Ajoutez le bouquet garni, le persil et l'estragon. Laissez cuire 30 minutes environ.

4. Pendant ce temps, ouvrez les huîtres. Sortez-les de leur coquille. Plongez-les 5 minutes dans de l'eau presque bouillante. Egouttez-les bien.

5. Filtrez le potage. Ajoutez les huîtres pochées. Liez avec les jaunes d'œufs et la crème.
Servez avec des croûtons de pain frottés d'ail.

MON SECRET : *Des petites huîtres, les moins chères, conviennent pour cette soupe marine. Inutile de faire les frais de coquillages coûteux.*

SOUPE AUX LÉGUMES RAPÉS

375 calories

Un vrai cocktail de légumes nourrissant et rafraîchissant.

Préparation : 20 minutes
Cuisson : 1 h 25

Pour 6 personnes :

2 tablettes de concentré de bouillon de poulet ou de bœuf
100 g de lard salé coupé en dés
2 oignons
2 poireaux
2 navets
2 courgettes
1 cœur de céleri
1 tout petit chou
4 carottes
4 pommes de terre
1 tasse de petits pois écossés (ou de haricots blancs frais)
3 cuillerées à soupe d'huile d'olive
1 bouquet garni

1. Râpez tous les légumes (grosse râpe), sauf les petits pois.

2. Dans une cocotte, mettez l'huile et le lard. Lorsque celui-ci est transparent, ajoutez les légumes râpés et faites-les revenir sans les laisser prendre couleur, en remuant à la cuiller en bois.

3. Dans une casserole, faites fondre les tablettes dans 2 litres d'eau, puis portez le bouillon à ébullition et versez-le dans la cocotte.

4. Ajoutez le bouquet garni, les petits pois, salez, couvrez et laissez cuire doucement 1 heure.

5. Au bout de ce temps, enlevez le bouquet garni et ajoutez le riz puis laissez cuire encore 15 minutes.

6. Râpez le gruyère et le parmesan, mélangez-les et mettez-les dans un bol.

7. Versez la soupe dans une soupière et servez avec les fromages mélangés et le poivre.

MON SECRET : *J'ajoute à cette soupe le vert des salades que je n'utilise pas en crudités.*

(1 branche de thym,
1 feuille de laurier,
2 brins de persil)
1 gousse d'ail
150 g de riz ou de petits macaronis
75 g de parmesan
75 g de gruyère
sel, poivre

Je coupe ces feuilles vertes en minces lanières.

SOUPE A LA MIE DE PAIN

160 calories

Rustique, parfumée, colorée.

Préparation : 10 minutes
Cuisson : 1 heure

Pour 6 personnes :

800 g de pommes de terre
4 cuillerées à soupe de concentré de tomate
4 cuillerées à soupe de mie de pain
1 gousse d'ail
3 cuillerées à soupe d'huile
sel, poivre

1. Pelez les pommes de terre ; lavez-les et coupez-les en petits dés. Mettez-les dans une casserole, recouvrez-les de 2 litres d'eau salée et faites chauffer. Laissez bouillir 10 minutes.

2. Pelez l'ail et écrasez-le.

3. Après les 10 minutes d'ébullition, ajoutez dans la casserole l'ail et le concentré de tomate dilué dans un peu d'eau de cuisson des pommes de terre. Poivrez, couvrez et réduisez le feu. Laissez se poursuivre la cuisson pendant 50 minutes.

4. Passez le tout au mixer (ou à la moulinette).

5. Emiettez la mie de pain. Dans une poêle, faites chauffer l'huile et ajoutez la mie lorsque l'huile commence à grésiller. Laissez dorer 2 minutes.

6. Versez le potage dans la soupière. Saupoudrez de mie de pain dorée et servez aussitôt.

MON SECRET : *A la saison de l'oseille, j'en fais cuire une bonne poignée dans cette soupe.*

SOUPE AUX MOULES

205 calories

Plus qu'une soupe, un vrai plat complet.

Préparation : 15 minutes
Cuisson : 40 minutes

Pour 6 personnes :

1 kg de poissons mélangés (grondins, petites dorades grises, morceaux de lotte...)
2 dz de grosses moules
4 tomates
3 cuillerées à soupe d'huile
2 oignons
2 poireaux
1 bouquet garni
persil
sel, poivre

1. Emincez les oignons et les poireaux. Faites-les revenir à l'huile dans un grand fait-tout. Ajoutez les tomates pelées, épépinées et coupées en quartiers, le bouquet garni, du sel et du poivre. Mouillez avec 2 litres d'eau. Portez à ébullition. Ajoutez les poissons lavés et tronçonnés. Laissez cuire à feu doux pendant 30 minutes.

2. Pendant ce temps, nettoyez les moules et faites-les ouvrir à feu vif. Décoquillez-les.

3. Ajoutez le jus rendu par les moules à la soupe de poissons. Au moment de servir, ajoutez les moules et le persil haché.

MON SECRET : *On peut rendre le plat plus consistant en ajoutant dans la soupe en ébullition, 20 minutes avant la fin de la cuisson, des rondelles de pommes de terre assez épaisses.*

SOUPE AUX MOULES A LA CRÈME

310 calories

Un goût très marin pour cette soupe crémeuse servie avec des croûtons dorés.

Préparation : 30 minutes
Cuisson : 20 minutes

Pour 6 personnes :

2 litres de moules
2 oignons
1 petit pot de crème fraîche (5 cuillerées à soupe)
120 g de beurre
1 jaune d'œuf
6 croûtons de pain frits au beurre
sel, poivre

1. Grattez les moules, lavez-les à plusieurs eaux.

2. Mettez-les dans une casserole. Versez dessus un verre d'eau et faites-les ouvrir sur feu vif (5 minutes environ).

3. Lorsque toutes les moules sont ouvertes, égouttez-les (en conservant le jus de cuisson). Retirez toutes les coquilles que vous jetterez. Tenez les moules au chaud.

4. Filtrez le jus de cuisson pour le débarrasser de tout le sable rejeté par les moules.

5. Dans une cocotte, faites chauffer 60 g de beurre et mettez-y l'oignon haché finement à revenir. Dès qu'il commence à colorer, ajoutez le jus de cuisson et 1 litre d'eau chaude, le reste du beurre et les moules.

6. Laissez mijoter 10 minutes et rectifiez l'assaisonnement (salez peu, poivrez bien).

7. Mélangez le jaune d'œuf et la crème dans

une terrine. Versez peu à peu la soupe brûlante en tournant vivement. Lorsque vous avez versé la moitié de la soupe, remettez dans la cocotte, mais ne rallumez pas le feu.

8. Disposez au fond de la soupière les croûtons de pain dorés dans du beurre et versez la soupe dessus.

MON SECRET : *Je saupoudre les croûtons de persil finement haché.*

SOUPE AUX MOULES ET AU RIZ

320 calories

Peut constituer un plat unique.

Préparation : 15 minutes
Cuisson : 30 minutes

Pour 4 personnes :

4 douzaines de moules
1 oignon
1 tomate
1 blanc de poireau
1 gousse d'ail
1 brin de fenouil
2 feuilles de laurier
1 petit paquet de safran
100 g de riz ou de gros vermicelle
2 cuillerées à soupe d'huile d'olive
sel, poivre

1. Raclez et lavez bien les moules.

2. Epluchez l'oignon, émincez-le finement.

3. Mettez les moules dans une grande casserole avec 1 litre d'eau, l'oignon émincé et les feuilles de laurier. Couvrez la casserole et laissez cuire quelques minutes, juste le temps de faire ouvrir les moules.

4. Versez ensuite le tout dans une passoire à pied reposant sur une terrine ; retirez les moules de leurs coquilles et réservez-les. Jetez les coquilles. Réservez le bouillon des moules.

5. Epluchez le poireau et émincez-en finement le blanc.

6. Ebouillantez et pelez la tomate, épépinez-la et coupez-la en quartiers.

7. Faites chauffer l'huile dans un fait-tout ; mettez le poireau et la tomate à revenir. Versez ensuite le bouillon des moules ; ajoutez le safran, le fenouil et la gousse d'ail ; poivrez et salez. Portez à ébullition et jetez le riz dans le bouillon ; laissez cuire 20 minutes à feu moyen.

8. Deux ou trois minutes avant la fin de la cuisson, ajoutez les moules.
Servez avec du fromage râpé

MON SECRET : *Quand je n'ai pas de fenouil frais, je le remplace par 4 ou 5 graines de cette plante que l'on trouve partout en petits pots.*

SOUPE A L'OIGNON

335 calories

La recette traditionnelle à la parisienne.

Préparation : 15 minutes
Cuisson : 30 minutes

Pour 4 personnes :

4 gros oignons (rouges ou jaunes)
4 cuillerées à soupe d'huile
1 bonne cuillerée à soupe de farine
4 tranches de pain
100 g de gruyère râpé
sel, poivre

1. Pelez les oignons et coupez-les en rondelles fines.
2. Dans une grande casserole épaisse, mettez une bonne cuillerée à soupe d'huile. Faites chauffer et mettez-y les oignons que vous remuerez sans arrêt : ils doivent blondir sans dorer.
3. Lorsque les oignons sont devenus transparents, saupoudrez de farine et remuez à la cuiller en bois, toujours sur le feu, pour faire brunir la farine.
4. A ce moment, ajoutez en une seule fois 1 litre 1/2 d'eau froide, sel et poivre. Portez à ébullition et laissez cuire 20 minutes.
5. Pendant ce temps, coupez les tranches de pain en quatre et faites-les dorer à la poêle dans le restant de l'huile.
6. Disposez le pain frit dans un poêlon ou une soupière allant au four et allumez le four (thermostat 8).
7. Lorsque les 20 minutes d'ébullition sont passées, versez la soupe sur les tranches de pain. Parsemez de fromage râpé et faites gratiner à four chaud une dizaine de minutes. Servez brûlant.

MON SECRET : *Quand je sers la soupe à l'oignon à des amis, je la présente dans des récipients individuels. Il en existe en grès, en terre, en porcelaine ou en verre à feu qui vont très bien au four.*

SOUPE A L'OIGNON A LA MARSEILLAISE

280 calories

Une formule un peu différente de la classique soupe à l'oignon gratinée au four.

Préparation : 15 minutes
Cuisson : 25 minutes

Pour 6 personnes :

6 oignons

1. Pelez et émincez les oignons. Pelez les gousses d'ail.
2. Faites fondre le saindoux dans une casserole et mettez-y les oignons à revenir quelques instants. Dès qu'ils sont un peu colorés, mettez l'ail, salez, poivrez et ajoutez 1 litre 1/2

Bagna cauda. *(Recette page 145)*

Sauce tomate. *(Recette page 171)*

Potage au cresson. *(Recette page 181)*

Soupe de poisson à la Marius. *(Recette page 197)*

2 cuillerées à soupe d'huile, ou mieux, de saindoux
150 g de gruyère râpé
6 tranches de pain grillé
2 gousses d'ail
1 bouquet garni
sel, poivre

d'eau chaude. Ajoutez encore le bouquet garni et laissez mijoter doucement 15 mn.

3. Pendant ce temps, allumez le four (thermostat 8).

4. Versez la soupe dans une marmite allant au four. Posez sur le liquide les tranches de pain et saupoudrez de fromage râpé. Laissez gratiner 10 minutes et servez aussitôt.

MON SECRET : *Dès que les oignons sont colorés, je les saupoudre d'une cuillerée à café de sucre.*

SOUPE AU PAIN

270 calories

Pain rassis, crème et noix muscade composent cette très bonne soupe familiale.

Préparation : 10 minutes
Cuisson : 20 minutes

Pour 6 personnes :

1/2 pain rassis (200 g)
1 œuf
1 petit pot de crème fraîche (100 g)
1 verre de lait
50 g de beurre
sel, poivre
noix muscade râpée

1. Mettez le pain rassis coupé en morceaux dans une grande casserole avec 1 litre 1/2 d'eau. Salez et faites cuire à feu doux et à couvert environ 15 minutes.

2. Retirez du feu et passez le tout au mixer ou à la moulinette (grille fine).

3. Remettez sur le feu, en ajoutant le lait. Laissez cuire encore 5 minutes à feu doux en remuant de temps en temps.

4. Mettez dans un bol l'œuf et la crème et battez-les longuement à la fourchette. Assaisonnez de poivre et de noix muscade, et versez ce mélange dans la soupière vide.

5. Retirez la casserole du feu et versez peu à peu le liquide brûlant dans la soupière, en tournant vivement pour ne pas faire coaguler l'œuf. Servez très chaud.

MON SECRET : *Il est plus facile d'éviter la coagulation de l'œuf en versant dans le bol, une à une, trois cuillerées de potage, et en battant vivement. Ce mélange est ensuite mis dans la soupière.*

SOUPE PARMENTIÈRE

290 calories

Aux pommes de terre, enrichie de fromage.

Préparation : 10 minutes
Cuisson : 20 minutes

Pour 4 personnes :

4 pommes de terre
1 litre d'eau
120 g de gruyère râpé
1 tasse de crème fraîche
sel, poivre

1. Pelez les pommes de terre et râpez-les pour obtenir des sortes de copeaux.

2. Faites chauffer l'eau avec du sel. Quand elle bout, jetez-y les copeaux de pommes de terre ; laissez cuire doucement un quart d'heure.

3. Dans le fond de la soupière, mettez la crème fraîche et le gruyère râpé. Battez. Versez dessus le potage. Poivrez et servez.

MON SECRET : *Servir avec des petits croûtons dorés ou des boules au fromage vendues en sachets.*

SOUPE AU PARMESAN F

140 calories

Bouillon de poule et fromage râpé liés à l'œuf.

Préparation : 5 minutes
Cuisson : 15 minutes

Pour 4 personnes :

1 litre de bouillon de volaille pouvant être préparé avec 1 cube de concentré
4 cuillerées à soupe de parmesan râpé
2 œufs
poivre

1. Dans le fond de la soupière, battez à la fourchette le fromage râpé et les 2 œufs entiers.

2. Chauffez le bouillon. Quand il est bien bouillant, versez-le petit à petit dans la soupière sans cesser de battre avec le fouet. Poivrez bien avant de servir.

MON SECRET : *Un petit verre de xérès peut corser le bouillon.*

SOUPE AUX POIREAUX

200 calories

Classique, mais toujours appréciée.

Préparation : 10 minutes
Cuisson : 1 heure

Pour 6 personnes :

3 poireaux
500 g de pommes de terre
50 g de beurre
1 litre de lait
sel, poivre

1. Nettoyez les poireaux et éliminez les bouts verts. Epluchez les pommes de terre et lavez-les.

2. Dans une grande casserole, mettez les poireaux coupés en tronçons de 3 à 4 cm et les pommes de terre en dés. Recouvrez avec 1 litre d'eau froide et autant de lait. Ajoutez 1 bonne cuillerée à soupe de gros sel et du poivre.

3. Mettez sur le feu et, dès l'ébullition, couvrez, réduisez le feu pour que l'ébullition se poursuive doucement ; comptez 1 heure de cuisson.

4. Passez la soupe au mixer ou au presse-purée.

5. Mettez le beurre dans la soupière et versez la soupe brûlante dessus.

MON SECRET : *Quand j'utilise de jeunes poireaux, je garde une partie des feuilles vertes. Mais jamais quand j'ai des poireaux d'hiver dont le vert donnerait un goût trop fort à la soupe.*

SOUPE AUX POIS CASSÉS

430 calories

De la bonne et simple cuisine familiale.

Préparation : 15 minutes
Trempage : 12 heures
Cuisson : 2 heures

Pour 6 personnes :

500 g de pois cassés
50 g de beurre
1 poireau
croûtons frits
sel, poivre

1. Douze heures avant l'utilisation, faites tremper les pois cassés dans un litre d'eau froide.

2. Au moment de préparer la soupe, égouttez-les.

3. Lavez le blanc de poireau et hachez-le grossièrement.

4. Mettez les pois et le poireau dans un fait-tout. Versez dessus 2 litres d'eau froide. Ajoutez 2 cuillerées à soupe de gros sel et un peu de poivre.

5. Portez à ébullition, couvrez, réduisez le feu et laissez se poursuivre la cuisson 1 h 3/4.

6. Passez au presse-purée ou au mixer et remettez 15 minutes sur feu doux, en remuant de temps en temps.

7. Mettez dans le fond de la soupière le beurre et les croûtons de pain frits au beurre. Versez la soupe dessus et servez brûlant.

MON SECRET : *A la saison de l'oseille, j'en ajoute quelques feuilles à cette soupe, en même temps que les autres légumes.*

SOUPE DE POISSONS

250 calories

Une autre façon de préparer une soupe marine.

Préparation : 20 minutes
Cuisson : 35 minutes

Pour 6 personnes :

1,800 kg de poissons de mer assortis
1/3 de tasse d'huile
1 feuille de laurier
2 oignons
1 gousse d'ail
2 cuillerées à soupe de purée de tomate
1 tasse de vin blanc sec
2 tasses d'eau bouillante
sel, poivre noir

1. Pelez les oignons, hachez-les. Coupez la gousse d'ail en lamelles fines. Broyez la feuille de laurier de façon à la réduire en poudre.

2. Coupez les poissons en morceaux de 7 à 8 centimètres environ. Il faut avoir la plus grande variété de poissons de mer possible : maquereaux, soles, anguilles, par exemple. Lavez-les et séchez-les dans un papier absorbant.

3. Chauffez l'huile dans une casserole, mettez-y à revenir légèrement les morceaux de poissons ; salez-les, poivrez-les, saupoudrez-les avec le laurier en poudre. Faites cuire pendant 15 minutes à feu doux en retournant les poissons une fois en cours de cuisson.

4. Retirez les poissons avec précaution de la casserole et tenez-les au chaud. Dans le reste de l'huile, faites sauter les oignons 10 minutes, puis ajoutez l'ail, les tomates et le vin puis l'eau bouillante. Laissez cuire à feu doux 10 minutes.

5. Remettez le poisson dans cette sauce et faites cuire 10 minutes encore.
Servez dans des assiettes creuses avec des croûtons frits frottés d'ail.

MON SECRET : *Je saupoudre les croûtons dorés à l'huile — et non pas au beurre — d'un hachis très très fin d'ail et de persil.*

SOUPE DE POISSONS « A LA MARIUS »

700 calories

Soupe, croûtons grillés et aïoli.

Préparation : 10 minutes
Cuisson : 15 minutes

Pour 4 personnes :

1 sachet ou 1 boîte de soupe de poissons
1 vingtaine de tranches de pain (baguette)
1 tasse d'aïoli (recette page 145)

1. Préparez la soupe de poissons comme indiqué sur le sachet ou la boîte.

2. Coupez finement les tranches de pain et faites-les griller. Recouvrez-les d'une bonne couche d'aïoli. Déposez-les sur un plat. Versez la soupe dans une soupière.

3. Au fur et à mesure, chacun se servira de croûtons à l'aïoli afin que ceux-ci aient juste le temps de s'imprégner de potage sans que l'aïoli ne se répande dans l'assiette.

MON SECRET : *Pour cette recette gain de temps, essayez l'aïoli en tube ou en flacon. Certaines marques sont satisfaisantes.*

SOUPE DE POISSONS A LA MARSEILLAISE

395 calories

Chaque Marseillaise a « sa » recette. Celle-ci est éprouvée et excellente.

Préparation : 30 minutes
Cuisson : 1 heure environ

Pour 6 personnes :

1 kg de petits poissons tels que : girelle, rascasse, serran
1 gros oignon
1 poireau
2 tomates
2 ou 3 gousses d'ail
1 feuille de laurier
1 morceau d'écorce d'orange
1 brin de fenouil
2 ou 3 petits paquets de safran
1 cuillerée à soupe

1. Ecaillez, videz et lavez les poissons.

2. Epluchez et émincez finement l'oignon et le poireau. Pelez, épépinez et coupez les tomates en quartiers. Epluchez les gousses d'ail, écrasez-les.

3. Faites chauffer l'huile dans une grande casserole. Mettez-y l'oignon et le poireau à revenir. Lorsqu'ils sont dorés, ajoutez les tomates. Laissez cuire quelques minutes en remuant puis mettez les aromates (gousses d'ail, laurier, fenouil, écorce d'orange) et les poissons. Salez et poivrez.

4. Laissez cuire à feu moyen, en remuant de temps en temps jusqu'à ce que le poisson s'émiette.

5. Après 10 à 15 minutes de cuisson, jetez dans la casserole 2 litres d'eau bouillante et ajoutez le pastis. Laissez cuire à grand feu

de pastis
150 g de gros vermicelle ou de spaghetti coupés
1/2 verre d'huile d'olive
fromage de Hollande (édam étuvé)
sel, poivre

30 à 35 minutes sans couvrir pour que le liquide réduise d'environ un quart.

6. Posez un tamis sur une grande terrine. Versez, sur ce tamis, tout le contenu de la casserole. Ecrasez les poissons avec un pilon en bois pour en exprimer le liquide.

7. Remettez le bouillon ainsi passé dans la casserole et portez à ébullition. Ajoutez le safran puis jetez-y les pâtes dès le premier bouillon.

8. Versez toute la soupe dans une soupière lorsque les pâtes sont cuites à point.
Servez bien chaud, accompagné de fromage râpé.

MON SECRET : *Deux ou trois petits crabes ajoutés aux poissons corsent agréablement la saveur de cette bonne soupe.*

III

Hors-d'œuvre, Entrées

ANCHOIADE

330 calories

De croustillantes rondelles de pain grillé tartinées d'une pâte aux anchois et à l'ail.

Préparation : 10 minutes

Pour 6 personnes :

6 gros anchois salés
1 ou 2 gousses d'ail
1 cuillerée à soupe de vinaigre
4 à 5 cuillerées à soupe d'huile d'olive
poivre
un demi-pain rassis (baguette)

1. Faites dessaler les anchois sous le robinet en les laissant quelques instants sous un filet d'eau.

2. Ouvrez-les à l'aide d'un couteau tranchant, retirez l'arête et coupez la queue. Mettez les anchois sur une planche et écrasez-les vigoureusement avec le dos d'une fourchette solide, jusqu'à ce qu'ils soient réduits en purée, ou passez-les au mixer. Pelez les gousses d'ail. Pilez-les.

3. Préparez une vinaigrette sans sel avec l'huile, le vinaigre et le poivre, ajoutez-y l'ail pilé et la purée d'anchois. Amalgamez bien le tout pour obtenir une pâte lisse.

4. Coupez alors le pain en tranches régulières et faites-le griller.

5. Etalez la pâte sur le pain grillé en appuyant bien pour la faire pénétrer.

MON SECRET : *Après avoir grillé le pain, je l'arrose d'un peu d'huile avant de le tartiner de pâte aux anchois.*

AVOCATS EN COCKTAIL

450 calories

De petits dés à la tomate et au citron.

Préparation : 10 minutes
Pas de cuisson

Pour 4 personnes :

4 avocats
8 cuillerées de ketchup (sauce tomate aux aromates et au vinaigre)
1 citron
sel
poivre

1. Epluchez les avocats. Enlevez les noyaux, coupez la chair en petits cubes.

2. Pressez le jus du citron.

3. Dans un saladier, délayer le ketchup avec le citron, ajoutez le sel, du poivre, puis les dés d'avocats et mélangez bien le tout.

4. Répartissez cette préparation dans des coupes individuelles et servez très frais.

MON SECRET : *Vous pouvez décorer chaque coupe avec une belle crevette bouquet et des moitiés d'olives noires dénoyautées.*

AVOCATS AU CRABE

395 calories

Une fine farce de crabe, de rhum et de crème fraîche.

Préparation : 20 minutes
Pas de cuisson

Pour 4 personnes :

2 avocats
1 cuillerée à soupe de rhum
1 boîte de crabe (280 g)
10 cl de crème fraîche
sel et poivre

1. Coupez les avocats en deux dans le sens de la longueur.

2. Enlevez les noyaux et évidez très délicatement la chair des avocats. Coupez-la en petits dés.

3. Préparez une farce en mélangeant la chair des avocats, le crabe débarrassé de ses cartilages, le rhum et la crème fraîche.

4. Emplissez les avocats de cette préparation et mettez au frais.
Servez sur un lit de feuilles de laitue.

MON SECRET : *Les avocats noircissent rapidement à l'air. Vous pallierez cet inconvénient en les arrosant d'un filet de citron.*

AVOCATS AUX CREVETTES

605 calories

Avec tomates, olives et mayonnaise.

Préparation : 15 minutes
Cuisson : 10 minutes (pour les œufs)

Pour 6 personnes :

3 avocats
1 sachet de crevettes roses décortiquées
3 tomates
2 citrons
3 œufs
100 g d'olives noires

Pour la mayonnaise :
1 jaune d'œuf
1 cuillerée à café de moutarde forte
1 cuillerée à café de vinaigre
2 verres d'huile d'olive

1. Faites bouillir une petite casserole d'eau salée pour y faire durcir les œufs 10 minutes.

2. Pendant ce temps, coupez les avocats en deux dans le sens de la longueur et débarrassez-les de leur noyau.

3. Coupez chaque tomate en quatre rondelles et chaque citron en six rondelles.

4. Préparez une mayonnaise selon la recette classique et ajoutez-lui le beurre de crevette. Mélangez bien.

5. Dès que les œufs sont cuits, faites-les refroidir dans une grande quantité d'eau froide.

6. Remplissez la cavité de chaque demi-avocat avec les deux tiers de la mayonnaise. Décorez les avocats de rondelles de tomate et de citron, sans masquer la mayonnaise dans laquelle vous piquerez quelques crevettes. Disposez enfin quelques olives noires pour parfaire la décoration.

1 tube ou petit pot
de beurre de crevette
sel, poivre

7. Ecalez les œufs et coupez-les en deux dans le sens de la longueur. Nappez-les de la mayonnaise restante.

8. Disposez les demi-œufs au centre d'un plat, entourez-les des demi-avocats et servez bien frais.

MON SECRET : *Si la mayonnaise a tourné, mettez dans un bol quelques gouttes de vinaigre bouillant et incorporez la mayonnaise petit à petit.*

AVOCATS A LA MACÉDOINE F

540 calories

Une jolie présentation, une entrée appétissante et colorée.

Préparation : 10 minutes
Pas de cuisson

Pour 4 personnes :

4 avocats
1 petite boîte
de macédoine
de légumes (1/2)
1 tomate
2 citrons
1 tube de mayonnaise
poivre de Cayenne

1. Coupez les avocats en deux. Enlevez les noyaux. Evidez-les avec une cuiller. Coupez la chair en petits cubes et arrosez-les de jus de citron.

2. Egouttez la macédoine. Ajoutez-lui la chair des avocats. Liez avec de la mayonnaise. Relevez de poivre de Cayenne.

3. Remplissez chaque moitié d'avocat avec cette préparation et décorez d'une tranche de tomate.

MON SECRET : *Je mêle à la macédoine une grosse cuillerée à soupe de câpres bien égouttées de leur vinaigre.*

AVOCATS EN TURBAN

385 calories

Une savoureuse mousse prise en gelée et décorée de crevettes.

Préparation : 20 minutes
Réfrigération : 3 heures
Pas de cuisson

Pour 6 personnes :

3 avocats
1/2 tasse de mayonnaise
3 cuillerées à soupe
de crème fouettée
3 cuillerées à soupe
de jus de citron
2 cuillerées à café

1. Faites ramollir la gélatine dans 1/2 tasse d'eau froide. Versez-la dans 1/4 de litre d'eau chaude.

2. Pelez les avocats ; réduisez-les en purée. Ajoutez-leur le jus de citron. Salez.

3. Mélangez la purée d'avocats, la mayonnaise, les oignons hachés, le piment en poudre et la crème.

4. Ajoutez la gélatine. Mélangez bien.

5. Versez dans un moule en forme de couronne et faites prendre au moins 3 heures au réfrigérateur. Démoulez au moment de ser-

d'oignon haché
1/2 cuillerée à café de piment en poudre
15 g de gélatine
1/4 de litre d'eau
persil haché
sel

vir et mettez dans le centre des crevettes décortiquées marinées dans de l'huile et du vinaigre et 4 cuillerées à soupe de ketchup. Saupoudrez de persil haché.

MON SECRET : *La purée d'avocats doit être très fine. Rien ne vaut le mixer pour obtenir ce résultat.*

BANANES AU JAMBON F

340 calories

Nappées de crème fraîche et saupoudrées de fromage râpé.

Préparation : 5 minutes
Cuisson : 20 minutes

Pour 6 personnes :

6 tranches de jambon cuit
6 bananes
1 petit pot de crème fraîche
50 g de gruyère râpé
1 noix de beurre

1. Faites chauffer votre four à thermostat 7.
2. Beurrez un plat à four.
3. Epluchez les bananes ; roulez-les chacune dans une tranche de jambon découennée. Rangez-les dans le plat.
4. Nappez de crème fraîche et saupoudrez de fromage râpé.
5. Mettez à four chaud et laissez cuire 20 mn.
6. Servez bien chaud dans le plat de cuisson.

MON SECRET : *Cette recette est meilleure avec des bananes un peu mûres.*

BETTERAVE MÉNAGÈRE F E

220 calories

Poêlée et arrosée de beurre persillé.

Préparation : 5 minutes
Cuisson : 10 minutes

Pour 4 personnes :

3 betteraves rouges cuites
1 cuillerée à soupe d'huile
30 g de beurre
1 citron
1 cuillerée à soupe de persil haché

1. Coupez la betterave en tranches.
2. Faites chauffer ces tranches à la poêle 10 minutes à tout petit feu avec une cuillerée à soupe d'eau et autant d'huile.
3. Servez arrosé de beurre fondu, de jus de citron et saupoudré de persil.

MON SECRET : *Les betteraves chaudes font une excellente garniture pour du porc.*

BILLES D'OR

520 calories

Des mini-beignets de pâte à choux à la mortadelle.

Préparation : 5 minutes
Cuisson : 15 minutes

Pour 4 personnes :

50 g d'emmenthal râpé
1/2 litre d'eau
25 g de beurre
1 tasse de farine
2 œufs
100 g de mortadelle
bain de friture
sel

1. Chauffez l'eau dans une petite casserole. Quand elle bout, ajoutez le beurre qui va fondre immédiatement. Versez alors la farine et tournez sur feu doux avec une cuiller en bois jusqu'à ce que la pâte se détache des parois de la casserole.

2. Retirez la casserole du feu et laissez refroidir son contenu légèrement. Puis ajoutez le fromage râpé et les œufs un par un tout en mélangeant toujours à la cuiller en bois.

3. Coupez la mortadelle en tout petits morceaux d'un demi-centimètre de côté environ. Enrobez-les de pâte et jetez-les dans le bain de friture bouillante jusqu'à ce que ces petites billes deviennent jaune d'or, ce qui prend quelques minutes.

MON SECRET : *Pour l'apéritif ou encore pour mettre dans un bouillon. Ces boulettes se conservent bien dans un récipient hermétique.*

BRIOCHES AUX RILLETTES

450 calories

Une charcuterie un peu sophistiquée.

Préparation : 15 minutes
Pas de cuisson

Pour 6 personnes :

6 brioches au beurre non sucrées (à commander la veille chez le pâtissier)
300 g de rillettes du Mans
2 cuillerées à soupe de moutarde aromatisée

1. Enlevez son chapeau à chaque brioche. Evidez-les avec une petite cuiller.

2. Ecrasez ensemble à la fourchette les rillettes et la moutarde pour bien les mélanger.

3. Remplissez les brioches avec cette préparation. Replacez les couvercles.
Servez froid.

MON SECRET : *Une bonne entrée pour le pique-nique. Pour les transporter, enveloppez chaque brioche de papier d'aluminium.*

CAMEMBERT FRIT

345 calories

Pané et doré en pleine friture.

Préparation : 5 minutes
Cuisson : 5 minutes

Pour 4 personnes :

1 camembert pas trop fait (sinon, laissez-le dessécher un peu)
1 œuf
1/2 paquet de chapelure
1 bassine de friture

1. Faites chauffer la friture.
2. Grattez le camembert pour en retirer toute la croûte.
3. Battez l'œuf entier dans un bol. Dans un second bol, versez la chapelure.
4. Trempez chaque morceau de fromage dans la chapelure (tapotez du bout des doigts pour faire tenir), puis dans l'œuf et encore une fois dans la chapelure.
5. Mettez dans la friture chaude, et laissez cuire 5 minutes.
6. Egouttez et servez sans attendre.

MON SECRET : *Bonne recette pour les camemberts décevants que l'on achète trop souvent. Un bon bain de friture doit être toujours clair. Il faut donc le filtrer après chaque usage.*

CANAPÉS DE CAROTTES A LA HOLLANDAISE

265 calories

Des toasts garnis de carottes râpées et de harengs.

Préparation : 15 minutes
Macération : plusieurs heures
Cuisson : 3 minutes

Pour 6 personnes :

6 carottes nouvelles
1/2 tasse de vinaigrette moutardée et aromatisée de fines herbes
6 filets de harengs
6 tranches de pain rassis (d'un doigt d'épaisseur)
30 g de beurre
1 bouquet de persil

1. Grattez et râpez les carottes. Mélangez-les à la vinaigrette et laissez macérer plusieurs heures.
2. Faites dessaler les harengs une heure ou deux.
3. Coupez les tranches de pain en triangles et faites-les dorer dans le beurre. Laissez refroidir.
4. Etendez sur chaque toast un peu de carotte, puis quelques dés de hareng.
5. Disposez les canapés en étoile sur un plat. Décorez le centre et le tour du plat avec les branches de persil. Servez frais.

MON SECRET : *J'utilise du pain de seigle ou du pain de campagne dont je supprime la croûte.*

CAPONATA

366 calories

Excellente entrée pour les jours chauds.

Préparation : 20 minutes
Cuisson : 30 minutes

Pour 6 personnes :

600 g d'aubergines
400 g de poivrons verts
3 tomates
100 g d'olives
1 branche de céleri
2 gousses d'ail
Sel, poivre
2 cuillerées de vinaigre
1/4 de l d'huile d'olive
Sel, poivre

1. Faites frire séparément à l'huile les aubergines coupées en morceaux et les poivrons coupés de même.

2. Dans cette huile de cuisson après avoir retiré les poivrons et les aubergines, faites revenir les oignons hachés et ajoutez-leur tomates, céleri émincé, ail haché et olives noires. Salez et poivrez copieusement, ajoutez le vinaigre et laissez cuire 10 minutes. Ajoutez alors les poivrons, les aubergines et cuisez à couvert encore 10 minutes. Servez froid.

MON SECRET : *En même temps que le poivre et le sel, je mets un morceau de sucre.*

CHOU-FLEUR AUX CREVETTES

330 calories

Un hors-d'œuvre original.

Préparation : 10 minutes
Cuisson : 45 minutes

Pour 4 personnes :

1 chou-fleur
300 g de crevettes décortiquées
1 petit crabe tourteau
Sel, poivre
Thym, laurier
200 g de mayonnaise
Vinaigre

1. Epluchez le chou-fleur et faites-le cuire à l'eau salée et légèrement vinaigrée pendant 25 minutes.

2. Egouttez-le et laissez-le refroidir.

3. Décortiquez les crevettes et le crabe qui auront été cuits 20 minutes dans de l'eau salée avec thym et laurier. Lorsque tous les ingrédients sont froids mettez-les dans un saladier et assaisonnez-les de mayonnaise.

MON SECRET : *Employez de la mayonnaise « gain de temps », en tube.*

COCKTAIL DE CREVETTES

330 calories

Rafraîchissant et de jolie présentation.

Préparation : 10 minutes
Pas de cuisson
Réfrigération : 15 minutes au moins

Pour 4 personnes :

4 douzaines de crevettes décortiquées
12 crevettes bouquets
8 cuillerées à soupe de ketchup (en bout.)
4 cuillerées à café de sauce Worcestershire (en bouteille)
4 cuillerées à soupe d'huile d'olive
2 citrons
4 feuilles de laitue

1. Dans un bol, mélangez ketchup, huile d'olive, sauce Worcestershire et le jus d'un citron.

2. Garnissez le fond de quatre coupes avec les feuilles de laitue. Disposez dessus les crevettes décortiquées et nappez de sauce.

3. Coupez le citron restant en quartiers. Placez chaque quartier à cheval sur le bord des verres (en détachant partiellement la peau de la pulpe). Décorez avec des crevettes bouquets entières.

4. Mettez en réfrigérateur jusqu'au moment de servir.

MON SECRET : *A la place des feuilles de laitue entières, garnissez le fond de la coupe d'une chiffonnade de laitue coupée pas trop fine.*

COCKTAIL D'HUITRES

100 calories

En coupes individuelles aromatisées au vin blanc et aux condiments.

Préparation : 15 minutes
Pas de cuisson

Pour 6 personnes :

3 douzaines d'huîtres
1 citron
8 cuillerées à soupe de ketchup
1 verre de vin blanc sec
1 cuillerée à soupe de moutarde blanche forte
persil haché

1. Ouvrez les huîtres et sortez-les de leur coquille.

2. Mélangez tous les autres ingrédients.

3. Ajoutez les huîtres. Mélangez.

4. Disposez dans des coupes et saupoudrez de persil haché. Cette préparation doit se faire au dernier moment.

MON SECRET : *La sauce peut être additionnée de deux cuillerées de mayonnaise.*

CREVETTES A LA MAYONNAISE F

450 calories

Aromatisées à la tomate et au citron et présentées dans des feuilles de laitue.

Préparation : 10 minutes
Pas de cuisson

Pour 4 personnes :

300 g de crevettes décortiquées fraîches ou en boîtes ou en sachets de surgelés
1 tube de mayonnaise
4 cuillerées à soupe de ketchup
1 citron
4 grandes feuilles de laitue

1. Mélangez mayonnaise, jus de citron et ketchup.
2. Ajoutez les crevettes.
3. Répartissez-les sur les feuilles de laitue. Servez bien frais.

MON SECRET : *Quand j'utilise des crevettes surgelées, je les éponge bien après décongélation et je les mets à macérer au moins une demi-heure dans du jus de citron.*

CREVETTES GRISES CHAUDES F

165 calories

Une saveur très marine.

Préparation : 5 minutes
Cuisson : 5 minutes

Pour 4 personnes :

250 g de crevettes vivantes (on en trouve parfois chez les poissonniers, surtout dans les villes côtières)
125 g de beurre
sel de mer
pain de campagne

1. Nettoyez les crevettes, qui sont grises et transparentes, à l'eau fraîche.
2. Dans une casserole, amenez à ébullition de l'eau largement salée au sel de mer. Quand l'eau bout, faites tomber les crevettes égouttées en faisant attention à ce qu'elles ne sautent pas hors du récipient. Laissez cuire cinq minutes. Egouttez vivement et versez dans le plat de service.

MON SECRET : *Je sers ces crevettes encore fumantes avec des tartines de pain de campagne beurré.*

CROQUE-MONSIEUR

500 calories

Jambon, œuf et fromage et pain de mie doré à la grande friture.

Préparation : 10 minutes
Cuisson : 5 minutes

Pour 6 personnes :

12 tranches de pain de mie
80 g de gruyère râpé
3 tranches de jambon
2 œufs
1 bassine de friture
sel, poivre

1. Battez les deux œufs entiers dans une assiette creuse et ajoutez le gruyère râpé. Salez modérément et poivrez largement.

2. Coupez les tranches de jambon en deux et trempez chaque moitié dans le mélange œufs-fromage, puis posez-la sur une tranche de pain. Recouvrez d'une autre tranche de pain et ficelez chaque croque-monsieur.

3. Faites chauffer l'huile et, lorsqu'elle est bien chaude, jetez-y les croque-monsieur ficelés, et laissez cuire environ 5 minutes. Egouttez et servez immédiatement.

MON SECRET : *Une pincée de paprika dans le mélange œufs-gruyère râpé.*

CROQUE-MONSIEUR AUX ŒUFS BROUILLÉS

490 calories

Un plat complet à servir accompagné d'une fraîche salade.

Préparation : 10 minutes
Cuisson : 15 minutes

Pour 4 personnes :
8 tranches de pain de mie carré
4 tranches de jambon de mêmes dimensions
4 minces lamelles de gruyère de mêmes dimensions
6 œufs
180 g de beurre
Sel
Poivre

1. Mettez entre deux tranches de pain de mie du jambon et du gruyère. Préparez ainsi 4 croque-monsieur. Cuisez-les à la poêle, dans 80 g de beurre, 7 à 8 minutes de chaque côté.

2. Pendant ce temps, battez les œufs avec sel et poivre.

3. Coupez le restant du beurre en morceaux.

4. Mettez les œufs battus dans une casserole sur feu doux et tournez sans arrêt jusqu'à ce que les œufs soient pris, en ajoutant le beurre morceau par morceau.

5. Répartissez les œufs brouillés sur les croque-monsieur et servez.

MON SECRET : *J'ajoute aux œufs battus 2 cuillerées à soupe de ciboulette hachée.*

CROQUE-MONSIEUR A LA POÊLE

532 calories

Pratique pour la cuisine de camping.

Préparation : 5 minutes
Cuisson : 10 minutes

Pour 4 personnes :

8 tranches fines de pain de mie (pas trop frais)
2 tranches minces de jambon de Paris
150 g de gruyère (en un morceau)
100 g de beurre

1. Coupez le gruyère en lamelles d'un à deux millimètres d'épaisseur. Partagez les tranches de jambon en deux.
2. Recouvrez la moitié des tranches de pain de la moitié des lamelles de gruyère. Mettez dessus une demi-tranche de jambon, recouvrez de l'autre moitié des lamelles de gruyère et terminez par les tranches de pain restant. Pressez le tout pour former des sandwiches.
3. Dans une grande poêle, mettez fondre la moitié du beurre, puis faites-y dorer à feu doux les 4 croque-monsieur. Laissez cuire 5 minutes, puis retournez-les. En même temps vous glisserez dans la poêle l'autre moitié du beurre (soulevez au besoin les croque-monsieur pour laisser le beurre s'infiltrer dessous). Laissez dorer 5 minutes.
4. Dressez sur un plat et servez immédiatement.

MON SECRET : *Je remplace parfois le gruyère par du chester vendu sous cellophane en très minces tranches.*

CROQUE-POMMES F

325 calories

Jambon, gruyère et pommes sur des toasts.

Préparation : 15 minutes
Cuisson : 8 minutes

Pour 4 personnes :

4 tranches de pain de mie
2 tranches de jambon
2 pommes
100 g de gruyère
25 g de beurre
citron
poivre

1. Coupez le gruyère en très fines lamelles. Epluchez les pommes, enlevez pépins et cartilages, coupez en tranches fines, arrosez légèrement de jus de citron pour qu'elles ne brunissent pas. Coupez en deux les tranches de jambon.
2. Tartinez de beurre les tranches de pain de mie. Déposez sur chacune un morceau de jambon de la même surface, le quart des tranches de pomme. Poivrez légèrement. Terminez avec les lamelles de gruyère.
3. Placez les croque-pommes sous le gril du four. Ils sont prêts quand le fromage fondu est bien doré.

MON SECRET : *A servir avec une bonne salade verte.*

CROUSTADES AU FROMAGE

275 calories

*Garnies de roquefort à la crème et de **noix.***

Préparation : 10 minutes
Pas de cuisson

Pour 4 personnes :

4 petites croustades ou tartelettes achetées toutes préparées
60 g de roquefort
1 petite branche de céleri
4 noix
4 cuillerées à soupe de crème fraîche
poivre

1. Nettoyez la branche de céleri, coupez-la en tout petits morceaux ou hachez-la grossièrement.

2. Ecrasez le roquefort avec une fourchette pour le réduire en purée.

3. Mélangez la purée de roquefort, la crème fraîche, le hachis de céleri et un peu de poivre.

4. Garnissez les croustades avec cette préparation, posez sur chacune d'elles un morceau de noix et servez froid.

MON SECRET : *Un très bon « amuse-gueule » pour l'apéritif.*

CROUTES AU FROMAGE

590 calories

*Largement tartinées et dorées sur leurs **deux faces, au beurre.***

Préparation : 20 minutes
Cuisson : 10 minutes

Pour 4 personnes :

1/3 de litre de sauce Béchamel
100 g de gruyère râpé
4 œufs
4 tranches épaisses de 1 cm de pain de campagne
80 g de beurre

1. Préparez votre sauce Béchamel (bien épaisse et bien assaisonnée) quelques instants à l'avance. Elle doit être froide.

2. Incorporez à la béchamel froide le fromage râpé et deux œufs. Battez bien le tout.

3. Battez les deux œufs restants dans une assiette. Posez dessus les tranches de pain, sans les retourner, de façon qu'un seul côté soit trempé.

4. Tartinez l'autre côté d'une bonne couche de sauce, puis trempez encore, des deux côtés cette fois, dans les œufs battus.

5. Mettez dans une grande poêle les deux tiers du beurre. Faites chauffer sur feu vif et mettez-y les tranches cinq minutes de chaque côté. Dès que vous les aurez retournées, ajoutez dans la poêle le reste du beurre.

6. Servez très chaud.

MON SECRET : *Si, malgré vos soins, la béchamel présente des grumeaux, passez-la encore chaude dans un tamis fin.*

CROUTES AU GRUYÈRE

370 calories

De croustillantes tartines à la fondue.

Préparation : 10 minutes
Cuisson : 7 à 8 minutes

Pour 4 personnes :

4 tranches de pain de mie de 1 cm environ d'épaisseur
150 g de gruyère râpé
1/2 verre de vin blanc
1 œuf
50 g de beurre

1. Beurrez les tranches de pain sur une face.
2. Dans un bol, battez avec une fourchette le fromage, l'œuf et le vin.
3. Tartinez les tranches de pain avec cette préparation.
4. Mettez à gratiner à four très chaud assez près du gril pendant 7 à 8 minutes.

MON SECRET : *Avant de les mettre à gratiner, je saupoudre chaque tranche d'une pincée de paprika.*

CROUTES PAYSANNES

360 calories

Oignons et fromage gratinés sur du pain de campagne.

Préparation : 15 minutes
Cuisson : 10 minutes

Pour 4 personnes :

4 tranches de pain de mie ou de pain de campagne de 1 cm environ d'épaisseur
2 oignons
4 très minces tranches de gruyère de même dimension que les tranches de pain
80 g de beurre

1. Pelez les oignons, coupez-les en tranches très fines.
2. Chauffez le beurre dans une poêle ; quand il commence à grésiller, mettez-y les oignons à dorer pendant 5 à 6 minutes.
3. Etalez les oignons sur les tranches de pain, posez par-dessus les tranches de gruyère.
4. Mettez à four très chaud le temps de gratiner, c'est-à-dire pendant 8 à 10 minutes environ.

MON SECRET : *Je frotte d'ail les tranches de pain.*

FLAMMICHE

190 calories

Sur un fond de tarte salée, une savoureuse garniture.

Préparation : 30 minutes
Cuisson : 50 minutes

Pour 6 personnes :

1 kg de poireaux
80 g de beurre
1/3 de verre de lait
1 jaune d'œuf
sel, poivre

Pour la pâte brisée :
200 g de beurre
400 g de farine
2/3 de verre d'eau
1 jaune d'œuf
3 pincées de sel

1. Pour préparer la pâte brisée, mettez dans une terrine de beurre en morceaux, la farine, le sel. Faites un creux au milieu de la farine, versez la presque totalité de l'eau. Du bout des doigts, malaxez vivement tous les ingrédients pour incorporer eau, farine et beurre. Si la pâte est trop sèche, ajoutez un peu d'eau. La pâte ne doit plus coller aux doigts mais rester un peu grumeleuse. Laissez-la reposer 10 minutes.

2. Divisez la boule de pâte en deux parties inégales. Réservez la plus petite. Abaissez la plus grosse au rouleau sur une planche ou un papier fariné. Formez un disque de 3 mm environ d'épaisseur. Beurrez un moule à tarte de 21 à 24 cm de diamètre. Foncez-le avec la pâte, faites-la adhérer mais ne coupez pas la pâte qui dépasse les bords.

3. Coupez les poireaux au ras de la partie verte. Enlevez les racines et les feuilles abîmées. Incisez les blancs sur la longueur et lavez soigneusement à plusieurs eaux pour enlever toute trace de terre.

4. Coupez les poireaux en petits morceaux. Dans une casserole, faites chauffer de l'eau salée. Quand elle bout, jetez-y les poireaux. Laissez cuire 5 minutes. Versez sur une passoire. Egouttez bien.

5. Dans une poêle, faites chauffer le beurre, mettez les poireaux, laissez sur le feu jusqu'à ce qu'ils aient évaporé leur eau. Retirez du feu, salez, poivrez, laissez refroidir.

6. Remplissez la pâte dans le moule avec les poireaux. Abaissez le restant de la pâte au rouleau. Etalez ce disque sur les poireaux. Humectez légèrement le tour pour le souder à la pâte qui est dans le moule et dépasse les bords. Piquez ce couvercle avec les dents d'une fourchette. Au milieu, ouvrez un trou d'environ 1 cm de diamètre qui va servir de cheminée.

7. Dans un bol, battez le jaune d'œuf avec un peu d'eau. Badigeonnez avec un pinceau ce mélange sur toute la surface du couvercle.

Portez la flammiche à four très chaud pour 40 minutes.

8. Battez un jaune d'œuf avec le tiers d'un verre de lait. Au moment de servir la flammiche, versez ce mélange par la cheminée sur les poireaux. Servez bien chaud.

MON SECRET : *J'utilise aussi le vert des poireaux que j'émince finement et que je blanchis avec les blancs.*

FRIANDS A LA BRESSANE

295 calories

Dans la farce, poulet, andouillette et raisins de Smyrne.

Préparation : 40 minutes
Cuisson : 45 minutes

Pour 12 friands :

400 g de pâte feuilletée
250 g de blancs de poulet
250 g d'andouillette
1 gros oignon
1 verre de bouillon de viande
1 œuf
50 g de raisins de Smyrne
40 g de beurre
sel, poivre

1. Epluchez, hachez l'oignon. Hachez grossièrement les blancs de poulet. Enlevez la peau de l'andouillette pour ne conserver que la farce.

2. Dans une sauteuse, faites fondre le beurre. Faites revenir l'oignon haché et la farce d'andouillette bien détachée pendant 5 minutes. Ajoutez le poulet haché. Mouillez avec le bouillon de viande, goûtez, salez, poivrez si nécessaire. Ajoutez les raisins de Smyrne, couvrez. Laissez mijoter à très petit feu.

3. Etendez la pâte sur 4 millimètres environ. Coupez 24 rondelles à l'aide d'un emporte-pièce ou d'un gobelet à ouverture assez large.

4. Sur 12 des rondelles de pâte, posez au centre un peu de la farce. Mouillez le bord, posez une deuxième rondelle de pâte, soudez bien tout le tour. De la pointe du couteau, tracez des croisillons à la surface. Badigeonnez avec l'œuf battu.

5. Mettez à four vif pendant une vingtaine de minutes. Servez aussitôt.

MON SECRET : *Je fais macérer les raisins de Smyrne dans un bon marc de pays.*

FRIANDS COCKTAIL

562 calories

Pour cocktail ou petite entrée d'un repas amical ou familial.

Préparation : 30 minutes
Cuisson : 12 à 15 minutes

Pour 6 personnes :

1 paquet de pâte feuilletée surgelée
8 saucisses chipolatas
30 g de beurre
1 pincée de paprika
1 œuf

1. Piquez les saucisses à la fourchette. Faites-les blanchir 3 minutes à l'eau bouillante. Egouttez, laissez refroidir.

2. Dans une poêle, faites fondre le beurre, ajoutez la pincée de paprika, roulez les chipolatas dans ce beurre, juste le temps de les blondir.

3. Etendez la pâte sur environ 4 millimètres d'épaisseur. Disposez les saucisses sur la pâte en laissant suffisamment d'espace entre elles pour pouvoir enrouler chacune. Coupez la pâte au ras de l'extrémité de chaque saucisse. Mouillez un bord de la pâte, enroulez la saucisse, faites bien coller le bord, badigeonnez avec l'œuf battu. Coupez chaque saucisse ainsi chemisée en 4 morceaux. Disposez sur la plaque du four.

4. Portez à four vif pour une quinzaine de minutes. Servez bien dorés et tièdes.

MON SECRET : *Vous pouvez ajouter une pointe de piment de Cayenne en poudre au paprika si vous aimez les saucisses bien relevées.*

GALANTINE VÉGÉTARIENNE

225 calories

Un délicieux pain de carottes, de haricots et de pâtes.

Préparation : 15 minutes
Cuisson : 30 minutes
(+ 2 heures)

Pour 6 personnes :

750 g de carottes
75 g de coquillettes
75 g de haricots blancs
75 g de mie de pain
4 cuillerées à soupe de lait
15 g de beurre pour

1. Pelez et émincez les carottes et l'oignon. Faites-les cuire à l'eau bouillante salée, 20 minutes environ.

2. Couvrez les haricots (préalablement trempés pendant plusieurs heures) d'eau froide salée et faites-les cuire 30 minutes environ.

3. Jetez les coquillettes dans l'eau bouillante salée et laissez-les cuire 15 minutes.

4. Trempez la mie de pain dans le lait et écrasez-la.

5. Lorsque tous les légumes arrivent en fin de cuisson, allumez le four (thermostat 3/4) et beurrez un moule assez grand.

le moule
1 gros oignon
sel, poivre

6. Ecrasez les coquillettes égouttées et réduisez les carottes et l'oignon en purée. Mélangez soigneusement coquillettes, purée de carottes (bien poivrée), haricots et mie de pain, et versez cette préparation dans le moule.

7. Mettez au four et laissez cuire 2 heures. Démoulez sur un plat creux et servez chaud.

MON SECRET : *J'entoure ce pâté de légumes d'un coulis de tomates.*

GNOCCHI PATISSIÈRE D

405 calories

En pâte à choux légère et gratinés au fromage.

Préparation : 30 minutes
Cuisson : 20 minutes

Pour 6 personnes :

1 pâte à choux faite sur la base de 200 g de farine
150 g de gruyère râpé
80 g de beurre
sel, poivre

1. Préparez une pâte à choux selon la recette classique.

2. Façonnez cette pâte en rouleaux de la grosseur d'un doigt. Coupez ces rouleaux en petits morceaux de 1,5 cm environ.

3. Faites bouillir une grande casserole d'eau et mettez-y les morceaux de pâte qui doivent cuire 10 minutes à petits frémissements (réduisez le feu dès la reprise de l'ébullition).

4. Egouttez et disposez les gnocchi dans un plat à four que vous aurez préalablement beurré.

5. Allumez le four (thermostat 8).

6. Saupoudrez les gnocchi de gruyère râpé, de sel et de poivre, et parsemez-les de noisettes de beurre.

7. Passez à four très chaud 10 minutes, en plaçant les gnocchi assez haut dans le four pour qu'ils gratinent bien, et servez bien chaud dans le plat de cuisson.

MON SECRET : *J'arrose les gnocchi avec trois cuillerées de crème avant de les saupoudrer de fromage.*

KNÈFLES DE COLMAR

195 calories

De petites boules de pâte pochées puis nappées de sauce.

Préparation : 10 minutes
Cuisson : 5 minutes

Pour 4 personnes :

2 œufs
1 verre de lait froid
100 g de farine
sel
50 g de beurre

1. Dans une terrine, battez les œufs entiers avec le lait froid. Ajoutez petit à petit la farine en remuant au fouet jusqu'à ce que vous obteniez une pâte à consistance de mastic léger. Brisez les grumeaux s'il s'en est formé.

2. Pendant ce temps, vous avez mis sur le feu une grande casserole d'eau salée. Quand elle commence à bouillir, à l'aide d'une petite cuiller, faites tomber dans l'eau bouillante des boulettes de pâte. Laissez bouillir à petit feu pendant 5 minutes en veillant à ce que l'eau ne déborde pas.

3. Egouttez rapidement les knèfles dans une passoire. Remettez-les dans la casserole, à tout petit feu, ajoutez le beurre, remuez délicatement jusqu'à ce que le beurre soit fondu. Versez dans le plat de service chaud. Servez avec du fromage râpé ou de la sauce tomate, de la crème fraîche, du jus de viande, etc.

MON SECRET : *Excellent aussi avec une sauce Béchamel.*

OIGNONS A LA GRECQUE

90 calories

Une entrée rafraîchissante de petits oignons glacés dans une sauce épicée.

Préparation : 10 minutes
Cuisson : 15 minutes

Pour 6 personnes :

4 bonnes poignées de petits oignons nouveaux de même grosseur
3 cuillerées à soupe d'huile
3 rondelles de citron
6 clous de girofle
3 grains de coriandre
1 pincée de sucre

1. Faites bouillir une casserole d'eau salée.

2. Pelez les oignons et plongez-les 2 minutes dans l'eau bouillante, puis rafraîchissez-les sous l'eau froide pour les raffermir.

3. Mettez dans une casserole un demi-litre d'eau, l'huile, les rondelles de citron, le bouquet garni, les grains de poivre et de coriandre, les herbes aromatiques de votre choix, le paprika, sel et poivre. Portez à ébullition et laissez bouillir 7 minutes à gros bouillons.

4. Réduisez le feu et plongez dans ce court-bouillon les petits oignons que vous laisserez mijoter jusqu'à ce qu'ils soient tendres mais non défaits (7 à 8 minutes environ).

en poudre
1 pincée de paprika
fines herbes
1 bouquet garni
sel, poivre

5. Pêchez les oignons avec une écumoire et mettez-les dans un ravier. Passez la sauce. Ajoutez-lui le sucre et les grains de poivre et de coriandre. Versez sur les oignons et laissez refroidir. Servez très frais.

MON SECRET : *On peut remplacer l'eau par du vin blanc et ajouter une cuillerée à soupe de concentré de tomate.*

PAMPLEMOUSSES AU CRABE

146 calories

Cubes de fruits, dés de crustacés et crème fraîche.

Préparation : 15 minutes
Pas de cuisson

Pour 4 personnes :

1 boîte de crabe
2 pamplemousses
1 citron
2 cuillerées à soupe de crème fraîche
poivre

1. Coupez les pamplemousses en deux. Avec un couteau spécial à lame courbe finement dentelée, détachez la pulpe des fruits en prenant garde de ne pas entamer l'écorce. Dans un saladier, coupez la pulpe des fruits en cubes. Réservez les écorces.

2. Nettoyez le crabe, enlevez les cartilages, filaments, peaux et émiettez-le dans le saladier. Mélangez pamplemousse et crabe. Poivrez. Arrosez de jus de citron, mélangez à nouveau.

3. Garnissez chaque écorce de pamplemousse avec cette préparation. Déposez dessus 1/2 cuillerée à soupe de crème fraîche. Mettez au frais jusqu'au moment de servir.

MON SECRET : *Quand je reçois des amis, je donne un air de fête à ces pamplemousses en les couronnant d'une demi-tranche de citron plantée debout dans la crème fraîche. Et je dispose le tout sur un lit épais de feuilles de laitue coupées en lamelles.*

PAMPLEMOUSSES EN SALADE

140 calories

Exotique et vitaminé.

Préparation : 20 minutes
Pas de cuisson

Pour 6 personnes :

3 pamplemousses

1. Coupez chaque pamplemousse en deux transversalement. Détachez ensuite avec un couteau à pamplemousse chaque demi-tranche de la peau et mettez-les dans un saladier.

2. Nettoyez bien l'écorce des pamplemousses

100 g d'olives noires
1 cuillerée à café de paprika
2 cuillerées à café de cumin pilé
2 cuillerées à soupe d'huile
1/2 cuillerée à café de sucre en poudre
sel, poivre

de leurs petites peaux pour en faire des bols bien nets.

3. Dénoyautez les olives et mettez-les dans le saladier contenant les quartiers de pamplemousse. Ajoutez le cumin, le paprika, l'huile, le sucre, le sel et le poivre. Mêlez bien le tout.

4. Remplissez chaque moitié de pamplemousse avec cette préparation, et tenez au frais jusqu'au moment de servir.

MON SECRET : *Ce hors-d'œuvre sera plus raffiné si vous ajoutez des crevettes roses décortiquées ou du crabe émietté.*

PAN BAGNAT

510 calories

Le casse-croûte des Provençaux : savoureux et nourrissant.

Préparation : 15 minutes
Repos au frais : 2 heures
Pas de cuisson

Pour 4 personnes :

4 petits pains ronds
3 tomates
1 oignon
1 poivron vert
1 petite boîte de filets d'anchois à l'huile
100 g d'olives noires
1 gousse d'ail
3 cuillerées à soupe d'huile d'olive
1 cuillerée à soupe de vinaigre de vin
sel, poivre

1. Epluchez la gousse d'ail et frottez-en la croûte de petits pains.

2. Préparez une vinaigrette avec l'huile, le vinaigre, le sel et le poivre.

3. Coupez les petits pains en deux transversalement et humectez chaque moitié de sauce vinaigrette.

4. Dénoyautez les olives. Lavez et coupez en rondelles les tomates et l'oignon. Lavez, épépinez et coupez le poivron en fines lanières.

5. Garnissez l'intérieur des pains avec les légumes, et mettez sur le tout les filets d'anchois. Ajoutez un peu de sel et de poivre et refermez le pain en pressant fortement pour lui faire reprendre sa forme.

6. Mettez au frais deux heures avant de servir.

MON SECRET : *Quand j'ai garni l'intérieur des petits pains, je saupoudre d'une demi-pincée de thym.*

PATE EN CROUTE DE CANARD AUX NOISETTES

1 120 calories

Originale et délicieuse entrée qui se conserve au froid plusieurs jours.

Préparation : 45 minutes
Cuisson : 1 h 30

Pour 8 personnes :

300 g de pâte brisée
200 g de jambon
200 g de chair de porc
1 canard
8 fines bardes de lard
150 g de noisettes
1 sachet de gelée instantanée
40 g de beurre
Sel
Poivre

1. Désossez entièrement le canard et coupez la chair en filets.

2. Hachez les morceaux de canard qui ne se prêtent pas à être mis en filets. Hachez également le jambon et le porc. Mélangez bien le tout avec sel et poivre.

3. Beurrez un moule démontable. Tapissez-le de pâte brisée. Remplissez de filets, hachis, noisettes, bardes de lard, en couches alternées.

4. Cuisez à four moyen pendant 1 h 30.

5. Préparez la gelée suivant le mode d'emploi. Le pâté étant cuit, versez dessus la gelée et mettez au réfrigérateur au moins 3 heures avant de démouler.

MON SECRET : *Je poivre la pâte brisée.*

PETITS FLANS SUISSES

305 calories

De la crème aux œufs et au jambon cuite au four.

Préparation : 10 minutes
Cuisson : 15 minutes

Pour 4 personnes :

4 œufs
80 g de jambon
60 g de gruyère râpé
30 g de beurre
1/2 litre de lait
1 pointe de muscade
sel, poivre

1. Allumez le four.

2. Faites chauffer le lait.

3. Coupez le jambon en dés.

4. Battez les œufs comme pour une omelette.

5. Mettez les dés de jambon dans les œufs battus. Versez dessus le lait bouillant petit à petit tout en battant sans arrêt le mélange. Salez, poivrez. Mettez la pointe de muscade.

6. Beurrez des petits ramequins et versez-y la préparation. Saupoudrez de gruyère râpé et mettez à four doux pendant 15 à 25 minutes. Servez bien chaud dans les ramequins.

MON SECRET : *Pour être parfaitement réussis, les flans doivent être intérieurement bien lisses, sans aucun trou. Ce qui impose une cuisson à four très doux ou encore au bain-marie. Cette dernière méthode est plus lente (30 minutes environ), mais elle élimine tout risque.*

PISSALADIÈRE

520 calories

Une tourte aux oignons et aux anchois sur fond de pâte à pain.

Préparation : 2 minutes
Cuisson : 1 heure environ

Pour 4 personnes :

250 g de pâte à pain (achetée chez le boulanger)
1 kg d'oignons
100 g d'olives noires de Nice
3 ou 4 cuillerées à café de crème d'anchois ou 10 filets d'anchois à l'huile
3 cuillerées à soupe d'huile d'olive
sel, poivre

1. Faites chauffer un peu d'huile dans une sauteuse et mettez-y les oignons émincés à cuire doucement et à couvert pendant 1/2 heure environ, sans qu'ils prennent couleur. Salez et poivrez.

2. Pendant ce temps, avec vos mains huilées, aplatissez et étalez la pâte à pain. Foncez-en une tourtière également huilée ou une plaque de four. Piquez la pâte avec une fourchette.

3. Mélangez la crème d'anchois à la purée d'oignons. Si vous utilisez des anchois, écrasez-les à la fourchette avant de les mélanger aux oignons. Tapissez la pâte avec la purée ; parsemez d'olives noires et arrosez avec le reste de l'huile.

4. Mettez à cuire à four moyen pendant 35 minutes.

MON SECRET : *Il n'est pas toujours possible de se procurer de la pâte à pain chez le boulanger. Un fond de pâte brisée peut alors convenir.*

PIZZA

526 calories

Une garniture de tomates, anchois et fromage.

Préparation : 20 minutes + 2 heures de repos de la pâte
Cuisson : 25 minutes

Pour 6 personnes :

1 tasse et demie de farine
1/2 paquet de levure
1/3 tasse d'eau tiède
1 cuillerée à café de sel
80 g de beurre

1. Faites fondre la levure dans le tiers de tasse d'eau tiédie.

2. Sur une surface légèrement farinée, mettez la farine, le beurre coupé en petits morceaux, le sel. Pétrissez à la main.

3. Mélangez l'œuf et la levure avec son eau.

4. Ajoutez ce mélange à la pâte de farine et de beurre. Continuez à pétrir. Si la pâte est trop sèche ajoutez-lui un peu d'eau. Il faut qu'elle soit souple et homogène. Mettez-la en boule, placez-la dans un bol huilé, couvrez-la avec une serviette et laissez-la reposer dans un endroit chaud pendant 2 heures.

1 œuf
400 g de tomates
1/2 tasse d'huile d'olive
2 boîtes de filets d'anchois
4 pincées d'origan en poudre
250 g de fromage de mozzarella
poivre noir

5. Après ce temps de repos, coupez la pâte en deux parties égales, étalez chaque morceau de pâte pour qu'il puisse garnir une tourtière de 20 cm de diamètre environ. Vous avez ainsi deux tourtières garnies.

6. Plongez les tomates 1 minute dans de l'eau bouillante, pelez-les, coupez-les en deux.

7. Recouvrez le fond des tourtières garnies de pâte avec les morceaux de tomates, assaisonnez de sel et de poivre, arrosez d'huile d'olive, disposez les anchois sur les tomates, saupoudrez d'origan et mettez à cuire à four chaud (thermostat 8) pendant 20 minutes.

8. Sortez les pizzas du four, parsemez-les de fromage de mozzarella coupé en lamelles minces et repassez au four jusqu'à ce que le dessus soit doré et le fromage fondu, ce qui fait 5 minutes environ. Servez chaud.

MON SECRET : *A défaut de mozzarella, j'utilise des lamelles de beaumont ou de fromage des Pyrénées.*

PIZZA A LA POÊLE

375 calories

Sur un fond de pâte à pain une garniture très italienne.

Préparation : 20 minutes
Cuisson : 25 minutes

Pour 6 personnes :

300 g de pâte à pain (achetée chez le boulanger)
500 g de tomates
1 petite boîte de filets d'anchois à l'huile
150 g d'olives noires
100 g de gruyère ou de parmesan râpé
2 cuillerées à café de marjolaine en poudre
1/2 verre d'huile d'olive
sel, poivre
1 pincée de sucre

1. Faites bouillir une casserole d'eau et jetez-y les tomates 1 minute pour les peler plus facilement. Coupez-les en quartiers puis épépinez-les.

2. Dans une grande poêle, faites chauffer 1 cuillerée à soupe d'huile et mettez-y les tomates, le sucre, le sel et le poivre. Laissez cuire très doucement jusqu'à ce que les tomates soient réduites en purée (environ 10 minutes).

3. Etalez la pâte en forme de galette ronde assez mince, de la grandeur du fond d'une grande poêle.

4. Mettez 1 cuillerée à soupe d'huile dans cette grande poêle et chauffez. Laissez glisser la pâte dans l'huile chaude, et laissez cuire 5 minutes à feu moyen.

5. Garnissez le côté cuit avec la purée de tomates. Saupoudrez de marjolaine. Disposez les filets d'anchois en étoile par-dessus, et

garnissez d'olives. Saupoudrez enfin de fromage.

6. Arrosez le tout d'un mince filet d'huile, couvrez la poêle et laissez cuire à feu réduit pendant 15 minutes environ.

7. Vérifiez la cuisson de la pâte avec la pointe d'un couteau, faites glisser sur un plat et servez très chaud.

MON SECRET : *A défaut de pâte à pain, j'utilise une pâte brisée surgelée.*

QUICHE AUX ASPERGES

281 calories

Avec une garniture très raffinée.

Préparation : 20 minutes
Cuisson : 40 à 50 minutes

Pour 6 personnes :

400 g de pâte feuilletée surgelée
1 boîte de pointes d'asperges
2 œufs entiers + 1 jaune
1 pot de crème fraîche (100 g)
sel, poivre
beurre, farine, pour le moule

1. Faites égoutter les pointes d'asperges et déposez-les sur du papier absorbant pour que l'eau soit parfaitement éliminée.

2. Quand la pâte est complètement dégelée, aplatissez-la au rouleau sur environ 3 millimètres. Déposez-la dans un moule à tarte de 24 cm de diamètre, à bord lisse, préalablement beurré et fariné. Piquez le fond à la fourchette, badigeonnez-le avec le jaune d'œuf et faites sécher cette pâte à four doux pendant une dizaine de minutes.

3. Pendant ce temps, battez les œufs en omelette dans une jatte, incorporez la crème fraîche, salez, poivrez.

4. Sur le fond de tarte, déposez les pointes d'asperges par trois ou quatre, en rayons. Couvrez avec les œufs battus. Portez à four chaud pour 20 minutes, baissez légèrement la température pour terminer la cuisson. Servez tiède.

MON SECRET : *Quand je baisse la température, je dépose à la surface quelques morceaux de beurre.*

Soufflé au fromage. *(Recette page 227)*

Tarte aux oignons. *(Recette page 229)*

Avocats au crabe. *(Recette page 202)*

Salade de cervelas. *(Recette page 250)*

QUICHE LORRAINE

405 calories

Un grand classique régional.

Préparation : 20 minutes (+ 2 heures de repos pour la pâte)
Cuisson : 40 minutes

Pour 6 personnes :

125 g de lard fumé
4 œufs
1 pot de crème fraîche (100 g)
sel, poivre, quelques raclures de muscade

Pour la pâte brisée :
200 g de farine
100 g de beurre
1 jaune d'œuf
1 pincée de sel
1 verre à moutarde d'eau
beurre et farine pour le moule

1. Préparez la pâte brisée. Dans un saladier, déposez la farine, faites un puits au milieu, mettez le sel, le jaune d'œuf, le beurre un peu ramolli, la moitié de l'eau. Pétrissez du bout des doigts pour que la farine et le beurre absorbent l'eau. Ajoutez de l'eau pour obtenir une pâte assez souple. Rassemblez la pâte en boule et laissez-la reposer deux heures au frais.

2. Sur une planche farinée, étalez la pâte au rouleau, pliez-la en trois, aplatissez-la, recommencez deux fois de suite pour que la pâte entre dans un moule à tarte à bord assez haut préalablement beurré et fariné.

3. Coupez le lard fumé en petits lardons, disposez-les sur le fond de tarte.

4. Battez les œufs entiers dans une jatte, incorporez la crème fraîche sans cesser de battre, salez légèrement à cause du lard, poivrez, raclez la muscade.

5. Versez cette préparation sur les lardons.

6. Portez la quiche à four moyen pour 40 mn environ. La crème doit être prise, légèrement dorée. Servez chaud ou tiède.

MON SECRET : *Vous pouvez alléger la crème fraîche en y incorporant quelques cuillerées à soupe de lait.*

RADIS AU FROMAGE BLANC

75 calories

Lait caillé, condiments et crudités.

Préparation : 15 minutes
Pas de cuisson

Pour 6 personnes :

1 petite botte de radis
1 bol de lait caillé

1. Egouttez parfaitement le caillé ou le fromage pour qu'il forme une masse compacte.

2. Epluchez et lavez les radis. Coupez-les en rondelles.

3. Hachez menu les fines herbes.

4. Retirez les côtes intérieures et les graines des piments. Coupez-les en fines lanières.

ou de fromage blanc
non battu
2 petits piments verts
fines herbes
1 pincée de noix de
muscade râpée
sel, poivre

5. Mettez le fromage blanc dans un saladier avec environ la moitié de son volume d'eau froide. Battez énergiquement à la fourchette jusqu'à consistance crémeuse et très légère.

6. Ajoutez sel, poivre, muscade, radis, herbes, piments. Mélangez bien. Décorez le dessus avec quelques radis entiers. Servez frais ou mieux glacé.

MON SECRET : *Je hache 4 ou 5 feuilles de radis que je mélange aux fines herbes.*

RISSOLES

270 calories

Croustillantes, dorées, fourrées d'une farce fine.

Préparation : 40 minutes
(repos de la pâte : 30 min.)
Cuisson : 15 minutes
(+ 8 à 10 minutes par friture)

Pour 6 personnes :

250 g de farine
100 g de beurre
1 cuillerée de saindoux
1 cuillerée à soupe
d'eau-de-vie
1 œuf
3/4 de verre d'eau froide
1 pincée de sel

Pour la farce :
200 g de restes de rôti
de veau ou de volaille
200 g de jambon cuit
100 g de lard
de poitrine fumé
1 oignon
1 œuf
30 g de beurre
persil haché
sel, poivre
huile pour friture

1. Préparez la pâte avec les ingrédients indiqués ci-contre ; pétrissez-la rapidement, roulez-la en boule et recouvrez-la d'un linge. Laissez reposer 30 minutes dans un endroit frais.

2. Coupez, puis hachez les viandes. Faites-les revenir dans le beurre pendant 15 minutes avec l'oignon émincé.

3. Liez cette farce, hors du feu, avec l'œuf et ajoutez le persil ; salez, poivrez puis laissez refroidir.

4. Etalez la pâte au rouleau ; coupez avec un emporte-pièce des ronds de pâte ayant environ 10 cm de diamètre.

5. Garnissez une moitié du rond avec une cuillerée de farce.

6. Rabattez l'autre moitié et soudez bien les bords en appuyant avec vos doigts mouillés.

7. Plongez les rissoles dans l'huile de friture bien chaude. Egouttez-les lorsqu'elles sont dorées des deux côtés et servez chaud.

MON SECRET : *Je mets aussi parfois dans la farce des rissoles une poignée d'épinards hachés.*

SALÉE AU GRUYÈRE

530 calories

Sur une pâte à pain, du fromage fondu.

Préparation : 10 minutes
Cuisson : 15 minutes

Pour 4 personnes :

400 g de pâte à pain (chez le boulanger)
200 g d'emmenthal
100 g de beurre
sel, poivre
farine

1. Farinez largement la planche à pâtisserie (ou, à défaut, un grand papier blanc). Etalez la pâte au rouleau pour former un disque de 3 millimètres d'épaisseur environ.
2. Prenez un grand moule à tarte. Beurrez-le légèrement. Portez-y le disque de pâte. Appuyez bien sur les bords et enlevez la pâte qui dépasse. Faites chauffer le four.
3. Coupez l'emmenthal en lamelles très minces. Disposez-les en une couche régulière sur la pâte. Parsemez sur le fromage le beurre coupé en petits morceaux. Salez légèrement, poivrez copieusement.
4. Portez la tarte à four très chaud. Laissez cuire pendant 15 minutes. La pâte a gonflé, le fromage est fondu et coulant. Servez brûlant.

MON SECRET : *A défaut de pâte à pain, une pâte brisée. Mais c'est moins fin.*

SOUFFLÉ AU FROMAGE

345 calories

Une mousse délicate qui gonfle en dorant doucement.

Préparation : 10 minutes
Cuisson : 20 minutes

Pour 4 personnes :

200 g d'emmenthal râpé
4 cuillerées à soupe de beurre (dont 1 pour graisser le moule)
6 œufs
1 tasse à thé de lait ou de crème fraîche
3 cuillerées à soupe de farine
sel, poivre

1. Dans une casserole à fond épais, sur feu doux, faites fondre le beurre. Délayez la farine. Le beurre absorbe toute la farine.
2. Hors du feu, ajoutez les jaunes d'œufs, le fromage râpé, salez, poivrez.
3. Ajoutez le lait froid, replacez sur feu doux, laissez épaissir en tournant. Retirez du feu.
4. Battez les blancs en neige ferme. Incorporez-les à la préparation en soulevant la masse qui doit être mousseuse.
5. Versez le mélange dans un plat à soufflé préalablement beurré.
6. Portez à four moyennement chaud. Laissez gonfler pendant 15 minutes. Remontez la température du four et laissez le soufflé encore 5 minutes pour qu'il achève de lever et soit bien doré. Servez immédiatement.

MON SECRET : *Je saupoudre de farine l'intérieur du moule beurré. Ainsi, le soufflé, en cuisant, ne colle pas aux parois.*

SOUFFLÉ DE SEMOULE AU GRUYÈRE

665 calories

Une version plus légère du gnocchi.

Préparation : 20 minutes
Cuisson : 1 heure

Pour 4 personnes :

6 cuillerées à soupe de semoule de blé
250 g de gruyère râpé
1 litre de lait
4 œufs
40 g de beurre
sel, poivre

1. Chauffez le lait. Quand il bout, versez-y la semoule en pluie tout en tournant avec la cuiller en bois. Salez et poivrez.

2. Le mélange commence très vite à épaissir. Ajoutez alors le fromage râpé et le beurre. Laissez cuire sur tout petit feu sans cesser de tourner pendant 5 minutes environ. Puis retirez la casserole du feu.

3. Séparez les blancs et les jaunes des œufs. Battez les blancs en neige très ferme.

4. La semoule étant un peu refroidie, ajoutez-lui les jaunes d'œufs en mélangeant bien avec la cuiller en bois, puis délicatement les blancs en neige.

5. Versez le tout dans un plat à soufflé bien beurré et faites cuire à four moyen (thermostat 6) pendant 1 heure.

MON SECRET : *Si vous disposez de blancs d'œufs inutilisés dans une autre recette, ajoutez-les à la préparation.*

TARTE AU GRUYÈRE

470 calories

Gonflée et dorée, à déguster chaude ou tiède.

Préparation : 15 minutes
Cuisson : 30 minutes

Pour 6 personnes :

1 pâte brisée (pour un moule de 25 cm de ∅)
1/4 de litre de lait
150 g de crème fraîche (1 petit pot)
150 g de gruyère râpé
2 œufs

1. Faites chauffer votre four au thermostat 7.

2. Beurrez une tourtière de 25 cm de diamètre environ. Etendez la pâte au rouleau et tapissez-en la tourtière. Piquez le fond avec une fourchette, et appuyez légèrement les bords avec la lame d'un couteau.

3. Cassez dans une terrine les œufs entiers. Battez-les vivement à la fourchette et, tout en continuant de battre, ajoutez tour à tour le lait, la crème fraîche et le fromage râpé. Assaisonnez d'un peu de sel et de beaucoup de poivre.

1 noix de beurre
sel, poivre

4. Versez cette préparation dans la tourtière.

5. Mettez dans le four bien chaud, à mi-hauteur, et laissez cuire environ 30 mn : la pâte doit blondir et la garniture bien dorer.
6. Sortez la tarte qui doit avoir gonflé. Démoulez-la chaude sur une grille, où elle va redescendre un peu. Servez chaud ou tiède.

MON SECRET : *Je dépose quelques petits morceaux de beurre frais à la surface, à la sortie du four.*

TARTE AUX OIGNONS

500 calories

Une garniture crémeuse sur un fond de pâte brisée.

Préparation : 30 minutes
Cuisson : 40 minutes

Pour 6 personnes :

500 g d'oignons
150 g de crème fraîche épaisse
1 cuillerée à café de farine
2 jaunes d'œufs
50 g de beurre
sel, poivre

Pour la pâte brisée :
100 g de beurre
200 g de farine
1/3 de verre d'eau froide
2 pincées de sel

1. Préparez la pâte brisée. Dans une terrine, posez le beurre en petits morceaux, la farine, le sel. Versez au centre de la farine presque toute l'eau. Malaxez vivement du bout des doigts pour incorporer le beurre à la farine mouillée. Ajoutez un peu d'eau si la pâte est trop sèche et continuez à pétrir. Vous obtenez une pâte un peu grumeleuse qui n'attache plus aux doigts. Laissez reposer 10 minutes.

2. Sur une planche ou un papier fariné, aplatissez la pâte au rouleau. Formez un disque d'environ 3 millimètres d'épaisseur, un peu plus grand que le moule à tarte (20 à 24 centimètres de diamètre). Beurrez légèrement le moule. Portez-y le disque de pâte, aplatissez-le bien sur le fond et les bords. Découpez la pâte qui déborde. Faites chauffer le four.

3. Epluchez les oignons. Coupez-les en lamelles.

4. Dans une grande poêle, faites chauffer 50 grammes de beurre jusqu'à ce qu'il grésille. Mettez les oignons dans le beurre chaud. Les oignons commencent à roussir, puis à prendre une couleur caramel. Salez et poivrez. Remuez à la spatule en bois.

5. Dans un bol, mélangez la crème fraîche avec la cuillerée à café de farine. Versez sur les oignons dans la poêle. Mélangez bien à

la spatule jusqu'au premier bouillonnement. Versez le mélange dans une terrine. Laissez refroidir 5 minutes.

6. Ajoutez les jaunes d'œufs dans la crème aux oignons. Mélangez bien. Versez le tout sur la pâte dans le moule.

7. Portez à four très chaud pour environ une demi-heure, juste le temps nécessaire à cuire la pâte.

8. Démoulez sur plat chaud et servez immédiatement.

MON SECRET : *Variante : on peut aussi remplacer la béchamel par le mélange suivant : 1 petit pot de crème, 3 œufs, sel et poivre. Posez alors les oignons revenus directement sur la pâte et versez le mélange avec les lardons dessus. Même temps de cuisson.*

TERRINE DE SAUMON C

1 290 calories

Une entrée très raffinée.

Préparation : 30 minutes
Cuisson : 1 h 30

Pour 6 personnes :

1 kg de saumon
1 kg de brochet
4 blancs d'œufs
100 g de crème fraîche
Sel
Poivre
200 g de mayonnaise
1 poignée d'oseille

1. Levez les filets du brochet et pilez-les. Ajoutez-leur sel et poivre.

2. Battez les blancs d'œufs en neige et incorporez-les délicatement au brochet pilé.

3. Ajoutez alors la crème fraîche.

4. D'autre part, coupez les filets du saumon en longues languettes. Garnissez un moule avec du papier sulfurisé ou du papier aluminium et remplissez ce moule avec les filets de saumon et la farce du brochet en alternant. Cuisez au four au bain-marie pendant environ une heure et demie à four moyen.

5. Pendant ce temps faites un quart de litre de mayonnaise. Ajoutez-lui l'oseille finement hachée. Servez avec la terrine froide.

MON SECRET : *Je remplace parfois l'oseille par du cerfeuil.*

TOMATES AUX CONCOMBRES

165 calories

Frais, appétissant et estival.

Préparation : 25 minutes
Pas de cuisson

Pour 4 personnes :

4 belles tomates
2 concombres moyens (ou un gros)
4 cuillerées à soupe d'huile
1 cuillerée à soupe de moutarde forte
1 cuillerée à soupe de vinaigre
sel, poivre
quelques brins de persil

1. Pelez les concombres. Coupez-en la moitié d'un en fines rondelles pour la garniture, et le reste en petits dés que vous placerez dans un saladier. Saupoudrez les dés d'une cuillerée à soupe de gros sel et laissez dégorger 15 minutes.

2. Pendant ce temps, lavez et essuyez les tomates. Coupez un chapeau à leur sommet et évidez-les soigneusement. Saupoudrez le fond de sel fin et retournez-les pour laisser s'égoutter l'eau qu'elles vont rendre.

3. Dans une terrine, mélangez le vinaigre, la moutarde, l'huile, du sel et du poivre.

4. Lavez et hachez finement le persil.

5. Versez les dés de concombre dans une passoire et passez-les sous le robinet d'eau froide. Mettez-les dans un torchon propre que vous tordrez pour extraire leur jus amer.

6. Versez les dés dans la terrine et mélangez bien avec la sauce. Remplissez les tomates de cette préparation.

7. Disposez les tomates sur un plat, garnissez le tour du plat d'une couronne de rondelles de concombre, et saupoudrez de persil haché. Tenez au frais jusqu'au moment de servir.

MON SECRET : *Si le concombre vous paraît un peu amer, faites-le tremper avant de le couper en tranches dans du lait sucré.*

TOMATES FARCIES

575 calories

Une bonne utilisation de restes de viande ou de volaille.

Préparation et cuisson : 50 minutes

Pour 4 personnes :

8 belles tomates
4 cuillerées à soupe d'huile

1. Allumez le four.

2. Coupez les tomates aux trois quarts de leur hauteur, évidez-les avec une petite cuillère. Salez l'intérieur et retournez-les sur un plat pour leur faire rendre leur eau. Conservez la pulpe de tomate recueillie. Hachez finement l'oignon.

3. Dans une casserole, faites chauffer 2 cuil-

1 jaune d'œuf
1 oignon
1 poignée de fines herbes (ou à défaut, de persil)
1 bol de restes de viande hâchés
2 cuillerées à soupe de fromage râpé
2 cuillerées à soupe de riz
Sel et poivre

lerées à soupe d'huile. Ajoutez ensemble le riz et l'oignon haché ; tournez vivement pour que le riz s'imprègne bien de matière grasse. Ajoutez alors la pulpe de tomate et un demi-verre d'eau. Salez et poivrez. Couvrez ; laissez cuire à feu doux 15 minutes.

4. Mêlez cette préparation à la viande hachée. Ajoutez les fines herbes hachées, le jaune d'œuf. Poivrez, mélangez.

5. Garnissez les tomates de cette farce. Rangez-les dans un petit plat allant au four. Saupoudrez-les de fromage râpé. Arrosez-les d'huile et faites-les cuire 25 minutes à four chaud.

MON SECRET : *J'ajoute à la farce un petit suisse pour la rendre plus moelleuse.*

TOMATES FARCIES AUX ANCHOIS

95 calories

Une autre façon de fourrer des tomates crues.

Préparation : 20 minutes
Cuisson : 10 minutes

Pour 6 personnes :

6 tomates bien fermes
1 boîte de filets d'anchois à l'huile
80 g de câpres
1 gousse d'ail
1 cuillerée à soupe d'huile
2 œufs
1 cuillerée à soupe de jus de citron
sel, poivre noir

1. Faites cuire les œufs pendant 10 minutes à l'eau bouillante salée. Epluchez-les, hachez-les grossièrement.

2. Hachez les anchois dans leur huile.

3. Hachez les câpres.

4. Découpez sur chaque tomate un chapeau, creusez la tomate, retirez la pulpe et hachez-la.

5. Pelez la gousse d'ail, coupez-la en lamelles fines.

6. Mélangez les anchois, la pulpe de tomate, les câpres, l'ail, l'huile, les œufs, le poivre et le jus de citron. Remplissez les tomates avec cette préparation. Servez froid.

MON SECRET : *Le hachis des divers éléments qui constituent la farce doit être assez grossier. Donc pas de passage au mixer.*

TOMATES FARCIES PROVENÇALES

835 calories

Décorées avec des anchois.

Préparation : 20 minutes
Cuisson : 40 minutes

Pour 6 personnes :

6 tomates
2 oignons
2 cuillerées à soupe d'huile
50 g de champignons
1 cuillerée à soupe de persil haché
1/2 gousse d'ail
50 g de mie de pain
8 anchois
3 jaunes d'œufs
12 anchois pour décorer
Sel
Poivre

1. Ouvrez les tomates par le dessus et videz-les de leurs pépins.

2. D'autre part, faites une farce avec les oignons hachés et légèrement revenus à l'huile, la mie de pain hachée, l'ail écrasé, les champignons hachés, le persil, les anchois pilés, les jaunes d'œufs, sel et poivre.

3. Mélangez bien cette farce et garnissez-en les tomates.

4. Mettez-les dans un plat allant au four, entourez-les du reste de farce et cuisez au four moyen quarante minutes. Une fois cuites, décorez avec les anchois et servez.

MON SECRET : *Je remplace les anchois pilés par de la pâte d'anchois en tube.*

TOMATES FARCIES AUX SARDINES

230 calories

Une entrée fraîche et nourrissante.

Préparation : 10 minutes
Pas de cuisson

Pour 4 personnes :

4 tomates bien fermes
1 boîte de sardines à la tomate
1 gros petit-suisse (60 %)

1. Coupez le chapeau des tomates, creusez-les avec une petite cuiller et mettez 1 pincée de sel à l'intérieur de chacune d'elle. Retournez-les pour les débarrasser de leur eau.

2. Otez l'arête centrale des sardines, écrasez-les finement avec le petit-suisse et du poivre, sans oublier d'ajouter la sauce tomate qui est dans la boîte de sardines. Le mélange doit être homogène.

3. Dénoyautez et coupez en petits morceaux

8 grosses olives noires
poivre, sel

quatre olives, ajoutez-les au mélange à sardines. Farcissez-en chaque tomate.

4. Pour servir, décorez les tomates d'une olive noire dénoyautée.

MON SECRET : *Un peu de jus de citron dans la farce des tomates.*

TOMATES A LA PROVENÇALE

120 calories

Poêlées avec ail et persil.

Préparation : 10 minutes
Cuisson : 20 à 30 minutes

Pour 4 personnes :

8 tomates
4 gousses d'ail
1 petit bouquet de persil
50 g de mie de pain trempée dans le lait et essorée
2 cuillerées à soupe d'huile d'olive
1 pincée de sucre
sel, poivre

1. Lavez les tomates. Essuyez-les. Coupez-les en deux dans le sens de la largeur. Epépinez-les soigneusement.

2. Faites chauffer l'huile dans une grande poêle, rangez-y les tomates, tournées du côté coupé. Faites cuire à grand feu.

3. Lorsqu'elles ont rendu leur eau, retournez-les, assaisonnez-les : sel, poivre et sucre.

4. Baissez l'intensité du feu et laissez cuire doucement jusqu'à ce qu'elles soient bien caramélisées. Remuez souvent la poêle pour les empêcher de trop attacher. Pendant ce temps épluchez les gousses d'ail. Hachez-les avec le persil.

5. Une dizaine de minutes avant la fin de la cuisson, saupoudrez les tomates du hachis d'ail et de persil et de mie de pain émiettée.

MON SECRET : *Je fais revenir l'ail et le persil avant de les mettre sur les tomates.*

TOMATES TARTARES

385 calories

Tomates et viande crues fortement relevées.

Préparation : 15 minutes
Pas de cuisson

Pour 4 personnes :

4 belles tomates bien fermes

1. Lavez et essuyez les tomates. Coupez à leur sommet un chapeau et évidez-les soigneusement à la petite cuiller. Saupoudrez le fond de sel fin et retournez-les pour laisser s'égoutter l'eau qu'elles vont rendre.

2. Pelez et hachez finement l'oignon.

3. Dans une terrine, mélangez le jaune d'œuf

400 g de steak haché
1 cuillerée à soupe de câpres
1 cuillerée à soupe de moutarde aromatisée à l'estragon
1 cuillerée à soupe de fines herbes hachées (persil, cerfeuil, estragon...)
1 oignon
1 jaune d'œuf
4 cuillerées à soupe d'huile
4 petits oignons au vinaigre
sel, poivre

et la moutarde, et ajoutez l'huile petit à petit comme pour une mayonnaise. Ajoutez alors tour à tour les câpres, l'oignon haché, la viande hachée, les fines herbes, et assaisonnez de sel et de poivre. Travaillez la préparation jusqu'à ce que vous obteniez un mélange homogène.

4. Remplissez les tomates avec cette farce et garnissez avec les petits oignons au vinaigre. Servez immédiatement.

MON SECRET : *Les tomates froides se marient très bien avec des frites brûlantes.*

WELSH-RAREBIT

425 calories

Des toasts gratinés au fromage, moutarde et bière.

Préparation : 10 minutes
Cuisson : 10 minutes

Pour 4 personnes :

200 g de fromage de chester
4 tranches de pain de mie de 1 cm environ d'épaisseur
80 g de beurre
1/2 verre de bière blonde
1 cuillerée à dessert de moutarde forte
poivre de Cayenne

1. Faites chauffer le beurre dans une poêle et mettez-y à dorer les tranches de pain de mie sur chaque face. Gardez-les au chaud le temps de préparer la suite de la recette.

2. Coupez le fromage en petits dés d'un centimètre et demi environ de côté.

3. Mettez-les dans un poêlon en terre ou en fonte émaillée ; ajoutez la moutarde et la bière et faites chauffer sur feu très doux en tournant sans arrêt avec une cuiller en bois jusqu'à ce que vous obteniez une crème lisse, ce qui demande quelques minutes seulement.

4. Tartinez les tranches de pain avec cette crème, saupoudrez de cayenne et mettez à dorer quelques minutes à peine (4 à 5) dans le four, très près du grilloir.

MON SECRET : *La recette classique est à base de chester. A défaut, utilisez du hollande ou du gruyère.*

IV
Salades

CHAMPIGNONS CRUS EN SALADE

110 calories

De fines lamelles de champignons arrosées de vinaigrette.

Préparation : 15 minutes
Pas de cuisson

Pour 4 personnes :

300 g de champignons de couche ou de rosés des prés
1/2 bol de vinaigrette non aromatisée

1. Lavez, brossez et épongez les champignons.

2. Coupez-les en fines lamelles, dans le sens de la hauteur et mettez-les dans un saladier.

3. Versez dessus une simple vinaigrette (tout condiment ajouté ferait perdre aux champignons leur parfum délicat). Remuez et laissez reposer quelques instants avant de servir.

MON SECRET : *Je prépare la vinaigrette au jus de citron car je citronne légèrement les champignons à mesure que je les coupe afin qu'ils restent bien blancs.*

CHAMPIGNONS EN SALADE

180 calories

Des champignons de Paris en lamelles, dans une mayonnaise au citron.

Préparation : 20 minutes
Cuisson : 3 minutes

Pour 6 personnes :

400 g de champignons de Paris
1 jaune d'œuf
1 verre d'huile
1 citron
sel, poivre

1. Epluchez et lavez les champignons.

2. Faites bouillir une casserole d'eau dans laquelle vous aurez ajouté du sel et le jus d'un demi-citron. Jetez-y les champignons entiers et laissez-les cuire 3 minutes. Egouttez-les.

3. Pendant qu'ils refroidissent, mettez le jaune d'œuf dans un bol. Versez très doucement l'huile en filet sur le bord du bol, en fouettant. Le mélange doit s'émulsionner et devenir de plus en plus épais. Lorsque toute l'huile est versée, salez, poivrez et ajoutez le jus de l'autre demi-citron.

4. Coupez les champignons refroidis en lamelles. Mettez-les dans un saladier avec la mayonnaise. Mélangez et tenez au frais jusqu'au moment de servir.

MON SECRET : *Pour éviter aux champignons de noircir à mesure que vous les épluchez, plongez-les aussitôt dans une casserole contenant de l'eau vinaigrée.*

CHAMPIGNONS VINAIGRETTE

140 calories

A peine cuits et macérés aux fines herbes.

Préparation : 15 minutes
Cuisson : 10 minutes

Pour 4 personnes :

4 cuillerées à soupe d'huile
1 cuillerée à soupe de vinaigre
500 g de champignons de Paris
fines herbes
1 citron
sel

1. Nettoyez les champignons. Coupez-les en lamelles.

2. Mettez 4 cuillerées d'huile, un jus de citron, 8 cuillerées d'eau, un peu de sel dans une petite casserole. Laissez bouillir 1 minute.

3. Plongez dans ce liquide les champignons 10 minutes.

4. Laissez refroidir.

5. Egouttez les champignons et mettez-les dans une vinaigrette relevée aux fines herbes. Laissez macérer 1 heure avant de servir.

MON SECRET : *Pour rendre le plat plus copieux et plus économique, ajouter des pommes de terre bouillies coupées en petits dés.*

CHICORÉE A LA CRÈME

270 calories

La crème adoucit l'amertume de cette salade riche en vitamines.

Préparation : 10 minutes
Cuisson : 1 h 20

Pour 6 personnes :

6 chicorées
150 g de crème fraîche
50 g de beurre
sel, poivre

1. Epluchez les salades en retirant les feuilles dures extérieures. Lavez-les à plusieurs eaux. Si les chicorées sont grosses, coupez-les en deux ou en quatre. Si elles sont petites, laissez-les entières. Ficelez chaque salade (pour qu'elles tiennent moins de place à la cuisson).

2. Dans un grand fait-tout, faites bouillir de l'eau salée. Jetez-y les chicorées et laissez cuire 15 minutes. Lorsque les salades ont un peu refroidi, coupez les ficelles et pressez bien entre vos mains pour en extraire toute l'eau.

3. Dans une cocotte, faites chauffer le beurre et la crème. Mettez les salades en une seule couche, salez, poivrez et laissez cuire dans le récipient couvert, doucement, trois quarts d'heure, en les retournant de temps en temps. Servez bien chaud.

MON SECRET : *Même recette avec des laitues. Une demi-heure de cuisson suffit alors.*

CHICORÉE A LA NORMANDE

170 calories

Une tendre salade cuite adoucie de crème et de beurre frais.

Préparation : 10 minutes
Cuisson : 30 minutes

Pour 4 personnes :

1 belle chicorée frisée
60 g de beurre
1 cuillerée à soupe de farine
1 cuillerée à soupe de crème fraîche
1 filet de jus de citron
sel, poivre

1. Epluchez et lavez la chicorée à grande eau. Egouttez-la.
2. Passez-la 10 minutes à l'eau bouillante salée.
3. Refroidissez la salade sous l'eau, égouttez-la et pressez-la entre vos mains pour en exprimer tout le liquide. Hachez-la grossièrement.
4. Mettez la moitié du beurre fondre dans une casserole. Ajoutez la chicorée. Salez et poivrez. Laissez cuire quelques instants sur feu assez vif.
5. Saupoudrez de farine, remuez à la spatule, puis ajoutez la crème fraîche aiguisée de jus de citron. Laissez mijoter sans bouillir une dizaine de minutes.
6. Disposez dans un plat creux et servez chaud, parsemé de noisettes de beurre frais.

MON SECRET : *Pour le soir, je fais un plat complet en disposant sur la chicorée un œuf poché sur croûton par personne.*

CHIFFONNADE DE CHOU

360 calories

Chou, poivron et pomme crus, accommodés au fromage blanc.

Préparation : 10 minutes
Pas de cuisson

Pour 4 personnes :

1/2 de chou pommé bien serré et bien blanc
2 pommes rouges
2 poivrons verts
200 g de fromage blanc
1 citron
fines herbes
sel, poivre

1. Retirez les feuilles vertes du demi-chou ; enlevez la partie dure du trognon. Avec un grand couteau de cuisine, coupez le chou en tranches très fines.
2. Lavez à plusieurs eaux les lanières de chou ainsi obtenues. Egouttez-les sur un torchon.
3. Lavez et essuyez 2 pommes et 2 poivrons ; coupez les poivrons en deux et les pommes en quatre, retirez les pépins. Détaillez les poivrons en lanières et les pommes en morceaux.
4. Préparez la sauce d'accompagnement : mélangez 200 g de fromage blanc avec le jus et le zeste d'un citron, le sel, le poivre, les fines herbes hachées. Battez bien pour obtenir un mélange homogène.
5. Mettez dans un saladier les lanières de chou et de poivron et les morceaux de pomme. Mélangez.

6. Servez accompagné du fromage blanc présenté en jatte.

MON SECRET : *Essayez cette même sauce avec des pommes de terre bouillies. Une réussite !*

CHOUCROUTE CRUE EN SALADE F

130 calories

Croquante et agréablement acidulée.

Préparation : 10 minutes
Pas de cuisson

Pour 4 personnes :

500 g de choucroute crue
4 cuillerées à soupe d'huile
sel

1. Placez la choucroute dans une passoire. Lavez-la à l'eau froide assez longuement en la détachant bien pour qu'elle ne forme pas de paquets et pour éliminer la plus grande partie de l'acidité.
2. Mettez la choucroute dans un torchon propre et tordez le torchon progressivement pour enlever toute l'eau de la choucroute. Placez-la dans un saladier. Détachez les brins à la fourchette.
3. Assaisonnez avec l'huile et une demi-cuillerée à café de sel. Remuez bien pour que la choucroute soit bien imprégnée.

MON SECRET : *Excellent avec des saucisses poêlées.*

CHOU-FLEUR EN SALADE

170 calories

Chou-fleur cuit, anchois, olives et câpres en citronnette.

Préparation : 5 minutes
Cuisson : 20 minutes

Pour 6 personnes :

1 chou-fleur frais ou 2 paquets de chou-fleur surgelé
2 boîtes de filets d'anchois à l'huile
1 tasse d'olives noires
1 cuillerée à dessert de câpres
1/4 de tasse d'huile
2 cuillerées à dessert de jus de citron
sel, poivre noir fraîchement moulu

1. Lavez le chou-fleur, faites-le cuire 20 minutes à l'eau bouillante salée ; égouttez-le bien et séparez-le en bouquets. Si vous utilisez un chou-fleur surgelé, faites-le cuire une minute de moins qu'indiqué sur l'emballage. Laissez refroidir.
2. Mettez les bouquets de chou-fleur dans un saladier, ajoutez les anchois, les olives et les câpres.
3. Mélangez l'huile, le jus de citron et le poivre, versez l'assaisonnement dans le saladier, remuez délicatement le tout.

MON SECRET : *Je mets aussi dans la salade l'huile de la boîte d'anchois.*

HARENGS SAURS EN SALADE

290 calories

Une recette qui rend onctueux ces poissons parfois secs.

Préparation : 5 minutes
Dessalage : 3 heures
Pas de cuisson

Pour 4 personnes :

4 harengs saurs
200 g de céleri en branches
1 verre de lait
1 œuf dur
1 cuillerée à soupe de vinaigre
3 cuillerées à soupe d'huile
sel (très peu)
poivre
fines herbes (persil ou cerfeuil ou estragon)

1. Pelez les harengs 3 heures avant l'utilisation et faites-les tremper dans un mélange d'eau et de lait en parties égales, de manière à les recouvrir complètement.

2. Au moment de préparer la salade, essuyez les filets dans un papier absorbant. Coupez-les en petits carrés et mettez-les dans un saladier.

3. Epluchez soigneusement le céleri et détaillez-le en très petits dés. Ajoutez dans le saladier ainsi que les fines herbes hachées.

4. Préparez dans un bol une sauce avec le jaune d'œuf dur écrasé, le vinaigre, l'huile et l'assaisonnement.

5. Versez la sauce dans le saladier et mêlez bien le tout. Servez frais.

MON SECRET : *Il m'arrive d'ajouter à cette salade quelques lamelles de pommes crues un peu acides ; c'est excellent.*

LENTILLES EN SALADE A L'ANCHOIS

480 calories

Encore tiède, une salade de lentilles, betteraves et anchois en vinaigrette.

Préparation : 15 minutes
(+ 12 heures de trempage)
Cuisson : 1 h 30

Pour 6 personnes :

500 g de lentilles
1 oignon
1 ou 2 betteraves cuites
1 boîte de filets d'anchois à l'huile
1 tasse de vinaigrette
sel

1. Douze heures avant la cuisson, faites tremper les lentilles dans l'eau froide.

2. Deux heures avant de servir, égouttez-les avec soin et mettez-les dans une casserole avec l'oignon entier. Recouvrez d'eau froide et portez doucement à ébullition. Laissez cuire à petit feu 45 minutes, puis ajoutez à peine 2 cuillerées à café de gros sel. Laissez cuire encore 45 minutes tout doucement.

3. Egouttez bien les lentilles et mettez-les dans un saladier. Versez dessus, lorsqu'elles sont encore chaudes, la vinaigrette.

4. Ajoutez dans le saladier les betteraves en

petits cubes et les filets d'anchois en morceaux. Mélangez bien et servez sans attendre.

MON SECRET : *Je remplace parfois les anchois par des filets de harengs marinés coupés en lamelles fines. Dans ce cas, j'ajoute toujours une bonne cuillerée à soupe d'oignon haché.*

MACARONI EN SALADE

560 calories

Un mélange de pâtes, fonds d'artichauts, œufs, liés à la mayonnaise.

Préparation : 20 minutes
Cuisson :
15 minutes pour les macaroni

Pour 6 personnes :

300 g de macaroni coupés
6 fonds d'artichauts en boîte
2 œufs
1 tasse de mayonnaise
quelques brins de persil
sel, poivre

1. Faites bouillir 2 litres d'eau salée et faites-y cuire les macaroni pendant 10 à 15 minutes.

2. Simultanément, faites bouillir un peu d'eau salée dans une petite casserole pour faire durcir les œufs.

3. Au fur et à mesure que ces éléments sont cuits, égouttez-les et laissez-les refroidir.

4. Pendant ce temps, hachez le persil et préparez une mayonnaise bien relevée (forcez sur la moutarde, le sel et le poivre).

5. Dans un saladier, mettez les macaroni, les fonds d'artichauts coupés en dés, les œufs durs hachés, le persil haché. Liez le tout avec la mayonnaise et mettez au frais.
Servez froid.

MON SECRET : *Si vous utilisez des fonds d'artichauts frais ils doivent, pour ne pas noircir, être citronnés et cuits dans une eau également citronnée. Salade également très bonne avec des coquillettes.*

POMMES DE TERRE EN SALADE

F E

342 calories

Onctueuse et bien vinaigrée.

Préparation : 15 minutes
Cuisson : 20 minutes

Pour 4 personnes :

1. Lavez soigneusement les pommes de terre. Mettez-les dans une casserole, couvrez largement d'eau, salez. Amenez à ébullition. Baissez le feu tout en maintenant une ébullition légère. Les pommes de terre sont cuites

1 kg de pommes de terre
1 oignon
4 cuillerées à soupe d'huile
2 cuillerées à soupe de vinaigre
2 cuillerées à café de vin blanc ou d'eau
sel, poivre
estragon haché (à la saison)

quand la chair cède un peu sous la spatule en bois (ne jamais piquer une fourchette ou un couteau). Egouttez.

2. Epluchez l'oignon, coupez-le en rondelles fines. Epluchez les pommes de terre encore tièdes, coupez-les en cubes dans le saladier de service. Ajoutez les rondelles d'oignon et assaisonnez avec huile, vinaigre, vin blanc ou eau. Salez et poivrez. Remuez délicatement pour bien imbiber les pommes de terre. Saupoudrez d'estragon haché et servez.

MON SECRET : *Si vous mettez en salade des pommes de terre froides, restant d'un précédent repas, chauffez-les avant de les assaisonner, sinon elles n'absorberaient pas la sauce. Plongez-les simplement 3 minutes dans de l'eau bouillante.*

ROMAINE A LA SAUCE CERFEUIL

135 calories

Une délicate salade colorée d'œufs durs et parfumée au cerfeuil.

Préparation : 10 minutes
Pas de cuisson

Pour 4 personnes :

1 belle romaine
2 œufs durs
4 cuillerées à soupe d'huile
1 cuillerée à soupe de moutarde
1 cuillerée à soupe de vinaigre
quelques brins de cerfeuil
sel, poivre

1. Lavez et égouttez la salade. Coupez les feuilles en deux ou en trois et mettez-les dans un saladier.

2. Dans un bol, préparez une vinaigrette avec la moutarde, le vinaigre, l'huile, sel et poivre.

3. Passez à la moulinette au-dessus du bol les œufs durs et le cerfeuil. Mélangez bien.

4. Versez sur la salade et tenez au frais jusqu'au moment de servir.

MON SECRET : *La romaine est une salade qui doit être mangée bien croquante, mais certaines feuilles portent une nervure centrale parfois fibreuse qu'il faut enlever.*

SALADE ALSACIENNE

310 calories

Un mélange de crudités et de charcutailles bien assaisonné.

Préparation : 20 minutes
Cuisson : 20 minutes

Pour 6 personnes :

400 g de pommes de terre à chair ferme
2 belles pommes
125 g de champignons de Paris
1 branche de céleri bien blanche
75 g de betterave rouge cuite
75 g de langue fumée
125 g de jambon en une seule tranche
75 g de saucisson à l'ail fumé en une seule tranche
3 cuillerées à soupe de vinaigre
3 cuillerées à soupe de vin blanc sec
6 cuillerées à soupe d'huile
1 cuillerée à soupe de persil haché
sel, poivre

1. Mettez les pommes de terre avec leur peau dans une casserole d'eau froide salée et faites-les bouillir 20 minutes.

2. Lavez la branche de céleri et coupez-la en tronçons. Lavez les champignons et coupez-les en fines lamelles. Epluchez la betterave et coupez-la en dés. Mettez tout ceci dans un grand saladier.

3. Enlevez la peau du saucisson et de la langue. Coupez-les en cubes ainsi que la tranche de jambon. Ajoutez-les dans le saladier.

4. Dans un bol, mélangez le vinaigre, le vin, l'huile, un peu de sel et de poivre.

5. Lavez les pommes et coupez-les en quartiers sans les éplucher. Retirez les pépins et recoupez en morceaux plus petits. Mettez-les immédiatement dans la vinaigrette pour qu'ils n'aient pas le temps de noircir.

6. Egouttez et pelez les pommes de terre. Coupez-les en rondelles de 1 cm d'épaisseur. Mettez-les dans le saladier.

7. Versez le contenu du bol dans le saladier. Mélangez et parsemez de persil haché.

MON SECRET : *Je ne mélange cette salade qu'à l'instant de la servir, à table même, pour que le jus des betteraves ne colore pas en rouge les pommes de terre.*

SALADE AMÉRICAINE

160 calories

Fraîche, printanière, sucrée-salée.

Préparation : 15 minutes
Pas de cuisson

Pour 6 personnes :

1 laitue
1 botte de radis
15 petits oignons

1. Epluchez, lavez et égouttez soigneusement la salade. Disposez la moitié des feuilles dans le fond et sur les bords d'un grand saladier.

2. Epluchez et nettoyez les radis. Posez-les sur la laitue.

3. Disposez les petits oignons sur les radis.

4. Pelez la pomme, coupez-la en rondelles que vous mettrez dans le saladier.

au vinaigre
12 filets d'anchois à l'huile
1 pomme
1 petite boîte de morceaux d'ananas
1 citron
5 cuillerées à soupe d'huile
poivre

5. Egouttez l'ananas, coupez-le en petits dés, ajoutez-les dans le saladier.

6. Arrosez avec 3 cuillerées d'huile et le jus de la moitié du citron.

7. Recouvrez avec les feuilles qui restent. Disposez dessus les filets d'anchois. Poivrez mais ne salez pas (les anchois sont suffisamment salés). Arrosez avec le reste de l'huile et du citron. Servez frais.

MON SECRET : *Le jus de l'ananas en boîte constitue une agréable boisson. Allongez-le de limonade ou d'eau gazeuse.*

SALADE ANNETTE

345 calories

Une agréable composition de crudités et de thon.

Préparation : 15 minutes
Cuisson : 10 minutes

Pour 4 personnes :

1 botte de cresson
2 œufs
200 g de miettes de thon à l'huile
100 g d'olives noires
2 belles pommes
3 cuillerées à soupe d'huile
1 cuillerée à soupe de vinaigre
1 cuillerée à soupe de moutarde
cerfeuil, ciboulette
sel, poivre

1. Mettez chauffer une petite casserole d'eau salée.

2. Triez et lavez très soigneusement le cresson. Egouttez-le.

3. Plongez les œufs dans l'eau bouillante et laissez-les durcir une dizaine de minutes avant de les refroidir dans l'eau fraîche.

4. Pendant la cuisson des œufs, mélangez dans un bol l'huile, le vinaigre, la moutarde, le sel et le poivre.

5. Nettoyez et hachez finement les fines herbes.

6. Ecalez les œufs refroidis et coupez-les en rondelles.

7. Mettez les feuilles de cresson dans un grand saladier. Ajoutez les miettes de thon, les olives, les rondelles d'œuf et les herbes hachées. Arrosez de sauce.

8. A la dernière minute, ajoutez les pommes pelées et coupées en petits dés. Mélangez bien avant de servir.

MON SECRET : *Pour éviter que les œufs ne se fendent dans l'eau bouillante, mettez dans l'eau un filet de vinaigre ou une bonne pincée de gros sel.*

SALADE ANTIBOISE

450 calories

Une salade « plat complet », à base de poissons, de légumes et de crudités, et qui vient à point pour utiliser les restes.

Préparation : 10 à 20 minutes
Pas de cuisson

Pour 4 personnes :

4 tranches de poisson cuit
(merlan, congre, baudroie ou autre poisson blanc) ou un reste de poisson
1 cuillerée à soupe de câpres
4 ou 5 cornichons
1 petit concombre
4 pommes de terre bouillies de taille moyenne
1 petite betterave
4 ou 5 filets d'anchois à l'huile
4 à 5 cuillerées d'huile
1 à 2 cuillerées de vinaigre ou de jus de citron
sel, poivre
facultatif :
thym, laurier, persil

1. Préparez un assaisonnement dans un grand saladier avec l'huile, le vinaigre ou le citron, sel et poivre. Epluchez également tous les légumes.

2. Coupez alors votre poisson en petits carrés que vous placez dans le saladier, et ajoutez à la suite les câpres égouttées, les cornichons en rondelles, les légumes et les anchois en tout petits tronçons (de la taille d'un dé à coudre).
Mélangez délicatement le tout et servez frais.

MON SECRET : *Faites dégorger le concombre avant de l'ajouter à la salade afin qu'il ne rende pas trop d'eau. Pour cela, quand il est coupé, faites-le blanchir quelques secondes dans l'eau bouillante salée. Egouttez bien dans un torchon propre.*

SALADE DE BŒUF

545 calories

Une agréable façon de manger en salade un reste de pot-au-feu.

Préparation : 10 minutes
(à faire la veille)
Cuisson : 20 minutes

Pour 4 personnes :

750 g de bœuf bouilli
1 gros oignon
2 clous de girofle
2 grosses pommes de terre

1. Pelez les pommes de terre et lavez-les. Coupez-les en minces rondelles.

2. Cuisez-les 20 minutes à l'eau bouillante salée. Egouttez-les. Coupez la viande en petits morceaux. Mettez dans un saladier. Ajoutez les pommes de terre.

3. Préparez dans un bol une vinaigrette avec le vinaigre, l'huile, sel et poivre.

4. Epluchez et hachez les échalotes. Mélangez-les à la vinaigrette.

Pour la sauce :
2 échalotes
2 cuillerées à soupe de vinaigre
4 cuillerées à soupe d'huile
sel, poivre

5. Versez la sauce sur le bœuf, mélangez et servez frais.

MON SECRET : *S'il reste des légumes du pot-au-feu — carottes, navets, poireaux — je les coupe en rondelles que j'ajoute à la salade.*

SALADE A LA BRESSANE

200 calories

Chicorée craquante et foies de volaille sautés.

Préparation : 10 minutes
Cuisson : 5 minutes

Pour 4 personnes :

1 chicorée frisée
4 foies de volaille
3 cuillerées à soupe d'huile
1 cuillerée à soupe de vinaigre
25 g de beurre
sel, poivre

1. Faites fondre le beurre dans une poêle sur feu vif. Dès qu'il commence à grésiller, mettez les foies et réduisez le feu. Laissez cuire 2 à 3 minutes de chaque côté.
2. Pendant la cuisson des foies, nettoyez, lavez et essorez la chicorée.
3. Retirez les foies de la poêle, mettez-les sur une assiette, salez et poivrez et coupez-les en petits cubes. Laissez refroidir.
4. Dans un saladier, préparez une vinaigrette avec l'huile, le vinaigre, le sel et le poivre.
5. Mettez la chicorée et les foies dans le saladier.
Mélangez bien. Servez froid.

MON SECRET : *Avant de cuire les foies de volaille, vérifiez bien qu'ils ne portent aucune trace de fiel. Si tel était le cas, lavez-les et épongez-les.*

SALADE BRETONNE

60 calories

Une salade rustique de cresson et de lard.

Préparation : 10 minutes
Cuisson : 5 minutes

Pour 6 personnes :

350 g de cresson
80 g de lard frais ou dessalé, en petits dés
2 cuillerées à soupe de vinaigre (pas d'huile)

1. Faites rissoler doucement le lard dans une poêle pour que la partie grasse fonde et que la partie maigre dore.
2. Epluchez et lavez le cresson. Egouttez-le soigneusement et dressez-le dans un grand saladier.
3. Versez le contenu de la poêle sur le cresson. Arrosez avec le vinaigre. Servez sans laisser refroidir.

MON SECRET : *Je fais blanchir les dés de lard 3 à 4 minutes à l'eau bouillante non salée avant de les mettre à rissoler.*

SALADE DE CÉLERI AU SAUCISSON F

205 calories

Avec une vinaigrette relevée de moutarde.

Préparation : 20 minutes
Pas de cuisson

Pour 4 personnes :

1 petit céleri-rave
4 rondelles épaisses de saucisson à l'ail
1 botte de cresson
3 cuillerées à soupe d'huile
1 cuillerée à soupe de vinaigre
1 cuillerée à café de moutarde
sel, poivre

1. Lavez soigneusement le cresson, que vous aurez équeuté, à grande eau, égouttez, disposez-le dans un grand saladier.

2. Epluchez le céleri, râpez-le à la moulinette à main ou électrique. Mettez-le dans le saladier avec le cresson.

3. Enlevez la peau du saucisson, coupez-le en cubes. Ajoutez-le à la salade.

4. Dans un bol, préparez la vinaigrette avec huile, vinaigre, moutarde, sel, poivre. Versez-la sur la salade. Mélangez bien.

MON SECRET : *J'arrose le céleri de citron pour l'empêcher de jaunir.*

SALADE DE CERVELAS

320 calories

De fines rondelles de cervelas relevées d'ail et d'échalote.

Préparation : 10 minutes
Pas de cuisson

Pour 6 personnes :

6 petits cervelas
3 échalotes
2 gousses d'ail
quelques brins de persil
1 œuf dur (seul le jaune est utilisé)
quelques feuilles de salade verte
3 cuillerées à soupe d'huile
1 cuillerée à soupe de vinaigre
sel, poivre

1. Coupez le cervelas en fines rondelles dans un grand saladier.

2. Dans un bol, faites une vinaigrette avec l'huile et le vinaigre.

3. Hachez finement l'ail, les échalotes et le persil et ajoutez-les dans le bol. Ecrasez le jaune d'œuf dur et délayez-le peu à peu avec la vinaigrette aux herbes. Enfin, salez et poivrez.

4. Versez sur le cervelas, mélangez et décorez de quelques feuilles de salade. Servez bien frais.

MON SECRET : *Je mélange avec de la salade de pommes de terre ou de haricots blancs pour faire un plat copieux plus économique. Dans ce cas, je réduis la quantité de cervelas.*

SALADE DE CHOU

100 calories

Relevée d'oignons.

Préparation : 10 minutes
Pas de cuisson

Pour 4 personnes :

1 petit chou rouge ou blanc bien serré
1 ou 2 oignons (selon grosseur)
3 cuillerées à soupe d'huile
1 cuillerée à soupe de vinaigre
sel, poivre

1. Otez les grosses feuilles du chou, pour garder seulement le cœur. Coupez-le en quatre et tranchez chaque quartier en fines lanières à l'aide d'un grand couteau bien aiguisé.

2. Pelez les oignons et coupez-les en fines tranches dont vous détacherez les rondelles.

3. Dans un saladier, préparez une vinaigrette bien relevée avec l'huile, le vinaigre, le sel et le poivre. Ajoutez le chou en lanières et mélangez longuement. Disposez dessus les rondelles d'oignon et servez frais.

MON SECRET : *J'utilise les feuilles vertes du chou pour les farcir. Je les cuis 10 minutes à l'eau bouillante salée puis j'enferme dans chaque feuille une farce de restes de viande ou de chair à saucisse et riz cuit.*

SALADE AU CRABE

220 calories

Un exotique mélange de crabe, cœurs de palmier, poivrons et olives.

Préparation : 10 minutes
Cuisson : 10 minutes

Pour 4 personnes :

1 boîte de crabe
4 cœurs de palmier
2 œufs
2 poivrons doux, rouges si possible
100 g d'olives noires
2 cuillerées à soupe d'huile
1 cuillerée à soupe de vinaigre
1 cuillerée à café de moutarde forte
sel, poivre de Cayenne

1. Mettez les œufs à durcir 10 minutes dans une casserole d'eau bouillante légèrement salée. Sortez-les, enlevez les coquilles et découpez-les en quartiers.

2. Coupez les cœurs de palmier en gros tronçons. Détaillez les poivrons en fines lamelles.

3. Préparez une vinaigrette bien relevée avec 2 cuillerées à soupe d'huile, 1 cuillerée à café de moutarde forte, 1 cuillerée à soupe de vinaigre, sel, poivre.

4. Egouttez le crabe, débarrassez-le de ses cartilages. Réservez les plus beaux morceaux pour décorer le dessus du plat. Arrosez le reste du crabe avec la moitié de la vinaigrette et mélangez.

5. Pour servir, disposez dans un grand plat creux la chair de crabe, les quartiers d'œufs durs, les lamelles de poivron, les cœurs de palmier, les olives noires et les beaux morceaux du crabe. Versez dessus le reste de la vinaigrette et servez bien frais.

MON SECRET : *Une bonne pincée de safran dans la vinaigrette.*

SALADE AU CRABE DES ANTILLES

C

1 056 calories

Bien relevée à la moutarde.

Préparation : 15 minutes
Cuisson : 30 minutes

Pour 6 personnes :

1 paquet de crabe surgelé
2 verres de riz long
1 petite boîte de cœurs de palmier
3 œufs
1 poivron doux, rouge si possible
50 g d'olives noires
4 cuillerées à soupe d'huile d'olive
1 cuillerée à soupe de vinaigre
2 cuillerées à café de moutarde forte
sel, poivre de Cayenne

1. Faites cuire le riz à la créole ; passez-le à l'eau froide puis versez-le dans une grande casserole d'eau salée et bouillante. Laissez cuire 15 minutes et goûtez ; quand les grains sont encore fermes et non plus croquants, la cuisson est terminée. Passez à nouveau le riz sous l'eau froide.

2. Mettez les œufs à durcir dans une casserole d'eau bouillante légèrement salée, pendant 10 minutes. Sortez-les, écalez-les et découpez-les en quartiers.

3. Coupez les cœurs de palmier en gros tronçons. Détaillez le poivron en fines lamelles.

4. Préparez une vinaigrette bien relevée avec l'huile d'olive, la moutarde forte, le vinaigre, du sel et du poivre. Débarrassez le crabe une fois dégelé et bien égoutté, de ses cartilages. Réservez les plus beaux morceaux pour la décoration du plat et mettez les autres avec le riz. Arrosez avec la moitié de la vinaigrette, mélangez avec soin.
Pour servir : étalez le riz dans un grand plat creux. Disposez dessus à votre goût les quartiers d'œufs durs, les lamelles de poivron, les olives noires et les morceaux élégants du crabe. Versez le reste de la vinaigrette pardessus et servez bien frais.

MON SECRET : *Je sers cette salade comme plat principal d'un menu estival.*

SALADE D'ÉPINARDS

175 calories

Epinards crus et bacon poêlé.

Préparation : 10 minutes
Cuisson : 3 minutes

Pour 4 personnes :

350 g d'épinards frais

1. Epluchez les épinards. Lavez-les soigneusement à plusieurs eaux. Séchez-les, hachez-les grossièrement dans un grand saladier.

2. Coupez les tranches de bacon en petits morceaux. Faites fondre le beurre dans une poêle. Mettez les morceaux de bacon, retour-

4 tranches de bacon
1 noix de beurre
1 citron
2 cuillerées à soupe d'huile
poivre

nez-les rapidement à la spatule, laissez dorer. Versez bacon et jus sur les épinards.

3. Assaisonnez avec le jus de citron, l'huile, poivrez au goût. Ne salez pas, le bacon est déjà salé. Remuez la salade. Servez.

MON SECRET : *Je ne prépare cette salade que lorsque je peux trouver de jeunes épinards, à feuilles ni trop sombres ni trop grandes. Ceux-là seulement sont bons crus.*

SALADE DE FONDS D'ARTICHAUTS AUX TRUFFES C

150 calories

Une très fine entrée en vinaigrette.

Préparation : 10 minutes
Cuisson : 30 à 40 minutes

Pour 4 personnes :

6 artichauts (dont on n'utilisera que les fonds)
lamelles de truffes (à volonté)
2 jaunes d'œufs durs
3 cuillerées à soupe de très bonne huile d'olive
le jus d'un demi-citron
sel, poivre

1. Plongez les artichauts dans une grande quantité d'eau bouillante salée et laissez cuire à couvert 30 à 40 minutes.

2. Egouttez-les, refroidissez-les sous l'eau fraîche puis effeuillez-les pour ne conserver que les fonds.

3. Mettez dans un saladier les fonds coupés en petits dés et les truffes détaillées en lamelles fines.

4. Dans un bol, mettez les jaunes d'œufs passés à la moulinette, l'huile, le jus de citron, sel et poivre. Mélangez bien et assaisonnez-en la salade. Servez frais.

MON SECRET : *Inabordables les truffes fraîches ! Chères aussi en boîte, mais enfin dans les grandes occasions... Seulement, les truffes en boîte sont parfois un peu décevantes. Pour en rehausser le goût, je fais bouillir doucement les tranches, coupées assez épaisses, dans du porto, 3 ou 4 minutes.*

SALADE A LA FORTUNE DU POT

325 calories

Pour utiliser des restes de pot-au-feu.

Préparation : 20 minutes
Pas de cuisson

Pour 4 personnes :

350 g de restes

1. Eliminez les feuilles flétries et la partie dure du pied des endives. Lavez-les sous le robinet et essuyez-les. Effeuillez-les.

2. Pelez l'oignon et les tomates. Coupez-les en rondelles fines.

3. Pelez l'échalote et hachez-la finement.

de bœuf bouilli froid
3 endives
2 tomates
1 échalote
1 petit oignon
5 cuillerées à soupe d'huile
2 cuillerées à soupe de vinaigre de vin
1 cuillerée à soupe de moutarde forte
sel, poivre

4. Coupez le bœuf en languettes très fines.

5. Mélangez dans un bol l'huile, le vinaigre, l'échalote, le sel, le poivre et la moutarde. Ajoutez-y le bœuf et mêlez bien.

6. Dans un saladier, disposez les feuilles d'endives debout en couronne le long des bords. Mettez au centre le bœuf assaisonné. Décorez avec les rondelles d'oignon et de tomate.

7. Ne mélangez qu'au moment de servir.

MON SECRET : *Pour éviter de pleurer en épluchant les oignons, procéder sous un filet d'eau coulant du robinet.*

SALADE DE FRANCFORT

328 calories

Pommes de terre, céleri et saucisses bien assaisonnés.

Préparation : 20 minutes
Cuisson : 20 minutes

Pour 6 personnes :

6 saucisses de Francfort
6 petites pommes de terre rouges qui ne se défont pas
1 oignon
1 branche de céleri
quelques brins de persil
2 cuillerées à soupe de vinaigre
3 cuillerées à soupe d'huile
1 cuillerée à soupe de vin blanc sec
sel, poivre

1. Faites cuire les pommes de terre à l'eau bouillante salée.

2. Préparez la vinaigrette dans un saladier avec vinaigre, huile, vin blanc, sel, poivre.

3. Lavez la branche de céleri, coupez-la en petits morceaux dans la sauce.

4. Epluchez l'oignon, hachez-le avec le persil.

5. Faites pocher les saucisses à l'eau frémissante pendant 10 minutes.

6. Epluchez les pommes de terre, coupez-les en cubes dans le saladier, remuez, pour que les pommes de terre s'imbibent.

7. Egouttez les saucisses. Coupez-les en rondelles dans le saladier. Ajoutez oignon et persil hachés. Remuez bien. Servez tiède en hors-d'œuvre.

MON SECRET : *J'ajoute parfois une petite betterave rouge coupée en dés.*

SALADE AU FROMAGE

300 calories

Endives et fromage en citronnette.

Préparation : 10 minutes
Pas de cuisson

Pour 6 personnes :

6 endives
125 g de fromage
3/4 de tasse d'huile
2 cuillerées à dessert de jus de citron
sel, poivre noir fraîchement moulu

1. Lavez et égouttez les endives, coupez-les en morceaux de 2 à 3 cm.

2. Coupez le fromage en dés.

3. Mélangez les endives et le fromage dans un saladier.

4. Versez dessus un assaisonnement composé d'huile, jus de citron, sel et poivre. Remuez délicatement.

MON SECRET : *Je choisis un fromage à pâte tendre tel que Bonbel, bel paese, beaumont, pyrénées.*

SALADE DE GRUYÈRE

315 calories

Une entrée à base de fromage et d'oignon.

Préparation : 5 minutes
Pas de cuisson

Pour 6 personnes :

400 g de gruyère
1 gros oignon
3 cuillerées à soupe d'huile
1 cuillerée à soupe de vinaigre (ou deux)
sel (très peu, le gruyère est déjà salé)
poivre

1. Hachez l'oignon très fin.

2. Découpez le gruyère en petites allumettes de 2 à 3 cm de longueur et mélangez à l'oignon dans un petit saladier.

3. Dans un bol, faites une vinaigrette bien assaisonnée et arrosez-en le gruyère.

4. Laissez bien imprégner et servez frais.

MON SECRET : *Une bonne cuillerée de vin blanc dans la sauce la corse agréablement.*

SALADE D'HIVER

325 calories

Très colorée et très relevée.

Préparation : 20 minutes
Pas de cuisson

Pour 6 personnes :

500 g de mâche
1 branche de céleri

1. Nettoyez les petits bouquets de mâche en retirant la queue toujours terreuse et les feuilles défraîchies. Lavez-la soigneusement et essorez-la.

2. Grattez la branche de céleri et coupez-la en lamelles de 2 mm d'épaisseur. Mettez-les dans un grand saladier.

bien blanche
2 petites betteraves rouges cuites
10 noix
1/2 sachet de noix américaines dites « noix de pécan »
5 cuillerées à soupe d'huile
2 cuillerées à soupe de vinaigre de xérès
1/2 cuillerée à café de pili-pili (piment rouge)
1/2 cuillerée à café de sel fin
2 tours de moulin à poivre

3. Epluchez les betteraves, coupez-les en rondelles très fines (que vous couperez en deux ou en quatre si elles sont trop larges) et ajoutez-les dans le saladier.

4. Cassez les noix et épluchez les cerneaux. Cassez également les noix de pécan mais ne les pelez pas. Coupez les cerneaux en deux. Ajoutez-les dans le saladier, sauf une douzaine que vous réserverez pour le décor.

5. Préparez l'assaisonnement dans un grand bol en mêlant l'huile, le vinaigre, le piment, le sel et le poivre.

6. Mettez enfin la mâche dans le saladier et mélangez bien le tout. Disposez au-dessus de la salade les noix réservées. Versez sur l'ensemble la sauce préparée.

7. Au moment de servir, brassez la salade.

MON SECRET : *A la place du vinaigre de xérès vous pouvez utiliser du vinaigre de cidre.*

SALADE MIXTE AU FROMAGE

400 calories

Fruits, légumes et thon en font une salade complète.

Préparation : 20 minutes
Pas de cuisson

Pour 4 personnes :

1 boîte de 200 g environ de thon au naturel
2 endives
1 betterave
1 pomme reinette
12 olives vertes
1 cuillerée à soupe de moutarde
1 cuillerée à soupe de vinaigre
4 cuillerées à soupe d'huile
150 g de gruyère
sel, poivre

1. Epluchez la betterave et coupez-la en petits cubes.

2. Nettoyez les endives. Séparez les feuilles. Coupez-les en morceaux.

3. Ouvrez la boîte de thon, égouttez-le, ôtez les peaux, répartissez-le en petits morceaux.

4. Faites une vinaigrette bien relevée de moutarde.

5. Dans un saladier, disposez les endives, la betterave et les morceaux de thon. Arrosez de vinaigrette.

6. Coupez le gruyère en petits dés.

7. Epluchez la pomme. Otez les pépins. Coupez-la en petits dés. Ajoutez-les à la salade ainsi que le fromage. Mélangez bien. Décorez le dessus avec les olives vertes.

MON SECRET : *Le gruyère peut être remplacé par du cantal.*

Chou-fleur au gratin. *(Recette page 637)*

Ratatouille niçoise. *(Recette page 670)*

Salade de pissenlits au lard et au fromage. *(Recette page 258)*

Croûtes au fromage. *(Recette page 212)*

SALADE AUX NOIX

115 calories

Laitue, pommes et noix composent cette salade automnale.

Préparation : 15 minutes
Pas de cuisson

Pour 4 personnes :

1 laitue
2 pommes
1 dizaine de noix
1 cuillerée à soupe de crème fraîche
1 cuillerée à café de moutarde forte
le jus d'un citron
sel

1. Epluchez et lavez la laitue. Partagez les feuilles et mettez-les dans un saladier.

2. Pelez et coupez les pommes en quartiers fins. Ajoutez-les à la laitue.

3. Cassez les noix et mettez les cerneaux dans le saladier.

4. Dans un bol, mélangez crème fraîche, jus de citron, moutarde, sel. Versez sur la salade.

5. Mélangez et servez bien frais.

MON SECRET : *Trois ou quatre pincées de sucre en poudre dans la sauce lui donnent une saveur plus fine.*

SALADE D'OIGNONS F

135 calories

Anchois, olives et rondelles d'oignons en vinaigrette.

Préparation : 10 minutes
(+ 30 minutes de repos)
Pas de cuisson

Pour 6 personnes :

4 gros oignons rouges doux d'Italie ou d'Espagne
1/2 tasse d'huile d'olive
3 cuillerées à dessert de vinaigre de vin
8 filets d'anchois
1/4 de tasse d'olives noires
sel

1. Pelez les oignons et coupez-les en tranches très fines, recouvrez-les d'eau froide salez, ajoutez quelques cubes de glace, laisser reposer 30 minutes.

2. Au bout de ce temps, égouttez les oignons. séchez-les dans un linge absorbant ou un papier et mettez-les dans un saladier. Arrosez-les d'un mélange d'huile et de vinaigre, disposez sur le dessus les anchois et les olives.

MON SECRET : *Je prends de grosses olives grecques à la saveur légèrement vinaigrée.*

SALADE D'ORANGES

170 calories

Poivrée et assaisonnée à l'huile.

Préparation : 10 minutes
Pas de cuisson

Pour 4 personnes :

4 oranges
1/4 de tasse d'huile d'olive
poivre noir

1. Pelez les oranges à vif, c'est-à-dire en enlevant également la peau blanche qui se trouve sous l'écorce. Coupez les fruits en tranches très fines en retirant les pépins.

2. Saupoudrez-les de poivre fraîchement moulu, arrosez-les d'huile d'olive. Laissez reposer 30 minutes avant de servir.

MON SECRET : *Cette originale salade accompagne particulièrement bien le canard et les viandes rôties.*

SALADE DE PISSENLITS AU LARD ET AU FROMAGE

575 calories

Une consistante salade servie tiède.

Préparation : 30 minutes
Cuisson : 5 minutes

Pour 4 personnes :

250 g de pissenlits
200 g de beaufort
100 g de poitrine fumée
100 g de croûtons frits au beurre
2 cuillerées à soupe de crème fraîche
2 pommes de terre en robe des champs
1 gousse d'ail broyée
vinaigre
sel, poivre

1. Nettoyez, lavez soigneusement, égouttez les pissenlits. Epluchez les pommes de terre, coupez-les en dés ainsi que le beaufort.

2. Dans un grand saladier, mélangez la crème fraîche, le vinaigre, l'ail broyé. Mettez les pissenlits, le beaufort, les pommes de terre.

3. Peu avant de servir, faites fondre à la poêle la poitrine fumée coupée en petits lardons. Faites frire au beurre les petits croûtons.

4. Au moment de servir, versez lardons et croûtons sur la salade ; remuez bien, servez aussitôt.

MON SECRET : *Je blanchis les lardons 5 minutes à l'eau bouillante non salée. Il faut bien les égoutter et les éponger dans du papier absorbant.*

SALADE DE QUEUES D'ÉCREVISSES

570 calories

Bien relevée avec cognac et sauce anglaise.

Préparation : 40 minutes
Cuisson : 15 minutes

Pour 4 personnes :

20 écrevisses
2 œufs
paprika, muscade
1 petit verre de cognac
1 cuiller à soupe de sauce anglaise
2 cuillerées à soupe de coulis de tomates
1/4 de litre d'huile
100 g de crème fraîche
pelures de truffes
cerfeuil, estragon

1. Faites cuire les écrevisses pendant 15 minutes dans un court-bouillon assez relevé. Les décortiquer et les laisser mariner 30 minutes dans la sauce suivante : 2 jaunes d'œufs, 1 cuillerée à soupe de paprika, une pincée de muscade râpée, un filet de cognac, un peu de sauce anglaise et un peu de coulis de tomates épicé. Battez avec un quart de litre d'huile de table et finissez avec une bonne louche de crème fraîche.

2. Mélangez les queues avec la sauce parsemée d'un hachis grossier de truffes, de cerfeuil et d'estragon hachés, et servez.

MON SECRET : *Je donne du volume à cette salade en lui ajoutant à la dernière minute de blanches feuilles de cœur de laitue.*

SALADE DE RIZ AUX MOULES

765 calories

Fraîche et colorée.

Préparation : 20 minutes
Cuisson :
7 à 8 minutes pour les moules
15 à 20 minutes pour le riz

Pour 4 personnes :

150 g de riz
12 crevettes bouquets
1 boîte de 1/4 de petits pois
1 litre de moules

1. Lavez et nettoyez soigneusement les moules.

2. Mettez le beurre dans une cocotte sur feu vif et, quand il est fondu, versez les moules. Poivrez légèrement (mais ne salez pas) et secouez la cocotte tout au long de la cuisson (7 à 8 minutes) pour permettre à toutes les moules de s'ouvrir à la chaleur.

3. Dans une casserole, mettez 2 litres d'eau salée à bouillir et jetez-y le riz (lavé dans une passoire et égoutté). Laissez cuire 15 à 20 minutes.

2 verres d'huile
1 jaune d'œuf
40 g de beurre
sel, poivre

4. Pendant la cuisson du riz, débarrassez les moules de leurs coquilles et mettez-les dans un saladier. Egouttez les petits pois et ajoutez-les aux moules. Décortiquez les crevettes bouquets.

5. Dans un grand bol, préparez une mayonnaise avec le jaune, un peu de sel et l'huile.

6. Egouttez le riz et rincez-le à l'eau froide. Mélangez-le aux petits pois et aux moules. Assaisonnez le tout avec la mayonnaise. Décorez avec les crevettes bouquets. Servez froid.

MON SECRET : *On peut ajouter bien des choses à une salade, je le fais au gré de ma fantaisie... et du contenu de mon placard à provisions : olives, œufs durs, câpres, petits oignons au vinaigre, petits dés de poivron cru, etc.*

SALADE ROQUEBRUNE

105 calories

Une rafraîchissante julienne de légumes crus, assaisonnée de vinaigre d'ail.

Préparation : 20 minutes
Pas de cuisson

Pour 8 personnes :

1 cœur de laitue
1 cœur de chou
30 olives noires
6 blancs de poireaux
4 carottes
200 g de céleri-rave
2 navets
1 gousse d'ail
2 ou 3 cuillerées à soupe de vinaigre
sel, poivre

1. Epluchez et lavez tous les légumes.

2. Mettez dans un grand saladier : la laitue, le chou, les carottes, les poireaux, les navets, le céleri détaillés en fine julienne.

3. Dénoyautez les olives. Coupez-les en morceaux et ajoutez-les à la préparation.

4. Salez, poivrez. Arrosez de vinaigre dans lequel vous aurez écrasé la gousse d'ail. Mélangez bien le tout. Servez frais.

MON SECRET : *Je laisse macérer cette salade une bonne demi-heure avant de la servir.*

SALADE SAVOYARDE F

260 calories

Laitue, noix, gruyère et jambon : un régal simple.

Préparation : 10 minutes
Pas de cuisson

Pour 4 personnes :

1 laitue
50 g de gruyère
10 cerneaux de noix
1 tranche épaisse de jambon cuit

Pour la vinaigrette :
1 cuillerée à soupe de vinaigre
4 cuillerées à soupe d'huile
sel, poivre
ciboulette
1/2 cuillerée à café de moutarde

1. Préparez la vinaigrette en y mêlant la moutarde.

2. Coupez finement la ciboulette aux ciseaux et ajoutez-la à la vinaigrette.

3. Détachez les feuilles de la laitue, lavez-les, égouttez-les et tapissez-en un saladier.

4. Râpez séparément gruyère, jambon et noix (grosse râpe).

5. Mettez le tout dans le saladier. Arrosez de vinaigrette et mélangez.

MON SECRET : *J'achète des cerneaux de noix tout épluchés, vendus partout en sachets.*

V

Œufs

BROUILLADE AUX TRUFFES C

270 calories

Des œufs en crème, finement relevés de truffes.

Préparation : 5 minutes
Cuisson : 12 à 15 minutes

Pour 4 personnes :

10 œufs
truffes à volonté (plus il y en aura, meilleur ce sera) avec leur jus
75 g de beurre
sel, poivre

1. Sortez les truffes de leur jus pour les couper en morceaux très fins.
2. Dans une terrine, battez vivement les œufs avec sel et poivre. Ajoutez les truffes et leur jus. Mélangez très rapidement.
3. Préparez un bain-marie. Placez dedans une casserole contenant ce mélange. Tournez sans cesse en raclant bien le fond de la casserole et en ajoutant petit à petit le beurre coupé en morceaux.
4. Dès que l'ensemble est pris, mais encore crémeux, versez-le dans un plat et servez immédiatement.

MON SECRET : *Garnir le plat de triangles de pain de mie dorés au beurre.*

ŒUFS A L'AIL

255 calories

Des rondelles d'œufs durs nappées de sauce à l'ail et aux anchois

Préparation : 15 minutes
Cuisson : 15 minutes

Pour 4 personnes :

6 œufs
10 gousses d'ail
1 tube de crème d'anchois
3 cuillerées à soupe d'huile
1/2 cuillerée à soupe de vinaigre
1 pincée de poivre
1/2 verre de câpres

1. Faites durcir les œufs 10 minutes dans l'eau bouillante salée.
2. Pendant que cuisent les œufs, pelez 10 gousses d'ail, mettez-les dans une petite casserole, couvrez-les d'eau, mettez sur le feu et laissez cuire 10 minutes, puis égouttez-les.
3. Mettez dans un mortier les gousses d'ail cuites, ajoutez le contenu du tube de pâte d'anchois, mélangez bien de façon à former une sorte de purée à laquelle vous ajoutez un demi-verre à moutarde de câpres. Mélangez de nouveau puis délayez cette sauce en versant dessus tout en tournant, 3 cuillerées à soupe d'huile, une demi-cuillerée à café de vinaigre. Assaisonnez avec une pincée de poivre. Mettez cette sauce dans le fond d'un plat.
4. Egouttez les œufs durs, coupez-les en tranches d'un doigt. Disposez ces tranches d'œufs durs sur le fond de sauce et servez froid.

MON SECRET : *Je sers avec des croûtons dorés au beurre.*

ŒUFS A L'ALSACIENNE

205 calories

Vite prête, une délicieuse choucroute garnie d'œufs et de jambon.

Préparation : 5 minutes
Cuisson : 10 minutes

Pour 6 personnes :

6 œufs
300 g de choucroute en boîte ou achetée cuite chez le charcutier
3 tranches de jambon cuit
1 cuillerée à soupe de graisse d'oie
sel, poivre

1. Réchauffez la choucroute, sans graisse, dans une cocotte épaisse.

2. Faites chauffer dans une grande poêle la graisse d'oie, sur feu doux, et cassez-y un à un les œufs, en prenant soin de ne pas crever les jaunes. Laissez quelques instants sur le feu et salez et poivrez en fin de cuisson. Passez une fourchette ou une pelle en métal sous les œufs pour les décoller de la poêle et retirez du feu.

3. Sur le plat de service chauffé, dressez un lit de choucroute. Glissez les œufs frits pardessus et recouvrez des tranches de jambon coupées en deux. Servez immédiatement.

MON SECRET : *Je chauffe la choucroute avec 2 cuillerées de vin blanc sec.*

ŒUFS AUX ANCHOIS

145 calories

Farcis d'une crème relevée et onctueuse.

Préparation : 15 minutes
Cuisson : 15 minutes

Pour 6 personnes :

6 œufs
12 filets d'anchois
60 g de beurre
3 cuillerées à soupe de crème fraîche
1 citron
quelques brins de persil
sel, poivre

1. Faites durcir les œufs 10 minutes à l'eau bouillante salée.

2. Refroidissez-les quelques minutes dans l'eau et écalez-les.

3. Coupez les œufs dans le sens de la longueur et retirez avec précaution les jaunes en vous aidant d'une petite cuiller.

4. Pilez les jaunes dans un mortier avec les anchois, le persil et la moitié du beurre. Travaillez le mélange pour obtenir une pâte homogène et ajoutez le jus du citron.

5. Allumez votre four (thermostat 8).

6. Disposez les demi-œufs dans un plat à gratin. Remplissez-le avec la farce aux anchois et nappez-les de crème.

7. Passez au four 5 minutes pour faire gratiner et servez tout de suite.

MON SECRET : *Vous pouvez remplacer le persil par de la ciboulette hachée.*

ŒUFS BOURGUIGNONS

405 calories

De somptueux canapés d'œufs pochés nappés de sauce au vin et à la crème.

Préparation : 20 minutes
Cuisson : 25 minutes

Pour 4 personnes :

1/2 litre de bon vin rouge
8 œufs
2 cuillerées à soupe de Maïzena
la moitié d'un petit pot de crème fraîche (50 g)
12 petits oignons
8 croûtons de pain grillés (de 10 cm de côté environ)
thym, laurier, quatre-épices
sel, poivre

1. Pelez les petits oignons mais gardez-les entiers.
2. Mettez-les dans une casserole avec le vin, les épices, sel et poivre. Portez à ébullition et laissez cuire doucement 15 à 20 minutes.
3. Pendant ce temps, faites griller les croûtons de pain et dressez-les dans un plat.
4. Pochez les œufs dans le vin frémissant et tenez-les au chaud.
5. Délayez la Maïzena dans très peu d'eau et versez-la dans le vin chaud. Faites reprendre un bouillon, puis retirez du feu et ajoutez la crème. Enlevez thym et laurier.
6. Disposez un œuf sur chaque croûton et nappez de sauce. Servez aussitôt.

MON SECRET : *Ne « chargez » pas en aromates. Une demi-feuille de laurier, un brin de thym et une pincée de quatre-épices suffisent, surtout si le vin est bon.*

ŒUFS BROUILLÉS

320 calories

Onctueux, jaune d'or et riches en beurre.

Préparation : 5 minutes
Cuisson : 12 minutes

Pour 6 personnes :

12 œufs
120 g de beurre
1/2 verre de lait
sel, poivre

1. Cassez les œufs dans un saladier et ajoutez le lait. Salez, poivrez. Coupez le beurre en tout petits dés et ajoutez-en le tiers aux œufs. Tournez sans battre mais pas trop longtemps (le mélange ne doit pas être trop homogène).
2. Faites fondre un peu de beurre à feu très doux dans une casserole épaisse et versez-y le mélange. Laissez cuire 12 minutes sur feu doux en tournant lentement mais régulièrement avec une cuiller en bois et en ajoutant par 3 ou 4 à la fois les dés de beurre restant.
3. Retirez de la casserole dès la fin de la cuisson (car la cuisson continuerait même hors du feu) et versez dans le plat de service. Servez aussitôt.

MON SECRET : *Pour les débutantes, mieux vaut préparer les œufs brouillés au bain-marie car la cuisson est assez délicate.*

ŒUFS BROUILLÉS A LA BRESSANE

535 calories

Dans une couronne d'œufs brouillés, une sauce odorante où baignent des foies de volaille.

Préparation : 10 minutes
Cuisson : 30 minutes pour les foies et la sauce
10 à 12 minutes pour les œufs

Pour 4 personnes :

4 à 5 foies de volailles
1/2 verre de vin blanc sec
1/2 verre d'eau
1 carotte
1 oignon
1 bouquet garni
80 g de beurre
8 œufs
sel, poivre

1. Pelez et coupez en rondelles très fines la carotte et l'oignon.

2. Coupez l'un des foies en très petits morceaux.

3. Faites fondre 30 g de beurre dans une casserole. Mettez-y à revenir l'oignon, la carotte et les morceaux du foie. Laissez prendre couleur en remuant puis, lorsque la carotte est ramollie, mouillez avec le vin et l'eau. Ajoutez le bouquet, salez et poivrez. Laissez mijoter jusqu'à ce que la sauce ait réduit de moitié. A ce moment, passez-la.

4. D'autre part, mettez 20 g de beurre dans une poêle et faites-y revenir doucement les foies coupés en deux ou trois.

5. Lorsqu'ils sont bien dorés de tous côtés, mouillez avec la sauce et laissez mijoter tout doucement quelques minutes.

6. Pendant ce temps, faites des œufs brouillés avec les œufs et le reste du beurre (recette des œufs brouillés page 267).

7. Disposez-les en couronne sur un plat et mettez au centre les foies en sauce.

MON SECRET : *En augmentant la quantité de foies de volailles, cette entrée devient un plat complet.*

ŒUFS BROUILLÉS AU PARME

360 calories

Des dés de jambon moelleux dans une brouillade crémeuse.

Préparation : 5 minutes
Cuisson : 12 minutes

Pour 4 personnes :

8 œufs
1 cuillerée à soupe de

1. Coupez le jambon en dés. Faites de même avec le beurre.

2. Délayez dans un bol le concentré de tomate dans le lait froid, puis ajoutez les dés de jambon.

3. Battez peu de temps les œufs avec sel et poivre. Ajoutez les dés de beurre sauf 3 ou 4

concentré de tomate
150 g de jambon de Parme (en une seule tranche)
1/2 verre de lait
sel, poivre
100 g de beurre

que vous chauffez dans une casserole. Dès qu'ils sont fondus, versez les œufs et laissez cuire très doucement 6 minutes. Ajoutez alors la préparation tomate et jambon et poursuivez la cuisson 6 minutes sans cesser de tourner. Servez immédiatement.

MON SECRET : *Cher, le jambon de Parme ! On peut le remplacer par du bayonne mais ce dernier est moins moelleux. Attention au sel comme dans toute recette comportant du jambon !*

ŒUFS BROUILLÉS AU PIMENT

260 calories

Une brouillade bien relevée.

Préparation : 5 minutes
Cuisson : 25 minutes

Pour 4 personnes :

12 œufs
1 poivron
1 petit piment rouge
2 cuillerées à café de concentré de tomate
80 g de gruyère râpé
sel, poivre

1. Equeutez et épépinez le poivron. Rincez-le à l'eau froide et émincez-le très finement.
2. Mettez sur feu moyen une casserole avec le concentré de tomate délayé dans une tasse d'eau, le poivron et le piment. Laissez cuire doucement pendant environ 20 minutes.
3. Au bout de ce temps, retirez le piment et mettez à la place le fromage râpé, toujours sur feu doux.
4. Battez dans un bol les œufs entiers avec un peu de sel et de poivre.
5. Versez les œufs battus dans la casserole et tournez très doucement à la cuiller en bois jusqu'à ce que la préparation épaississe (deux minutes environ).
6. Versez sur un plat et servez chaud.

MON SECRET : *Pour que les œufs soient moelleux, réservez-en un que vous ajoutez, cru, à la fin de la cuisson.*

ŒUFS AU CERVELAS

505 calories

Cuits ensemble au beurre, dans la poêle.

Préparation : 5 minutes
Cuisson : 8 minutes

Pour 2 personnes :

1 cervelas
4 œufs
25 g de beurre

1. Enlevez la peau du cervelas. Coupez 6 tranches épaisses de 5 à 6 millimètres environ.

2. Dans la poêle, ou dans des plats à œufs individuels, faites fondre le beurre. Diminuez le feu. Posez les tranches de cervelas. Laissez dorer 2 à 3 minutes. Retournez les rondelles de cervelas. Laissez encore dorer légèrement.

3. Cassez les œufs sur les tranches. Perforez le blanc avec la fourchette pour qu'il soit cuit de façon égale. Soulevez légèrement les bords à la spatule en bois pour que les œufs n'adhèrent pas au fond de la poêle ou des plats. Servez dès que le blanc est entièrement pris.

MON SECRET : *Accompagner d'une salade de pommes de terre pour faire un plat complet.*

ŒUFS COCOTTE A LA TOMATE

210 calories

Cuits dans des ramequins sur un coulis de tomate.

Préparation : 15 minutes
Cuisson : 30 minutes

Pour 4 personnes :

8 œufs
4 à 5 tomates moyennes
2 gros oignons
1 gousse d'ail
1 cuillerée à soupe d'huile
herbes de Provence (thym, romarin, sarriette, basilic)
sel, poivre

1. Pelez et hachez grossièrement l'ail et l'oignon ensemble.

2. Pelez les tomates. Coupez-les en quartiers et épépinez-les.

3. Faites chauffer l'huile dans une poêle. Mettez-y à revenir le hachis d'ail et d'oignons quelques minutes, puis les tomates, les herbes de Provence, sel et poivre. Laissez cuire tout doucement jusqu'à ce que le coulis soit en purée (20 minutes environ).

4. Garnissez le fond de 8 ramequins de coulis (réservez-en 2 cuillerées à soupe). Cassez par-dessus 1 œuf dans chaque ramequin.

5. Mettez de l'eau dans une grande sauteuse et placez-y les ramequins. Portez doucement ce bain-marie à ébullition et laissez cuire 10 minutes à petit feu.

6. Lorsque les œufs sont cuits, décorez chaque ramequin avec une noisette de coulis. Servez chaud ou froid.

MON SECRET : *Il existe de très bonnes sauces tomate en boîtes qui permettent de gagner près d'une demi-heure sur le temps de préparation de cette recette.*

ŒUFS A LA COQUE

120 calories

Classique et délicieux avec de bons œufs frais.

Pas de préparation
Cuisson : 3 minutes

Pour 6 personnes :

6 œufs
sel, poivre
beurre

Première méthode :

1. Mettez sur le feu une casserole d'eau salée (à raison de 1 cuillerée à soupe de gros sel par litre d'eau).

2. Introduisez les œufs délicatement dès l'ébullition (vous pouvez les mettre dans un panier métallique, par exemple). Comptez exactement 3 minutes de cuisson (si vous aimez le blanc liquide) ou 3 minutes et demie (si vous l'aimez plus pris).

3. Sortez les œufs et servez dans des coquetiers, accompagnés de sel, de poivre, de beurre et de pain coupé en « mouillettes » (minces languettes).

Deuxième méthode :

1. Mettez les œufs dans la casserole, couvrez-les largement d'eau froide salée.

2. Mettez à feu moyen et arrêtez la cuisson dès l'ébullition. Couvrez. Attendez une minute et retirez les œufs de l'eau avec une écumoire.

Troisième méthode :

1. Faites bouillir de l'eau salée dans une casserole.

2. Plongez-y délicatement les œufs, mettez un couvercle et retirez aussitôt du feu. Les œufs sont cuits au bout de 4 minutes. Retirez-les aussitôt de l'eau avec une écumoire.

MON SECRET : *Je remplace les traditionnelles mouillettes beurrées par des pommes frites coupées assez épaisses et pas trop croustillantes. Ou bien, je saupoudre d'herbes de Provence les mouillettes beurrées.*

ŒUFS A LA CRÈME

125 calories

Une appétissante harmonie de goûts et de couleurs.

Préparation : 3 minutes
Cuisson : 5 minutes

Pour 6 personnes :

6 œufs
1 pot de crème fraîche (150 g)
sel, poivre

1. Allumez votre four (thermostat 5).
2. Versez la crème dans un plat à œufs en métal, verre ou porcelaine à feu.
3. Placez sur feu doux, et au premier bouillon, cassez les œufs un à un dans le plat. Laissez cuire 1 minute en les tenant séparés à l'aide d'une cuiller en bois.
4. Mettez le plat au four et retirez-le dès que les blancs sont coagulés (environ 3 à 4 mn).
5. Salez, poivrez et servez aussitôt.

MON SECRET : *Je pique dans la crème, entre les œufs, après la cuisson, des petits triangles de pain de mie dorés au beurre.*

ŒUFS DURS

75 calories

La base ou le complément de nombreuses recettes.

Préparation : 5 minutes
Cuisson : 10 minutes

Pour 6 personnes :

6 œufs
sel

1. Faites bouillir dans une casserole 1 litre d'eau salée avec une cuillerée à soupe de gros sel.
2. Mettez (sans les cogner dans la casserole) les œufs à cuire 10 minutes. Il vaut mieux prendre des œufs qui ont séjourné quelques heures à température ambiante ; les œufs qui sortent du réfrigérateur auront tendance à « éclater ».
3. Pendant les premières minutes, retournez les œufs trois ou quatre fois : le jaune restera au centre des blancs.
4. La cuisson terminée, plongez les œufs dans l'eau froide. Enlevez les coquilles après refroidissement et peu de temps avant de consommer.

MON SECRET : *Ne prolongez pas la cuisson des œufs durs : il se formerait autour du jaune un anneau verdâtre peu appétissant.*

ŒUFS DURS FARCIS A LA TAPÉNADE

245 calories

La tapénade est une purée d'olives vendue en petits pots.

Préparation : 10 minutes
Cuisson : 12 minutes

Pour 6 personnes :

6 œufs
1 petit pot de tapénade (mélange de pulpe d'olives noires et de câpres)
1 cuillerée à soupe d'huile d'olive
6 feuilles de salade verte

1. Faites durcir les œufs 10 minutes à l'eau bouillante, puis refroidissez-les dans l'eau fraîche.
2. Ecalez-les, coupez-les en deux dans le sens de la longueur et retirez les jaunes à la petite cuiller.
3. Rangez les demi-blancs sur un plat.
4. Dans une assiette, écrasez les jaunes à la fourchette et ajoutez-leur la tapénade et l'huile. Mélangez bien et remplissez de cette préparation les blancs.
5. Glissez une feuille de salade sous deux moitiés d'œuf et tenez au frais jusqu'au moment de servir.

MON SECRET : *Utiliser toujours un couteau à lame inoxydable pour couper les œufs durs afin que le blanc ne risque pas de noicir.*

ŒUFS DURS MAYONNAISE

240 calories

Le classique œuf dur enrichi d'une sauce à l'huile.

Préparation : 15 minutes
Cuisson : 12 minutes

Pour 6 personnes :

6 œufs
6 feuilles de salade
1 cuillerée à soupe de câpres
1 ou 2 tomates
1 tasse de mayonnaise ou 1 tube

1. Faites durcir les œufs selon la recette précédente.
2. Pendant qu'ils cuisent, préparez une mayonnaise bien assaisonnée.
3. Disposez dans un plat les feuilles de salade en « marguerite », et posez sur chaque feuille une ou deux rondelles de tomate.
4. Ecalez les œufs refroidis, coupez-les en rondelles. Disposez ces rondelles sur les tomates, en mettant la valeur d'un œuf dans chaque feuille de salade et attendez qu'elles soient complètement refroidies avant de napper de mayonnaise.
5. Décorez avec les câpres.
6. Tenez au frais jusqu'au moment de servir.

MON SECRET : *Vous pouvez colorer la mayonnaise en l'additionnant d'une cuillerée à café de concentré de tomate.*

ŒUFS AUX ÉPINARDS ❄

450 calories

Sur un lit d'épinards au beurre, une garniture d'œufs pochés et de bananes rissolées.

Préparation : 15 minutes
Cuisson :
10 minutes pour les épinards
6 minutes pour les bananes
3 à 5 minutes pour les œufs

Pour 4 personnes :

8 œufs
1,500 kg d'épinards
2 bananes
70 g de beurre

1. Lavez soigneusement les épinards. Jetez-les dans une grande casserole d'eau salée et laissez-les cuire 10 minutes. Egouttez.

2. Rafraîchissez les épinards à l'eau froide, pressez-les entre vos mains pour en extraire toute l'eau et remettez-les dans une casserole sur feu très doux, avec la moitié du beurre.

3. Pelez les bananes et coupez-les en deux dans le sens de la longueur, puis encore en deux.

4. Mettez le reste du beurre dans une poêle et faites-y rissoler les bananes, 2 à 3 minutes environ. Quand elles sont dorées, laissez cuire encore quelques minutes à très petit feu.

5. Enfin, faites pocher les œufs à l'eau bouillante selon la recette classique (voir page 00). Egouttez-les puis salez-les.

6. Rectifiez l'assaisonnement des épinards, puis mettez-les sur un plat chaud. Disposez dessus les œufs et les bananes. Servez bien chaud.

MON SECRET : *L'utilisation d'épinards surgelés évite le fastidieux nettoyage de ces légumes.*

ŒUFS A L'ESPAGNOLE

365 calories

Une recette très facile à la saveur bien relevée.

Préparation : 10 minutes
Cuisson : 20 minutes

Pour 6 personnes :

6 œufs
2 tomates
6 saucisses chipolatas
100 g de chorizo
olives noires
huile d'olive
sel, poivre

1. Faites dorer à l'huile saucisses et chorizo.

2. Ajoutez les tomates coupées en rondelles. Salez et poivrez.

3. Cassez dessus les œufs, salez-les et laissez cuire. Ajoutez les olives au moment de servir.

MON SECRET : *J'agrémente la recette de quelques dés de poivrons.*

ŒUFS AU FOIE GRAS

405 calories

De fines cassolettes d'œufs parés de truffes et de foie gras.

Préparation : 10 minutes
Cuisson : 5 minutes

Pour 6 personnes :

6 œufs
6 petites escalopes de foie gras frais
1 truffe fraîche hachée ou 1 petite boîte de pelures de truffes
50 g de beurre
sel, poivre

1. Allumez votre four thermostat 7-8.

2. Beurrez légèrement l'intérieur de 6 petites cassolettes (ramequins) en terre, verre, porcelaine ou métal et garnissez-les de truffe hachée. Cassez un œuf dans chaque cassolette, en prenant soin de ne pas crever les jaunes.

3. Remplissez votre lèchefrite de 2 cm d'eau chaude et placez-y les cassolettes. Enfournez 5 à 6 minutes.

4. Dans une petite poêle, faites légèrement revenir au beurre les escalopes de foie gras.

5. Salez et poivrez les œufs au sortir du four. Garnissez chaque cassolette d'une escalope de foie gras. Essuyez l'extérieur des cassolettes et servez sur un plat recouvert d'une serviette.

MON SECRET : *Une vraie folie, cette recette, mais quel régal ! Pour ma part, je préfère le foie de canard à celui d'oie.*

ŒUFS FRITS

180 calories

Le blanc croustillant et doré, le jaune onctueux.

Préparation : 5 minutes
Cuisson : 2 minutes et demie

Pour 6 personnes :

6 œufs
1 bassine de friture
sel, poivre

1. Faites chauffer la friture sur feu vif.

2. Cassez les œufs un par un dans une louche ; approchez la louche le plus près possible de la surface de la friture et laissez glisser l'œuf. Laissez cuire une minute et demie. Retournez avec une écumoire, laissez cuire encore 1 minute, puis sortez l'œuf avec l'écumoire et déposez-le sur un plat. Vous pouvez cuire 2 à 3 œufs en même temps, mais guère plus.

3. Salez, poivrez et servez très chaud.

MON SECRET : *Excellents sur une purée de pois cassés ou avec une sauce tomate.*

ŒUFS FRITS AUX TOMATES PROVENÇALES

410 calories

L'accord parfait de l'œuf frais et de la « pomme d'amour ».

Préparation : 10 minutes
Cuisson :
10 minutes pour les tomates
5 minutes pour les œufs

Pour 4 personnes :

8 œufs
4 tomates
2 gousses d'ail
8 branches de persil
3 cuillerées à soupe d'huile d'olive
sel, poivre
1 bassine d'huile de friture

1. Lavez et essuyez les tomates. Coupez-les en deux.
2. Dans une grande poêle, faites chauffer l'huile d'olive. Mettez-y cuire les tomates 10 minutes en les retournant à mi-cuisson.
3. Pendant la cuisson des tomates, épluchez et hachez l'ail et le persil.
4. Faites chauffer votre friture.
5. Lorsque les tomates sont cuites, saupoudrez-les d'ail et de persil hachés. Salez et poivrez et réservez au chaud.
6. Cassez les œufs un à un dans une louche et laissez-les glisser dans la friture chaude. Retirez au bout de 5 minutes, égouttez rapidement et disposez sur un plat chaud en alternant avec les tomates.
7. Servez sans attendre.

MON SECRET : *Pour que les tomates ne ramollissent pas trop, saupoudrez-les de sel sur la face coupée et retournez-les sur une assiette. Elles rendront une partie de leur eau.*

ŒUFS FRITS AU VINAIGRE

220 calories

Une piquante association.

Préparation : 2 minutes
Cuisson : 3 à 4 minutes

Pour 4 personnes :

8 œufs
4 cuillerées à soupe d'huile d'olive
4 cuillerées à soupe de vinaigre
sel, poivre

1. Faites chauffer l'huile dans une poêle. Cassez-y les œufs. Laissez cuire à feu moyen 3 à 4 minutes. Salez et poivrez.
2. Lorsque les œufs sont cuits, retirez la poêle du feu et arrosez-les avec le vinaigre. Servez aussitôt.

MON SECRET : *L'huile doit être bien chaude pour saisir le blanc des œufs, mais surtout pas fumante.*

ŒUFS EN GELÉE

110 calories

Pochés, parfumés à l'estragon et en robe transparente.

Préparation : 20 minutes
Cuisson : 10 minutes
Refroidissement :
1 ou 2 heures

Pour 6 personnes :

6 œufs
1 sachet de gelée en poudre
12 feuilles d'estragon
2 cuillerées à soupe de vinaigre blanc

1. Mettez dans une casserole 1 litre d'eau additionnée de 2 cuillerées à soupe de vinaigre blanc. Chauffez jusqu'à ébullition.

2. Plongez une louche dans cette eau bouillante et cassez les œufs un à un dans la louche. Lorsque tous les œufs sont cassés, retirez la louche, couvrez la casserole et retirez du feu. Comptez 3 minutes pour laisser pocher les œufs et égouttez-les. Laissez refroidir.

3. Pendant que les œufs refroidissent, préparez la gelée selon les indications inscrites sur le sachet. Laissez-la tiédir et versez-en un demi-centimètre au fond de 6 petits moules ronds.

4. Laissez refroidir (au besoin, trempez le fond dans l'eau froide pour que ce soit plus rapide) et posez au fond de chaque moule deux feuilles d'estragon.

5. Déposez alors un œuf poché dans chaque moule ; recouvrez délicatement de gelée à peine tiède.

6. Laissez prendre la gelée dans le réfrigérateur.

7. Démoulez les œufs bien froids en trempant 5 secondes dans l'eau chaude le fond des moules, et disposez-les en marguerite sur un plat. Tenez au froid jusqu'au moment de servir.

MON SECRET : *Je prépare un peu plus de gelée qu'il n'en faut pour les œufs. Je fais prendre le surplus au réfrigérateur dans une assiette creuse. Au moment de servir, je découpe cette gelée en petits carrés ou en petits losanges et j'en décore le plat où sont disposés les œufs.*

ŒUFS AU GRUYÈRE

310 calories

Recette simple, mariage heureux.

Préparation : 2 minutes
Cuisson : 5 minutes

Pour 6 personnes :

12 œufs
60 g de beurre
125 g de gruyère râpé
sel, poivre

1. Mettez le beurre dans une grande poêle.
2. Ajoutez le fromage et placez sur feu très doux juste le temps de laisser fondre le beurre et le fromage, environ 2 à 3 minutes.
3. Cassez alors les œufs dessus, un à un, en veillant à ne pas crever les jaunes, et laissez cuire 2 à 3 minutes, toujours sur feu très doux. Maintenez les œufs séparés à l'aide d'une cuiller en bois pendant la première minute de cuisson (cela évitera de voir se concentrer tous les jaunes au milieu).
4. Salez, poivrez et servez aussitôt.

MON SECRET : *La préparation au fromage « accroche » facilement. Utilisez donc une poêle à revêtement antiadhésif.*

ŒUFS AU JAMBON

275 calories

Sur du jambon cuit ou cru, rissolé au beurre.

Préparation : 5 minutes
Cuisson : 5 minutes

Pour 6 personnes :

6 œufs
3 tranches de jambon
60 g de beurre
poivre

1. Coupez les tranches de jambon en deux.
2. Faites fondre le beurre dans une grande poêle et mettez-y le jambon à revenir 1 à 2 minutes de chaque côté.
3. Lorsqu'elles sont bien colorées, cassez un œuf sur chaque tranche et ravivez le feu pour que le blanc prenne rapidement. Retirez lorsqu'il est coagulé (comptez 2 minutes).
4. Poivrez mais ne salez pas. Servez chaud.

MON SECRET : *Il faut que les tranches de jambon soient très très fines pour que les œufs posés dessus puissent cuire.*

ŒUFS MIROIR

280 calories

Jaune et blanc restent crémeux.

Préparation : 2 minutes
Cuisson : 5 minutes

Pour 6 personnes :

12 œufs
60 g de beurre
sel, poivre

1. Allumez le four (thermostat 5).
2. Prenez 6 petits plats individuels en métal ou en porcelaine à feu ou un grand plat à four, et mettez au four avec le beurre, en veillant à ce que celui-ci soit juste fondu. Il ne doit pas cuire.
3. Cassez les œufs sur le beurre fondu, sans crever les jaunes. Mettez deux œufs par petit plat.
4. Placez sur le feu que vous réduirez au maximum, 2 à 3 minutes.
5. Passez alors le plat au four 1 ou 2 minutes.
6. Salez, poivrez et servez sans attendre.

MON SECRET : *Four doux, surtout pour que le jaune et le blanc soient cuits mais conservent une consistance crémeuse. Pas si facile que ça en a l'air !*

ŒUFS MOLLETS

75 calories

Toujours servis avec une garniture, la purée d'épinards étant la plus classique.

Préparation : 5 minutes
Cuisson : 5 minutes

Pour 6 personnes :

6 œufs
sel

1. Faites bouillir dans une casserole moyenne 1 litre d'eau avec 1 cuillerée à soupe de gros sel.
2. Dès l'ébullition, déposez délicatement les œufs, tous ensemble (à l'aide d'un panier métallique ou d'une écumoire) et laissez bouillir 5 minutes exactement.
3. Retirez les œufs et plongez-les quelques instants dans l'eau froide.
4. Dès que vous pouvez les tenir dans vos mains sans vous brûler, enlevez la coquille avec précaution (l'œuf est encore mou et il faut éviter de le déchirer). Servez chaud.

MON SECRET : *Je recherche des garnitures plus originales que les épinards : la purée de poireaux, par exemple, faite de blancs de poireaux bouillis, passés au mixer et liés à la crème fraîche.*

ŒUFS PANÉS

485 calories

Des œufs mollets panés et dorés au beurre.

Préparation : 15 minutes
Cuisson : 15 minutes

Pour 4 personnes :

9 œufs
100 g de parmesan râpé
4 cuillerées à soupe de chapelure fine
100 g de beurre
sel

1. Faites cuire 8 œufs pendant 6 minutes à l'eau bouillante salée puis passez-les sous le jet du robinet d'eau froide et débarrassez-les de leurs coquilles avec précaution car si le blanc est bien pris, le jaune, lui, est resté liquide.
2. Battez le neuvième œuf à la fourchette dans une assiette creuse.
3. Mélangez le fromage râpé et la chapelure.
4. Roulez chaque œuf cuit d'abord dans l'œuf battu, puis dans le mélange chapelure et fromage, de façon à bien l'enrober.
5. Chauffez le beurre dans une poêle. Quand il commence à grésiller, mettez-y à cuire les œufs pendant 1 dizaine de minutes en agitant la poêle de façon à les faire tourner pour qu'ils dorent de tous les côtés.

MON SECRET : *Surtout, n'utilisez pas une fourchette pour tourner les œufs pendant leur cuisson. Vous risqueriez de les piquer et de voir alors le jaune s'écouler par les trous.*

ŒUFS POCHÉS

80 calories

Une recette de base bien utile.

Pour 4 personnes :

4 œufs
4 cuillerées à soupe de vinaigre

1. Cassez chaque œuf dans une tasse.
2. Chauffez de l'eau contenant le vinaigre jusqu'à ébullition. Maintenez l'eau frissonnante.
3. Faites-y glisser chaque œuf en inclinant la tasse au ras de l'eau. Laissez 3 minutes et sortez de l'eau avec l'écumoire.

MON SECRET : *J'emploie du vinaigre blanc pour ne pas colorer les œufs.*

ŒUFS POCHÉS AUX CREVETTES

215 calories

Très raffinés, avec crème fraîche et xérès.

Préparation : 10 minutes
Cuisson : 25 minutes

Pour 4 personnes :

4 œufs
50 g de beurre
1 gousse d'ail
2 cuillerées à soupe de concentré de tomate
quelques brins de persil
1 verre de xérès
1/2 tasse de crème fraîche
1 cuillerée à soupe de sauce Worcestershire
50 g de crevettes roses
sel, poivre

1. Faites pocher les œufs selon la recette habituelle (voir page 280). Tenez-les au chaud.
2. Epluchez l'ail et hachez le persil lavé.
3. Mettez à chauffer le beurre dans une petite casserole et faites-y brunir l'ail. Retirez la gousse et mettez à la place la farine qui sera absorbée par la matière grasse et formera un roux brun, auquel vous ajouterez le concentré de tomate et le persil haché. Mouillez avec le xérès la crème et la sauce Worcestershire.
4. Laissez épaissir en remuant fréquemment et décortiquez entre-temps les crevettes. Ajoutez-les à la sauce et laissez encore mijoter 5 minutes. Rectifiez au besoin l'assaisonnement.
5. Dressez les œufs sur un plat et versez dessus la sauce. Servez bien chaud.

MON SECRET : *Il est plus simple d'utiliser des crevettes décortiquées en sachet, surgelées. Mais il faut reconnaître qu'elles ne valent pas les crevettes fraîches.*

ŒUFS POCHÉS A LA FLORENTINE

375 calories

Sur un lit d'épinards et nappés de sauce Béchamel.

Préparation : 20 minutes
Cuisson : 30 minutes

Pour 4 personnes :

2 kg d'épinards frais (ou 2 paquets d'épinards en branches surgelés)
4 œufs
25 g de beurre
1 cuillerée à soupe de farine
1/4 de litre de lait
sel, poivre

1. Faites cuire les épinards selon la méthode traditionnelle (10 minutes environ à l'eau bouillante), mais ne les hachez pas. Contentez-vous de les presser pour en exprimer toute l'eau et tenez-les au chaud.
2. Pendant la cuisson des épinards, faites une béchamel avec le beurre, la farine et le lait (voir recette page 156).
3. Faites pocher les œufs dans l'eau bouillante, selon la recette classique.
4. Répartissez les épinards dans un plat creux, posez les œufs dessus et nappez de sauce. Servez chaud.

MON SECRET : *J'ajoute à la sauce Béchamel une pincée de muscade et 3 cuillerées de crème fraîche qui la rendent plus onctueuse encore.*

ŒUFS POCHÉS SUR FONDS D'ARTICHAUTS

540 calories

Masqués de mayonnaise aux câpres.

Préparation : 10 minutes
Cuisson : 3 à 4 minutes

Pour 4 personnes :

8 œufs
1 boîte de 8 fonds d'artichauts
1 grand bol de mayonnaise bien relevée
1 petit bocal de câpres

1. Egouttez les fonds d'artichauts que vous aurez fait réchauffer dans leur jus.

2. Hachez menu des câpres et mêlez-les à la mayonnaise.

3. Faites pocher les œufs à l'eau bouillante selon la recette classique (voir page 280).

4. Disposez les fonds sur un plat. Posez un œuf sur chacun. Nappez de mayonnaise aux câpres. Servez chaud ou froid

MON SECRET : *Pour cette recette express, j'utilise de la mayonnaise en tube que je corse de moutarde forte.*

ŒUFS POCHÉS A LA POLONAISE

295 calories

Avec une garniture de tomates et nappés d'une sauce crémeuse.

Préparation : 20 minutes
Cuisson : 30 minutes

Pour 4 personnes :

1 kg de tomates
4 œufs
75 g de beurre
1 cuillerée à soupe de farine
1/4 de litre de bouillon de poule (en cube)
sel, poivre

1. Faites fondre doucement 50 g de beurre dans une grande poêle et mettez-y les tomates coupées en quartiers. Faites-les revenir à feu moyen et réduisez le feu au bout de quelques minutes pour les laisser cuire doucement encore 10 minutes. Salez et poivrez en fin de cuisson.

2. Dès que les tomates sont dans la poêle, faites une sauce suprême avec le restant du beurre, la farine et le bouillon (voir recette page 171). Rectifiez l'assaisonnement en fin de cuisson.

3. Faites enfin pocher les œufs dans l'eau bouillante, selon la méthode habituelle.

4. Disposez dans un plat les tomates, posez dessus les 4 œufs et nappez de sauce. Servez chaud.

MON SECRET : *En hiver, je préfère aux tomates anémiques que l'on trouve sur les marchés des tomates en boîte, crues, pelées et entières, excellentes.*

ŒUFS POCHÉS A LA PORTUGAISE

570 calories

Accompagnés de riz à la tomate et au fromage.

Préparation : 20 minutes
Cuisson : 30 minutes

Pour 4 personnes :

4 œufs
250 g de riz
3 oignons
75 g de beurre
2 cuillerées à soupe de concentré de tomate
75 g de gruyère râpé
1 cuillerée à soupe de farine
1/4 de litre de bouillon de poule (en cube)
sel, poivre

1. Lavez et égouttez le riz.
2. Epluchez les oignons ; émincez-les.
3. Mettez dans une casserole 50 g de beurre. Faites-le fondre sur feu doux avec les oignons et tournez le mélange jusqu'à ce que les oignons deviennent transparents.
4. Ajoutez le riz et tournez encore quelques instants sur le feu. Recouvrez alors complètement d'eau salée dans laquelle vous aurez délayé le concentré de tomate et laissez cuire à petits frémissements pendant 20 minutes.
5. Pendant la cuisson du riz, préparez une sauce suprême avec le reste du beurre, la farine et le bouillon (voir recette page 171).
6. Faites pocher les œufs dans l'eau bouillante, selon la recette traditionnelle.
7. Lorsque le riz est cuit, mêlez-y le fromage râpé et disposez-le dans le fond d'un plat creux. Posez par-dessus les œufs et nappez de sauce suprême. Servez sans attendre.

MON SECRET : *Il m'arrive d'enrichir ce plat de dés de jambon ou de petits morceaux de saucisses dorés à la poêle que je mêle au riz à la fin de sa cuisson.*

ŒUFS AU RIZ

545 calories

Un plat complet à la fois léger et nourrissant.

Préparation : 20 minutes
Cuisson : 30 minutes environ

Pour 4 personnes :

250 g de riz
2 noix de beurre

1. Epluchez les oignons et les tomates.
2. Hachez l'un des oignons.
3. Mettez dans une casserole moyenne les 2 noix de beurre, et faites-y fondre l'oignon haché sur feu très doux.
4. Au bout de quelques instants (lorsque l'oignon est transparent), ajoutez le riz lavé

4 œufs
500 g de tomates
60 g de parmesan râpé
5 cuillerées à soupe d'huile
3 oignons
quelques brins de persil
1 bouquet garni
1 clou de girofle
sel, poivre

et égoutté, et tournez bien à la cuiller en bois pour qu'il s'imprègne de graisse. Recouvrez complètement avec de l'eau froide salée et laissez cuire 20 minutes environ, sans couvercle et à feu très doux.

5. Pendant la cuisson du riz, mettez dans une grande casserole les tomates coupées en quartiers, les oignons entiers dans lesquels vous aurez piqué le clou de girofle, le persil, le bouquet garni, sel et poivre. Arrosez de deux cuillerées à soupe d'huile et mettez sur feu doux une vingtaine de minutes également.

6. A la fin de la cuisson du riz et de la sauce tomate, versez le restant de l'huile dans une poêle. Faites frire les œufs que vous casserez sans mélanger les blancs avec les jaunes, sur feu doux. Salez et poivrez légèrement en fin de cuisson.

7. Dressez sur un plat le riz, les œufs et arrosez avec la sauce. Servez chaud.

MON SECRET : *Quand je dispose d'un reste de bouillon de bœuf ou de poule, je l'utilise à la place de l'eau pour cuire le riz.*

ŒUFS ROQUEFORTAIS

410 calories

Des toasts au fromage coiffés d'œufs.

Préparation : 5 minutes
Cuisson : 10 minutes

Pour 4 personnes :

4 œufs
120 g de roquefort
4 minces tranches de pain de mie
80 g de beurre
4 cuillerées à soupe de crème fraîche
poivre

1. Ecrasez le roquefort avec une fourchette dans un bol ou dans une assiette creuse ; ajoutez-lui la crème fraîche et du poivre.

2. Faites chauffer du beurre dans la poêle ; quand il commence à grésiller, mettez-y à dorer légèrement les tranches de pain sur leurs deux faces.

3. Mettez la préparation roquefort-crème sur ces tranches de pain, toujours sur feu doux, laissez chauffer 2 minutes, puis cassez 1 œuf sur chaque tranche de pain. Dès que le blanc est pris, retirez du feu et servez.

MON SECRET : *Enlevez la croûte des tranches de pain qui doivent être très fines pour permettre la cuisson des œufs.*

ŒUFS A LA RUSSE

225 calories

Des œufs durs fourrés de mayonnaise.

Préparation : 15 minutes
Cuisson : 10 minutes

Pour 6 personnes :

6 œufs
1 tasse de mayonnaise ou 1 tube
sel, poivre
persil

1. Faites durcir les œufs 10 minutes à l'eau bouillante salée, refroidissez-les dans l'eau fraîche et écalez-les.

2. Coupez le petit bout de chaque œuf. A l'aide d'une petite cuiller, sortez le jaune de chaque œuf ainsi décalotté.

3. Ecrasez à la fourchette les jaunes et garnissez-en le fond d'un plat ovale. Dressez dessus les blancs, ouverture vers le haut.

4. Remplissez chaque œuf de mayonnaise.

5. Hachez les petits bouts enlevés sur chaque œuf et saupoudrez ce hachis sur le plat. Parsemez également de persil haché. Tenez au frais jusqu'au moment de servir.

MON SECRET : *Au lieu de fourrer les œufs uniquement de mayonnaise, vous pouvez la mélanger à une purée de miettes de thon.*

ŒUFS A LA SAUCE BÉARNAISE

D

860 calories

Sur des croûtes de pain frit au beurre, des œufs mollets masqués de béarnaise.

Préparation : 15 minutes
Cuisson : 30 minutes environ

Pour 4 personnes :

8 œufs
8 tranches de pain de mie rassis
50 g de beurre

Pour la béarnaise :
250 g de beurre
3 jaunes d'œufs
1 échalote hachée
1/2 verre de vinaigre
cerfeuil et estragon
sel, poivre

1. Préparez la béarnaise selon la recette classique (voir page 155).

2. Faites cuire les œufs dans l'eau bouillante selon la recette des œufs mollets (environ 4 minutes). Ecalez-les avec précaution et tenez-les au chaud.

3. Faites frire au beurre dans une poêle les tranches de pain de mie, 1 à 2 minutes de chaque côté.

4. Rangez les croûtes bien dorées dans un plat. Posez sur chacune d'elles un œuf et nappez de sauce. Servez immédiatement.

MON SECRET : *Un reste de sauce béarnaise peut se réchauffer au bain-marie. Pour en changer le goût et l'aspect j'y mêle du beurre de crevette.*

ŒUFS A LA SAUCE ROBERT

300 calories

Garnis d'oignons et de sauce piquante.

Préparation : 10 minutes
Cuisson :
15 minutes pour la sauce
7 à 8 minutes pour les œufs

Pour 4 personnes :

8 œufs
2 gros oignons
1 cuillerée à soupe rase de farine
1 verre de bouillon
1 cuillerée à café de moutarde
1 filet de vinaigre
70 g de beurre
sel, poivre

---

1. Pelez et hachez grossièrement les oignons.

2. Dans une casserole faites fondre la moitié du beurre. Mettez-y blondir les oignons quelques instants, puis saupoudrez de farine. Mélangez bien, mouillez avec le bouillon froid puis remuez jusqu'à ébullition. Salez et poivrez. Laissez cuire tout doucement 15 minutes, en remuant de temps en temps.

3. Pendant ce temps, chauffez le reste du beurre dans une poêle et cassez-y les œufs un à un. Laissez prendre quelques minutes.

4. Faites glisser les œufs sur un plat chaud. Ajoutez le vinaigre et la moutarde à la sauce, puis nappez-en les œufs. Servez aussitôt.

MON SECRET : *J'insiste sur l'importance de la qualité du vinaigre : il doit être de vin ou de xérès.*

ŒUFS AUX TOMATES

235 calories

Ou plus précisément dans des tomates : une appétissante présentation.

Préparation : 5 minutes
Cuisson : 20 minutes

Pour 4 personnes :

8 œufs
4 tomates bien mûres
2 cuillerées à soupe d'huile
sel, poivre

---

1. Lavez les tomates et coupez-les en deux transversalement. Avec une petite cuiller, videz-les de leurs graines et de leur jus, sans entamer la pulpe.

2. Faites chauffer l'huile dans une grande poêle à feu moyen. Mettez les tomates dans l'huile chaude, côté coupé contre la poêle. Laissez cuire 5 minutes.

3. Retournez-les, assaisonnez de sel et de poivre. Baissez le feu et laissez cuire encore 8 minutes.

4. Cassez un œuf dans chaque demi-tomate, assaisonnez de nouveau et laissez encore cuire jusqu'à ce que les blancs soient pris.

5. Disposez les tomates sur un plat, arrosez du jus de cuisson et servez chaud.

MON SECRET : *Excellents ces œufs aux tomates sur un lit de nouilles fraîches largement beurrées ou encore de spaghetti assaisonnés à l'huile d'olive avec un hachis d'ail et de persil.*

OMELETTE AUX CHAMPIGNONS

260 calories

Des champignons de Paris revenus au beurre garnissent cette omelette toujours appréciée.

Préparation : 10 minutes
Cuisson : 10 minutes

Pour 4 personnes :

8 œufs
200 g de champignons de Paris
40 g de beurre
sel, poivre

1. Nettoyez les champignons.
2. Coupez les champignons en petites lamelles.
3. Faites fondre la moitié du beurre dans une poêle et mettez-y les champignons à dorer. Retirez-les au bout de 10 minutes et gardez-les au chaud.
4. Mettez fondre le reste du beurre dans la poêle. Battez vivement les œufs avec sel et poivre. Faites-les cuire en omelette.
5. Lorsqu'elle est à point, parsemez avec les champignons et roulez-la en la faisant glisser sur un plat chaud.

MON SECRET : *Je décore le dessus de l'omelette avec une grosse tête de champignon coupée en lamelles que je dispose en rosace.*

OMELETTE A LA CHOUCROUTE

265 calories

Choucroute, œufs et jambon composent cette spécialité alsacienne.

Préparation : 5 minutes
Cuisson : 6 à 8 minutes

Pour 6 personnes :

9 œufs
300 g de choucroute cuite
2 cuillerées à soupe de graisse d'oie
3 minces tranches de jambon cuit
sel, poivre

1. Battez les œufs dans une jatte avec sel et poivre.
2. Mettez la graisse d'oie à chauffer dans une grande poêle ; versez-y les œufs lorsqu'elle est très chaude. Répartissez aussitôt la choucroute dessus et terminez la cuisson comme pour une omelette ordinaire.
3. Lorsqu'elle est cuite, faites-la glisser sur le plat de service et disposez par-dessus les tranches de jambon coupées en deux. Servez.

MON SECRET : *J'achète pour fourrer cette omelette une boîte de choucroute braisée et non pas au naturel.*

OMELETTE AUX COURGETTES

460 calories

Les légumes sont rissolés et gonflent l'omelette dorée dans l'huile.

Préparation : 15 minutes
Cuisson : 25 minutes

Pour 4 personnes :

4 ou 5 petites courgettes
8 œufs
1/2 verre d'huile
sel, poivre

1. Grattez les courgettes, lavez-les et coupez-les en petits dés.

2. Faites chauffer l'huile dans une poêle et faites-y sauter les dés de courgettes. Assaisonnez et laissez cuire une quinzaine de minutes.

3. Versez alors dans la poête les 8 œufs battus et assaisonnés.

4. Remuez bien avec la fourchette et faites cuire un côté de l'omelette.
Retournez-la pour laisser colorer l'autre côté.

MON SECRET : *A la saison du basilic, j'en hache 5 ou 6 feuilles dont je saupoudre les courgettes en fin de cuisson.*

OMELETTE A LA CRÈME

290 calories

Très mousseuse, presque un soufflé.

Préparation : 10 minutes
Cuisson : 10 minutes

Pour 4 personnes :

6 œufs
2 cuillerées 1/2 de crème fraîche épaisse
1/2 tasse d'emmenthal râpé
3 cuillerées à soupe de beurre
1/2 cuillerée à café de sel

1. Séparez les blancs et les jaunes des œufs.

2. Battez les jaunes d'œufs avec la crème. Salez.

3. Battez les blancs en neige très ferme.

4. Mélangez aux jaunes d'œufs et à la crème les blancs battus en neige et le fromage.

5. Faites fondre le beurre dans une poêle sur feu assez vif, versez-y la préparation. Au bout de 30 secondes, réduisez le feu et faites cuire à feu doux en secouant la poêle sans arrêt. Relevez les bords avec une fourchette et faites couler par en dessous les parties non prises. Servez sur un plat chauffé.

MON SECRET : *Pour la cuisson de l'omelette, je mélange au beurre, dans la poêle, un peu d'huile. Ainsi, aucun risque que l'omelette « s'attrape ».*

Œufs au jambon. *(Recette page 278)*

Œufs à l'espagnole. *(Recette page 274)*

Omelette aux champignons. *(Recette page 287)*

Piperade. *(Recette page 294)*

OMELETTE AUX FINES HERBES

130 calories

Parfumée et « baveuse ».

Préparation : 5 minutes
Cuisson : 6 minutes

Pour 6 personnes :

10 œufs
50 g de beurre
1/4 de verre d'eau
sel, poivre
2 branches de persil
6 brins de cerfeuil
2 branches d'estragon

1. Hachez les herbes ensemble, sans les tiges.

2. Battez les œufs avec sel, poivre et eau. Ajoutez les herbes.

3. Chauffez le beurre dans la poêle. Quand il commence à grésiller, versez les œufs battus. Laissez cuire en ramenant les bords vers le centre avec une fourchette ou une palette en bois. Quand le tout est pris, mais encore légèrement baveux, faites glisser sur un plat de service en roulant l'omelette sur elle-même.

MON SECRET : *Un peu d'huile en plus du beurre pour la cuisson et une poêle à fond bien plat. Antiadhésive, c'est l'idéal.*

OMELETTE AU FROMAGE

185 calories

Gruyère et œufs intimement mêlés.

Préparation : 5 minutes
Cuisson : 6 minutes

Pour 6 personnes :

9 œufs
50 g de beurre
1/4 de verre d'eau
80 g de gruyère râpé
sel, poivre

1. Battez les œufs avec sel, poivre et eau. Ajoutez le fromage râpé.

2. Chauffez le beurre dans la poêle. Quand il commence à grésiller, versez les œufs battus. Laissez-les cuire en ramenant les bords vers le centre avec une fourchette ou une palette en bois. Quand le tout est pris, mais encore légèrement baveux, faites glisser sur un plat de service en roulant l'omelette sur elle-même.

MON SECRET : *Je saupoudre d'un peu de fromage râpé au moment de servir.*

OMELETTE AUX DÉS DE FROMAGE

375 calories

Une nouvelle formule pour une recette classique.

Préparation : 10 minutes
Cuisson : 15 minutes

Pour 4 personnes :

6 œufs
2 cuillerées à soupe d'eau
100 g de fromage à pâte cuite souple
2 cuillerées à soupe de persil haché
4 cuillerées à soupe de beurre
4 cuillerées à soupe d'huile
1/2 cuillerée à café de sel
poivre blanc

1. Coupez le fromage en petits dés.
2. Battez les œufs avec l'eau, le sel, le poivre.
3. Ajoutez le fromage et le persil aux œufs.
4. Chauffez l'huile et le beurre ensemble dans une poêle jusqu'à bouillonnement. Versez alors les œufs dans la poêle et cuisez à feu moyen jusqu'à ce que le fond dore légèrement. Faites glisser dessous la partie encore liquide de l'omelette et retournez pour dorer l'autre face. Pour retourner, le moyen le plus simple est de couvrir la poêle avec une assiette et de retourner sens dessus dessous la poêle et l'assiette. L'omelette étant dans l'assiette, vous la faites glisser dans la poêle sur la face non cuite. Servez sur un plat de service bien chaud.

MON SECRET : *Il faut pour cette omelette un fromage qui ramollisse à la chaleur mais sans fondre complètement comme du Bonbel, par exemple, ou du port-salut.*

OMELETTE AUX MOULES

240 calories

Pour enrichir et varier la classique omelette.

Préparation : 15 minutes
Cuisson : 15 minutes

Pour 4 personnes :

500 g de moules
8 œufs
2 cuillerées à soupe d'huile
sel, poivre

1. Grattez et lavez les moules. Mettez-les dans une casserole couverte sur feu doux pour qu'elles s'ouvrent 4 à 5 minutes. Sortez-les des coquilles et égouttez-les.
2. Mettez les moules décortiquées à revenir légèrement dans la poêle avec l'huile. Remuez puis versez les œufs battus avec sel et poivre.
3. Faites cuire comme une omelette ordinaire. Servez-la légèrement baveuse.

MON SECRET : *Je râpe une demi-gousse d'ail dans les œufs battus avant de les cuire.*

OMELETTE NATURE

125 calories

Toute simple, une recette de base.

Préparation : 5 minutes
Cuisson : 6 minutes

Pour 6 personnes :

9 œufs
50 g de beurre
1/4 de verre d'eau
sel, poivre

1. Cassez les œufs dans un petit saladier. Salez, poivrez, versez l'eau et battez vivement le mélange sans insister trop longtemps.

2. Mettez le beurre dans une grande poêle sur feu vif.

3. Lorsqu'il commence à roussir, versez-y les œufs battus et détachez les bords de l'omelette en passant une fourchette entre les œufs et la poêle, tout autour. De temps en temps, ramenez le bord de l'omelette vers le centre avec la fourchette. Laissez cuire 5 à 6 minutes (soulevez un bord : il doit être doré tandis que le dessus de l'omelette est encore baveux).

4. Inclinez la poêle au-dessus d'un plat et à l'aide d'une fourchette roulez l'omelette et faites-la glisser sur le plat. Servez très chaud.

MON SECRET : *Très bonne aussi froide si elle est bien cuite.*

OMELETTE AUX OIGNONS BLANCS

290 calories

A servir chaude ou froide.

Préparation : 10 minutes
Cuisson : 30 minutes environ

Pour 4 personnes :

500 g d'oignons blancs de printemps
8 œufs
sel, poivre
2 cuillerées à soupe d'huile

1. Epluchez les oignons, émincez-les. Mettez-les dans une sauteuse avec de l'huile, salez et couvrez. Faites cuire à l'étouffée pendant 20 minutes. L'oignon ne doit pas roussir.

2. Dans une jatte, battez les œufs avec du sel et du poivre. Ajoutez les oignons, mélangez, puis versez dans une poêle à fond épais, bien huilée.

3. Faites cuire 8 à 10 minutes à feu doux. Retirez ensuite la poêle du feu, couvrez-la d'une assiette, retournez l'omelette, glissez-la dans la poêle afin de cuire le deuxième côté. L'omelette ne doit pas être baveuse. Elle se mange chaude ou froide.

MON SECRET : *Pour la servir chaude, je l'arrose de sauce tomate.*

OMELETTE AUX POIVRONS

240 calories

Crémeuse et colorée.

Préparation : 10 minutes
Cuisson : 25 minutes

Pour 4 personnes :

6 œufs
2 oignons
1 poivron vert
3 cuillerées à soupe d'huile
1/4 de tasse d'eau
1/2 cuillerée à café de sel
poivre blanc

1. Pelez les oignons et hachez-les.
2. Lavez le poivron. Ouvrez-le pour supprimer les graines et hachez-le.
3. Battez les œufs en omelette avec le sel et le poivre.
4. Faites chauffer 2 cuillerées d'huile dans une casserole, mettez-y à revenir pendant 5 minutes les oignons et les poivrons hachés. Ajoutez l'eau et laissez cuire à feu très doux jusqu'à ce que les légumes aient absorbé toute l'eau, 15 minutes environ. Laissez refroidir 5 minutes.
5. Ajoutez les légumes dans les œufs.
6. Chauffez le restant de l'huile dans une poêle et mettez-y à cuire les œufs pendant 4 à 5 minutes sans cesser de les remuer avec une fourchette pour obtenir plutôt des œufs brouillés qu'une véritable omelette.

MON SECRET : *Poivrons rouges, poivrons verts ? Les deux conviennent mais, à mon avis, les rouges sont plus parfumés.*

OMELETTE PROVENÇALE

180 calories

Fourrée à la ratatouille.

Préparation : 5 minutes
Cuisson : 8 minutes

Pour 6 personnes :

9 œufs
2 cuillerées à soupe d'huile
1/2 boîte de ratatouille
sel, poivre

1. Battez les œufs avec sel, poivre.
2. Egouttez bien la ratatouille de façon à ce qu'elle soit sèche. Chauffez-la.
3. Chauffez l'huile dans la poêle. Quand elle grésille, versez les œufs. Laissez-les prendre 3 ou 4 minutes en ramenant les bords vers le centre. L'omelette n'étant pas tout à fait cuite, versez dessus la ratatouille. Etalez-la. Cuisez encore 3 ou 4 minutes et faites glisser l'omelette dans un plat en la roulant sur elle-même.

MON SECRET : *1 cuillerée à soupe d'huile d'olive dans les œufs battus.*

OMELETTE SAINT-PIERRE

510 calories

Mousseuse, crémeuse, fourrée au thon.

Préparation : 5 minutes
Cuisson : 8 minutes

Pour 4 personnes :

8 œufs
1 boîte de 1/4 de thon à l'huile
2 cuillerées à soupe de crème fraîche
2 cuillerées à soupe de lait
60 g de beurre
sel, poivre

1. Cassez les œufs dans un saladier. Ajoutez le lait, sel et poivre, et battez le tout avec une fourchette sans faire mousser le mélange.
2. Ouvrez la boîte de thon et versez son contenu, y compris l'huile, dans une petite casserole. Ajoutez la crème fraîche et mettez à chauffer sur feu doux.
3. Mettez le beurre dans la poêle. Faites chauffer sur feu moyen. Lorsque le beurre est chaud, versez dedans les œufs battus avec le lait. Laissez prendre sur feu vif pendant 3 ou 4 minutes. Mélangez le fond avec une fourchette pour que l'omelette cuise au centre. Dès qu'elle est un peu sèche sur les bords, versez sur l'omelette la préparation de thon et de crème. Etalez-la. Faites glisser l'omelette garnie sur un plat en la pliant en deux. Servez très chaud.

MON SECRET : *Utiliser des miettes de thon, plus avantageuses que le thon entier. Je les choisis parfois préparées à la tomate, c'est excellent pour cette recette.*

OMELETTE AU THON

260 calories

Une saveur originale relevée d'ail et d'anchois.

Préparation : 10 minutes
Cuisson : 10 minutes

Pour 4 personnes :

8 œufs
1 cuillerée à soupe de persil haché
200 g de thon en miettes égoutté de son huile
1 gousse d'ail
2 filets d'anchois
2 cuillerées à soupe d'huile d'olive
1/2 cuillerée à café de sel
poivre

1. Pelez la gousse d'ail et coupez-la en lamelles fines.
2. Coupez les anchois en minces lamelles.
3. Dans un bol, battez ensemble les œufs, le sel, le poivre, le persil, l'ail, le thon et les anchois.
4. Chauffez l'huile dans une poêle, versez-y la préparation. Faites cuire à feu doux pendant 5 minutes sur chaque face. Servez bien chaud.

MON SECRET : *Je garde l'huile du thon. Elle convient très bien pour assaisonner des tomates ou autres crudités telles que céleris, fenouils, poivrons, etc.*

PIPERADE

200 calories

Une onctueuse crème d'œufs aux tomates, aux piments et au jambon.

Préparation : 10 minutes
Cuisson : 25 minutes environ

Pour 6 personnes :

1 kg de tomates
3 piments verts doux
5 œufs
3 tranches de jambon de Bayonne
2 cuillerées à soupe d'huile
2 oignons
1 gousse d'ail
sel

1. Pelez les tomates, les oignons et l'ail. Hachez l'oignon et l'ail séparément. Coupez les tomates en morceaux et épépinez-les. Lavez les piments et coupez-les en longues lamelles.

2. Faites chauffer l'huile dans une grande poêle pour y faire dorer les oignons et les tomates. Prolongez la cuisson en remuant fréquemment, 10 minutes environ (jusqu'à ce que le liquide soit presque tout évaporé).

3. Ajoutez les lanières de piment et l'ail écrasé et laissez encore 5 à 6 minutes sur le feu.

4. Dans un bol, battez les œufs avec un peu de sel. Coupez le jambon en petits morceaux. Ajoutez œufs et jambon hors du feu au contenu de la poêle. Mélangez bien et, sans arrêter de remuer, remettez sur feu très doux 7 à 8 minutes pour cuire les œufs sans les coaguler.

5. Faites glisser sur un plat et servez bien chaud.

MON SECRET : *Peu de sel dans les légumes car le jambon de Bayonne, généralement assez salé, risque de trop assaisonner la piperade.*

VI

Escargots, Grenouilles, Poissons et Crustacés

ACRAS DE MORUE

390 calories

Dorées et moelleuses, des croquettes de morue aux épices.

**Préparation : 15 minutes
(+ 12 heures de trempage pour la morue)
Cuisson : 10 minutes
+ 10 minutes**

Pour 4 personnes :

**200 g de filets de morue
2 oignons
1 gousse d'ail
2 œufs
80 g de farine
1/2 cuillerée à café de levure chimique
10 brins de ciboulette
6 brins de persil
4 pincées de piment fort
bain de friture**

1. Faites dessaler la morue pendant au moins 12 heures en renouvelant l'eau à plusieurs reprises.

2. Cuisez-la 10 minutes dans l'eau non salée à peine frémissante. Egouttez-la. Emiettez-la.

3. Hachez finement les oignons, la ciboulette, l'ail et le persil.

4. Délayez la farine et la levure dans un quart de verre d'eau.

5. Ajoutez la morue, les œufs, les oignons, l'ail, les herbes et le piment. Mélangez bien. Avec la pâte obtenue, formez des boules un peu plus grosses que des noix.

6. Faites-les cuire 10 minutes dans le bain de friture bien chaud. Servez chaud.

MON SECRET : *Un bon « amuse-gueule » d'apéritif, surtout si celui-ci est du punch.*

ALOSE GRILLÉE

525 calories

Un poisson très fin, simplement cuisiné.

**Préparation : 15 minutes
Cuisson : 15 minutes**

Pour 4 personnes :

**1 alose de 1,500 kg
4 cuillerées à soupe d'huile d'olive
2 citrons
3 ou 4 branches de persil
thym, laurier
sel, poivre**

1. Videz, écaillez et lavez l'alose ; essuyez-la. Détaillez-la en tranches de 2 cm d'épaisseur.

2. Dans un grand plat creux, mettez les tranches de poisson à mariner avec l'huile d'olive, le jus d'un citron, le persil, le thym et le laurier.
Salez et poivrez et laissez mariner pendant 15 à 20 minutes.

3. Faites griller 5 à 7 minutes de chaque côté. Dressez les tranches de poisson sur un plat de service long ; garnissez avec des tranches de citron et servez accompagné d'une saucière de beurre fondu et persillé.

MON SECRET : *Je prépare aussi suivant cette recette une alose entière. Je compte alors environ 25 minutes de cuisson pour un poisson de 1,500 kg.*

ALOSE A L'OSEILLE

705 calories

Deux mets faits pour aller ensemble.

Préparation : 30 minutes
Cuisson : 20 à 35 minutes

Pour 4 personnes :

1 alose de 1,500 kg
800 g de feuilles d'oseille bien tendre
1 tranche épaisse de jambon de Bayonne
3 cuillerées à soupe d'huile d'olive
sel, poivre
1 saucière de beurre fondu

Pour l'oseille :
50 g de beurre
2 cuillerées à soupe de crème fraîche
1 pincée de sucre

1. Videz, écaillez et lavez l'alose ; essuyez-la. Farcissez l'intérieur de quelques feuilles d'oseille hachées grossièrement au couteau. Cousez l'ouverture.

2. Incisez peu profondément et régulièrement les deux côtés du poisson. Assaisonnez-le de sel et de poivre. Enduisez-le d'huile. Faites-le saisir 5 minutes de chaque côté au gril du four très chaud ou mieux sur un feu de bois.

3. Huilez un plat en terre, déposez dans le fond le jambon émincé puis installez l'alose par-dessus. Mettez à cuire à four moyen pendant 15 minutes.

4. Lavez l'oseille dans plusieurs eaux. Faites-la cuire 5 minutes dans un demi-litre d'eau bouillante salée. Egouttez.
Mettez dans une cocotte avec 50 g de beurre pendant 20 minutes environ.
Assaisonnez de sel, de poivre et d'une pincée de sucre. Au dernier moment, liez avec la crème fraîche.
Disposez l'alose sur un plat de service, entourez avec l'oseille et servez accompagné d'une saucière de beurre fondu.

MON SECRET : *De l'oseille, je ne prends que les feuilles. J'ai grand soin d'enlever les tiges.*

ANGUILLE AUX OIGNONS

765 calories

Un savoureux gratin au vin blanc.

Préparation : 20 minutes
Cuisson : 1 h 30

Pour 6 personnes :

1 grosse anguille de 1,800 kg environ
1 kg d'oignons
3 gousses d'ail
1 verre de vin blanc sec

1. Dépouillez l'anguille. Videz-la.

2. Epluchez les gousses d'ail. Hachez-les avec le persil.

3. Epluchez, lavez les oignons, émincez-les.

4. Disposez un lit épais d'oignons émincés au fond d'un plat à gratin. Recouvrez du hachis d'ail et de persil. Assaisonnez. Mouillez avec le vin blanc. Déposez l'anguille dépouillée sur ce lit et arrosez d'huile.

5. Cuisez au four pendant 1 h 30.

1 petit verre d'huile
1 bouquet de persil
sel, poivre

MON SECRET : *J'arrose l'anguille de jus de citron avant de la poser sur son lit d'oignons. Meilleur encore avec de l'huile d'olive.*

ARAIGNÉES DE MER FARCIES D C 950 calories

Une savoureuse farce agrémentée de moules.

Préparation : 30 minutes
Cuisson : 1 heure

Pour 4 personnes :

2 araignées de mer
1 litre de moules
3/4 de litre de vin blanc sec
1 oignon
1 citron
Thym, laurier
Sel, poivre
2 cuillerées à soupe de farine
25 g de beurre
2 jaunes d'œufs
2 cuillerées à soupe de crème

1. Mettez les araignées à cuire dans un court-bouillon fait de 3 litres d'eau, du jus du citron, d'un demi-litre de vin blanc, sel poivre, thym et laurier. Laissez cuire 15 à 20 minutes.
2. Pendant ce temps faites ouvrir les moules dans une casserole avec le reste du vin et l'oignon haché.
3. Une fois cuites, retirez les moules de leurs coquilles et filtrez le jus de cuisson.
4. Avec la farine et le beurre préparez un roux blanc auquel vous ajoutez le jus des moules en quantité nécessaire pour faire une sauce épaisse.
5. Cuisez cette sauce 10 minutes et hors du feu ajoutez-lui les jaunes d'œufs et la crème.
6. Décortiquez les araignées en retirant les chairs des pattes et de la carapace. Ajoutez ces chairs et les moules à la sauce et farcissez-en les carapaces. Faites cuire au four environ vingt minutes.

MON SECRET : *Je fais la même recette avec de gros crabes quand je ne trouve pas d'araignées de mer.*

BAR FLAMBÉ 456 calories

Très simple mais de grande classe.

Préparation : 10 minutes
Cuisson : 20 minutes

Pour 4 personnes :

1 bar de 1 kg
2 cuillerées à soupe d'huile
1 petit verre de cognac
2 citrons
sel

1. Nettoyez le bar et videz-le par les ouïes ; pratiquez deux incisions peu profondes de chaque côté. Essuyez-le et enduisez-le d'huile.
2. Posez-le sur le gril bien chauffé au rouge pour qu'il n'attache pas. Faites-le cuire 10 mn sur chaque côté. Salez-le. Arrosez-le avec le cognac et flambez. Servez aussitôt avec des quartiers de citron.

MON SECRET : *Une garniture de ratatouille à l'huile d'olive.*

BAR EN GELÉE C

380 calories

Une très belle présentation pour un poisson de qualité.

Préparation : 45 minutes
Cuisson :
15 minutes pour le poisson
10 minutes pour les œufs
Réfrigération :
2 heures au moins

Pour 12 personnes :

2 bars de 1,800 kg chacun
court-bouillon instant.
1 boîte de gelée en poudre
6 œufs
12 petites tomates rondes
1 verre d'huile d'olive
2 cuillerées à soupe de câpres
6 citrons
sel, poivre
quelques brins de persil

1. Préparez le court-bouillon suivant le mode d'emploi indiqué sur les sachets. Laissez-le tiédir.

2. Pendant ce temps, écaillez et videz les poissons. Lavez-les sous le robinet d'eau froide.

3. Faites durcir les œufs 10 minutes dans l'eau bouillante.

4. Mettez les poissons dans un grand récipient. Versez dessus le court-bouillon refroidi et placez sur feu très doux. Laissez frissonner 15 minutes, en veillant à ne jamais laisser bouillir.

5. Dès que les œufs sont cuits, refroidissez-les dans l'eau et enlevez les coquilles. Coupez-les en deux dans le sens de la longueur, et sortez les jaunes à l'aide d'une petite cuiller.

6. Mettez dans un bol les jaunes et écrasez-les à la fourchette. Ajoutez les câpres, l'huile d'olive, sel et poivre. Mélangez bien et garnissez les demi-blancs avec cette préparation.

7. Lorsque les poissons sont cuits, sortez-les précautionneusement pour ne pas les briser et égouttez-les. Enlevez la peau qui se détache très facilement.

8. Préparez la gelée en utilisant le court-bouillon filtré et en suivant les instructions données sur la boîte de gelée. Laissez-la tiédir.

9. Placez les poissons dans le plat de service. Entourez-les des petites tomates entières lavées et essuyées, de quartiers de citron et d'œufs farcis.

10. Nappez les poissons de gelée tiède et mettez au réfrigérateur pour faire prendre. Sortez au moment de servir.

MON SECRET : *Je mets dans le court-bouillon des écorces d'orange séchées qui le parfument.*

BAR A LA MONÉGASQUE

480 calories

Sur un lit de pommes de terre.

Préparation : 30 minutes
Cuisson : 1 h 30

Pour 6 personnes :

1 bar de 1,500 kg
250 g d'oignons
1,250 kg de pommes de terre
3 tomates
3 gousses d'ail
3 cuillerées à soupe de chapelure
2 cuillerées à soupe de persil haché
2 branchettes de thym
un demi-verre d'huile d'olive
sel, poivre

1. Ecaillez le bar et videz-le. Lavez-le. Essuyez-le et saupoudrez-le de sel.

2. Pelez les pommes de terre. Coupez-les en rondelles minces (3 mm environ d'épaisseur).

3. Pelez les oignons. Hachez-les.

4. Froissez les branchettes de thym entre vos mains pour en faire tomber les feuilles.

5. Mélangez les oignons, le thym, les pommes de terre, le sel et le poivre.

6. Prenez un plat allant au four. Mettez-y les pommes de terre et leur assaisonnement. Arrosez-les avec l'huile et ajoutez de l'eau, juste en quantité suffisante pour couvrir les pommes de terre. Mettez à four chaud (thermostat 7). Laissez cuire 1 heure.

7. Pendant ce temps, lavez les tomates. Coupez-les en deux. Enlevez les graines.

8. Hachez les deux gousses d'ail qui restent. Mélangez-les au persil haché. Garnissez les tomates avec cette préparation. Saupoudrez de sel, puis de chapelure.

9. Sortez le plat du four. Posez le bar sur les pommes de terre. Entourez avec les tomates. Arrosez d'un peu d'huile. Remettez une bonne demi-heure au four. Servez dans le plat de cuisson.

MON SECRET : *Je frotte le fond et les parois du plat avec une gousse d'ail avant d'y mettre les pommes de terre.*

BAR AU VIN BLANC

470 calories

Parfumé aux herbes de Provence.

Préparation : 15 minutes
Cuisson : 25 minutes

Pour 4 personnes :

bar de 1 kg
ou 1,200 kg

1. Ecaillez et videz le bar, lavez-le à grande eau sous le robinet et épongez-le à l'aide d'un torchon. Coupez en lamelles les oignons et les champignons. Nettoyez les moules.

2. Mettez dans le fond du plat l'huile d'olive et la moitié du beurre. Faites un lit avec les oignons et les champignons de Paris.

150 g de crevettes grises
125 g de petits champignons de Paris
un demi-litre de moules
5 tomates
2 oignons
1 citron
50 g de beurre
1 cuillerée à soupe d'huile d'olive
2 verres de vin blanc sec
thym, laurier, fenouil séché en branche
sel, poivre

3. Introduisez dans le ventre du bar le fenouil en branche, 1 feuille de thym, 1 branche de laurier. Salez légèrement.

4. Disposez le bar dans le plat ; entourez-le des tomates coupées en quartiers, des crevettes, des moules. Salez et poivrez.

5. Découpez des rondelles de citron et placez-les sur le bar. Mettez le reste du beurre sur le poisson. Versez le vin blanc.

6. Enfournez et laissez cuire 25 minutes à four chaud.

MON SECRET : *Quand je ne trouve pas de fenouil frais, je mets dans le poisson une cuillerée de graines de fenouil séchées.*

BEIGNETS DE LANGOUSTINES

745 calories

Faites-les cuire pendant 10 minutes dans de l'eau bouillante salée. Décortiquez-les soigneusement. Plongez-les dans la pâte à frire puis dans le bain de friture d'huile.

BEIGNETS DE POISSONS

660 calories

Choisissez des poissons à chair ferme, de la lotte, par exemple. Une fois le poisson cuit au court-bouillon, mais pas trop, enlevez arêtes et peau. Coupez-le en filets allongés. Plongez-les dans la pâte à frire classique, puis dans la friture d'huile bien chaude.

BOUQUETS GRILLÉS

280 calories

Des brochettes marinées dans l'huile aromatisée et mises sur le gril.

Préparation : 15 minutes + 1 heure de marinade
Cuisson : 10 minutes

Pour 4 personnes :

24 bouquets
3/4 de tasse d'huile

1. Lavez les bouquets, décortiquez-les, épongez-les bien avec un papier absorbant ou un linge.

2. Pelez l'ail ; coupez-le en lamelles fines.

3. Mélangez l'huile, le sel, le poivre, l'ail et le persil. Mettez les bouquets dans ce mélange et laissez mariner 1 heure en retournant fréquemment.

2 gousses d'ail
3 cuillerées à dessert de persil haché
1/2 cuillerée à café de sel
poivre noir fraîchement moulu

4. Egouttez les crevettes de la marinade et enfilez-les sur des bâtonnets en bois ou des brochettes. Rangez ces brochettes sur le gril du four ou sur les braises d'un barbecue et faites griller 10 minutes en retournant et en arrosant plusieurs fois avec la marinade en cours de cuisson.
Servez aussitôt avec des quartiers de citron.

MON SECRET : *Saupoudrez les brochettes d'un peu de curry avant de les griller.*

BRANDADE DE MORUE

365 calories

Une moelleuse purée corsée d'une pointe d'ail.

Préparation : 20 minutes (morue à faire tremper la veille)
Cuisson : 15 minutes environ

Pour 6 personnes :

1 kg de morue (2 boîtes de filets)
6 à 7 décilitres d'huile d'olive
2,5 décilitres de lait
le jus d'un citron
1 pointe de noix muscade et d'ail râpés
poivre blanc
croûtons de pain frits à l'huile

1. Coupez la morue en morceaux réguliers. Faites-la dessaler 24 heures en renouvelant l'eau plusieurs fois.

2. Le lendemain, mettez les morceaux de morue dans une casserole, couvrez d'eau froide et portez sur le feu. Retirez dès les premiers bouillons et égouttez.

3. Enlevez soigneusement toutes les arêtes de la morue. Effeuillez-la.

4. Préparez la quantité d'huile et de lait nécessaire dans deux casseroles et maintenez-les au chaud.

5. Mettez les émincés de morue dans une autre casserole avec 1 décilitre d'huile tiède.

6. Travaillez fortement avec une cuiller en bois, sur feu très doux (ou mieux au bain-marie). L'huile sera bien absorbée et les morceaux de morue bien écrasés ; ajoutez sans cesser de travailler à la cuiller en bois, et petit à petit, le reste d'huile en alternance avec le lait.

7. Lorsque le mélange est bien crémeux, qu'on ne distingue plus aucun morceau, assaisonnez avec le jus de citron, la muscade et l'ail râpés, le poivre moulu, un peu de sel s'il y a lieu.

8. Dressez la brandade chaude à point sur un plat de service et garnissez avec les croûtons de pain frits.

MON SECRET : *J'incorpore à la brandade une pomme de terre bouillie et écrasée qui aide à la lier.*

BROCHET FARCI C

440 calories

Plat de gala pour grandes circonstances.

Préparation : 30 minutes (farce à préparer 1 ou 2 heures à l'avance)
Cuisson : 40 minutes

Pour 6 personnes :

1 beau brochet de 2 kg

Pour la farce :
250 g de chair de poisson de mer ou à défaut de poisson d'eau douce à chair ferme
125 g de foie gras
1 gousse d'ail
1/2 tasse de mie de pain trempée dans le lait.
1 ou 2 blancs d'œufs
sel, poivre

Pour la cuisson :
50 g de beurre
1/2 verre d'eau
le jus d'un demi-citron

1. Videz, écaillez et lavez le brochet. Retirez les œufs et laitances qui sont toxiques.

2. Préparez la farce : dans un mortier, ou au mixer, réduisez en purée la chair de poisson avec le foie gras et la gousse d'ail. Ajoutez la mie de pain essorée, les blancs battus en neige, salez et poivrez. Faites revenir doucement cette farce quelques instants puis laissez refroidir une heure ou deux pour qu'elle durcisse.

3. Farcissez-en l'intérieur du brochet et cousez l'ouverture. Installez le brochet ainsi farci dans un plat long allant au four ; salez et poivrez. Arrosez-le avec le demi-verre d'eau et le jus de citron. Parsemez de noisettes de beurre et mettez à cuire à four chaud en arrosant souvent pendant la cuisson.

MON SECRET : *Un peu délicate à réussir, cette recette de grande cuisine. Assez coûteuse aussi. Quand je veux simplifier et économiser, je farcis mon brochet avec une farce faite de quenelles écrasées en purée et parfumées au cerfeuil ou à l'estragon.*

BROCHET GRAND-MÈRE

554 calories

Une farce fine à la crème.

Préparation : 30 minutes
Cuisson : 1 h 45

Pour 8 personnes :

1 brochet de 2,500 kg
400 g de filets de merlan
6 échalotes

1. Préparez le court-bouillon selon le mode d'emploi. Plongez-y les filets de merlan et laissez cuire 5 minutes dans le bouillon à peine frémissant. Egouttez-les. Réduisez-les en purée fine (mixer ou fourchette).

2. Faites chauffer 80 g de beurre dans une casserole sur feu doux. Quand il est fondu, versez la farine. Tournez. La farine absorbe le beurre. Ajoutez alors le lait froid d'un seul

100 g de farine
150 g de beurre
1/2 litre de lait
3 verres de vin blanc sec
1 tasse de crème
1 sachet de court-bouillon instant.
sel, poivre

coup. Tournez le mélange sans arrêt jusqu'à ce qu'il se forme une bouillie épaisse. Salez, poivrez. Mélangez à cette préparation la purée de merlan.

3. Ecaillez et videz le brochet. Remplissez-le avec cette farce. Parsemez-le de noisettes de beurre. Salez-le, poivrez-le et enveloppez-le dans du papier aluminium. Placez-le dans un plat allant au four et mettez-le à cuire à four chaud (thermostat 6) pendant 1 h 45.

4. Pendant ce temps, pelez les échalotes et hachez-les finement. Mettez-les dans une petite casserole avec le vin blanc, sel, poivre. Faites bouillonner doucement pendant 30 minutes. Le liquide réduit considérablement. Cinq minutes avant de servir, ajoutez la crème.

5. Le poisson étant cuit, déballez-le du papier d'aluminium, disposez-le sur un plat et servez-le accompagné de la sauce à la crème et au vin blanc.

MON SECRET : *J'accompagne de pommes vapeur.*

CABILLAUD GRILLÉ A LA MOUTARDE

94 calories

La chair du poisson s'imprègne de la saveur de la moutarde.

Préparation : 5 minutes
Cuisson : 10 minutes

Pour 6 personnes :

6 tranches de cabillaud de 1,5 cm d'épaisseur (170 g pièce)
4 cuillerées à soupe de moutarde
1 cuillerée à soupe d'huile
sel, poivre

1. Huilez les tranches de poisson, salez-les, poivrez-les. Badigeonnez-les de moutarde.

2. Faites-les griller pendant une dizaine de minutes, le gril étant placé très proche des braises ou de la flamme du gaz. Retournez en cours de cuisson.

MON SECRET : *Même recette avec une cuisson à la poêle. Je cuis alors 15 minutes et j'ajoute à la fin un peu de crème que je délaye dans la sauce de cuisson.*

CABILLAUD EN POT-AU-FEU

530 calories

Poisson, lard et légumes divers : un plat complet.

Préparation : 10 minutes
Cuisson : 30 minutes

Pour 4 personnes :

8 tranches de cabillaud
4 fines tranches de lard salé
8 oignons
800 g de pommes de terre
4 poivrons
6 tomates
100 g de beurre
sel, poivre

1. Epluchez les oignons, coupez-les en rondelles. Pelez les pommes de terre, lavez-les, coupez-les en rondelles pas trop épaisses. Lavez, essuyez les poivrons, enlevez le pédoncule, fendez-les pour enlever les graines, coupez-les en lamelles.

2. Faites chauffer de l'eau dans une casserole. Amenez à ébullition. Plongez les tomates 1 minute dans l'eau bouillante. Retirez-les à l'écumoire, pelez-les, la peau se détache facilement. Coupez-les en rondelles.

3. Dans une cocotte, mettez le beurre en morceaux, le lard, quelques rondelles d'oignons, quelques lamelles de poivrons. Déposez sur ce lit de légumes la moitié du poisson. Salez, poivrez, couvrez avec la moitié des pommes de terre. Recommencez à disposer en couches, oignons, poivrons, poisson, pommes de terre. Salez, poivrez. Terminez avec les tomates. Couvrez à ras d'eau froide.

4. Faites cuire à petit feu pendant une demi-heure.

MON SECRET : *Je prépare cette recette dans une cocotte en verre à feu, ce qui me permet de la servir dans son plat de cuisson. Ainsi, les couches de poisson et de légumes restent bien en place.*

CALMARS AU CITRON

890 calories

Une saveur exotique et une appétissante couleur.

Préparation : 25 minutes
Cuisson : 50 minutes

Pour 4 personnes :

4 beaux calmars
500 g de moules
4 tomates
2 oignons
2 gousses d'ail
1 poivron vert
1/2 dl d'huile d'olive

1. Nettoyez les calmars, coupez-les en gros morceaux.

2. Faites ouvrir les moules sur feu vif 5 à 10 minutes dans une casserole découverte et conservez leur jus.

3. Faites chauffer l'huile, mettez les tomates pelées et concassées, les oignons hachés, l'ail pilé ; laissez fondre doucement 5 minutes puis versez l'eau des moules, le vin blanc, sel, poivre et safran.

4. Ajoutez les calmars. Le liquide doit juste les recouvrir. Laissez bouillonner 30 minutes.

Safran
Sel, poivre
1/2 dl de vin blanc
150 g de riz

5. Faites cuire le riz à l'eau pendant environ 20 minutes. Egouttez-le et tenez-le au chaud.

6. Mettez les moules sur les calmars au dernier moment juste pour les réchauffer, une partie avec les coquilles pour décorer et le reste sans coquille. Servez avec le riz.

MON SECRET : *Je ne lésine pas sur le safran ; j'en mets une bonne demi-cuillerée à café.*

CALMARS A LA ROMAINE

280 calories

Mijotés en cocotte, les calmars sont servis dans une sauce à l'ail.

Préparation : 45 minutes (à faire plusieurs heures à l'avance)
Cuisson : 45 minutes

Pour 4 personnes :

800 g de calmars
1 verre et demi de vin blanc sec
2 têtes d'ail entières
1 gros bouquet de persil
30 g de beurre
le jus d'un demi-citron
sel, poivre

1. Plusieurs heures à l'avance, enlevez les parties cornées et cartilagineuses des calmars. Retirez sans la crever la poche à encre et coupez à l'aide de ciseaux une mince bordure tout autour des animaux. Laissez-les une heure ou deux dans de l'eau fraîche.

2. Egouttez et battez la chair pour l'amollir, sans l'écraser. Utilisez pour cela une bouteille ou un rouleau à pâtisserie. Passez de nouveau à l'eau fraîche et épongez dans du papier-linge.

3. Hachez les bras et les tentacules et coupez les corps en plusieurs morceaux.

4. Mettez les calmars dans une sauteuse. Ajoutez le vin, tout l'ail épluché, le bouquet de persil (à l'exception de quelques brins), sel et poivre. Portez vivement à ébullition, sans couvrir, puis réduisez le feu et laissez mijoter une quarantaine de minutes. Le jus doit réduire considérablement.

5. Pendant la cuisson, hachez le persil mis de côté.

6. Retirez le bouquet garni en fin de cuisson ; ajoutez hors du feu le beurre cru et le jus de citron.

7. Pêchez les gousses d'ail, écrasez-les et remettez-les dans la sauce.

8. Versez dans le plat de service et servez aussitôt, saupoudré de persil haché.

MON SECRET : *La garniture classique de ce plat est du riz. Mais essayez de gros haricots verts. Un heureux mariage.*

CARPE FARCIE A L'ALSACIENNE

610 calories

D C

Le poisson farci de fines herbes est servi sur un lit de choucroute et arrosé de beurre.

Préparation : 20 minutes
Cuisson : 20 minutes

Pour 6 personnes :

1 carpe de 1,500 kg à 2 kg
1/2 litre de vin blanc sec d'Alsace
600 g de choucroute braisée
6 pommes de terre
50 g de beurre
sel, poivre

Pour la farce :
1 verre de lait
200 g de mie de pain
3 oignons
2 échalotes
100 g de champignons crus
2 œufs
6 brins de persil
20 g de beurre
sel, poivre
1 pincée de muscade

1. Hachez oignons, échalotes, champignons et persil.

2. Dans une petite poêle, faites revenir au beurre le hachis d'oignons, d'échalotes, de persil et de champignons. Dès que ce hachis est doré, retirez-le du feu et cassez-y un à un les œufs en tournant vivement. Ajoutez la mie de pain que vous aurez pressée dans vos mains pour en extraire l'excédent de lait et assaisonnez de sel, poivre et noix muscade.

3. Si le poissonnier ne l'a déjà fait, écaillez et videz la carpe. Lavez-la et séchez-la dans du papier-linge. A l'aide d'un couteau bien aiguisé, fendez sur toute la longueur du ventre. Farcissez le poisson avec votre préparation et recousez soigneusement l'ouverture.

4. Dans une petite casserole, mettez les pommes de terre à cuire à l'eau salée.

5. Placez le poisson dans une grande poêle contenant le vin et faites-le chauffer doucement, en veillant à ce qu'il ne bouille pas. Laissez-le frémir une vingtaine de minutes et sortez-le.

6. Dressez la carpe sur un lit de choucroute braisée et garnissez avec les pommes de terre. Tenez au chaud.

7. Sur feu vif, faites réduire des deux tiers le jus de cuisson et ajoutez-y par petits morceaux de beurre, en fouettant vivement. Servez en saucière avec le poisson.

MON SECRET : *Si vous avez la chance que votre carpe contienne de la laitance, mêlez-la à la farce.*

CARPE FROIDE A LA JUIVE

315 calories

Cuite au court-bouillon et prise en gelée.

Préparation : 15 minutes
Cuisson : 30 minutes

Pour 6 personnes :

1 car de 1,500 kg à 2 kg
3 oignons moyens
2 gousses d'ail
1 grosse cuillerée à café de farine
2 cuillerées à soupe d'huile d'olive
1/2 litre de vin blanc sec
1/2 litre d'eau
sel, poivre
persil haché
1 bouquet garni

1. Ecaillez, videz et lavez votre poisson. Découpez-le en 6 tronçons réguliers.

2. Dans une grande casserole à fond épais (sauteuse), faites revenir les oignons émincés dans l'huile. Lorsqu'ils sont bien dorés, ajoutez l'ail haché et saupoudrez avec la farine. Tout en remuant, laissez prendre couleur. Mettez alors les morceaux de poisson et ajoutez le vin blanc, l'eau, le sel, le bouquet garni et le poivre. Laissez frémir (sans jamais bouillir) environ une demi-heure.

3. Vérifiez la cuisson et égouttez les morceaux de carpe, que vous placerez ensuite sur un plat creux.

4. Faites réduire le jus de cuisson sur feu vif (pour qu'il en reste 1 cm environ au fond de la casserole) ; filtrez-le et nappez-en le poisson. Laissez refroidir pour qu'il se transforme en gelée.

5. Servez bien froid et saupoudrez au dernier moment de persil haché.

MON SECRET : *Pour une plus belle présentation, je dispose les morceaux de carpe sur un plat long en reconstituant la forme du poisson. Cela avant de la napper de la sauce qui prendra en gelée.*

CARRELETS A L'AMÉRICAINE

315 calories

Dans une sauce au vin blanc et au cognac.

Préparation : 15 minutes
Cuisson : 20 minutes

Pour 4 personnes :

800 g de filets de carrelets
2 tomates
2 oignons
1 petit verre de cognac

1. Farinez les filets.

2. Faites-les revenir doucement 10 minutes à la poêle dans l'huile.

3. Chauffez la moitié du cognac dans une petite casserole, versez-le sur les poissons. Flambez aussitôt.

4. Enlevez les poissons de la poêle et tenez-les au chaud.

5. Dans la poêle, versez le vin blanc, le reste du cognac, les tomates pelées et coupées en

2 cuillerées à soupe d'huile
3 cuillerées à soupe de crème fraîche
1 cuillerée à soupe de farine
1/2 verre à moutarde de vin blanc
thym, laurier
sel, poivre

morceaux, les oignons hachés, le thym et le laurier. Poivrez fortement. Laissez cuire 10 minutes. Filtrez cette sauce au chinois (passoire fine). Au moment de servir, ajoutez-lui la crème et versez sur les carrelets.

MON SECRET : *Une pointe de couteau de safran dans la crème.*

CARRELETS FRITS

390 calories

Appétissants et bien dorés.

Préparation : 10 minutes
Cuisson : 5 minutes

Pour 4 personnes :

4 petits carrelets
4 cuillerées à soupe de farine
1 citron
sel, poivre
bain de friture

1. Videz et nettoyez les poissons. Epongez-les. Salez-les et poivrez-les. Passez-les dans la farine.

2. Plongez-les 5 minutes dans le bain de friture bien chaud. Servez avec des quartiers de citron.

MON SECRET : *Une garniture de rondelles de gros oignons frits à la poêle dans de l'huile et saupoudrés de persil haché.*

CLAMS GRATINÉS

220 calories

Une entrée pour repas de gala.

Préparation : 20 minutes
Cuisson : 15 minutes

Pour 4 personnes :

3 douzaines de clams
20 branches de persil
2 gousses d'ail

1. Grattez les clams dans leurs coquilles sous l'eau courante froide jusqu'à ce qu'elles soient brillantes. Utilisez pour cela une lame de couteau et une brosse.

2. Egouttez-les et mettez-les dans un grand fait-tout. Couvrez et mettez sur feu doux pendant une dizaine de minutes pour que les coquilles s'ouvrent.

1/2 tasse à thé
de parmesan râpé
1/4 de tasse d'huile
d'olive
1/4 de tasse
de chapelure
1 pincée de poivre
fraîchement moulu

3. Pendant ce temps, hachez finement le persil. Pelez les gousses d'ail et coupez-les en lamelles fines.

4. Les clams étant ouverts, enlevez les coquilles supérieures et laissez les noix de coquillages dans les demi-coquilles inférieures. Disposez-les dans un plat allant au four.

5. Mélangez ensemble le persil, le fromage et le poivre.

6. Répartissez cette préparation au-dessus des clams, arrosez d'huile et saupoudrez de chapelure. Faites cuire 5 minutes à four chaud (thermostat 7). Servez dès la sortie du four.

MON SECRET : *J'ajoute une pincée d'origan en poudre au mélange persil, ail et fromage.*

COLIN FRIT

355 calories

Une préparation simple pour un poisson tous budgets.

Préparation : 10 minutes
Cuisson : 10 minutes

Pour 6 personnes :

6 belles tranches de
colin de 160 g chacune
2 œufs
3 cuillerées à soupe
de farine
sel, poivre
1 bassine de friture

1. Faites chauffer la friture.

2. Pendant ce temps, lavez les tranches sous le robinet et essuyez-les soigneusement dans du papier absorbant.

3. Dans une assiette, battez les deux œufs entiers en omelette. Disposez la farine dans une autre assiette.

4. Passez chaque tranche dans l'œuf, des deux côtés, puis dans la farine, en secouant pour faire tomber l'excédent de farine.

5. Jetez alors (de très bas) les poissons dans la friture (en deux fois si votre bassine n'est pas très grande) et laissez cuire 10 minutes. Egouttez soigneusement.

6. Disposez les tranches sur un plat et assaisonnez de sel et de poivre. Vous pouvez accompagner de riz créole et de sauce tomate.

MON SECRET : *Vous pouvez remplacer l'œuf battu par un bain de lait ou de bière.*

COLIN GRILLÉ

250 calories

Des tranches huilées et cuites à feu vif.

Préparation : 5 minutes
Cuisson : 15 minutes

Pour 6 personnes :

6 belles tranches de colin de 160 g chacune
60 g de beurre
2 cuillerées à soupe d'huile
sel, poivre
1 citron

1. Faites chauffer le gril au moins 10 minutes à l'avance.
2. Pendant ce temps, lavez et essuyez le poisson dans un papier absorbant.
3. Badigeonnez les tranches de colin d'huile au pinceau ou au doigt.
4. Posez sur le gril et laissez cuire 5 à 8 minutes de chaque côté, selon l'épaisseur.
5. Disposez dans un plat, arrosez de beurre fondu et du jus d'un citron.

MON SECRET : *Pour relever le goût du poisson, additionnez l'huile de badigeonnage d'une pointe de safran et d'une pincée de poivre de Cayenne.*

COLIN POCHÉ AU COURT-BOUILLON

215 calories

Une classique recette de base.

Préparation : 10 minutes
Cuisson :
15 minutes pour le poisson
1 heure pour le court-bouillon

Pour 6 personnes :

1 morceau de colin de 1 kg ou 1 colinot
1/2 verre de vinaigre de vin
2 carottes
2 oignons
2 clous de girofle
1 bouquet garni (persil, thym, laurier)
sel, poivre
beurre
citron

1. Ecaillez et lavez le morceau de poisson. Si c'est un poisson entier, videz-le.
2. Dans une casserole ou une cocotte oblongue, mettez 1 litre d'eau froide. Ajoutez le vinaigre, les carottes coupées en rondelles, les oignons piqués de girofle, le bouquet garni, sel et poivre. Portez à ébullition et laissez cuire doucement et à couvert pendant 1 heure.
3. Laissez refroidir.
4. Mettez le poisson dans le court-bouillon refroidi et mettez sur feu très doux. Laissez le poisson frémir (mais jamais bouillir) pendant 15 minutes.
5. Sortez-le avec une écumoire pour ne pas le défaire, puis servez-le chaud ou froid, accompagné de beurre fondu citronné.

MON SECRET : *Quand je suis pressée, j'utilise du court-bouillon en sachet. Sa préparation est instantanée et sa saveur très satisfaisante.*

CONQUES DE LANGOUSTE

545 calories

Dans des feuilles de laitue, langouste, œufs et mayonnaise.

Préparation : 20 minutes
Pas de cuisson

Pour 4 personnes :

500 g de langouste (cuite au court-bouillon)
3 œufs durs
1 laitue
1 pincée de paprika
sel, poivre

Pour la mayonnaise :
1 jaune d'œuf
1/2 cuillerée à café de moutarde
1 filet de citron
1 verre d'huile
sel, poivre

1. Détachez 8 belles feuilles de laitue creuses et fermes. Lavez et essuyez-les. Disposez-en quatre dans un plat, saupoudrez-les de sel et de poivre et emboîtez les quatre autres dans les premières (pour former une coupe résistante).

2. Placez dans le fond de chaque conque des rondelles d'œuf, mêlées à un peu de la substance contenue dans la tête de la langouste.

3. Faites une mayonnaise avec le jaune, la moutarde, l'huile, le jus de citron, sel et poivre (voir recette page 163).

4. Masquez les œufs d'une légère couche de mayonnaise.

5. Disposez sur le dessus des morceaux de langouste taillés en petits cubes. Recouvrez par endroits d'une couche épaisse de mayonnaise sans masquer totalement la langouste. Décorez le plat avec des œufs de langouste saupoudrés de paprika. Tenez au frais jusqu'au moment de servir.

MON SECRET : *On peut utiliser pour cette recette des queues de langoustes surgelées, plus économiques que ces crustacés frais.*

COQUILLES DE BOUQUETS A LA TOMATE

410 calories

De grosses crevettes grillées et mises en coquilles avec une sauce relevée.

Préparation : 15 minutes
Cuisson :
20 minutes pour la sauce
15 minutes pour les crevettes

Pour 4 personnes :

24 bouquets
2 cuillerées à soupe

1. Pelez les oignons et hachez-les grossièrement.

2. Chauffez l'huile dans une casserole. Mettez-y à revenir les oignons pendant 5 minutes. Ajoutez la moutarde en poudre, le vinaigre et le bouillon. Chauffez jusqu'à ébullition, puis faites cuire à feu doux 5 minutes. Ajoutez en tournant la sauce tomate. Laissez cuire à feu doux encore 10 minutes.

d'huile d'olive
3 oignons
1 cuillerée 1/2 à soupe de moutarde en poudre
1/3 de tasse de vinaigre de vin
1 tasse de bouillon de bœuf pouvant être préparé avec un cube de concentré
1 tasse de sauce tomate
1/2 tasse d'huile d'olive
3/4 de tasse de chapelure
1/2 cuillerée à café de sel
poivre noir fraîchement moulu

3. Pendant la cuisson de cette sauce, préparez les bouquets. Lavez-les, décortiquez-les, séchez-les dans un linge ou un papier absorbant. Trempez-les dans l'huile d'olive, salez-les et poivrez-les. Roulez-les dans la chapelure. Mettez-les sur la plaque du four légèrement huilée et faites griller au four, très près de la flamme, jusqu'à coloration brune sur les deux côtés des crevettes.

4. Mélangez-les à la sauce.

5. Mettez dans des coquilles Saint-Jacques vides. Parsemez de noisettes de beurre. Passez 10 minutes au four.

MON SECRET : *Une pointe de couteau de safran dans la sauce tomate.*

COQUILLES DE CLAMS A LA SAUCE MARINIÈRE

302 calories

Une délicieuse préparation sophistiquée.

Préparation : 20 minutes
Cuisson : 20 minutes

Pour 4 personnes :

3 douzaines de clams
1 tasse 1/4 de vin blanc sec
1 branchette de thym
3 pincées de laurier en poudre
1 cuillerée à soupe de farine
1 cuillerée à soupe de beurre
3 cuillerées à soupe de persil haché
80 g de fromage râpé

1. Lavez les clams à l'eau courante en les grattant bien.

2. Mettez-les dans une sauteuse avec le vin, le thym, le laurier sur feu vif. Les coquillages vont s'ouvrir en 3 ou 4 minutes. Retirez-les du feu et tenez-les au chaud. Enlevez la moitié des coquilles et filtrez le jus de cuisson dans un tamis (ou une passoire très fine) placé au-dessus d'une petite casserole.

3. Avec une fourchette, pétrissez ensemble le beurre et la farine. Ajoutez cette préparation par petites quantités au jus de cuisson des clams qui est dans la petite casserole sur feu doux, sans cesser de remuer jusqu'à ce que vous obteniez une sauce crémeuse bien liée. Ajoutez alors le persil, les clams, chauffez une minute. Mettez dans des coquilles Saint-Jacques vides. Saupoudrez de fromage râpé. Passez 10 minutes au four.

MON SECRET : *La même recette est excellente et plus économique avec des moules.*

COQUILLES DE COLIN FROID

453 calories

Avec une garniture de petits pois.

Préparation : 20 minutes
Cuisson : 10 minutes

Pour 6 personnes :

600 g de colin
1 boîte de petits pois
1 tomate
quelques olives noires
1 bol de mayonnaise
1 laitue
1 sachet de court-bouillon instant.

1. Faites cuire le poisson au court-bouillon préparé selon le mode d'emploi indiqué sur le sachet.

2. Laissez refroidir le colin et coupez-le en tranches.

3. Préparez un bol de mayonnaise bien relevée.

4. Mélangez la moitié de la mayonnaise aux petits pois égouttés ; garnissez-en les coquilles tapissées d'une feuille de laitue. Disposez dessus une tranche de poisson, décorez d'une rondelle de tomate et d'une olive. Servez le reste de mayonnaise à part.

MON SECRET : *Excellente façon d'utiliser des restes de poissons cuits au court-bouillon.*

COQUILLES SAINT-JACQUES A LA CRÈME

350 calories

Une sauce corsée au porto.

Préparation : 5 minutes
Cuisson : 20 minutes

Pour 6 personnes :

18 coquilles Saint-Jacques
1 pot de 200 g de crème
50 g de beurre
1 verre à madère de porto
2 cuillerées à soupe de farine
persil
chapelure
sel, poivre

1. Faites préparer les noix et le corail des Saint-Jacques par le poissonnier ; lavez-les et épongez-les.

2. Faites fondre le beurre. Mettez-y revenir les Saint-Jacques. Lorsqu'elles sont bien dorées, saupoudrez avec la farine. Laissez cuire 2 minutes. Ajoutez le porto et la crème fraîche. Salez, poivrez, couvrez et laissez mijoter pendant 8 à 10 minutes.

3. Mettez dans des coquilles. Saupoudrez de chapelure. Passez au four pour gratiner.

MON SECRET : *Ne pas oublier quelques noisettes de beurre sur la chapelure.*

COQUILLES SAINT-JACQUES FARCIES

280 calories

Une farce inspirée de celle des escargots à la bourguignonne.

Préparation : 20 minutes
Cuisson : 20 minutes

Pour 6 personnes :

1 paquet de coquilles Saint-Jacques surgelées ou fraîches décoquillées
125 g de beurre
1 tranche de pain de mie
3 gousses d'ail
1/2 sachet de court-bouillon instant.
1 bouquet de persil
sel, poivre

1. Préparez le court-bouillon instantané selon le mode d'emploi. Quand il commence à frémir, plongez-y les coquilles Saint-Jacques encore gelées. Laissez frémir 5 minutes. Egouttez.
2. Ecrasez le beurre avec une fourchette en y incorporant l'ail et le persil finement hachés, du sel et du poivre, pour obtenir une sorte de pâte crémeuse.
3. Mouillez légèrement le pain de mie. Pressez-le pour l'émietter et l'égoutter. Ajoutez-le à la préparation. Mélangez bien.
4. Remplissez les coquilles ou des petits moules individuels avec les coquilles Saint-Jacques. Nappez avec le mélange ci-dessus. Lissez avec une lame de couteau.
5. Faites gratiner à four chaud pendant 10 minutes.

MON SECRET : *Pour écraser le beurre facilement, je le mets dans une assiette passée sous le robinet d'eau chaude et essuyée.*

COQUILLES SAINT-JACQUES AU GRATIN

215 calories

Avec des crevettes et une pointe de curry.

Préparation : 15 minutes
Cuisson : 20 minutes

Pour 6 personnes :

12 coquilles St-Jacques
125 g de crevettes décortiquées
1 sachet de court-bouillon instantané
25 g de beurre
chapelure
1 pincée de curry
1 tasse de crème fraîche
sel, poivre

1. Faites préparer et ébarber les mollusques par votre poissonnier en lui faisant réserver les coquilles.
2. Lavez-les à plusieurs eaux et épongez-les.
3. Mettez la chair des coquilles dans le court-bouillon froid. Portez à ébullition. Laissez cuire 5 minutes à feu réduit. Egouttez.
4. Délayez la poudre de curry dans la crème fraîche. Salez et poivrez.
5. Garnissez les coquilles avec les Saint-Jacques coupées en morceaux et les crevettes. Nappez avec la crème. Saupoudrez de chapelure. Parsemez de noisettes de beurre et faites gratiner quelques minutes à four très chaud.

MON SECRET : *On peut ajouter aussi des moules. Vous en trouverez de toutes prêtes à utiliser en boîtes ou en pots.*

COQUILLES SAINT-JACQUES AU JAMBON

690 calories

Dans une sauce à la crème.

Préparation : 10 minutes
Cuisson : 25 minutes

Pour 4 personnes :

16 noix de coquilles St-Jacques
60 g de beurre
1 échalote
150 g de jambon
1 tasse de crème
1 verre de vin blanc
sel, poivre

1. Dans une sauteuse mettre le beurre et l'échalote hachée. Faites dorer les coquilles, salez et poivrez.

2. Mouillez alors avec le vin blanc et ajoutez les tranches de jambon hachées grossièrement au couteau. Laissez cuire un quart d'heure. Au moment de servir liez la cuisson avec la crème.

MON SECRET : *J'utilise du jambon blanc en tranches assez épaisses.*

COQUILLES SAINT-JACQUES A LA PROVENÇALE

380 calories

Des noix fondantes dorées à la poêle et servies sous des herbes odorantes.

Préparation : 10 minutes
Cuisson : 15 minutes

Pour 4 personnes :

12 coquilles St-Jacques
sel, poivre
1 citron
1 cuillerée à soupe de farine
1 noix de beurre
2 cuillerées à soupe d'huile d'olive
2 gousses d'ail
1 bouquet de persil

1. Détachez des coquilles les noix (c'est-à-dire les parties blanches) et le corail, nettoyez-les sous l'eau et essuyez-les dans du papier-linge. Partagez les noix en deux dans le sens de l'épaisseur et assaisonnez-les de sel, poivre et de jus de citron. Saupoudrez-les de farine.

2. Hachez l'ail et le persil.

3. Faites chauffer dans une poêle beurre et huile et faites-y à peine dorer les noix de chaque côté.
Ajoutez le corail, puis l'ail et le persil hachés, en secouant la poêle pour que les herbes recouvrent bien les coquillages. Servez bien chaud.

MON SECRET : *Vous pouvez réduire le nombre des coquilles Saint-Jacques en les remplaçant par des moules (ce qui rend la recette plus économique).*

COQUILLES SAINT-JACQUES AUX RAISINS SECS ET AUX NOIX

360 calories

Flambées au whisky.

Préparation : 10 minutes
Cuisson : 15 minutes

Pour 6 personnes :

12 coquilles St-Jacques
1 verre de raisins secs
18 noix fraîches
50 g de beurre
1 verre à liqueur de whisky
3 cuillerées à soupe de crème fraîche
sel, poivre

1. Faites tremper les raisins secs dans le whisky pendant 1 heure. Egouttez-les et conservez le whisky.
2. Lavez les noix des coquilles Saint-Jacques à l'eau froide et essuyez-les.
3. Faites-les revenir 5 minutes à la poêle dans le beurre chaud.
4. Versez le whisky dans la poêle et faites flamber. Salez, poivrez. Ajoutez les noix décortiquées, les raisins secs et la crème fraîche.
5. Laissez cuire à feu doux 10 minutes en remuant avec une cuiller en bois.

Servez avec du riz créole.

MON SECRET : *Je remplace parfois le whisky par de la fine champagne. Excellent aussi !*

COQUILLES SAINT-JACQUES SAUCE MOUTARDE

266 calories

Cuisine rapide, à base de surgelés.

Préparation : 15 minutes
Cuisson : 15 minutes

Pour 6 personnes :

1 paquet de coquilles St-Jacques surgelées ou fraîches décoquillées
1/2 paquet de court-bouillon instantané
125 g de crème fraîche
50 g de beurre
2 cuillerées à soupe de moutarde
1 cuillerée à soupe de cognac
sel, poivre

1. Préparez le court-bouillon instantané. Chauffez-le, plongez-y les coquilles Saint-Jacques encore gelées. Laissez frémir 5 mn.
2. Egouttez. Faites revenir à la poêle dans le beurre chaud pendant 3 à 4 minutes. Salez, poivrez.
3. Versez le cognac. Flambez.
4. Ajoutez la moutarde et la crème fraîche. Salez et poivrez. Faites cuire 2 à 3 minutes. Servez dans des coquilles ou dans un plat chaud.

MON SECRET : *De la moutarde à l'estragon pour la sauce.*

CORNETS DE SAUMON C

245 calories

Très raffinés.

Préparation : 10 minutes
Pas de cuisson
Réfrigération :
15 minutes au moins

Pour 4 personnes :

1 sachet de saumon fumé (4 tranches)
1 petit-suisse (60 % de matière grasse)
1 cuillerée à soupe de crème fraîche
1 grosse cuillerée à soupe de raifort râpé au vinaigre (vendu en bocal)
1 oignon
1/2 citron
2 cuillerées à soupe d'huile d'olive

1. Mettez dans un bol le raifort, le petit-suisse et la crème fraîche. Battez au mixer électrique jusqu'à ce que le mélange devienne léger et mousseux.
2. Nappez les tranches de saumon de cette préparation, puis roulez-les en cornets.
3. Rangez-les sur un plat. Arrosez d'huile.
4. Pelez et émincez l'oignon. Coupez le citron en tranches fines. Disposez les rondelles d'oignon et de citron autour des cornets.
5. Mettez au frais jusqu'au moment de servir.

MON SECRET : *Pour faire un plat complet à la suédoise, il suffit d'ajouter de la betterave et du concombre coupés en tout petits cubes et des œufs durs dont vous aurez haché séparément les blancs et les jaunes.*

CREVETTES A LA CRÈME C

430 calories

Et flambées au cognac !

Préparation : 15 minutes
Cuisson : 30 minutes

Pour 4 personnes :

750 g de petites crevettes roses décortiquées
3 cuillerées à soupe d'huile

1. Pelez les oignons et coupez-les en lamelles fines.
2. Nettoyez les carottes et râpez-les.
3. Hachez finement la feuille de laurier.
4. Plongez les tomates 30 secondes dans de l'eau bouillante, pelez-les et hachez-les grossièrement.
5. Chauffez légèrement le cognac.
6. Mettez à chauffer l'huile et 2 cuillerées de

3 cuillerées à soupe de beurre
2 oignons
2 carottes
1 feuille de laurier
1/3 de tasse de cognac
4 tomates
poivre noir fraîchement moulu
1 cuillerée à soupe de jus de citron
1/2 cuillerée à café de farine
3/4 de tasse de crème fraîche épaisse
1/2 cuillerée à café de sel

beurre dans une poêle. Quand le mélange commence à grésiller, mettez-y les carottes, les oignons, le laurier et laissez revenir à feu moyen pendant 10 minutes.

7. Ajoutez alors les crevettes et faites cuire encore 3 minutes. Versez le cognac chaud et flambez. Ajoutez ensuite les tomates, le sel, le poivre, le jus de citron. Faites cuire à feu doux pendant 8 minutes.

8. Disposez les crevettes sur un plat tenu au chaud. Faites cuire la sauce à feu vif pendant 2 minutes. Avec une fourchette, pétrissez ensemble la farine et le reste du beurre ; ajoutez cette pâte à la sauce ; ajoutez également la crème. Cuisez à feu doux 3 minutes en remuant constamment, versez sur les crevettes et servez bien chaud.

MON SECRET : *Quand je veux faire de cette entrée raffinée un plat principal copieux, j'augmente les proportions de la sauce et je mélange aux crevettes du riz cuit à l'eau.*

CREVETTES AU POIVRE VERT

305 calories

Un mariage heureux exotiquement épicé.

Préparation : 10 minutes
Cuisson : 10 minutes

Pour 4 personnes :

300 g de crevettes décortiquées
1 échalote
50 g de beurre
1/2 verre de vin blanc sec
50 g de crème
2 cuillerées à soupe de poivre vert
sel

1. Faites blondir au beurre l'échalote hachée et ajoutez-lui les crevettes que vous laissez dorer.

2. Ajoutez alors le vin blanc et laissez mijoter dix minutes.

3. Ajoutez sel, poivre vert et crème. Servez décoré de crevettes entières.

MON SECRET : *Je fais la même préparation avec des écrevisses ou avec des langoustines.*

Araignées de mer farcies. *(Recette page 299)*

Crevettes au poivre vert. *(Recette page 320)*

Filets de sole au vin rouge. *(Recette page 332)*

Rougets au four. *(Recette page 375)*

CROQUETTES DE POISSON

335 calories

Pour utiliser des restes.

Préparation : 10 minutes
Cuisson : 15 minutes

Pour 6 personnes :

600 g de restes de poisson blanc cuit
2 œufs
60 g de beurre
60 g de farine
sel, poivre
1 bassine de friture
1/4 de litre de sauce tomate
3 cuillerées à soupe de chapelure

1. Epluchez le poisson : retirez peaux et arêtes.

2. Préparez une sauce blanche avec le beurre, la farine et un demi-litre d'eau. Assaisonnez-la bien de sel et de poivre (voir recette, page157).

3. Mélangez à cette sauce le poisson émietté puis 2 œufs entiers. Remettez la casserole sur le feu et laissez cuire doucement pendant 5 minutes.

4. Laissez refroidir quelques instants.

5. Façonnez des boulettes avec cette pâte et roulez-les dans la chapelure.

6. Faites chauffer la friture et, lorsqu'elle est bien chaude, jetez-y les boulettes. Laissez cuire 5 minutes et égouttez.

7. Servez bien chaud avec la sauce tomate chaude également.

MON SECRET : *Pour relever le goût, vous pouvez ajouter à la pâte de poisson une grosse cuillerée à soupe de câpres.*

CUISSES DE GRENOUILLES A LA CRÈME

424 calories

Savoureusement parfumées à l'ail.

Préparation : 10 minutes
Cuisson : 20 minutes

Pour 4 personnes :

3 douzaines de cuisses de grenouilles
3 gousses d'ail
100 g de beurre
1 verre de vin blanc
1 dl de crème
300 g de champignons
8 échalotes
Sel, poivre

1. Faites dorer au beurre les cuisses de grenouilles.

2. Pendant ce temps avec une autre partie du beurre, faites cuire les champignons hachés et les échalotes jusqu'à ce qu'ils commencent à dorer.

3. Ajoutez alors le vin blanc, sel, poivre et l'ail haché. Donnez un bouillon, liez à la crème et ajoutez les cuisses de grenouilles pour les réchauffer.

MON SECRET : *Je saupoudre de ciboulette hachée au moment de servir.*

CUISSES DE GRENOUILLES AU PERSIL ET AU CITRON

300 calories

Préparation : 15 minutes (+ 2 heures de trempage pour les grenouilles)
Cuisson : 15 minutes

Pour 4 personnes :

2 douzaines de cuisses de grenouilles
1/4 de tasse de vinaigre
1/2 tasse de farine
1/2 tasse d'huile
3 cuillerées à soupe de beurre
1 gousse d'ail
1/4 de tasse de jus de citron
3 cuillerées à dessert de persil haché
1/2 cuillerée à café de sel
poivre noir fraîchement moulu

1. Vous aurez acheté des cuisses de grenouilles toutes nettoyées et parées comme on les vend couramment maintenant. Lavez-les et plongez-les pendant 2 heures dans de l'eau vinaigrée. Au bout de 2 heures, rincez-les et séchez-les avec un linge ou un papier absorbant.

2. Mélangez la farine, le sel et le poivre. Roulez les cuisses de grenouilles dans cette préparation.

3. Faites chauffer l'huile dans une poêle. Mettez-y à dorer les cuisses de grenouilles pendant 8 minutes. Disposez-les dans un plat de service tenu au chaud.

4. Egouttez l'huile de la poêle et faites-y fondre le beurre. Quand il est légèrement brun, ajoutez l'ail coupé en lamelles, le jus de citron et le persil. Chauffez une minute et versez sur les cuisses de grenouilles cette sauce, puis servez aussitôt.

MON SECRET : *J'ai toujours beaucoup de succès quand je sers ce plat avec de bonnes grosses frites croustillantes, largement saupoudrées de sel.*

DORADE FARCIE D

600 calories

Où le lard se marie au céleri et au paprika.

Préparation : 25 minutes
Cuisson : 1 h 15

Pour 6 personnes :

1 dorade de 2 kg à 2,500 kg environ
2 gousses d'ail
3 cuillerées à soupe d'huile d'olive
2 tasses de mie de pain
3 tranches de lard fumé (160 g environ)
2 oignons

1. Pelez les gousses d'ail et coupez-les en lamelles fines. Pelez les oignons et hachez-les. Nettoyez la branche de céleri, hachez-la. Lavez les branches de persil, hachez les feuilles. Coupez les tranches de lard fumé en petits morceaux puis hachez-les. Faites tremper la mie de pain dans un peu d'eau.

2. Ouvrez le poisson, nettoyez l'intérieur et enlevez l'arête centrale. Vous pouvez enlever également la tête et la queue. Le poissonnier peut faire ce travail pour vous. Lavez et séchez le poisson avec un papier absorbant. Frottez-le intérieurement et extérieurement avec du sel, du poivre, de l'ail et de l'huile d'olive.

1 branche de céleri
8 branches de persil
1/2 cuillerée à café de paprika
50 g de beurre
3/4 de tasse de vin blanc sec
sel, poivre

3. Mettez à dorer le lard haché dans la poêle sans matière grasse pendant 2 minutes. Egouttez la graisse de cuisson.

4. Dans la même poêle, qui se trouve être encore grasse, faites sauter pendant 5 minutes les oignons et le céleri, puis ajoutez le persil, le pain trempé, le lard et le paprika. Faites cuire 3 à 4 minutes en tournant avec une cuiller en bois pour bien mélanger.

5. Remplissez le poisson avec cette préparation, cousez-le pour bien y enfermer la farce ou maintenez-le fermé avec des bâtonnets de bois.

6. Faites fondre le beurre dans un plat allant au four, placez-y le poisson, mettez à cuire à four assez chaud (thermostat 7) pendant 25 minutes. Ajoutez alors le vin, baissez la température à thermostat 5 et faites cuire pendant 40 minutes environ.
Servez le poisson dans le plat de cuisson avec son jus.

MON SECRET : *Au moment de servir, je prélève 2 ou 3 bonnes cuillerées de sauce dans le plat de cuisson, j'y ajoute le jus d'un citron et 10 tours de moulin à poivre, et je verse le tout, bien mélangé, sur le poisson.*

DORADE A L'ORANGE

335 calories

Corsée de liqueur à base d'écorces d'oranges.

Préparation : 10 minutes
Cuisson : 25 minutes

Pour 6 personnes :

1 dorade de 1,600 kg
2 oranges
50 g de beurre
200 g de champignons de Paris
25 g de chapelure
1 verre à bordeaux de Grand Marnier
sel, poivre

1. Nettoyez et videz la dorade.

2. Placez-la dans un plat allant au four, parsemez-la de petits morceaux de beurre.

3. Disposez tout autour des rondelles d'oranges. Ajoutez les champignons coupés en lamelles, le sel, le poivre, la chapelure et le Grand Marnier.

4. Cuisez 25 minutes à four chaud. Servez chaud dans le plat de cuisson.

MON SECRET : *A la saison, des lamelles de cèpes, au lieu des champignons de Paris.*

DORADE A LA TAHITIENNE F

155 calories

Du poisson cru mariné dans du jus de citron.

Préparation : 10 minutes
(+ 12 heures de macération)
Pas de cuisson

Pour 4 personnes :

600 g de filets de dorade
1 poignée de sel marin
4 citrons

1. Coupez en morceaux de 2 doigts les filets de dorade. Saupoudrez-les de sel et arrosez-les du jus de 2 citrons. Mettez-les pendant 12 heures dans un réfrigérateur.

2. Passez-les à l'eau fraîche. Epongez-les. Arrosez-les du jus des 2 autres citrons et servez froid.

MON SECRET : *Utilisez du citron vert. On en trouve maintenant presque partout.*

DORADE AU VIN BLANC ❄

520 calories

Un bon classique de la cuisine méridionale.

Préparation : 15 minutes
Cuisson : 25 minutes

Pour 4 personnes :

1 dorade de 1 kg
150 g de crevettes décortiquées
250 g de petits champignons de Paris
1/2 litre de moules
5 tomates
2 oignons
1 citron
50 g de beurre
1 cuillerée à soupe d'huile d'olive
2 verres de vin blanc sec
thym, laurier, fenouil séché en branche
sel, poivre

1. Ecaillez et videz la dorade, lavez-la à grande eau sous le robinet et épongez-la à l'aide d'un papier-linge. Coupez en rondelles les oignons et les champignons. Nettoyez les moules.

2. Mettez dans le fond du plat l'huile d'olive et la moitié du beurre. Faites un lit avec les oignons et les champignons de Paris.

3. Introduisez dans le ventre de la dorade le fenouil en branche, 1 feuille de thym, 1 branche de laurier. Salez légèrement.

4. Disposez la dorade dans le plat ; entourez-la des tomates coupées en quartiers, des crevettes, des moules. Salez et poivrez.

5. Découpez des rondelles de citron et placez-les sur la dorade. Mettez le reste du beurre sur le poisson. Versez le vin blanc.

6. Enfournez et laissez cuire 25 minutes à four chaud.

MON SECRET : *Je préfère pour cette recette les crevettes grises, plus petites que les roses mais plus savoureuses.*

ÉCREVISSES A LA CRÈME C

500 calories

D'une exquise finesse.

Préparation : 30 minutes
Cuisson : 20 minutes

Pour 4 personnes :

20 écrevisses
1/2 litre de crème double
50 g de carottes
50 g d'échalotes
2 noix de beurre
estragon
persil haché
1 verre de fine champagne
concentré de tomate
poivre de Cayenne

1. Pelez carottes et échalotes. Hachez-les grossièrement.

2. Choisissez de belles écrevisses et enlevez le noyau intestinal.

3. Dans une cocotte, faites revenir très vivement les écrevisses jusqu'à ce qu'elles rougissent, ajoutez carottes, échalotes, faites sauter et flambez à la fine champagne.

4. Mouillez avec la crème double, ajoutez les fines herbes, la tomate concentrée, salez, poivrez, couvrez et laissez cuire doucement une dizaine de minutes.

5. Disposez les écrevisses sur un plat chaud. Faites réduire la sauce, rectifiez l'assaisonnement. Passez la sauce sur les écrevisses, ajoutez une dernière cuillerée de crème sans faire bouillir et servez chaud.

MON SECRET : *Les meilleures écrevisses sont celles qui ont des pattes rouges. Rares et chères, hélas !*

ÉCREVISSES EN FRICASSÉE C

255 calories

Avec vin blanc, crème et cognac.

Préparation : 35 minutes
Cuisson : 25 minutes

Pour 4 personnes :

20 écrevisses
3 échalotes hachées
2 cuillerées à soupe de cognac
vin blanc sec
crème double
sel, poivre

1. Après les avoir lavées, saisissez vivement les écrevisses à la poêle ou dans une cocotte.

2. Quand elles sont bien rouges, baissez le feu, parsemez d'échalote hachée (laissez cuire l'échalote qui ne doit pas blondir). Ajoutez 2 cuillerées à soupe de cognac et autant de vin blanc et laissez réduire.

3. Couvrez alors de crème et portez rapidement à ébullition, puis laissez mijoter environ 10 minutes en assaisonnant de sel, poivre.

4. Rangez les écrevisses sur le plat de service, recouvrez de la sauce filtrée. Servez très chaud.

MON SECRET : *J'utilise du poivre de Cayenne car cette fricassée doit être fortement relevée.*

ÉPERLANS FRITS

300 calories

De petits poissons en robe croustillante et dorée.

Préparation : 10 minutes
Cuisson : 3 minutes

Pour 6 personnes :

1 kg d'éperlans
1 bassine de friture
2 œufs
3 cuillerées à soupe de farine
sel, poivre
1 citron

1. Coupez les têtes des poissons et videz-les rapidement.
2. Mettez votre bassine à friture sur le feu.
3. Battez les œufs entiers en omelette dans une assiette, et mettez la farine dans une autre assiette.
4. Passez rapidement les poissons dans l'œuf puis dans la farine. Secouez-les prestement pour faire tomber l'excédent de farine.
5. Jetez les poissons dans la friture chaude et laissez-les 2 ou 3 minutes avant de les égoutter.
6. Disposez sur un plat, assaisonnez de sel et de poivre et garnissez de rondelles de citron.

MON SECRET : *Un bain de friture très chaud. A défaut d'un thermomètre spécial, j'utilise le vieux truc des cuisinières d'autrefois : je jette dans l'huile un croûton de pain. S'il se forme un bouillonnement dégageant un peu de vapeur, le bain n'est pas assez chaud. Il faut attendre que se produise un dégagement de fumée.*

ESCALOPES DE THON

460 calories

Bien dorées à la poêle et arrosées de jus de citron.

Préparation : 5 minutes
Cuisson : 10 minutes

Pour 4 personnes :

4 tranches de thon frais de 1 cm env. d'épaisseur (175 g)
2 œufs
1 verre de lait
4 cuillerées à soupe

1. Dans une assiette creuse, battez ensemble le lait et les œufs. Salez et poivrez.
2. Dans une seconde assiette, mettez la farine.
3. Passez chaque tranche de poisson d'abord dans le mélange œufs-lait, puis dans la farine.
4. Faites chauffer 5 cuillerées à soupe d'huile sur feu vif, dans une poêle. Quand l'huile commence à fumer, mettez les tranches de poisson et laissez-les dorer 7 ou 8 minutes en les retournant à mi-cuisson.

de farine très pleines
5 cuillerées à soupe d'huile
2 citrons
persil
sel, poivre

5. Coupez le citron en rondelles, hachez le persil.

6. Mettez égoutter les tranches de poisson sur un papier absorbant. Salez, poivrez. Servez bien chaud avec les rondelles de citron, parsemez de persil.

MON SECRET : *J'aime bien servir avec ces escalopes de thon une sauce tartare, c'est toujours très apprécié.*

ESCARGOTS AU CHAMPAGNE

160 calories

Délicatement mijotés dans une sauce aromatisée.

Préparation : 15 minutes
Cuisson : 10 minutes

Pour 6 personnes :

2 boîtes de gros escargots (4 douzaines)
100 g de lard fumé
2 gousses d'ail
1 gros oignon
thym, laurier
2 cuillerées à soupe d'huile d'olive
1 verre de champagne
sel, poivre

1. Egouttez soigneusement les escargots dans une passoire. Epluchez ail et oignon, coupez le lard en petits morceaux.

2. Dans une poêle, versez l'huile d'olive, faites légèrement chauffer. Mettez l'ail, l'oignon, les lardons, thym et laurier émiettés ou en poudre (une bonne pointe de couteau de chaque), les escargots. Faites sauter à feu pas trop vif, pendant une dizaine de minutes.

3. Ajoutez le champagne, servez très chaud dans un plat creux chauffé.

MON SECRET : *J'ajoute une demi-cuillerée à café de curcuma, qui relève la sauce et lui donne un joli ton doré.*

ESCARGOTS DU MAQUIS

120 calories

Ail, oignons, aromates et vin rouge.

Préparation : 10 minutes
Cuisson : 10 minutes

Pour 4 personnes :

1 boîte de gros escargots en conserve

1. Passez les escargots à l'eau fraîche et égouttez-les.

2. Epluchez ail et oignons, hachez-les à la moulinette.

3. Dans une sauteuse, mettez les escargots, l'ail, l'oignon, tous les aromates, salez, poivrez et couvrez avec le vin rouge.

(2 douzaines)
3 gousses d'ail
2 oignons
1 piment
« langue d'oiseau »
2 brins de persil
1 brin de thym
1 brin de serpolet
1 brin de sarriette
1 brin d'origan
2 clous de girofle
sel, poivre
1 verre de vin rouge, corse de préférence

4. Faites cuire à feu pas trop vif, une douzaine de minutes. Servez tel quel dans un plat creux, préalablement chauffé.

MON SECRET : *Pour raffiner, vous pouvez passer le jus de cuisson et l'épaissir avec une noix de beurre manié. Vous servez alors les escargots par six, dans des ramequins, nappés de la sauce.*

ESCARGOTS A LA SAINT-JACQUES

135 calories

Avec un bon coulis de tomate.

Préparation : 10 minutes
Cuisson : 10 minutes

Pour 4 personnes :

1 boîte de gros escargots en conserve (2 douzaines)
2 gousses d'ail
3 échalotes
4 cuillerées à soupe de coulis de tomate
25 g de fromage râpé
sel, poivre
4 coquilles St-Jacques

1. Passez les escargots à l'eau fraîche dans une passoire, faites-les égoutter.

2. Epluchez l'ail et les échalotes, hachez-les menu.

3. Dans chaque coquille Saint-Jacques, disposez 6 escargots. Salez, poivrez, saupoudrez d'ail et d'échalotes hachés. Arrosez d'une cuillerée de coulis de tomate, saupoudrez d'une pincée de gruyère râpé.

4. Mettez à four moyen pour une dizaine de minutes. Servez chaud.

MON SECRET : *Je mets un soupçon d'huile d'olive avant d'ajouter le coulis de tomate.*

FILETS DE SOLE BERCY

850 calories

Nappés d'une fine sauce au vin.

Préparation : 25 minutes
Cuisson : 35 minutes

Pour 6 personnes :

6 gros filets de sole ou 12 petits, parures de poisson (arêtes, têtes, peau, etc.)
1 tasse 1/2 de vin rouge sec
2 tasses d'eau
100 g de champignons de Paris
1 oignon
2 clous de girofle
1 carotte
1 branche de céleri
1 gousse d'ail
1 branchette de thym
1 feuille de laurier
100 g de beurre
1 cuillerée à soupe de pâte d'anchois
1/2 cuillerée à soupe de jus de citron
sel, poivre noir fraîchement moulu

1. Lavez les filets de poisson et séchez-les dans un papier absorbant. Salez-les, poivrez-les. Lavez également les parures.

2. Pelez l'oignon, piquez-le de clous de girofle ; grattez la carotte, coupez-la en rondelles. Nettoyez la branche de céleri. Pelez la gousse d'ail, coupez-la en deux. Lavez les champignons, coupez-les en lamelles minces.

3. Dans une casserole, mettez le vin, l'eau, les champignons, l'oignon piqué de girofle, les rondelles de carotte, la branche de céleri, l'ail, le thym, le laurier, les déchets de poisson, du sel et du poivre. Chauffez jusqu'à ébullition et laissez cuire à feu doux dans la casserole couverte pendant 45 minutes, puis filtrez à la passoire fine.

4. Faites fondre le beurre dans un plat allant au four, disposez-y les filets. Ajoutez le jus préparé avec les légumes et les déchets de poisson, mettez au four et faites cuire pendant 35 minutes environ, thermostat 5.

5. Prenez délicatement les filets de poisson, mettez-les sur un plat de service que vous tenez au chaud.

6. Ajoutez au jus de cuisson la crème d'anchois et le jus de citron. Mettez dans une petite casserole et faites cuire sur le feu pendant 5 à 6 minutes en tournant sans arrêt pour obtenir une sauce un peu crémeuse que vous verserez sur les filets de sole au moment de servir.

MON SECRET : *Je ne pèle pas les champignons ; ils sont ainsi plus parfumés.*

FILETS DE SOLE AU FROMAGE

890 calories

Découvrez l'heureuse alliance du fromage et du poisson.

Préparation : 10 minutes
Cuisson : 10 minutes

1. Nettoyez les clams, mettez-les dans une casserole avec un peu de sel et posez la casserole sur le feu. Laissez cuire 5 à 6 minutes en agitant sans arrêt pour que les coquillages

Pour 6 personnes :

6 gros filets de sole ou 12 petits
125 g de beurre
1/2 tasse de fromage râpé
6 clams
sel, poivre noir fraîchement moulu

s'ouvrent et que leur jus sorte des coquilles. Recueillez ce jus et mettez de côté les clams qui ne seront pas utilisés pour cette recette mais que vous pourrez employer pour mêler à un potage, par exemple, ou à une sauce.

2. Lavez les filets de sole et séchez-les dans un papier absorbant, salez-les, poivrez-les.

3. Faites fondre les deux tiers du beurre dans une poêle sur feu moyen, mettez-y à dorer les filets de poisson sur leurs deux faces, saupoudrez-les de fromage, ajoutez le reste du beurre, le jus de clams, couvrez la poêle et laissez cuire à feu doux 5 minutes avant de servir.

MON SECRET : *Je prends du parmesan de préférence à tout autre fromage.*

FILETS DE SOLE MARINÉS C

770 calories

Cette préparation convient aussi aux filets de turbot et de dorade.

Préparation : 10 minutes (+ 1 heure de marinade)
Cuisson : 10 minutes

Pour 6 personnes :

12 petits ou moyens filets de sole
1 cuillerée à soupe de moutarde
12 filets d'anchois
10 branches de persil
3 cuillerées à soupe d'huile d'olive
1/2 citron
1 tasse de farine
1 œuf
1 tasse d'huile d'arachide
6 quartiers de citron
2 citrons
poivre noir

1. Lavez les filets de sole et séchez-les.

2. Lavez les branches de persil et hachez les feuilles.

3. Pressez le jus du citron.

4. Mélangez la moutarde, le poivre, le persil, l'huile d'olive, le jus de citron.

5. Coupez les anchois en tout petits morceaux, écrasez-les grossièrement et ajoutez-les à la sauce que vous venez de préparer ; mélangez bien le tout.

6. Mettez le poisson à mariner pendant une heure dans cette préparation, à la température de la pièce.

7. Sortez le poisson de la marinade, roulez-le dans la farine, passez-le dans l'œuf battu.

8. Chauffez l'huile d'arachide dans une poêle jusqu'à ce qu'elle commence à bouillonner, mettez-y à dorer les filets sur les deux faces pendant 8 à 10 minutes. Servez aussitôt avec des quartiers de citron.

MON SECRET : *J'accompagne de courgettes coupées en dés et sautées à l'huile.*

FILETS DE SOLE SAUCE A L'AIL C

750 calories

Préparation : 15 minutes
Cuisson : 10 minutes

Pour 6 personnes :

6 gros filets de sole ou 12 petits
3/4 de tasse de farine
1/2 tasse d'huile d'arachide
3 gousses d'ail
1/3 de tasse de chapelure
1/2 tasse d'huile d'olive
2 cuillerées à soupe de vinaigre de vin
sel, poivre noir

1. Lavez les filets de sole et épongez-les dans un papier absorbant.

2. Mélangez la farine, le sel et le poivre. Passez le poisson dans ce mélange.

3. Pelez les gousses d'ail, coupez-les en lamelles minces.

4. Chauffez l'huile dans une poêle, mettez-y à cuire le poisson pendant 6 à 7 minutes jusqu'à ce qu'il soit doré sur ses deux faces.

5. Mettez les filets de poisson sur un plat de service tenu au chaud.

6. Préparez la sauce : pour cela, mélangez l'ail et la chapelure, versez dessus lentement l'huile d'olive en remuant pour obtenir la consistance d'une mayonnaise, ajoutez le vinaigre. Recouvrez le poisson de cette sauce et servez.

MON SECRET : *Je sers parfois ce même plat froid. C'est excellent aussi.*

FILETS DE SOLE A LA SAUCE VERTE C

760 calories

Préparation : 10 minutes
Cuisson : 20 minutes

Pour 6 personnes :

6 gros filets de sole ou 12 petits
2 cuillerées à soupe d'huile d'olive
1/2 tasse de vin blanc sec
10 brins de persil
2 cuillerées à soupe de crème fraîche
75 g de petites crevettes décortiquées cuites
sel, poivre blanc

1. Lavez les filets de sole et séchez-les dans un papier absorbant, salez-les, poivrez-les.

2. Lavez le persil, hachez-le.

3. Faites chauffer l'huile dans une poêle, mettez-y les soles, faites-les dorer 2 minutes sur chaque face, ajoutez le vin, chauffez jusqu'à ébullition et laissez cuire à feu doux 10 minutes.

4. Ajoutez alors le persil et laissez cuire à feu doux encore 5 minutes. Enlevez les filets de sole de la poêle, rangez-les sur un plat de service tenu au chaud, ajoutez la crème et les crevettes à la sauce de cuisson, chauffez 3 minutes et servez avec les filets de sole.

MON SECRET : *A la saison, j'ajoute au persil un bouquet de cerfeuil.*

FILETS DE SOLE AU VIN BLANC C

270 calories

La sauce est liée à la crème fraîche.

Préparation : 15 minutes
Cuisson : 30 minutes

Pour 6 personnes :

6 gros filets de sole ou 12 petits
2 oignons
1 tasse de vin blanc sec
10 branches de persil
1 feullle de thym
2 feuilles de laurier
100 g de beurre
2 cuillerées à soupe de crème fraîche
sel, poivre blanc

1. Lavez les filets de sole et épongez-les avec un papier absorbant, salez-les, poivrez-les, mettez-les côte à côte dans un plat allant au four, beurré.

2. Hachez finement les oignons, saupoudrez-en les filets de sole, ajoutez le vin, le persil haché, la branchette de thym effeuillée et les feuilles de laurier écrasées. Parsemez de noisettes de beurre (50 g environ), recouvrez d'un papier d'aluminium ménager et mettez le plat à cuire pendant 20 minutes au four à thermostat 7.

3. Au bout de ce temps, sortez le plat du four, retirez délicatement les filets du plat de cuisson, mettez-les sur un plat de service que vous tiendrez au chaud.

4. Filtrez la sauce de cuisson, recueillez-la dans une casserole, ajoutez-lui le restant du beurre et chauffez sans faire bouillir ; ajoutez enfin la crème fraîche, cuisez 4 minutes, versez sur le poisson et servez.

MON SECRET : *Je ne laisse jamais à l'air (quand ils sont secs) le thym et le laurier, si précieux en cuisine, dans cette recette entre mille autres ; je les enferme dans des boîtes de métal.*

FILETS DE SOLE AU VIN ROUGE C

125 calories

La chair très fine de la sole cuite dans un court-bouillon au vin rouge.

Préparation : 15 minutes
Cuisson : 35 minutes

Pour 6 personnes :

12 filets de sole et parures de poisson

1. Lavez les filets de poisson et séchez-les dans un papier absorbant. Salez-les, poivrez-les. Lavez également les parures.

2. Pelez l'oignon, piquez-le des clous de girofle ; grattez la carotte, coupez-la en rondelles ; nettoyez la branche de céleri ; pelez la gousse d'ail, coupez-la en deux ; lavez les

(arêtes, têtes, peau, etc.)
1 tasse 1/2 de vin rouge
100 g de champignons de Paris
1 oignon
2 clous de girofle
1 carotte
1 branche de céleri
1 gousse d'ail
1 tasse 1/2 de crème
sel, poivre
1 truffe
2 petits homards cuits

champignons sans les peler, coupez-les en lamelles minces.

3. Dans une casserole, mettez le vin, 2 tasses d'eau, les champignons, l'oignon piqué de clous de girofle, les rondelles de carotte, la branche de céleri, l'ail, le thym, le laurier, les déchets de poisson, du sel et du poivre. Chauffez jusqu'à ébullition et laissez cuire à feu doux dans la casserole pendant 10 mn.

4. Filtrez ce bouillon. Laissez-le refroidir.

5. Quand il est froid, plongez-y les filets de sole. Mettez sur feu doux. Arrêtez la cuisson quand le bouillon commence à frémir. Laissez dedans les filets.

6. Ajoutez à la crème deux cuillerées du court-bouilon. Poivrez. Chauffez doucement.

7. Egouttez les filets. Mettez-les sur un plat chaud. Nappez avec la sauce à la crème, ajoutez les homards, décorez avec les lamelles de truffes et servez aussitôt.

MON SECRET : *Autre recette de sole au vin rouge commode pour 2 personnes : les poissons sont laissés entiers et cuits au four 20 minutes sur un lit de champignons et aromates et arrosés de vin rouge. Je sers dans le plat de cuisson.*

GOUJONS FRITS

280 calories

Le régal des pêcheurs du dimanche.

Préparation : 10 minutes
Cuisson : 5 minutes

Pour 6 personnes :

1,200 kg de goujons
5 cuillerées à soupe de farine
1 bassine de friture
sel, poivre
quelques brins de persil

1. Videz, lavez sous l'eau courante et essuyez les poissons.

2. Mettez la farine dans un sachet de plastique et introduisez les goujons dans le sachet. Secouez le sachet fermé, pour fariner les poissons.

3. Faites chauffer la friture.

4. Sortez les goujons et plongez-les 5 minutes dans la friture chaude. Egouttez.

5. Déposez sur un plat, assaisonnez de sel et de poivre et garnissez de persil haché. Servez chaud.

MON SECRET : *Je sers les goujons frits, à l'apéritif, bien salés, avec un vin blanc sec.*

GRATIN DE LANGOUSTINES D

390 calories

Des queues de langoustines et des œufs durs nappés de sauce aurore et gratinés au four.

Préparation : 1 heure
Cuisson : 40 minutes

Pour 6 personnes :

1 kg de langoustines
1/2 litre de lait
2 cuillerées à soupe de farine
40 g de beurre
2 cuillerées à soupe de gruyère râpé
3 tomates
3 œufs
sel, poivre
1 sachet de court-bouillon instantané

1. Préparez un court-bouillon selon le mode d'emploi. Jetez les langoustines dans le liquide bouillant et laissez-les cuire à gros bouillons 25 minutes.

2. Pendant ce temps, pelez et épépinez les tomates. Ecrasez la chair. Faites durcir 2 œufs pendant 10 minutes dans l'eau bouillante salée.

3. Egouttez les langoustines. Décortiquez les queues et mettez-les de côté. Pilonnez les têtes et les pattes coupées en deux dans une passoire pour en extraire la crème.

4. Allumez votre four (thermostat 8).

5. Faites fondre le beurre dans une casserole sur feu moyen. Ajoutez la farine. Tournez avec une cuiller en bois. Quand la farine a absorbé tout le beurre, versez en une seule fois le lait froid. Tournez, laissez cuire jusqu'à épaississement (5 minutes environ). Ajoutez alors la chair des tomates, la crème de langoustine, le fromage râpé. Salez et poivrez. Ajoutez hors du feu un jaune d'œuf et le blanc battu en neige ferme.

6. Disposez les queues de langoustines dans des cassolettes individuelles. Ajoutez des rondelles d'œufs durs. Nappez de sauce.

7. Passez au four pour faire prendre couleur (10 ou 15 minutes) et servez très chaud.

MON SECRET : *La sauce doit être bien poivrée. Préférez toujours au poivre en poudre le poivre en grains écrasé au moulin à la dernière minute.*

GRATIN DE QUEUES D'ÉCREVISSES D C

1 200 calories

Assez difficile à préparer, mais le résultat en vaut la peine !

Préparation : 1 heure
Cuisson : 2 h 30

Pour 4 personnes :

2 kg d'écrevisses
250 g de beurre
1/2 litre de crème fraîche
sel

1. Jetez les écrevisses dans l'eau bouillante salée, laissez cuire pendant 10 minutes.
2. Extrayez les queues de la carapace. Pilez les carapaces et faites-les cuire à four chaud avec 250 g de beurre pendant 2 heures.
3. Après les avoir retirées du four, mouillez le tout d'eau chaude afin que le beurre, alors rouge et imprégné du goût d'écrevisse, remonte à la surface de manière à pouvoir le récupérer en l'écumant avec une louche.
4. Ajoutez un demi-litre de crème fraîche, laissez réduire 10 minutes et retirez du feu. Ajoutez les écrevisses.
5. Versez le tout dans un plat à gratin et faites gratiner 10 minutes au four.

MON SECRET : *Ne pas mettre trop d'eau dans le plat où ont cuit les carapaces pilées. Il faut qu'elles soient couvertes de liquide environ 2 centimètres au-dessus de leur surface.*

GRENOUILLES POÊLÉES

255 calories

Panées et dorées au beurre.

Préparation : 10 minutes
Cuisson : 8 minutes

Pour 4 personnes :

4 brochettes de cuisses de grenouilles
1 œuf
50 g de farine
50 g de chapelure blonde
75 g de beurre
sel, poivre
1 citron
persil

1. Dans trois assiettes, disposez respectivement : la farine, l'œuf battu en omelette, la chapelure.
2. Dans une grande poêle, faites fondre le beurre.
3. Pendant ce temps, passez les cuisses de grenouilles successivement dans la farine, l'œuf battu, la chapelure. Faites bien adhérer la chapelure à la chair des grenouilles. Mettez les brochettes dans le beurre presque fumant. Faites dorer 4 minutes sur chaque face. Salez, poivrez.
4. Servez sur plat chaud, saupoudrez de persil haché et ajoutez le citron coupé en quartiers.

MON SECRET : *Accompagner d'un riz blanc arrosé de beurre fondu citronné.*

GRENOUILLES A LA POULETTE

305 calories

Dans une sauce crémeuse aromatisée à la muscade.

Préparation : 10 minutes
Cuisson : 20 minutes

Pour 4 personnes :

4 brochettes de cuisses de grenouilles
150 g de beurre
1 cuillerée à soupe de farine
1 cuillerée à café d'extrait de viande liquide
100 g de champignons de Paris
2 jaunes d'œufs
sel, poivre
muscade
1/2 citron
persil haché très finement

1. Epluchez les champignons. Lavez-les à l'eau citronnée. Emincez-les.

2. Dans une poêle, faites fondre une noix de beurre. Jetez-y les champignons émincés, laissez-les rendre leur eau. Réservez au chaud.

3. Dans une petite casserole, amenez à ébullition un demi-litre d'eau. Quand elle commence à bouillir, ajoutez l'extrait de viande liquide. Laissez bouillir 2 à 3 minutes.

4. Dans une sauteuse, faites fondre le tiers du beurre. Ajoutez la farine, incorporez-la au beurre en tournant avec une spatule de bois. Laissez cuire 2 à 3 minutes. Ajoutez le bouillon, remuez au fouet pour obtenir une sauce lisse.

5. Hors du feu, liez avec les jaunes d'œufs, ajoutez les champignons, salez, poivrez, additionnez d'un filet de citron. Laissez réduire à très petit feu pendant 5 minutes.

6. Pendant ce temps, faites fondre la moitié du beurre restant dans une poêle. Quand il est chaud, jetez-y les cuisses de grenouilles retirées des brochettes. Faites-les dorer pendant 5 minutes en secouant la poêle pour que les cuisses de grenouilles soient également blondies. Disposez-les sur le plat de service chaud.

7. Ajoutez à la sauce, qui doit être bien nappante, un peu de muscade, le reste du beurre. Remuez pour que la sauce soit bien unie. Nappez les cuisses de grenouilles, saupoudrez de persil haché et servez immédiatement.

MON SECRET : *Pas indispensables les champignons dans la sauce. Par contre, la muscade joue un rôle important, mais il en faut très peu : une pincée suffit.*

GRONDINS AUX AMANDES

395 calories

Aromatisés au thym et flambés au rhum.

Préparation : 15 minutes
Cuisson : 25 à 30 minutes

Pour 4 personnes :

4 grondins
2 cuillerées à soupe d'huile
50 g de beurre
2 citrons
1 petit verre de rhum blanc
50 g d'amandes effilées
thym frais
sel, poivre

1. Coupez 1 citron en 8 petits quartiers.
2. Nettoyez les poissons et glissez une petite branche de thym et des quartiers de citron, sel et poivre, dans le ventre de chaque grondin.
3. Mettez-les dans un plat allant au four.
4. Arrosez-les d'huile et ajoutez la moitié du beurre. Saupoudrez de quelques feuilles de thym.
5. Arrosez du jus d'un citron et mettez à cuire à four chaud pendant 25 minutes en les arrosant souvent.
6. Faites fondre le reste du beurre à la poêle pour y mettre à dorer les amandes effilées, puis posez-les sur les poissons cuits. Arrosez le tout avec le rhum.
7. Flambez et servez aussitôt.

MON SECRET : *Je préfère, si possible, utiliser des petits citrons verts. Leur saveur s'accorde si bien avec celle du rhum !*

GRONDINS PANÉS AU FOUR

325 calories

Des filets de poisson dorés en surface, fondants à l'intérieur.

Préparation : 20 minutes
Cuisson : 30 minutes

Pour 6 personnes :

1,800 kg de grondins
2 œufs
60 g de beurre
4 cuillerées à soupe de chapelure
sel, poivre

1. Détachez les filets des poissons, nettoyez-les, lavez-les sous le robinet d'eau froide et essuyez-les soigneusement dans du papier absorbant.
2. Allumez votre four (thermostat 6).
3. Dans une assiette, battez les œufs en omelette avec sel et poivre. Mettez dans une autre assiette la chapelure.
4. Passez les filets dans l'œuf, puis dans la chapelure, et rangez-les dans un plat à four.
5. Arrosez avec le beurre que vous aurez fait fondre quelques instants dans le four. Salez et poivrez.
6. Mettez au four pour 30 minutes, en arrosant de temps en temps avec le jus de cuisson. Servez chaud dans le plat de cuisson.

MON SECRET : *Servir avec des bulbes de fenouil coupés en quatre et braisés à la cocotte dans du beurre après avoir été blanchis 5 à 10 minutes à l'eau bouillante.*

HADDOCK AU COURT-BOUILLON

350 calories

De l'aiglefin fumé simplement poché.

Préparation : 5 minutes
Cuisson : 20 minutes

Pour 6 personnes :

2 beaux filets de haddock (soit 1 kg en tout)
1/2 litre de lait
1/2 litre d'eau
80 g de beurre
1 citron

1. Mettez les filets dans un plat à feu (ou une casserole) assez grande pour qu'ils soient à plat.

2. Recouvrez avec le lait et l'eau (le poisson doit être totalement immergé, sinon rajoutez un peu d'eau et de lait). Ne salez pas, le haddock l'est déjà.

3. Mettez cuire à feu doux pendant 20 minutes à partir du frémissement.

4. Egouttez. Faites fondre le beurre au bain-marie.

5. Mettez les filets dans un plat, arrosez-les de beurre fondu et posez dessus quelques rondelles de citron. Servez chaud.

MON SECRET : *Vous pouvez remplacer le beurre fondu par de la crème fraîche chauffée avec quelques cuillerées à soupe de la cuisson et relevée de paprika.*

HADDOCK FERMIÈRE

395 calories

Cuit au four dans du lait.

Préparation : 5 minutes
Cuisson : 35 minutes

Pour 6 personnes :

2 beaux filets de haddock (1,200 kg environ)
1/2 litre de lait
50 g de beurre
500 g de pommes de terre
1 citron et demi

1. Allumez votre four (thermostat 5).

2. Disposez les filets dans un plat à four. Versez par-dessus le lait froid et parsemez les poissons de petites noisettes de beurre.

3. Mettez à four moyen 35 minutes.

4. Pendant ce temps, pelez et lavez des pommes de terre. Mettez-les à cuire à l'eau bouillante salée 20 minutes.

5. Lorsque le poisson est cuit, le liquide de cuisson doit avoir réduit considérablement mais il doit toujours en rester. Sortez le poisson que vous disposerez sur un plat. Entourez-le des pommes cuites et garnissez de quartiers de citron. Servez aussitôt.

MON SECRET : *Attention, il ne faut pas saler le lait de cuisson du haddock, ce dernier étant toujours assez salé.*

HADDOCK AU GRIL

370 calories

Doré et nappé de crème fraîche.

Préparation : 10 minutes
Cuisson : 25 minutes

Pour 6 personnes :

1,200 kg de filets de haddock
2 cuillerées à soupe d'huile
1 petit pot de crème fraîche

1. Coupez les filets de haddock en six morceaux.

2. Faites chauffer une casserole d'eau et plongez-y les morceaux de poisson pendant 5 minutes. Egouttez-les.

3. Faites chauffer votre gril.

4. Essuyez soigneusement les filets de poisson dans du papier absorbant et badigeonnez-les d'huile à l'aide d'un pinceau. Lorsque le gril est bien chaud, faites-les griller 10 minutes sur chaque face.

5. Disposez le poisson sur un plat, nappez de la crème chauffée. Servez très chaud.

MON SECRET : *Je mets un peu de paprika dans la crème fraîche. Je sers aussi le haddock au gril avec une sauce tartare.*

HARENGS EN CROQUETTES

535 calories

Poisson et pommes de terre formés en boulettes dorées au beurre.

Préparation : 15 minutes
Cuisson : 30 minutes

Pour 4 personnes :

700 g de harengs
500 g de pommes de terre
2 œufs
80 g de beurre
2 cuillerées à soupe de farine
1 sachet de court-bouillon instantané
sel, poivre

1. Pelez les pommes de terre et cuisez-les 25 minutes à l'eau bouillante salée.

2. Passez-les à la moulinette pour obtenir une purée très sèche.

3. D'autre part, nettoyez et videz les harengs et faites-les cuire 10 minutes dans le court-bouillon instantané préparé selon le mode d'emploi indiqué sur le paquet.

4. Enlevez les arêtes et passez la chair à la moulinette.

5. Mélangez cette purée à la purée de pommes de terre. Salez, poivrez. Ajoutez les deux œufs.

6. Formez des boulettes ; roulez-les dans la farine.

7. Faites-les cuire 6 à 8 minutes à la poêle dans du beurre chaud pour les dorer.

MON SECRET : *Pour une personne seule, un hareng et une partie d'un sachet de purée instantanée dont le reste sera utilisé à un autre repas.*

HARENGS FARCIS AUX HERBES

415 calories

Une savoureuse composition au cerfeuil et à l'estragon.

Préparation : 15 minutes
Cuisson : 20 minutes

Pour 6 personnes :

6 harengs
100 g de mie de pain
1/2 verre de lait
5 à 6 brins de persil
5 à 6 brins de cerfeuil
1 dizaine de feuilles d'estragon
100 g de beurre
2 cuillerées à soupe de farine
sel, poivre

1. Ecaillez les harengs et fendez-les sur toute la longueur de façon à retirer l'arête centrale (ne fendez que d'un côté, mais assez profondément).

2. Trempez la mie de pain dans le lait chaud et pressez-la entre vos mains pour en extraire l'excédent de lait. Hachez les herbes et mélangez-les soigneusement à la mie de pain. Salez et poivrez. Ajoutez 50 g de beurre fondu. Mélangez. Répartissez dans les poissons la farce aux herbes. Refermez les poissons.

3. Faites fondre dans une grande poêle le reste du beurre. Farinez les poissons et faites-les revenir 10 minutes de chaque côté à feu moyen. Servez chaud.

MON SECRET : *Pour que la farce ne s'échappe pas pendant la cuisson, je maintiens les poissons fermés en piquant deux ou trois bâtonnets de bois aux bords de l'ouverture.*

HARENGS GRILLÉS

280 calories

Le roi des poissons tous budgets.

Préparation : 10 minutes
Cuisson : 10 à 15 minutes

Pour 6 personnes :

6 harengs de 140 g chacun
2 cuillerées à soupe d'huile
sel, poivre

1. Ecaillez les harengs et fendez-les sur toute la longueur du dos pour enlever l'arête centrale (l'entaille doit être profonde, mais sur un côté seulement). Versez un peu de sel et de poivre dans la fente et refermez les poissons.

2. Mettez le gril à chauffer.

3. Pendant qu'il chauffe, préparez une sauce moutarde (voir recette détaillée page 166).

4. Badigeonnez d'huile les harengs, en vous aidant d'un pinceau ou avec le doigt.

5. Posez-les sur le gril bien chaud et laissez griller 5 à 6 minutes de chaque côté.

6. Disposez les harengs dans un plat et servez chaud.

MON SECRET : *Vous pouvez moutarder légèrement l'intérieur des poissons avant de les faire griller.*

HARENGS MARINÉS

920 calories

Légèrement acidulés et bien relevés.

Préparation : 10 minutes
Cuisson : 40 minutes

Pour 4 personnes :

800 g de petits harengs
1 carotte
2 oignons
1/2 litre de vinaigre de vin
1/2 litre de vin blanc
12 grains de poivre
sel, poivre
1 feuille de laurier

1. Nettoyez la carotte, coupez-la en minces rondelles. Pelez les oignons, coupez-les en 4. Mettez à cuire sur feu doux dans une casserole couverte avec le vinaigre, le vin blanc, le sel, le poivre, la feuille de laurier, pendant 30 minutes pour obtenir une marinade.

2. Nettoyez les harengs, mettez-les dans un plat creux.

3. Versez sur les poissons la marinade bouillante. Mettez sur petit feu et laissez à peine frissonner pendant 2 minutes. Laissez refroidir avant de consommer.

MON SECRET : *Je conserve les harengs marinés plusieurs jours au réfrigérateur.*

HARENGS MEUNIÈRE

305 calories

Farinés, poêlés et citronnés.

Préparation : 10 minutes
Cuisson : 15 minutes

Pour 4 personnes :

4 harengs
2 cuillerées à soupe de farine
1 citron
60 g de beurre
sel, poivre

1. Videz les harengs. Conservez les laitances s'ils en contiennent. Lavez-les et essuyez-les. Salez, poivrez-les et passez-les dans la farine.

2. Cuisez à la poêle dans du beurre sur feu moyen pendant 6 à 7 minutes sur chaque face.

3. Servez avec un jus de citron.

MON SECRET : *N'utilisez pas un torchon pour essuyer le poisson ; il s'imprégnerait de son odeur. Utilisez le si pratique papier-linge.*

HARENGS A LA MOUTARDE ET AUX LENTILLES

590 calories

Les harengs grillés sont couchés sur un lit de lentilles et nappés de sauce moutarde.

Préparation : 20 minutes
(+ 12 heures de trempage)
Cuisson :
1 h 45 pour les lentilles
15 minutes pour les poissons

Pour 6 personnes :

6 harengs
2 cuillerées à soupe d'huile
500 g de lentilles
1 oignon
quelques brins de persil
sel, poivre

Pour la sauce :
3 cuillerées à soupe de farine
50 g de beurre
1 verre de lait
1 cuillerée à soupe de moutarde de Dijon
2 jaunes d'œufs
1 cuillerée à soupe de crème fraîche
sel, poivre

1. Douze heures avant la cuisson, laissez les lentilles tremper dans l'eau froide.

2. Deux heures avant de servir, égouttez-les, mettez-les dans une casserole avec l'oignon et le persil. Recouvrez d'eau froide, faites chauffer doucement et laissez cuire à petit feu 45 minutes. Ajoutez alors à peine 2 cuillerées à café de gros sel et laissez se poursuivre la cuisson 45 minutes encore.

3. Trente minutes avant la fin de la cuisson des lentilles, faites un roux blond dans une casserole avec le beurre et la farine. Mouillez avec le lait, salez, poivrez et laissez épaissir sur le feu sans cesser de remuer. Laissez cuire cette sauce 10 minutes.

4. Pendant ce temps, écaillez les harengs, lavez-les sous l'eau froide et essuyez-les après les avoir vidés. Fendez profondément tout le long du dos pour retirer les arêtes. Assaisonnez l'intérieur de sel et de poivre, refermez et badigeonnez-les d'huile.

5. Faites chauffer votre gril.

6. Posez les poissons sur le gril et laissez-les cuire 7 à 8 minutes de chaque côté.

7. Entre-temps, égouttez les lentilles, retirez le persil et l'oignon et disposez-les dans un plat chaud.

8. Liez la sauce hors du feu avec la moutarde, les jaunes d'œufs et la crème. Rectifiez l'assaisonnement.

9. Rangez les harengs bien grillés sur les lentilles, nappez de sauce moutarde et servez aussitôt.

MON SECRET : *Je glisse toujours à l'intérieur des poissons un beau brin de thym qui les parfume.*

HARENGS SAURS GRILLÉS

375 calories

Une bonne ressource pour vos menus d'hiver.

Préparation : 5 minutes
Cuisson : 15 minutes
Dessalage : 3 heures

Pour 6 personnes :

6 filets de harengs saurs
2 cuillerées à soupe d'huile
2 cuillerées à soupe de moutarde forte
3 cuillerées à soupe de chapelure
1 verre de lait

1. Trois heures avant la cuisson, retirez la peau des harengs et faites tremper les filets dans une terrine contenant moitié lait, moitié eau. Les filets doivent être complètement recouverts.
2. Au moment de les utiliser, essuyez-les dans du papier absorbant.
3. Faites chauffer votre gril.
4. Badigeonnez chaque filet avec un peu de moutarde. Laissez tomber dessus quelques gouttes d'huile et trempez le tout dans la chapelure que vous aurez disposée sur une assiette. Secouez légèrement pour faire tomber l'excédent de chapelure.
5. Posez les filets sur le gril très chaud et laissez cuire 7 à 8 minutes de chaque côté. Servez bien chaud.

MON SECRET : *Je sers en même temps que les harengs saurs grillés une saucière de crème fraîche assez liquide et bien poivrée.*

HOMARD A L'AMÉRICAINE C D

610 calories

Le homard est mijoté dans une sauce aromatisée à la tomate, au vin blanc et aux fines herbes.

Préparation : 20 minutes
Cuisson : 30 minutes

Pour 6 personnes :

2 homards de 1 kg vivants
1/4 de verre d'eau-de-vie
1 verre de vin blanc sec

1. Tuez les homards d'un coup en leur enfonçant profondément une longue aiguille dans la bouche. Détaillez ensuite les queues en tronçons et détachez les pinces et pattes sans les briser.
2. Faites chauffer l'huile dans une poêle et mettez-y les morceaux de homard à revenir.
3. Lorsqu'ils sont devenus bien rouges, versez dessus l'eau-de-vie et flambez. Mouillez ensuite avec le vin blanc. Salez et poivrez.

80 g de beurre
4 cuillerées à soupe d'huile
1/2 cuillerée à soupe de concentré de tomate
1/2 verre de jus de citron
1 bouquet garni
des fines herbes
sel, poivre de Cayenne
1 pincée de safran

Ajoutez le safran, le bouquet garni et le concentré de tomate. Remuez, réduisez le feu, couvrez la poêle et laissez mijoter 25 mn.

4. Pendant ce temps, nettoyez et hachez finement les intérieurs du homard. Hachez également les fines herbes.

5. Au bout des 25 minutes, retirez les morceaux de homard que vous maintiendrez au chaud. Ajoutez dans la sauce le hachis de homard et les fines herbes, le jus de citron, et assaisonnez de sel et de poivre. Laissez cuire encore 5 minutes.

6. Disposez les morceaux de homard sur un plat chaud, nappez-les de la sauce filtrée et liée avec le beurre. Servez très chaud.

MON SECRET : *Il existe bien des recettes de homard à l'américaine. L'une des variantes que j'utilise volontiers est de remplacer l'eau-de-vie par du cognac et du xérès en quantités égales.*

HOMARDS A L'ANTILLAISE C

379 calories

Relevés, aillés et corsés de rhum.

Préparation : 10 minutes
Cuisson : 30 minutes

Pour 4 personnes :

2 homards de 500 à 600 g pièce
1,500 kg de tomates
12 gousses d'ail
1 verre d'huile d'olive
1 cuillerée à soupe de persil haché
1/2 verre de rhum
sel, poivre

1. Plongez les tomates 30 secondes dans l'eau bouillante. Pelez-les. Coupez-les en quatre. Pelez les gousses d'ail, hachez-les grossièrement.

2. Coupez les homards en deux dans le sens de la longueur.

3. Chauffez l'huile dans une cocotte. Mettez-y à cuire les homards à feu vif pendant 10 minutes en les retournant.

4. Versez le rhum dans la cocotte. Flambez.

5. Ajoutez les tomates, l'ail et le persil. Salez et poivrez. Réduisez le feu. Couvrez la cocotte et laissez mijoter doucement pendant 20 minutes.

MON SECRET : *Le riz est la garniture idéale pour ce plat très relevé.*

HOMARD A LA CRÈME D C

420 calories

La chair exquise du roi des crustacés dans une sauce raffinée.

Préparation : 15 minutes
Cuisson : 35 minutes

Pour 6 personnes :

1 homard de 1,800 kg environ
1 sachet de court-bouillon de poisson instantané
1 verre à moutarde de vin blanc sec
1 verre à liqueur de Grand Marnier
50 g de beurre
150 g de crème fraîche
2 jaunes d'œufs
1 bouquet garni
sel, poivre

1. Choisissez un beau homard en chair vivant. Coupez-le en tronçons avec sa carapace. Conservez la partie verte contenue dans le homard et enlevez les poches à gravier.

2. Préparez un litre de court-bouillon selon le mode d'emploi.

3. Faites revenir les tronçons et les pinces du homard dans du beurre sur feu vif. Salez et poivrez. Il faut que les carapaces rougissent (10 minutes environ).

4. Mouillez avec le court-bouillon, ajoutez le vin blanc, le Grand Marnier et le bouquet garni.
Après un bon quart d'heure, égouttez les morceaux de homard, sortez-les de leur carapace et placez-les avec la chair des pinces dans un plat creux. Tenez au chaud, couvert.

5. Dans un bol, mettez les jaunes des deux œufs avec sel et poivre. Ajoutez la crème fraîche et les parties vertes du homard. Mélangez. Délayez avec 2 louches de court-bouillon de cuisson chaud. Versez dans une petite casserole. Mettez sur feu très doux et faites épaissir sans laisser bouillir et sans cesser de tourner pendant 7 à 8 minutes.

6. Nappez les morceaux de homard avec cette sauce et servez très chaud.

MON SECRET : *J'ajoute à la sauce un fin hachis d'estragon.*

HOMARDS A LA DIABLE D C

325 calories

Flambés au cognac et nappés de sauce aux œufs et à la crème.

Préparation : 25 minutes
Cuisson : 15 minutes

Pour 4 personnes :

2 homards de 750 g chacun
2 cuillerées à soupe de beurre

1. Lavez les homards. Ouvrez-les en deux. Détachez la chair et coupez-la en gros dés. Décortiquez les pattes de façon à sortir la chair que vous couperez également en gros dés. Epongez bien ces chairs avec un linge ou du papier absorbant.

2. Faites fondre le beurre dans une cocotte. Mettez-y à revenir les morceaux de homard pendant 5 minutes. Assaisonnez avec sel, poivre de Cayenne, noix muscade. Chauffez

1 pincée de noix muscade en poudre
1/2 tasse de cognac
2 jaunes d'œufs
3 cuillerées à dessert de crème fraîche épaisse
1 cuillerée à café de sel
poivre de Cayenne

le cognac dans une louche, enflammez-le et versez sur les homards. Faites cuire à feu très doux 5 minutes de plus.

3. Battez ensemble les jaunes d'œufs et la crème. Versez doucement petit à petit en remuant sans cesse dans la cocotte et laissez chauffer quelques instants toujours en remuant et en évitant l'ébullition. Servez le homard avec sa sauce de cuisson ; vous pourrez accompagner d'un riz créole.

MON SECRET : *Deux pincées de paprika dans la cocotte en même temps que la noix de muscade.*

HOMARDS FLAMBÉS D C

360 calories

Une préparation très raffinée.

Préparation : 20 minutes
Cuisson : 25 minutes

Pour 4 personnes :

2 homards de 750 g chacun
1/2 tasse d'huile d'olive
2 oignons
2 gousses d'ail
1/4 de tasse de cognac
3 cuillerées à soupe de concentré de tomate
1 cuillerée à dessert d'extrait de viande
1/4 de cuillerée à café de safran
1/2 tasse de vin blanc sec
2 cuillerées à soupe de moutarde
2 cuillerées à soupe de persil haché
1 cuillerée à café de sel
poivre noir fraîchement moulu

1. Pelez les oignons et hachez-les. Pelez les gousses d'ail et coupez-les en fines lamelles.

2. Coupez les homards de la façon suivante : le corps en 3 morceaux, les pattes en 2 morceaux. Vous pourrez, pour cette recette, cuire les homards avec ou sans leur carapace selon votre goût.

3. Faites chauffer l'huile dans une casserole ou dans une sauteuse. Jetez-y les morceaux de homard. Faites saisir sur feu vif pendant 5 minutes. Retirez les homards et également la moitié de l'huile.

4. Faites revenir pendant 5 minutes ail et oignons dans l'huile restant dans la sauteuse ou dans la casserole. Remettez ensuite les morceaux de crustacés.

5. Chauffez le cognac, versez-le dans la sauteuse et flambez-le. Salez, poivrez.

6. Mélangez le concentré de tomate, l'extrait de viande, le vin, le safran. Ajoutez cette préparation au jus de la sauteuse. Couvrez et faites cuire à feu doux 15 minutes.

7. Disposez les morceaux de homard dans le plat de service chaud. En remuant la sauce, ajoutez-lui la moutarde et le persil bien mélangés. Nappez les morceaux de homard avec cette sauce.

MON SECRET : *Ajoutez 3 pincées d'origan en poudre à la sauce.*

HOMARDS GRILLÉS C

355 calories

Toujours assurés d'être appréciés.

Préparation : 10 minutes
Cuisson : 20 à 25 minutes

Pour 6 personnes :

3 homards de 750 g environ
6 pincées de paprika
3 cuillerées à soupe d'huile
sel, poivre

1. Fendez dans le sens de la longueur les homards encore vivants. Assaisonnez-les avec le sel, le poivre et le paprika. Arrosez-les d'huile.

2. Mettez sur le gril côté carapace, retournez au bout de 5 minutes et poursuivez la cuisson sur le côté chair pendant 5 minutes. Comptez 20 à 25 minutes de cuisson totale en retournant toutes les 5 minutes.
On prépare exactement de la même façon les langoustes.

MON SECRET : *Je choisis des homards de taille moyenne, 7 à 800 g. Les gros homards ont la chair moins fine.*

HOMARDS A LA NAGE C

525 calories

De petits homards cuits au court-bouillon et nageant dans un beurre fondu.

Préparation : 15 minutes
Cuisson : 15 minutes environ

Pour 6 personnes :

6 petits homards
225 g de beurre
sel, poivre

Pour le court-bouillon :
4 carottes
2 gros oignons
1 gousse d'ail
5 échalotes
1 verre de vin blanc sec
1 litre d'eau froide
sel, poivre
1 bouquet garni

1. Dans un grand fait-tout, mettez les carottes et l'oignon émincé, l'ail et les échalotes hachés, le bouquet garni. Salez et poivrez. Couvrez avec le vin blanc et l'eau et portez à ébullition.

2. Lorsque le court-bouillon bout très vivement, plongez-y les homards vivants et laissez-les cuire 15 minutes environ.

3. Pendant ce temps, faites fondre le beurre très doucement.

4. Egouttez les homards, fendez la carapace, cassez les pinces et les pattes. Disposez sur un plat chaud.
Salez et poivrez légèrement le beurre fondu. Servez-le en saucière avec les homards.

MON SECRET : *Un court-bouillon instantané convient très bien, mais il faut lui ajouter le vin blanc.*

HOT FISH

205 calories

Un hot dog à la sardine.

Préparation : 5 minutes
Cuisson : 12 minutes

Pour 4 personnes :

8 petites sardines à l'huile
4 petits pains au lait
2 oignons
1 noix de beurre
1 cuillerée à café de moutarde forte
sel, poivre

1. Pelez les oignons et hachez-les finement.
2. Faites fondre le beurre dans une poêle et mettez-y les oignons hachés. Laissez-les blondir (mais non roussir) 5 minutes. Salez et poivrez.
3. Ouvrez chaque petit pain en deux et tartinez l'intérieur avec un peu de moutarde, puis avec la purée d'oignons au beurre.
4. Egouttez les sardines, retirez leur arête centrale. Disposez-les deux par deux dans les petits pains que vous refermerez ensuite.
5. Faites chauffer 6 minutes à four moyen.

MON SECRET : *A essayer avec des anchois dessalés.*

HUITRES BORDELAISES C

360 calories

Les saveurs alternées de l'huître fraîche et de la chipolata brûlante.

Préparation : 20 minutes
Cuisson : 10 minutes

Pour 4 personnes :

2 douzaines d'huîtres
6 saucisses chipolatas
50 g de beurre

1. Ouvrez les huîtres, si vous ne l'avez pas fait faire par votre écailler. Disposez-les dans un plat contenant, si possible, de la glace pilée.
2. Dans une poêle, faites bien dorer au beurre les chipolatas. Coupez-les en quatre dans l'épaisseur pour avoir 24 morceaux. Disposez-les sur un plat de service chaud. Allumez sur la table un chauffe-plats. Placez dessus les chipolatas pour qu'elles ne refroidissent pas. Placez à côté le plat d'huîtres.
On mange alternativement un morceau de chipolata brûlant et une huître fraîche.

MON SECRET : *Pour obtenir de la glace pilée, je mets des glaçons dans un torchon et je tape dessus (pas trop fort) avec un marteau.*

HUITRES EN RAGOUT

210 calories

Dans une sauce crémeuse et poivrée.

Préparation : 25 minutes
Cuisson : 5 minutes

Pour 4 personnes :

4 douzaines d'huîtres
80 g de beurre
4 tasses de lait bouilli
sel, poivre

1. Ouvrez les huîtres et sortez-les de leurs coquilles.

2. Faites-les chauffer dans le beurre jusqu'à ce que la bordure des huîtres se soulève.

3. Versez petit à petit, en tournant, le lait chaud et faites cuire à feu doux pendant 5 minutes. Goûtez pour saler légèrement si nécessaire et poivrez. Servez immédiatement.

MON SECRET : *Vous pouvez ajouter quelques crevettes décortiquées.*

LANGOUSTES GRILLÉES AU PORTO

C

605 calories

Dorées sous une sauce au beurre, porto blanc et épices.

Préparation : 10 minutes
Cuisson : 20 minutes

Pour 4 personnes :

2 langoustes vivantes de 750 g chacune
200 g de beurre
6 cuillerées à soupe de vin de Porto blanc sec
sel
20 g de poivre noir en grains
2 pincées de paprika
2 pincées de cayenne

1. Plongez les langoustes vivantes dans de l'eau bouillante salée et poivrée, avec 20 g de poivre en grains. Laissez bouillir 1 à 2 minutes.

2. Egouttez les langoustes et fendez-les en deux dans le sens de la longueur. Conservez-les au chaud.

3. Faites fondre 200 g de beurre dans une casserole sans le laisser trop chauffer. Ajoutez 6 cuillerées à soupe de porto blanc sec, 2 pincées de cayenne et 2 pincées de paprika. Mélangez.

4. Placez les demi-langoustes dans un plat allant au four. Versez la sauce dessus en la faisant bien pénétrer entre chair et carapace. Mettez au four, sous le grilloir, jusqu'à ce qu'elles soient bien dorées. Servez très chaud.

MON SECRET : *Quand cela est possible, je cuis la langouste dans de l'eau de mer.*

LANGOUSTE A L'ITALIENNE

C 340 calories

Une fine sauce aromatisée au beurre de crevette.

Préparation et cuisson : 40 minutes

Pour 4 personnes :

2 sachets de queues de langoustes surgelées
1 sachet de court-bouillon instantané
1 petite brioche
1/2 verre de lait
1 petit pot de beurre de crevette
125 g de champignons de Paris (en boîte)
1 noix de beurre
sel, poivre

Pour la sauce Béchamel :
1 verre à moutarde 1/2 de lait
2 cuillerées à soupe rases de farine
50 g de beurre
sel, poivre

1. Préparez la béchamel : faites fondre le beurre dans une casserole, saupoudrez de farine. Tournez jusqu'à ce qu'elle soit bien absorbée par le beurre, puis ajoutez le lait froid en une seule fois sans cesser de tourner la sauce. Salez et poivrez ; laissez épaissir sur feu doux 5 minutes.

2. Chauffez le court-bouillon préparé selon le mode d'emploi. Plongez-y les queues de langoustes non dégelées, laissez cuire 8 à 10 minutes. Egouttez-les, décortiquez-les et coupez-les en 3 ou 4 morceaux chacune.

3. Emiettez la brioche dans le demi-verre de lait, puis ajoutez la béchamel, le pot de beurre de crevette et 1/2 verre à 1 verre du court-bouillon. Maintenez au chaud sur feu très doux.

4. Egouttez les champignons. Faites-les sauter dans une poêle avec une noix de beurre. Ajoutez-les à la sauce.
Pour servir, nappez les morceaux de langouste avec la sauce.

MON SECRET : *Un plat qu'il n'est pas nécessaire de préparer à la dernière minute. On peut le réchauffer au four et laisser la surface gratiner légèrement.*

LANGOUSTE MAYONNAISE

C 615 calories

Présentation classique pour un crustacé de choix.

Préparation : 15 minutes
Cuisson : 20 minutes

Pour 4 personnes :

1 langouste de 1,500 kg
1 sachet de court-bouillon instantané

1. Préparez le court-bouillon selon le mode d'emploi. Chauffez jusqu'à ébullition. Plongez la langouste. Laissez cuire 20 minutes.

2. Lavez les tomates, essuyez-les, coupez-les en tranches. Dans un plat long, disposez quelques feuilles de laitue bien lavées et séchées. Posez dessus la langouste étendue. Entourez avec les tranches de tomates et les olives noires ; maintenez au frais.

quelques feuilles
de laitue
2 tomates
50 g d'olives vertes
et noires

Pour la mayonnaise :
2 jaunes d'œufs
1 forte cuillerée à café
de moutarde blanche
1/2 litre d'huile
1 filet de vinaigre
sel, poivre

3. Préparez la mayonnaise. Dans un grand bol, posez les deux jaunes d'œufs. Ajoutez la moutarde, 1 pincée de sel, 1 filet de vinaigre. Commencez à battre au petit fouet en ajoutant l'huile goutte à goutte. Montez la mayonnaise en ajoutant l'huile petit à petit (à moins que vous utilisiez un mixer où l'on met tous les éléments en même temps). Quand la mayonnaise est presque terminée, ajoutez encore un trait de vinaigre et poivrez. Servez la langouste avec la mayonnaise en saucière.

MON SECRET : *J'ajoute à la mayonnaise de la pulpe de citron coupée en très petits morceaux.*

LANGOUSTE AUX PETITS POIS C 620 calories

Langouste et petits pois cuisent ensemble en cocotte avec des aromates.

Préparation : 15 minutes
Cuisson : 15 minutes

Pour 4 personnes :

2 langoustes
de 600 g chacune
1 gros oignon
3 tomates
(ou 1 cuillerée à soupe
de concentré dilué
dans un peu d'eau)
1 verre de vin blanc sec
1 kg de petits pois frais
ou en conserve
1 bouquet garni (avec
fenouil, laurier et persil)
2 gousses d'ail
1 pincée de safran
2 cuillerées à soupe
d'huile
sel, poivre

1. Coupez les langoustes en deux dans le sens de la longueur. Hachez l'oignon et les tomates.

2. Chauffez l'huile dans une cocotte. Mettez oignon et tomates dans l'huile chaude et remuez quelques instants sur feu assez vif pour faire colorer.

3. Ajoutez dans la cocotte les 2 langoustes que vous ferez bien saisir. Lorsque l'eau des tomates s'est évaporée, ajoutez le vin blanc et 1 litre d'eau froide.

4. Versez sur les langoustes les petits pois (s'ils sont frais, faites-les blanchir 10 minutes d'abord). Ajoutez le bouquet garni, l'ail écrasé, le sel, le poivre et le safran. Laissez cuire à feu vif et à couvert 15 minutes.

5. Rangez les langoustes sur un plat et versez dessus toute la sauce avec les petits pois. Servez bien chaud.

MON SECRET : *Plus économique avec des queues de langoustes surgelées, mais d'une saveur moins fine.*

LIEU A L'ESPAGNOLE

280 calories

Poisson doré au beurre, sauce tomate et crudités.

Préparation : 25 minutes
Cuisson : 20 minutes

Pour 6 personnes :

6 tranches de lieu noir
1/2 litre de jus de tomate
3 échalotes
1 gousse d'ail
1 cuillerée à soupe de Maïzena
50 g de beurre
3 cuillerées à soupe d'huile
1 tomate
1/2 citron
1 oignon
1 poivron
farine
sel, poivre

1. Epluchez la tomate et coupez-la en dés. Lavez le poivron, retirez-en les pépins et coupez-le en fines lamelles. Pelez l'oignon, émincez-le. Coupez le demi-citron en petits morceaux.

2. Farinez les tranches de poisson. Faites fondre le beurre dans une poêle. Faites-y dorer les tranches de poisson 7 à 8 minutes de chaque côté. Salez, poivrez.

3. Pendant ce temps, émincez les échalotes et l'ail. Faites-les revenir dans l'huile. Ajoutez la Maïzena en saupoudrant puis, petit à petit, le jus de tomate en tournant doucement à la spatule jusqu'à ébullition. Salez, poivrez.

4. Servez les tranches de poisson avec la sauce en saucière et, à part sur un plat, les dés de tomate, d'oignon, de citron et les lamelles de poivron cru.

MON SECRET : *J'utilise du jus de tomate en bocal que j'assaisonne fortement de sel de céleri, poivre de Cayenne et jus de citron.*

LIEU AUX OLIVES

370 calories

Poissons et brouillade d'œufs à la crème et aux olives.

Préparation : 20 minutes
Cuisson : 20 minutes

Pour 6 personnes :

6 tranches de lieu jaune
3 œufs
100 g d'olives noires
3 tranches de pain de mie
75 g de beurre
2 cuillerées à soupe de crème fraîche

1. Dénoyautez les olives. Emincez-les. Farinez les tranches de poisson. Faites fondre 50 g de beurre dans une poêle. Faites-y dorer le poisson 7 à 8 minutes de chaque côte.

2. Pendant ce temps, cassez les œufs dans une terrine. Salez, poivrez. Battez à la fourchette comme pour une omelette. Ajoutez les olives.

3. Faites fondre le reste de beurre dans une poêle. Versez le mélange et tournez à feu doux à la cuiller de bois comme des œufs brouillés. Ajoutez la crème fraîche en fin de cuisson.

Cuisses de grenouilles à la crème. *(Recette page 321)*

Coquilles Saint-Jacques au jambon. *(Recette page 317)*

Haddock au gril. *(Recette page 339)*

Maquereaux boulonnaise. *(Recette page 357)*

farine
sel, poivre

4. Servez les tranches de lieu avec la brouillade d'olives sur des demi-tranches de pain de mie rôties.

MON SECRET : *Excellente aussi la brouillade sur de minces tranches de pain de campagne.*

LIMANDES A LA GRECQUE

210 calories

Marinées avec des oignons.

Préparation : 10 minutes
(+ 15 minutes à l'avance)
Cuisson : 10 minutes

Pour 6 personnes :

6 filets de limande
1 verre d'huile d'olive
3 oignons
1 citron
4 branches de laurier
sel, poivre

1. Préparez une marinade avec l'huile d'olive, les oignons pelés et coupés en rondelles fines, le jus de citron, le thym, le laurier, le sel et le poivre.

2. Mettez mariner 15 minutes les filets de poisson.

3. Versez la marinade dans une poêle et chauffez. Quand la marinade bouillonne, plongez-y les poissons 5 minutes de chaque côté. Servez avec du riz.

MON SECRET : *J'ajoute à la marinade une bonne pincée de gingembre.*

LIMANDES A LA GRENOBLOISE

220 calories

Dorées à la poêle, parsemées de câpres et d'œufs durs.

Préparation : 15 minutes
Cuisson : 20 minutes

Pour 6 personnes :

3 limandes moyennes
125 g de beurre
ou margarine
1 œuf dur
1 verre de lait
40 g de farine
2 cuillerées à soupe
de vinaigre
1 cuillerée à soupe
de câpres
sel, poivre

1. Faites ébarber et vider les limandes par le poissonnier.

2. Salez et poivrez les poissons. Passez-les dans le lait, puis dans la farine. Faites chauffer 50 g de corps gras dans une poêle et faites dorer les poissons 7 à 8 minutes de chaque côté. Tenez-les au chaud.

3. Pelez l'œuf dur et hachez-le.

4. Faites fondre le restant du corps gras et laissez-le légèrement brunir. Hors du feu, ajoutez petit à petit le vinaigre, puis l'œuf dur haché et les câpres. Versez aussitôt sur les poissons.

MON SECRET : *Même recette — hélas plus coûteuse ! — avec des soles ou des filets de barbue.*

LIMANDES A L'ORIENTALE

260 calories

Avec champignons, tomates et anchois.

Préparation : 15 minutes
Cuisson : 25 minutes

Pour 6 personnes :

6 limandes
750 g de tomates
250 g de champignons
1 verre d'huile d'olive
2 gousses d'ail
1 citron
anis en grains
sel, poivre

1. Videz, nettoyez et lavez les limandes.

2. Epluchez les tomates après les avoir plongées une minute dans l'eau chaude. Coupez-les en morceaux. Coupez le pied terreux des champignons. Lavez-les, essuyez-les et coupez-les en lamelles. Epluchez les gousses d'ail. Coupez le citron en fines rondelles.

3. Dans un grand plat allant au four, disposez un lit de tomates, un lit de champignons puis les rondelles de citron et les limandes se chevauchant. Arrosez avec l'huile d'olive. Ajoutez l'ail émincé. Saupoudrez avec les grains d'anis. Salez, poivrez. Faites cuire 25 minutes à four moyen. Décorez au moment de servir avec des anchois roulés.

MON SECRET : *Un simple riz blanc pour accompagner ces limandes.*

LIMANDES AU RAIFORT

312 calories

Un assaisonnement qui relève agréablement la fadeur du poisson.

Préparation : 15 minutes
Cuisson : 10 minutes

Pour 6 personnes :

6 filets de limandes
1 œuf
3 cuillerées à soupe de farine
75 g de beurre
1 citron
1 petit pot de crème fraîche
1 cuillerée à soupe de raifort de conserve (en tube ou en flacon)
chapelure
sel, poivre

1. Passez chaque filet dans la farine puis dans l'œuf battu et la chapelure.
2. Faites chauffer le beurre dans une poêle. Lorsqu'il est bien chaud, mettez à dorer les filets 5 minutes de chaque côté. Salez, poivrez. Rangez-les dans un plat de service tenu au chaud.

3. Ajoutez dans la poêle de cuisson le jus de citron, la crème fraîche et le raifort. Mélangez bien pour obtenir une sauce.

4. Décorez les filets avec les demi-rondelles de citron. Servez avec la sauce en saucière.

MON SECRET : *J'ajoute des olives noires.*

LOTTE A L'AMÉRICAINE

410 calories

Un excellent poisson à chair ferme dans une sauce au cognac.

Préparation : 10 minutes
Cuisson : 40 à 50 minutes

Pour 6 personnes :

1,800 kg de lotte
1 verre d'huile d'olive
4 cuillerées à soupe de cognac
3/4 de litre de vin blanc sec
2 cuillerées à soupe de concentré de tomate
2 ou 3 oignons
3 gousses d'ail
sel, poivre

1. Lavez et essuyez soigneusement la lotte dans du papier-linge. Coupez-la en morceaux.

2. Dans une grande cocotte, faites chauffer l'huile. Mettez les morceaux de poisson à dorer dans cette huile chaude, en les faisant sauter très souvent.

3. Lorsqu'ils sont bien colorés, versez le cognac dans la cocotte et enflammez-le. Dès que la flamme est tombée, retirez les morceaux de poisson que vous tiendrez au chaud.

4. Versez alors dans la cocotte le vin blanc et le concentré de tomate délayé dans un peu d'eau. Epluchez ail et oignons. Ajoutez-les à la préparation. Salez et poivrez abondamment et laissez cuire tout doucement et à couvert pendant 30 minutes.

5. Au bout de ce temps, remettez les morceaux de lotte et laissez encore mijoter doucement, pendant 15 minutes. Servez chaud, dans un plat creux.

MON SECRET : *Il m'arrive de modifier un peu cette classique recette en remplaçant le cognac par du whisky et en ajoutant à la sauce un quart de cuillerée à café de paprika. Pas très orthodoxe mais excellent.*

LOTTE NEWBURG

160 calories

Porto, cognac et crème fraîche accompagnent superbement la lotte.

Préparation : 5 minutes
Cuisson : 20 minutes

Pour 4 personnes :

4 belles tranches de lotte (160 g chacune)
1 verre de porto blanc sec
1 verre à liqueur de cognac
125 g de crème fraîche

1. Dans une sauteuse, faites dorer doucement les morceaux de lotte.

2. Faites flamber avec le cognac. Mouillez avec le porto. Laissez bouillir quelques minutes. Mettez la crème fraîche. Mélangez bien avec le porto. Salez, poivrez. Laissez mijoter et réduire lentement un quart d'heure.

3. Liez avec les deux jaunes d'œufs. Laissez chauffer sans bouillir en tournant pour épaissir. Servez.

Cette recette peut se faire avec une langouste. Faites-la cuire au court-bouillon.

2 jaunes d'œufs
1 bon morceau de beurre
sel, poivre

Décortiquez-la, coupez-la en morceaux que vous ferez revenir dans le beurre.

MON SECRET : *Vous pouvez ajouter à la sauce une boîte de pelures de truffes avec son jus.*

LOTTE AU POIVRE VERT

255 calories

La saveur relevée d'une sauce au whisky.

Préparation : 5 minutes
Cuisson : 15 minutes

Pour 6 personnes :

6 tranches de lotte
40 g de beurre
1 petit pot de crème fraîche
1 verre à liqueur de whisky
1 cuillerée à café de poivre vert
farine
sel

1. Farinez légèrement les tranches de poisson.
2. Faites fondre le beurre dans une poêle. Mettez-y à dorer les tranches de lotte 5 minutes environ de chaque côté, salez. Mettez de côté.
3. Versez le whisky dans la poêle. Laissez chauffer. Flambez. Ajoutez le poivre vert et la crème fraîche. Mélangez en tournant. Mettez le poisson dans la sauce. Laissez chauffer 2 à 3 minutes.
4. Disposez dans le plat de service tenu au chaud. Nappez avec la sauce. Décorez avec du cresson.

MON SECRET : *La saison du poivre vert est brève. Mais il y en a toute l'année en boîte ou en sachets surgelés.*

LOTTE A LA RATATOUILLE

480 calories

Un poisson fin flambé au cognac.

Préparation : 10 minutes
Cuisson : 15 minutes

Pour 6 personnes :

1,200 kg de lotte
1 grosse boîte ou 2 paquets de ratatouille surgelée
1 verre à dégustation de cognac
30 g de farine
1 verre d'huile
sel, poivre

1. Faites couper la lotte en tranches assez minces par le poissonnier.
2. Farinez les tranches. Chauffez l'huile et mettez-y à revenir les tranches de poisson des deux côtés. Flambez avec le cognac. Salez, poivrez. Couvrez et laissez cuire pendant une dizaine de minutes.
3. Pendant ce temps, chauffez la ratatouille. Lorsqu'elle est bien chaude, disposez-la dans le plat de service. Posez dessus les morceaux de poisson. Nappez la lotte avec le jus de cuisson du poisson.

MON SECRET : *Je délaye dans le jus de cuisson du poisson 4 cuillerées à soupe de crème fraîche.*

MAQUEREAUX BOULONNAISE

690 calories

Une recette originale pour ce poisson à un prix toujours abordable.

Préparation : 15 minutes
Cuisson : 40 minutes

Pour 4 personnes :

4 maquereaux
2 verres de vin blanc
Sel, poivre
4 poireaux
50 g de beurre
100 g de crème
persil

1. Lavez les filets des maquereaux et pochez-les 5 minutes dans le vin.

2. D'autre part, faites cuire au beurre dans une sauteuse les poireaux coupés en tronçons.

3. Lorsque les poireaux sont cuits (30 minutes environ), ajoutez le vin qui a servi à pocher les filets et la crème. Donnez un bouillon et rectifiez l'assaisonnement en sel et poivre. Servez les filets chauds sur les poireaux.

MON SECRET : *Je fais la même recette en remplaçant le vin blanc par du cidre sec.*

MAQUEREAUX GRILLÉS

320 calories

Les fameuses « lisettes », dorées à flamme vive.

Préparation : 10 minutes
Cuisson : 15 minutes

Pour 6 personnes :

6 petits maquereaux de 140 g
2 cuillerées à soupe d'huile

1. Mettez le gril à chauffer.

2. Videz les maquereaux. Fendez-les sur toute leur longueur (sur le ventre et sur le dos) pour en séparer les deux moitiés. Retirez l'arête.

3. Assaisonnez et badigeonnez d'huile des deux côtés.

4. Posez sur le gril bien chaud et laissez cuire 7 à 8 minutes de chaque côté.

5. Disposez sur un plat. Servez aussitôt.

MON SECRET : *Vous pouvez accompagner d'une garniture de tomates provençales surmontées d'un hachis de champignons persillés ou d'une sauce moutarde.*

MAQUEREAUX EN PAPILLOTES

420 calories

A servir dans leur robe d'argent.

Préparation : 15 minutes
Cuisson : 20 minutes

Pour 6 personnes :

6 maquereaux
120 g de beurre

1. Ecaillez et videz les maquereaux. Coupez les têtes et lavez-les sous le robinet. Essuyez les poissons dans un papier absorbant.

2. Faites chauffer le gril.

3. Fendez les poissons sur toute la longueur du dos et du ventre pour détacher les quatre filets.

2 cuillerées à soupe d'huile
1 bouquet de persil
12 carrés de papier d'aluminium
sel, poivre

4. Au pinceau, ou du bout des doigts, huilez ces filets et mettez-les sur le gril bien chaud 7 à 8 minutes de chaque côté.

5. Retirez les filets et placez-les deux à deux sur un carré d'aluminium dont le côté est un peu plus grand que la longueur des filets.

6. Malaxez à la fourchette le beurre avec le persil haché et un peu de sel et de poivre, jusqu'à obtention d'une pâte.

7. Etendez un peu de cette pâte sur un filet sur chaque carré d'aluminium. Recouvrez avec l'autre filet. Refermez la papillote sans trop serrer.

8. Faites chauffer le four à thermostat 8. Dès qu'il est chaud, passez-y les papillotes 4 à 5 minutes.

9. Servez dans les papillotes entrouvertes.

MON SECRET : *Ajouter au beurre et au persil un peu de pâte d'anchois.*

MAQUEREAUX A LA SAUCE TOMATE

540 calories

A servir chauds ou froids.

Préparation : 15 minutes
Cuisson : 30 minutes

Pour 6 personnes :

6 gros maquereaux
2 cuillerées à soupe d'huile
4 oignons
1 gousse d'ail
8 branches de persil
1 boîte de 500 g de tomates
2 cuillerées à soupe d'eau
sel, poivre

1. Pelez les oignons, coupez-les en lamelles fines. Pelez la gousse d'ail et coupez-la également en lamelles fines.

2. Lavez les poissons, levez-en les filets. Séchez-les dans un papier absorbant.

3. Chauffez l'huile dans une poêle, mettez-y à revenir les oignons, l'ail et le persil haché pendant 5 minutes.

4. Ajoutez les tomates, l'eau, le sel, le poivre et faites cuire encore 5 minutes.

5. Ajoutez les poissons dans la poêle, couvrez et cuisez 10 minutes. Retournez alors les filets de maquereaux et laissez-les cuire encore 10 minutes. Servez ces filets chauds ou froids avec leur sauce de cuisson.

MON SECRET : *En hiver, je préfère utiliser des tomates pelées en boîte que les tomates fraîches qui, en cette saison, n'ont ni saveur ni couleur.*

MATELOTE D'ANGUILLES

890 calories

Classique et savoureuse.

Préparation : 25 minutes
Cuisson : 25 minutes

Pour 4 personnes :

1 anguille de 1 kg
2 carottes
3 oignons
1 litre de vin blanc
1 bouquet garni
1 verre de crème
250 grammes de petits oignons
1 poignée d'oseille
1 morceau de sucre
50 g de beurre
sel, poivre

1. Pelez les petits oignons. Faites-les cuire à feu doux pendant 1 quart d'heure avec 1 quart de litre d'eau, du sel, 1 morceau de sucre et une noix de beurre.

2. Hachez grossièrement l'oseille. Faites-la cuire 5 minutes dans du beurre à feu moyen. Salez.

3. Coupez l'anguille en morceaux de 4 à 5 doigts de long environ.

4. Pelez les gros oignons et les carottes, coupez-les en petits dés.

5. Mettez les morceaux d'anguille dans une casserole avec les morceaux d'oignons, les carottes, du sel et du poivre. Mouillez avec le vin blanc. Ajoutez le bouquet garni. Mettez sur le feu et faites bouillir pendant 15 minutes. Au bout de ce temps égouttez les tronçons d'anguille et tenez-les au chaud. Laissez le jus de cuisson sur le feu et faites-le réduire à feu vif à gros bouillons. Quand il ne reste plus que la moitié du liquide, ajoutez la crème, chauffez 2 à 3 minutes et filtrez cette sauce. Ajoutez-lui les petits oignons et l'oseille.
Pour servir, mettez les tronçons d'anguilles sur un plat chaud et arrosez-les avec la sauce aux petits oignons et à l'oseille.

MON SECRET : *Je remplace parfois le vin blanc par du cidre sec.*

MERLANS FRITS

300 calories

Préparation : 10 minutes
Cuisson : 10 minutes

Pour 6 personnes :

6 merlans de 200 g chacun
1 bassine de friture
1 citron
3 cuillerées à soupe de farine
sel, poivre

1. Ecaillez et videz les merlans. Lavez-les sous le robinet d'eau froide et essuyez-les dans du papier absorbant.

2. Faites chauffer la friture.

3. Ciselez les poissons (faites avec les ciseaux de cuisine des incisions en biais tout autour du poisson pour qu'il ne se défasse pas à la cuisson). Mettez la farine dans un sac de plastique transparent. Mettez dans le sac les 6 poissons et agitez en tenant l'ouverture fermée pour les fariner.

4. Sortez-les et posez-les sans éclabousser

dans la friture chaude. Laissez cuire 10 minutes, puis égouttez.

5. Disposez les poissons sur un plat, assaisonnez de sel et de poivre et posez sur chaque merlan une rondelle de citron. Servez très chaud.

MON SECRET : *Une garniture de tranches de pommes non pelées, rapidement poêlées au beurre, accompagne très bien ces poissons.*

MERLANS EN GELÉE

165 calories

Une présentation raffinée et appétissante.

Préparation : 15 minutes
Cuisson : 5 minutes

Pour 6 personnes :

6 filets de merlan
1 sachet de court-bouillon instantané
1 sachet de gelée en poudre
3 tomates
1 poivron

1. Faites pocher les filets de merlan, roulés et maintenus avec un bâtonnet, dans le court-bouillon préparé selon le mode d'emploi. Egouttez-les, retirez les bâtonnets.

2. Préparez la gelée selon le mode d'emploi. Passez des ramequins sous l'eau froide sans les essuyer. Coulez un peu de gelée dans le fond de chaque ramequin et faites prendre au réfrigérateur.

3. Disposez les filets dans les ramequins. Garnissez le centre avec les tomates et le poivron lavés et coupés en petits dés. Coulez le restant de gelée. Faites prendre au réfrigérateur. Présentez sur des feuilles de salade avec des quartiers de citron.

MON SECRET : *Même dans la gelée instantanée que j'utilise pour gagner du temps, je mets un demi-verre de porto ou de xérès pour corser le goût.*

MERLU AUX MANGE-TOUT

405 calories

Pour ce poisson, une garniture qui change des très classiques pommes de terre.

Préparation : 20 minutes
Cuisson : 40 minutes

Pour 6 personnes :

1,200 kg de merlu coupé en 6 morceaux

1. Equeutez les haricots, lavez-les, égouttez-les. Epluchez, lavez et émincez les oignons. Lavez, pelez les tomates, coupez-les en quartiers.

2. Chauffez l'huile dans un poêlon. Faites-y blondir les oignons émincés. Ajoutez les quartiers de tomates, les grains de fenouil, l'anis et les mange-tout. Salez, poivrez. Ver-

750 g de haricots « mange-tout »
6 tranches de pain de campagne
2 oignons
2 tomates
3 cuillerées à soupe d'huile
1 cuillerée à café de grains de fenouil
1 cuillerée à café de grains d'anis
sel, poivre

sez 1 litre d'eau bouillante.

3. Au bout de 15 minutes, ajoutez le poisson et chauffez jusqu'à reprise de l'ébullition. Laissez cuire encore 15 minutes à feu vif.

4. Grillez les tranches de pain de campagne. Mettez-les dans le fond des assiettes à soupe. Recouvrez avec les légumes surmontés de tranches de poisson. Arrosez avec le bouillon.

MON SECRET : *Quand les haricots sont très gros, je les coupe en deux par le milieu, en biseau.*

MORUE A LA CRÈME

370 calories

Enrichie de crème, la sauce rend le poisson moelleux.

Préparation : 20 minutes
Dessalage : 12 heures
Cuisson : 20 minutes

Pour 4 personnes :

1 paquet de morue (soit 450 g environ)
100 g de crème fraîche
40 g de beurre
40 g de farine
sel, poivre
1/2 litre de lait

1 et 2. Préparez et faites cuire la morue selon la recette de la morue au court-bouillon (voir page 149).

3. Préparez une béchamel pendant que la morue cuit, avec le beurre, la farine, le lait, peu de sel et du poivre (voir recette page 156).

4. Ajoutez à cette béchamel la crème fraîche.

5. Effeuillez la morue dans la casserole de sauce et laissez encore mijoter quelques minutes.

6. Versez dans un plat creux et servez bien chaud.

MON SECRET : *Je fais cuire plus de morue qu'il ne m'en faut pour un repas. Et je sers le surplus, le lendemain, en entrée froide, assaisonnée d'une vinaigrette bien relevée.*

MORUE FRITE A LA TOULONNAISE

490 calories

Servie dans une sauce tomate au vin rouge.

Préparation : 20 minutes (morue à faire dessaler 24 heures à l'avance)
Cuisson : 30 minutes

Pour 6 personnes :

800 g à 1 kg de morue séchée ou salée
farine
huile pour friture

Pour la sauce :
1 gros oignon
4 cuillerées à soupe d'huile d'olive
1 grosse cuillerée de farine
2 gousses d'ail
1 cuillerée à soupe de concentré de tomate
1 bouquet garni (thym, laurier, persil, fenouil)
1 grosse cuillerée à soupe de câpres
100 g d'olives noires
1/2 litre de vin rouge
1/2 litre d'eau
sel, poivre

1. Enlevez la peau et les arêtes de la morue ; coupez-la en morceaux réguliers ; faites-la dessaler pendant 24 heures en renouvelant l'eau plusieurs fois.

2. Epluchez l'oignon, émincez-le finement. Faites chauffer l'huile dans une casserole et mettez-y l'oignon à roussir légèrement ; saupoudrez avec la farine et, dès qu'elle blondit, mouillez à petits coups avec le vin rouge et autant d'eau bouillante ; délayez bien et faites bouillir ; assaisonnez de poivre, de très peu de sel, ajoutez les gousses d'ail, le bouquet garni, les olives et la purée de tomate. Laissez bouillir doucement jusqu'à ce que la sauce réduise de moitié et devienne assez épaisse.

3. Pendant ce temps, égouttez la morue ; passez les morceaux dans la farine et faites-les frire à grande friture dans une poêle. Retirez-les une fois frits et mettez-les dans la sauce. Laissez mijoter une dizaine de minutes et servez.

MON SECRET : *Je choisis des petites olives de Nice et je ne les dénoyaute pas...*

MORUE A LA MARSEILLAISE

335 calories

Une délicieuse salade bien relevée.

Préparation : 20 minutes + 12 heures de trempage pour la morue
Cuisson : 15 minutes
Réfrigération : 2 heures

Pour 6 personnes :

1 kg de filets de morue

1. Faites dessaler les filets de morue pendant 10 à 12 heures. Pour cela, placez le poisson dans une passoire à pieds que vous plongez dans un récipient rempli d'eau froide afin d'éviter que les filets soient en contact avec le sel qui sera déposé au fond.

2. Le lendemain, pelez l'oignon, laissez-le entier, pelez les gousses d'ail, coupez-les en minces lamelles.

1 oignon
1 cuillerée à soupe de vinaigre
1 tasse d'olives noires dénoyautées et coupées en deux
4 filets d'anchois
2 gousses d'ail
1/2 tasse de câpres
1/4 de tasse d'huile d'olive
2 cuillerées à soupe de jus de citron
3 cuillerées à soupe de persil haché

3. Mettez dans l'eau froide les filets de morue, l'oignon et le vinaigre. Chauffez jusqu'à ce que le liquide commence à bouillir. Réduisez alors le feu, laissez cuire dans l'eau frissonnante pendant 10 minutes. Egouttez, laissez refroidir. Coupez les filets de morue en lamelles qui se défont d'ailleurs toutes seules après la cuisson du poisson.

4. Mélangez les olives, les anchois coupés en petits morceaux, les lamelles d'ail et les câpres. Ajoutez l'huile, le citron et le persil. Versez cette sauce sur le poisson disposé dans un plat. Laissez mariner dans le réfrigérateur pendant au moins 2 heures avant de servir.

MON SECRET : *Surtout, ne jamais laisser bouillir l'eau où cuit la morue : elle deviendrait alors dure. Eau à peine frissonnante !*

MORUE AU MUSCADET

560 calories

Un mariage réussi : poisson et vin blanc sec.

Préparation : 20 minutes
Dessalage : 12 heures
Cuisson : 1 h 30

Pour 4 personnes :

1 paquet (soit 450 g environ) de morue
500 g de pommes de terre à chair ferme
150 g de beurre
2 ou 3 oignons
1 verre 1/2 de muscadet

1. Douze heures avant de cuire la morue, mettez-la dans un grand récipient rempli d'eau froide et changez l'eau toutes les deux ou trois heures (ou bien mettez le récipient dans l'évier et laissez couler un mince filet d'eau dessus pendant quelques heures).

2. Mettez le poisson égoutté dans une grande cocotte.

3. Pelez l'oignon et hachez-le.

4. Pelez les pommes de terre, lavez-les et coupez-les en rondelles. Mettez-les dans la cocotte, autour de la morue, avec l'oignon haché et arrosez avec le vin blanc. Répartissez le beurre par petits morceaux dans toute la cocotte.

5. Démarrez la cuisson très doucement et laissez cuire à couvert 1 heure 1/2. Servez dans un plat creux.

MON SECRET : *Au moment de servir, je saupoudre de persil haché mêlé à de l'écorce de citron râpée.*

MORUE POCHÉE AU COURT-BOUILLON

370 calories

La plus simple des façons de préparer la morue.

Dessalage : 12 heures
Préparation : 10 minutes
Cuisson : 10 minutes

Pour 4 personnes :

1 paquet de morue (les paquets font environ 440 g)

1. Douze heures avant la cuisson, dessalez la morue en la laissant tremper dans un grand récipient d'eau froide. Changez l'eau toutes les deux ou trois heures (vous pouvez aussi laisser un filet d'eau couler sur le récipient toute la nuit).

2. Mettez la morue dans une grande casserole et recouvrez-la d'eau froide (non salée, bien sûr). Portez à ébullition très doucement ; retirez la casserole du feu dès le premier frémissement, couvrez et laissez pocher pendant 10 minutes.

3. Egouttez. Mettez dans un plat et nappez de la sauce choisie : béchamel, beurre noir, beurre maître d'hôtel ou tout simplement un mélange d'huile, citron et fines herbes hachées.

MON SECRET : *Excellents avec la morue pochée, les légumes verts tels que gros haricots, carottes, poireaux, courgettes, bouillis et arrosés de la même sauce que le poisson.*

MORUE A LA TOMATE

290 calories

Toute la saveur de la cuisine méridionale.

Préparation : 20 minutes
Dessalage : 12 heures
Cuisson : 20 minutes

Pour 4 personnes :

1 paquet de morue (soit 450 g environ)
500 g de tomates
2 ou 3 oignons
2 gousses d'ail
100 g d'olives noires (dénoyautées de préférence)
2 cuillerées à soupe d'huile
quelques brins de persil
sel, poivre

1. Préparez la morue selon la recette de la morue au court-bouillon (voir page 149).

2. Dans une poêle, mettez l'huile à chauffer. Faites-y revenir l'ail et les oignons hachés, puis les tomates lavées et coupées en quartiers. Remuez sur feu doux, puis ajoutez les olives et le persil haché. Poivrez mais ne salez pas.

3. Effeuillez la morue et mettez-la dans la poêle. Laissez encore cuire tout doucement pendant une dizaine de minutes.

4. Servez bien chaud dans un plat creux.

MON SECRET : *Je préfère utiliser pour cette recette une huile d'olive bien fruitée qui s'accorde avec la saveur des tomates.*

MOULES A LA MARINIÈRE

295 calories

Avec une sauce au vin blanc aromatisée d'herbes fines.

Préparation : 30 minutes
Cuisson : 10 minutes

Pour 6 personnes :

3 litres de moules
2 carottes
1 oignon
120 g de beurre
2 verres de vin blanc sec
1 bouquet garni (persil, thym, laurier)
quelques brins de persil
quelques branches de ciboule
1 gousse d'ail
sel, poivre

1. Eliminez toutes les moules qui ne sont pas bien fermées. Grattez les coquillages pour les débarrasser des algues et des minuscules crustacés qui y sont accrochés. Lavez à plusieurs eaux et égouttez.

2. Dans une grande cocotte, mettez à fondre la moitié du beurre avec l'oignon haché grossièrement, les carottes coupées en rondelles très fines et le bouquet garni. Ajoutez les moules presque immédiatement et faites-les sauter sur feu vif jusqu'à ce qu'elles soient toutes bien ouvertes (environ 6 minutes).

3. Retirez les moules sans jeter le jus de cuisson et enlevez à chacune sa demi-coquille vide. Tenez-les au chaud.

4. Filtrez le jus de cuisson en versant très doucement pour laisser le sable au fond du récipient qui le contenait.

5. Remettez le jus dans la cocotte rincée, ajoutez le beurre restant, le vin blanc, le persil haché, la ciboule et l'ail également hachés. Vérifiez l'assaisonnement (salez peu mais poivrez largement).

6. Remettez les moules dans la cocotte et faites-les sauter 4 minutes sur feu vif. Servez immédiatement.

MON SECRET : *Je hache non seulement les feuilles du persil mais aussi les tiges qui sont très parfumées.*

MOULES A LA MAYONNAISE

375 calories

Simple mais original.

Préparation : 30 minutes
Cuisson : 6 minutes

Pour 6 personnes

3 litres de moules
2 carottes
1 oignon
60 g de beurre

1. Nettoyez les moules et faites-les ouvrir dans une casserole sur feu vif pendant 6 minutes environ.

2. Egouttez les moules (jetez le jus de cuisson) et laissez-les refroidir.

3. Préparez une mayonnaise selon la recette classique, en remplaçant le vinaigre par le jus du citron. Assaisonnez fortement de sel et de poivre.

1 bouquet garni
(persil, thym, laurier)
1 tasse de mayonnaise
1 citron
sel, poivre

4. Débarrassez les moules de leurs coquilles et mélangez-les parfaitement à la mayonnaise.

5. Répartissez dans des ramequins et tenez au frais jusqu'au moment de servir.

MON SECRET : *Servir sur de larges tranches de pain de seigle.*

MOULES POULETTE

265 calories

Nappées d'une sauce onctueuse.

Préparation : 20 minutes
Cuisson : 20 minutes

Pour 6 personnes :

3 litres de moules
2 carottes
1 oignon
50 g de beurre
1 bouquet garni
(persil, thym, laurier)
quelques brins de persil
2 jaunes d'œufs
1 cuillerée 1/2 à soupe de farine
sel, poivre

1. 2. 3. Procédez comme pour les moules à la marinière.

4. Dans une petite casserole, faites fondre le beurre et mélangez avec la farine sur feu doux. Ajoutez petit à petit le jus de cuisson que vous aurez filtré (pour retirer tout le sable rejeté par les moules). Laissez épaissir sur feu doux en tournant constamment. Retirez du feu au premier bouillon.

5. Mettez les jaunes d'œufs dans un grand bol et versez très doucement la sauce en tournant vivement pour ne pas coaguler les œufs. Ne remettez pas sur le feu.

6. Dressez les moules sur le plat de service et nappez-les de la sauce bien chaude. Parsemez de persil haché et servez aussitôt.

MON SECRET : *J'ajoute à la sauce 2 ou 3 cuillerées de crème qui la rendent plus fine encore.*

MOULES SAUCE ROUSSE

455 calories

Une sauce crémeuse et safranée.

Préparation : 20 minutes
Cuisson : 15 minutes

Pour 4 personnes :

2 litres de moules
1 verre à moutarde

1. Nettoyez soigneusement les moules en les grattant et en enlevant les filaments extérieurs. Lavez-les à grande eau mais ne les laissez pas tremper, elles risqueraient de s'ouvrir.

2. Mettez-les dans une grande casserole. Ajoutez le vin blanc, l'échalote, le persil haché, le beurre. Salez très légèrement, poi-

de vin blanc
1 échalote hachée
persil haché
1 noix de beurre
sel, poivre

Pour la sauce :
30 g de beurre
1/2 cuillerée à café de safran
100 g de crème fraîche
1 cuillerée à café bombée de farine

vrez au moulin. Mettez la casserole sur feu vif. Secouez la casserole pour que toutes les moules soient régulièrement chauffées. Quand elles sont entrouvertes, elles sont cuites.

3. Recueillez l'eau de cuisson dans une petite casserole. Filtrez-la. Réservez les moules au chaud.

4. Faites chauffer l'eau de cuisson des moules. Ajoutez le beurre et le safran. Remuez à la spatule de bois.

5. Dans un bol, mélangez la farine avec la crème fraîche. Versez-la dans la sauce. Remuez à la spatule pour bien lier. Servez les moules en dôme dans un plat creux ou une soupière et la sauce à part en saucière.

MON SECRET : *Rejetez sans hésiter toute moule crue ouverte : il s'agit d'un coquillage mort pouvant être toxique.*

MULET FLAMBÉ A L'ANIS

385 calories

Une recette qui convient également au bar.

Préparation : 10 minutes
Cuisson : 25 à 30 minutes

Pour 6 personnes :

1 mulet de 1,500 kg environ
3 fenouils
3 belles tomates
100 g de crème fraîche
70 g de beurre
3 cuillerées à soupe d'apéritif anisé
sel, poivre

1. Nettoyez, lavez, épongez le poisson.

2. Epluchez les fenouils. Eliminez les parties fibreuses ; lavez-les et coupez-les en quatre. Lavez les tomates et coupez-les en deux.

3. Graissez un grand plat à four. Déposez-y le poisson. Entourez avec les fenouils et les tomates. Salez, poivrez. Parsemez de petits morceaux de beurre. Faites cuire à four assez chaud pendant 30 minutes.

4. Au moment de servir, arrosez avec l'apéritif anisé. Flambez et ajoutez la crème fraîche. Servez très chaud.

MON SECRET : *Je prépare quelquefois le mulet à l'anis sans ajouter de crème fraîche. Je remplace alors le beurre par de l'huile pour la cuisson du plat.*

MULET AU GROS SEL

280 calories

Dans une carapace de sel, un poisson succulent dans tout son naturel.

Préparation : 5 minutes
Cuisson : 50 à 60 minutes

Pour 4 personnes :

1 mulet de 1 kg
1 kg de gros sel

1. Allumez votre four thermostat 5/6.

2. Lavez votre poisson sans l'écailler ni le vider. Séchez-le dans une feuille de papier-linge.

3. Dans un grand plat à four, faites un lit avec la moitié du sel et couchez-y le poisson. Enfouissez-le ensuite sous le reste du sel et tapotez-le avec insistance.

4. Enfournez et laissez cuire à feu moyen 50 à 60 minutes. Retirez-le alors. Le sel doit s'être pris en croûte que vous casserez en tapant d'un coup sec avec une grosse cuiller en bois ou autre ustensile assez lourd.

5. Dégagez le poisson dont la peau est restée collée sur la croûte de sel ; mettez-le sur un plat chaud et servez aussitôt.

MON SECRET : *Une recette qui convient également très bien à la dorade.*

PAIN DE POISSON

375 calories

Poisson blanc, mie de pain et béchamel composent ce pain nappé de sauce tomate.

Préparation : 15 minutes
Cuisson : 25 minutes

Pour 4 personnes :

375 g de restes de poisson cuit au court-bouillon
150 g de mie de pain
1 verre de lait
30 g de beurre
sel, poivre
2 boîtes de sauce tomate

1. Faites tremper 150 grammes de mie de pain dans une tasse de lait. Retirez la peau et les arêtes de 375 grammes de poisson cuit au court-bouillon (merlan, colinot, ou tout autre poisson à chair blanche et légère). Effeuillez la chair.

2. Pressez la mie de pain trempée, mélangez-la à la chair de poisson et passez le tout à la moulinette, salez et poivrez.

3. Préparez une sauce Béchamel épaisse : dans une casserole, faites fondre 30 grammes de beurre, ajoutez 1 cuillerée à soupe de farine, délayez jusqu'à ce que le mélange devienne mousseux. A ce moment, versez d'un seul coup le verre de lait froid, tout en

Pour la sauce Béchamel :

30 g de beurre
1 cuillerée à soupe de farine
1 verre de lait
2 œufs
sel, poivre

mélangeant vivement ; continuez de tourner jusqu'à épaississement de la sauce. Salez, poivrez. Hors du feu, ajoutez 2 jaunes d'œufs.

4. Versez la sauce Béchamel dans le mélange de mie de pain et poisson. Mêlez intimement.

5. Battez 2 blancs d'œufs en neige très ferme et incorporez-les à la pâte. Beurrez un moule cannelé ou un moule à soufflé avec 30 g de beurre. Remplissez le moule aux trois quarts de sa hauteur avec la préparation.

6. Passez au four (thermostat 7), jusqu'à ce que le pain arrive au ras du moule et que sa surface soit dorée, 25 minutes environ.

7. Démoulez et servez chaud.

MON SECRET : *Nappez de sauce tomate au moment de servir.*

PAIN DE POISSON A LA TOMATE

410 calories

Avec une sauce où la tomate se marie au vin.

Préparation : 20 minutes
Cuisson :
30 minutes pour le pain
25 minutes pour la sauce

Pour 4 personnes :

400 g de restes de poisson blanc cuit au court-bouillon
150 g de mie de pain
1 tasse de lait
30 g de beurre
sel, poivre
2 blancs d'œufs

Pour la sauce tomate :

4 tomates
3 cuillerées à soupe d'huile
1 oignon

1. Allumez le four (thermostat 7).

2. Faites tremper la mie de pain dans le lait.

3. Epluchez le poisson (retirez la peau et les arêtes) et effeuillez-le.

4. Pressez la mie de pain trempée pour en extraire l'excédent de lait et mélangez-la au poisson. Passez le tout à la moulinette, salez et poivrez.

5. Battez les deux blancs en neige très ferme et incorporez-les à la pâte.

6. Beurrez un moule cannelé ou un moule à soufflé et remplissez-le aux trois quarts de sa hauteur avec la préparation.

7. Passez au four jusqu'à ce que le pain arrive au ras du moule et que sa surface soit dorée, soit 30 minutes environ.

8. Pendant que le pain de poisson cuit, préparez la sauce : pelez l'ail et l'oignon. Emincez ce dernier, coupez chaque tomate en quatre.

1 gousse d'ail
1 feuille de laurier
3 cuillerées à soupe de vin rouge
sel, poivre

9. Mettez l'huile à chauffer dans une petite casserole. Quand elle commence à grésiller, mettez l'oignon à dorer 2 minutes, puis ajoutez l'ail, les tomates, le laurier, sel et poivre. Laissez cuire à feu moyen 15 minutes sous couvert. Ajoutez le vin et laissez encore cuire 10 minutes sans couvrir.

10. Démoulez le pain de poisson dès la sortie du four. Nappez-le de sauce tomate et servez sans attendre.

MON SECRET : *Après avoir beurré l'intérieur du moule, je le saupoudre de farine. Le démoulage du pain de poisson se trouve ainsi facilité.*

POULPES EN DAUBE

320 calories

Une lente cuisson à l'ancienne, avec aromates et vin blanc.

Préparation : 30 minutes (temps de la marinade : 5 ou 6 heures)
Cuisson : 3 heures environ

Pour 6 personnes :

6 petits poulpes (650 g)
1 verre d'eau-de-vie
persil, laurier, thym
200 g de lard
1 gros oignon
2 tomates
graines de fenouil
3 ou 4 gousses d'ail
2 verres de vin blanc
1 bouquet garni
sel, poivre

1. Nettoyez les poulpes ; jetez les yeux et la bouche, rincez-les. Faites-les blanchir 2 ou 3 minutes à l'eau bouillante.

2. Dépouillez-les de leur peau et coupez-les en morceaux. Mettez-les à mariner dans une terrine avec l'eau-de-vie, le persil, le laurier, le fenouil, le thym, du sel et du poivre. Laissez mariner pendant 5 ou 6 heures au frais.

3. Dans une marmite, de préférence en terre, mettez à revenir l'oignon émincé et le lard haché. Lorsqu'ils ont pris couleur, ajoutez les tomates pelées et épépinées, les gousses d'ail épluchées et les morceaux de poulpes.

4. Lorsque l'eau des tomates est bien évaporée, mouillez avec la marinade passée, les deux verres de vin blanc et autant d'eau bouillante. Assaisonnez et ajoutez le bouquet garni.

5. Couvrez la marmite et laissez cuire à petits bouillons pendant 2 h 30 à 3 heures.
Avant de servir, retirez le bouquet garni.

MON SECRET : *Au persil, au thym et au laurier j'ajoute volontiers une dizaine de graines de fenouil.*

POULPE A LA MONÉGASQUE

355 calories

Des morceaux de fine chair en sauce tomate et herbes.

Préparation : 30 minutes
Cuisson : 3 heures

Pour 6 personnes et plus :

1 poulpe de 1,800 kg environ
3 cuillerées à soupe d'huile d'olive
1 oignon émincé
2 gousses d'ail hachées
1 bouquet garni (persil, thym, laurier)
1 bon verre de cognac
1 cuillerée à soupe de farine
5 ou 6 tomates
1 cuillerée à café (pas plus) de concentré de tomate
1 verre de vin blanc sec
sel, poivre

1. La veille, achetez le poulpe et pendez-le toute la nuit, les tentacules vers le bas pour l'attendrir.

2. Le jour même, retirez le bec, les yeux et les entrailles, et battez-le contre une pierre pour rendre sa chair moins dure. Lavez et séchez dans du papier-linge. Coupez-le en bandes que vous mettrez à chauffer 5 minutes dans une casserole, sans rien d'autre, pour leur faire rendre leur eau. Egouttez.

3. Dans une large poêle, faites chauffer l'huile d'olive et ajoutez-y l'oignon, l'ail et le persil hachés, puis le bouquet garni et le poulpe. Laissez cuire 5 minutes environ pour que le poulpe se colore, versez le cognac et flambez.

4. Quand la flamme est tombée, saupoudrez de farine, ajoutez les tomates en morceaux, le concentré et le vin blanc. Secouez la poêle pour bien mêler le tout, et si le poulpe n'est pas couvert, ajoutez encore un peu d'eau.

5. Salez et poivrez, et laissez cuire doucement pendant trois heures, avec un couvercle, jusqu'à ce que le poulpe soit tendre. Retirez le bouquet garni et versez dans le plat de service.

MON SECRET : *Je parfume de 2 ou 3 pincées de safran ajoutées à la sauce à la dernière minute.*

RAIE AU BEURRE NOIR

250 calories

Mijotée dans un court-bouillon et arrosée de beurre bruni à la poêle.

Préparation et cuisson : 30 minutes

Pour 4 personnes :

500 à 700 g de raie (en un seul morceau)
1 oignon
quelques brins de persil

1. Mettez votre raie encore munie de sa peau dans une très grande poêle avec suffisamment d'eau pour la recouvrir entièrement. (Si vous possédez une petite grille, posez-la sous le poisson, vous le sortirez plus facilement après cuisson). Ajoutez l'oignon émincé, la moitié du persil, du sel et deux cuillerées de vinaigre.

2. Portez lentement à ébullition et laissez frémir 15 à 20 minutes sur feu très doux.

4 cuillerées à soupe de vinaigre
50 g de beurre
sel, poivre

3. Sortez la raie sans jeter l'eau de cuisson : vous poserez sur la poêle votre plat de service que vous maintiendrez ainsi au chaud. Posez la raie sur une planche pour la débarrasser de sa peau et de ses cartilages. Procédez avec précaution pour qu'elle garde une bonne présentation et partagez-la en quatre morceaux.

4. Mettez la raie dans le plat de service et saupoudrez du reste du persil haché.

5. Mettez sur feu vif une petite poêle avec le beurre. Retirez du feu dès qu'il commence à brunir (le beurre noir est à peine plus foncé que le beurre noisette) et versez-le sur le poisson. Mettez dans la poêle sur le feu 2 cuillerées de vinaigre, versez sur le poisson et servez immédiatement (n'oubliez pas qu'un plat « au beurre noir » doit être servi brûlant, sous peine d'être indigeste).

MON SECRET : *Quelques câpres posées sur les morceaux de raie s'associent bien au goût du beurre noir vinaigré.*

RAIE A LA CRÈME

490 calories

Une préparation raffinée pour un poisson simple.

Préparation : 15 minutes
Cuisson : 30 minutes

Pour 6 personnes :

1,300 kg de raie
250 g de champignons de Paris
125 g de beurre
1 petit pot de crème fraîche
2 jaunes d'œufs
50 g de farine
sel, poivre

1. Faites préparer la raie en filets par le poissonnier. Passez-les dans la farine. Cuisez-les à feu doux dans 75 grammes de corps gras pendant 10 minutes.

2. Mettez-les ensuite dans un plat à four.

3. Coupez le pied sableux des champignons. Lavez-les et essuyez-les. Coupez-les en deux et faites-les revenir à la poêle dans le restant du corps gras. Salez et poivrez.

4. Garnissez les filets de raie avec les champignons.

5. Versez dans la poêle la crème fraîche en tournant bien, sur feu doux. Hors du feu, ajoutez les deux jaunes d'œufs. Salez et poivrez. Nappez la raie avec la sauce et passez 10 minutes à four chaud.

MON SECRET : *Je saupoudre le plat d'un peu de fromage râpé avant de le passer au four.*

RAIE MARINÉE

355 calories

Servie froide dans une sauce parfumée aux herbes.

Préparation et cuisson : 30 minutes

Pour 6 personnes :

1,200 kg de raie en morceaux
2 cuillerées à soupe de farine
1 verre d'huile d'olive
200 g d'oignons hachés
1 gousse d'ail hachée
1 g de safran
sel, poivre
herbes aromatiques hachées (sauge, romarin, feuilles de laurier)
1/2 litre de vinaigre de vin blanc

1. Assaisonnez les morceaux de raie avec du sel et du poivre. Couvrez légèrement de farine puis faites-les dorer à la poêle dans de l'huile d'olive bien chaude.

2. Lorsqu'ils sont dorés, sortez-les et mettez-les dans une terrine.

3. Faites chauffer 4 cuillerées à soupe environ d'huile d'olive, ajoutez l'oignon, l'ail, le safran, les herbes et 1 pincée de sel.

4. Quand tout cela commence à se colorer, versez le vinaigre. Faites réduire du tiers sur feu vif.

5. Versez la marinade chaude sur le poisson dans la terrine. Gardez-le au frais pendant 48 heures avant de servir froid.

MON SECRET : *Deux ou trois branches d'estragon et des grains de poivre dans ma bouteille de vinaigre.*

RAIE A LA SAUCE ROSE

305 calories

Une sauce à la crème relevée de tomates et de câpres.

Préparation : 10 minutes
Cuisson : 15 minutes

Pour 6 personnes :

1,500 kg de raie
1 sachet de court-bouillon instantané
40 g de beurre
3 cuillerées à soupe de farine
1/3 de litre de lait
1 petit pot de crème fraîche
3 cuillerées à soupe de ketchup
3 cuillerées à soupe de câpres
poivre, sel

1. Préparez le court-bouillon selon le mode d'emploi ; plongez-y le poisson. Chauffez jusqu'à ébullition et laissez frémir 10 minutes.

2. Pendant ce temps, faites une sauce Béchamel avec le beurre, la farine et le lait (voir recette, page 156). Ajoutez en tournant le ketchup, les câpres, puis la crème fraîche. Salez, poivrez. Couvrez et tenez au chaud.

3. Egouttez le poisson. Retirez la peau. Placez-le dans le plat de service bien chaud. Nappez avec la sauce.

MON SECRET : *A défaut de ketchup, une cuillerée à soupe de concentré de tomate additionné de quelques gouttes de vinaigre ou du jus d'un demi-citron.*

RAIE A LA VINAIGRETTE

340 calories

Un poisson excellent quand il est parfaitement frais.

Préparation : 10 minutes
Cuisson : 10 minutes

Pour 6 personnes :

1,600 kg de raie
1 bouquet garni (persil, thym, laurier)
1 oignon
5 cuillerées à soupe d'huile d'olive
2 cuillerées à soupe de vinaigre
2 cuillerées à soupe de câpres
sel, poivre

1. Mettez la raie dans une casserole. Couvrez-la d'eau froide. Salez. Ajoutez l'oignon pelé et coupé en quatre et le bouquet garni.
2. Mettez sur le feu sans couvercle. Dès que l'eau frémit, réduisez le feu et laissez cuire 10 minutes à petits frémissements. La raie ne doit pas bouillir.
3. Pendant la cuisson du poisson, mélangez dans un bol l'huile, le vinaigre, les câpres, un peu de sel et de poivre.
4. Egouttez le poisson et mettez-le dans un plat chaud.
5. Versez la vinaigrette sur la raie encore chaude et servez aussitôt.

MON SECRET : *Dans la vinaigrette, vous pouvez remplacer les câpres par une cuillerée à soupe de concentré de tomate et une pointe de poivre de Cayenne.*

ROTI DE CABILLAUD AUX PETITS POIS

525 calories

Mijoté avec petits oignons et lardons rissolés.

Préparation : 35 minutes
Cuisson : 45 minutes

Pour 6 personnes :

1 kg de cabillaud
2 kg de petits pois frais
12 à 15 petits oignons
4 tomates
150 g de lard fumé
50 g de beurre
sel, poivre

1. Faites préparer le cabillaud en rôti par le poissonnier.
2. Ecossez les petits pois. Lavez et pelez les tomates. Lavez et épluchez les petits oignons.
3. Dans une cocotte, faites revenir dans le corps gras les oignons et le lard fumé coupé en dés. Ajoutez le cabillaud, les petits pois et les tomates coupées en quartiers. Salez et poivrez. Couvrez.
4. Cuisez 40 minutes à feu moyen.

MON SECRET : *Quand il n'y a plus de petits pois frais, j'utilise de la conserve. Je mets alors les petits pois dans la cocotte 10 minutes avant la fin de la cuisson. Les petits pois surgelés conviennent également. Il faut alors les utiliser comme des pois frais, après les avoir dégelés sous le robinet d'eau froide.*

ROUGETS A L'ANIS

385 calories

Avec une garniture de bulbes de fenouils.

Préparation : 20 minutes
Cuisson : 35 minutes

Pour 6 personnes :

6 beaux rougets
1 kg de fenouils
1 verre d'huile d'olive
1 cuillerée à soupe d'anis en graines
sel, poivre

1. Nettoyez les fenouils. Faites-les cuire 5 minutes à l'eau bouillante salée. Egouttez-les. Coupez-les en quatre.

2. Videz les rougets, lavez-les, essuyez-les.

3. Posez les poissons dans un plat à four. Entourez-les avec les fenouils. Arrosez avec l'huile d'olive. Salez, poivrez, saupoudrez de graines d'anis.

4. Cuisez à four chaud pendant 30 minutes environ.

MON SECRET : *Vous pouvez ajouter dans le fond du plat une cuillerée d'apéritif anisé.*

ROUGETS AU FOUR

340 calories

Sur un lit d'oignons et échalotes.

Préparation : 20 minutes
Cuisson : 20 minutes

Pour 4 personnes :

8 rougets de taille moyenne
3 cuillerées à soupe d'huile d'olive
1/2 citron
1 cuillerée à soupe de vinaigre de vin
2 gousses d'ail
2 oignons
4 échalotes
1 bouquet de persil
thym, laurier
sel, poivre

1. Choisissez des rougets-barbets bien frais, nettoyez-les, videz-les en ayant soin de remettre le foie à l'intérieur. Lavez les poissons.

2. Pelez et lavez les oignons, échalotes, persil, gousses d'ail. Hachez le tout finement.

3. Eparpillez la moitié de ce hachis dans un plat rectangulaire allant au four. Placez dessus les rougets côte à côte, aspergez d'une cuillerée de vinaigre de vin, salez et poivrez ; effeuillez un peu de thym, ajoutez la feuille de laurier. Recouvrez du reste de hachis et arrosez de 3 cuillerées à soupe d'huile d'olive. Faites cuire à four chaud 20 minutes. Servez dans le plat de cuisson.

MON SECRET : *Mêler au hachis ail, oignons, échalotes, persil, une petite cuillerée de zeste de citron finement râpé.*

ROUGETS EN PAPILLOTES « BAUMANIÈRE »

480 calories

La saveur du rouget alliée à celle du porc.

Préparation : 15 minutes
Cuisson : 20 minutes

Pour 6 personnes :

6 rougets de roche
6 très fines tranches de filet de porc légèrement fumé
6 carrés de papier d'aluminium
6 feuilles de laurier
2 cuillerées à soupe d'huile

1. Allumez votre four thermostat 5.

2. Ecaillez les rougets si vous ne l'avez fait faire par votre poissonnier, mais ne les videz pas.

3. Découpez pour chaque rouget un carré de papier d'aluminium suffisamment grand pour en faire une papillote et huilez-le grassement. Au milieu de chaque feuille, posez une feuille de laurier puis par-desus un rouget et encore par-dessus une tranche de porc.

4. Refermez les papillotes sans trop serrer le contenu et mettez-les dans un plat à gratin bien graissé. Mettez au four 20 minutes en retournant les poissons toutes les 5 minutes. Servez les poissons dans leurs papillotes.

MON SECRET : *Pas de sel dans cette recette, le porc fumé suffisant à assaisonner le poisson.*

ROUGETS EN TERRINE A LA NIÇOISE

315 calories

Grillés puis marinés dans l'huile d'olive.

Préparation : 30 minutes (à faire mariner pendant 2 ou 3 jours)
Cuisson : 30 minutes

Pour 6 personnes :

10 ou 12 petits rougets de roche
huile d'olive
sel

Pour la marinade :
1 litre de vinaigre blanc
1 oignon

1. Rincez les rougets sans les vider. Essuyez-les et saupoudrez-les de sel fin. Laissez-les ainsi pendant 2 ou 3 heures.

2. Pendant ce temps, préparez la marinade : dans une casserole, mettez le vinaigre, les légumes émincés et les aromates. Portez à ébullition puis laissez cuire doucement pendant 30 minutes. Mettez à refroidir.

3. Essuyez les rougets pour en retirer l'excédent de sel puis faites-les griller 3 à 4 minutes de chaque côté.

4. Rangez les rougets dans une terrine. Recouvrez-les de marinade refroidie. Laissez macérer deux jours, puis égouttez les rougets et jetez la marinade.

1 carotte
2 échalotes
1 ou 2 clous de girofle
1 branche de céleri
2 ou 3 brins de persil
thym, laurier
poivre

5. Remettez les rougets dans la terrine et recouvrez-les d'huile d'olive.
Conservez au frais et consommez-les au bout de deux à trois jours.

MON SECRET : *Je ne vide jamais les rougets : ils gardent ainsi cette saveur sauvage qui leur a valu le surnom de bécasses de mer.*

ROUSSETTE A L'ITALIENNE

430 calories

Dorée en pleine friture et saupoudrée de paprika.

Préparation : 10 minutes
Cuisson : 15 minutes

Pour 6 personnes :

1,250 kg de roussette
1 sachet de parmesan
2 œufs
chapelure
paprika
sel, poivre
huile pour friture

1. Faites couper la roussette en tronçons par votre poissonnier.
2. Epongez les morceaux. Roulez-les successivement dans le parmesan, les œufs battus et la chapelure.
3. Faites chauffer le bain de friture. Lorsqu'il est chaud, mais non fumant, plongez-y les morceaux de poisson et surveillez la cuisson car ils doivent être cuits à cœur et dorés.
4. Egouttez. Posez sur un papier absorbant. Salez, poivrez et saupoudrez de paprika.

MON SECRET : *Avec ce poisson, trop souvent dédaigné mais délicieux, ainsi cuisiné, je sers du céleri-rave bouilli puis coupé en dés que je fais dorer au beurre à la poêle. Poivre et persil haché pour terminer.*

SAINT-PIERRE A LA PARMENTIER

550 calories

Bien doré au four, un gratin de poisson et de pommes de terre subtilement parfumé au citron.

Préparation : 15 minutes
Cuisson : 30 minutes

Pour 4 personnes :

1 saint-pierre de 1,800 kg environ

1. Allumez votre four à thermostat 5/6 et mettez-y ramollir le beurre.
2. Videz et écaillez votre poisson, lavez-le et séchez-le dans du papier-linge.
3. Prenez un plat à gratin de la taille du poisson, graissez-le et tapissez-en le fond avec la moitié des pommes de terre pelées et

(dans ce poisson il y a beaucoup de déchets)
4 belles pommes de terre
60 g de beurre
1 verre de vin blanc sec
2 citrons coupés en rondelles
quelques branches de persil
sel, poivre

coupées en rondelles fines. Posez alors le poisson, assaisonnez de sel et poivre, et arrosez avec la moitié du beurre fondu. Couvrez avec les rondelles de citron, une nouvelle couche de pommes de terre, sel et poivre, et enfin le reste du beurre fondu. Versez le vin sur le tout.

4. Mettez à four moyen 30 à 35 minutes, en veillant à ce qu'il reste toujours du liquide au fond du plat (ajouter un peu d'eau au besoin), et en arrosant souvent.

5. A la sortie du four, saupoudrez de persil haché et servez immédiatement.

MON SECRET : *Je lave soigneusement les citrons car l'écorce porte des traces de produits chimiques avec lesquels ces agrumes sont traités.*

SARDINES AU BACON

425 calories

Des paupiettes de bacon farcies de sardines et poêlées.

Préparation : 10 minutes
Cuisson : 10 minutes

Pour 4 personnes :

8 belles sardines à l'huile
8 fines tranches de lard de poitrine fumé
8 bâtonnets de bois
1 grosse noix de beurre
1 cuillerée à soupe de persil haché
poivre

1. Sortez les sardines de leur boîte, égouttez-les.

2. Enveloppez chaque sardine dans une fine tranche de lard que vous maintiendrez bien fermée à l'aide d'un bâtonnet en bois.

3. Faites fondre le beurre dans une poêle, mettez-y les sardines à dorer 4 minutes environ sur chaque face. Poivrez-les dès que vous les aurez retournées.

4. Sortez les sardines de la poêle, disposez-les sur le plat de service. Jetez dans la poêle le persil haché, faites vivement chauffer 30 secondes et saupoudrez-en les poissons.

MON SECRET : *Je choisis des sardines sans peau ni arêtes (c'est indiqué sur la boîte).*

SARDINES EN ESCABÈCHE

490 calories

Paprika, cumin et piment pour une sauce forte dont on arrose les sardines grillées.

Préparation : 15 minutes
Cuisson : 20 minutes

Pour 4 personnes :

1 kg de sardines
2 piments « langue d'oiseau »
2 cuillerées à soupe de vinaigre de vin
2 cuillerées à café de paprika
1 cuillerée à soupe de cumin en poudre
2 verres d'huile d'arachide pour la friture
6 gousses d'ail
sel, poivre

1. Nettoyez les sardines. Coupez la tête, videz les entrailles en incisant le ventre au couteau pointu. Lavez à l'eau fraîche, séchez avec du papier absorbant. Salez, poivrez.

2. Dans une poêle profonde, mettez l'huile, faites-la chauffer. Quand elle est bien chaude, faites frire les sardines sur les deux faces en retournant délicatement à la spatule. Dès que les sardines sont dorées, retirez-les de l'huile, placez-les dans un plat creux.

3. Maintenez l'huile de la poêle sur feu moyen, jetez-y l'ail écrasé, le paprika, le cumin, les piments « langue d'oiseau », salez. Laissez chauffer 2 minutes. Retirez la poêle du feu. Ajoutez le vinaigre en prenant garde aux projections d'huile chaude.

4. Nappez les sardines avec cette sauce. Laissez refroidir. Ce plat se mange froid et se conserve plusieurs jours au réfrigérateur.

MON SECRET : *Passer les sardines dans la farine, puis les tapoter du bout des doigts pour qu'il n'en reste qu'une couche très légère. Ainsi farinés, les poissons dorent mieux.*

SARDINES GRATINÉES

285 calories

Avec thym et vin blanc.

Préparation : 20 minutes
Cuisson : 10 minutes

Pour 6 personnes :

1 kg de sardines
2 citrons
1 verre de vin blanc
quelques cuillerées à soupe d'huile

1. Ecaillez, videz et supprimez la tête des sardines. Rincez et égouttez-les.

2. Pressez le jus d'un demi-citron et coupez le reste du citron en tranches.

3. Dans un plat à gratin huilé, rangez les brins de thym et les tranches de citron ; disposez les sardines par-dessus et assaisonnez fortement de sel et de poivre. Mouillez avec le vin blanc et l'huile, saupoudrez de chapelure et de persil haché.

quelques brins de thym
chapelure
persil
sel, poivre

4. Mettez à cuire 10 minutes à four chaud. Arrosez de temps en temps pendant la cuisson.

MON SECRET : *Pour écailler les sardines, inutile de les gratter : les écailles glissent lorsqu'on essuie les poissons avec du papier-linge.*

SARDINES GRILLÉES

230 calories

De frais poissons bien saisis.

Préparation : 10 minutes
Cuisson : 10 minutes

Pour 6 personnes :

12 à 24 sardines (selon grosseur)
3 cuillerées à soupe d'huile
sel, poivre

1. Faites chauffer votre gril au moins 10 minutes avant la cuisson des sardines pour qu'elles soient bien saisies.

2. Pendant que le gril chauffe, videz les sardines en pratiquant une fente d'environ 5 cm sur le ventre. Passez-les sous l'eau courante.

3. Essuyez les poissons dans du papier absorbant, puis badigeonnez-les d'huile avec le doigt ou un pinceau de cuisine.

4. Posez les sardines sur le gril et laissez-les cuire 5 minutes de chaque côté.

5. Servez chaud, sur une garniture de tomates poêlées. Assaisonnez au moment de servir.

MON SECRET : *Les sardines grillées peuvent être servies avec du beurre fondu ou du beurre légèrement ramolli manié avec du persil haché et un filet de jus de citron.*

SARDINES A LA SICILIENNE D

390 calories

Farcies de fruits secs et de condiments et cuites au four.

Préparation : 30 minutes
Cuisson : 15 minutes

Pour 6 personnes :

1,300 kg environ de sardines fraîches soit 4 par personne
1 petit paquet de chapelure (100 g)

1. Allumez votre four thermostat 8.

2. Hachez menu l'ail, les échalotes et le persil, les olives, les câpres, les amandes, les pignons, qui s'ajouteront au fur et à mesure dans un petit saladier. Mettez ensuite la chapelure et le jus de citron, salez, poivrez et amalgamez bien le tout pour obtenir une pâte lisse.

3. Nettoyez les sardines, c'est-à-dire écaillez-les et, avec un couteau bien aiguisé, débar-

2 gousses d'ail
quelques brins de persil
2 ou 3 échalotes
1 cuillerée à café
de jus de citron
sel, poivre
6 cuillerées à soupe
de câpres (60 g)
1 dizaine d'olives noires
dénoyautées (60 g)
2 poignées d'amandes
blanchies (40 g)
2 poignées de pignons
(40 g)
1 cuillerée à soupe
d'huile d'olive
quelques feuilles
de laurier (facultatif)

rassez-les de la tête et fendez-les assez profondément sur toute la longueur du ventre pour vous permettre de retirer l'arête centrale. Passez-les sous le robinet et essuyez-les dans du papier-linge.

4. Mettez les poissons à plat sur le dos, tartinez-les d'une fine couche de farce et roulez-les en allant vers la queue. Pour éviter qu'ils ne se défassent, vous pouvez piquer dans chaque poisson un bâtonnet de bois.

5. Placez les sardines dans un plat à gratin, les queues en l'air, en les serrant bien les unes contre les autres : si vous aimez le laurier, vous pouvez piquer quelques feuilles de-ci de-là.

6. Avec la main, enduisez les sardines d'huile pour ne pas qu'elles dessèchent et mettez 15 minutes environ à four chaud.

MON SECRET : *Un plat délicieux chaud et excellent froid. Parfait pour un déjeuner d'été, servi avec une fraîche salade de tomates.*

SARDINES A LA VALENCIENNE

280 calories

Grillées sur un lit de riz aux tomates et aux poivrons.

Préparation : 10 minutes
Cuisson : 25 minutes

Pour 4 personnes :

8 sardines à l'huile
4 cuillerées à soupe
de riz
2 tomates
1 gros oignon
1/4 de boîte
de petits pois fins
1 poivron
1 gousse d'ail
2 cuillerées à soupe
d'huile
quelques olives noires
sel, poivre

1. Faites chauffer de l'eau dans une grande casserole, mettez-y 1 cuillerée à café de sel fin et jetez-y le riz. Laissez cuire 15 minutes et versez-le dans une passoire. Etalez-le dans un plat.

2. Pendant la cuisson du riz, coupez en rondelles les tomates, l'oignon et le poivron.

3. Faites chauffer l'huile dans une poêle et ajoutez-y les poivrons, les tomates, l'oignon, les petits pois et les olives. Laissez cuire à feu doux 10 à 15 minutes.

4. Sur le riz étalé dans le plat, disposez tous les légumes. Ouvrez la boîte de sardines, alignez-les sur le riz. Arrosez le tout avec l'huile des sardines et faites chauffer 6 minutes sous le gril du four. Servez dans le plat de cuisson.

MON SECRET : *Une recette pour laquelle vous choisirez les sardines sans arêtes et de préférence à l'huile d'olive.*

SAUMON BRAISÉ C

704 calories

Le roi des poissons d'eau douce traité comme il le mérite.

Préparation : 20 minutes
Cuisson : 40 minutes

Pour 4 personnes :

1 saumon de 1,500 kg environ
1 carotte
4 échalotes
1 bouquet garni
1 barde de lard
2 dl de vin blanc
100 g de beurre
sel, poivre

1. Videz, lavez et essuyez le poisson, assaisonnez-le puis bardez-le de lard.

2. Dans une cocotte longue, ou mieux une poissonnière, faites revenir les échalotes et la carotte coupée en rondelles dans 25 g de beurre ; mouillez avec le vin et ajoutez le bouquet garni. Disposez le saumon par-dessus et couvrez.

3. Laissez mijoter 30 minutes en arrosant fréquemment le poisson.

4. Disposez le saumon sur un plat de service, dépouillez-le de sa peau et de la barde ; maintenez au chaud.

5. Filtrez la sauce puis faites-la réduire à feu vif quelques minutes ; battez-la ensuite au fouet en lui incorporant au fur et à mesure les 75 g de beurre restant. Nappez le poisson avec la sauce et servez.

MON SECRET : *Je prépare cette même recette avec un vin rouge de Savoie qui donne une sauce plus colorée et plus corsée.*

SAUMON BRAISÉ AU CHAMPAGNE C

1 080 calories

Un plat de fête pour le début des beaux jours.

Préparation et cuisson : 1 h 15

Pour 6 personnes :

2 kg de saumon
1 oignon

1. Enlevez la peau du saumon. Coupez le lard en bâtonnets et piquez le saumon comme un rôti. Mettez-le dans une cocotte avec le champagne, cinq verres d'eau, la carotte, l'oignon et le bouquet garni et 25 g de beurre. Couvrez d'un papier d'aluminium, portez à ébullition et laissez cuire au four pendant 40 à 45 minutes en arrosant de temps en temps.

1 carotte
1 bouquet garni
75 g de beurre
4 dl de crème fraîche
200 g de lard gras
sel, poivre
1 bouteille de champagne

2. Placez le saumon sur un plat et tenez-le au chaud à l'entrée du four.

3. Filtrez le jus de cuisson et faites-le réduire des quatre cinquièmes sur feu doux ; ajoutez la crème ; laissez encore réduire jusqu'à obtenir une sauce onctueuse et, hors du feu, incorporez-y le restant du beurre. Nappez légèrement le saumon de sauce et versez le restant en saucière.

MON SECRET : *De la grande cuisine pour repas de gala ! La recette convient également à des truites : elle est alors un peu moins coûteuse.*

SAUMON EN PATÉ

1 253 calories

Une délicate gourmandise à partir de surgelés et conserves.

Préparation : 25 minutes (+ 2 heures pour dégeler la pâte)
Cuisson : 45 minutes

Pour 6 personnes :

1 paquet de pâte feuilletée surgelée
600 g de saumon en boîte
2 œufs
2 oignons
50 g de beurre ou de margarine
2 cuillerées à soupe de persil haché
sel, poivre

1. Sortez la pâte de son emballage et laissez-la dégeler pendant 2 heures.

2. Faites durcir les œufs (10 minutes à l'eau bouillante salée).

3. Epluchez et hachez finement les oignons. Egouttez le saumon. Détaillez-le en lamelles.

4. Faites chauffer la moitié du beurre dans une poêle. Mettez à revenir les oignons et le saumon sans les laisser roussir. Salez et poivrez, ajoutez le persil haché. Mélangez bien le tout.

5. Epluchez les œufs durs.

6. Graissez un moule à cake ou à pâté avec le restant du beurre.

7. Etendez la pâte en forme de rectangle. Prélevez un morceau qui servira à faire des croisillons.

8. Sur le milieu de la pâte, étalez en longueur la moitié du saumon. Posez par-dessus les œufs durs coupés en deux dans le sens de la longueur. Recouvrez avec le restant de saumon.

9. Repliez la pâte de façon à couvrir le tout. Soudez les bords avec les doigts humectés d'eau.

10. Placez dans le moule. Décorez le dessus avec des croisillons faits de lanières taillées dans la pâte mise de côté.

11. Faites un trou au centre du pâté. Glissez une carte de visite roulée. Mettez à four chaud pendant 30 minutes. Servez chaud ou froid avec une salade verte.

MON SECRET : *Avec les restes — s'il y en a — je sers une salade de tomates et pommes de terre bien aillée.*

SOLES CIBOULETTE C D

755 calories

Nappées d'une sauce au vermouth, à la crème et à la ciboulette.

Préparation : 30 minutes
Cuisson : 15 minutes

Pour 4 personnes :

4 soles
de 300 g chacune
(pelées, étêtées
et vidées
par le poissonnier)
75 g de beurre
250 g de mie de pain
fraîche finement
émiettée

Pour la sauce :

2 verres 1/2 de vin
blanc sec
1 verre 1/2 de vermouth
(Noilly)
2 échalotes
1/2 litre
de crème fraîche
1 bouquet de ciboulette
sel, poivre

1. Faites fondre le beurre dans deux grandes poêles. Passez les soles dans ce beurre et recouvrez-le, sur le dessus, de mie de pain.

2. Allumez le gril du four. Rangez les soles dans un grand plat (la lèchefrite, par exemple), arrosez-les d'un verre de vin blanc et d'un verre de vermouth. Salez et poivrez. Mettez au four 15 minutes, assez près du gril.

3. Pendant ce temps, hachez les échalotes et, à part, la ciboulette. Mettez dans une casserole le reste du vin blanc et du vermouth et les échalotes. Faites réduire à feu moyen.

4. Levez les filets des soles cuites et tenez-les au chaud.

5. Versez la crème fraîche dans la casserole de sauce et laissez monter doucement à ébullition. Salez et poivrez.

6. Disposez les soles sur un plat chaud. Servez à part la sauce, additionnée au dernier moment de ciboulette hachée.

MON SECRET : *Un petit zeste de citron dans la sauce pendant sa cuisson. Je l'enlève avant d'ajouter la crème.*

Homard à la diable. *(Recette page 345)*

Dinde aux cerises. *(Recette page 418)*

Lapin en gibelotte. *(Recette page 431)*

Poularde en chaud-froid. *(Recette page 450)*

SOLES A L'INDIENNE

500 calories

L'originale association des bananes et du poisson.

Préparation : 25 minutes
Cuisson : 20 minutes

Pour 6 personnes :

12 filets de soles
6 bananes
125 g de beurre
1 cuillerée à café de curry en poudre
75 g de farine
sel, poivre

1. Epluchez les bananes. Coupez-les en deux dans le sens de la longueur.

2. Farinez les filets de soles. Cuisez-les à la poêle à feu doux dans 75 g de beurre. Salez, poivrez.

3. Faites cuire doucement les bananes dans une autre poêle avec le reste de beurre.

4. Dans le plat de service, rangez les filets de soles et les bananes. Saupoudrez avec du curry.

MON SECRET : *A la saison des poivrons, j'en hache finement la moitié d'un cru et j'en parsème le plat.*

SOLES A LA NORMANDE

240 calories

Une sauce à la crème, avec crevettes et champignons.

Préparation : 5 minutes
Cuisson : 20 minutes

Pour 6 personnes :

6 gros filets de soles
1 sachet de court-bouillon instantané
100 g de crevettes roses décortiquées
1 boîte de 115 g de champignons de Paris
1 jaune d'œuf
1 petit pot de crème fraîche
1 citron
sel, poivre

1. Préparez le court-bouillon selon le mode d'emploi et faites pocher les filets 10 minutes environ.

2. Egouttez-les et tenez-les au chaud. Préparez une sauce en mélangeant les crevettes, les champignons de Paris égouttés, la crème fraîche, le jus de citron. Chauffez doucement puis, hors du feu, ajoutez le jaune d'œuf. Mélangez bien. Poivrez et salez légèrement.

3. Nappez les filets avec cette sauce.

MON SECRET : *Je fais parfois pocher les filets de soles dans du lait au lieu du court-bouillon, surtout s'il s'agit de poissons surgelés qui deviennent ainsi plus moelleux.*

SOLES AU VIN BLANC

370 calories

Avec échalotes et tomates.

Préparation : 20 minutes
Cuisson : 25 minutes

Pour 6 personnes :

6 soles
1 verre de vin blanc sec
80 g de beurre
3 ou 4 échalotes
1 verre de purée de tomates fraîches
sel, poivre

1. Videz les soles ; dépouillez-les de leur peau, lavez-les et essuyez-les soigneusement. Farinez-les très légèrement. Epluchez et hachez les échalotes.

2. Dans une grande cocotte (ou dans deux), mettez à chauffer le beurre.

3. Mettez les poissons à dorer dans le beurre, quelques secondes de chaque côté, puis saupoudrez avec les échalotes hachées. Versez le vin blanc, salez, poivrez, et laissez cuire à très douce ébullition (il vaut mieux que les poissons frémissent seulement) pendant 15 minutes.

4. Au bout de ce temps, ajoutez la purée de tomates et laissez réduire sur feu doux quelques minutes avant de servir.

MON SECRET : *A la saison de l'estragon, j'en hache des feuilles dont je saupoudre les soles au moment de les servir.*

STOCKFISH A LA NIÇOISE

590 calories

Un plat complet qui peut constituer tout un repas.

Préparation : 25 minutes (stockfish à faire tremper 3 jours à l'avance)
Cuisson : 1 h 30 environ

Pour 6 personnes :

1,300 kg de stockfish
750 g de pommes de terre
4 grosses tomates
3 oignons
4 gousses d'ail

1. Mettez le stockfish à dessaler dans l'eau froide pendant 3 jours. Changez l'eau deux fois par jour.

2. Le jour venu, égouttez le stockfish, coupez-le en morceaux.

3. Pelez et épépinez les tomates. Epluchez les oignons, émincez-les.

4. Dans un poêlon, faites chauffer l'huile et mettez-y les oignons émincés à revenir légèrement. Ajoutez les tomates et laissez-les rendre leur eau. Mettez alors les morceaux de stockfish, les gousses d'ail et le bouquet

2 douzaines d'olives noires de Nice non dénoyautées
1 bouquet garni (persil, céleri, thym, laurier)
1/2 verre d'huile
poivre

garni. Poivrez et couvrez d'eau bouillante. Laissez mijoter 45 minutes.

5. Ajoutez alors les olives et les pommes de terre épluchées et coupées en grosses rondelles. Laissez cuire doucement encore 30 minutes.
Au moment de servir, retirez le bouquet garni et servez dans le poêlon.

MON SECRET : *J'écrase les gousses d'ail sous une lame de couteau pour qu'elles dégagent tout leur parfum.*

THON EN BRANDADE

565 calories

Une fine purée à l'ail, savoureuse et nourrissante.

Préparation : 15 minutes
Cuisson : 30 minutes

Pour 4 personnes :

1 kg de pommes de terre
1 boîte de miettes de thon de 250 g
2 gousses d'ail
1 verre d'huile d'olive
1 verre de lait
20 olives noires
sel, poivre

1. Epluchez les pommes de terre. Placez-les dans une écumoire au-dessus d'une casserole contenant de l'eau en ébullition. Maintenez cette ébullition jusqu'à ce que les pommes de terre soient cuites.

2. Epluchez les gousses d'ail. Ecrasez-les pour les réduire en purée.

3. Dans un saladier, mettez l'ail en purée, les miettes de thon. Mélangez soigneusement et travaillez soit au pilon, soit à la fourchette pour obtenir une purée fine.

4. Ecrasez les pommes de terre au presse-purée ou au mixer. Faites bouillir le lait.

5. Incorporez la purée de pommes de terre à la purée de thon. Ajoutez progressivement, en remuant à la spatule, l'huile d'olive puis le lait bouillant. Salez, poivrez, mélangez bien.

6. Dressez la brandade en dôme sur le plat de service chaud. Décorez avec les olives noires. Servez chaud.

MON SECRET : *Encore une recette où je remplace souvent la purée maison par une purée instantanée. Je gagne ainsi 20 minutes sur le temps de cuisson.*

THON EN COCOTTE

790 calories

Parfumé par une marinade pimentée et mijoté avec des légumes goûteux.

Préparation : 15 minutes
+ 2 heures de marinade
Cuisson : 1 h 10

Pour 6 personnes :

1,200 kg de thon frais
1 verre d'huile
3 citrons
1 petit piment
8 à 10 petits oignons blancs
4 tomates
3 courgettes
150 g de lard fumé
1 branche de basilic
sel, poivre

1. Faites mariner pendant 2 heures le thon dans le jus des citrons avec le petit piment écrasé et pilé.

2. Versez la moitié de l'huile dans une cocotte et, dès qu'elle commence à fumer, faites revenir le thon avec les petits oignons épluchés et le lard fumé coupé en dés.

3. Lorsque le tout est bien doré, ajoutez les tomates pelées, épépinées et coupées en morceaux, les courgettes non pelées et coupées en rondelles. Arrosez avec la marinade et le restant de l'huile. Salez, poivrez. Couvrez et laissez mijoter pendant 1 heure.
Au moment de servir, ajoutez le basilic haché.

MON SECRET : *Je mets dans la cocotte en même temps que les courgettes 4 ou 5 pommes de terre coupées en rondelles pour rendre le plat économiquement plus copieux.*

THON FRAIS A LA GÉNOISE

740 calories

De belles tranches dorées dans l'huile d'olive et nappées d'une sauce aux anchois et aux champignons.

Préparation : 15 minutes
Cuisson : 20 à 25 minutes

Pour 4 personnes :

4 tranches de thon
250 g de champignons (ou 20 g de champignons secs ayant trempé quelques minutes dans l'eau)
3 anchois salés
quelques branches de persil
1 verre d'huile d'olive
1 cuillerée à soupe de farine
2 verres de vin blanc sec
sel, poivre

1. Allumez votre four thermostat 8.

2. Mettez les anchois à dessaler quelques instants sous un filet d'eau, levez-en les filets avec un couteau bien tranchant et essuyez-les dans un morceau de papier-linge. Si vous utilisez des champignons frais, lavez-les et essuyez-les.

3. Pilez tout ensemble les anchois, les champignons, le persil et l'ail. Si vous n'avez pas de mortier, écrasez-les longuement à l'aide d'une fourchette solide.

4. Sur feu doux, mettez un récipient pouvant entrer dans votre four avec l'huile et le mélange anchois-champignons.

5. Ajoutez le vin et, dès que la préparation bout, mettez-y les tranches de thon sans qu'elles se chevauchent, ajoutez un peu de sel, poivre, thym, laurier, couvrez et laissez cuire à feu moyen 5 minutes.

thym, laurier
le jus d'un citron
60 g de beurre

6. Retournez alors les tranches de thon et mettez le récipient à four chaud 25 minutes. Vérifiez la cuisson et soulevez délicatement les tranches pour les disposer délicatement dans le plat de service que vous maintiendrez au chaud.
Dans le récipient de cuisson, ajoutez le beurre et le citron, mélangez, chauffez et versez sur le poisson qui sera servi sans attendre.

MON SECRET : *Accompagner de fonds d'artichauts arrosés d'un peu de la sauce du poisson.*

THON FRAIS GRILLÉ

630 calories

Bardé de lard fumé, un tournedos géant de poisson.

Préparation : 5 minutes
Cuisson : 30 minutes

Pour 6 personnes :

1 tranche épaisse de thon de 1,500 kg
12 tranches très fines de lard fumé
1 cuillerée à soupe d'huile
sel, poivre

1. Entourez la tranche de thon avec le lard fumé. Ficelez comme un tournedos.

2. Badigeonnez d'huile chaque face. Salez, poivrez.

3. Faites cuire sur le gril bien chaud 15 minutes de chaque côté.

MON SECRET : *Je sers avec le thon ainsi cuisiné un gratin dauphinois ou des pommes de terre au lard.*

THON GRILLÉ

445 calories

Préparation : 5 minutes
Cuisson : 20 minutes environ

Pour 4 personnes :

700 g de thon en un seul morceau
2 cuillerées à soupe d'huile d'olive
chapelure
sel, poivre

1. Installez le poisson dans un plat à gratin ; arrosez-le d'huile, assaisonnez-le des deux côtés de sel et de poivre.

2. Saupoudrez-le de chapelure et mettez à cuire au gril du four préalablement chauffé.

3. Faites cuire à feu vif pendant 15 à 20 minutes selon l'épaisseur de la tranche de thon et arrosez-la plusieurs fois pendant la cuisson.

4. Dressez le poisson sur un plat lorsqu'il est bien cuit et doré et accompagnez d'une sauce composée d'huile d'olive, de jus de citron, de sel et de poivre.

MON SECRET : *Je pique le poisson d'ail, comme un gigot.*

TRUITES AU BLEU C

215 calories

Bleuis au vinaigre et cuits au court-bouillon, de délicieux poissons arrosés de beurre frais.

Préparation : 10 minutes
Cuisson : 40 minutes
(à préparer 2 ou 3 heures à l'avance)

Pour 6 personnes :

6 truites de rivière vivantes (le poisson doit être très frais pour se colorer en bleu) ou
3 petits brochets
1/2 litre de vin blanc sec d'Alsace
1/2 litre d'eau
1 verre de vinaigre
2 carottes
3 oignons
1 bouquet de persil
50 g de sel gris (sel marin)
env. 3 cuillerées à soupe poivre en grains
120 g de beurre

1. Au moins deux heures avant le repas, préparez le court-bouillon : mettez dans un fait-tout l'eau, le vin, les carottes coupées en rondelles, les oignons émincés, le persil et la moitié du sel. Faites bouillir pendant 30 minutes, filtrez et laissez reposer.

2. Dans une petite casserole, faites dissoudre le reste du sel dans le vinaigre et portez à ébullition.

3. Assommez les truites d'un coup sur la tête. Videz-les sans les écailler ni les essuyer. Mettez-les côte à côte dans une casserole qui les contient juste et arrosez-les avec le vinaigre bouillant. Ajoutez le court-bouillon refroidi et faites cuire à feu doux, sans jamais laisser bouillir, durant 10 minutes. Faites fondre le beurre dans un bol placé au-dessus du court-bouillon.

4. Retirez les poissons à l'aide d'une écumoire, égouttez-les et placez-les sur le plat de service. Versez le beurre fondu dans une saucière, ajoutez-lui un filet de citron et servez aussitôt.

MON SECRET : *J'utilise un vinaigre de vin de bonne qualité, jamais du vinaigre d'alcool.*

TRUITES AU FOUR

540 calories

Cuites dans une marinade généreusement aromatisée.

Préparation : 10 minutes
Cuisson : 35 minutes

Pour 4 personnes :

4 truites
1 tasse de farine
1/2 tasse d'huile
1/2 tasse de vinaigre

1. Pelez les gousses d'ail, coupez-les en lamelles minces. Nettoyez la carotte, coupez-la en 4 morceaux. Nettoyez la branche de céleri.

2. Lavez les truites, videz-les, séchez-les dans un papier absorbant, passez-les dans la farine, salez-les, poivrez-les.

3. Chauffez l'huile jusqu'à ce qu'elle commence à frémir, mettez-y à dorer les truites

de vin
1 carotte
1 branche de céleri
2 gousses d'ail
1 feuille de laurier
3 branches de persil
1/4 de tasse
de chapelure
60 g de beurre
sel
poivre noir
fraîchement moulu

sur chaque face, pendant 10 minutes en tout. Egouttez-les.

4. Faites cuire ensemble le vinaigre, les morceaux de carotte, la branche de céleri, l'ail, le laurier, le persil pendant 15 minutes. Filtrez ce liquide et versez-le dans un plat creux allant au four.

5. Disposez les truites dans ce plat, saupoudrez-les de chapelure, parsemez-les de noisettes de beurre et faites cuire à thermostat 7 pendant 10 minutes environ. Servez chaud ou froid.

MON SECRET : *Dans le fond du plat où cuiront les truites, un hachis très fin de champignons de Paris. Dans ce cas, je sers les poissons chauds.*

TRUITES MEUNIÈRE

340 calories

Dorées à feu doux, nappées de beurre « noisette ».

Préparation : 15 minutes
Cuisson : 15 minutes

Pour 6 personnes :

6 truites
de 180 g chacune
100 g de beurre
40 g de farine
sel, poivre
quelques brins de persil

1. Videz les poissons, écaillez-les, lavez-les sous le robinet et essuyez-les soigneusement dans du papier absorbant.

2. Salez-les des deux côtés et mettez-les dans un sachet de plastique avec la farine. Fermez le sachet d'une main et secouez-le pour fariner les poissons. Sortez-les.

3. Mettez la moitié du beurre dans une grande poêle et faites-y dorer les poissons sur les deux faces, à feu doux (comptez 7 à 8 minutes de chaque côté).

4. Dressez les poissons sur un plat, mais ne versez pas le jus de cuisson.

5. Mettez le restant du beurre dans la poêle de cuisson des truites. Laissez-le colorer sur feu doux pour qu'il prenne une belle teinte noisette.

6. Versez ce jus sur les truites et saupoudrez de persil haché. Servez aussitôt.

MON SECRET : *Les truites de petite taille sont plus savoureuses que les grosses.*

TURBOT EN GELÉE

455 calories

Un poisson fin en robe de gala.

Préparation : 15 minutes
+ 2 heures de réfrigération
Cuisson : 30 minutes

Pour 6 personnes :

1 turbot de 1,800 kg environ
2 oignons
2 gousses d'ail
1 fenouil
6 tomates
4 citrons
1 verre d'huile
1 sachet de gelée instantanée
sel, poivre

1. Pelez et hachez les oignons. Pelez les gousses d'ail. Coupez le bulbe du fenouil en fines lamelles et les tomates en tranches. Exprimez le jus des citrons.

2. Nettoyez le turbot. Coupez-le en six tronçons.

3. Mettez dans le fond d'une cocotte la moitié des oignons, ail, fenouil et tomates. Posez dessus les morceaux de turbot. Couvrez avec le restant des légumes. Salez, poivrez, arrosez avec le jus des citrons et l'huile. Couvrez et faites cuire sur feu moyen pendant 30 minutes.

4. Pendant ce temps, préparez la gelée suivant le mode d'emploi indiqué sur le sachet.

5. Le poisson étant cuit, disposez-le sur un plat de service. Laissez les légumes et la sauce de cuisson dans la cocotte. Ajoutez-leur la gelée et versez le tout sur les morceaux de turbot. Faites prendre au moins 2 heures au réfrigérateur.

MON SECRET : *Cette recette convient également à des filets de turbotins moins chers que les grands turbots.*

TURBOT GRATINÉ

1 110 calories

Dans une fine sauce crémeuse.

Préparation : 35 minutes
Cuisson : 1 heure

Pour 4 personnes :

1 turbot de 1,200 kg
1/2 litre de vin blanc
1/2 tasse de crème
3 jaunes d'œufs
1/2 litre de moules

1. Mettez les moules dans une casserole sur feu vif et faites-les cuire en agitant la casserole pendant 7 à 8 minutes pour les faire ouvrir. Sortez-les de leurs coquilles.

2. Mettez le turbot dans un plat allant au four avec du sel, du poivre, le laurier, le vin blanc. Mettez à cuire à four moyen (thermostat 6) pendant 1 demi-heure.

3. Le turbot étant cuit, retirez-le du plat de cuisson et mettez-le sur un plat de service

40 grammes de beurre
sel, poivre

que vous tenez au chaud. Filtrez le jus de cuisson du poisson, mettez-le dans une petite casserole, sur feu moyen, de façon à faire réduire de moitié. A cette réduction ajoutez, hors du feu, les jaunes d'œufs et travaillez avec le fouet pour faire une sauce crémeuse à laquelle vous ajouterez enfin la crème fraîche. Mélangez bien le tout.

4. Nappez le turbot avec cette sauce et servez bien chaud.

MON SECRET : *Je sers ce turbot accompagné d'une purée d'oseille et de pommes de terre mélangées en parties égales.*

VII
Volailles et Gibiers

ALOUETTES A LA BOURGUIGNONNE

710 calories

En riche sauce au vin rouge, champignons et crème.

Préparation : 20 minutes
Cuisson : 20 minutes

Pour 4 personnes :

12 alouettes plumées et vidées
500 g de champignons de Paris
1 verre de vin rouge
6 cuillerées à soupe de crème fraîche
100 g de beurre
1 bouquet garni
sel, poivre

1. Nettoyez les champignons. Coupez-les en lamelles.
2. Chauffez le beurre dans une cocotte. Quand il grésille, mettez les alouettes. Laissez-les dorer 5 minutes à feu vif, puis salez, poivrez, ajoutez les champignons.
3. Laissez cuire encore 5 minutes, toujours sur feu vif, puis versez le vin et mettez le bouquet garni.
4. Après 10 nouvelles minutes de cuisson, les alouettes sont à point. Disposez-les sur un plat de service chaud. Ajoutez la crème fraîche à la sauce de cuisson. Servez à part dans dans une saucière.

MON SECRET : *Pour cette recette de gala, je ne lésine pas sur la qualité du vin ; je prends un bon bourgogne.*

ALOUETTES SUR CROUTONS

670 calories

Dorées au beurre et parfumées au genièvre.

Préparation : 20 minutes
Cuisson : 20 minutes

Pour 4 personnes :

8 alouettes plumées mais non vidées
8 fines bardes de lard
8 grains de genièvre
8 tranches de pain de mie
sel, poivre

1. Enveloppez chaque alouette dans une barde de lard. Ficelez pour maintenir.
2. Introduisez dans le bec de chaque oiseau un grain de genièvre.
3. Dans une cocotte, faites chauffer 80 g de beurre. Quand il commence à grésiller, mettez les alouettes, à feu assez vif pour les faire dorer pendant 5 minutes.
4. Salez, poivrez, réduisez le gaz, couvrez la cocotte et laissez cuire environ 15 minutes.
5. Pendant ce temps, faites dorer les tranches de pain de mie à la poêle dans le restant du beurre.
Pour servir, posez les alouettes sur les croûtons et arrosez-les avec la sauce de cuisson.

MON SECRET : *Accompagner d'une polenta largement beurrée (semoule de maïs).*

ALOUETTES AUX ÉCHALOTES

C — 420 calories

Dorées au beurre et finement accommodées de persil, échalotes et vin blanc.

Préparation : 15 minutes
Cuisson : 15 minutes

Pour 4 personnes :

12 alouettes plumées et vidées
125 g de beurre
4 échalotes
50 g de beurre
1/2 cuillerée à café de farine
1 verre de vin blanc
5 branches de persil
sel, poivre

1. Pelez les échalotes. Hachez-les.
2. Lavez le persil. Hachez-le.
3. Dans une poêle, faites chauffer le beurre. Quand il grésille, mettez les alouettes sur feu vif. Dès qu'elles sont dorées, ajoutez le hachis de persil et d'échalotes. Salez, poivrez. Laissez cuire 5 minutes.
4. Saupoudrez de farine. Versez le vin blanc. Mélangez bien le tout et laissez cuire une dizaine de minutes à feu moyen.

MON SECRET : *Au moment de servir, j'ajoute à la sauce le jus d'un citron.*

ALOUETTES AU FOIE GRAS

C — 960 calories

Farcies de foies truffés et dorées en cocotte.

Préparation : 20 minutes
Cuisson : 15 minutes

Pour 4 personnes :

12 alouettes plumées et vidées
12 fines bardes de lard
1 boîte de 100 g de foie gras
1 boîte de 50 g de pelures de truffes
80 g de beurre
sel, poivre

1. Passez à la moulinette les foies des alouettes pour obtenir une purée fine.
2. Mélangez-la au foie gras écrasé avec une fourchette et aux pelures de truffes.
3. Remplissez les alouettes avec cette farce.
4. Enveloppez chaque oiseau d'une barde de lard.
5. Faites fondre le beurre dans une cocotte. Quand il grésille, mettez les alouettes à dorer à feu vif pendant 5 minutes. Salez, poivrez, réduisez à la chaleur. Couvrez et laissez cuire encore 10 minutes. Servez les alouettes débarrassées de leur barde de lard et arrosées de leur sauce de cuisson.

MON SECRET : *Quand je veux rendre cette recette plus économique, je remplace le foie gras par de la mousse de foie gras.*

ALOUETTES GRILLÉES C

960 calories

Panées et parfumées au fenouil et aux feuilles de vigne.

Préparation : 30 minutes
Cuisson : 8 ou 9 minutes

Pour 4 personnes :

12 alouettes
1 cuillerée à soupe de graines de fenouil
12 feuilles de vigne
100 g de chapelure
125 g de beurre
sel, poivre

1. Plumez, videz, flambez les oiseaux. Salez l'intérieur.
2. Trempez-les dans le beurre fondu.
3. Roulez-les dans la chapelure mélangée aux graines de fenouil.
4. Enveloppez chaque oiseau dans une feuille de vigne ; liez d'un bout de fil.
5. Faites griller sur feu vif 8 à 9 minutes. Poivrez. Servez bien chaud.

MON SECRET : *Accompagner de petits pois au beurre.*

BÉCASSES A LA BORDELAISE C

465 calories

Mijotées avec des échalotes.

Préparation : 15 minutes
Cuisson : 35 minutes

Pour 6 personnes :

3 bécasses plumées et vidées
3 échalotes
1 verre de vin blanc
80 g de chapelure
80 g de beurre
1 citron
sel, poivre

1. Mettez les bécasses dans un plat allant au four. Parsemez-les de noisettes de beurre (40 g). Mettez-les à cuire pendant 20 minutes à four moyen.
2. Découpez les bécasses sur un plat de service chaud et posez-le sur un réchaud à alcool à brûler.
3. Pelez et hachez les trois échalotes. Assaisonnez-en les morceaux découpés de bécasses, ajoutez du sel, du poivre, le vin blanc, le jus de citron et le restant du beurre et laissez mijoter la préparation sur le réchaud pendant une dizaine de minutes. Au bout de ce temps, saupoudrez de chapelure et laissez cuire encore doucement 5 à 10 minutes, en retournant les morceaux de bécasses dans leur jus de cuisson. Vous devez obtenir une sauce onctueuse que vous servez immédiatement avec les bécasses.

MON SECRET : *Excellent avec des pommes soufflées ou des pommes dauphines (surgelées).*

BÉCASSES A LA FINE CHAMPAGNE

620 calories

Rôties au four et flambées sur la table.

Préparation : 30 minutes
Cuisson : 20 minutes

Pour 4 personnes :

2 bécasses plumées mais non vidées
2 minces bardes de lard
120 g de beurre
1/2 verre de fine champagne
4 tranches de pain de mie d'un doigt environ d'épaisseur
sel, poivre

1. Enveloppez les bécasses dans les bardes de lard. Salez-les. Mettez-les dans un plat allant au four. Parsemez-les de 60 g de beurre coupé en petits morceaux. Faites cuire 15 minutes à four très vif.

2. Pendant ce temps, faites dorer à la poêle dans le restant du beurre les tranches de pain de mie.

3. Les bécasses étant cuites, coupez-les en deux et recueillez les intérieurs dont vous tartinez les tranches de pain de mie. Salez et poivrez.

4. Disposez les croûtons sur un plat de service chauffé et posez dessus les morceaux de bécasses. Placez le plat à l'entrée du four.

5. Chauffez la fine champagne. Versez-la sur les bécasses et flambez. Servez aussitôt.

MON SECRET : *Je surveille bien le temps de cuisson : 15 minutes suffisent car les bécasses doivent être dégustées un peu rosées.*

BÉCASSES FLAMBÉES AU WHISKY

520 calories

Dorées à la cocotte.

Préparation : 15 minutes
Cuisson : 20 minutes

Pour 4 personnes :

2 bécasses plumées mais non vidées
60 g de beurre
1 citron
1/2 verre de whisky
sel, poivre

1. Chauffez le beurre dans une cocotte. Quand il grésille, mettez les bécasses et laissez-les cuire 10 minutes à feu vif sans couvrir. Elles doivent être saignantes. Salez et poivrez.

2. Coupez chaque bécasse en deux et prélevez les intérieurs que vous hachez finement.

3. Remettez les morceaux de bécasses dans la cocotte, sur feu moyen. Arrosez-les de whisky et flambez. Ajoutez à la sauce les intérieurs hachés et le jus de cuisson. Chauffez deux minutes et servez les bécasses nappées de leur sauce de cuisson.

MON SECRET : *A servir avec ce fin gibier une purée de céleri-rave bien crémeuse.*

BÉCASSES A LA PAYSANNE C

655 calories

Rôties au four et couchées sur un lit d'épinards et de tomates.

Préparation : 25 minutes
Cuisson : 20 minutes

Pour 4 personnes :

2 bécasses
80 g de beurre
1 kg d'épinards
4 tomates
1 cuillerée à soupe d'huile
50 g d'olives vertes
50 g d'olives noires
sel, poivre

1. Ne videz pas les bécasses. Tartinez-les de beurre après les avoir salées et poivrées.

2. Nettoyez les épinards. Faites-les cuire un quart d'heure à grande eau bouillante salée. Egouttez-les bien à fond.

3. Trempez les tomates dans l'eau bouillante. Pelez-les. Coupez-les en quatre. Faites-les cuire 10 minutes à feu vif, dans une poêle avec l'huile. Salez-les.

4. Mettez les bécasses dans un plat allant au four. Faites-les cuire à four chaud 20 minutes.

5. Pendant ce temps, dénoyautez les olives et coupez-les en rondelles.

6. Servez les bécasses sur un lit d'épinards ; entourez-les de tomates et décorez avec les olives.

MON SECRET : *Cuisson à four très chaud pour que les bécasses soient bien saisies en surface et rosées à l'intérieur.*

BLANCS DE POULET AU FROMAGE

335 calories

Dans une sauce toute blanche que l'on fait gratiner au four.

Préparation : 20 minutes
Cuisson : 30 minutes

Pour 6 personnes :

6 blancs de poulet crus
3 cuillerées à soupe de farine

1. Mélangez le sel, le poivre et 2 cuillerées de farine sur les trois.

2. Roulez les blancs de poulet dans ce mélange.

3. Faites fondre les deux tiers du beurre dans une poêle, mettez-y à dorer les blancs de poulet. Retirez-les et disposez-les sur un plat allant au four.

80 g de beurre
1/2 tasse de lait
3 cuillerées à soupe de parmesan râpé
2 cuillerées à soupe de gruyère râpé
sel, poivre blanc

4. Faites fondre le restant du beurre dans une casserole, jetez-y le reste de la farine et ajoutez le lait petit à petit en tournant régulièrement jusqu'à ébullition. Faites cuire à feu doux 5 minutes. Ajoutez les fromages râpés et cuisez en tournant 5 minutes.

5. Nappez avec cette crème les morceaux de poulet dans le plat allant au four et faites cuire à thermostat 7 pendant 10 à 15 minutes environ. La surface du plat doit être gratinée.

MON SECRET : *On vend maintenant des blancs de poulet crus surgelés : idéal pour cette recette, entre autres !*

CAILLES A L'ALSACIENNE D C

385 calories

Un subtil ragoût au ris de veau et aux champignons.

Préparation : 45 minutes
Cuisson : 30 minutes

Pour 6 personnes :

12 cailles
400 g de champignons de Paris
200 g de ris de veau blanchis
80 g de beurre
1 verre de vin d'Alsace
1 cuillerée à café de farine
1 branchette de thym
1 feuille de laurier
2 clous de girofle
4 branches de persil
sel, poivre

1. Nettoyez les champignons. Coupez-les en lamelles assez fines.

2. Coupez le ris de veau en petits dés.

3. Mettez les cailles dans une grande sauteuse ou dans une grande cocotte avec le beurre, les branchettes de persil, les clous de girofle, le thym, le laurier, et les champignons. Faites revenir sur feu vif sans couvrir pendant 5 minutes. Saupoudrez de farine.

4. Ajoutez le vin. Salez, poivrez et couvrez. Laissez cuire pendant une quinzaine de minutes sur feu doux.

5. Ajoutez alors les dés de ris de veau. Poursuivez la cuisson pendant encore 10 minutes. Servez ce ragoût bien chaud.

MON SECRET : *Les cailles sauvages sont introuvables. Celles qui proviennent d'élevage n'ont pas la même saveur. Mieux vaut donc les cuisiner de façon un peu élaborée pour en relever le goût.*

CAILLES EN COMPOTE C

305 calories

Avec jambon et champignons cuits dans le vin blanc.

Préparation : 40 minutes
Cuisson : 25 minutes

Pour 4 personnes :

4 cailles
250 g de champignons
1 boîte de pelures de truffes
1 tranche de jambon assez épaisse
1 bouquet garni
2 cuillerées à soupe de farine
2 verres de vin blanc
sel, poivre

1. Nettoyez les champignons et coupez-les en fines lamelles.
2. Coupez le jambon en petits dés.
3. Chauffez le beurre dans une cocotte ; quand il commence à grésiller, mettez les cailles à dorer pendant 5 minutes sur feu assez vif. Puis enlevez-les et mettez-les de côté sur un plat.
4. Dans la même cocotte, mettez les champignons, le jambon, les pelures de truffes, le bouquet garni, laissez chauffer 2 à 3 minutes sur feu moyen, puis saupoudrez de farine en remuant avec la cuiller en bois, et arrosez avec le vin. Laissez cuire 2 ou 3 minutes toujours en remuant.
5. Remettez les cailles dans la cocotte et laissez mijoter doucement pendant 12 à 15 minutes. Salez et poivrez.

Servez bien chaud.

MON SECRET : *Au moment de les servir, j'arrose les cailles en compote d'un jus de citron.*

CAILLES A LA CRAPAUDINE C

410 calories

Panées et dorées au beurre.

Préparation : 10 minutes
Cuisson : 10 minutes

Pour 4 personnes :

4 petites cailles ou 2 grosses
4 cuillerées à soupe de farine
3 œufs
4 cuillerées à soupe de chapelure
100 g de beurre
sel, poivre

1. Coupez les cailles en deux dans le sens de la longueur. Aplatissez-les en appuyant dessus fortement avec la main.
2. Salez-les, poivrez-les.
3. Passez-les dans la farine, les œufs battus, la chapelure.
4. Chauffez le beurre dans la poêle sur feu vif. Mettez à cuire les moitiés des cailles une dizaine de minutes, en les retournant à mi-cuisson. Servez-les aussitôt, arrosées de leur jus de cuisson.

MON SECRET : *Servir avec des pommes paille ou des chips.*

CAILLES AUX CROUTONS C

560 calories

Farcies de foie et de cervelle.

Préparation : 20 minutes
Cuisson : 30 minutes

Pour 4 personnes :

4 cailles grasses
1 cervelle de mouton
1 pincée de fines herbes
4 bardes de lard
2 carottes
1 oignon
1 cube de Viandox
1/2 verre de vin blanc
4 tranches de pain de mie
50 g de beurre
sel, poivre

1. Plumez et flambez les cailles. Videz-les en gardant les foies.

2. Faites pocher 3 minutes la cervelle dans l'eau bouillante. Egouttez-la, enlevez-lui la membrane.

3. Hachez les foies des cailles.

4. Joignez-y la cervelle en écrasant avec une fourchette pour faire une farce.

5. Salez, poivrez et ajoutez les fines herbes.

6. Remplissez chaque caille avec cette farce. Ficelez-les soigneusement.

7. Mettez-les dans une casserole garnie des bardes de lard, des carottes, des oignons en tranches, poivre et sel.

8. Délayez le cube de Viandox dans le demi-verre de vin blanc et versez-le dans la casserole.

9. Laissez cuire à feu modéré 30 minutes.

10. Faites frire les tranches de pain dans le beurre.

11. Dans un plat chaud, mettez ces tranches de pain et placez sur chacune les cailles et arrosez-les avec leur jus.

MON SECRET : *Pour les très grandes occasions, je sers ces cailles non pas sur des croûtons mais sur un fond de pâte feuilletée cuite à part.*

CAILLES AU PORTO C

595 calories

Braisées et servies sur canapés de foie gras.

Préparation : 25 minutes
Cuisson : 15 minutes

Pour 4 personnes :

4 cailles vidées
80 g de beurre
4 bardes de lard

1. Enveloppez chaque caille dans une barde de lard, puis dans une feuille de vigne. Ficelez bien pour faire tenir le tout ensemble.

2. Faites chauffer le beurre dans une cocotte. Quand il commence à grésiller, mettez les cailles à dorer sur feu vif pendant 3 ou 4 minutes. Salez-les, poivrez-les. Arrosez-les avec le porto. Baissez le feu et laissez cuire encore 10 minutes sans couvrir.

4 tranches de foie gras
4 feuilles de vigne
1 verre de porto
sel, poivre

3. Disposez les tranches de foie gras sur un plat de service et posez chaque caille sur un morceau de foie gras.
Servez bien chaud.

MON SECRET : *Bien sûr, c'est meilleur avec du foie gras, mais on peut s'en passer et servir les cailles dans leur sauce au porto.*

CANARD AUX CHOUX ROUGES

815 calories

Un savoureux mariage, agréablement relevé.

Préparation : 15 minutes
Cuisson : 1 heure

Pour 4 personnes :

1 jeune canard
1 chou rouge
1 tasse de bouillon
80 g de beurre
1 barde de lard
2 pommes
sel, poivre

1. Salez et poivrez le canard. Enduisez-le de beurre, mettez-le à cuire au four 1 heure.

2. Pendant ce temps hachez grossièrement le chou. Mettez-le dans une cocotte sur feu moyen avec la barde de lard, le bouillon, les pommes pelées et coupées en quartiers, sel et poivre. Couvrez et laissez mijoter 45 minutes.

3. Servez le canard sur un lit de chou rouge, sa sauce de cuisson à part, en saucière.

MON SECRET : *Je mets à l'intérieur du canard cru 2 cuillerées à soupe de poivre vert.*

CANARD A LA MÉNAGÈRE C

1 020 calories

Avec une garniture de petits légumes printaniers.

Préparation : 30 minutes
Cuisson : 1 h 30

Pour 6 personnes :

1 canard de 2,500 kg
50 g de beurre
4 tranches

1. Coupez le jambon en tout petits dés.

2. Pelez les oignons, laissez-les entiers.

3. Coupez les poireaux en rondelles après les avoir nettoyés.

4. Nettoyez la carotte et coupez-la en rondelles.

5. Emincez la gousse d'ail.

6. Ecossez les petits pois.

de jambon cuit
6 petits oignons blancs
2 poireaux
1 carotte
1 gousse d'ail
1 tasse 1/2 de vin blanc sec
1 tasse de bouillon de volaille pouvant être préparé avec des cubes de concentré
500 g de petits pois écossés
400 g de haricots verts
350 g de champignons
5 pommes de terre
sel, poivre noir fraîchement moulu

7. Effilez les haricots verts, coupez-les en petits tronçons de 2 doigts environ.

8. Lavez les champignons sans les peler et émincez-les en lamelles fines.

9. Pelez les pommes de terre, lavez-les et coupez-les en cubes.

10. Lavez le canard, épongez-le avec un papier absorbant, dégraissez-le au maximum et séchez-le.

11. Faites fondre le beurre dans une casserole ou dans une cocotte, mettez-y à dorer le canard sur toutes ses faces puis retirez-le de la cocotte et jetez la graisse de cuisson. Remettez-le dans la cocotte, ajoutez le jambon, les oignons, la carotte, les poireaux, l'ail, du sel et du poivre ; faites cuire pendant 5 à 10 minutes puis versez le vin et le bouillon. Couvrez et poursuivez la cuisson à feu doux pendant 45 à 50 minutes. Ajoutez alors les pois, les haricots, les champignons et les pommes de terre et faites cuire encore 25 minutes.
Servez le tout ensemble bien chaud.

MON SECRET : *Je préfère, parmi les différentes races de canards, le nantais que l'on trouve de mars à août.*

CANARD AUX NAVETS

613 calories

Un accord parfait.

Préparation : 10 minutes
Cuisson : 1 h 45 minutes

Pour 6 personnes :

1 canard de 1,600 kg
1 kg de navets
100 grammes de beurre
sel, poivre

1. Faites cuire le canard au beurre, dans la cocotte pendant 1 heure. Salez et poivrez.

2. Pendant ce temps, pelez et lavez les navets et faites-les cuire 30 minutes à l'eau bouillante salée. Egouttez-les.

3. Mettez-les dans la cocotte autour du canard et laissez mijoter le tout ensemble, doucement, pendant 45 minutes. Servez très chaud.

MON SECRET : *Je choisis des petits navets ronds, bien tendres.*

CANARD AUX OLIVES NOIRES

600 calories

Une variante de la recette classique : on emploie ici des olives noires.

Préparation : 10 minutes
Cuisson : 1 h 20

Pour 6 personnes :

1 canard de 2,500 kg
2 oignons
1/4 de pied de céleri
1/2 tasse de vin rouge sec
1 tasse de consommé de bœuf pouvant être préparé avec un cube de concentré de bouillon
1 feuille de laurier
1 tasse d'olives noires
100 g de beurre
sel, poivre noir

1. Lavez le canard et essuyez-le avec un papier absorbant. Enlevez le maximum du gras qui se trouve sous la peau du ventre. Coupez la volaille en 12 morceaux.

2. Mélangez le sel et le poivre, frottez les morceaux du canard avec cette préparation.

3. Pelez les oignons et hachez-les finement.

4. Nettoyez le pied de céleri et coupez-le en tout petits dés.

5. Dans une cocotte, faites chauffer le beurre et mettez-y à dorer les morceaux de canard sur toutes leurs faces.
Retirez la cocotte du feu ; enlevez les morceaux de canard avec l'écumoire et mettez-les sur une assiette. Jetez la graisse de cuisson.

6. Remettez la cocotte sur le feu, ajoutez-y les oignons et le céleri et faites cuire 10 minutes en remuant presque constamment avec la cuiller en bois. Prenez oignons et céleri avec l'écumoire et égouttez de nouveau la graisse de cuisson.

7. Remettez la cocotte sur le feu ; versez-y les oignons et le céleri, le vin, le bouillon, la feuille de laurier ; chauffez jusqu'à ébullition.
Ajoutez alors les morceaux de canard et les olives dénoyautées, couvrez et laissez cuire à feu doux pendant 1 heure à 1 h 10. Au bout de ce temps, le canard est cuit.
Disposez les morceaux sur un plat de service que vous tenez au chaud ; dégraissez la sauce en posant à sa surface une feuille de papier buvard ou de papier absorbant ; enlevez la feuille de laurier, ajoutez les olives, faites chauffer 5 minutes ; versez un peu de sauce sur le canard et servez le reste dans une saucière.

MON SECRET : *Reconnaître un canard tendre en tâtant la partie inférieure de son bec qui doit être flexible.*

CANARD AUX OLIVES VERTES

600 calories

Pour une tendre volaille, une recette de tradition.

Préparation : 20 minutes
Cuisson : 1 h 15

Pour 6 personnes :

1 beau canard de 2 kg environ
250 g d'olives vertes dénoyautées
2 cuillerées à soupe d'huile
1 verre de vin blanc
2 tomates
1 oignon
3 gousses d'ail
thym, laurier, persil
1 cuillerée à dessert de farine
sel, poivre

1. Epluchez et émincez l'oignon. Pelez et épépinez les tomates.

2. Découpez le canard. Dans une cocotte, faites dorer les morceaux dans l'huile chaude.

3. Ajoutez les tomates en morceaux et l'oignon émincé. Lorsqu'ils sont revenus, saupoudrez de farine, salez et poivrez. Mouillez avec le vin blanc, un verre d'eau, et aromatisez avec le thym, le laurier et les gousses d'ail. Ajoutez les olives. Laissez mijoter pendant une heure.

MON SECRET : *Avant de les mettre dans la cocotte, je fais cuire les olives une dizaine de minutes à l'eau bouillante non salée. Cela leur enlève leur légère amertume.*

CANARD A L'ORANGE

740 calories

Facile à réussir, malgré les multiples opérations qu'exige cette recette.

Préparation : 30 minutes
Cuisson : 1 h 30

Pour 8 personnes :

1 canard de 4 livres environ (abattis à part)
150 g de sucre
1/2 verre de vinaigre
1 cuillerée à soupe de gelée de groseille
6 oranges
1 petit verre de liqueur à base d'orange (grand marnier)
100 g de beurre
2 oignons

1. Mettez le canard au four ; graissez-le assez largement, salez-le et poivrez-le et arrosez-le fréquemment en cours de cuisson. Vous le servirez rosé, légèrement saignant (20 minutes par livre).

2. Pendant ce temps, préparez le fond de sauce. Pour cela, vous mettez dans un plat allant au four, les abats de canard, deux oignons émincés, deux carottes coupées en rondelles, une gousse d'ail non épluchée, une branche de thym, deux feuilles de laurier.

3. Mettez le plat à four vif, sans matière grasse, et faites dorer son contenu, ce qui prend 15 minutes environ. Retournez abats et légumes à mi-temps.

4. Mettez ensuite le tout dans une casserole et mouillez avec un demi-litre de vin blanc ;

2 carottes
1 gousse d'ail
1 branche de thym
2 feuilles de laurier
1/2 litre de vin blanc
1 cuillerée à soupe de concentré de tomates
sel, poivre

---

ajoutez une cuillerée à soupe de concentré de tomates ; couvrez la casserole et faites bouillonner doucement pendant au moins 45 minutes. Filtrez. Le bouillon recueilli s'appelle le fond.

5. D'autre part, faites un caramel avec le sucre et un demi-verre d'eau. Lorsque le caramel est blond (pas roux) ajoutez le vinaigre. Laissez bouillir fortement, sans couvrir, pendant 3 à 4 minutes, puis versez dans la casserole deux verres (à moutarde) de fond. Faites bouillir doucement, toujours sans couvrir, pendant 10 minutes. Ajoutez alors la gelée de groseille ; battez la sauce avec une fourchette ; lorsque vous serez prête à servir le canard, vous incorporerez à la sauce le jus de trois oranges et la liqueur.

6. Préparez maintenant des zestes en fines lamelles, pris dans l'écorce de trois oranges. Coupez-les en petits morceaux, jetez-les dans l'eau bouillante, laissez-les pendant 3 minutes, puis égouttez-les. Prenez les trois oranges dont vous venez d'utiliser les zestes. Recueillez le jus, c'est celui que vous ajouterez à la sauce précédemment préparée. Il reste trois oranges. Pelez-les à vif. Partagez-les en quartiers. Le canard étant cuit, placez-le sur un plat chaud. Entourez-le de quartiers d'oranges. Parsemez-le d'un peu de zestes. Nappez avec un peu de sauce. Servez le restant de sauce dans une saucière.

MON SECRET : *Une garniture très simple pour ce plat sophistiqué : des petites pommes de terre cuites à la vapeur.*

CANARD AUX PÊCHES D C

850 calories

Le canard est rôti au four, entouré de pêches pochées et nappé de sauce au cognac.

Préparation : 30 minutes
Cuisson :
45 minutes pour le canard
1 heure pour la sauce
10 minutes pour les pêches

Pour 4 personnes :

1 canard
30 g de beurre

1. Pelez et émincez les oignons, les carottes et le céleri.

2. Faites fondre 30 g de beurre dans une casserole pour faire blondir tous ces légumes, puis saupoudrez de farine et tournez sur le feu juste le temps de laisser roussir. Mouillez avec le vin blanc et 1 verre d'eau. Laissez épaissir en tournant.

3. Ajoutez les ailerons, le cou, la tête, le gésier du canard, salez, poivrez et laissez

4 pêches
50 g de sucre
en morceaux

Pour la sauce :
2 pêches
1 citron
1/2 verre de vinaigre
de vin
100 g de sucre
en morceaux
30 g de beurre
1 cuillerée à soupe
de fécule de pomme
de terre
1 verre à liqueur
de cognac
les abattis du canard
2 carottes
2 oignons
1 branche de céleri
1 cuillerée à café
de farine
1 verre de vin blanc
sel, poivre

mijoter doucement à couvert 1 heure environ.

4. Allumez le four (thermostat 7).

5. Enduisez le canard vidé et ficelé de beurre. Salez, poivrez et mettez-le dans un plat à four avec un demi-verre d'eau.
Lorsque les abattis ont mijoté une demi-heure, mettez le canard au four et laissez-le cuire 45 minutes en arrosant souvent et en le retournant à mi-cuisson.

6. Faites bouillir un demi-litre d'eau avec 50 g de sucre. Pelez et coupez en deux quatre pêches et faites-les pocher très doucement dans l'eau frémissante une dizaine de minutes. Tenez au chaud.

7. Au bout d'une heure de cuisson des abattis, passez au tamis et conservez le jus.

8. Dans une casserole, mettez les morceaux de sucre à sec et laissez-les fondre, blondir et former caramel. Pendant ce temps, pelez et écrasez 2 pêches.

9. Versez le caramel dans le vinaigre. Ajoutez la purée de pêches, le jus du citron et laissez réduire de moitié.

10. A ce moment, ajoutez le jus de cuisson des abattis et la fécule délayée dans le cognac. Laissez épaissir en tournant, puis laissez encore cuire quelques minutes à feu doux.

11. Servez le canard bien doré sur un plat chaud. Entourez-le de demi-pêches. Dégraissez le jus du plat à four et ajoutez-le à la sauce. Nappez-en le canard et servez aussitôt.

MON SECRET : *Quand ce n'est pas la saison des pêches, j'utilise des pêches en conserve au naturel et je diminue la quantité de sucre.*

CANARD SAUVAGE A L'ALSACIENNE

C

880 calories

Pour farcir et accompagner le canard, la même choucroute aux pommes.

Préparation : 15 minutes
Cuisson : 1 heure

Pour 4 personnes :

1 canard
150 g de lard gras

1. Pelez l'oignon ; coupez-le en tranches fines.

2. Pelez les pommes ; coupez-les chacune en 8 morceaux.

3. Coupez le lard en petits dés. Mettez-les dans une poêle sur feu moyen. Quand ils ont commencé à fondre, ajoutez l'oignon et les

1 oignon
3 pommes
750 g de choucroute cuite
80 g de beurre
sel, poivre

pommes. Laissez cuire 7 à 8 minutes en remuant fréquemment. Salez, poivrez.

4. Retirez la poêle du feu. Mélangez la choucroute à la préparation.

5. Remplissez-en le canard. Réservez le surplus pour la garniture. Salez et poivrez le canard. Parsemez-le de noisettes de beurre. Faites cuire à four moyen pendant 1 h 30. Servez le canard entouré du restant de farce réchauffé et accompagné de son jus de cuisson présenté dans une saucière.

MON SECRET : *Choisir des pommes un peu acidulées, Granny Smith, par exemple.*

CANARD SAUVAGE A LA NORMANDE

C

620 calories

Farci de pommes et laqué au vinaigre.

Préparation : 20 minutes
Cuisson : 1 heure

Pour 4 personnes :

1 canard sauvage
4 pommes reinettes
1/2 citron
2 gousses d'ail
1 cuillerée à soupe de sucre en poudre
75 g de beurre
4 cuillerées à soupe de vinaigre
1 cuillerée à soupe de gelée de groseille
sel, poivre

1. Pelez les pommes. Coupez-les en quatre. Enlevez cœurs et pépins. Mettez-les dans une casserole avec le sucre, le jus du demi-citron et deux cuillerées à soupe d'eau. Faites cuire à feu doux un quart d'heure, puis passez à la moulinette.

2. Salez et poivrez le canard intérieurement et extérieurement. Remplissez-le avec la compote de pommes. Cousez l'ouverture. Frottez le canard avec les gousses d'ail afin de bien imprégner la chair. Enduisez-le de beurre, sur toute sa surface. Mettez-le 10 minutes à four très chaud.

3. Pendant ce temps, mettez le vinaigre dans une petite casserole, sans la couvrir, à feu assez vif. Laissez ainsi le vinaigre réduire de moitié.

4. Versez-le sur le canard et poursuivez la cuisson pendant 40 minutes.

5. Le canard étant cuit, coupez-le en morceaux que vous tenez au chaud.

6. Délayez la gelée de groseilles dans la sauce du plat de cuisson et versez sur le canard.

MON SECRET : *Je poivre généreusement la compote de pommes.*

CANARD SAUVAGE A LA PROVENÇALE C

705 calories

Une jolie couronne de tomates, artichauts et olives noires autour de ce canard cocotte.

Préparation : 15 minutes
Cuisson : 1 h 30

Pour 4 personnes :

1 canard
50 g de beurre
1 cuillerée à soupe d'huile
3 tomates
1 gros oignon
1 gousse d'ail
1 cube de concentré de bouillon de bœuf
6 artichauts
1 citron
1 feuille de laurier
24 olives noires
sel, poivre

1. Plongez les tomates 1 minute dans l'eau bouillante. Pelez-les, épépinez-les, coupez-les en quatre.

2. Enlevez toutes leurs feuilles et leur foin aux artichauts de façon à ne conserver que les fonds. Arrosez-les de jus de citron pour les empêcher de noircir. Coupez-les en lamelles d'un bon doigt d'épaisseur.

3. Pelez l'oignon. Coupez-le en fines rondelles. Pelez la gousse d'ail et hachez-la.

4. Faites chauffer le beurre et l'huile ensemble dans une cocotte. Mettez le canard à dorer sur toutes ses faces. Ajoutez les tomates, l'ail, l'oignon. Salez et poivrez. Laissez sur feu vif 8 à 10 minutes.

5. Préparez un quart de litre de bouillon avec le cube de concentré. Versez-le dans la cocotte. Mettez la feuille de laurier.

6. Ajoutez les artichauts. Couvrez la cocotte et placez-la dans un four chaud pendant trois quarts d'heure.
Servez le tout ensemble bien chaud (inutile de saler, le bouillon suffisant à assaisonner l'ensemble). Servez avec du riz pilaf et des olives noires.

MON SECRET : *Je prépare du canard d'élevage selon la même recette et, dans ce cas, je mets 3 gousses d'ail au lieu d'une.*

CIVET DE LAPIN D

490 calories

Des morceaux de lapin bien tendres dans une sauce brune aux lardons et au vin rouge.

Préparation : 25 mn
Cuisson : 1 h 30

Pour 6 personnes :

1 lapin de 1,800 kg env. coupé en morceaux

1. Coupez le lard en dés.

2. Dans une cocotte, faites chauffer le beurre et mettez-y les oignons entiers et les lardons. Laissez dorer sans cesser de remuer, puis retirez-les de la cocotte.

3. Dans la même cocotte et la même graisse, faites revenir les morceaux de lapin sur tou-

(+ un peu de sang que vous aurez battu avec un filet de vinaigre pour l'empêcher de coaguler)
150 g de lard maigre
3 oignons
50 g de farine
1 verre de bouillon de viande
2 verres de vin rouge
50 g de beurre
sel, poivre
bouquet garni

tes les faces. Retirez-les dès qu'ils sont bien dorés.

4. Mettez alors la farine dans la cocotte et laissez-la brunir sur le feu sans cesser de tourner avec une cuiller en bois. Ajoutez en une fois le bouillon et le vin rouge. Portez à ébullition toujours en remuant jusqu'à ce que la sauce épaississe. Remettez le lapin, le lard et les oignons dans la cocotte et assaisonnez généreusement de poivre et de sel. Ajoutez le bouquet garni et couvrez. Laissez cuire à petit feu 1 h 30 en vérifiant de temps en temps qu'il reste suffisamment de liquide dans la cocotte. Si nécessaire, ajoutez un peu d'eau.

5. Dix minutes avant la fin de la cuisson, pilez le foie du lapin dans un petit saladier et mélangez-le avec le sang. Versez une à une plusieurs cuillerées de sauce de cuisson du lapin dans le saladier en remuant vivement. Versez le contenu du saladier dans la cocotte, et continuez une cuisson très douce quelques minutes.

6. Servez dans un plat creux, après avoir retiré le bouquet garni.

MON SECRET : *Quelques petits croûtons de pain dorés au beurre et disposés sur le plat au moment de servir.*

CIVET DE LIÈVRE AUX NOUILLES

D C

795 calories

Une sauce au vin rouge et au sang corse ce lièvre mijoté en cocotte et accompagné de croûtons.

Préparation : 40 minutes
Marinade : 12 heures
Cuisson : 2 h 30

Pour 6 personnes :

1 lièvre vivant (car vous devez récupérer le sang de l'animal)
1/2 verre de vinaigre
500 g de nouilles fraîches

1. Au moins 12 heures à l'avance, écorchez, dépouillez et videz le lièvre. Mettez de côté le foie et le sang (vous le battrez avec un peu de vinaigre pour éviter qu'il ne coagule). Coupez le lièvre en morceaux.

2. Dans une terrine, intercalez morceaux de lièvre et rondelles de carottes, oignons, échalotes et ail. Ajoutez les herbes, les aromates et assaisonnez de sel et poivre. Arrosez ensuite avec le vin et veillez à ce que tous les morceaux soient couverts. Laissez mariner dans un endroit frais (le bas de votre réfrigérateur) au moins 12 heures.

50 g de beurre
quelques petits oignons entiers
quelques champignons
quelques petits triangles de pain frit dans l'huile

Pour la marinade :
1 litre de vin rouge
1 oignon émincé
2 échalotes émincées
2 ou 3 gousses d'ail
1 carotte coupée en rondelles
thym, laurier, serpolet, sarriette
quatre-épices
sel, poivre en grains

3. Hachez le lard et faites-le fondre dans une cocotte avec un peu de beurre. Mettez les morceaux de lièvre égouttés et essuyés, assaisonnez encore de sel et poivre et faites revenir 10 minutes environ. Filtrez la marinade et ajoutez-la dans la cocotte ; laissez réduire 5 minutes, puis saupoudrez avec la farine. Remuez bien. Réduisez le feu et couvrez. Faites mijoter environ pendant 2 h 30 en surveillant qu'il reste toujours assez de liquide dans la cocotte. Au besoin, rajoutez un peu d'eau ou de bouillon de viande.

4. Dix minutes avant de servir, mettez les nouilles à cuire dans 3 litres d'eau (recette plus détaillée page 712).

5. Au dernier moment, hachez le foie du lapin, mélangez avec le sang et le filet de vinaigre et hors du feu versez dessus peu à peu la sauce du lièvre en remuant vivement. Tenez au chaud.

6. Faites revenir rapidement les petits oignons et les champignons dans une poêle avec un peu de beurre. Placez le lièvre sur le plat de service. Entourez-le des croûtons recouverts des champignons et des oignons, nappez avec la sauce et servez avec les nouilles dans un plat à part.

MON SECRET : *Dans l'eau de cuisson des nouilles fraîches, je verse deux bonnes cuillerées d'huile : cela les empêche de « coller ».*

CIVET D'OIE

870 calories

Toute la saveur de la volaille flambée au cognac et cuisinée au vin.

Préparation : 15 minutes
Cuisson : 2 h 15

Pour 4 personnes :

1 oie d'1 kg au moins
2 verres de vin rouge ou de vin blanc sec d'Alsace

1. Videz et flambez l'oie. Coupez-la en morceaux que vous dégraisserez facilement en soulevant la peau de l'animal.

2. Dans une cocotte, faites fondre le beurre. Mettez-y à revenir les morceaux d'oie et l'oignon coupé en quatre. Faites bien dorer de tous les côtés, puis saupoudrez de farine, salez et poivrez. Arrosez de cognac et faites flamber. Ajoutez ensuite le vin rouge, la carotte coupée en rondelles et le bouquet

1 petit verre de cognac
30 g de beurre
1 cuillerée à soupe de farine
1 carotte
1 oignon
1 bouquet garni (persil, thym, laurier)
sel et poivre
500 g de nouilles fraîches ou de pommes de terre

garni. Couvrez et laissez mijoter deux heures environ.

3. Vingt minutes environ avant la fin de la cuisson, faites cuire les pommes ou les nouilles fraîches à l'eau bouillante salée.

4. Vérifiez la cuisson de l'oie et disposez les morceaux sur le plat de service. Filtrez la sauce et servez-la en saucière.
Servez en même temps les nouilles ou les pommes de terre.

MON SECRET : *Je conserve la graisse que je retire de l'oie pour y faire rissoler des pommes de terre.*

COQ A LA BIÈRE D C

610 calories

Champignons, échalotes et genièvre parfument merveilleusement ce coq cuit dans la bière.

Préparation : 30 minutes
Cuisson : 1 h 30

Pour 6 personnes ou plus :

1 coq de 2 à 3 kg
1 canette de bière blonde (33 cl)
100 g de beurre
4 échalotes
250 g de champignons
1 petit verre d'alcool de genièvre
200 g de crème fraîche
1 cuillerée à soupe de persil haché
sel et poivre
1/2 piment de Cayenne

1. Videz et flambez le coq. Découpez-le en morceaux.

2. Lavez, essuyez et émincez les champignons. Faites fondre 50 g de beurre dans une grande cocotte et mettez-y revenir les morceaux de volaille. Ajoutez les échalotes et les champignons et maintenez à feu vif (ces derniers ayant tendance à rendre de l'eau). Lorsque le tout est bien doré, mouillez avec le genièvre et baissez le feu. Assaisonnez de sel et poivre, ajoutez le piment et versez la bière. Laissez cuire à petit feu, au moins 1 h 30.

3. Vérifiez la cuisson, sortez les morceaux de coq et dressez-les sur un grand plat creux que vous tiendrez au chaud.

4. Faites réduire de moitié le jus de cuisson, à feu très vif. Liez-le hors du feu avec la crème et le restant du beurre en petits morceaux, en fouettant vivement pour donner à la sauce un aspect mousseux.

5. Nappez le coq avec la sauce. Saupoudrez de persil haché et servez.

MON SECRET : *Surtout pas de bière brune ! Son amertume nuirait à la saveur de la sauce.*

COQ AU RIESLING D C

515 calories

Un moelleux coq « cocotte » flambé à la prunelle et arrosé de crème au riesling.

Préparation : 30 minutes
Cuisson : 1 h 30

Pour 6 personnes :

1 jeune coq de 2 kg environ
2 carottes
4 échalotes
1 branche de persil
2 gousses d'ail
1 verre de bouillon de poule (ou de concentré)
1 cuillerée à soupe de farine
1 verre à liqueur d'eau-de-vie de prunelle
1/4 de litre de riesling
100 g de crème fraîche
1 jaune d'œuf
le jus d'un demi-citron
1/2 feuille de laurier
1 brindille de thym
30 g de beurre
2 cuillerées à soupe d'huile
sel, poivre

1. Videz et flambez le coq. Découpez-le en morceaux.

2. Dans une cocotte, mettez l'huile à chauffer. Ajoutez ensuite le beurre et, dès qu'il mousse, mettez les morceaux de volaille à revenir. Faites bien dorer de tous côtés et retirez les morceaux de la cocotte.

3. Faites revenir dans la même cocotte les carottes et les échalotes épluchées et émincées. Ajoutez les gousses d'ail écrasées. Remettez alors les morceaux de volaille et attendez qu'ils soient à nouveau bien chauds pour flamber avec l'eau-de-vie. Lorsque la flamme est tombée, saupoudrez de farine. Laissez dorer quelques minutes et mouillez avec le riesling et le bouillon. Ajoutez le thym, le laurier, et assaisonnez de sel et de poivre concassé. Portez à ébullition, puis réduisez le feu, couvrez et laissez mijoter de 40 à 50 minutes.

4. Sortez les morceaux de volaille et dressez-les sur un plat que vous tiendrez au chaud.

5. Filtrez la sauce. Dans un grand bol, mélangez la crème fraîche, le jaune d'œuf et le jus de citron. Versez peu à peu la sauce dans le mélange en fouettant vivement pour ne pas coaguler l'œuf. Nappez le coq avec cette sauce et servez. Vous pourrez accompagner ce plat de nouilles fraîches.

MON SECRET : *Une pincée de muscade rehausse le goût de la sauce. Je la mets en même temps que le thym et le laurier.*

Filet de chevreuil aux airelles. *(Recette page 426)*

Civet de lièvre aux nouilles. *(Recette page 413)*

Oie aux marrons. *(Recette page 435)*

Terrine de lièvre. *(Recette page 470)*

DAUBE DE SANGLIER C

700 calories

Braisé dans la marinade pendant de longues heures, le sanglier est servi sur un lit de purée de marrons.

Préparation : 25 minutes (à faire la veille de la préparation)
Macération : 12 heures
Cuisson : 12 heures (et plus si la bête est moins jeune)

Pour 6 personnes :

1,500 kg d'épaule ou de cuissot de sanglier
1 litre de vin rouge de Provence
1 ou 2 carottes
100 g de beurre
3 cuillerées à soupe d'huile
5 ou 6 baies de genièvre
herbes de Provence (thym, laurier, serpolet, romarin, persil, sauge)
4 ou 5 clous de girofle
3 morceaux de sucre
1 verre de vinaigre de vin
gros sel
poivre en grains
2 à 3 cuillerées à soupe de marc du pays (facultatif)
1 grande boîte de purée de marrons

---

1. Trente-six heures avant de servir, mettez dans une terrine le vin, le vinaigre, les carottes coupées en rondelles, les herbes et les aromates, le sucre en morceaux. Coupez le sanglier en morceaux et mettez-le à mariner dans la préparation 12 heures (veillez à ce que tous les morceaux soient recouverts).

2. Au bout de 12 heures, versez le tout dans une cocotte. Portez à ébullition puis couvrez, et laissez se poursuivre la cuisson doucement. Si vous le désirez, vous pouvez ajouter au bout d'une heure et demie un peu de marc ; laissez cuire 10 minutes sans couvercle et reprenez la cuisson comme auparavant. La daube doit cuire 3 heures au minimum. Laissez refroidir dans la cocotte.

3. Le lendemain, faites réchauffer le sanglier doucement. En même temps, faites réchauffer la purée de marrons sur petit feu. Couchez la purée dans un plat, dressez dessus les morceaux de viande et nappez de la sauce passée. Servez très chaud.

MON SECRET : *J'ajoute toujours 2 zestes d'orange dans la marinade que je laisse cuire avec la viande.*

DINDE AUX CERISES

1 045 calories

Un régal pour les amateurs de sucré-salé.

Préparation : 5 minutes
Cuisson : 2 h 30

Pour 6 à 8 personnes :

1 belle dinde
1 bocal de cerises conservées au naturel
3 cuillerées à soupe de sucre
1 cuillerée à soupe de vinaigre
120 g de beurre
sel, poivre

1. Mettez la dinde dans un grand plat. Salez, poivrez, parsemez de gros morceaux de beurre et protégez la dinde avec un grand papier d'aluminium.

2. Faites cuire à four chaud pendant 2 h 30 environ. De temps en temps, mettez au fond du plat un peu de jus de cerises et soulevez le papier pour arroser la volaille.

3. Vers la fin de la cuisson, faites fondre le sucre avec le vinaigre pour obtenir un caramel léger ; mouillez avec le jus de cuisson dégraissé. Chauffez les cerises dans ce jus et servez la dinde entourée des cerises.

MON SECRET : *Utilisez pour cette fine recette de l'excellent vinaigre de xérès.*

DINDE FARCIE AUX MARRONS

D C 850 calories

La dinde est fourrée d'une farce de hachis de viande et de purée de marrons.

Préparation : 1 heure
Cuisson : 20 minutes par 500 g (soit 2 à 3 heures en moyenne)

Pour 8 à 10 personnes :

1 dinde de 3 à 4 kg
le foie de la dinde
150 g de veau cuit
150 g de porc cuit
100 g de lard frais + 1 grande barde pour entourer la dinde
150 g de beurre
1 kg de marrons
2 échalotes

1. Videz et flambez la volaille. Réservez le foie.

2. Faites sur les marrons une incision circulaire suffisamment profonde pour entailler les deux peaux. Jetez-les 2 minutes dans l'eau bouillante, égouttez et retirez les peaux qui s'enlèvent facilement.

3. Mettez trois quarts de litre d'eau sur le feu et, dès qu'elle bout, mettez-y les marrons. Laissez cuire 30 minutes. Egouttez, réduisez en purée.

4. Epluchez et hachez les échalotes et mettez-les dans le beurre, dans une petite casserole ; laissez cuire quelques minutes sans cesser de remuer, jusqu'à ce que les échalotes soient transparentes, mais elles ne doivent pas dorer. Retirez du feu.

1 truffe (facultatif)
sel, poivre

5. Hachez le veau, le porc, le lard et le foie. Mettez ce hachis dans un saladier et ajoutez-lui les échalotes et les marrons égouttés et réduits en purée. Salez et poivrez. Vous pouvez aussi ajouter des morceaux de truffe si vous en avez. Mélangez bien.

6. Allumez votre four à thermostat 5/6.

7. Remplissez l'intérieur de la dinde avec cette farce, entourez-la de la barde et mettez au four 20 minutes par livre. Arrosez-la de temps en temps. Si elle brunit trop, entourez-la d'un papier sulfurisé beurré ou de papier d'aluminium.

8. Servez sur un plat garni avec du cresson et le jus de cuisson en saucière.

MON SECRET : *Je remplace parfois le porc par de la chair à saucisse qui donne du moelleux à la farce, surtout si la dinde n'est pas très grasse.*

DINDE DE NOËL C

1 090 calories

La recette traditionnelle du repas de fête.

Préparation : 30 minutes
Cuisson : 1 h 20 (comptez 40 minutes par kilo)

Pour 6 personnes :

1 jeune dinde de 2 kg
1 boîte de marrons entiers au naturel
le foie de la dinde
2 cuillerées à soupe de cognac
500 g de farce fine achetée chez le charcutier
1 barde de lard
1 verre d'huile
sel, poivre

1. Videz et flambez la dinde, salez et poivrez l'intérieur de la volaille.

2. Mélangez la moitié des marrons à la farce. Ajoutez le foie finement haché. Remplissez l'intérieur de la dinde avec cette farce.

3. Cousez les ouvertures. Bridez-la. Appliquez une barde de lard sur son ventre. Maintenez-la avec une ficelle. Installez la dinde dans un plat en terre, arrosez d'huile.

4. Mettez à cuire à four moyen. Augmentez la température en fin de cuisson. Salez et poivrez à ce moment-la. Arrosez plusieurs fois en cours de cuisson.
Au moment de servir, dégraissez le jus de cuisson et servez-le en saucière.
Dressez la dinde sur un plat, entourée du reste de marrons réchauffés.

MON SECRET : *La veille, je fais tremper le foie de la dinde dans du cognac.*

DINDE AUX PRUNEAUX ET AUX MARRONS

D C

1 570 calories

Une grasse volaille richement farcie.

Préparation : 35 minutes
Cuisson : 3 heures

Pour 10 à 12 personnes :

1 dinde de 5 kg
750 g de marrons
2 cuillerées à soupe d'huile
125 g de veau haché
125 g de bœuf haché
125 g de chair à saucisse
1 oignon
1 gousse d'ail
12 pruneaux
1/2 tasse de vin blanc sec
1/2 tasse de parmesan râpé
2 pincées de thym
2 œufs
100 g de beurre
1 oignon
1 feuille de laurier
2 tasses d'eau
1 cuillerée à dessert de sel, poivre noir fraîchement moulu

1. Lavez la dinde et essuyez-la avec un papier absorbant. Frottez l'intérieur et l'extérieur de sel et de poivre.

2. Faites une incision en croix sur chaque marron. Mettez-les dans une casserole, couvrez-les d'eau froide, chauffez jusqu'à ébullition, faites cuire à feu doux pendant 20 minutes, égouttez-les, laissez-les refroidir, enlevez les écorces, retirez également la pellicule intérieure et hachez grossièrement la chair des marrons.

3. Pelez la gousse d'ail et coupez-la en lamelles fines.

4. Pelez les oignons et hachez-les grossièrement.

5. Battez les œufs.

6. Chauffez l'huile dans une sauteuse ; mettez-y à revenir ensemble le veau haché, le bœuf haché, la chair à saucisse, l'oignon et l'ail pendant 5 minutes en remuant constamment. Retirez du feu. Ajoutez les pruneaux dénoyautés, le vin, le fromage, le thym, les œufs battus et les marrons. Laissez refroidir cette préparation puis farcissez-en la dinde. Cousez l'ouverture.

7. Mettez la dinde dans un plat allant au four, badigeonnez-la de beurre, ajoutez la feuille de laurier ; mettez à cuire à four moyen (thermostat 5) pendant 1 heure. Ajoutez une tasse d'eau et laissez rôtir jusqu'à ce que la viande soit tendre, pendant 1 h 30 environ. Ajoutez de temps en temps le restant d'eau et arrosez fréquemment pendant toute la cuisson. Pour servir, mettez la dinde sur un plat de service chauffé et nappez-la de sauce de cuisson.

MON SECRET : *Je fais tremper les pruneaux pendant au moins 2 heures dans du cognac.*

DINDE EN RAGOUT

1 210 calories

Des morceaux de dinde cuits en cocotte avec une garniture de marrons, de lardons et de chipolatas.

Préparation : 30 minutes
Cuisson : 1 h 45

Pour 4 personnes :

1 kg de dinde coupée en morceaux
100 g de beurre
100 g de lard maigre
350 g de chipolatas
40 g de farine
1/2 litre de vin blanc sec
500 g de marrons
sel, poivre

1. Dans une cocotte, faites revenir les morceaux de dinde dans 50 g de beurre. Lorsqu'ils sont bien dorés de tous côtés, saupoudrez avec la farine et versez le vin blanc. Remuez vivement, ajoutez le lard coupé en dés, salez et poivrez et laissez cuire à petit feu et à couvert pendant 45 minutes.

2. Pendant ce temps, incisez les marrons circulairement et profondément pour entamer les deux peaux qui les entourent. Jetez-les 2 minutes dans l'eau bouillante pour décoller ces deux peaux, égouttez-les et épluchez-les.

3. Au bout de 45 minutes, ajoutez les marrons au ragoût et laissez cuire encore 1 heure à petit feu.

4. Quinze minutes avant la fin de la cuisson, faites revenir les chipolatas (après les avoir piquées de toutes parts) dans le reste du beurre. Lorsqu'elles sont dorées, ajoutez-les au ragoût et laissez cuire le tout encore 10 minutes.

5. Disposez dans un plat creux et servez chaud.

MON SECRET : *Je fais blanchir les lardons (c'est-à-dire cuire 5 minutes à l'eau bouillante non salée). Ils sont ainsi plus moelleux.*

DINDE ROTIE C

540 calories

Dorée au four et servie sur un lit de cresson.

Préparation : 15 minutes
Cuisson : 10 minutes par 500 g (soit 2 à 3 heures en moyenne)

Pour 8 à 10 personnes :

1 dinde de 3,500 kg
2 grandes bardes de lard pour entourer la dinde

1. Allumez votre four à thermostat 5/6.

2. Videz, flambez la volaille et salez-en abondamment l'intérieur. Entourez-la de la barde de lard et ficelez-la.

3. Beurrez grassement la feuille de papier sulfurisé et appliquez-la sur la dinde pour l'empêcher de brunir trop rapidement.

4. Enfournez et faites cuire 20 minutes par livre, en arrosant de temps en temps.

5. Découpez la dinde et disposez les morceaux sur un plat chaud. Versez dans le plat

80 g de beurre
1 grande feuille
de papier sulfurisé
ou d'aluminium
sel

de cuisson un peu d'eau (sur feu vif), mélangez bien pour obtenir une belle sauce et servez-la en saucière.

MON SECRET : *Je glisse à l'intérieur de la dinde 2 petits-suisses.*

FAISAN AUX CAPRES C

495 calories

Doré en cocotte et rehaussé de sauce aux anchois, câpres et citron.

Préparation : 10 minutes
Cuisson : 1 heure

Pour 4 personnes :

1 faisan de 1,200 kg
75 g de beurre
1 cuillerée à soupe
de farine
1 verre de vin blanc sec
4 filets d'anchois
1 petit pot de câpres
1 citron
sel, poivre

1. Faites dorer le faisan dans 40 g de beurre, dans une cocotte non couverte. Saupoudrez de farine. Salez et poivrez.

2. Ajoutez les anchois bien nettoyés et pilés, les câpres égouttées, le jus de citron et le beurre restant. Mélangez bien. Couvrez et cuisez à feu doux pendant 50 minutes, en retournant le faisan en cours de cuisson. Présentez le faisan coupé en morceaux et arrosé de la sauce de cuisson.

MON SECRET : *Un petit pot de beurre d'anchois est une bonne solution gain de temps pour remplacer les anchois pilés.*

FAISAN A LA CHOUCROUTE D C

805 calories

La volaille est braisée à la cocotte et servie sur un lit de choucroute garnie de lardons.

Préparation : 30 minutes
Cuisson : 3 heures pour la choucroute, 1 heure pour le faisan

Pour 4 personnes :

1 faisan
1 barde de lard
1,250 kg de choucroute
crue
500 g de lard
de poitrine maigre
1 saucisson cru,
pur porc, sans ail

1. Allumez votre four au thermostat 4.

2. Lavez la choucroute à plusieurs eaux, égouttez-la et pressez-la dans vos mains pour en extraire toute l'eau. Dans une cocotte en fonte ou, mieux, en terre, faites fondre le saindoux et mettez-y à revenir le lard coupé en dés, l'oignon entier piqué de clous de girofle et les carottes coupées en rondelles. Remuez souvent pour faire dorer de tous côtés, puis ajoutez le bouquet garni et, enfermés dans un petit sac en mousseline, les grains de genièvre et de poivre.
Déposez par-dessus la choucroute. Salez modérément (car le lard en cuisant salera la choucroute) et recouvrez avec 1 verre de vin.

1 gros oignon
3 carottes
1 bouquet garni
(persil, thym, laurier)
1/2 litre de vin
blanc sec d'Alsace
2 clous de girofle
1 poignée de grains
de poivre et de genièvre
sel
30 g de beurre
150 g de saindoux

Si le liquide n'arrive pas à hauteur, complétez avec un peu d'eau. Portez à ébullition, couvrez, puis mettez à four doux pour 3 heures au moins.

3. Dès que la choucroute est au four, plumez, videz et flambez le faisan. Ficelez-le après l'avoir enveloppé dans la barde. Mettez le beurre à fondre dans une deuxième cocotte et faites-y revenir le faisan sur toutes ses faces. Quand il est bien doré, couvrez, baissez le feu et laissez mijoter une demi-heure environ. Versez alors dans la cocotte le reste du vin blanc, refermez et laissez encore une demi-heure sur feu doux.

4. Vérifiez la cuisson de la choucroute (elle doit être translucide et encore un peu craquante) ; égouttez-la et retirez l'oignon, les carottes et le sac d'épices. Disposez-la sur le plat de service.

5. Débarrassez le faisan de ses ficelles et de sa barde et placez-le sur la choucroute. Garnissez les bords du plat avec le lard et le saucisson découpé en rondelles. Arrosez le tout avec le jus de cuisson du faisan et servez aussitôt.

MON SECRET : *Je mélange poivre blanc et poivre noir en parties égales.*

FAISAN AU CIDRE C

680 calories

Nappé de sauce riche et entouré de fruits d'automne.

Préparation : 10 minutes
Cuisson : 1 h 30

Pour 4 personnes :

1 faisan de 1,200 kg
2 larges bardes de lard
50 g de beurre
1 pot de crème fraîche
(100 g)
50 g de raisins
de Corinthe trempés
30 minutes dans
de l'eau tiède
75 g de noix

1. Enveloppez de bardes de lard le faisan vidé. Placez-le en même temps que les noix et le beurre dans une cocotte sur feu moyen. Ajoutez le cidre, le calvados et la crème fraîche. Salez et poivrez. Couvrez la cocotte et laissez cuire doucement pendant 50 minutes.

2. Ajoutez alors les raisins. Laissez cuire le tout pendant 25 minutes environ.

3. Sortez le faisan de la cocotte. Retirez les bardes. Placez le faisan dans un plat allant au four et faites-le colorer pendant 10 minute, à four chaud (thermostat 6/7).

4. Faites réduire un peu la sauce qui est restée dans la cocotte en la laissant frissonner doucement sans couvrir.

décortiquées
1 verre de cidre
1 verre à liqueur de calvados
sel, poivre

5. Servez le faisan entouré de noix et de raisins et arrosé de la sauce.

MON SECRET : *Comme garniture, un riz blanc que chacun arrose de la sauce du faisan.*

FAISAN EN COCOTTE C

485 calories

Un fin goût de madère et de champignons.

Préparation : 25 minutes
Cuisson : 45 minutes

Pour 6 personnes :

1 beau faisan
20 petits oignons
200 g de champignons de Paris
1/2 verre de madère
2 belles bardes de lard
60 g de beurre
sel, poivre

1. Plumez, flambez, videz le faisan.
2. Bardez-le.
3. Mettez le beurre dans une cocotte, sur feu vif. Quand il grésille, mettez le faisan à dorer pendant 25 minutes.
4. Salez, poivrez, ajoutez les petits oignons épluchés et les champignons.
5. Laissez mijoter doucement 15 minutes.
6. Versez le madère.
7. Achevez la cuisson à couvert pendant 5 à 6 minutes.

MON SECRET : *Je remplace, quand je le peux, les champignons de Paris par des girolles.*

FAISAN AUX FIGUES C

635 calories

Truffé, braisé et flambé au rhum.

Préparation : 10 minutes
Cuisson : 1 heure

Pour 4 personnes :

1 faisan bardé
1 petite boîte de truffes
2 petits-suisses
80 g de beurre
8 figues fraîches
1 petit verre de rhum
sel, poivre

1. Hachez les truffes. Mêlez-les aux petits-suisses. Mettez cette préparation à l'intérieur du faisan. Salez-le, poivrez-le.
2. Faites chauffer le beurre. Mettez-y à dorer le faisan sur toutes ses faces, une dizaine de minutes, puis couvrez la cocotte et laissez cuire sur feu doux, 45 minutes.
3. A la fin de la cuisson, versez le rhum sur le faisan et flambez. Servez-le entouré de quartiers de figues fraîches pelées, la sauce de cuisson à part.

MON SECRET : *Employez un rhum vieux, de couleur bien ambrée et de bonne qualité. Surtout pas plus d'un tout petit verre, 2 cuillerées à soupe environ.*

FAISAN A LA PURÉE DE LENTILLES

770 calories

Faisan et lentilles sont cuits à l'étouffée et hachés en une purée mixte, riche et délicieuse.

Préparation : 30 minutes (+ 12 heures de trempage)
Cuisson : 1 heure pour les lentilles
1 h 30 pour le faisan

Pour 6 personnes :

500 g de lentilles
1 oignon
2 échalotes
1 bouquet garni
2 cuillerées à soupe d'huile
1 faisan
80 g de beurre
sel, poivre
croûtons frits au beurre

1. Douze heures avant la cuisson, faites tremper les lentilles dans l'eau froide.
2. Egouttez-les, mettez-les dans une casserole avec l'oignon, les échalotes et le bouquet garni. Recouvrez d'eau juste à niveau et salez. Laissez cuire tout doucement 1 heure environ.
3. Dans une cocotte, faites dorer le faisan dans l'huile. Salez, poivrez et laissez cuire doucement en cocotte fermée 1 h 30.
4. Egouttez les lentilles, retirez les aromates et passez-les au presse-purée. Tenez au chaud.
5. Détachez toute la chair du faisan sans garder la peau. Passez-la au hachoir et mélangez ce hachis à la purée de lentilles.
6. Incorporez le beurre frais et le jus de cuisson du faisan à la préparation, et servez cette purée bien chaude, entourée de croûtons frits.

MON SECRET : *Les chairs de faisan doivent être hachées assez grossièrement, au hachoir et non à la moulinette qui les réduirait en bouillie.*

FAISAN AUX RAISINS

750 calories

Nappé de sauce à la crème et au jus de raisin.

Préparation : 15 minutes
Cuisson : 1 heure

Pour 4 personnes :

1 faisan
1 barde de lard
1 kg de raisin
75 g de crème fraîche
3 morceaux de sucre
1 verre à liqueur de cognac
50 g de beurre
sel, poivre

1. Pressez 750 g de raisin, recueillez le jus.
2. Bardez le faisan. Faites-le dorer dans le beurre à la cocotte. Arrosez-le de cognac. Flambez.
3. Mouillez avec le jus de raisin. Ajoutez les morceaux de sucre, couvrez et laissez cuire à feux doux 1 heure.
4. Dix minutes avant la fin de la cuisson, ajoutez la crème fraîche et les grains qui restent. Servez chaud.

MON SECRET : *Je choisis du raisin blanc très mûr, à gros grains bien juteux.*

FILET DE CHEVREUIL AUX AIRELLES D C

1 245 calories

Une chair savoureuse qui doit attendre 6 à 7 jours avant d'être cuisinée et consommée.

Préparation : 15 minutes
Cuisson : 40 minutes

Pour 6 personnes :

1 filet de chevreuil de 1,200 kg
2 oignons
1 carotte
1 clou de girofle
1 pincée de quatre-épices
6 pommes
500 g d'airelles
100 g de sucre en poudre
beurre
3 dl de vin blanc fruité
sel, poivre

1. Faites revenir le chevreuil au beurre dans une cocotte ; arrosez-le avec le vin blanc et ajoutez les oignons et la carotte en rondelles, sel, poivre, girofle, quatre-épices.

2. Couvrez et laissez cuire 40 minutes.

3. Pendant ce temps pelez les pommes, creusez-les largement, enduisez l'extérieur de beurre et remplissez le centre d'airelles crues.

4. Mettez-les dans un plat à four et faites-les cuire 25 minutes à four chaud.

5. Cuisez le restant des airelles avec le sucre. Ne laissez pas les fruits se réduire en compote. Servez le chevreuil avec la sauce filtrée, les airelles et les pommes.

MON SECRET : *Je choisis des pommes un peu acides, des Granny Smith, par exemple.*

GRIVES AU GENIÈVRE C

575 calories

Braisées au beurre et au cognac.

Préparation : 30 minutes
Cuisson : 20 minutes

Pour 4 personnes :

4 grives
16 baies de genièvre
4 bardes de lard
16 cubes de pain
1 cuillerée à soupe de cognac
90 g de beurre
sel, poivre

1. Plumez, videz, flambez les grives.

2. Pétrissez 8 baies de genièvre écrasées en poudre avec 25 g de beurre.

3. Farcissez l'intérieur des grives avec cette préparation ; salez et poivrez.

4. Bardez les grives.

5. Mettez 30 g de beurre dans une cocotte et laissez-y les grives à feu modéré 15 minutes en les arrosant plusieurs fois.

6. Ajoutez les baies restantes hachées et les petits cubes de pain frits dans le restant du beurre.

7. Couvrez la cocotte et laissez mijoter 5 minutes à feu doux.

8. Arrosez de cognac. Flambez.
Présentez à table dans le récipient de cuisson.

MON SECRET : *Je prépare ces grives dans une cocotte en verre à feu très présentable à table.*

GRIVES ROTIES EN BROCHETTE C

460 calories

Parfumées au céleri et au citron vert.

Préparation : 25 minutes
Cuisson : 20 minutes

Pour 4 personnes :

4 belles grives
4 bardes de lard
4 feuilles blanches de céleri
4 tranches de pain de mie
1 citron vert
25 g de beurre
sel, poivre

1. Plumez, flambez les grives. Ne les videz pas, enlevez seulement les gésiers.
2. Enveloppez chaque grive d'une feuille de céleri (blanche).
3. Bardez-les avec le lard.
4. Enfilez-les sur la brochette. Mettez au feu.
5. Placez dans la lèchefrite les tranches de pain de mie beurrées. Mettez la lèchefrite sous la brochette.
6. Laissez cuire 20 minutes au-dessus de braises ardentes. Salez.
7. Après cuisson, servez les grives sur les canapés qui ont reçu le jus écoulé des grives pendant la cuisson.
Arrosez le tout du jus de citron vert et poivrez.

MON SECRET : *Une recette que l'on ne devrait préparer que sur un feu de braise, ou cuisinière au charbon, barbecue. A défaut, cuisez ces brochettes dans le four à gaz très près du gril et porte du four ouverte.*

LAPIN EN CASSOULET

750 calories

Mijoté avec des haricots secs, des petits pois et des oignons.

Préparation : 40 minutes
(+ temps de trempage: 12 h)
Cuisson : 2 heures

Pour 6 personnes :

1 lapin coupé en morceaux

1. Faites tremper la veille les haricots secs.
2. Ecossez les pois ; pelez et émincez les oignons.
3. Chauffez le beurre dans la cocotte et faites dorer ensemble les morceaux de lapin et les oignons.
4. Quand le tout est coloré, ajoutez dans la cocotte les pois, les haricots, le clou de giro-

(1,600 kg environ)
400 g de haricots secs
400 g de pois frais
2 oignons
1 clou de girofle
75 g de beurre
laurier
sel, poivre
persil haché

fle, une feuille de laurier. Versez de l'eau juste pour couvrir le contenu de la cocotte. Couvrez, laissez cuire doucement 2 heures.

5. Servez très chaud, saupoudré de persil haché.

MON SECRET : *Bonne recette pour un vieux lapin un peu sec et dur.*

LAPIN EN CRÉPINE

520 calories

Un lapin rôti très moelleux.

Préparation : 10 minutes
Cuisson : 45 minutes

Pour 6 personnes :

1 lapin
(1,600 kg environ)
1 crépine
3 cuillerées à soupe de saindoux
1 cuillerée 1/2 à soupe de moutarde
1 cuillerée à soupe de fines herbes
thym, laurier
1 oignon
1 carotte
sel, poivre

1. Supprimez la tête et la partie antérieure du thorax, c'est-à-dire l'extrémité des côtes. Salez et poivrez le lapin, puis enveloppez-le dans la crépine intérieurement enduite de moutarde.

2. Ficelez la crépine et mettez le lapin dans un plat allant au four, sur un lit de rondelles de carottes, oignons, fines herbes, thym et laurier. Mettez également le saindoux et une cuillerée à soupe d'eau. Cuisez à four chaud d'abord (10 minutes), puis modéré (35 minutes).

3. Pour servir, débarrassez le lapin de la crépine qui aura donné à la chair un « moelleux » très savoureux. Accompagnez de la sauce de cuisson filtrée.

MON SECRET : *Servez avec la garniture suivante : dans une petite casserole, vous mettez la valeur d'un verre à vin de madère et les zestes de deux citrons. Vous faites bouillir doucement pendant une dizaine de minutes, puis vous ajoutez le jus d'une orange et le jus d'un citron. Vous enlevez les zestes et vous versez ce liquide dans une purée de pommes reinettes non sucrée.*

LAPIN FARCI

650 calories

Enrichi de lard fumé et d'échalotes.

Préparation : 15 minutes
Cuisson : 45 minutes

Pour 6 personnes :

1 lapin (1,800 kg environ)
600 g de chair à saucisse
100 g de lard fumé
3 échalotes
1 cuillerée à soupe de fines herbes hachées
1 cuillerée à soupe de persil haché
50 g de beurre
5 cl de vinaigre
poivre

1. Allumez le four.

2. Hachez le lard fumé. Épluchez et hachez les échalotes. Dans un saladier, mélangez-les soigneusement à la chair à saucisse, ainsi que les fines herbes et le persil. Poivrez, mais ne salez pas, le lard fumé suffit.

3. Remplissez le ventre du lapin de cette farce. Cousez les ouvertures.

4. Dans un plat à four beurré, placez le lapin farci. Arrosez-le de la moitié du vinaigre additionné de la même quantité d'eau. Parsemez-le du restant de beurre détaillé en noix. Mettez-le à cuire à four vif pendant 15 minutes.

5. Au bout de ce temps, baissez à four moyen. Arrosez une ou deux fois en cours de cuisson du reste de mélange vinaigre-eau.

MON SECRET : *Le vinaigre rehausse la saveur du lapin tout en évitant qu'il se dessèche.*

LAPIN EN FRICASSÉE D

370 calories

Dans une sauce au vin blanc liée aux œufs.

Préparation : 1/2 heure
Cuisson : 1 h 30

Pour 6 à 8 personnes :

1 lapin de 2 kg découpé en morceaux
2 ou 3 carottes
1 oignon
60 g de beurre
1 verre de vin blanc sec
150 g de champignons
2 jaunes d'œufs
1 citron

1. Faites bouillir dans un fait-tout 2 litres d'eau avec le bouquet garni, les carottes et l'oignon coupé en rondelles. Jetez les morceaux de lapin que vous laisserez cuire 20 minutes. Pêchez-les à l'écumoire, égouttez-les et essuyez-les dans du papier absorbant (réservez 1 verre du bouillon de cuisson).

2. Dans une grande cocotte, faites fondre le beurre. Ajoutez les morceaux de lapin (sans le foie) que vous ferez cuire quelques minutes en les retournant de tous les côtés mais sans les dorer.

3. Recouvrez avec le vin blanc et le verre de bouillon de cuisson, salez et poivrez. Faites

sel, poivre
bouquet garni

prendre l'ébullition pendant 2 minutes, couvrez et réduisez le feu pour laisser mijoter encore 35 minutes.

4. Retirez les morceaux que vous tiendrez au chaud dans le plat de service.

5. Filtrez la sauce. Remettez-la sur feu vif avec les champignons coupés en morceaux et faites-la réduire d'un tiers de son volume.

6. Mettez les deux jaunes d'œufs dans un bol et battez-les avec la sauce que vous verserez très doucement, pour la lier. Ajoutez le jus du citron et versez la sauce sur le lapin. Servez très chaud.

MON SECRET : *Pour tenir au chaud les morceaux de lapin dans le plat de service, je couvre d'un papier d'aluminium et je mets à four très doux.*

LAPIN DE GARENNE EN CASSOULET

835 calories

Mijoté en cocotte avec pois et haricots secs.

Préparation : 40 minutes (+ 2 heures de trempage des haricots)
Cuisson : 2 heures

Pour 6 personnes :

1 lapin de garenne coupé en morceaux
400 g de haricots secs
400 g de pois frais
2 oignons
1 clou de girofle
75 g de beurre
laurier
persil haché
sel, poivre

1. Faites tremper la veille les haricots secs.

2. Ecossez les pois ; pelez et émincez les oignons.

3. Chauffez le beurre dans la cocotte et faites dorer ensemble les morceaux de lapin et les oignons.

4. Quand le tout est coloré, ajoutez dans la cocotte les pois, les haricots, le clou de girofle, une feuille de laurier. Versez de l'eau juste pour couvrir le contenu de la cocotte. Couvrez, laissez cuire doucement 2 heures. Servez très chaud saupoudré de persil haché.

MON SECRET : *Bonne recette aussi pour un lapin domestique.*

LAPIN EN GELÉE

600 calories

Prise dans une gelée au vin blanc, une terrine que l'on découpe en tranches.

Préparation : 15 minutes
Cuisson : 2 heures

Pour 6 personnes :

1 lapin
de 1,800 kg environ
coupé en morceaux
1 pied de veau
fendu en deux
150 g de lard de poitrine
coupé en dés
2 carottes
3 échalotes
3 gousses d'ail
1/2 litre de vin blanc sec
2 clous de girofle
1 bouquet garni
50 g de beurre
sel, poivre

1. Mettez le pied de veau dans une casserole d'eau froide, sur le feu. Quand l'eau bout, égouttez le pied de veau.

2. Faites chauffer le beurre dans une cocotte. Mettez-y à revenir les morceaux de lapin et le lard coupés en dés.

3. Quand ils sont dorés, ajoutez l'ail, les échalotes, les carottes, les clous de girofle, le pied de veau, le bouquet garni, du sel, du poivre.

4. Laissez cuire 2 heures sur feu doux dans la cocotte couverte.

5. Désossez le lapin et le pied de veau (les os se détachent tout seuls). Mettez le tout dans une terrine.

6. Filtrez la sauce de cuisson. Versez-la dans la terrine. Faites prendre au moins 2 heures au froid.

MON SECRET : *Il faut débarrasser le lard de sa couenne qui resterait dure à la cuisson.*

LAPIN EN GIBELOTTE

630 calories

Petits oignons, petits lardons et petites pommes de terre.

Préparation : 20 minutes
Cuisson : 1 h 30

Pour 6 personnes :

1 lapin de 1,800 kg
coupé en morceaux
200 g de lard maigre
1 dizaine

1. Pelez les oignons et coupez le lard en dés.

2. Faites fondre le beurre dans une grande cocotte et mettez-y les lardons et les oignons. Faites dorer en remuant souvent, et retirez de la cocotte.

3. Dans la même graisse, faites revenir les morceaux de lapin (sans le foie) de tous côtés. Lorsqu'ils sont bien dorés, saupoudrez de farine, versez le vin blanc. Remuez vive-

de petits oignons
3 cuillerées à soupe de farine
2 verres de vin blanc sec
50 g de beurre
1 douzaine de petites pommes de terre
1 bouquet garni
sel, poivre

ment, salez, poivrez, ajoutez le bouquet garni et remettez le lard et les oignons. Couvrez, réduisez le feu et laissez mijoter doucement trois quarts d'heure.

4. Au bout de ce temps, ajoutez les petites pommes de terre pelées. Vérifiez l'assaisonnement et laissez mijoter encore une demi-heure.

5. Versez dans un plat creux, retirez le bouquet garni et servez sans attendre.

MON SECRET : *Il faut utiliser des pommes de terre ne se défaisant pas à la cuisson, des Roseval, par exemple.*

LAPIN MARENGO

400 calories

Un classique de la cuisine française.

Préparation : 20 minutes
Cuisson : 1 h 30

Pour 6 personnes :

1,500 kg de lapin coupé en morceaux
1 cuillerée à soupe d'huile
30 g de beurre
3 échalotes
1 petit bouquet de persil
1 cuillerée à soupe de farine
2 verres de vin blanc
300 g de champignons
2 cuillerées à soupe de concentré de tomate
sel, poivre

1. Hachez le persil et les échalotes.

2. Dans une grande cocotte, mettez le beurre fondre avec une cuillerée d'huile. Lorsque la graisse est bien chaude, faites-y dorer les morceaux de lapin. Dès qu'ils prennent couleur, saupoudrez du hachis de persil et d'échalotes et continuez à faire dorer quelques instants.

3. Saupoudrez de farine et secouez la cocotte pour faire « sauter » les morceaux. Ajoutez le vin blanc, salez et poivrez, et laissez mijoter doucement, à couvert.

4. Au bout d'une heure, ajoutez les champignons nettoyés et coupés en morceaux et le concentré de tomate délayé dans très peu d'eau.

5. Prolongez la cuisson 20 à 30 minutes.

6. Disposez les morceaux dans un plat creux, nappez de la sauce et servez chaud.

MON SECRET : *J'utilise de préférence du persil à feuilles plates. Il est plus parfumé que le frisé.*

LAPIN A LA MOUTARDE

660 calories

Beurre fondu, cognac et moutarde donnent un fumet délicieux.

Préparation : 10 minutes
Cuisson : 1 heure

Pour 4 personnes :

1 râble de lapin
1 pot de moutarde forte
125 g de beurre
2 petits verres de cognac
sel, poivre

1. Allumez le four.

2. Badigeonnez entièrement le lapin de moutarde en vous servant d'une spatule de bois ou plus simplement de vos doigts. Mettez le lapin dans un plat allant au four et placez-le dans le four bien chaud.

3. Dès que le lapin est dans le four, mettez le beurre dans une petite casserole avec sel et poivre et faites-le fondre. Lorsque le beurre est fondu, arrosez-en le lapin en train de cuire.

4. Laissez cuire ainsi le lapin pendant 45 minutes en l'arrosant très fréquemment.

5. Au bout de ce temps, versez dans le plat les deux verres de cognac, enflammez et versez.

MON SECRET : *Une recette dans laquelle il ne faut lésiner ni sur le beurre ni sur la moutarde si l'on veut que la chair du lapin soit moelleuse et aromatisée.*

LEVRAUT A LA MINUTE

380 calories

Revenu au beurre et agrémenté d'un filet de citron.

Préparation : 15 minutes
Cuisson : 20 minutes

Pour 4 personnes :

1 levraut de 1,300 kg environ
60 g de beurre
1 échalote
1 citron
1 botte de persil
1 cuillerée d'eau
sel, poivre

1. Coupez le levraut en morceaux.

2. Mettez 60 g de beurre dans une casserole, faites-le fondre sans brunir.

3. Posez les morceaux du levraut et faites-les sauter vivement 15 minutes.

4. Une fois tous bien dorés, assaisonnez de sel, poivre, ajoutez l'échalote hachée. Cuisez encore 5 minutes.

5. Arrosez avec le jus d'un citron et une cuillerée d'eau.

6. Dressez sur un plat ; décorez de persil.

MON SECRET : *A servir avec des pommes vapeur. Si la sauce est un peu courte, l'allonger d'un peu d'eau et de crème fraîche.*

LIÈVRE ROTI A LA CRÈME

590 calories

Nappé de sauce à la fine champagne.

Préparation : 20 minutes
Cuisson : 1 h 5

Pour 4 personnes :

1 râble de lièvre
60 g de beurre
1 cuillerée à soupe d'huile
1/2 verre de fine champagne
1 verre de crème épaisse
1/2 citron
50 g de lard en morceaux
sel, poivre

1. Prenez un beau râble de lièvre, piquez-le de petits morceaux de lard, salez et poivrez.
2. Mettez le râble ainsi préparé dans un plat allant au four.
3. Parsemez de 40 g de beurre et arrosez avec l'huile.
4. Enfournez dans le four chaud (thermostat 8). Laissez cuire 1 heure en arrosant souvent.
5. Une fois cuit, mettez le râble sur un plat chaud et versez dans un plat de cuisson le demi-verre de fine champagne, mettez-y le feu.
6. Quand la flamme est éteinte, ajoutez vivement la crème fraîche, poivrez.
7. Remettez sur le feu 2 minutes.
8. Au moment de servir, liez avec le restant du beurre et le jus de citron.
9. Servez très chaud le lièvre nappé de cette sauce.

MON SECRET : *Pour pouvoir en piquer le lièvre sans difficulté, coupez le lard en très minces bâtonnets.*

OIE EN GELÉE

813 calories

Exquise recette de réception pour toutes saisons.

Préparation : 20 minutes
Cuisson : 2 heures au moins

Pour 10 personnes :

1 oie jeune et pas trop grasse
250 g de lard de poitrine frais

1. Epluchez les légumes. Emincez carottes, oignons, ail. Coupez le lard en morceaux. Dans une grande cocotte, disposez la moitié des légumes et le lard. Posez l'oie sur ce lit, entourez-la avec les pieds de veau. Ajoutez le restant des légumes, les clous de girofle, le citron pelé coupé en quatre et un morceau de zeste.
2. Faites fondre le cube de bouillon de volaille dans un quart de litre d'eau chaude. Mouillez

3 carottes
2 gousses d'ail
3 oignons
2 pieds de veau désossés
1 citron
1/2 litre de vin blanc sec
1 cube de bouillon de volaille
1 verre à moutarde de vinaigre blanc
thym, laurier
3 clous de girofle
sel, poivre

le contenu de la cocotte avec ce bouillon et le vin blanc. Couvrez la cocotte. Laissez mijoter à feu doux jusqu'à ce que la chair de l'oie soit bien tendre. Laissez-la tiédir dans sa cuisson.

3. Découpez l'oie, enlevez les os pour ne conserver que les filets de chair.

4. Dans une terrine, disposez le lard en morceaux, les pieds de veau coupés en tronçons, les chairs de l'oie.

5. Passez le jus de cuisson à l'étamine pour le dégraisser au maximum. Ajoutez le vinaigre. Versez dans la terrine et laissez prendre au frais pendant 24 heures.

MON SECRET : *J'enlève clous de girofle, thym et laurier, mais je mets tous les autres légumes par couches dans la terrine, en alternant avec les viandes.*

OIE AUX MARRONS

2 210 calories

Chair moelleuse et surface croustillante bien dorée.

Préparation : 40 minutes
Cuisson : 3 heures

Pour 10 personnes :

1 oie de 3 kg
1 kg de marrons (frais ou en conserve)
1 feuille de laurier
1 cube de concentré de bouillon de volaille
sel, poivre

1. Pelez les marrons s'ils sont frais et faites-les cuire 30 minutes dans un bouillon préparé avec le cube de concentré et parfumé avec la feuille de laurier.

2. Remplissez l'oie avec les marrons. Refermez-la.

3. Placez-la dans un plat allant au four (sans beurre). Mettez à four assez doux pendant 3 heures. Au cours de la cuisson, la graisse de l'oie se liquéfie. (Vous la recueillerez et la mettrez de côté. Elle pourra vous servir, par exemple, à faire rissoler des pommes de terre).

4. Servez-la bien chaude, accompagnée d'une saucière de jus de cuisson que vous aurez dégraissé en posant à la surface une feuille de papier buvard.

MON SECRET : *Je sale et poivre la volaille un bon quart d'heure avant la fin de la cuisson. Elle dore mieux ainsi.*

OIE A LA NORMANDE D C

998 calories

Finement cuisinée avec légumes et charcuterie variés.

Préparation : 30 minutes
Cuisson : 2 à 3 heures

Pour 10 personnes :

1 oie jeune pas trop grasse
250 g de filet de porc
250 g de lard de poitrine frais
3 carottes
3 poireaux
4 oignons
1 branche de céleri
2 œufs + 1 jaune
6 pommes
1 petit verre de calvados
3/4 d'une bouteille de cidre sec
2 couennes de lard
1 bouquet garni
2 cuillerées à soupe de graisse d'oie
sel, poivre
quatre-épices

1. Epluchez tous les légumes. Hachez deux des oignons, faites-les fondre à la poêle avec un peu de graisse d'oie. Pelez les pommes et coupez-les en petits cubes. Hachez finement le porc, le lard, le foie de la volaille.

2. Dans une terrine, mélangez le hachis de viande, les oignons, les pommes. Battez deux œufs en omelette et ajoutez-les à la préparation. Incorporez une cuillerée à soupe de graisse d'oie, salez, poivrez, épicez. Mouillez avec le calvados. Mélangez bien cette farce.

3. Bourrez l'oie avec la farce, refermez l'ouverture en la cousant avec du fil de cuisine. Graissez légèrement la surface, disposez l'oie dans un plat à feu et portez à four chaud pour lui faire prendre couleur.

4. Faites revenir dans une casserole, avec le restant de la graisse d'oie, les couennes de lard coupées en morceaux, les abattis de l'oie, les carottes en rondelles, les oignons, les blancs des poireaux, le céleri émincé. Mouillez avec le cidre. Quand le liquide reprend l'ébullition, baissez le feu et laissez réduire d'un petit quart.

5. Garnissez le fond d'une grande cocotte avec tous les légumes. Posez l'oie déjà dorée sur ce lit, mouillez avec le bouillon à mi-hauteur. Ajoutez le bouquet garni, rectifiez l'assaisonnement si nécessaire. Couvrez. Laissez cuire au moins 1 h 30 à 2 heures. Vérifiez la cuisson. Laissez encore cuire un peu à couvert s'il le faut.

6. Dressez l'oie sur le plat de service et maintenez-la au chaud dans le four, porte ouverte. Passez le bouillon qui a réduit, liez-le à tout petit feu dans une casserole avec un jaune d'œuf sans laisser jamais bouillir. Quand la sauce est onctueuse, transvasez en saucière. Servez l'oie et la sauce.

MON SECRET : *Accompagnez de marmelade de pommes ou de purée de marrons bien poivrée.*

OIE A LA PAYSANNE

630 calories

Mijotée avec carottes, oignons et navets.

Préparation : 30 minutes
Cuisson : 2 heures environ

Pour 6 personnes :

1/2 oie
coupée en morceaux
3 cuillerées à soupe
de graisse d'oie
2 carottes
1,500 kg de navets
3 oignons
2 échalotes
1 gousse d'ail
1 bouquet garni
(persil, thym, laurier)
1 cuillerée à soupe
de farine

1. Dans une grande cocotte, faites fondre une cuillerée à soupe de graisse d'oie. Mettez les morceaux d'oie, pour les faire raidir, sans les faire dorer.

2. Saupoudrez avec la farine, retournez bien tous les morceaux pour qu'ils se colorent également. Mouillez avec de l'eau juste pour couvrir. Amenez à ébullition.

3. Ajoutez la carotte coupée en rondelles, les oignons, l'ail, le bouquet garni, les échalotes, salez, poivrez. Baissez le feu, couvrez, laissez mijoter.

4. Epluchez les navets, coupez-les en quatre. Faites-les blanchir dans une grande casserole d'eau bouillante salée pendant une dizaine de minutes. Egouttez soigneusement.

5. Dans une poêle, mettez le restant de la graisse d'oie. Quand elle est chaude, mettez les navets, faites-les sauter jusqu'à ce qu'ils soient dorés. Ajoutez-les au ragoût. Continuez à laisser mijoter à petit feu. De temps en temps, vérifiez que la sauce n'est pas trop courte. Au besoin, rajoutez un peu d'eau très chaude en remuant doucement pour ne pas briser les navets.

6. Quand les chairs sont tendres, disposez les morceaux d'oie dans un plat creux chaud et entourez avec les navets.

MON SECRET : *J'ajoute une bonne cuillerée à soupe de calvados dans la sauce.*

OIE AUX POMMES ET AUX CERVELAS

920 calories

Très riche, économique cependant, et très savoureux.

Préparation : 15 minutes
Cuisson : 1 h 30 à 2 heures

Pour 6 personnes :

1 petite oie jeune
et pas trop grasse
4 belles pommes

1. Epluchez les pommes. Coupez-les en huit morceaux dans un saladier. Arrosez de jus de citron pour qu'elles ne noircissent pas. Enlevez la peau des cervelas. Coupez-les en rondelles fines dans le saladier. Salez très légèrement, poivrez. Mélangez bien pommes et cervelas.

2. Bourrez l'intérieur de l'oie avec cette farce.

Canada
4 cervelas
2 cuillerées à soupe de beurre
sel, poivre
1 jus de citron

Refermez soigneusement la cavité en cousant l'échancrure avec du fil de cuisine. Placez l'oie dans un plat à four. Etalez le beurre sur toute la surface. Portez l'oie à four très chaud.

3. Quand la peau commence à être bien dorée, salez la volaille au sel fin. Si la graisse rejetée se colore un peu trop au fond du plat, ajoutez un peu d'eau tiède (pas d'eau froide, surtout si vous utilisez un plat en Pyrex, il risquerait de se briser).

4. Vérifiez la cuisson de l'oie au bout d'une heure et demie. Laissez encore cuire le temps nécessaire. Servez sur plat bouillant, la sauce en saucière.

MON SECRET : *Je mêle parfois à la farce soit une pincée de cannelle, soit un peu de noix muscade.*

OIE AUX POMMES REINETTES

935 calories

Les pommes deviennent une compote exquise, imbibée des sucs et de la graisse de l'oie.

Préparation : 30 minutes
Cuisson : 30 minutes par 500 g (soit 4 à 5 heures)

Pour 8 à 10 personnes :

1 oie de 4 à 5 kg
1,500 kg de pommes reinettes
100 g de beurre
sel

1. Videz et flambez la volaille. Salez abondamment l'intérieur et l'extérieur.

2. Allumez votre four (thermostat 5/6).

3. Epluchez et coupez les pommes reinettes en quartiers. Retirez les cœurs. Remplissez l'intérieur de l'oie avec les pommes. Recousez l'orifice et installez la volaille dans un grand plat.

4. Cuisez au four 30 minutes par livre et retournez à mi-cuisson. Si l'oie avait tendance à trop colorer, entourez-la d'un papier aluminium qui empêchera la peau de se dessécher.

5. Découpez et servez l'oie entourée des pommes qui se seront transformées en une compote exquise, imbibée des sucs et de la graisse d'oie. Servez le jus de cuisson en saucière.

MON SECRET : *A mi-cuisson, j'ajoute au jus rendu par l'oie un petit verre de calvados et j'arrose la bête avec ce mélange.*

ORTOLANS ROTIS C

440 calories

Le plus fin des gibiers en brochettes servies sur canapés.

Préparation : 10 minutes
Cuisson : 10 minutes

Pour 4 personnes :

16 ortolans
16 feuilles de vigne
16 petites bardes de lard
16 petites tranches de pain ou 8 grosses
2 citrons verts
sel, poivre

1. Plumez, flambez les ortolans.
2. Retirez les gésiers.
3. Poivrez et salez chaque ortolan et entourez-les d'une feuille de vigne, puis d'une petite barde de lard. Attachez bien avec un fil.
4. Enfilez les ortolans sur des brochettes.
5. Faites-les rôtir 10 minutes à feu ardent.
6. En même temps, mettez des tranches de pain dans la lèchefrite afin que le jus de cuisson des ortolans les imprègne.
7. Servez les brochettes posées sur les canapés et arrosez-les d'un jus de citron vert.

MON SECRET : *J'utilise toujours des brochettes à lame plate de préférence aux rondes sur lesquelles les aliments ont tendance à tourner facilement.*

PERDREAUX A LA CRÈME C

490 calories

Sautés au beurre et mitonnés dans le bouillon et la crème.

Pas de préparation
Cuisson : 35 minutes

Pour 4 personnes :

2 perdreaux
1 petit pot de crème fraîche
2 oignons
1/2 citron
100 g de beurre
1/2 verre de bouillon
sel, poivre

1. Dans une cocotte, faites dorer doucement les perdreaux dans le beurre. Ajoutez le bouillon et les oignons coupés en quatre. Salez et poivrez.
2. Laissez cuire à feu moyen en retournant souvent les perdreaux. Dix minutes avant la fin de la cuisson, ajoutez la crème fraîche et le jus du citron (cuisson totale : 35 minutes pour des perdreaux de 750 à 800 g environ).
3. Servez les perdreaux coupés en deux, nappés de sauce à la crème.

MON SECRET : *Je dore les perdreaux à feu doux car un feu trop vif les durcirait.*

PERDREAUX EN PAPILLOTES C

340 calories

Sur un lit de citron et de cresson.

Préparation : 30 minutes
Cuisson : 30 minutes

Pour 4 personnes :

2 perdreaux
4 citrons
50 g de beurre
4 feuilles de papier d'aluminium
1 botte de cresson
sel, poivre

1. Plumez, videz, flambez les perdreaux.
2. Coupez-les en deux.
3. Assaisonnez avec sel et poivre.
4. Enveloppez les demi-perdreaux de papier d'aluminium.
5. Faites-les griller sur feu doux.
6. Coupez les citrons en rondelles après avoir ôté la peau et les pépins. Lavez le cresson.
7. Retirez les perdreaux au bout d'une demi-heure ; enlevez les papiers et servez avec rondelles de citron et cresson.

MON SECRET : *Cette façon très simple de préparer les perdreaux exige des bêtes très jeunes et très tendres.*

PERDREAUX AU PETIT SALÉ C

660 calories

Braisés avec des lardons, du petit salé et des raisins.

Préparation : 25 minutes
Cuisson : 30 minutes

Pour 4 personnes :

2 perdreaux rouges
4 tranches de petit salé (200 g)
50 g de lard
500 g de raisins verts pas trop mûrs
1 bouquet garni
sel, poivre

1. Plumez, videz, flambez les perdreaux rouges.
2. Garnissez le fond d'une cocotte de quatre tranches de petit salé maigre et du lard coupé en dés.
3. Posez les perdreaux sur cette préparation.
4. Ajoutez les raisins verts ; assaisonnez : sel, poivre et bouquet garni.
5. Laissez mijoter à feu très doux une demi-heure.
6. Retirez le bouquet.
7. Dressez dans un plat les perdreaux avec le petit salé et les raisins.

MON SECRET : *Je préfère peler les raisins : petit travail de patience mais ils sont ainsi plus agréables à manger. Quand ils sont pelés, les raisins ne doivent cuire qu'un petit quart d'heure.*

PERDRIX AUX CHOUX D C

1 000 calories

Dans un nid de chou aux lardons, les perdrix sont braisées au four.

Préparation : 20 minutes
Cuisson : 1 h 30

Pour 4 personnes :

2 perdrix
2 bardes de lard
1 gros chou bien pommé
250 g de lard de poitrine fumé
1 saucisson à cuire
1 carotte
1 oignon
1 bouquet garni (thym, laurier, persil)
1 tasse de bouillon de poule
2 cuillerées à soupe de saindoux
sel et poivre

1. Plumez et videz les perdrix. Flambez-les, assaisonnez-les de sel et de poivre extérieurement et intérieurement, bardez-les et ficelez-les.

2. Mettez à bouillir une casserole d'eau salée. Effeuillez le chou, coupez-le en quatre et enlevez les côtes. Faites-le blanchir 8 à 10 minutes dans l'eau bouillante et égouttez-le.

3. Faites fondre le saindoux dans une cocotte. Faites-y revenir le lard coupé en dés, le saucisson entier, la carotte coupée en rondelles et l'oignon coupé en quatre. Laissez bien dorer quelques minutes, puis retirer et tenir au chaud.

4. Dans la même cocotte, mettez les perdrix à revenir à feu pas trop vif. Faites-les bien colorer en les retournant de tous les côtés pendant environ 15 minutes.

5. Retirez-les et mettez à la place le chou. Salez, poivrez, ajoutez le bouquet garni et mouillez avec le bouillon. Laissez mijoter 15 minutes. Pendant qu'il cuit, allumez votre four thermostat 8 et beurrez une terrine ou un moule en terre.

6. Au bout des quinze minutes, sortez votre chou et jetez le bouquet garni. Dans la terrine beurrée, répartissez la moitié du chou, placez dessus les perdrix, entourez avec les lardons, le saucisson coupé en rondelles, la carotte et l'oignon, recouvrez avec le reste de chou, et arrosez avec le jus de cuisson déglacé. Continuez la cuisson à four chaud pendant 1 heure. Servez bien chaud.

MON SECRET : *Avant de barder les perdrix, je les badigeonne avec du beurre.*

PERDRIX AU CHOU ROUGE C

1 110 calories

Braisée en cocotte entre deux couches de chou.

Préparation : 30 minutes
Cuisson : 2 h 30

Pour 4 personnes :

1 grosse perdrix
1 large barde de lard gras
150 g de lard fumé et maigre
1 chou rouge
4 carottes
2 oignons
1 cuillerée à soupe de graisse d'oie ou de porc
45 g de beurre
1 saucisson cru pur porc de 200 g
50 g de pâte à pain
sel, poivre

1. Laissez la perdrix deux jours au frais.

2. Plumez, videz, flambez la perdrix après ce laps de temps.

3. Salez et poivrez.

4. Mettez les 45 g de beurre dans une braisière ou une cocotte et faites-y dorer la perdrix pendant 15 minutes.

5. Epluchez, lavez, faites cuire le chou divisé en quatre dans de l'eau bouillante salée (15 minutes).

6. Egouttez-le.

7. Retirez la perdrix de la cocotte, mettez à sa place la barde de lard gras.

8. Posez dessus la moitié du chou, puis la perdrix entourée de carottes coupées en rondelles et des oignons en lamelles.

9. Faites fondre la graisse d'oie ou de porc, versez-la sur les légumes.

10. Couvrez avec l'autre moitié du chou.

11. Coupez en gros morceaux le lard maigre et parsemez-les par-dessus.

12. Ajoutez le saucisson cru.

13. Couvrez et fermez hermétiquement la cocotte en collant le couvercle avec un cordon de pâte.

14. Mettez à four modéré (thermostat 6) pendant 2 heures.

15. Dans un grand plat, dressez le chou en dôme, disposez dessus la perdrix partagée en 4 portions.

16. Entourez-la avec le saucisson coupé en tranches assez épaisses, les carottes et les morceaux de lard.

17. Arrosez le tout avec le jus de cuisson et servez.

MON SECRET : *J'ajoute en même temps que le saucisson cru au cube de Viandox délayé dans une tasse d'eau chaude.*

PERDRIX AUX LENTILLES C

1 035 calories

Des perdrix dorées en cocotte, sur un lit de lentilles aux lardons.

Préparation : 15 minutes (+ 12 h pour faire tremper les lentilles)
Cuisson :
1 h 30 pour les oiseaux
1 h 30 pour les lentilles

Pour 6 personnes :

6 perdrix
150 g de lard fumé en tranches très minces
250 g de lard fumé en un seul morceau
3 ou 4 oignons
250 g de carottes
1 verre de vin blanc sec
500 g de lentilles
1 bouquet garni
1 gousse d'ail
sel, poivre
2 cuillerées à soupe de saindoux

1. Douze heures avant la cuisson, recouvrez les lentilles d'eau froide. Laissez-les tremper 12 heures.

2. Deux heures avant de servir, pelez l'ail, les oignons et les carottes.

3. Egouttez les lentilles. Mettez-les dans une casserole et recouvrez d'eau froide. Ajoutez un oignon entier et une gousse d'ail. Faites chauffer doucement et laissez cuire à petit feu trois quarts d'heure.

4. Pendant ce temps, ficelez les fines bandes de lard fumé autour des perdrix.

5. Faites fondre le saindoux dans une cocotte pour faire revenir les perdrix. Lorsqu'elles sont bien dorées, ajoutez les oignons, les carottes, le bouquet garni, le vin blanc, 1 verre d'eau, sel et poivre. Couvrez aux trois quarts et laissez cuire doucement 1 heure à 1 h 30, jusqu'à ce que les perdrix soient tendres.

6. Lorsque les lentilles ont cuit trois quarts d'heure, ajoutez-leur 1 cuillerée à café de gros sel, et laissez encore cuire doucement trois quarts d'heure.
Au moment de servir, égouttez les lentilles. Coupez le morceau de lard fumé en petits dés et mélangez-les aux lentilles.
Versez dans un plat creux. Disposez par-dessus les perdrix entourées des carottes et des oignons. Retirez le bouquet garni et servez le jus de cuisson en saucière.

MON SECRET : *Je pique de 2 ou 3 clous de girofle l'oignon que je mets dans les lentilles.*

PERDRIX A LA ROYALE D C

960 calories

Revenue au beurre et nappée de crème au whisky, cognac et porto.

Mortification : 2 jours
Préparation : 35 minutes
Cuisson : 45 minutes

Pour 4 personnes :

1 perdrix
80 g de beurre
1/2 litre de crème fraîche double
1 verre à liqueur de cognac
1 verre à liqueur de whisky
1 verre de porto
3 œufs
sel, poivre

Pour faire sauter la perdrix :
30 g de beurre
1 cuillerée à bouche d'huile
sel, poivre

1. Plumez, flambez, videz la perdrix, après l'avoir laissé mortifier 2 jours au frais.

2. Coupez-la en 4 morceaux.

3. Mettez dans une sauteuse 25 g de beurre et une cuillerée d'huile d'olive.

4. Posez-la sur un bon feu. Dès que le beurre et l'huile sont bien chauds, jetez-y les morceaux de perdrix les uns à côté des autres, salez et poivrez.

5. Laissez cuire sans couvrir, à feu vif, sans laisser trop brunir.

6. Mettez-les sur un plat et tenez au chaud dans le four tiède (thermostat 4).

7. Egouttez complètement la graisse de la sauteuse. Versez ensuite dans celle-ci le cognac, le whisky et le porto.
Remettez sur le feu ; faites bien chauffer en raclant le fond de la casserole pour délayer le fond de jus caramélisé. Laissez réduire jusqu'à la valeur d'un petit verre. Retirez la casserole du feu.

8. Délayez dans un bol la crème avec les jaunes d'œufs bien battus avec une pincée de sel et de poivre. Versez le tout dans la sauteuse et remettez-la sur le feu très doux en ne cessant de remuer doucement. Laissez chauffer sans bouillir comme une crème. Ajoutez alors le beurre divisé en petits morceaux, laissez cuire encore 2 minutes, toujours sans bouillir.

9. Trempez chaque morceau de perdrix dans cette sauce. Dressez-les sur un plat très chaud en pyramide, versez dessus toute la sauce et servez.

MON SECRET : *Pour accompagner cette riche préparation, une purée de champignons est parfaite.*

PIGEONS AUX NAVETS C

780 calories

Mijotés en sauce et garnis de navets glacés.

Préparation : 15 minutes
Cuisson : 45 minutes

Pour 4 personnes :

2 gros pigeons de 500 g chacun
2 bardes de lard gras
125 g de lard se poitrine
600 g de navets
1/2 verre de vermouth rouge
100 g de beurre
2 cuillerées à soupe de farine
1/2 cuillerée à soupe de sucre en poudre
sel, poivre

1. Mettez à l'intérieur de chaque pigeon du sel, du poivre et une noix de beurre. Enveloppez les pigeons dans les bardes de lard.

2. Coupez le lard de poitrine en petits dés.

3. Chauffez la moitié du beurre restant dans une cocotte. Mettez-y à dorer ensemble les lardons et les pigeons, puis retirez-les de la cocotte dans laquelle vous jetterez la farine. Tournez bien sur feu doux pour que la farine soit absorbée par les matières grasses, puis versez un verre et demi d'eau tiède et le vermouth.
Salez, poivrez. Remettez les pigeons dans la cocotte, couvrez et laissez cuire 30 minutes.

4. Pendant ce temps, pelez les navets, coupez-les en rondelles fines et faites-les dorer dans le restant du beurre. En cours de cuisson, salez légèrement et poivrez.

5. Servez les pigeons coupés en deux, entourés des navets et accompagnés de la sauce de cuisson.

MON SECRET : *Avant de saler et poivrer les navets, je les saupoudre d'une demi-cuillerée à soupe de sucre, ce qui leur donne cet aspect brillant, « glacé », si appétissant.*

PIGEONS AUX PETITS OIGNONS C

510 calories

Cuits en cocotte avec des lardons et des petits oignons.

Préparation : 15 minutes
Cuisson : 1 h 15

Pour 4 personnes :

2 gros pigeons de 500 g chacun environ
400 g de petits oignons
100 g de lard de poitrine non fumé
70 g de beurre

1. Pelez les petits oignons. Coupez le lard en dés.

2. Dans une casserole, mettez la moitié du beurre sur feu vif. Quand il commence à grésiller, mettez-y les oignons, laissez-les cuire pendant 3 à 4 minutes. Puis ajoutez deux cuillerées à soupe d'eau chaude et laissez cuire encore, toujours sur le feu vif, pendant 15 minutes environ, tout en secouant fréquemment la casserole.

3. Pendant ce temps, dans une cocotte, met-

1 cuillerée à café
de sucre
sel, poivre

tez le restant du beurre sur feu vif. Quand le beurre commence à grésiller, mettez-y à dorer les pigeons, sur toutes leurs faces. Salez-les, poivrez-les. Laissez-les cuire une dizaine de minutes dans la cocotte découverte, puis ajoutez les lardons, faites-les dorer 5 minutes, couvrez la cocotte et terminez la cuisson sur feu doux pendant 20 minutes.

4. Cinq minutes avant de servir, mettez dans la cocotte les petits oignons qui se réchaufferont dans le jus de cuisson des pigeons. Servez les pigeons entourés des petits oignons et arrosés du jus de cuisson.

MON SECRET : *La solution d'un pigeon pour deux est souvent préférable à celle du petit pigeon individuel, car les gros pigeons ont de beaux filets et une chair plus moelleuse. En faveur du pigeon individuel : le service est plus facile.*

PIGEONS AUX PETITS POIS C

697 calories

Tendres et dodus sur un lit de frais légumes.

Préparation : 20 minutes
Cuisson : 1 heure

Pour 4 personnes :

4 pigeons vidés
2 pincées de basilic en poudre ou 4 feuilles de basilic frais
75 g de beurre
2 oignons
125 g de jambon
3/4 de tasse de vin blanc sec
3/4 de tasse de bouillon de volaille pouvant être préparé avec un cube de concentré
500 g de petits pois écossés
1 cuillerée à bouche de sel
poivre noir fraîchement moulu

1. Lavez les pigeons et séchez-les avec un papier absorbant.

2. Pelez les oignons et hachez-les finement.

3. Coupez le jambon en très petits dés.

4. Mélangez le sel, le poivre et la poudre de basilic ; frottez l'intérieur et l'extérieur des pigeons avec cette préparation.

5. Faites fondre le beurre dans une cocotte ou dans une sauteuse ; mettez-y à revenir les oignons hachés 2 à 3 minutes, puis ajoutez les pigeons que vous ferez dorer sur toutes leurs faces.

6. Ajoutez le jambon et le vin, faites cuire à feu moyen 10 minutes. Ajoutez ensuite le bouillon et couvrez la cocotte ou la sauteuse. Laissez cuire à feu doux pendant 30 minutes puis ajoutez les petits pois. Couvrez de nouveau, faites cuire encore 15 minutes. Dressez les pigeons sur un plat de service, nappez-les de la sauce de cuisson et entourez-les avec les petits pois.

MON SECRET : *Mélanger aux petits pois deux douzaines de petits oignons blancs qui cuisent dans le même temps.*

PIGEONS AUX RAISINS C

490 calories

Farcis de raisins et sautés dans le beurre.

Préparation : 15 minutes
Cuisson : 30 minutes

Pour 4 personnes :

4 pigeons
400 g de raisin blanc
5 cuillerées à soupe d'huile
4 bardes de lard gras
sel, poivre

1. Salez et poivrez l'intérieur des pigeons.
2. Remplissez-les avec les grains de raisin. Refermez avec une aiguille à brider et du fil. Bardez-les de lard.
3. Faites revenir les pigeons avec l'huile dans une sauteuse à revêtement antiadhésif.
4. Couvrez ensuite la sauteuse et laissez mijoter 30 minutes en arrosant de temps en temps avec le jus de cuisson. Assaisonnez.
5. Lorsque les pigeons sont cuits et bien dorés, retirez-les du feu puis enlevez les bardes.
6. Mettez sur un plat de service chaud et arrosez avec le jus.

MON SECRET : *Les meilleurs pigeons sont ceux qui proviennent d'élevages de Bresse. Ils sont plus chers que les autres, mais très supérieurs.*

PINTADE AU CIDRE C

660 calories

Pintade avec calvados, cidre et crème et entourée de fruits d'automne.

Préparation : 10 minutes
Cuisson : 1 h 20

Pour 4 personnes :

1 pintade de 1,200 kg
2 larges bardes de lard
50 g de beurre
1 petit pot de crème fraîche
50 g de raisins de Corinthe trempés 30 mn dans l'eau tiède
75 g de noix décortiquées
1 verre de cidre
1 verre à liqueur de calvados
sel, poivre

1. Enveloppez de bardes de lard la pintade vidée. Placez-la en même temps que les noix et le beurre dans une cocotte sur feu moyen. Ajoutez le cidre, le calvados et la crème fraîche. Salez, poivrez. Couvrez la cocotte et laissez cuire doucement pendant 50 minutes.
2. Ajoutez alors les raisins. Laissez cuire le tout pendant 25 minutes environ.
3. Sortez la pintade de la cocotte. Retirez les bardes. Placez la pintade dans un plat allant au four et faites-la colorer pendant 10 minutes à four chaud (thermostat 6/7).
4. Faites réduire un peu la sauce qui est restée dans la cocotte en la laissant frissonner doucement, sans couvrir.
5. Servez la pintade entourée de noix et de raisins et arrosée de la sauce.

MON SECRET : *J'accompagne de laitues braisées.*

PINTADE EN COCOTTE

600 calories

Au céleri et au vin blanc.

Préparation : 15 minutes
Cuisson : 1 h 10

Pour 4 personnes :

1 pintade de 1,200 kg
150 g de beurre
2 pieds de céleri
1 verre de vin blanc sec
sel, poivre

1. A la cocotte, faites cuire la pintade dans la moitié du beurre pendant 30 minutes. Salez et poivrez.

2. Nettoyez les céleris ; ne gardez que les cœurs que vous couperez en deux. Faites-les cuire à l'eau bouillante salée pendant 15 minutes, puis égouttez-les.

3. La pintade ayant cuit 30 minutes, arrosez-la avec le vin blanc et mettez les cœurs de céleri autour d'elle, dans la cocotte. Poivrez. Laissez cuire doucement, dans la cocotte fermée, pendant 35 minutes environ. Servez ia pintade entourée des céleris, le tout arrosé du jus de cuisson.

MON SECRET : *Quand j'en trouve, je prends de jeunes pintades, appelées pintadeaux, de la taille d'un petit poulet de grain. Il faut alors en compter une pour deux personnes.*

PINTADE A LA CRÈME C

885 calories

Braisée en cocotte avec crème et champignons.

Préparation : 10 minutes
Cuisson : 1 h 20

Pour 4 personnes :

1 pintade de 1,200 kg
80 g de beurre
1 boîte (quatre quarts) de champignons de Paris
1/2 litre de crème fraîche
1/2 citron
estragon
ciboulette
sel, poivre

1. Faites dorer la pintade dans une cocotte découverte, dans 50 g de beurre. Ne la salez et poivrez que lorsqu'elle sera bien saisie sur toutes ses faces. Couvrez la cocotte et laissez cuire doucement, pendant une heure.

2. Ajoutez à ce moment les champignons bien égouttés et coupés en deux dans le sens de la longueur, la crème et le jus de citron.

3. Poursuivez la cuisson, à petit feu, à couvert, pendant 20 minutes.

4. Présentez la pintade entière et découpée, nappée de sa sauce de cuisson saupoudrée d'estragon et de ciboulette finement hachés.

MON SECRET : *La pintade est parfois un peu sèche. Si son aspect vous fait craindre que ce soit le cas, bardez-la de lard avant de la cuire. Enlevez les bardes pour la servir.*

Côte de bœuf à l'armagnac. *(Recette page 486)*

Bœuf aux carottes nouvelles. *(Recette page 476)*

Agneau à l'antiboise. *(Recette page 507)*

Escalopes de veau bohémienne. *(Recette page 544)*

PINTADE FLAMBÉE AUX POMMES

C

580 calories

Rôtie et arrosée de crème et de calvados.

Préparation : 5 minutes
Cuisson : 45 minutes

Pour 8 personnes :

2 pintades
8 pommes reinettes
1 verre de calvados
4 cuillerées à soupe de gelée de groseille
8 tranches de pain de mie
150 g de crème fraîche
5 cuillerées à soupe d'huile
30 g de beurre
sel, poivre

1. Mettez les pintades dans un plat à rôtir (en terre, de préférence), salez, poivrez et arrosez-les avec l'huile.

2. Laissez cuire à four moyen pendant 45 minutes. Pendant cette cuisson, préparez la garniture ; évidez les pommes en les gardant entières, épluchez-les, faites-les cuire au beurre à la poêle, en évitant de les défaire, 15 à 20 minutes environ.

3. Grillez les tranches de pain de mie.

4. Lorsque les pintades sont cuites, posez-les sur un plat en terre au chaud, entourez-les des pommes posées sur croûtons, mettez dans le creux de chaque pomme une cuillerée à café de gelée de groseille.

5. Faites tiédir le calvados, versez-le sur les pintades et enflammez. Mélangez le fond de cuisson du plat à la crème fraîche et servez cette sauce à part en saucière.

MON SECRET : *Les jours de gala, je tartine les croûtons grillés de mousse de foie gras.*

PINTADE A LA SAUCE AUX CAPRES

550 calories

Une douce cuisson en cocotte, une fine saveur acidulée.

Préparation : 15 minutes
Cuisson : 40 minutes

Pour 4 personnes :

1 pintade de 1,250 kg coupée en morceaux

1. Lavez et séchez les morceaux de volaille dans du papier absorbant.

2. Ecrasez les filets d'anchois avec une fourchette pour les réduire en purée.

3. Faites fondre la moitié du beurre dans une cocotte, mettez-y à dorer les morceaux de pintade, salez-les, saupoudrez-les avec la

75 g de beurre
1 cuillerée à soupe de farine
3/4 de tasse de vin blanc sec
6 filets d'anchois
2 cuillerées à dessert de câpres égouttées
4 cuillerées à dessert de jus de citron
sel

farine et faites dorer en remuant fréquemment pendant 5 à 6 minutes.

4. Ajoutez alors dans la cocotte le vin, les anchois, les câpres et le jus de citron ; remuez bien, couvrez la cocotte et laissez cuire à feu doux pendant 30 minutes environ en retournant 2 fois pendant le temps de cuisson. Servez la volaille arrosée de son jus de cuisson.

MON SECRET : *On peut remplacer les anchois par de la pâte en tube.*

POULARDE EN CHAUD-FROID

580 calories

Enrobée de gelée blanche.

Préparation : 20 minutes
Cuisson : 1 h 30

Pour 6 personnes :

1 poularde de 1,800 kg environ
1 sachet de gelée instantanée
1/2 litre de sauce Béchamel
1 tasse de crème fraîche
feuilles d'estragon
sel

1. Mettez la poularde dans un fait-tout. Ajoutez trois quarts de litre d'eau bouillante et un peu de sel. Couvrez et faites cuire 1 h 30 à petit feu.

2. Laissez la poularde refroidir dans son bouillon puis égouttez-la, coupez-la en morceaux dont vous enlèverez la peau.

3. Préparez un demi-litre de sauce Béchamel en remplaçant l'eau par le bouillon de volaille. Ajoutez-lui une tasse de crème fraîche (recette de la béchamel, page 156).

4. Préparez la gelée selon le mode d'emploi.

5. Mélangez la moitié de cette gelée à la béchamel.

6. Trempez les morceaux de poularde dans cette préparation. Rangez-les sur un plat. Mettez à prendre au froid.

7. Décorez de feuilles d'estragon. Passez au pinceau une couche de gelée non mélangée à la béchamel. Mettez à prendre au froid. Avec la gelée qui reste, faites des petits cubes pour décorer le plat.

MON SECRET : *La volaille doit être bien en chair et très blanche. Vous pouvez ajouter un verre de vin blanc dans l'eau de cuisson.*

POULE EN DAUBE

405 calories

Des morceaux de volaille braisés au four dans du vin blanc et aromates, et pris en gelée.

Préparation : 25 minutes (à faire la veille)
Cuisson : 3 heures environ

Pour 6 personnes :

1 jeune poule de 1,500 kg vidée flambée et bridée par le volailler
1 pied de veau (fendu en deux)
1 grande couronne de lard
1 bouquet garni
1 zeste d'orange
1 zeste de citron
1 oignon
4 clous de girofle
4 à 6 carottes (selon grosseur)
1 cœur de céleri
2 verres de vin blanc sec
sel, poivre

1. La veille, tapissez le fond d'une grande cocotte avec la couenne, côté gras vers le fond. Posez dessus la poule, entourée des moitiés de pied de veau (bien lavées).

2. Pelez les carottes et l'oignon. Disposez autour de la poule les carottes entières, le céleri coupé en quartiers, le bouquet garni, l'oignon clouté de girofle et les zestes. Salez, poivrez, versez le vin et juste assez d'eau pour couvrir.

3. Allumez votre four (thermostat 6/7).

4. Mettez la cocotte sur le feu et couvrez dès l'ébullition en interposant une feuille de papier d'aluminium entre le récipient et le couvercle pour assurer un maximum d'étanchéité.

5. Mettez dans le four et laissez cuire 3 heures.

MON SECRET : *Pour que les pieds de veau soient bien propres, je les frotte avec une petite brosse dans de l'eau vinaigrée.*

POULE AU RIZ AU SAFRAN

585 calories

Une variante d'une recette classique.

Préparation : 20 minutes
Cuisson : 2 heures

Pour 6 personnes :

1 poule
250 g de riz
2 carottes
1 oignon piqué de 2 clous de girofle
1 branche de céleri
1 bouquet garni

1. Videz et flambez la poule. Bridez-la. Mettez-la dans un fait-tout avec l'oignon piqué, les carottes, le céleri et le bouquet garni. Mouillez avec le vin blanc et 1 litre 1/2 d'eau. Assaisonnez et portez à ébullition.
Ecumez et laissez cuire 1 h 30 au maximum.

2. Une fois la poule cuite, coupez-la en morceaux et mettez de côté.

3. Dégraissez le bouillon et passez-le.

4. Dans une grande casserole, faites fondre le beurre et le saindoux. Ajoutez 1 oignon finement émincé ; laissez revenir en remuant,

(dont 2 gousses d'ail)
1 verre de vin blanc
1 petit paquet de safran
1 oignon
1 cuillerée de saindoux
30 g de beurre
fromage râpé
sel, poivre

sans faire roussir. Jetez ensuite le riz, remuez toujours, jusqu'à ce que le riz soit bien imprégné de graisse. Mouillez avec la moitié au moins du bouillon de poule. Assaisonnez de sel, poivre et safran. Couvrez et laissez cuire tout doucement 25 minutes environ jusqu'à ce que le riz ait absorbé tout le bouillon.

5. Quelques minutes avant de servir, replacez les morceaux de poule dans la casserole pour les réchauffer.

6. Servez bien chaud, saupoudré de fromage râpé.

MON SECRET : *Attention au temps de cuisson du riz, 25 minutes est une durée valable pour un riz non traité. Fiez-vous aux indications portées sur l'emballage de la marque que vous achetez.*

POULE AU VIN ROUGE

704 calories

Une bonne sauce bien relevée.

Préparation : 20 minutes
Cuisson : 1 h 10

Pour 6 personnes :

1 poulet de 2 kg coupé en morceaux
1/4 de tasse d'huile
2 oignons
1 poivron vert
1 gousse d'ail
3 tomates
3/4 de tasse de vin rouge
300 g de champignons
sel, poivre

1. Pelez les oignons, hachez-les.

2. Ouvrez le poivron en deux, retirez les graines, coupez-le en très petites lamelles.

3. Pelez la gousse d'ail, émincez-la.

4. Plongez les tomates dans de l'eau bouillante pendant une minute, pelez-les, hachez-les grossièrement.

5. Nettoyez les champignons sans les peler et coupez-les en lamelles minces.

6. Lavez les morceaux de poulet et séchez-les dans un papier absorbant ou dans un linge.

7. Chauffez l'huile dans une sauteuse ou une cocotte, mettez-y à dorer les morceaux de poulet. Ajoutez les poivrons, les oignons, sel, poivre, et laissez cuire 10 minutes. Mettez alors les tomates et le vin, couvrez et faites cuire à feu doux jusqu'à ce que le poulet soit presque cuit, c'est-à-dire 30 minutes environ.

8. Ajoutez alors les champignons, couvrez et faites cuire 15 minutes de plus. Servez le tout ensemble bien chaud.

MON SECRET : *Un plat que je prépare à l'avance car il supporte très bien d'être réchauffé.*

POULET A L'AIL

1 050 calories

Très parfumé sur une purée d'ail et d'huile d'olive.

Préparation : 20 minutes
Cuisson : 1 h 30

Pour 4 personnes :

1 poulet
de 1,300 kg environ
1/4 de litre
d'huile d'olive
40 gousses d'ail
1 bouquet garni
1 branche de céleri
1 bol de farine
sel, poivre

1. En ajoutant de l'eau à la farine et en pétrissant le tout, préparez une petite boule de pâte que vous étirerez en un cordon d'un gros doigt d'épaisseur.

2. Salez et poivrez l'intérieur du poulet, glissez-y un bouquet garni et la branche de céleri.

3. Dans le fond d'une terrine à couvercle, versez l'huile et mettez les 40 gousses d'ail non pelées. Posez le poulet dessus. Placez le couvercle et rendez la terrine parfaitement hermétique en collant le boudin de pâte tout autour du couvercle.

4. Mettez au four et laissez cuire 1 h 30. Portez la terrine à table et n'enlevez le couvercle qu'au moment de servir. (L'ail forme une purée.)

MON SECRET : *Je sers en même temps des croûtons que chacun tartine de purée d'ail.*

POULET AUX AROMATES

520 calories

Une cocotte de poulet aux herbes de Provence, aux champignons et aux petits oignons.

Préparation : 25 minutes
Cuisson : 1 h 25

Pour 4 personnes :

1 poulet
de 1,250 kg environ
18 feuilles d'estragon
2 branchettes de thym
18 feuilles de romarin
6 feuilles de basilic
3 cuillerées à soupe
de farine
70 g de beurre
250 g de petits oignons
400 g de champignons
de Paris
sel, poivre

1. Coupez le poulet en 6 morceaux : deux ailes, deux cuisses, deux moitiés de carcasse.

2. Piquez, à l'aide de la pointe d'un couteau très effilé, la chair de chaque morceau, en introduisant dans chaque fente une feuille d'estragon, de romarin ou de basilic. Chaque morceau doit être piqué de trois feuilles d'estragon, d'une de basilic et de trois feuilles de romarin.

3. Farinez légèrement chaque morceau et parsemez de thym.

4. Faites revenir les morceaux vivement à la cocotte dans de l'huile ou du beurre, puis retirez-les du feu.

5. Faites revenir, dans la même cocotte, les petits oignons et les têtes de champignons.

6. Remettez les morceaux du poulet dans la

cocotte. Salez, poivrez. Cuisez à feu très doux pendant 1 h 15 dans la cocotte couverte.

MON SECRET : *Un vrai travail de patience ! Mais un résultat digne des gourmets les plus difficiles. Pour couper le poulet, utilisez un sécateur... ou demandez à votre volailler de le faire !*

POULET A LA BASQUAISE

530 calories

Le poulet sauté est servi sur un lit de tomates, oignons et poivrons mijotés.

Préparation : 15 minutes
Cuisson : 1 heure

Pour 4 personnes :

1 poulet de 1,200 kg
100 g de beurre
1 kg de tomates
100 g d'oignons
250 g de poivrons
2 gousses d'ail
persil
sel, poivre

1. Plongez les tomates dans de l'eau bouillante. Epluchez-les et coupez-les en huit. Epépinez les poivrons ; hachez-les grossièrement ainsi que les oignons.
2. Dans une cocotte où chauffent 50 g de beurre, faites revenir légèrement les oignons hachés. Ajoutez-y les tomates épluchées, poivrons, ail écrasé, sel, poivre. Couvrez et laissez mijoter 25 minutes.
3. Découpez le poulet cru en six. Faites dorer dans la cocotte avec 50 g de beurre. Salez, poivrez. Couvrez et laissez cuire doucement 35 minutes.
4. Versez les légumes dans le fond d'un plat creux. Disposez les morceaux de poulet dessus. Saupoudrez de persil.

MON SECRET : *Un riz blanc peut compléter ce bon plat que l'on peut aussi enrichir d'œufs frits, un par personne.*

POULET AU BOUDIN

1 035 calories

Un poulet « cocotte » farci de boudin aux oignons.

Préparation : 15 minutes
Cuisson : 1 h 15

Pour 6 personnes :

1 poulet de 1,600 kg environ
800 g de boudin noir
2 oignons

1. Sortez le boudin de son enveloppe.
2. Pelez et hachez les oignons.
3. Faites-les à peine dorer, à la poêle, dans 25 g de beurre. Mélangez-les à la moitié du boudin.
4. Avec cette préparation, remplissez le poulet. Faites-le cuire à la cocotte, sur feu doux, pendant 1 h 15 avec le restant du beurre.
5. Un quart d'heure avant la fin de la cuisson,

100 g de beurre
1 tasse de crème fraîche
sel, poivre

mettez dans la cocotte le restant du boudin et la crème fraîche.

6. Servez le poulet sur un lit de boudin.

MON SECRET : *Même recette avec une poule. Dans ce cas, compter 1 h 45 de cuisson.*

POULET EN CASSEROLE

800 calories

Une sauce au vin blanc et une garniture de champignons.

Préparation : 15 minutes
Cuisson : 45 minutes

Pour 4 personnes :

1 poulet de 1,500 kg coupé en morceaux
2 cuillerées à café de farine
1/4 de tasse d'huile
1 gousse d'ail
1/2 tasse de vin blanc sec
3 tomates
1 branchette de romarin
12 branches de persil
250 g de champignons
50 g de beurre
sel, poivre

1. Pelez la gousse d'ail, coupez-la en lamelles minces.

2. Plongez les tomates une minute dans l'eau bouillante, pelez-les et coupez-les en dés.

3. Lavez le persil, hachez-le.

4. Nettoyez les champignons sans les peler, coupez-les en lamelles minces.

5. Passez le poulet dans un mélange de farine, de sel et de poivre.

6. Faites chauffer l'huile dans une sauteuse, mettez-y à dorer les morceaux de poulet. Quand ils sont dorés, ajoutez l'ail, le vin, les tomates, le romarin et le persil, couvrez et faites cuire à feu doux pendant 40 minutes environ.

7. Pendant que cuit le poulet, faites revenir les lamelles de champignons dans le beurre, ajoutez-les au poulet juste au moment de servir.

MON SECRET : *Quand c'est possible, mieux vaut remplacer les champignons de Paris par des champignons des bois. Les girolles, notamment, sont un régal avec ce poulet en casserole.*

POULET AU CITRON

445 calories

Olives, champignons et petits oignons cuisent en cocotte avec le poulet citronné.

Préparation : 15 minutes
Cuisson : 1 h 15

Pour 4 personnes :

1 poulet de 1,200 kg environ

1. Coupez le poulet en morceaux. Frottez ces morceaux avec l'un des citrons.

2. Pelez les petits oignons.

3. Versez l'huile dans une cocotte et faites-y dorer les morceaux de poulet. Salez, poivrez. Ajoutez le jus d'un demi-citron. Couvrez et

2 citrons
1 petite boîte de champignons de Paris
24 petits oignons
12 olives vertes
2 cuillerées à soupe d'huile d'olive
sel, poivre

laissez cuire doucement pendant trois quarts d'heure environ.

4. Pendant ce temps, dénoyautez les olives. Ouvrez la boîte de champignons et égouttez-les. Ajoutez les olives, champignons et petits oignons dans la cocotte avec le jus de citron restant. Laissez cuire encore une demi-heure environ. Servez chaud le tout ensemble.

MON SECRET : *Je mets parfois dans la cocotte, outre le jus du citron, 7 ou 8 minces tranches de citron.*

POULET AU CURRY

590 calories

Cuit avec riz et poivrons.

Préparation et cuisson : 50 minutes

Pour 4 personnes :

1 poulet moyen
200 g de riz
3 cuillerées à soupe d'huile
2 oignons
1 poivron vert doux
1 petite cuillerée à café de curry en poudre
thym
1/2 verre de vin blanc
sel, poivre

1. Epluchez et coupez en dés le poivron et les oignons en rondelles. Dans une cocotte, versez l'huile. Faites-y revenir les légumes 4 à 5 minutes.

2. Coupez le poulet en huit morceaux que vous ferez dorer dans l'huile 15 minutes avec les oignons et le poivron. Versez alors le riz en pluie. Saupoudrez de curry et de thym effeuillé. Ajoutez le vin et 2 verres d'eau. Salez, poivrez. Couvrez et laissez cuire 20 minutes jusqu'à ce que le riz ait complètement absorbé le liquide.

3. Vous servirez ainsi ce curry de volaille : le riz dressé en couronne, les morceaux de poulet au milieu. Accompagnez si vous voulez de chutney (sauce sucrée en vente chez les marchands de produits exotiques) et de noix de coco râpée.

MON SECRET : *Le curry, d'origine indienne, est un mélange d'aromates en poudre (piment, curcuma, muscade, cannelle, poivre, cumin, etc.) dont la composition est très variable. Il est difficile d'indiquer des quantités précises pour une recette. Mieux vaut commencer par une petite quantité, goûter et ajouter, si nécessaire.*

POULET A LA DIABLE

500 calories

Grillé sous une couche de moutarde et de chapelure.

Préparation : 10 minutes
Cuisson : 20 minutes

Pour 4 personnes :

1 poulet de 1,200 kg coupé en morceaux
1 tasse à café d'huile
2 cuillerées à soupe de moutarde forte
chapelure, sel
poivre de Cayenne

1. Enduisez les morceaux de poulet d'huile ; salez, poivrez.

2. Mettez à four chaud sur la grille de la lèchefrite.
Laissez cuire 15 minutes.

3. Badigeonnez soigneusement les morceaux de poulet presque cuits avec de la moutarde forte. Passez-les dans la chapelure.

4. Remettez-les dans le four quelques minutes pour faire blondir.

MON SECRET : *Quand j'en ai le temps, je mets les morceaux de poulet à mariner pendant une heure dans du jus de citron avant de les enduire d'huile.*

POULET A L'ESTRAGON

625 calories

Champignons, estragon et cognac parfument ce poulet cocotte.

Préparation et cuisson : 1 h 15

Pour 4 personnes :

1 poulet à rôtir de 1,200 kg environ
80 g de lard fumé
80 g de beurre
1 verre de vin blanc
2 cuillerées à soupe de cognac
1 bouquet d'estragon
4 échalotes
125 g de champignons de Paris
sel, poivre

1. Coupez le lard en petits dés. Hachez les échalotes et les champignons.

2. Coupez le poulet en 8 morceaux.

3. Dans une cocotte, mettez la moitié du beurre et le lard. Faites chauffer sur petit feu, de façon que le lard fonde.

4. Quand le lard est presque fondu, ajoutez le poulet. Augmentez la chaleur du gaz et faites revenir les morceaux de poulet. Quand ils sont dorés de tous les côtés, ajoutez les échalotes hachées, le vin blanc et les champignons hachés. Laissez cuire sur feu vif pendant 5 minutes puis mettez dans la cocotte une cinquantaine de petites feuilles d'estragon. Couvrez, baissez le feu et laissez cuire sur feu doux pendant 40 minutes.

5. Ouvrez alors la cocotte. Versez dedans le cognac, laissez-le chauffer 1 minute puis enflammez-le. Dès que le cognac s'est éteint, ajoutez le restant du beurre et une vingtaine de feuilles d'estragon. Salez, poivrez, cou-

vrez la cocotte et laissez cuire encore un petit quart d'heure sur feu très doux. Servez les morceaux de poulet arrosés de la sauce de cuisson.

MON SECRET : *Il existe d'autres recettes de poulet à l'estragon, celle-ci, par exemple, excellente : le poulet entier est farci de son foie mêlé d'estragon haché, cuit en cocotte 1 h 15 au beurre. Je le sers avec une sauce faite de son jus de cuisson additionné d'une tasse de crème fraîche, d'un jaune d'œuf et de l'estragon haché.*

POULET EN FRICASSÉE

400 calories

Dans une sauce onctueuse et citronnée.

Préparation : 10 minutes
Cuisson : 1 h 15

Pour 6 personnes :

1 poulet de 1,500 kg découpé en morceaux
1 ou 2 carottes
1 oignon
80 g de beurre
1 verre de vin blanc sec
150 de champignons
2 jaunes d'œufs
1 citron
sel, poivre
bouquet garni

1. Faites bouillir dans une grande casserole 1 litre 1/2 d'eau avec le bouquet garni, la carotte et l'oignon coupés en rondelles. Jetez-y les morceaux de poulet que vous laisserez 20 minutes. Egouttez et essuyez les morceaux dans du papier absorbant.

2. Dans une grande cocotte, faites fondre le beurre. Ajoutez les morceaux de poulet (sans les abats) que vous ferez cuire quelques minutes, mais sans les dorer.

3. Recouvrez avec le vin blanc et 1 verre de bouillon de cuisson, salez et poivrez. Faites prendre l'ébullition puis réduisez le feu et laissez mijoter, à couvert, encore 30 minutes.

4. Retirez les morceaux et tenez-les au chaud dans le plat de service.

5. Filtrez la sauce et remettez-la sur feu vif avec les champignons émincés. Laissez réduire d'un tiers de son volume.

6. Mettez les deux jaunes d'œufs dans un bol et versez dessus la sauce tout en battant. Ajoutez le jus du citron et nappez de cette sauce les morceaux de poulet.

MON SECRET : *Le bouillon de cuisson du poulet sert de base à un potage : j'y fais cuire quelques pommes de terre avec un beau bouquet de persil et je passe le tout à la moulinette.*

POULET EN FRICASSÉE A L'ITALIENNE

795 calories

Une sauce courte très aromatisée.

Préparation : 20 minutes
Cuisson : 1 h 15

Pour 4 personnes :

1 poulet de 1,500 kg environ coupé en morceaux
1/4 de tasse d'huile
3 oignons
1/2 tasse de vin blanc sec
1 gousse d'ail
2 filets d'anchois
2 cuillerées à dessert de câpres
2 cuillerées à dessert de pignons ou d'amandes coupées en lamelles
12 brins de persil
1 branchette de romarin
sel, poivre noir

1. Pelez les oignons, hachez-les finement.

2. Pelez la gousse d'ail, coupez-la en lamelles minces.

3. Lavez les morceaux de poulet et séchez-les dans un papier absorbant ou dans un linge.

4. Faites chauffer l'huile dans une cocotte et mettez-y à dorer les morceaux de poulet. Retirez-les avec une écumoire. Dans la graisse, mettez à revenir les oignons puis remettez les morceaux de poulet. Ajoutez le vin et faites cuire jusqu'à évaporation du liquide.

5. Ecrasez ensemble avec une fourchette dans une assiette creuse les lamelles d'ail, les anchois, les pignons, le persil haché, les câpres, sel, poivre et romarin. Mélangez bien le tout à la sauce de cuisson. Couvrez le récipient et laissez cuire le poulet 1 heure environ à feu doux. Ajoutez en cours de cuisson, de temps en temps, un peu d'eau bouillante. A la fin de la cuisson, il ne doit rester que peu de jus, mais il doit être très épais et très aromatisé.

MON SECRET : *Une recette que je fais parfois en utilisant uniquement des cuisses de poulet surgelées. C'est plus économique.*

POULET FRIT

495 calories

En morceaux panés et poêlés, servis avec une sauce tomate.

Préparation : 15 minutes (+ 1 heure)
Cuisson : 50 minutes

Pour 6 personnes :

1 poulet de 1,500 kg environ

1. Coupez le poulet en morceaux.

2. Dans un sac de papier, versez quatre cuillerées à soupe de farine, le sel et le paprika. Mettez les morceaux de poulet dans le sac et secouez fortement.

3. Sortez les morceaux de poulet du sac et trempez-les ensuite dans deux œufs battus dilués de 2 cuillerées d'eau, puis roulez-les

2 œufs
100 g de chapelure
1 verre d'huile
1 cuillerée à café de paprika
4 cuillerées à soupe de farine
sel, poivre

dans de la chapelure fine. Laissez sécher 1 heure.

4. Dans une poêle, faites chauffer environ un verre d'huile et mettez-y les morceaux de poulet, pour les saisir à feu vif. Quand ils sont dorés de tous côtés, achevez la cuisson à feu doux pendant environ 40 minutes, en les tournant de temps à autre. Ne couvrez pas la poêle.

MON SECRET : *Servi avec une sauce tomate très poivrée.*

POULET FRIT AU FOUR

570 calories

Coupé en morceaux et parfumé aux herbes et au citron.

Préparation : 15 mintes
Cuisson : 50 minutes

Pour 6 personnes :

1 poulet de 1,500 kg
60 g de farine
1/2 cuillerée à café d'estragon en poudre
1/2 cuillerée à café de romarin en poudre
1 zeste de citron râpé
1 œuf
120 g de beurre
4 cuillerées à soupe d'huile
2 cuillerées à soupe de lait
6 tranches de pain de mie
sel, poivre
persil haché

1. Coupez le poulet en morceaux.

2. Dans une assiette creuse, mélangez 60 g de farine, 1 cuillerée à café de sel, 1/2 cuillerée à café d'estragon, 1/2 de romarin, poivre et zeste de citron râpé.

3. Dans une autre assiette, battez l'œuf avec 2 cuillerées à soupe de lait.

4. Trempez les morceaux de poulet dans l'œuf battu puis dans la farine assaisonnée.

5. Faites chauffer 80 g de beurre et 4 cuillerées à soupe d'huile dans un poêlon allant au four jusqu'à ce que la matière grésille.

6. Déposez les morceaux de poulet dans le poêlon et mettez à four doux (thermostat 6) pendant 50 minutes, en retournant à mi-cuisson.

7. Coupez 6 tranches de pain de mie en deux dans la diagonale. Faites-les dorer dans 40 g de beurre.

8. Disposez le poulet frit dans le plat de service. Arrosez avec le jus de cuisson. Saupoudrez de persil haché. Décorez avec les triangles de pain de mie bien dorés.

MON SECRET : *Rares sont les cuisines où l'on trouve encore des poêlons à l'ancienne. Si vous n'en avez pas, un plat en terre ou en porcelaine à feu fera l'affaire.*

POULET AU FROMAGE

788 calories

Cuit en cocotte au four, avec oignons et pommes de terre.

Préparation : 15 minutes
Cuisson : 1 heure

Pour 4 personnes :
1 poulet de 1,500 kg environ coupé en morceaux
2 gousses d'ail
4 cuillerées à dessert d'huile
2 oignons
4 pommes de terre
3/4 de tasse de parmesan râpé
6 branches de persil
1 tasse d'eau bouillante
sel, poivre noir

---

1. Pelez les oignons, coupez-les en lamelles minces.
2. Pelez les gousses d'ail, émincez-les.
3. Pelez les pommes de terre et coupez-les en deux.
4. Lavez le persil, hachez-le.
5. Lavez et séchez les morceaux de poulet, passez-les dans un mélange de sel, poivre et ail.
6. Chauffez l'huile dans une cocotte, mettez-y à dorer ensemble le poulet et les oignons. Ajoutez les pommes de terre. Saupoudrez de persil et de fromage. Mettez à cuire au four (thermostat 7) pendant 20 minutes. Versez alors l'eau, couvrez la cocotte et faites cuire jusqu'à ce que la viande soit tendre et les pommes de terre fondantes, c'est-à-dire 30 minutes environ. Arrosez de temps en temps en cours de cuisson.

MON SECRET : *Il faut pour cette recette des pommes de terre ne se défaisant pas à la cuisson. L'idéal, ce sont des petites pommes de terre nouvelles. J'en mets alors une douzaine que je laisse entières.*

POULET EN GELÉE

385 calories

Un poulet entier, rôti au four et lustré de gelée.

Préparation : 10 minutes
+ 2 h 30
pour faire prendre la gelée
Cuisson : 1 heure

Pour 4 personnes :

1 poulet à rôtir de 1,200 kg

1. Mettez à l'intérieur du poulet la moutarde pour en aromatiser la chair.
2. Faites revenir le poulet à la cocotte dans le beurre bien chaud, puis salez et poivrez légèrement et laissez cuire pendant une petite heure. Au bout de ce temps, sortez le poulet de la cocotte, égouttez-le, laissez-le refroidir.
3. Préparez la gelée au madère selon le mode d'emploi.

1 sachet de gelée au madère
60 g de beurre
2 cuillerées à café de moutarde forte
sel, poivre

4. Quand la gelée est refroidie et sur le point de prendre, passez-la au pinceau sur toute la surface du poulet. Mettez-le dans le réfrigérateur.

5. La première couche de gelée étant prise, mettez-en une seconde puis une troisième, en laissant prendre au froid chaque couche.

6. Vous servirez le poulet bien lustré de gelée, entouré de cubes de gelée.

MON SECRET : *Pour faire des cubes de gelée, je verse une partie de cette dernière dans un plat creux et je mets au réfrigérateur. Quand la gelée est prise, je renverse le plat sur un torchon propre. La gelée se détache et je la coupe en carrés, en losanges.*

POULET GRILLÉ SAUCE DIABLE

635 calories

Pané et grillé puis arrosé d'un beurre vinaigré.

Préparation : 15 minutes
Cuisson : 30 minutes

Pour 4 personnes :

1 poulet de 1,200 kg environ coupé en quatre
2 verres de vinaigre de vin
4 échalotes
160 g de beurre
6 grains de poivre
2 branches d'estragon
2 œufs
3 cuillerées à soupe de chapelure
sel, poivre

1. Séparez les blancs et les jaunes des œufs. Battez le blanc. Passez-y les morceaux de poulet, puis roulez-les dans la chapelure.

2. Enduisez-les avec la moitié du beurre et faites cuire sur le gril 15 minutes sur chaque face.

3. Pendant ce temps, préparez la sauce diable. Pour cela, pelez les échalotes, hachez-les et faites-les cuire dans le vinaigre avec le poivre et l'estragon, jusqu'à ce qu'il ne reste plus que la moitié du vinaigre (ne couvrez pas la casserole). Filtrez la sauce et, hors du feu, ajoutez-lui les jaunes d'œufs et le restant du beurre coupé en petits morceaux. Battez quelques minutes avec un fouet. Servez le poulet accompagné de cette sauce.

MON SECRET : *Recette réalisable au barbecue ou sur un gril placé directement sur la flamme. Autre mode de cuisson : 15 minutes dans un bain de friture.*

POULET MARENGO

335 calories

Une préparation cuisinée qui relève le goût souvent fade des poulets d'élevage.

Préparation : 15 minutes
Cuisson : 1 h 45

Pour 6 personnes :

1,600 kg de poulet coupé en morceaux
1 cuillerée à soupe d'huile
60 g de beurre
3 cuillerées à soupe de farine
2 verres de vin blanc sec
250 g de champignons
3 échalotes
quelques brins de persil
2 cuillerées à soupe de concentré de tomate
sel, poivre

1. Hachez ensemble le persil et les échalotes.

2. Dans une grande cocotte, mettez à chauffer ensemble le beurre et l'huile. Faites-y revenir les morceaux de poulet et, dès qu'ils commencent à prendre couleur, saupoudrez-les avec le hachis de persil et d'échalotes.

3. Faites dorer encore quelques instants puis saupoudrez de farine. Faites sauter les morceaux pour répartir toute la farine, laissez encore sur le feu quelques instants puis ajoutez le vin blanc. Laissez mijoter à couvert pendant 1 heure, sur feu doux.

4. Quelques minutes avant la fin de la cuisson, nettoyez et coupez les champignons en lamelles.

5. Délayez le concentré de tomate avec un peu de jus du fond de la cocotte et ajoutez les champignons. Secouez pour bien mélanger, salez et poivrez, puis laissez cuire encore 30 bonnes minutes.

6. Versez dans un plat creux et servez très chaud.

MON SECRET : *Inutile d'utiliser pour cette recette les abats et la carcasse du poulet. Utilisez-les pour un bouillon qui, s'il est un peu léger, pourra être corsé avec un cube de concentré.*

POULET A LA MODE DE DIJON

510 calories

Farci et nappé d'une sauce à la moutarde et à l'estragon.

Préparation : 15 minutes
Cuisson : 1 h 10

Pour 6 personnes :

1 poulet de 1,600 kg
80 g de beurre
2 cuillerées à soupe de moutarde forte

1. Videz et flambez le poulet. Réservez le foie et le gésier.

2. Hachez finement le foie et le gésier. Hachez aussi les feuilles d'estragon. Faites tremper la mie de pain dans le lait tiède.

3. Mélangez foie, gésier, estragon (sauf une cuillerée à soupe que vous réserverez pour la sauce) et mie de pain écrasée. Ajoutez sel et poivre et amalgamez bien le tout.

de Dijon
2 oignons
2 cuillerées à soupe de farine
3 œufs
1 petit pot de crème (100 g)
100 g de mie de pain
2 cuillerées à soupe de lait
1 branche d'estragon

4. Dans une petite poêle, faites chauffer le tiers du beurre et faites-y dorer le hachis, en remuant constamment. Laissez cuire 5 minutes et fourrez-en le poulet. Recousez l'ouverture et ficelez la volaille.
5. Dans une grande cocotte, mettez le poulet et les oignons épluchés. Recouvrez d'eau froide.
6. Démarrez la cuisson sur feu doux et comptez 1 heure de cuisson à partir de l'ébullition.
7. La cuisson terminée, retirez les trois quarts du bouillon et laissez le poulet au chaud dans la cocotte fermée.
8. Dans une casserole, mettez le reste du beurre à fondre et mélangez avec la farine. Tournez quelques instants sur feu doux, puis ajoutez le bouillon et laissez épaissir sur le feu en remuant.
9. Laissez refroidir la sauce quelques instants. Pendant ce temps, délayez dans une terrine les 3 jaunes d'œufs, la crème fraîche et la cuillerée d'estragon haché réservée. Versez peu à peu la sauce dessus, en remuant vivement. Mettez la terrine dans un bain-marie pour faire épaissir la sauce et remuez souvent (ne mettez plus sur le feu).
10. Disposez le poulet égoutté sur le plat de service. Mélangez la moutarde avec la sauce et nappez-en le poulet. Servez aussitôt.

MON SECRET : *Le parfum de l'estragon frais est incomparable, mais, à défaut de cette herbe introuvable à certaines saisons, j'utilise de la moutarde à l'estragon.*

POULET A LA PROVENÇALE

1 720 calories

Des morceaux farinés, sautés et nappés d'une sauce aux herbes.

Préparation : 15 minutes (+ 1 heure de marinade)
Cuisson : 40 minutes

Pour 4 personnes :

1 poulet de 1,200 kg environ
1/2 litre d'huile

1. Préparez une marinade avec le jus d'un citron, 1 cuillerée à soupe de vinaigre et 6 cuillerées à soupe d'huile, 1 cuillerée de persil haché, 2 oignons coupés en rondelles, le sel et le poivre mignonnette (poivre gris concassé).
2. Découpez le poulet en morceaux et placez-les dans la marinade pendant 1 heure en les retournant au bout d'une demi-heure.

+ 10 cuillerées à soupe
4 cuillerées à soupe de farine
2 citrons
1 cuillerée à soupe de vinaigre
2 oignons moyens
1 gousse d'ail
2 cuillerées à soupe de persil haché
2 branches d'estragon
sel, poivre mignonnette

3. Egouttez les morceaux de poulet, passez-les dans 4 cuillerées à soupe de farine.

4. Dans une sauteuse, faites chauffer un demi-litre d'huile. Placez-y les morceaux de poulet et faites-les dorer sur toutes leurs faces à feu vif. Puis baissez le feu et laissez cuire à découvert pendant 35 minutes en retournant les morceaux de temps en temps.

5. Pendant que le poulet cuit, préparez la sauce d'accompagnement. Retirez la peau d'un citron et découpez-le en rondelles. Mélangez 4 cuillerées à soupe d'huile avec 1 cuillerée à soupe de persil et 2 branches d'estragon hachés, le sel, le poivre et une gousse d'ail très finement hachée. Mettez dans cette sauce les rondelles de citron.

6. Retirez les morceaux de poulet de la sauteuse, disposez-les sur un plat chaud. Servez accompagné de la sauce.

MON SECRET : *Beaucoup d'huile dans cette recette. Celles de la marinade et de la cuisson peuvent être filtrées et ajoutées à un bain de friture.*

POULET SAUTÉ AUX CÈPES

675 calories

Mijotés ensemble en cocotte.

Préparation : 10 minutes
Cuisson : 40 minutes

Pour 4 personnes :

1 poulet à rôtir de 1,200 kg environ coupé en morceaux
6 gros cèpes frais
100 g de beurre
1 citron
1 cuillerée à soupe de persil haché
sel, poivre

1. Nettoyez les cèpes ; coupez-les en morceaux.

2. Faites chauffer le beurre dans une cocotte. Quand il commence à grésiller, mettez à dorer les morceaux de poulet sur toutes leurs faces, une dizaine de minutes, à feu vif. Salez, poivrez.

3. Ajoutez les cèpes dans la cocotte. Baissez le feu, couvrez et faites cuire 30 minutes.

4. Arrosez de jus de citron, saupoudrez de persil haché et servez chaud.

MON SECRET : *Je nettoie longuement les cèpes à l'eau vinaigrée et je les sèche soigneusement dans du papier absorbant en appuyant un peu pour en exprimer toute l'eau.*

RABLE DE LIÈVRE A LA CRÈME D C 675 calories

Mariné et cuit dans le vin blanc et les aromates, le gibier est arrosé d'une sauce veloutée.

Préparation : 10 minutes
Marinade : 24 heures
Cuisson : 40 minutes par kg

Pour 4 personnes :

1 râble d'un kilo environ
250 g de crème fraîche (1 pot moyen)
le jus d'un citron
sel, poivre
nouilles fraîches
4 cuillerées à soupe de gelée de groseille

Pour la marinade :
1 litre de vin blanc d'Alsace de préférence
2 carottes
3 oignons
2 échalotes
1 petite branche de céleri
2 gousses d'ail
1 clou de girofle
1 verre de vinaigre
1/2 verre d'huile
1 bouquet garni (persil, thym, laurier)
2 baies de genièvre
1 pincée de cannelle en poudre
sel
poivre en grains

---

1. La veille, épluchez et émincez oignons, carottes, échalotes, céleri et ail. Prenez-en la moitié et tapissez-en un grand plat pouvant contenir le lièvre. Couchez-y le râble et recouvrez avec le reste. Ajoutez le bouquet garni, la cannelle, le clou de girofle, les graines de genièvre et de poivre et assaisonnez encore de sel et de poivre moulu. Arrosez avec le vin blanc, le vinaigre et l'huile, et laissez macérer 24 heures dans un endroit frais (en bas de votre réfrigérateur par exemple), en arrosant souvent et en retournant la viande de temps en temps.

2. Le jour même, retirez le râble de sa marinade et essuyez-le. Déposez les légumes de la marinade dans un plat étroit et haut (genre terrine). Placez le râble dessus et arrosez du jus de la marinade. Mettez à four chaud 40 minutes. Au bout de 25 minutes, retirez les légumes que vous remplacerez par la crème. Mélangez bien et remettez au four.

3. Dix minutes avant la fin de la cuisson, faites cuire les nouilles fraîches à l'eau salée bouillante (recette p. 712).

4. La cuisson du râble terminée, dressez-le sur un plat de service et gardez-le au chaud. Rectifiez l'assaisonnement de la sauce, filtrez et ajoutez le jus de citron. Versez sur le lièvre.

5. Servez le râble et les nouilles à part. Présentez aussi un petit confiturier avec la gelée de groseille ou d'airelle.

MON SECRET : *Utiliser une huile sans goût. Donc, ni huile d'olive, ni huile de noix.*

RAGOUT D'OIE

645 calories

Un plat unique, savoureux et nourrissant.

Préparation : 25 minutes
Cuisson : 2 h 30

Pour 6 personnes :

1,400 kg d'oie découpée en morceaux
80 g de beurre
1/2 verre de vin blanc
3 cuillerées à soupe de farine
2 verres de vin blanc
6 carottes
3 ou 4 navets
6 pommes de terre
sel, poivre
1 bouquet garni

1. Pelez et coupez en quartiers navets et carottes.
2. Dans une grande cocotte, faites fondre le beurre. Mettez-y les morceaux d'oie et les légumes (carottes et navets) à revenir.
3. Laissez dorer de tous côtés, puis saupoudrez de farine. Faites sauter quelques instants sur feu doux pour roussir la farine, puis versez le vin blanc. Salez, poivrez, ajoutez le bouquet garni et laissez épaissir sur feu doux en tournant de temps en temps.
4. Couvrez et laissez mijoter une heure et demie.
5. Ajoutez alors les pommes de terre pelées et coupées en quartiers. Laissez encore mijoter à couvert 1 heure.
6. Retirez le bouquet garni, versez dans un plat creux et servez fumant.

MON SECRET : *Un peu de crème mélangée à la sauce au moment de servir.*

SANGLIER A LA CHOUCROUTE D C

705 calories

Servi dans une sauce qui restitue tout l'arôme de la marinade, le gibier est simplement rôti et accompagné de choucroute.

Préparation : 1 heure
Marinade : 48 heures
Cuisson : 30 minutes par livre pour la viande,
2 heures au moins pour la choucroute

Pour 6 à 8 personnes :

1 selle de sanglier (ou un morceau de cuissot ou d'épaule)
1 kg de choucroute braisée
300 g de lard fumé coupé en tranches
100 g de beurre

1. Quarante-huit heures avant, préparez la marinade. Faites revenir dans l'huile, dans une casserole à fond épais, tous les légumes émincés. Mouillez avec le vin et le vinaigre, ajoutez le sucre, le persil, les épices, les aromates et salez. Continuez la cuisson à feu doux pendant 15 minutes. Versez la marinade dans un grand plat, laissez refroidir. Lorsque la marinade est bien froide, mettez-y la viande. Placez dans un endroit frais (le bas de votre réfrigérateur) et laissez 48 heures.
2. Le jour même, faites braiser la choucroute (recette p. 597) avec les tranches de lard fumé.
3. Allumez votre four thermostat 5/6, retirez la selle de la marinade et essuyez-la. Mettez-la dans un plat à four et enfournez (le

2 cuillerées à soupe
de farine
sel, poivre

Pour la marinade :
1 litre de vin rouge
200 g de vinaigre de
vin rouge (1 verre)
1/2 verre d'huile
1 gros oignon émincé
4 carottes
4 échalotes
2 gousses d'ail
1 branche de céleri
1 petit bouquet
de persil
1 cuillerée à soupe
rase de sucre
thym, laurier, sauge
basilic, quatre-épices
2 clous de girofle
6 baies de genièvre
1 piment de Cayenne
sel, poivre en grains

temps de cuisson est variable : comptez 30 minutes par livre de viande).

4. Faites fondre 30 g de beurre dans une casserole moyenne, ajoutez la farine. Lorsque le mélange est bien lisse, ajoutez la marinade et laissez cuire doucement pendant 1 heure environ, en remuant de temps en temps. Filtrez et remettez sur le feu en ajoutant le reste du beurre par petits morceaux, tout en battant au fouet. Laissez épaissir sans cesser de battre.

5. Découpez la selle. Dressez la choucroute en dôme sur un plat et entourez-la des tranches de viande et de lard. Servez en même temps la sauce en saucière.

MON SECRET : *Un verre de cognac dans la marinade.*

SAUTÉ DE LAPIN

490 calories

Sauce au vin blanc avec champignons.

Préparation : 10 minutes
Cuisson : 30 minutes

Pour 4 personnes :

1 kg de lapin
(très jeune)
coupé en morceaux
60 g de beurre
2 oignons
2 échalotes
200 g de champignons
1 verre de vin blanc sec
1/2 petit bouquet
de persil
sel, poivre

1. Dans une grande poêle, faites fondre le beurre sur feu vif et mettez-y à dorer les morceaux de lapin. Laissez cuire 10 minutes en retournant de tous les côtés.

2. Pendant que le lapin dore, hachez tout ensemble l'oignon, l'échalote, les champignons nettoyés et le persil. Répandez ce mélange sur les morceaux de lapin. Salez et poivrez. Arrosez avec le vin blanc et laissez mijoter 20 minutes.

3. Disposez les morceaux de lapin sur un plat creux. Versez dans la poêle, sur feu vif, un demi-verre d'eau chaude, mélangez bien et versez cette sauce sur le lapin. Servez immédiatement.

MON SECRET : *J'ajoute un filet de vinaigre à la sauce.*

TERRINE DE LAPIN

815 calories

Une succulente terrine au cognac qui se conserve plusieurs semaines.

Préparation : 20 minutes
Cuisson : 1 h 10

Pour 6 personnes :

1 lapin
de 1,200 kg environ
500 g de lard gras
4 bardes de lard
1 couenne
2 oignons
1 petit verre de cognac
1 branche de thym
sel, poivre

1. Hachez finement le lard gras.

2. Détaillez grossièrement la chair du lapin en une vingtaine de morceaux ; désossez-les. Salez et poivrez.

3. Tapissez une terrine à couvercle avec les bardes de lard. Remplissez en alternant morceaux de lapin et lard gras haché.

4. En enfonçant le bout des doigts, pratiquez 3 ou 4 trous dans lesquels vous verserez le cognac. Refermez les trous.

5. Pelez les oignons ; coupez-les en quatre.

6. Posez sur le dessus de la terrine la couenne, les morceaux d'oignons, les os du lapin, le thym et le laurier. Mettez le couvercle et faites cuire 1 h 30 à four moyen. Après refroidissement complet, enlevez les os, la couenne, les oignons et les aromates. Conservez au frais.

MON SECRET : *Il faut bien tasser la farce dans la terrine pour qu'il n'existe aucun vide. Appuyez fortement sur le dessus, avec les paumes des mains, avant de mettre la couenne, les oignons, les os et les aromates.*

TERRINE DE LAPIN A LA CHARCUTIÈRE D

490 calories

L'heureux mariage de viandes diverses.

Préparation : 1 h 15
Cuisson : 4 heures
Repos : 24 heures

Pour une grande terrine (10 personnes environ) :

1 kg de lapin
coupé en morceaux
250 g de veau
250 g de porc frais
250 g de jambon cuit
(en un seul morceau)

1. Mettez à chauffer le beurre dans une grande poêle et faites-y revenir les morceaux de lapin avec le lard fumé coupé en dés. Laissez bien dorer, puis salez et poivrez, et laissez cuire doucement pendant 30 minutes, en secouant de temps en temps.

2. Pendant ce temps, hachez ensemble le veau, le porc, les échalotes et le persil. Salez et poivrez. Liez le mélange avec les œufs. Coupez le jambon en petits dés et ajoutez-les à la préparation.

3. Désossez le lapin qui doit être à moitié cuit.

150 g de lard fumé
250 g de bardes de lard très fines
2 œufs
3 échalotes
1 petit bouquet de persil
1/2 verre de cognac
50 g de beurre
1 sachet de gelée de viande
sel, poivre

4. Disposez dans le fond d'une grande terrine le tiers des bardes de lard.

5. Couchez dessus la moitié de la farce.

6. Mettez alors les chairs du lapin (sans os) avec les lardons, sans oublier le foie. A mi-hauteur, intercalez des bardes de lard.

7. Recouvrez avec le reste de la farce.

8. Versez le cognac, puis recouvrez soigneusement avec le reste des bardes.

9. Allumez votre four (thermostat 4/5) et, pendant qu'il chauffe, soudez le couvercle de la terrine avec une pâte faite d'un peu de farine délayée dans très peu d'eau.

10. Enfournez et laissez cuire doucement pendant 3 heures et demie.

11. A la sortie du four, enfoncez une aiguille à tricoter en plusieurs endroits de votre pâté et versez sur le dessus un demi-litre de gelée préparée avec le sachet et un peu d'eau. Mettez au froid.

MON SECRET : *Je parfume ma terrine avec du jus de truffes, vendu en petites boîtes et beaucoup plus abordable que les truffes.*

TERRINE DE LIÈVRE C

1 045 calories

Très pratiques, les terrines. Celles-ci se conservent plusieurs jours dans le réfrigérateur.

Préparation : 30 minutes
Cuisson : 2 heures

Pour 6 personnes :

le râble désossé d'un gros lièvre
350 g de chair à saucisse fine
noix muscade
cognac
bardes de lard
laurier
quatre-épices
1 sachet de gelée instantanée
sel, poivre

1. Passez le lièvre au hachoir à viande, gros disque.

2. Mélangez bien avec la chair à saucisse, arrosez largement de cognac, salez, poivrez, mettez de la noix muscade râpée et du quatre-épices. Goûtez pour vérifier l'assaisonnement qui ne doit pas être fade.

3. Tapissez une terrine en terre de bardes de lard ; placez-y la préparation ; mettez sur le dessus deux feuilles de laurier et recouvrez d'une barde de lard. Arrosez le tout de cognac. Mettez le couvercle et faites cuire au bain-marie au four moyen pendant 2 heures environ.

4. Sortez du four, ajoutez un peu de gelée préparée selon le mode d'emploi. Laissez refroidir avant de mettre au réfrigérateur.

MON SECRET : *J'ajoute quelques baies de genièvre, une dizaine environ.*

VIII
Viandes

BŒUF

ALOUETTES SANS TÊTE

780 calories

Des paupiettes de bœuf à la mode méridionale.

Préparation : 30 minutes
Cuisson : 1 heure

Pour 4 personnes :

8 petites tranches minces de bœuf dans le faux filet ou le rumsteck
200 g de petit salé
3 gousses d'ail
1 petit bouquet de persil
50 g de mie de pain trempée
sel, poivre

Pour le fond de cuisson :
1 carotte
1 oignon
1 tomate
1/2 verre d'huile d'olive
1 verre de vin blanc
1 cuillerée à dessert de farine
1 feuille de laurier
1 brin de thym
1 grand verre de bouillon

1. Aplatissez bien les tranches de viande. Réservez les parures.

2. Epluchez les gousses d'ail. Hachez-les avec le persil et le petit salé. Mélangez ce hachis à la mie de pain essorée ; salez et poivrez.

3. Assaisonnez les tranches de viande. Mettez sur chacune une cuillerée de la farce préparée. Roulez-les et attachez-les avec du fil.

4. Rangez les paupiettes ainsi formées dans une cocotte avec la carotte et l'oignon émincés, la tomate pelée et épépinée. Arrosez avec l'huile et mettez sur le feu.
Laissez dorer puis, quand le fond commence à attacher, mouillez avec le vin blanc. Laissez réduire quelques minutes et ajoutez le bouillon, le thym et le laurier.
Couvrez et laissez cuire à petit feu 1 heure.

5. Dix minutes avant de servir, liez la sauce avec la cuillerée de farine délayée dans un peu d'eau tiède. Dressez les paupiettes sur un plat et nappez-les avec la sauce passée.

MON SECRET : *J'ajoute à la fin de la cuisson une poignée d'olives noires dénoyautées.*

BIFTECKS A LA STRASBOURGEOISE

565 calories

Poêlés aux oignons et coiffés d'œufs.

Préparation : 5 minutes
Cuisson : 15 minutes

Pour 4 personnes :

4 steaks de 180 g dans la bavette
60 g de beurre

1. Pelez les oignons. Coupez-les en rondelles.

2. Chauffez le beurre dans la poêle. Mettez les oignons puis, 3 minutes plus tard, les steaks. Laissez-les cuire 2 minutes sur chaque face. Salez, poivrez.

3. Cassez un œuf dans la poêle entre chaque

4 œufs
2 oignons
sel, poivre

steak. Salez, poivrez ; laissez cuire encore 3 minutes et servez en plaçant les œufs sur les steaks.

MON SECRET : *Les poêles ne sont pas toujours assez grandes pour contenir 4 steaks et 4 œufs. Il faut alors utiliser 2 poêles ou, à défaut, cuire les œufs à part, au beurre, dans un plat en verre à feu.*

BIFTECKS AUX CHAMPIGNONS

490 calories

Des biftecks hachés, accommodés aux champignons et aux herbes.

Préparation : 25 minutes
Cuisson : 5 minutes

Pour 6 personnes :

750 g de bifteck haché
200 g de champignons
1 gousse d'ail
2 œufs
3 cuillerées à soupe de farine
1 verre d'huile
quelques brins de persil
sel, poivre

1. Nettoyez et hachez finement les champignons. Pilez l'ail. Mélangez la viande hachée, les champignons et l'ail dans une terrine. Cassez deux œufs dessus, ajoutez sel et poivre et mélangez bien.

2. Façonnez à la main ou dans un appareil spécial (accessoires de votre moulinette) des biftecks ronds et plats. Passez-les dans la farine.

3. Mettez l'huile à chauffer dans une grande poêle. Lorsqu'elle est très chaude, mettez-y les biftecks que vous faites dorer des deux côtés.

4. Mettez les biftecks sur le plat de service, parsemez de persil haché et remettez un peu de sel et de poivre avant de servir.

MON SECRET : *Ajoutez un peu de thym, de laurier et de sarriette en poudre, à peine la pointe du couteau.*

BŒUF BOURGUIGNON

740 calories

Cubes de bœuf et lardons rissolés et mijotés dans une belle sauce brune au vin rouge.

Préparation : 20 minutes
Cuisson : 3 heures

Pour 6 personnes :

1,600 kg de bœuf en morceaux (tranche

1. Le bœuf doit être taillé en cubes de 3 à 4 cm de côté, le lard en dés.

2. Dans une grande cocotte, faites fondre le beurre. Ajoutez les oignons entiers et les lardons, en secouant constamment la cocotte. Lorsqu'ils sont bien dorés de tous côtés, retirez-les et conservez-les sur une assiette.

grasse ou paleron)
200 g de lard
100 g de beurre
10 petits oignons
60 g de farine
(4 cuillerées à soupe)
2 grands verres
de vin rouge
2 grands verres
de bouillon de viande
250 g de champignons
1 bouquet garni
(persil, thym, laurier)
sel, poivre

3. Dans la même cocotte, faites bien revenir les morceaux de viande. Lorsqu'ils sont bien dorés, saupoudrez de farine et laissez roussir en remuant toujours. Versez ensuite le bouillon chaud.

4. Remettez les lardons et les oignons dans la cocotte, versez le vin rouge, salez, poivrez et ajoutez le bouquet garni. Couvrez et laissez cuire doucement 3 heures.

5. Au bout de ce temps, ajoutez les champignons émincés et mettez encore à cuire doucement une demi-heure.

6. Retirez le bouquet et versez dans un plat. La sauce doit être liée mais non épaisse (si elle l'est trop, délayez-la avec un peu d'eau).

MON SECRET : *Telle quelle, la recette est sûre. Mais elle n'en est que meilleure si l'on fait mariner les cubes de bœuf pendant une douzaine d'heures dans du vin rouge avec oignons, carottes, bouquet garni, poivre en grains. Dans ce cas, c'est la marinade filtrée qui sera utilisée pour la cuisson de la viande.*

BŒUF BRAISÉ EN COCOTTE

830 calories

Un tendre morceau de bœuf mitonné dans du vin et du bouillon.

Préparation : 20 minutes
Cuisson : 3 h 30

Pour 4 personnes :

900 g de bœuf (culotte
ou macreuse) bardé
et piqué de lardons
par votre boucher
200 g de couennes
de lard
30 g de beurre
1 pied de veau
2 verres de vin rouge
2 gros oignons
1 bouquet garni
(persil, thym et laurier)
sel, poivre

1. Dans une cocotte, faites chauffer le beurre et mettez-y les oignons entiers à revenir. Lorsqu'ils sont dorés de tous côtés, retirez-les.

2. Dans la même cocotte, faites revenir la viande à feu vif en la retournant sur toutes ses faces.

3. Lorsqu'elle est bien dorée, ajoutez les couennes, le pied de veau, remettez l'oignon et versez le vin rouge. Salez, poivrez, ajoutez le bouquet garni et laissez mijoter à couvert et sur feu très doux pendant 3 heures et demie.

4. Sortez la viande, découpez-la en tranches que vous disposerez sur le plat de service. Vous pouvez accompagner de la sauce passée.

MON SECRET : *Servir accompagné de pâtes fraîches — ou à défaut de grosses coquillettes — assaisonnées avec la sauce de la viande.*

BŒUF BRAISÉ AU FOUR

540 calories

Une lente cuisson à l'ancienne.

Préparation : 10 minutes
Cuisson : 1 h 30

Pour 6 personnes :

1,500 kg de bœuf à braiser
1 cuillerée à soupe d'huile d'olive
2 oignons
2 gousses d'ail
1 branchette de romarin
100 g de concentré de tomate
1/2 tasse de bouillon de bœuf pouvant être préparé avec un cube de concentré
2 cuillerées à bouche de persil haché
sel, poivre noir fraîchement moulu

1. Enlevez au morceau de viande le maximum de graisse.

2. Pelez les gousses d'ail, coupez-les en lamelles minces.

3. Pelez les oignons, hachez-les grossièrement.

4. Faites chauffer l'huile dans une cocotte ; mettez-y à dorer la viande avec l'ail et les oignons. Salez et poivrez, ajoutez la branche de romarin puis le concentré de tomate, le bouillon et le persil. Couvrez la cocotte et mettez-la à four chaud (thermostat 6) pendant 1 h 30 environ.

Servez la viande avec son jus de cuisson.

MON SECRET : *Je choisis pour cette recette de l'aiguillette, morceau qui se coupe facilement en belles tranches.*

BŒUF AUX CAROTTES NOUVELLES

990 calories

Doucement mitonné dans une sauce au vin.

Préparation : 10 minutes
Cuisson : 3 h 30

Pour 6 personnes :

1,500 kg de bœuf
800 g de carottes nouvelles
75 g de beurre
3 verres de vin blanc
thym, laurier
4 cuillerées à soupe de concentré de tomate
sel, poivre

1. Faites fondre le beurre dans une cocotte et mettez-y à dorer la viande. Retournez cette viande de temps en temps pour qu'elle soit bien dorée sur toutes les faces.

2. Pendant ce temps épluchez les carottes.

3. Mouillez la viande avec le vin et un quart de litre d'eau, ajoutez les carottes et tous les autres ingrédients et cuisez sur feu doux pendant 3 h 1/2.

MON SECRET : *En même temps que la viande, je fais revenir quelques petits lardons.*

BŒUF EN DAUBE

460 calories

De larges tranches de bœuf parfumé dans une marinade et cuit à l'étouffée.

Préparation : 20 minutes
Marinade : 12 heures
Cuisson : 3 h 15

Pour 6 personnes :

1,400 kg de bœuf coupé en tranches de 2 à 3 cm d'épaisseur (macreuse, culotte ou gîte)
100 g de beurre
2 oignons
1 bouquet garni (persil, thym, laurier)
sel, poivre

Pour la marinade :
1 verre de vin rouge
2 cuillerées à soupe d'huile
le jus d'un citron
2 branches de persil
1 feuille de laurier
quelques feuilles d'estragon
1 branche de thym
poivre

1. Mettez le bœuf dans un plat, recouvrez-le des aromates de la marinade, poivrez et versez dessus le vin, l'huile et le citron. Laissez mariner une nuit, en retournant le bœuf une fois dans l'intervalle, si possible.

2. Essuyez le bœuf dans du papier absorbant. Mettez dans une cocotte le beurre, chauffez et faites-y revenir les tranches de bœuf des deux côtés. Réduisez ensuite le feu et laissez mijoter 15 minutes.

3. Filtrez alors la marinade et versez la moitié dans la cocotte. Ajoutez le sel, le poivre et le bouquet garni, ainsi que les oignons entiers.

4. Laissez cuire doucement, à couvert, pendant 3 heures.

5. Retirez le bouquet garni et versez dans un plat creux.

MON SECRET : *Je pique la viande de bâtonnets de lard gras roulés dans un fin hachis d'ail et de persil.*

BŒUF EN DAUBE AUX OLIVES

670 calories

Des morceaux de bœuf braisé en cocotte avec du vin, des aromates et des olives vertes et noires.

Préparation : 20 minutes
Cuisson : 3 heures

Pour 4 personnes :

800 g de bœuf à braiser coupé en morceaux

1. Pelez et hachez 3 oignons. Coupez le lard en dés.

2. Dans une cocotte, mettez l'huile à chauffer. Faites-y revenir le hachis d'oignons et les dés de lard, en remuant constamment.

3. Dès qu'ils sont dorés, ajoutez les morceaux de viande, le bouquet garni, le zeste, le qua-

100 g de lard
de poitrine
15 olives vertes
15 olives noires
1 verre de vin rouge
1 clou de girofle
4 oignons
1 bouquet garni
1 zeste d'orange
2 cuillerées à soupe
d'huile
sel, poivre

trième oignon piqué de girofle. Arrosez avec le vin et autant d'eau. Assaisonnez largement de sel et poivre. Laissez mijoter à couvert 2 heures.

4. Dénoyautez les olives et ajoutez-les alors dans la cocotte. Laissez cuire encore 1 heure.

5. Servez très chaud dans un plat creux, après avoir retiré le bouquet garni et l'oignon clouté de girofle.

MON SECRET : *Je demande au boucher du gîte à la noix ou du gîte-gîte, un peu plus gélatineux mais moins cher.*

BŒUF EN DAUBE A LA PROVENÇALE

720 calories

Doucement mijoté dans le vin rouge.

Préparation : 15 minutes
Cuisson : 4 heures

Pour 6 personnes :

2 kg de viande de bœuf
pris dans le gîte à la
noix ou le paleron
200 g de lard
5 gousses d'ail
2 ou 3 feuilles de laurier
2 clous de girofle
1 bouteille de bon
vin rouge
2 cuillerées à soupe
d'huile d'olive
1 oignon
sel, poivre

1. Détaillez la viande en morceaux de 5 à 6 cm de côté.

2. Dans une cocotte, faites légèrement revenir à l'huile l'oignon coupé en quatre et le lard coupé en dés.

3. Ajoutez les morceaux de bœuf, faites sauter quelques instants puis mouillez avec le vin rouge. Mettez les gousses d'ail, le laurier, les clous de girofle ; salez et poivrez. Couvrez et faites cuire à feu doux pendant 4 heures.

MON SECRET : *Je mets en même temps que le clou de girofle un beau morceau d'écorce d'orange séchée.*

BŒUF EN DAUBE RAPIDE

630 calories

Marinée dans le vin rouge et les aromates, la viande est braisée en autocuiseur.

Préparation : 15 minutes
Marinade : 12 heures
Cuisson : 45 minutes

Pour 4 personnes :

1 kg de bœuf à braiser (macreuse, jumeau...)
1 bonne cuillerée à soupe de beurre ou de saindoux
1 bonne cuillerée à soupe de farine
1 couenne de porc
sel

Pour la marinade :
1/2 litre de vin rouge
2 cuillerées à soupe d'huile
1 oignon
2 clous de girofle
1 gousse d'ail
thym, laurier
poivre en grains

1. La veille au soir, pelez l'oignon et l'ail. Piquez dans l'oignon les clous de girofle. Mettez-le avec l'ail, le thym, le laurier, le poivre et l'huile dans une terrine. Arrosez avec le vin rouge et trempez-y la viande coupée en gros cubes. Remuez les morceaux dans la marinade pour qu'ils soient bien tous imprégnés et laissez ainsi toute la nuit.

2. Le lendemain, égouttez les morceaux de viande.

3. Faites fondre la matière grasse dans l'autocuiseur. Mettez-y les cubes de bœuf à revenir, puis saupoudrez de farine en remuant constamment sur le feu.

4. Glissez la couenne sous les morceaux de viande. Arrosez avec la marinade. Salez. Couvrez hermétiquement et laissez cuire tout doucement 45 minutes à partir de la mise en pression. Décompressez, vérifiez la cuisson et versez dans un plat. Retirez la couenne, l'oignon piqué de girofle et les herbes. Servez aussitôt.

MON SECRET : *Dans la marinade, je mets une demi-cuillerée à café de « cinq parfums », épices en poudre empruntées à la cuisine chinoise.*

BŒUF EN GELÉE

860 calories

Dans une gelée aromatisée, des tranches de bœuf très tendres.

Préparation : 10 minutes
Cuisson : 2 h 45

Pour 6 personnes :

1,800 kg de bœuf à braiser piqué de lard fumé par le boucher

1. Raclez les carottes, coupez-les en rondelles. Pelez les oignons.

2. Mettez le beurre dans la cocotte. Faites-y dorer la viande 7 à 8 minutes sur le feu vif.

3. Ajoutez ensuite le bouquet, l'os, le pied de veau et les couennes de porc, et enfin de l'eau jusqu'à ce que la viande soit bien recouverte. Salez et poivrez.

1 pied de veau fendu en deux
2 couennes de porc
1 os de veau
1 kg de carottes
12 petits oignons
1 bouquet garni
3 grains de genièvre
60 g de beurre
sel, poivre

4. Chauffez jusqu'à ébullition, puis laissez cuire à petits bouillons pendant 1 h 30 dans la cocotte couverte. Ajoutez carottes, oignons, grains de genièvre. Couvrez la cocotte et laissez cuire encore 1 heure.

5. Laissez refroidir une bonne heure, puis retirez la viande, le pied de veau et les couennes. Tapissez un plat creux avec les carottes. Découpez la pièce de viande en tranches régulières, mettez-les dans le plat, arrosez avec la sauce de cuisson, mettez au froid pour faire prendre la gelée.

MON SECRET : *J'ajoute en même temps que le pied de veau un demi-verre à moutarde d'eau-de-vie.*

BŒUF A LA MODE

605 calories

Un tendre morceau de bœuf entouré de carottes dans une sauce riche.

Préparation : 30 minutes
Cuisson : 3 h 15

Pour 6 personnes :

1,500 kg de bœuf (culotte ou macreuse) piqué de lardons par le boucher
250 g de couennes et de bardes de lard
1 kg de carottes
1 pied de veau
50 g de beurre
2 verres de vin rouge
1 verre de bouillon
1 oignon
1 bouquet garni (persil, thym, laurier)
sel, poivre

1. Prenez une cocotte dont le couvercle ferme hermétiquement. Tapissez-en le fond avec les couennes et les bardes de lard. Posez la viande dessus et autour les carottes coupées dans le sens de la longueur, l'oignon entier et le pied de veau. Versez dessus le vin, ajoutez le bouquet garni, sel et poivre, et mettez le couvercle.

2. Mettez sur feu doux et, dès que le contenu de la cocotte mijote, réduisez encore le feu, couvrez et laissez cuire 3 heures, en surveillant de temps en temps.

3. Coupez la viande en tranches. Versez les légumes et le jus de cuisson dans le plat de service, retirez le bouquet garni et disposez dessus les tranches de viande. Servez très chaud.

MON SECRET : *Je sers, en hors-d'œuvre, le pied de veau désossé et arrosé de vinaigrette.*

Côtes de porc en sauce à la moutarde. *(Recette page 524)*

Bœuf à la mode. *(Recette page 480)*

Gigot au genièvre. *(Recette page 516)*

Paupiettes de veau. *(Recette page 548)*

BŒUF MODE A L'ALSACIENNE

875 calories

Bœuf et pied de veau braisés au vin blanc et au genièvre, et servis sur un lit de choucroute fondante.

Préparation : 20 minutes
Cuisson : 3 heures au moins

Pour 6 personnes :

1,200 kg de viande de bœuf à braiser en un seul morceau (culotte, macreuse ou jumeau...)
12 carottes moyennes
12 petits oignons
1 pied de veau désossé
1 couenne de lard
1/2 litre de vin blanc sec
1/2 petit verre de genièvre
1 bouquet garni (persil, thym et laurier)
sel, poivre
sauge
50 g de saindoux
500 g de choucroute braisée
6 pommes de terre

1. Faites fondre le saindoux dans une cocotte en fonte ou en terre et mettez-y le bœuf bien ficelé à revenir. Faites-le dorer de tous les côtés puis ajoutez les carottes et les oignons entiers, le bouquet garni et la sauge. Assaisonnez de sel et poivre et versez le vin blanc. Si la viande n'est pas recouverte, complétez avec de l'eau. Portez à ébullition puis ajoutez le pied de veau et la couenne de lard. Baissez le feu et laissez mijoter tout doucement à couvert pendant au moins 3 heures.

2. Pendant ce temps, mettez la choucroute à braiser (recette p. 597).

3. Vingt minutes avant la fin de la cuisson, mettez les pommes de terre pelées à bouillir dans l'eau salée.

4. La cuisson terminée (le couteau doit s'enfoncer facilement dans la viande), dégraissez soigneusement le jus de cuisson : pour ce faire, arrêtez le feu et ramassez avec une louche la graisse qui remonte à la surface.

5. Flambez la viande avec le genièvre que vous aurez chauffé auparavant et dressez-la sur le plat de service après l'avoir débarrassée des ficelles qui l'entourent. Garnissez avec les carottes, les oignons et le pied de veau.

6. Filtrez la sauce et servez-la en saucière. Accompagnez avec la choucroute braisée et les pommes à l'eau.
Variante : L'été, ce plat est délicieux, froid, pris dans sa gelée. Pour cela, placez la viande dans un saladier, entourez-la des carottes coupées en rondelles et arrosez-la avec la sauce filtrée. Mettez au réfrigérateur quelques heures et démoulez avant de servir.

MON SECRET : *J'ai toujours des feuilles de papier buvard dans un tiroir de ma cuisine. Pour dégraisser la sauce, je pose une feuille de buvard à sa surface : il absorbe la graisse. Je renouvelle 3 fois l'opération en changeant de buvard.*

BŒUF TARTARE AUX ANCHOIS C

530 calories

A déguster crus, du filet de bœuf, des anchois hachés et condimentés.

Préparation : 15 minutes
(+ 1 heure de repos)
Cuisson : pas de cuisson

Pour 6 personnes :

900 g de filet de bœuf bien dégraissé
2 citrons
8 filets d'anchois
1/3 de tasse d'huile d'olive
1 cuillerée à café de moutarde forte
1/3 de tasse de câpres bien égouttées
24 olives noires dénoyautées
1/2 cuillerée à café de sel
poivre noir

1. Hachez finement les filets d'anchois.

2. Hachez le filet 2 fois.

3. Mélangez le bœuf haché et le tiers du jus de citron et laissez reposer dans le réfrigérateur pendant 1 heure.

4. Battez ensemble l'huile et les anchois, ajoutez-les à la viande avec le sel, la moutarde, le reste du jus de citron et 6 tours de moulin à poivre. Mélangez bien le tout. Garnissez avec les câpres et les olives et servez aussitôt.

MON SECRET : *Pas de bœuf haché à la machine pour un vrai bon tartare. Haché à la main au couperet.*

BOULETTES DE BŒUF

370 calories

Des croquettes aux herbes et au lard fumé.

Préparation : 15 minutes
Cuisson : 5 minutes

Pour 6 personnes :

400 g de bœuf bouilli (restes de pot-au-feu)
100 g de mie de pain
150 g de lard fumé

1. Dans une petite poêle, mettez le beurre et faites « fondre » l'oignon haché dedans (laissez cuire doucement en tournant sans arrêt jusqu'à ce que l'oignon devienne transparent).

2. Faites chauffer légèrement le lait et trempez-y la mie de pain. Essorez cette mie pour en extraire l'excédent de lait et mettez-la dans un saladier. Ajoutez l'oignon cuit.

1 oignon
1/2 verre de lait
50 g de beurre
1 œuf
50 g de farine
quelques brins
de persil haché
bain de friture
sel, poivre

3. Hachez la viande et le lard fumé et mélangez-les au contenu du saladier.

4. Ajoutez l'œuf entier, salez et poivrez. Amalgamez bien le tout et façonnez cette farce en boulettes que vous roulerez dans la farine.

5. Mettez la friture sur feu vif et lorsqu'elle est très chaude, mettez-y les boulettes à rissoler. Prolongez la cuisson 5 minutes. Faites frire également quelques brins de persil.

6. Egouttez les boulettes et servez très chaud accompagnées du persil frit.

MON SECRET : *Vous pouvez ajouter une bonne cuillerée à soupe de moutarde blanche à la farce avant de la façonner en boulettes.*

BROCHETTES AUX ANCHOIS C

590 calories

Des cubes de bœuf, de fromage, de pain et d'anchois saisis au gril.

Préparation : 15 minutes
Cuisson : 10 minutes

Pour 4 personnes :

600 g de filet de bœuf
coupé en cubes
1 grosse tranche
de pain de mie de 5 cm
environ d'épaisseur
200 g de gruyère
en un seul morceau
épais
16 filets d'anchois
à l'huile
70 g de beurre

1. Débarrassez le pain de mie de sa croûte. Coupez-le en cubes d'environ 2 cm de côté.

2. Enlevez la croûte du morceau de gruyère. Coupez-le en cubes à peu près égaux aux cubes de pain.

3. Egouttez bien les filets d'anchois.

4. Chauffez un bol en l'ébouillantant. Essuyez-le et mettez dedans 70 g de beurre coupé en tout petits morceaux. Ecrasez avec une fourchette pour former une sorte de pommade.

5. Sur les brochettes très fines, enfilez un cube de pain, un cube de viande, un filet d'anchois, un cube de gruyère et alternez ainsi pour former quatre brochettes.

6. Avec un pinceau, humectez largement les brochettes au beurre fondu.

7. Faites-les griller sur la flamme en les retournant. Servez brûlant.

MON SECRET : *Il m'arrive de remplacer le gruyère par du cantal qui a une saveur très fruitée.*

BROCHETTES JULIANA

340 calories

Bœuf, foies de volaille et fromage de Hollande.

Préparation : 15 minutes
Marinade : 2 ou 3 h au moins
Cuisson : 5 à 6 minutes
sur barbecue ou sur gril

Pour 4 personnes :

700 g de bœuf
dans le faux filet
175 g de foies de volaille
100 g de crème
de fromage de Hollande
1 poivron

Pour la marinade :
1 verre d'huile
3 échalotes
4 brins de persil
chili en poudre, paprika
piment en poudre
(1/4 de cuillerée à café
de chaque)
sel

1. Dans un plat creux, préparez la marinade : épluchez et hachez finement les échalotes. Hachez le persil. Mettez-les dans le plat creux avec l'huile et les épices. Salez.

2. Nettoyez les foies de volaille. Coupez-les en dés. Coupez également la viande en dés de même grosseur. Mettez-les à macérer dans la marinade en les retournant plusieurs fois.

3. Au moment de préparer les brochettes, lavez le poivron, essuyez-le soigneusement, enlevez pédoncule et graines, coupez en grosses lamelles. Coupez le fromage en cubes.

4. Alternez sur chaque brochette bœuf, fromage, foie, poivron, etc.

5. Faites griller 5 à 6 minutes sur le gril bien chaud en retournant plusieurs fois pour que les viandes soient cuites à cœur et le fromage coulant et doré.

MON SECRET : *Je garde la marinade que je mêle à une sauce tomate froide : excellent accompagnement pour des pommes à l'eau servies en même temps que les brochettes.*

CHATEAUBRIANTS A LA MOUTARDE C

685 calories

Poêlés et tartinés de beurre bien condimenté.

Préparation : 15 minutes
Cuisson : 6 minutes

Pour 4 personnes :

4 châteaubriants
bien épais
150 g de beurre

1. Hachez les fines herbes.

2. Ecrasez à la fourchette 100 g de beurre ramolli pour le réduire en pommade. Mélangez-le à la moutarde et aux fines herbes hachées.

3. Faites cuire les châteaubriants dans le restant du beurre, à feu très vif, 3 minutes sur chaque face. Salez, poivrez à mi-cuisson.

4 cuillerées à soupe de moutarde forte
1 bouquet de fines herbes hachées
sel, poivre

4. Posez les châteaubriants sur un plat chaud. Tartinez-les largement de beurre à la moutarde. Servez aussitôt.

MON SECRET : *Ne confondez pas tournedos et châteaubriants. Les deux sont des tranches de filet de bœuf, mais le tournedos a 2 cm environ d'épaisseur tandis que le châteaubriant en a 4 ou 5.*

CHATEAUBRIANTS AUX POMMES F

645 calories

Une tendre viande saignante garnie de pommes dorées.

Préparation : 5 minutes
Cuisson : 30 minutes

Pour 4 personnes :

1 kg de pommes de terre
2 tranches de filet courtes et épaisses de 250 g chacune
100 g de beurre
sel, poivre

1. Lavez les pommes de terre, mettez-les dans une grande casserole, couvrez largement d'eau, salez au gros sel. Portez à ébullition, baissez le feu en laissant bouillonner à petits bouillons. Les pommes de terre sont cuites quand la chair cède légèrement sous la spatule. Ne crevez jamais la peau, la pomme de terre risquerait de se défaire. Egouttez, laissez tiédir.

2. Epluchez les pommes de terre, coupez-les en rondelles un peu épaisses. Dans une poêle, faites fondre 40 g de beurre. Quand il commence à chauffer, jetez-y les pommes de terre. Remuez à la spatule pour les faire dorer sans qu'elles attachent.

3. Dans une autre poêle, mettez le restant du beurre. Quand il commence à fumer, posez les pièces de viande. Faites cuire à feu vif pendant 3 minutes. Retournez la viande. Faites cuire à feu vif à nouveau 3 minutes sur la seconde face. Salez, poivrez.

4. Posez les châteaubriants sur le plat de service bien chaud. Entourez avec les pommes de terre sautées.

MON SECRET : *Je sale la viande après cuisson. Ainsi, le sang et les sucs restent bien à l'intérieur des châteaubriants.*

COTE DE BŒUF A L'ARMAGNAC C

960 calories

Le petit rien qui fait la bonne cuisine.

Préparation : 15 minutes
Cuisson : 35 minutes

Pour 6 personnes :

1 côte de bœuf de 1,750 kg environ non ficelée et non bardée
4 échalotes
1 verre d'huile
1 cuillerée à soupe d'armagnac
sel, poivre

1. Pelez les échalotes, hachez-les finement, mettez-les dans l'huile avec l'armagnac.

2. Salez et poivrez la côte de bœuf sur toutes ses faces et avec un pinceau enduisez-la de l'huile aromatisée avec les échalotes et l'armagnac.

3. Posez-la sur le gril d'un barbecue assez près des braises très ardentes ou dans le four ouvert tout près du grilloir et laissez-la cuire environ 35 minutes en la retournant très fréquemment et en l'arrosant également très fréquemment avec l'huile aux échalotes.

MON SECRET : *Indispensable, le pinceau à long manche pour enduire la viande en cours de cuisson sans se brûler.*

COTE DE BŒUF AU BARBECUE C

410 calories

Badigeonnée de beurre fondu puis saisie au gril.

Préparation : 5 minutes
Cuisson : 40 minutes

Pour 6 personnes :

1 côte de bœuf de 2 kg environ
50 g de beurre
sel, poivre

1. Faites fondre le beurre. Badigeonnez-en la surface de la viande. Salez, poivrez. (Précisez à votre boucher de ne pas mettre de barde autour de la côte car elle noircirait et brûlerait en cours de cuisson.)

2. Faites cuire la côte sur le gril à braises ardentes. Retournez-la souvent (ne la piquez pas au milieu, le jus s'écoulerait) en l'arrosant de beurre fondu. Il faut compter environ 10 minutes de cuisson par livre de viande, huit seulement si vous préférez le bœuf bien saignant.

MON SECRET : *Ainsi cuite, la viande est absolument « nature ». La saveur de la côte de bœuf se suffit à elle-même. Cependant, certaines personnes préfèrent la corser d'aromates. Pour de tels amateurs, saupoudrez la viande d'herbes de Provence mais sans largesse : 3 ou 4 pincées sur chaque face, pas plus.*

DAUBE DE BŒUF AUX POMMES

645 calories

Le bœuf est braisé au four avec légumes et vin fruité, et accompagné de pommes vapeur.

Préparation : 30 minutes
Cuisson : 3 ou 4 heures

Pour 6 personnes :

2 kg de bœuf à braiser (macreuse gélatineuse piquée de lard gras par le boucher)
1 couenne
150 g de lard de poitrine fumé
100 g de beurre
1 pied de veau
250 g de champignons de Paris
150 g d'olives noires et vertes
10 échalotes
1 oignon
4 carottes
6 tomates
1 bouquet garni
2 zestes d'orange
3/4 d'une bouteille de vin rouge fruité
1 bon verre de cognac
2 morceaux de sucre
4 clous de girofle
1,5 à 2 kg de pommes de terre à chair ferme
sel, poivre

1. Coupez le lard en dés et mettez-le à blanchir 10 minutes dans l'eau bouillante pour le dessaler.

2. Pelez l'oignon, les échalotes, les carottes et les tomates. Dénoyautez les olives. Nettoyez les champignons sous l'eau.

3. Tapissez le fond d'une cocotte en fonte émaillée de couenne. Parsemez de lard blanchi. Etalez en couches les échalotes entières, l'oignon coupé en deux et piqué de clous de girofle, les olives, les champignons et le pied de veau coupé en deux.

4. Détaillez la viande en tranches de 1 cm d'épaisseur et placez-les dessus. Ajoutez les tomates en quartiers, les carottes en rondelles et le bouquet garni. Salez, poivrez copieusement. Posez par-dessus le sucre, les zestes d'orange et le beurre détaillé en morceaux. Noyez avec le vin et le cognac.

5. Allumez le four (thermostat 6/7).

6. Posez ensuite sur le tout soit un de ces grillages permettant de cuire à la vapeur, soit un papier d'aluminium perforé de petits trous débordant légèrement.

7. Pelez les pommes de terre et coupez-les en rondelles épaisses. Mettez-les dans la cocotte sur le grillage ou le papier d'aluminium, perforé. Recouvrez d'une autre feuille de papier d'aluminium pour bien enfermer le contenu de la cocotte et poser le couvercle.

8. Laissez braiser au four sans y toucher pendant 3 bonnes heures. Vérifiez alors si la sauce n'est pas usée et si la viande est tendre. Sinon, rajoutez au besoin dans la sauce un peu de jus de tomate et laissez encore cuire à four plus doux 1 heure.

9. Sortez avec précaution les pommes de terre puis la viande. Dressez sur le plat de service chauffé et tenez au chaud dans le four éteint.

10. Retirez le pied de veau, le bouquet, la couenne et l'oignon. Recueillez au contraire les carottes, champignons, olives, échalotes et lardons, et garnissez-en le plat de viande. Passez le jus et nappez-en le plat. Servez aussitôt.

MON SECRET : *Pour la sauce, je choisis un bon vin rouge des coteaux d'Aix-en-Provence qui a du corps et du bouquet.*

ENTRECOTES A LA BORDELAISE

865 calories

Dans une sauce liée au bordeaux, avec échalotes et la moelle.

Préparation : 10 minutes
Cuisson : 20 minutes

Pour 4 personnes :

2 entrecôtes épaisses de 400 g chacune
100 g de beurre

Pour la sauce :
2 verres de bordeaux rouge
1 verre de bouillon obtenu avec une tablette de concentré
4 échalotes
1 gros os à moelle
1 branche de thym
1 feuille de laurier
2 noix de beurre
1/2 cuillerée à café de farine
1 petit bouquet de persil
sel, poivre

1. Faites cuire l'os à moelle dans de l'eau bouillante salée pendant 5 minutes.
2. Hachez les échalotes et le persil. Retirez l'os à moelle de l'eau et laissez-le refroidir. Lorsqu'il est tiède, videz-le de sa moelle et coupez celle-ci en fines lamelles.
3. Dans une cocotte, faites dorer les entrecôtes au beurre et laissez-les cuire au maximum 5 minutes de chaque côté, puis mettez-les au chaud sur un plat de service.
4. Jetez les échalotes dans le beurre où la viande a cuit, faites-les dorer 2 minutes puis versez le vin rouge, ajoutez le thym, le laurier, le bouillon, sel et poivre et faites réduire de moitié à feu vif, cocotte découverte, 6 à 7 minutes.
5. Pendant ce temps, préparez un beurre manié en mélangeant la noix de beurre et la farine avec une fourchette. Ajoutez-le à la sauce pour la lier sans l'épaissir, et faites cuire 2 minutes en tournant avec la cuiller en bois. Ajoutez alors la moelle et laissez mijoter encore 2 minutes.
6. Otez de la sauce thym et laurier, ajoutez le persil haché. Versez la sauce sur les entrecôtes et servez aussitôt.

MON SECRET : *J'enlève toujours la bordure grasse des entrecôtes dont la chair doit être persillée de blanc pour être tendre et sans sécheresse après cuisson.*

ENTRECOTES A LA MOELLE

675 calories

Décorées de tranches de moelle et arrosées de vin rouge à l'échalote.

Préparation : 10 minutes
Cuisson : 25 minutes

Pour 4 personnes :

2 entrecôtes de 2 cm d'épaisseur (340 g ch.)
2 os à moelle
2 échalotes
1 verre de vin rouge
50 g de beurre
sel, poivre

1. Hachez les échalotes.

2. Enveloppez chaque os dans une feuille d'aluminium ménager, mettez 15 minutes dans le four chaud.

3. Cuisez les entrecôtes à la poêle dans le beurre chaud à feu vif. Laissez-les environ 5 minutes de chaque côté. Salez, poivrez à mi-cuisson. Lorsqu'elles sont cuites, posez-les sur le plat de service et tenez-les au chaud.

4. Dans la même poêle et dans la sauce de cuisson, mettez à dorer les échalotes hachées puis ajoutez le vin et faites réduire de moitié à feu vif 5 à 6 minutes.

5. Pendant ce temps, sortez les os de leur enveloppe d'aluminium, retirez la moelle, coupez-la en morceaux que vous posez sur les entrecôtes. Nappez avec la sauce. Servez très chaud.

MON SECRET : *Je prépare aussi le rumsteck de cette façon.*

ENTRECOTES A LA NIÇOISE

770 calories

Poêlées et nappées de vin blanc aux anchois.

Préparation : 15 minutes
Cuisson : 15 minutes

Pour 4 personnes :

2 entrecôtes de 400 g chacune
1 tube de pâte d'anchois
1/2 verre de vin blanc
24 olives noires dénoyautées
50 g de beurre
poivre

1. Faites fondre le beurre dans la poêle sur feu vif. Quand il grésille, mettez la viande à cuire 4 à 5 minutes sur chaque face. Retirez la viande de la poêle et tenez-la au chaud.

2. Versez dans la poêle le vin blanc et la pâte d'anchois. Délayez sur feu doux. Ajoutez les olives, chauffez et versez le tout sur la viande. Poivrez fortement. Ne salez pas, ou très peu, la pâte d'anchois étant généralement assez salée.

MON SECRET : *La sauce peut être légèrement aillée, ce qui se marie bien au goût de la pâte d'anchois. Il suffit de mettre dans la poêle, après avoir retiré la viande et avant d'y verser le vin blanc, 1 ou 2 gousses d'ail écrasées sous une lame de couteau que l'on laisse revenir à peine 2 minutes.*

FAUX FILET AUX OLIVES

695 calories

Rôti au four et à la moutarde, à l'ail et au madère.

Préparation : 10 minutes
Cuisson : 25 minutes

Pour 4 personnes :

800 g de faux filet
1 barde de lard
1 cuillerée à soupe de moutarde
6 gousses d'ail
60 g d'olives vertes dénoyautées
60 g d'olives noires dénoyautées
50 g de beurre
1/2 verre à moutarde de madère
sel, poivre

1. Pelez les gousses d'ail. Coupez-les en lamelles. Piquez-en le faux filet.

2. Tartinez la barde de lard de moutarde. Enveloppez-en la viande. Ficelez.

3. Mettez dans un plat allant au four. Parsemez de noisettes de beurre. Entourez d'olives. Cuisez à four chaud 20 minutes.

4. Posez la viande sur un plat tenu au chaud. Versez le madère dans la sauce de cuisson. Mélangez, chauffez et versez sur le faux filet.

MON SECRET : *Cette viande piquée d'ail est excellente froide. Cuisez-en donc plus qu'il ne vous en faut pour un repas.*

FILET DE BŒUF AUX ÉCHALOTES

C

570 calories

Marinée et saisie au gril, la viande est servie avec des échalotes revenues au beurre.

Préparation : 15 minutes
(+ 30 minutes de marinade)
Cuisson : 15 minutes

Pour 4 personnes :

800 g de filet de bœuf en un seul morceau

1. Pelez les échalotes et émincez-les finement.

2. Coupez le filet dans le sens de la longueur, sans séparer les deux morceaux.

3. Préparez dans un plat creux un mélange de citron, huile, sel et poivre, dans les proportions indiquées. Mettez-y à mariner le filet 30 minutes en le retournant plusieurs fois pendant ce temps.

4 cuillerées à soupe d'huile
2 cuillerées à soupe de jus de citron
4 cuillerées à soupe de beurre
4 échalotes
1/2 cuillerée à café de sel
poivre noir fraîchement moulu

4. Egouttez la viande et mettez-la ouverte sur le gril du four posé sur la lèchefrite ; faites cuire à feu très vif pendant 5 minutes sur chaque face. Retirez du gril ; ajoutez au jus qui est tombé de la viande dans la lèchefrite le beurre et les échalotes émincées. Mettez à grand feu, faites rapidement bouillir et arrosez la viande avec cette sauce aux échalotes. Servez aussitôt.

MON SECRET : *Le filet est bien évidemment la plus tendre des viandes. Mais la plus chère aussi. Je fais des rôtis réussis avec un morceau bien moins coûteux : la tranche ronde grasse. Etonnez votre boucher en lui en demandant.*

FILETS MIGNONS DE BŒUF AU PORTO

F C

575 calories

Un mets royal aux truffes et au porto.

Préparation : 10 minutes
Cuisson : 10 minutes

Pour 4 personnes :

4 tranches de filet de 2 cm d'épaisseur
1 boîte de truffes
80 g de beurre
1 petit verre de porto
sel, poivre

1. Versez dans une casserole le contenu de la boîte de truffes. Coupez les truffes en lamelles. Ajoutez le beurre en petits morceaux, le porto et du poivre. Faites chauffer sur feu doux.

2. Cuisez les morceaux de filet sur le gril, sans matière grasse, à feu très vif, 3 à 4 minutes de chaque côté.

3. Disposez les filets sur un plat chaud. Salez-les. Arrosez-les avec la sauce. Servez aussitôt.

MON SECRET : *Je préfère que les tranches de filet ne soient pas bardées pour que la viande, cuite sans aucune matière grasse, garde bien son goût naturel.*

GRILLADE A LA MODE DE PROVENCE

515 calories

Badigeonnée d'huile aromatisée, grillée et entourée de tomates.

Préparation : 20 minutes
Cuisson : 4 minutes par morceau de viande, 1 heure pour le poulet

Pour 4 personnes :

1 entrecôte de 700 g environ
4 tomates
1 oignon
herbes de Provence séchées
2 ou 3 gousses d'ail hachées
5 cuillerées à soupe d'huile d'olive
sel, poivre, persil

1. Dans une assiette creuse, mettez 3 cuillerées à soupe d'huile et 1 grosse pincée d'herbes de Provence. Badigeonnez-en l'entrecôte des 2 côtés. Posez-la sur un gril bien chaud et laissez cuire 6 minutes sur chaque face.
2. Pendant ce temps, pelez et hachez l'oignon. Chauffez 2 cuillerées à soupe d'huile d'olive dans une poêle ; faites-y rissoler l'oignon. Ajoutez les tomates coupées en deux dans le sens de l'épaisseur. Couvrez avec persil et ail hachés, sel et poivre.
3. Mettez la viande sur le plat de service Salez et poivrez-la. Entourez-la avec les tomates.

MON SECRET : *J'ai toujours sous la main un bocal d'huile d'olive où marinent des herbes de Provence : 2 cuillerées à soupe pour 1 litre d'huile.*

HAMBURGERS AU BLEU

600 calories

Steak haché et bleu de Bresse en sandwich, frits au beurre.

Préparation : 15 minutes
Cuisson : 15 minutes

Pour 4 personnes :

600 g de steak maigre haché
150 g de bleu de Bresse
50 g de beurre
2 cuillerées à soupe d'huile
1 noix de beurre
1 boîte de cœurs de céleri
sel, poivre

1. Ecrasez à la fourchette 150 g de bleu de Bresse avec 50 g de beurre, poivrez légèrement et mélangez pour faire une pommade. Partagez-la en quatre galettes plates.
2. Partagez le steak en huit galettes de même taille que celles au bleu. Placez une galette au bleu entre deux galettes de viande. Aplatissez bien les hamburgers 2 à 3 minutes sur chaque face. Posez-les sur un plat tenu au chaud. Salez légèrement.
3. Chauffez l'huile dans une poêle et mettez-y les hamburgers. Dans la poêle où cuisent les hamburgers, ajoutez une noix de beurre, et faites-y dorer les cœurs de céleri égouttés, puis mettez-les dans le plat de service avec les hamburgers et servez le tout bien chaud.

MON SECRET : *Quand cette préparation n'est pas destinée à des enfants, j'ajoute au bleu de Bresse en l'écrasant une cuillerée à soupe de cognac.*

MIROTON

575 calories

De savoureuses tranches de pot-au-feu gratinées au four dans une sauce brune.

Préparation : 10 minutes
Cuisson : 30 minutes

Pour 6 personnes :

12 tranches de pot-au-feu (déjà cuit)
1 grand verre de bouillon du pot-au-feu
50 g de beurre
50 g de farine
1 oignon
100 g de lard maigre
1 bouquet garni (persil, thym, laurier)
sel, poivre

1. Allumez votre four à thermostat 8.
2. Coupez le lard en dés et l'oignon en quartiers.
3. Dans une petite casserole, faites fondre le beurre et mettez-y le lard et l'oignon à rissoler. Retirez-les lorsqu'ils sont dorés.
4. Saupoudrez la casserole avec la farine en tournant, toujours sur le feu, jusqu'à ce qu'elle prenne une belle couleur brun foncé. Versez alors le bouillon froid en une fois, et continuez à tourner sur le feu. Remettez l'oignon et le lard, salez, poivrez et ajoutez le bouquet garni. La sauce doit épaissir en prenant l'ébullition. Laissez mijoter 15 minutes.
5. Répartissez les tranches de bœuf dans le fond d'un plat à gratin. Filtrez la sauce et nappez-en la viande.
6. Mettez à four très chaud 15 minutes. Le bœuf doit gratiner. Servez très chaud.

MON SECRET : *J'ajoute à la sauce quelques gouttes de sauce américaine forte vendue en flacon dans les épiceries.*

PAUPIETTES A L'ITALIENNE

570 calories

Du filet de bœuf enrobant une farce fine au jambon.

Préparation : 20 minutes
Cuisson : 20 minutes

Pour 4 personnes :

750 g de filet de bœuf
1 pincée de noix muscade
125 g de jambon cuit
1/4 de tasse

1. Pelez la gousse d'ail et émincez-la finement.
2. Plongez les tomates dans l'eau bouillante, égouttez-les, pelez-les et hachez-les grossièrement.
3. Nettoyez les champignons sans les peler et coupez-les en lamelles.
4. Hachez le jambon.
5. Coupez dans le filet des tranches aussi fines que possible et aplatissez-les au maxi-

de persil haché
1/4 de tasse
de parmesan râpé
3 cuillerées à soupe
de beurre
1 gousse d'ail
500 g de tomates
125 g de champignons
de Paris
1 feuille de laurier
1/2 tasse de vin
blanc sec
sel, poivre noir
fraîchement moulu

mum entre deux feuilles de papier paraffiné ou de papier d'aluminium ménager en appuyant fortement. Assaisonnez un côté de chaque tranche avec le sel, le poivre, la muscade.

6. Mélangez le jambon et le persil. Etendez ce mélange sur chaque tranche de viande et saupoudrez de fromage.

7. Roulez la viande sur elle-même en forme de saucisse et maintenez par un bâtonnet pique-cocktail planté dans la paupiette ainsi formée ou liez par un fil de cuisine.

8. Faites fondre le beurre dans une casserole ou une sauteuse ; mettez-y les paupiettes à dorer de tous côtés.

9. Ajoutez dans la casserole ou dans la sauteuse l'ail, les tomates, le laurier, les champignons et le vin. Chauffez jusqu'à ébullition, puis baissez le feu et laissez cuire doucement pendant 20 minutes.

Au moment de servir, enlevez la feuille de laurier.

MON SECRET : *Quand j'achète du jambon qui doit être haché, comme c'est le cas pour cette recette, je demande toujours au charcutier des « tombées » ou du « talon » plus avantageux que le jambon en tranches.*

QUEUE DE BŒUF BRAISÉE

415 calories

Un modeste morceau de bœuf devient, ainsi cuisiné, un grand plat.

Préparation : 20 minutes
Cuisson : 3 heures

Pour 6 personnes :

2 queues de bœuf
(les faire couper
en tronçons)
1 carotte
3 brins de persil
2 cuillerées à soupe
de beurre
3 oignons
1 branche de céleri

1. Lavez les tronçons de queues de bœuf, mettez-les dans un faitout, couvrez-les d'eau froide (1 litre et demi).

2. Pelez la carotte, lavez le persil, ajoutez-les aux queues de bœuf, salez, faites chauffer jusqu'à ébullition et laissez cuire à feu moyen pendant 1 h 30. Egouttez bien en conservant le bouillon qui peut constituer un excellent potage.

3. Pelez les oignons et hachez-les. Nettoyez la branche de céleri, coupez-la en dés. Coupez le jambon en petits carrés. Plongez les tomates 30 secondes dans de l'eau bouillante, égouttez-les, pelez-les et hachez-les.

125 g de jambon
3/4 de tasse de vin blanc sec
750 g de tomates
1 pincée de noix de muscade
1/4 de tasse de pignons de pin ou d'amandes émincées
2 cuillerées à dessert de raisins de Corinthe
sel, poivre noir fraîchement moulu

4. Faites fondre le beurre dans une casserole. Mettez-y à revenir oignons, céleri, jambon, pendant 5 minutes, ajoutez les morceaux de queues de bœuf, faites cuire 10 minutes ; versez le vin, laissez cuire jusqu'à évaporation complète du liquide, ajoutez alors les tomates, le poivre, la muscade et le sel. Couvrez et faites cuire à feu doux pendant 1 heure environ. Ajoutez alors les pignons ou les amandes et les raisins, cuisez encore 5 minutes et servez.

MON SECRET : *Une cuisson à feu très doux, avec couvercle, bien sûr.*

ROTI ANGLAIS

380 calories

Epicée et façonnée en rôti, la viande hachée est revenue en cocotte.

Préparation : 20 minutes
Cuisson : 30 minutes environ

Pour 6 personnes :

600 g de viande de bœuf crue hachée
80 g de mie de pain trempée dans du lait
2 œufs
1 oignon
quelques brins de persil
1 pincée de noix de muscade râpée
6 cuillerées à soupe de chapelure
2 verres de vin blanc sec
sel, poivre
80 g de beurre

1. Pelez l'oignon. Hachez-le avec le persil. Faites fondre du beurre dans une poêle et mettez-y le hachis à blondir.

2. Mêlez dans une terrine la viande hachée, les œufs, la mie de pain trempée, le hachis d'oignons et d'herbes, 1 verre de vin blanc, sel, poivre et muscade. Formez avec cette farce un pain allongé que vous roulerez dans la chapelure.

3. Faites fondre 50 g de beurre dans une cocotte et mettez-y le rôti que vous ferez dorer sur toutes ses faces. Ajoutez ensuite un verre de vin blanc et laissez mijoter à couvert 30 minutes environ, en ajoutant de temps en temps un peu d'eau chaude pour que le rôti n'attache pas.

4. Découpez en tranches et dressez sur un plat chaud. Servez aussitôt.

MON SECRET : *Pour simplifier, et c'est alors un « pâté de viande américain », vous faites cuire les mêmes ingrédients dans un moule à cake beurré et chapeluré, au four.*

ROTI DE BŒUF A LA COCOTTE

375 calories

Une recette qui permet de rôtir la viande sans four.

Préparation : 5 minutes
Cuisson : 45 minutes

Pour 6 personnes :

1 rôti de bœuf de 1,200 kg (bardé de lard et ficelé)
75 g de beurre
sel

1. Mettez à chauffer le beurre dans une grande cocotte.

2. Faites-y revenir la viande sur feu vif jusqu'à ce qu'elle soit dorée sur toutes ses faces.

3. Laissez la cocotte découverte et laissez cuire à feu assez vif pendant 45 minutes, en tournant la viande d'un quart de tour toutes les 5 minutes.

4. Salez au dernier moment et déficelez le rôti avant de servir.

5. Déglacez la cocotte avec un demi-verre d'eau et versez le jus en saucière. Découpez la viande et servez-la sur un plat, accompagnée de la saucière de jus, le tout bien chaud.

MON SECRET : *Je remplace barde et ficelle par une crépine de porc lavée à l'eau fraîche qui maintient bien le rôti.*

RUMSTECK A LA MARIUS

430 calories

Une viande saisie et saignante avec une sauce à la tomate relevée d'une pointe d'ail.

Préparation : 15 minutes
Cuisson : 45 minutes

Pour 6 personnes :

1 tranche de 1,200 kg de rumsteck
1 cuillerée à soupe d'huile d'olive
2 gousses d'ail
1 cuillerée à soupe de beurre
3 tomates
2 cuillerées à soupe de persil haché
sel, poivre noir fraîchement moulu

1. Pelez les gousses d'ail et coupez-les en lamelles minces.

2. Plongez les tomates 30 secondes dans l'eau bouillante, égouttez-les, pelez-les et hachez-les grossièrement.

3. Enlevez le maximum de graisse au morceau de viande.

4. Faites chauffer l'huile dans une poêle, mettez-y à cuire la viande à feu vif 3 minutes sur chaque face, retirez-la de la poêle et tenez-la au chaud.

5. Dans la poêle où vous avez gardé le jus de cuisson, ajoutez l'ail, le beurre, les tomates. Faites cuire à feu moyen pendant 10 minutes.

6. Remettez le steak dans la poêle, faites cuire à feu doux 10 à 15 minutes ; retournez la viande à mi-cuisson.

Servez aussitôt après avoir saupoudré de persil, de poivre et de sel.

MON SECRET : *Un feu d'enfer pour bien saisir la viande à l'extérieur sans cuire l'intérieur qui doit rester saignant. Tant pis pour la fumée dégagée : j'ouvre bien grand la fenêtre de la cuisine et je ferme la porte.*

STEAKS AU BARBECUE F

428 calories

Bien saisis, bien saignants, bien poivrés.

Pas de préparation
Cuisson : 8 minutes

Pour 8 personnes :

8 steaks épais (dans la bavette ou l'onglet de préférence)
4 cuillerées à soupe d'huile
sel, poivre moulu

1. Préparez le feu du barbecue avec beaucoup de braises rougeoyantes. La viande sera mieux saisie.

2. Badigeonnez les steaks d'huile, salez-les et poivrez-les. Posez-les sur le gril qui doit être descendu le plus près possible de la braise et laissez cuire 4 minutes environ de chaque côté. Servez immédiatement.

MON SECRET : *Un mélange de poivre blanc et gris, au moulin.*

STEAKS A LA FLORENTINE

810 calories

A servir avec une garniture d'épinards en branches.

Préparation : 5 minutes
(+ 30 minutes de marinade)
Cuisson : 10 minutes

Pour 4 personnes :

2 tranches de steaks de 400 g environ ch.
1/4 de tasse d'huile d'olive
6 cuillerées à soupe de beurre
2 cuillerées à soupe de jus de citron
2 cuillerées à soupe de persil haché
sel, poivre noir fraîchement moulu

1. Retirez le maximum de gras aux tranches de viande.

2. Faites fondre 4 cuillerées de beurre sans le faire cuire, mélangez-le à l'huile, ajoutez le poivre ; mettez la viande dans cette préparation et laissez-la mariner ainsi pendant une demi-heure en la retournant 2 ou 3 fois.

3. Faites griller les steaks si possible au barbecue, sinon au gril très chaud, à gaz ou électrique. Comptez 5 minutes de cuisson pour chaque face et ne retournez la viande qu'une fois en cours de cuisson. Salez. Pendant que la viande grille, faites fondre le reste du beurre. Ajoutez-y le jus de citron et le persil. Mettez les steaks cuits sur un plat de service chaud et arrosez-les avec la sauce beurre, citron, persil.

MON SECRET : *J'emploie du beurre demi-sel.*

STEAKS AU GRIL F

315 calories

Une simple recette de base.

Préparation : 5 minutes
Cuisson : 5 minutes

Pour 6 personnes :

6 steaks de 140 g chacun
1 cuillerée à soupe d'huile
sel, poivre
60 g de beurre
1 cuillerée à soupe de persil haché

1. Faites chauffer votre gril suffisamment longtemps pour bien saisir votre viande.

2. Pendant ce temps, badigeonnez les steaks d'huile à l'aide d'un pinceau ou de votre doigt.

3. Faites dorer 3 minutes sur une face, 2 minutes sur l'autre et mettez sur le plat de service. Salez et poivrez.

4. Pendant la cuisson, vous aurez écrasé ensemble avec une fourchette le beurre et le persil haché. Mettez sur chaque steak une noisette de beurre et servez.

MON SECRET : *Mon gril est une plaque de fonte. Cela évite les projections de jus ou de graisse sur la cuisinière. Mais il faut avant d'y mettre la viande longuement chauffer pour qu'elle soit bien saisie.*

STEAKS AU PATÉ C

740 calories

Flambés au cognac.

Préparation : 10 minutes
(+ 1 heure de repos)
Cuisson : 12 minutes

Pour 6 personnes :

6 tranches de steaks de 3 cm d'épaisseur environ
2 cuillerées à soupe d'huile
2 cuillerées à soupe de beurre
1 tasse de marsala ou de xérès doux
1 boîte de 50 g de pâté de foie gras
1/4 de tasse de cognac
sel, poivre noir fraîchement moulu

1. Salez et poivrez les steaks. Enduisez-les d'huile et laissez-les reposer pendant 1 heure à la température de la pièce.

2. Faites fondre le beurre dans une poêle, mettez-y à cuire les steaks à feu vif pendant 1 minute sur chaque côté.

3. Retirez la viande du feu, mettez dans la poêle le vin et le pâté et faites cuire doucement en remuant sans arrêt jusqu'à consistance crémeuse.

4. Remettez les steaks dans la poêle, faites-les cuire 2 minutes de plus.

5. Chauffez le cognac, arrosez-en la viande et flambez. Puis, secouez la poêle jusqu'à ce que tout l'alcool ait brûlé. Les steaks sont alors prêts à être servis. Mettez-les sur un plat de service chaud et nappez-les de la sauce qui se trouve dans la poêle.

MON SECRET : *Le porto aussi convient pour la sauce. Porto rouge et corsé.*

STEAKS A LA POÊLE

270 calories

Dorés au beurre, les biftecks sont servis dans leur jus de cuisson.

Pas de préparation
Cuisson : 4 minutes

Pour 6 personnes :

6 steaks de 140 g chacun
50 g de beurre
sel, poivre

1. Faites fondre le beurre dans une poêle. Lorsqu'il est bien chaud, mettez-y les steaks que vous ferez dorer à feu très vif 2 minutes de chaque côté.

2. Mettez-les sur un plat de service chaud, salez et poivrez. Versez dessus le jus de cuisson de la poêle et servez aussitôt.

MON SECRET : *J'achète de la tranche, de la bavette ou de l'onglet, pas chers et goûteux.*

STEAKS AU POIVRE C

380 calories

Poêlés, enrobés de poivre concassé.

Préparation : 5 minutes
Cuisson : 6 à 8 minutes

Pour 6 personnes :

6 steaks de 150 g env. assez épais
3 cuillerées à soupe de poivre concassé
60 g de beurre
4 cuillerées à soupe de crème
sel

1. Roulez les steaks dans le poivre concassé.

2. Mettez le beurre à chauffer dans une poêle épaisse et faites cuire la viande de 3 à 5 minutes de chaque côté, selon votre goût.

3. Placez sur un plat chaud et salez largement.

4. Versez la crème dans la poêle et remettez sur le feu. Mélangez bien.

5. Versez sur les steaks et servez tout de suite.

MON SECRET : *Je préfère utiliser pour cette recette du poivre blanc.*

STEAKS AU RAIFORT

580 calories

Poêlés et coiffés d'un peu de beurre de raifort.

Préparation : 5 minutes
Cuisson : 10 minutes

Pour 4 personnes :

4 steaks de 180 g ch.
1/2 pot de raifort râpé
100 g de beurre
sel, poivre

1. Ecrasez à la fourchette la moitié du beurre et le raifort pour bien les mélanger.

2. Faites fondre le restant du beurre à la poêle et mettez-y les steaks à cuire 3 minutes sur chaque face. Salez et poivrez après cuisson.

3. Disposez les steaks sur un plat chaud et posez sur chacun d'eux un morceau de beurre au raifort. Servez immédiatement.

MON SECRET : *Il est bien commode d'utiliser le raifort râpé vendu tout préparé en petit flacon. Mais j'emploie aussi volontiers du radis noir que je râpe moi-même.*

STEAKS SAUCE PERSIL

710 calories

Avec vin blanc et anchois.

Préparation : 5 minutes
Cuisson : 40 minutes

Pour 4 personnes :

Steaks de 3 cm d'épaisseur environ
2 cuillerées à soupe d'huile
4 filets d'anchois
1 gousse d'ail
1/4 de tasse de persil haché
3/4 de tasse de vin blanc sec
sel, poivre noir fraîchement moulu

1. Hachez les filets d'anchois.

2. Pelez la gousse d'ail et coupez-la en lamelles minces.

3. Tapez sur les tranches de bœuf à l'aide d'un pilon ou du plat d'un couperet pour l'attendrir le plus possible et étaler un peu les tranches.

4. Faites chauffer l'huile dans une poêle, mettez-y à dorer les tranches de viande sur leurs deux faces pendant 3 à 4 minutes. Ajoutez alors les anchois, l'ail et le persil et laissez cuire encore 5 minutes, à feu doux.

5. Ajoutez le vin, le sel et le poivre. Couvrez et poursuivez la cuisson pendant 30 minutes environ toujours à feu doux. Servez la viande avec sa sauce de cuisson.

MON SECRET : *Je ne pique pas la viande avec une fourchette, les dents formeraient des trous par lesquels s'échapperaient les sucs. J'emploie une palette.*

STEAKS SAUTÉS AU VIN

607 calories

Avec des oignons rissolés.

Préparation : 5 minutes
Cuisson : 15 minutes

Pour 4 personnes :

4 steaks de 1 cm d'épaisseur environ
3 cuillerées à soupe de beurre
1 cuillerée à soupe d'huile
3 oignons
1/3 de tasse de marsala ou de xérès
1/4 de tasse d'eau
1 cuillerée à soupe de persil haché
sel, poivre

1. Pelez les oignons, coupez-les en tranches minces.

2. Chauffez 2 cuillerées de beurre et l'huile ensemble dans une poêle. Mettez-y à revenir les oignons pendant 5 minutes en les remuant fréquemment. Retirez-les de la poêle avec une écumoire.

3. Dans la graisse de la poêle, faites cuire à feu vif les tranches de viande pendant 2 minutes sur chaque face. Ajoutez la dernière cuillerée de beurre, le sel, le poivre, le vin, l'eau, le persil et les oignons. Faites cuire encore 4 minutes, tournez la viande une fois au cours de cette dernière cuisson et servez bien chaud.

MON SECRET : *Je demande au boucher des tranches de rumsteck, tendres et pas grasses.*

STEAKS SURPRISE

860 calories

Des croque-steaks originaux et nourrissants.

Préparation : 15 minutes
Cuisson : 8 minutes

Pour 6 personnes :

6 tranches de filet de bœuf de 1 cm 1/2 d'épaisseur environ
6 tranches de jambon cuit
6 tranches fines de gruyère
1/3 de tasse de farine
2 œufs
1/2 tasse de chapelure
5 cuillerées à soupe de beurre
sel, poivre noir fraîchement moulu

1. Coupez les tranches de viande dans le sens de l'épaisseur en les laissant attachées par une extrémité. Ouvrez ces steaks comme un livre et glissez une tranche de jambon et une tranche de fromage l'une sur l'autre. Rabattez le côté ouvert et reconstituez la tranche en appuyant bien sur le bord. Salez, poivrez.

2. Passez les tranches de viande ainsi préparées dans la farine.

3. Battez les œufs et passez-y les tranches de viande.

4. Passez-les ensuite dans la chapelure.

5. Faites fondre le beurre dans une poêle, mettez-y à cuire les tranches de viande farcies et panées pendant 8 minutes ou un peu moins si vous voulez une viande un peu plus saignante. Retournez à mi-cuisson.

MON SECRET : *Je remplace parfois le gruyère par des lamelles de chester.*

STEAKS AU VERMOUTH

740 calories

La saveur amère d'un bon vermouth mêlée aux sucs de la viande.

Préparation : 5 minutes
Cuisson : 8 minutes

Pour 4 personnes :

Steaks de 3 cm
2 cuillerées à soupe de beurre
1/2 tasse d'olives vertes dénoyautées coupées en tranches
1/2 cuillerée à café de sel
1/4 de tasse de vermouth sec
1/4 de tasse de crème fraîche
poivre noir fraîchement moulu

1. Faites fondre le beurre dans une poêle sur feu vif. Mettez-y les tranches de viande et les olives. Faites cuire à feu vif 2 minutes sur chaque face en secouant la poêle. Salez alors et poivrez la viande.

2. Ajoutez dans la poêle le vermouth et la crème. Faites cuire à feu plus doux pendant 4 minutes.

3. Mettez les tranches de viande sur un plat de service chaud, nappez de la sauce de cuisson et servez aussitôt.

MON SECRET : *Je hache grossièrement les olives : quand je suis pressée, c'est plus rapide que de les couper en rondelles.*

TOURNEDOS AU CALVADOS

650 calories

Sautés au beurre, flambés au calvados et nappés de crème.

Préparation : 5 minutes
Cuisson : 10 minutes

Pour 4 personnes :

4 tournedos dans le filet
100 g de crème fraîche
1 verre à liqueur de calvados
80 g de beurre
sel, poivre

1. Faites fondre 80 g de beurre dans une poêle sur feu vif. Dès qu'il commence à grésiller, mettez-y les tournedos. Laissez-les cuire 3 minutes sur chaque face.

2. Salez, poivrez, versez dans la poêle un verre à liqueur de calvados et flambez-le.

3. Ajoutez aussitôt 100 g de crème fraîche. Tournez la sauce pour bien mélanger. Servez immédiatement les tournedos nappés de cette sauce.

MON SECRET : *Excellent avec des cœurs de céleri braisés.*

TOURNEDOS AU CALVADOS ET AUX POMMES C

740 calories

Les tournedos sont flambés au calvados, installés sur un lit de pommes-fruits rissolées, et nappés de crème.

Préparation : 10 minutes
Cuisson :
10 minutes pour les pommes
5 à 8 minutes pour les tournedos

Pour 4 personnes :

4 tournedos de 175 g dans le filet (de 1,5 à 2 cm d'épaisseur)
6 pommes
100 g de crème fraîche (1 petit pot)
1 verre à liqueur de calvados
125 g de beurre
sel, poivre

1. Pelez et coupez les pommes en lamelles pas trop fines.

2. Faites fondre dans une poêle la moitié du beurre, versez-y les pommes que vous ferez rissoler et cuire 10 minutes. Secouez la poêle pour remuer les pommes sans les toucher, afin d'éviter de les défaire.

3. Faites fondre le reste du beurre dans une autre poêle. Lorsqu'il est très chaud, saisissez les tournedos que vous laisserez cuire quelques minutes de chaque côté, selon goût.

4. Lorsqu'ils sont à point, salez et poivrez et arrosez avec le calvados que vous ferez flamber dans la poêle.

5. Disposez les pommes dorées au beurre dans un plat chaud. Rangez dessus les tournedos. Versez dans la poêle la crème et versez cette sauce sur le plat. Servez aussitôt.

MON SECRET : *A la saison, je sers en même temps une purée d'oseille dont la légère acidité forme un contraste savoureux avec la douceur des pommes.*

TOURNEDOS AUX CHAMPIGNONS C

405 calories

Dans une sauce au madère.

Préparation : 15 minutes
Cuisson :
5 minutes pour la viande
5 minutes pour la garniture

Pour 6 personnes :

6 tournedos de 160 g
6 tranches fines de pain de mie rassis
150 g de beurre

1. Nettoyez et émincez les champignons.

2. Faites fondre dans une grande poêle la moitié du beurre. Faites-y dorer les tranches de pain, des deux côtés, assez rapidement, et tenez-les au chaud sur le plat de service.

3. Remettez le reste du beurre dans la poêle et faites-le chauffer sur feu très vif. Lorsqu'il est très chaud, mettez les tournedos à griller 2 à 3 minutes de chaque côté et déposez-les sur les croûtons de pain, sans verser le jus de cuisson.

400 g de champignons
1 verre de madère
sel, poivre

4. Remettez dans la poêle les champignons, faites-les dorer rapidement, puis arrosez-les avec le madère. Laissez cuire tout doucement pendant 5 minutes. Salez en fin de cuisson.

5. Répartissez les champignons sur les tournedos et nappez de sauce. Servez très chaud.

MON SECRET : *Xérès ou porto conviennent également.*

TOURNEDOS CHASSEUR

530 calories

Sautés à l'huile avec des champignons et des aromates.

Préparation : 10 minutes
Cuisson : 10 minutes

Pour 4 personnes :

4 tournedos
4 échalotes
2 oignons
150 g de champignons de Paris
1 branchette de thym
4 branches de persil
4 cuillerées à soupe d'huile
sel, poivre

1. Hachez ensemble les échalotes, les oignons et le persil. Ajoutez les feuilles de thym.

2. Pelez les champignons. Coupez-les en lamelles.

3. Mettez la moitié de l'huile dans une poêle, sur feu moyen. Quand l'huile est chaude, versez-y le hachis et les champignons. Salez, poivrez. Laissez revenir doucement 5 à 8 minutes en tournant fréquemment.

4. Badigeonnez les tournedos avec le restant de l'huile. Mettez-les à griller sur la flamme vive 2 à 3 minutes de chaque côté. Salez et poivrez en fin de cuisson.

5. Servez-les entourés du hachis et des champignons.

MON SECRET : *Pour détacher les feuilles de la branchette de thym, il suffit de la faire glisser entre le pouce et l'index.*

TOURNEDOS AU MADÈRE

C

700 calories

Poêlés et nappés de crème au madère.

Préparation : 5 minutes
Cuisson : 10 minutes

Pour 4 personnes :

4 tranches de filet épaisses de 2 doigts

1. Chauffez le beurre dans la poêle sur feu vif.

2. Quand il grésille, mettez les tournedos. Laissez cuire 3 minutes sur chaque face, salez, poivrez.

3. Retirez les tournedos et mettez-les de côté sur un plat chaud.

4. Versez dans la poêle le madère et la crème.

minimum (150 g pièce)
75 g de beurre
1/2 verre à bordeaux de madère
120 g de crème fraîche
sel, poivre

Mélangez bien. Chauffez 3 minutes. Nappez les tournedos avec cette sauce. Servez aussitôt.

MON SECRET : *Cette sauce classique pour les tournedos peut être préparée pour un filet entier rôti en mélangeant crème et madère au jus de cuisson.*

TOURNEDOS AUX OLIVES C

530 calories

Poêlés au beurre d'anchois et garnis de tomates et d'olives noires.

Préparation : 5 minutes
Cuisson : 10 minutes

Pour 4 personnes :

4 tournedos (180 g chacun)
4 belles tomates
16 olives noires
4 cuillerées à soupe de crème d'anchois
4 cuillerées à soupe d'huile
sel, poivre

1. Versez dans une poêle la moitié de l'huile. Chauffez. Mettez les tomates coupées en trois dans le sens de l'épaisseur. Salez. Poivrez. Laissez cuire sur feu vif. Vous les retournerez en cours de cuisson (10 minutes en tout).
2. Dans une seconde poêle, chauffez le restant d'huile.
3. Badigeonnez les tournedos de crème d'anchois.
4. Mettez-les dans la poêle très chaude. Cuisez-les 3 minutes sur chaque face. Ne les salez pas. Poivrez-les. En fin de cuisson, ajoutez les olives dans la poêle.
5. Servez les tournedos très chauds avec la garniture de tomates poêlées et la sauce de cuisson contenant les olives noires.

MON SECRET : *Huile d'olive, bien sûr, pour la cuisson.*

TOURNEDOS AU POIVRE VERT C

500 calories

En robe de crème, poivre vert et rhum.

Préparation : 15 minutes
Cuisson : 15 minutes

Pour 4 personnes :

4 tournedos de 180 g environ chacun
1 petit verre de rhum

1. Chauffez le beurre et l'huile dans une poêle. Quand le mélange est chaud, faites dorer les tournedos des deux côtés pendant 5 à 8 minutes suivant le goût.
2. Egouttez le contenu de la boîte de poivre vert. Hachez-le grossièrement. Disposez-le sur les tournedos bien dorés. Arrosez avec le rhum et flambez.

1 petite boîte
de poivre vert
2 cuillerées à soupe
de crème fraîche
25 g de beurre
1 cuillerée à soupe
d'huile
sel

3. Placez les tournedos sur le plat de service chaud. Versez la crème fraîche dans le jus de cuisson, mélangez bien, amenez à ébullition quelques instants. Nappez les tournedos avec la sauce.

MON SECRET : *Essayez le poivre vert surgelé, en sachet. Il est aussi bon que le poivre vert frais.*

TOURNEDOS AUX POIVRONS

520 calories

Des tranches de bœuf poêlées, servies sous une purée de poivrons, tomates et oignons.

Préparation : 15 minutes
Cuisson : 45 minutes

Pour 6 personnes :

1,200 kg de filet de bœuf
2 cuillerées à soupe
d'huile
2 oignons
750 g de tomates
3 poivrons rouges
ou verts
1 gousse d'ail
2 cuillerées à soupe
de beurre
sel, poivre noir
fraîchement moulu

1. Plongez les tomates pendant 30 secondes dans de l'eau bouillante, égouttez-les, pelez-les et coupez-les en petits dés.

2. Pelez la gousse d'ail et émincez-la en lamelles fines.

3. Ouvrez les poivrons en deux, enlevez la queue et les graines et coupez-les en lanières de 1 cm environ d'épaisseur.

4. Coupez le filet de bœuf en tranches de 1 cm d'épaisseur environ.

5. Pelez les oignons et émincez-les en tranches minces.

6. Faites chauffer l'huile dans une poêle sur feu assez vif, mettez-y à dorer les oignons pendant 10 minutes en les remuant fréquemment. Ajoutez les dés de tomates et laissez cuire à feu doux pendant 5 minutes. Ajoutez les poivrons, le sel, le poivre et l'ail. Laissez cuire de nouveau à feu doux pendant 20 minutes.

7. Dans une autre poêle, faites fondre le beurre. Mettez-y à dorer la viande sur chaque face à feu vif pendant 2 ou 3 minutes. Versez la préparation des tomates et des poivrons sur la viande et laissez cuire encore 2 minutes environ. Servez bien chaud.

MON SECRET : *Si vous en aimez la saveur, augmentez la quantité d'ail, jusqu'à trois gousses.*

MOUTON

AGNEAU A L'ANTIBOISE C

950 calories

Un train de côtes grillé aux tomates et aux anchois.

Préparation : 5 minutes
Cuisson : 25 minutes

Pour 4 personnes :

1 train de côtes d'agneau de 1 kg (demandez à votre boucher de faire une entaille à la base, entre les côtelettes)
1 tube de pâte d'anchois
5 cuillerées d'huile d'olive
6 tomates
3 gousses d'ail
persil
sel, poivre

1. Allumez le four à thermostat 7.
2. Dans un bol, mélangez un tube de pâte d'anchois avec 2 cuillerées à soupe d'huile d'olive.
3. Avec un pinceau, enduisez le train de côtes du mélange huile-anchois.
4. Mettez les côtes dans un plat à four et laissez cuire pendant 25 minutes.
5. Pendant ce temps, lavez et essuyez 6 tomates, coupez-les en deux. Hachez 3 gousses d'ail et le persil.
6. Dans une poêle, faites chauffer 3 cuillerées à soupe d'huile d'olive, mettez les demi-tomates dans l'huile bien chaude, côté bombé contre la poêle. Retournez-les au bout de 5 minutes. Laissez cuire à nouveau 5 minutes. Retournez-les encore une fois et parsemez-les d'ail et de persil hachés. Maintenez sur feu extrêmement doux.
7. Retirez le train de côtes du four et posez-le sur un plat préalablement chauffé. Servez entouré de tomates.

MON SECRET : *Saison de l'agneau : mi-mars à fin mai. L'agneau de lait est vendu par les volaillers, l'agneau des champs par le boucher. Le premier a une chair plus délicate, le second a une saveur plus parfumée.*

BLANQUETTE D'AGNEAU

840 calories

Une viande tendre dans une sauce crémeuse.

Préparation : 15 minutes
Cuisson : 50 minutes

Pour 4 personnes :

1,250 kg de collier d'agneau (ou mieux de hauts de côtes)

1. Dans une cocotte, faites revenir au saindoux le collier d'agneau coupé en morceaux.
2. Lorsque la viande est bien dorée, retirez les morceaux.
3. Dans la même cocotte, faites fondre le beurre, saupoudrez avec la farine, remuez, puis mouillez avec 2 verres d'eau. Remettez les morceaux de viande dans la cocotte, ajou-

1 oignon piqué d'un clou de girofle
1 cuillerée à soupe de saindoux
1 cuillerée à soupe de farine
1 noix de beurre
1 jaune d'œuf
1 bouquet garni
1 cuillerée à soupe de crème fraîche
sel, poivre

tez l'oignon piqué, le bouquet garni, et assaisonnez.

4. Couvrez la cocotte et laissez cuire à feu moyen plutôt doux pendant 50 minutes.
Au moment de servir, liez la sauce, hors du feu, avec le jaune d'œuf délayé dans la crème fraîche.

MON SECRET : *Je mets parfois dans la cocotte 4 ou 5 gousses d'ail. Mais alors, en faisant la sauce, je remplace la crème par du lait.*

CARRÉ D'AGNEAU A LA PROVENÇALE

1 050 calories

Badigeonné d'huile aromatisée et rôti au four avec une garniture de flageolets et de champignons.

Préparation : 15 minutes
Cuisson : 20 à 25 minutes

Pour 4 personnes :

1 carré d'agneau de pré-salé de huit belles côtes (1 kg environ)
1 verre à moutarde de vin blanc
1 verre à moutarde de crème fraîche
1 petit verre à liqueur de cognac
4 cuillerées à soupe d'huile
2 gousses d'ail
1 branche de romarin
3 noix de beurre
sel, poivre

Garniture :
1 boîte de 500 g de flageolets au naturel

1. Epluchez les gousses d'ail et coupez-les en fines lamelles. A l'aide d'un couteau bien tranchant, faites des entailles profondes dans le carré d'agneau, entre chaque côtelette. Glissez dans ces entailles les lamelles d'ail.

2. Prenez un plat allant au four. Enduisez le fond avec l'huile. Versez dans un bol 3 cuillerées et demie à soupe d'huile et badigeonnez-en la viande en utilisant une branche de romarin comme pinceau. Mettez au four. Salez, poivrez. Il faut compter environ 12 minutes de cuisson par livre si vous aimez l'agneau encore un peu rosé, 15 minutes si vous le préférez à point.

3. Pendant que le carré cuit, nettoyez les champignons, coupez leur extrémité terreuse, plongez-les quelques minutes dans l'eau froide pour bien les débarrasser de leur sable. Puis essorez-les sans les briser dans un torchon. Coupez-les en lamelles dans le sens de la hauteur.

4. Dans une cocotte, faites fondre le beurre. Ajoutez-y les champignons 5 minutes. Ouvrez une boîte de flageolets. Rincez-les sous l'eau tiède et ajoutez-les dans la cocotte avec les

250 g de champignons de Paris
3 noix de beurre
1 bouquet de cresson
sel, poivre

champignons. Salez, poivrez, laissez chauffer 4 minutes à feu doux.

5. Le carré est cuit : déposez-le dans un plat tenu au chaud. Dans le plat de cuisson, versez un verre à moutarde de vin blanc et un petit verre à liqueur de cognac. Raclez le fond du plat avec une cuiller en bois pour que les sucs de viande se mélangent bien à la sauce. Ajoutez alors la crème fraîche, faites réchauffer 2 minutes sans laisser bouillir, sur feu doux. Versez la sauce dans une saucière.

6. Autour du carré, mettez les flageolets mélangés aux champignons. Disposez quelques branches de cresson. Servez aussitôt avec la sauce en saucière.

MON SECRET : *J'enlève toujours le germe ou « remords » des gousses d'ail qui est indigeste pour certaines personnes. L'agneau, servi rosé, est infiniment plus savoureux que s'il est cuit « à cœur ».*

COTES D'AGNEAU AU BARBECUE

470 calories

Marinées à l'huile d'olive et aux aromates, puis grillées.

Préparation et cuisson : 15 minutes + 12 heures de marinade

Pour 6 personnes :

6 côtes d'agneau bien épaisses
1 verre d'huile d'olive
2 gousses d'ail
2 feuilles de laurier
1 cuillerée à soupe de thym effeuillé
sel, poivre

1. La veille, mettez dans le verre d'huile d'olive le thym, le laurier, les gousses d'ail épluchées entières ; salez fortement. Laissez macérer.

2. Avant de mettre les côtes à cuire, badigeonnez-les de ce mélange dont vous aurez retiré les gousses d'ail.

3. Faites cuire sur le gril, à braises moyennes. Retournez les côtes deux fois de chaque côté en les arrosant chaque fois d'un peu d'huile aromatisée. Selon l'épaisseur des côtes, comptez 4 à 5 minutes de cuisson pour chaque face. Poivrez après cuisson.

MON SECRET : *Garniture idéale : de jeunes courgettes coupées en rondelles sautées à l'huile (15 à 20 minutes) à feu vif, à la poêle, et persillées au moment de servir.*

COTES D'AGNEAU CHAMPVALLON

580 calories

Un gâteau de pommes de terre et d'agneau doré au four.

Préparation : 15 minutes
Cuisson : 1 heure

Pour 4 personnes :

4 côtes d'agneau
800 g de pommes de terre
60 g de beurre
3 oignons
2 gousses d'ail
1 cube de concentré de bouillon de bœuf
1 bouquet garni
sel, poivre

1. Pelez les pommes de terre et les oignons. Coupez-les en rondelles minces.
2. Faites dorer les côtes d'agneau sur leurs deux faces, dans le beurre, à la poêle, pendant 6 à 8 minutes. Retirez-les de la poêle.
3. Mettez à leur place les oignons et les pommes de terre mélangés. Laissez-les prendre couleur. Salez et poivrez.
4. Mettez la moitié des légumes dans le fond d'un plat allant au four. Posez les côtelettes dessus ainsi que l'ail et le bouquet garni. Recouvrez avec le restant des légumes.
5. Délayez le cube de concentré de bouillon dans un demi-litre d'eau chaude. Versez dans le plat. Couvrez. Faites cuire à feu doux 50 minutes. Servez dans le plat de cuisson.

MON SECRET : *La saison de l'agneau est brève. La saveur est moins fine mais le plat excellent quand même avec des côtes de mouton.*

COTES D'AGNEAU A LA RATATOUILLE

550 calories

Très légères ces côtes grillées servies sur un fond de ratatouille.

Préparation : 5 minutes
Cuisson : 30 minutes

Pour 4 personnes :

2 fois 4 côtes d'agneau non séparées
1 cuillerée à soupe d'huile
1 paquet de ratatouille surgelée
sel, poivre

1. Faites chauffer le four.
2. Posez le bloc de ratatouille dans un plat et mettez-le au four.
3. Placez les côtes d'agneau sur la grille du four. Enduisez-les d'huile, salez, poivrez et mettez dans le four juste au-dessus du plat de ratatouille.
4. Faites cuire à four moyen 30 minutes environ. Le jus de la viande tombera dans la ratatouille et la parfumera.
5. Dressez les côtes d'agneau sur un plat de service accompagnées de la ratatouille.

MON SECRET : *La ratatouille surgelée est l'une des grandes réussites de ce moderne procédé de conservation. N'hésitez pas à l'employer.*

COTES DE MOUTON GRILLÉES

510 calories

L'intérieur saignant, l'extérieur presque croustillant.

Préparation : 5 minutes
Cuisson : 10 minutes

Pour 6 personnes :

6 côtelettes de mouton
1 cuillerée à soupe d'huile
60 g de beurre
1 cuillerée à soupe de persil haché
sel, poivre

1. Faites chauffer le gril assez longtemps à l'avance pour que la viande soit bien saisie.

2. Badigeonnez les côtelettes d'huile à l'aide d'un pinceau, ou d'une branche de thym.

3. Mettez-les sur le gril bien chaud de 2 à 4 minutes de chaque côté, suivant l'épaisseur.

4. Disposez sur un plat chaud, salez et poivrez-les.

5. Posez sur chaque côtelette une noisette de beurre malaxé avec le persil haché et servez chaud.

MON SECRET : *Je choisis de préférence pour les griller des côtes secondes, toute petites, avec manche incurvé. Il en faut deux par personne.*

COTES DE MOUTON AUX OIGNONS

530 calories

Des côtelettes saisies au gril et servies sur une purée d'oignons.

Préparation : 15 minutes
Cuisson :
5 minutes pour la viande
30 minutes pour la garniture

Pour 6 personnes :

6 côtelettes de mouton de 1,5 à 2 cm d'épaisseur
10 à 15 oignons (selon grosseur)
1/2 litre de sauce Béchamel (voir recette page 156)
sel, poivre
1 cuillerée à soupe d'huile

1. Pelez les oignons et jetez-les dans une casserole d'eau bouillante salée pendant 20 minutes (jusqu'à ce qu'ils puissent s'écraser facilement).

2. Pendant ce temps, préparez une béchamel à base d'un demi-litre de lait.

3. Egouttez les oignons et passez-les à la moulinette. Incorporez-les à la sauce. Salez largement. Poivrez.

4. Remettez sur feu doux et laissez mijoter encore 10 minutes.

5. Pendant ce temps, faites chauffer votre gril et cuisez les côtelettes (entre 2 et 4 minutes de cuisson de chaque côté).

6. Versez la sauce en un lit au fond du plat de service. Posez dessus les côtelettes grillées et servez aussitôt.

MON SECRET : *J'enduis les côtelettes d'huile mélangée à un cocktail d'épices qui parfument légèrement la viande.*

COTES DE MOUTON POÊLÉES

425 calories

Des côtelettes dorées à la poêle dans l'huile et le beurre.

Pas de préparation
Cuisson : 10 minutes

Pour 6 personnes :

6 côtelettes de 1,5 à 2 cm d'épaisseur
1 cuillerée à soupe d'huile
40 g de beurre
sel, poivre

1. Mettez une grande poêle sur feu vif avec l'huile. Lorsqu'elle est bien chaude, ajoutez le beurre et attendez qu'il bouillonne.

2. Ajoutez les côtelettes et faites-les dorer de chaque côté entre 2 et 4 minutes selon épaisseur et selon goût.

3. Mettez dans un plat, versez le jus de cuisson, salez, poivrez et servez sans attendre.

MON SECRET : *Prenez des côtes premières (avec noix de viande et manche droit) ou des « mutton chops » dans le filet.*

COTELETTES D'AGNEAU EN PAPILLOTES

C

640 calories

Une façon raffinée de préparer des côtes d'agneau.

Préparation : 30 minutes
Cuisson : 45 minutes

Pour 4 personnes :

4 côtelettes d'agneau d'un bon centimètre d'épaisseur environ
8 girolles ou, à défaut, 8 champignons de Paris
2 cuillerées à soupe d'huile d'olive
3 oignons
1 pincée de noix muscade
2 cuillerées à soupe de beurre
8 tranches de jambon cuit
sel, poivre noir fraîchement moulu

1. Nettoyez les champignons et hachez-les grossièrement.

2. Pelez les oignons et hachez-les finement.

3. Salez et poivrez la viande.

4. Faites chauffer l'huile dans une poêle, mettez-y à revenir les oignons pendant 5 minutes puis ajoutez les champignons et la noix muscade ; laissez cuire à feu très doux pendant 10 minutes. Laissez refroidir 5 minutes.

5. Coupez 4 feuilles de papier d'aluminium ménager d'une dimension suffisante pour envelopper complètement la viande. Enduisez chaque feuille d'aluminium de beurre, posez dessus une tranche de jambon, recouvrez du hachis d'oignons et champignons, mettez une côtelette, couvrez avec une seconde tranche de jambon ; enveloppez avec le papier de façon à former un paquet bien fermé. Placez les côtelettes ainsi enveloppées sur la plaque du four et faites cuire pendant 45 minutes à thermostat 6. Servez dans les papillotes.

MON SECRET : *Je ne pèle jamais les champignons. Ils sont ainsi beaucoup plus savoureux.*

Tripes. *(Recette page 588)*

Cervelles panées. *(Recette page 565)*

Fondue bourguignonne. *(Recette page 599)*

Blanquette de veau à l'ancienne. *(Recette page 532)*

ÉPAULE D'AGNEAU FARCIE

805 calories

Moelleuse et savoureusement aromatisée.

Préparation : 20 minutes
Cuisson : 1 h 40

Pour 6 personnes :

1,200 kg d'épaule d'agneau
200 g de viande de veau ou de porc
100 g de lard maigre
150 g de mie de pain trempée dans le lait
1 œuf
2 gousses d'ail
2 ou 3 brins de persil
sel, poivre
noix muscade

Pour la cuisson :
1/2 verre d'huile
1/2 verre de bouillon ou d'eau
1 oignon
1 tomate
sel, poivre

1. Faites désosser l'épaule par votre boucher en laissant seulement adhérer l'os du manche.

2. Préparez la farce : hachez la viande de veau ou de porc ainsi que le lard. Mélangez-la à la mie de pain trempée et essorée. Ajoutez l'ail et le persil hachés, l'œuf entier et assaisonnez : sel, poivre, noix muscade râpée.

3. Mélangez bien le tout et farcissez-en l'épaule préparée. Cousez-la pour bien enfermer la farce.

4. Dans une cocotte, faites chauffer l'huile et mettez l'épaule à dorer à feu doux. Ajoutez l'oignon, la tomate et mouillez avec le bouillon ou l'eau.

5. Assaisonnez, couvrez la cocotte et continuez la cuisson à feu moyen pendant 1 h 40.

MON SECRET : *En même temps que le bouillon ou l'eau, j'ajoute dans la cocotte une cuillerée à soupe de bon vinaigre de vin.*

FILET DE MOUTON AUX MARRONS

820 calories

Une viande tendre et des marrons imprégnés de bon jus.

Préparation : 5 minutes
Cuisson : 15 à 20 minutes par 500 g

Pour 6 personnes :

1,500 kg de filet (morceau de selle que vous ferez désosser et ficeler en forme de rôti

1. Allumez le four (thermostat 8).

2. Placez le filet dans un plat à four, salez et poivrez abondamment sur toutes ses faces et versez dans le fond du plat un demi-verre d'eau froide.

3. Mettez à four très chaud et laissez cuire 30 minutes si vous aimez la viande très saignante, 45 minutes si vous l'aimez rosée.

4. Quinze minutes avant la fin de la cuisson, ouvrez la boîte de marrons et égouttez-en le

par votre boucher)
1 boîte 4/4 de marrons au naturel (entiers)
sel, poivre

contenu. Disposez les marrons dans le plat du rôti, autour du filet, et laissez-les réchauffer dans le jus du mouton.

5. Servez le rôti découpé en tranches et entouré de sa garniture.

MON SECRET : *Je pique de gousses d'ail, comme un gigot.*

GIGOT D'AGNEAU AU FOUR

460 calories

Généreusement piqué d'ail, un régal.

Préparation : 10 minutes
(+ 1 heure de repos)
Cuisson : 1 heure

Pour 6 personnes :

1 gigot d'agneau de 2 kg
1 branchette de romarin
6 gousses d'ail
1/2 tasse de beurre fondu
1 cuillerée à bouche de sel
poivre noir fraîchement moulu

1. Pelez les gousses d'ail et hachez-les grossièrement.

2. Effritez le romarin.

3. Mélangez l'ail, le poivre, le sel et le romarin. Frottez le gigot avec cette préparation et laissez-le reposer une heure.

4. Mettez-le sur une grille au-dessus d'un plat à rôtir et faites-le cuire à four chaud (thermostat 6) une heure environ tout en l'arrosant fréquemment en cours de cuisson avec du beurre fondu.

MON SECRET : *J'ajoute parfois au romarin quelques feuilles de thym. Les deux parfums font un très bon mariage.*

GIGOT A L'ANGLAISE

840 calories

Bouilli mais saignant, avec un beurre fondu aux câpres.

Préparation : 10 minutes
Cuisson : 15 minutes par 500 g

Pour 6 personnes :

1 gigot de 1,800 kg (dont vous avez fait raccourcir l'os

1. Si la couche de graisse qui entoure le gigot est supérieure à quelques millimètres, retirez-en une partie.

2. Faites bouillir dans un grand fait-tout 3 à 4 litres d'eau salée (à raison de 2 cuillerées à café rases de gros sel par litre) avec les légumes entiers que vous aurez pelés (carottes, oignons et céleri). Poivrez et mettez le bouquet garni.

par votre boucher)
1 branche de céleri
2 à 3 carottes
(selon grosseur)
2 à 3 oignons
1 bouquet garni
sel, poivre

Pour la sauce :
150 g de beurre
100 g de câpres

3. Jetez le gigot dans l'eau bouillante. Maintenez sur feu vif jusqu'à reprise de l'ébullition et réduisez le feu pour n'obtenir qu'un doux frémissement. Laissez cuire ainsi pendant trois quarts d'heure.

4. Quelques minutes avant la fin de la cuisson, préparez une sauce en faisant fondre le beurre sans le laisser cuire. Ajoutez les câpres et servez en saucière.

5. Egouttez la viande et servez-la découpée sur un plat entourée des légumes du bouillon.

MON SECRET : *Je mets dans le bouillon une douzaine de grains de poivre.*

GIGOT EN COCOTTE

855 calories

Cuisson lente et longue, donc viande non saignante mais moelleuse.

Préparation : 15 minutes
Cuisson : 50 minutes par 500 g

Pour 6 personnes :

1 gigot de 2 kg
(dont vous avez fait raccourcir l'os par votre boucher)
100 g de couennes
150 g de bardes de lard
2 ou 3 carottes
1 oignon
2 verres de vin blanc sec
100 g de beurre
1 cuillerée à soupe de fécule de pomme de terre
sel, poivre

1. Dans une grande cocotte, faites chauffer le beurre dans lequel vous ferez dorer le gigot sur toutes ses faces.

2. Retirez le gigot et tapissez le fond de la cocotte avec les bardes de lard et les couennes. Remettez la viande. Ajoutez les carottes et l'oignon coupés en rondelles, arrosez avec le vin blanc, salez et poivrez.

3. Ajustez bien le couvercle de la cocotte et mettez à petit feu pour 2 h 30.

4. Au moment de servir, sortez le gigot et découpez-le. Filtrez le jus de cuisson et versez-le peu à peu dans un bol contenant la fécule délayée dans un peau d'eau froide. Remettez quelques minutes sur le feu en tournant sans arrêt et servez en saucière avec la viande.

MON SECRET : *Il m'arrive de piquer d'ail le gigot ainsi braisé. Je roule alors les gousses d'ail dans les herbes de Provence séchées.*

GIGOT AU FOUR

650 calories

Aillé, doré, saignant ou rosé.

Préparation : 5 minutes
Cuisson :
8 minutes par 500 g si vous aimez la viande saignante
15 minutes par 500 g si vous l'aimez rosée

Pour 6 à 8 personnes :

1 gigot de 2 kg (faites raccourcir l'os par le boucher)
5 gousses d'ail
sel, poivre

---

1. Parez le gigot : si la couche de graisse qui l'entoure dépasse 1 cm, enlevez-en une partie à l'aide d'un couteau bien aiguisé.
2. Allumez votre four (thermostat 7/8).
3. Introduisez une gousse d'ail épluchée à la naissance du manche. Posez le gigot dans un plat à four, salez et poivrez largement. Mettez dans le fond du plat 4 gousses d'ail épluchées.
4. Mettez à four chaud de 25 minutes à 1 heure, en l'arrosant de temps en temps et en le retournant à mi-cuisson.
5. Découpez et servez très chaud avec le jus en saucière.

MON SECRET : *Les gousses d'ail mises dans le plat parfument la sauce de cuisson et aussi la viande qui en est arrosée.*

GIGOT AU GENIÈVRE

1 540 calories

Servi sur un lit de choucroute.

Préparation : 10 minutes
Cuisson : 15 minutes par livre

Pour 6 personnes :

1 gigot d'agneau
2 cuillerées à soupe de grains de genièvre
80 g de beurre
1 kg de choucroute cuite
1 verre de vin blanc sec
1 verre de bouillon
sel, poivre

---

1. Piquez le gigot avec une douzaine de grains de genièvre.
2. Beurrez le gigot et mettez-le à cuire à four vif 15 minutes par livre. En cours de cuisson, arrosez-le avec un peu de bouillon.
3. Après une demi-heure de cuisson, ajoutez au jus de cuisson le reste des grains de genièvre, salez et poivrez le gigot. Finissez la cuisson en continuant d'arroser de temps en temps.
4. Pendant cette fin de cuisson, faites réchauffer la choucroute avec le vin blanc. Servez le gigot avec cette choucroute et la sauce à part.

MON SECRET : *Je frotte d'ail le plat dans lequel cuira le gigot.*

MIXED GRILL

1 000 calories

D'excellentes brochettes d'agneau, porc, tomates et champignons.

Préparation : 15 minutes
Cuisson : 10 minutes

Pour 4 personnes :

4 petites côtelettes d'agneau
150 g de foie de veau
4 gros champignons de Paris
4 chipolatas
4 tranches de lard fumé
4 petites tomates
4 rognons d'agneau
2 cuillerées à soupe d'huile
sel, poivre

1. Nettoyez les champignons.
2. Ouvrez les rognons en deux.
3. Coupez le foie de veau en 4 morceaux.
4. Enfilez sur des brochettes. Sur chacune : un rognon, une saucisse, une côtelette, une tranche de lard fumé, une tomate, un champignon. Salez, poivrez, arrosez d'huile.
5. Faites cuire directement sur le gril 10 minutes. Servez aussitôt.

MON SECRET : *Ces brochettes sont classiquement servies avec du cresson et des pommes paille. Mais j'aime bien les accompagner de ratatouille ou de tranches d'aubergines frites.*

NAVARIN

595 calories

Du mouton et des légumes intimement mijotés.

Préparation : 25 minutes
Cuisson : 2 heures

Pour 6 personnes :

1,500 kg de mouton coupé en morceaux (côtes découvertes ou haut de côtes)
1 kg de navets
3 carottes
2 cuillerées à soupe de farine
60 g de beurre
1/2 litre de bouillon

1. Dans une grande cocotte, mettez le beurre fondre sur feu assez vif et faites-y revenir les oignons entiers, les morceaux de mouton et les carottes coupées en rondelles. Faites sauter quelques instants pour que tout soit bien doré.
2. Saupoudrez avec la farine et remuez sans arrêt en réduisant un peu le feu, jusqu'à ce que la farine roussisse. Ajoutez alors le bouillon chaud, salez, poivrez et mettez le bouquet garni. Réduisez encore le feu, couvrez et laissez mijoter 1 heure.
3. Ajoutez alors les navets épluchés et coupés en quartiers et laissez cuire doucement encore 1 heure.

2 oignons
1 bouquet garni
sel, poivre

4. Versez dans un plat creux, retirez le bouquet garni et servez très chaud.

MON SECRET : *Au printemps, je prépare cette recette avec des carottes et des navets nouveaux ; je mets une bonne douzaine de petits oignons, nouveaux eux aussi, et des petits pois. C'est délicieux.*

RAGOUT DE MOUTON AUX ARTICHAUTS

730 calories

Quartier d'artichauts et poitrine de mouton revenus au saindoux.

Préparation : 10 minutes
Cuisson : 2 heures

Pour 4 personnes :

800 g de poitrine de mouton coupée en 12 morceaux
6 oignons
2 gousses d'ail
8 petits artichauts
1 verre de vin blanc
1 cuillerée à soupe de farine
2 tomates
1 bouquet garni
2 cuillerées à soupe de saindoux
sel, poivre

1. Pelez les oignons, coupez-les en quatre. Pelez l'ail.

2. Dans la cocotte, faites chauffer le saindoux. Quand il grésille, mettez la viande et les oignons à dorer une dizaine de minutes puis salez et poivrez.

3. Saupoudrez de farine, tournez vivement, arrosez de vin blanc, tournez de nouveau. Ajoutez l'ail, les tomates coupées en quatre et le bouquet garni. Couvrez et laissez sur feu doux une demi-heure.

4. Pendant ce temps, enlevez les premières feuilles des artichauts, coupez les légumes en quatre et ôtez le foin. Mettez les artichauts dans la cocotte.

5. Laissez cuire encore 1 h 30, toujours sur feu doux. Servez très chaud.

MON SECRET : *Indispensable : de jeunes artichauts de petite taille avec peu de feuilles.*

RAGOUT DE MOUTON A LA TURQUE

710 calories

Un plat complet de lentilles, riz et agneau longuement mijotés ensemble.

Préparation : 15 minutes
(+ 12 heures de trempage)
Cuisson : 2 heures

Pour 4 personnes :

500 g d'épaule d'agneau coupée en gros dés

1. Douze heures avant la cuisson, couvrez les lentilles d'eau froide. Laissez tremper.

2. Deux heures un quart avant de servir, égouttez les lentilles et pelez l'oignon. Hachez-le finement.

3. Faites fondre le beurre dans une cocotte. Faites-y dorer l'oignon, puis ajoutez les lentiles, les dés d'agneau, 1/2 litre d'eau froide,

250 g de lentilles
100 g de riz
1 oignon
50 g de beurre
sel, poivre
1 cuillerée à soupe de vinaigre de vin

sel et poivre en bonne quantité. Couvrez, portez doucement à ébullition et laissez mijoter 1 h 30.

4. A ce moment, ajoutez le riz lavé sous l'eau froide et égoutté dans une passoire fine. Laissez mijoter encore 25 minutes tout doucement.

5. Lorsque le ragoût est cuit, versez un filet de vinaigre et servez bien chaud dans un plat creux.

MON SECRET : *Comme on n'utilise guère le beurre en Turquie, vous pouvez aussi bien faire revenir légumes et viande à l'huile.*

TRANCHES DE MOUTON PANÉES

525 calories

Enrobées de chapelure et dorées dans le beurre.

Préparation : 5 minutes
Cuisson : 8 minutes

Pour 6 personnes :

6 tranches de gigot de 150 g chacune
2 œufs
1 cuillerée à café d'huile
1 paquet de chapelure (100 g)
60 g de beurre
sel, poivre

1. Battez dans une assiette creuse les œufs avec l'huile.

2. Versez dans une autre assiette creuse la chapelure.

3. Trempez les tranches de gigot tour à tour dans l'œuf puis dans la chapelure.

4. Faites fondre le beurre dans une grande poêle et attendez qu'il soit bien chaud avant d'y faire revenir la viande. Cuisez à feu vif 3 à 4 minutes de chaque côté et mettez sur le plat de service.

5. Versez le jus de cuisson sur la viande, salez, poivrez et servez aussitôt.

MON SECRET : *Je frotte d'ail les tranches de viande avant de les cuire.*

PORC

COTES DE PORC BRAISÉES

530 calories

Aromatisées au fenouil.

Préparation : 5 minutes
Cuisson : 30 minutes

Pour 6 personnes :

6 côtes de porc de 2 cm d'épaisseur
1 pincée de graines de fenouil
2 cuillerées à soupe d'huile
1 gousse d'ail
1/2 tasse d'eau bouillante
sel, poivre noir fraîchement moulu

1. Pelez la gousse d'ail, coupez-la en lamelles minces.

2. Assaisonnez les côtes de porc en les saupoudrant de sel, de poivre, de graines de fenouil.

3. Versez l'huile dans une poêle, faites-la chauffer, mettez-y à dorer les côtes à feu vif pendant 3 à 4 minutes de chaque côté. Jetez la graisse de cuisson, remplacez par l'eau et poursuivez la cuisson à feu doux pendant 20 minutes.

MON SECRET : *Servir avec des choux de Bruxelles braisés ou une purée de pommes-fruits bien poivrée.*

COTES DE PORC EN COCOTTE

810 calories

Sur un lit de jambon et de veau, les côtes sont mijotées dans un jus parfumé.

Préparation : 20 minutes
Cuisson : 1 h 30

Pour 6 personnes :

6 côtes de porc de 150 g chacune (faites piquer de fins lardons par votre

1. Salez et poivrez les côtes crues.

2. Faites fondre le beurre, dans une grande poêle, et faites-y revenir les côtes sur feu vif environ 3 minutes de chaque côté.

3. Tapissez le fond d'une cocotte avec les bardes de lard. Recouvrez avec les tranches de jambon et de veau et disposez par-dessus les côtelettes dorées. Ajoutez le bouquet garni, l'oignon piqué de clous de girofle, et

charcutier)
125 g de fines bardes de lard
200 g de jambon (en tranches très fines)
250 g de veau (coupé en très fines tranches)
1/3 de litre de lait
75 g de beurre
1 oignon
2 clous de girofle
1 bouquet garni (persil, thym, laurier)
sel, poivre

arrosez avec le lait. Laissez mijoter à feu doux et à couvert 1 h 30.

MON SECRET : *Avant de les faire revenir à la poêle, je badigeonne les côtes d'un peu de moutarde forte.*

COTES DE PORC AUX DEUX PURÉES

700 calories

Pommes et pommes de terre mêlées en une seule purée accompagnant les côtes dorées à la poêle.

Préparation : 15 minutes
Cuisson : 50 minutes

Pour 4 personnes :

4 côtes de porc
4 grosses pommes de terre
6 pommes reinettes
1 oignon
4 échalotes
2 gousses d'ail
2 cuillerées à soupe d'huile
1/2 verre de lait
2 cuillerées à soupe de farine
sel, poivre

1. Pelez les échalotes et l'ail. Hachez-les ensemble. Pelez l'oignon. Hachez-le.

2. Salez les côtes de porc puis enrobez-les de farine. Faites-les dorer des deux côtés, à la poêle, dans l'huile. Ajoutez le hachis d'échalotes et d'ail, laissez dorer 3 à 4 minutes. Couvrez ensuite et poursuivez la cuisson pendant 20 minutes, sur feu très doux.

3. Faites cuire les pommes de terre non pelées à l'eau bouillante salée. Pelez-les. Passez-les à la moulinette. Ajoutez le lait.

4. Pelez les pommes, coupez-les en quartiers ; faites-les cuire 20 minutes avec un verre d'eau. Passez à la moulinette.

5. Mélangez les deux purées en les battant ensemble avec un fouet.

6. Mettez la purée dans un plat creux. Disposez dessus les côtes de porc. Nappez de la sauce de cuisson. Parsemez d'oignon cru haché.

MON SECRET : *Une compote de pommes en boîte et une purée instantanée permettent de gagner une bonne demi-heure sur le temps de préparation de cette recette.*

COTES DE PORC PANÉES

670 calories

Bien dorées dans une panure au fromage.

Préparation : 10 minutes
Cuisson : 45 minutes

Pour 4 personnes :

4 côtes de porc de 2 bons centimètres d'épaisseur
2 œufs
1/3 de tasse de parmesan râpé
1/3 de tasse de chapelure
2 cuillerées à soupe d'huile
2 cuillerées à soupe de beurre
sel, poivre noir fraîchement moulu

1. Battez les œufs.
2. Mélangez la chapelure et le fromage.
3. Salez et poivrez les côtes de porc, passez-les dans l'œuf battu puis dans le mélange de chapelure et de fromage.
4. Faites chauffer l'huile et le beurre ensemble dans une poêle sur feu assez vif. Quand la matière grasse commence à grésiller, mettez-y à dorer les côtes sur chaque face, pendant 3 à 4 minutes de chaque côté.
5. Mettez les côtes et leur sauce de cuisson dans un plat allant au four et faites cuire à thermostat 5/6 pendant 35 minutes environ. Retournez les côtes deux fois en cours de cuisson.

MON SECRET : *Il faut que les côtes de porc soient très épaisses pour rester moelleuses après cette assez longue cuisson. Vous n'obtiendrez pas un bon résultat avec de minces tranches de viande.*

COTES DE PORC POÊLÉES

520 calories

Dorées au beurre puis cuites à l'étouffée.

Pas de préparation
Cuisson : 25 minutes

Pour 6 personnes :

6 côtes de porc de 150 g chacune
80 g de beurre
sel, poivre

1. Faites fondre le beurre dans une grande poêle et attendez qu'il soit bien chaud pour poser les côtes. Laissez cuire à feu assez vif 7 à 8 minutes de chaque côté. Les côtes doivent être bien dorées.
2. Réduisez le feu, salez, poivrez et laissez encore cuire 10 minutes à couvert.
3. Servez chaud et arrosé du jus de cuisson.

MON SECRET : *Les côtes de porc préalablement marinées sont plus tendres.*

COTES DE PORC AUX POMMES EN L'AIR

625 calories

Cuites au four, sous un lit de pommes.

Préparation : 10 minutes
Cuisson : 40 minutes

Pour 6 personnes :

6 belles côtelettes de porc de 170 g environ chacune
6 pommes reinettes
75 g de beurre
1 citron
sel, poivre

1. Allumez le four thermostat 7.

2. Pelez les pommes et coupez-les en très fines lamelles après en avoir retiré les cœurs. Citronnez-les pour les empêcher de noircir en attendant.

3. Faites fondre 50 g de beurre dans une grande poêle et, lorsqu'il est bien chaud, faites-y revenir les côtes 5 minutes de chaque côté.

4. Disposez les côtes bien dorées dans le fond d'un plat à four. Salez et poivrez largement. Recouvrez avec les pommes émincées. Parsemez de noisettes de beurre.

5. Enfournez et laissez cuire 30 minutes. Servez très chaud dans le plat de cuisson.

MON SECRET : *Pour les amateurs, vous pouvez servir en même temps de la gelée de groseille.*

COTES DE PORC AU RAIFORT

590 calories

Panées et dorées à la poêle, dans une sauce au raifort.

Préparation : 10 minutes
Cuisson : 30 minutes

Pour 4 personnes :

4 côtes de porc
1 cuillerée à soupe de raifort râpé (ou radis noir)
2 cuillerées à soupe de crème fraîche
1 œuf
la moitié d'un paquet de chapelure (50 g)
1/4 de litre de bouillon de viande

1. Battez un œuf dans une assiette et mettez la chapelure dans une autre. Salez les côtes des deux côtés, puis roulez-les d'abord dans l'œuf, ensuite dans la chapelure.

2. Chauffez dans une poêle une cuillerée de saindoux et mettez à dorer les côtes. Prolongez la cuisson 25 minutes environ. Pendant ce temps, faites fondre le reste de saindoux dans une petite casserole et ajoutez le concentré de tomate ainsi que la farine, en tournant avec une cuiller en bois vivement pour obtenir une pâte lisse. Versez le bouillon et remuez sans cesse jusqu'à ce que le mélange épaississe. Ajoutez alors le raifort râpé et laissez bouillir doucement 6 à 7 minutes en remuant de temps en temps.

1 cuillerée à soupe rase de farine
2 cuillerées à soupe de saindoux
1 cuillerée à café de concentré de tomate
sel

3. Retirez du feu et ajoutez la crème en battant vivement.
4. Dressez les côtes sur un plat, nappez-les avec la sauce et servez aussitôt.

MON SECRET : *Au lieu de côtelettes à manche, vous pouvez utiliser des grillades de porc : la cuisson est plus rapide, 15 minutes suffisent.*

COTES DE PORC EN SAUCE A LA MOUTARDE

660 calories

Poêlées et mijotées dans une sauce très relevée.

Préparation : 10 minutes
Cuisson : 30 minutes

Pour 6 personnes :

6 côtes de porc de 170 g chacune environ
60 g de beurre
sel, poivre
1 tasse de crème
3 cuillerées à soupe de moutarde
1 cuillerée à soupe de câpres

1. Mélangez crème, moutarde et câpres.
2. Faites fondre le beurre dans une grande poêle et faites-y revenir les côtelettes 7 à 8 minutes de chaque côté. Poivrez et salez.
3. Couvrez avec la sauce puis laissez mijoter encore 10 à 12 minutes à très petit feu et à couvert.
4. Servez chaud.

MON SECRET : *A accompagner classiquement d'une purée de pommes de terre ou plus originalement d'une purée de céleri-rave.*

COTES DE PORC A LA SAUCE PIQUANTE

550 calories

Panées et arrosées d'une sauce aux câpres.

Préparation : 10 minutes
Cuisson : 30 minutes

Pour 4 personnes :

4 côtes de porc de 1 cm 1/2 environ

1. Battez les œufs, salez-les et poivrez-les.
2. Hachez grossièrement les câpres.
3. Trempez les côtes de porc dans l'œuf battu puis dans la chapelure.
4. Chauffez l'huile dans une poêle, faites-y cuire les côtes 10 minutes sur chaque face. Jetez l'huile de cuisson, mettez dans la poêle

d'épaisseur
2 œufs
1/2 tasse de chapelure
1/4 de tasse d'huile
2 cuillerées à soupe de beurre
2 cuillerées à soupe de câpres
1/3 de tasse de bouillon de bœuf pouvant être préparé avec un cube de concentré
sel, poivre fraîchement moulu

les câpres, le beurre et le bouillon. Faites cuire 10 minutes de plus. Servez les côtes avec leur sauce de cuisson.

MON SECRET : *La cuisson doit être assez vive au début pour dorer la panure, puis rapidement adoucie pour que la viande cuise en profondeur sans se dessécher.*

ÉCHINE DE PORC A L'ANDALOUSE

1 140 calories

Garnie de pommes de terre et d'olives et braisée au porto.

Préparation : 15 minutes
Cuisson : 1 h 15

Pour 4 personnes :

800 g de porc
100 g d'olives noires
100 g de lard
800 g de pommes de terre
1 petite boîte de concentré de tomate
4 cuillerées à soupe d'huile
1 verre de porto
sel, poivre

1. Piquez l'échine de lardons.
2. Pelez les pommes de terre, coupez-les en rondelles d'un demi-centimètre d'épaisseur.
3. Faites chauffer l'huile dans la cocotte. Mettez la viande à dorer sur toutes ses faces une dizaine de minutes, salez, poivrez, puis ajoutez les pommes de terre, les olives et le concentré de tomate. Arrosez avec le porto.
4. Couvrez la cocotte et laissez cuire à feu doux 1 h 15.

MON SECRET : *En Espagne on ne dénoyaute pas les olives. Mais je préfère le faire, c'est plus agréable à la consommation.*

ÉCHINE DE PORC AU FOUR

650 calories

Une sauce parfumée à la sauge.

Préparation : 5 minutes
Repos : 2 à 3 heures
Cuisson : 45 minutes par 500 g

Pour 6 personnes :

1,500 kg de filet ou d'échine désossée (faites parer et ficeler la viande par votre charcutier)
sel, poivre
1 branche de sauge

1. Plusieurs heures à l'avance, salez et poivrez le rôti. Laissez-le reposer dans un endroit tempéré.

2. Allumez votre four (thermostat 7).

3. Posez le rôti sur la grille du four. Enfournez et placez au-dessous le lèchefrite avec 3 cuillerées à soupe d'eau et la branche de sauge. Laissez dorer à four très chaud une demi-heure, puis réduisez la chaleur (thermostat 4/5) et continuez la cuisson 1 heure en arrosant de temps en temps le rôti avec le jus de cuisson.

4. Découpez en tranches et servez chaud.

MON SECRET : *Je tartine le rôti de porc de moutarde avant de le mettre au four.*

GRILLADE DE PORC AU VIN

525 calories

Mijotées dans le vin aromatisé à l'échalote et à la tomate.

Culsson : 25 minutes
Préparation : 5 minutes

Pour 4 personnes :

4 grillades de porc (150 g chacune)
1 échalote
2 cuillerées à café de farine
1 cuillerée à café de concentré de tomate
2 verres de vin blanc
40 g de beurre
sel, poivre

1. Pelez l'échalote. Hachez-la.

2. Faites cuire à la poêle, sur feu vif, dans le beurre, les grillades de porc, 7 minutes sur chaque face. Mettez-les dans un plat tenu au chaud.

3. Dans la même poêle, sur feu assez doux, faites dorer légèrement l'échalote hachée. Saupoudrez de farine. Mélangez puis ajoutez le concentré de tomate, le vin, du sel et du poivre. Laissez bouillir pendant 5 minutes sans couvrir.

4. Remettez les grillades de porc dans la poêle, avec la sauce, et laissez cuire encore 5 à 6 minutes.

MON SECRET : *Accompagner d'une purée de pommes de terre aromatisée d'une pincée de muscade.*

PALETTE DE PORC AUX HARICOTS

870 calories

Braisée aux aromates et garnie de haricots verts tout frais.

Préparation : 10 minutes
(+ 4 heures de repos)
Cuisson : 45 minutes

Pour 4 personnes :

800 g de palette de porc frais désossé
125 g de couenne découpée en morceaux
800 g de haricots verts
6 gousses d'ail
3 cuillerées à soupe d'huile
50 g de beurre
1 branchette de thym
1 feuille de laurier
sel, poivre

1. Piquez la palette de gousses d'ail. Saupoudrez-la de sel, de poivre, de thym et de laurier pulvérisés en les frottant entre les paumes de vos mains. Laissez ainsi au frais pendant 4 ou 5 heures.

2. Mettez les morceaux de couenne dans le fond d'un plat à gratin. Parsemez-les de noisettes de beurre. Posez dessus la viande. Badigeonnez-la d'huile.

3. Mettez au four 45 minutes.

4. Pendant ce temps, nettoyez les haricots verts et faites-les cuire 20 minutes à grande eau. Ne couvrez pas et salez à mi-cuisson seulement pour que les haricots restent bien verts.

5. Retirez la viande du plat et mettez-la dans un plat chaud. Entourez des haricots et arrosez le tout du jus de cuisson filtré.

MON SECRET : *Pour filtrer les sauces sans difficulté, il faut un « chinois », passoire à grille très fine en forme de cône.*

PORC AUX LENTILLES

585 calories

Une odorante marmite de porc aux lentilles, aux tomates et aux fruits.

Préparation : 30 minutes
(+ 12 heures de trempage)
Cuisson : 2 heures

Pour 6 personnes :

500 g de porc coupé en gros dés
250 g de lentilles
50 g de raisins secs
1/2 verre d'huile
1 oignon

1. Douze heures avant la cuisson, faites tremper les lentilles dans l'eau froide.

2. Deux heures avant de servir, mettez le porc dans une cocotte et recouvrez-le d'eau froide aux 7/8. Portez à ébullition, couvrez et laissez mijoter à feu doux 1 heure. Egouttez la viande et mettez le bouillon en réserve.

3. Rincez la cocotte et remettez-y le bouillon. Ajoutez les lentilles égouttées et les raisins. Rajoutez juste ce qu'il faut d'eau pour que les légumes soient recouverts. Fermez la cocotte et laissez mijoter doucement 40 minutes.

2 gousses d'ail
1 pomme reinette
1 belle banane
3 tranches d'ananas frais (ou 1/2 boîte de morceaux)
500 g de tomates
sel, poivre du moulin

4. Pendant ce temps, pelez et hachez finement l'oignon et l'ail. Pelez et épépinez les tomates ; hachez-les grossièrement. Mettez dans un bol l'ananas coupé en petits dés, la banane coupée en fines rondelles et la chair hachée de la pomme.

5. Egouttez les lentilles.

6. Dans une poêle, faites chauffer la moitié de l'huile pour faire sauter le porc et le hachis d'ail et d'oignons. Lorsqu'ils sont bien dorés, remettez-les dans la cocotte avec les lentilles.

7. Mettez le reste de l'huile dans la poêle, faites-y sauter les fruits pendant quelques minutes. Ajoutez la purée de tomates, salez et poivrez. Laissez réduire sur feu doux.

8. Versez les fruits et tomates dans la cocotte, mélangez délicatement et laissez mijoter 10 minutes à feu très doux pour bien mélanger les parfums divers. Versez dans un plat creux et servez bien chaud.

MON SECRET : *Je demande à mon charcutier de me désosser 750 g de porc dans l'échine quand je veux du raffinement. Je le demande dans la pointe quand les fonds sont bas. Les jours de grand faste, je demande du filet.*

PORC A LA PIZZAIOLA C

580 calories

Une délicieuse garniture de poivrons, saucisses et champignons.

Préparation : 10 minutes
Cuisson : 40 minutes

Pour 6 personnes :

6 côtes de porc ou 6 tranches de filet de 1 cm 1/2 d'épaisseur environ
2 gousses d'ail
2 cuillerées à soupe d'huile
1/2 tasse de sauce tomate

1. Pelez les champignons, coupez-les en lamelles minces.

2. Ouvrez les poivrons en deux ; enlevez les queues et les graines, coupez la chair en petits carrés.

3. Pelez les gousses d'ail et coupez-les en lamelles fines.

4. Coupez les saucisses en tranches d'un demi-centimètre d'épaisseur environ.

5. Frottez les tranches de porc avec un mélange de sel, poivre et ail.

6. Faites chauffer l'huile dans une poêle ; quand elle commence à grésiller, mettez-y à

1/4 de tasse
de vin rouge
2 pincées d'origan
2 poivrons verts
250 g de champignons
de Paris
3 saucisses de Toulouse
sel, poivre noir
fraîchement moulu

dorer la viande 3 minutes de chaque côté, puis ajoutez la sauce tomate, le vin rouge, l'origan, les morceaux de poivrons et les lamelles de champignons et laissez cuire à feu doux pendant 35 minutes environ.

D'autre part, faites dorer les saucisses dans un tout petit peu d'huile, égouttez-les, mettez-les dans la poêle 10 minutes avant la fin de la cuisson et servez le tout ensemble.

MON SECRET : *Je remplace parfois la saucisse de Toulouse par des merguez, ces petites saucisses d'Afrique du Nord très pimentées que l'on trouve maintenant partout.*

PORC ROTI AUX POMMES

790 calories

Le goût légèrement acidulé des reinettes met en relief la saveur de la viande.

Préparation : 15 minutes
Cuisson :
45 minutes par 500 g
pour le porc
20 minutes pour les pommes

Pour 6 personnes :

1,500 kg de filet
ou d'échine désossée
(faites parer et ficeler
la viande par votre
charcutier)
1 kg de pommes
reinettes
1 zeste de citron
sel, poivre

1. Salez et poivrez le rôti.
2. Allumez le four (thermostat 7).
3. Posez le rôti sur la grille du four et mettez à four très chaud en plaçant au-dessous la lèchefrite dans laquelle vous aurez mis trois cuillerées à soupe d'eau. Laissez dorer à four très chaud une demi-heure, puis réduisez la chaleur (thermostat 4/5) et continuez la cuisson 1 heure en arrosant de temps à autre le rôti avec le jus de cuisson.
4. Une demi-heure avant la fin de la cuisson, pelez les pommes, coupez-les en quartiers et enlevez les cœurs. Mettez-les dans une casserole avec un quart de litre d'eau et le zeste de citron. Faites cuire 20 minutes à feu vif. Passez au presse-purée ou au mixer.
5. Mettez la compote dans un grand plat creux, découpez la viande et disposez-la par-dessus. Servez très chaud.

MON SECRET : *Je poivre largement, au moulin, la purée de pommes, juste au moment de la servir.*

PORC SOUBISE

750 calories

Sur une fine purée d'oignons.

Préparation : 20 minutes
Cuisson :
40 minutes par 500 g pour la viande
30 minutes pour la garniture

Pour 6 personnes :

1,500 kg de filet ou d'échine désossée (faites parer et ficeler la viande par votre charcutier)
80 g de beurre
1 kg d'oignons
1/2 litre de sauce Béchamel
1 cuillerée à soupe d'huile
sel, poivre

1. Salez et poivrez la viande. Enduisez-la de beurre.

2. Faites-la cuire au four deux bonnes heures en arrosant souvent.

3. Cinquante minutes avant la fin de la cuisson, pelez les oignons et jetez-les dans une casserole d'eau bouillante salée pendant 20 minutes (jusqu'à ce qu'ils puissent s'écraser facilement).

4. Pendant la cuisson des oignons, préparez une sauce Béchamel sur la base d'un demi-litre de lait (recette de cette sauce page 156).

5. Egouttez les oignons et passez-les à la moulinette ou au mixer. Incorporez-les à la Béchamel et salez largement (les oignons ayant tendance à sucrer). Poivrez également.

6. Remettez sur feu doux et laissez mijoter encore 10 minutes.

7. Etalez cette purée sur le fond d'un grand plat. Découpez le rôti et disposez les tranches dessus. Servez aussitôt.

MON SECRET : *Choisissez de gros oignons blonds.*

ROTI DE PORC A LA FLORENTINE

1 190 calories

Piqué d'ail et cuit dans du vin blanc.

Préparation : 10 minutes
Cuisson : 3 heures

Pour 6 personnes :

1,500 kg de carré de porc désossé

1. Pelez les gousses d'ail et coupez-les en lamelles.

2. Effeuillez le romarin, roulez les gousses d'ail dans le romarin de façon à les enrober.

3. Avec un couteau pointu, pratiquez quelques incisions profondes dans la viande, glissez-y les lamelles d'ail recouvertes de

3 gousses d'ail
2 branches de romarin
2 tasses de vin blanc sec
sel, poivre

romarin. Frottez la viande avec du sel et du poivre.

4. Mettez le rôti dans un plat allant au four et faites cuire à four assez chaud (thermostat 6) pendant 45 minutes. Après ce temps de cuisson, jetez la graisse qui est dans le plat et réduisez la température à thermostat 5. Arrosez le porc avec le vin et laissez cuire encore pendant 2 h 15 en arrosant toutes les demi-heures. Servez chaud ou froid.

MON SECRET : *Le porc réduit beaucoup à la cuisson. Pour éviter cet inconvénient, plongez-le dix minutes dans de l'eau en ébullition douce. Egouttez et séchez bien avant de piquer d'ail et de mettre au four.*

TRAVERS DE PORC GRILLÉS AU BARBECUE

810 calories

Dans une marinade parfumée à la sauge.

Préparation : 5 minutes
Macération : 24 heures
Cuisson : 30 minutes environ

Pour 8 personnes :

2 morceaux de travers de porc de 750 g chacun (choisissez-les bien en chair)
1/4 de litre d'huile d'olive
5 ou 6 feuilles de sauge
sel, poivre

1. La veille du barbecue, hachez les feuilles de sauge et mettez-les dans un bol. Ajoutez l'huile, du sel et du poivre, et mélangez le tout.

2. Disposez les travers dans une boîte de plastique hermétique et versez dessus l'huile aromatisée. Laissez macérer sous couvercle pendant 24 heures, dans un endroit frais.

3. Le lendemain, préparez pour le barbecue des braises abondantes et rougeoyantes.

4. Placez les travers de porc sur le gril et laissez cuire doucement 30 minutes environ (tout dépend de leur épaisseur) en retournant à mi-cuisson et en arrosant de temps en temps avec la marinade.

5. Servez très chaud, après avoir découpé chaque travers en 4 morceaux.

MON SECRET : *Pour obtenir des travers de porc très grillés et très dorés, je les saupoudre de sucre avant de les placer sur le gril.*

VEAU

BLANQUETTE DE VEAU A L'ANCIENNE

360 calories

De tendres morceaux de veau nappés d'une sauce épaisse au bon goût de bouillon.

Préparation : 10 minutes
Cuisson : 2 h 20

Pour 6 personnes :

1,250 kg de veau coupé en morceaux (poitrine ou flanchet)
1 verre de vin blanc
1 carotte
1 gros oignon
50 g de beurre
50 g de farine
1 bouquet garni (persil, thym et laurier)
1 jaune d'œuf
sel, poivre

1. Placez les morceaux de viande dans une cocotte et couvrez-les d'eau froide. Ajoutez le vin blanc, la carotte coupée en rondelles et l'oignon émincé, le bouquet garni, du sel et du poivre.

2. Portez à ébullition et, pendant les premières minutes, retirez avec une écumoire la mousse blanchâtre qui apparaît à la surface. Laissez bouillonner doucement pendant deux heures, à couvert.

3. Au bout de ce temps, sortez les morceaux de viande et mettez-les dans une passoire. Filtrez le bouillon de cuisson.

4. Dans une grande casserole, mettez le beurre à fondre et ajoutez-lui la farine. Mélangez bien quelques instants sur le feu, versez très doucement et en remuant toujours le bouillon de cuisson passé. Lorsque la moitié du bouillon est incorporée, vous pouvez verser plus vite. Faites reprendre l'ébullition et vérifiez que votre sauce est bien liée (nappant bien la cuiller sans être trop épaisse).

5. Remettez les morceaux de viande dans cette sauce et laissez mijoter sur feu très doux encore 10 minutes.

6. Au moment de servir, mettez le jaune d'œuf dans un petit saladier. Versez peu à peu en filet la sauce brûlante, en tournant vivement pour ne pas « cuire » l'œuf. Mélangez ainsi toute la sauce, mettez les morceaux dans le plat de service et nappez de sauce. Servez bien chaud.

MON SECRET : *Dans l'eau de cuisson du veau, je mets un citron coupé en tranches.*

COTES DE VEAU A L'AIL

410 calories

Aromatisées à l'oignon et à l'ail et dorées au four sous un nuage de blancs d'œufs.

Préparation : 15 minutes
Cuisson : 25 minutes

Pour 4 personnes :

4 côtes de veau de 150 g chacune
2 gousses d'ail
3 oignons
1 branche de persil
1 brin de romarin
1 verre de vin blanc
2 œufs
70 g de beurre
sel, poivre

1. Pelez les oignons et hachez-les.
2. Pelez les gousses d'ail et frottez-en les 2 faces de chaque côte de veau.
3. Faites chauffer le beurre dans une poêle. Quand il grésille, mettez à cuire les côtes, 5 minutes sur chaque face. Salez, poivrez. Arrosez alors avec le vin blanc, ajoutez le hachis d'oignons, le persil et le romarin. Laissez cuire 10 minutes sur feu doux.
4. Pendant ce temps, séparez les blancs et les jaunes des œufs. Battez les blancs en neige ferme.
5. Retirez les côtes de la poêle et mettez-les dans un plat allant au four. Nappez-les avec les blancs d'œufs battus.
6. Enlevez de la sauce de cuisson le persil et le romarin et liez-la avec les jaunes d'œufs. Versez autour des côtes de veau et passez au four un bon quart d'heure. Servez dans le plat de cuisson.

MON SECRET : *A la saison du basilic frais, j'en mets 7 ou 8 feuilles à la place du romarin.*

COTES DE VEAU A LA CRÈME DE HARICOTS VERTS

365 calories

Cachées sous une purée de haricots verts et gratinées au four.

Préparation : 10 minutes
Cuisson : 40 minutes

Pour 6 personnes :

6 côtes de veau
1 paquet de 400 g environ de haricots verts surgelés
1 œuf
3 cuillerées à soupe de crème fraîche
50 g de beurre
50 g de gruyère râpé
sel, poivre

1. Faites cuire les haricots verts encore gelés selon le mode d'emploi. Egouttez-les. Passez-les à la moulinette. Ajoutez à cette purée l'œuf entier, la crème fraîche, le poivre.
2. Faites cuire les côtes de veau à la poêle dans le corps gras à feu moyen 10 minutes sur chaque face. Salez, poivrez.
3. Lorsque les côtes de veau sont cuites, tartinez-les avec la purée, saupoudrez de gruyère râpé. Gratinez 10 minutes environ à four chaud.

MON SECRET : *Le mixer donne une purée plus fine encore que la moulinette.*

COTES DE VEAU AU FROMAGE

380 calories

Fourrées ae gruyère et de jambon, puis panées au beurre.

Préparation : 20 minutes
Cuisson : 20 minutes

Pour 4 personnes :

4 côtes de veau de 2 cm environ d'épaisseur
4 tranches de jambon cuit
4 tranches fines de gruyère
1/4 de tasse de farine
2 œufs
1/2 tasse de chapelure
100 g de beurre
4 quartiers de citron
sel, poivre

1. Fendez les côtes de veau dans leur épaisseur de façon à constituer une sorte de poche puis aplatissez la viande le plus possible avec le plat d'un couperet ou avec un pilon.

2. A l'intérieur de chaque côte de veau, glissez une tranche de jambon et une tranche de gruyère. Refermez la côte en pressant bien dessus avec vos doigts humectés d'eau. Piquez un bâtonnet qui maintiendra le tout.

3. Battez les œufs.

4. Passez les côtes de veau dans la farine, salée et poivrée, puis dans l'œuf et enfin dans la chapelure.

5. Faites fondre le beurre dans une poêle, mettez-y à dorer les côtes de veau panées pendant 10 minutes sur chaque face. Servez avec des quartiers de citron.

MON SECRET : *Excellente avec du jambon de Paris, cette recette est également délicieuse avec du jambon de Bayonne ou de Parme. Mais alors, attention de ne pas saler trop.*

COTES DE VEAU FROMAGÈRES

775 calories

Les côtes sont panées après avoir été garnies de fromage.

Préparation : 20 minutes
Cuisson : 30 à 40 minutes

Pour 4 personnes :

4 côtes de veau assez épaisses (2 cm)

1. A l'aide d'un couteau bien tranchant, entaillez profondément chaque côte de veau dans l'épaisseur. Taillez des lames de gruyère de 1/2 cm d'épaisseur et fourrez-en les côtes de veau.

2. Râpez très fin le reste du fromage. Mélangez-le dans une assiette avec la mie de pain en chapelure. Battez les œufs en omelette

250 g de gruyère
2 œufs
1 cuillerée à soupe d'huile
100 g de mie de pain en chapelure
50 g de beurre
sel, poivre
farine

dans une assiette creuse, salez, poivrez, ajoutez l'huile.

3. Farinez les côtes de veau, passez-les dans les œufs battus, puis dans la mie de pain mélangée de gruyère râpé.

4. Faites chauffer le beurre dans une cocotte. Placez-y les côtes de veau, faites-les dorer légèrement sur les deux faces et laissez cuire à petit feu pour ne pas trop colorer pendant 30 minutes environ.

MON SECRET : *Servez avec des épinards à la crème.*

COTES DE VEAU GRATINÉES A LA BASQUAISE

545 calories

Nappées de crème et accompagnées de ratatouille au jambon.

Préparation : 5 minutes
Cuisson : 25 minutes

Pour 6 personnes :

6 côtes de veau
2 paquets de ratatouille surgelée
1 tranche épaisse de jambon de Bayonne (150 g)
1 citron
75 g de gruyère râpé
50 g de beurre
1 cuillerée à soupe de crème fraîche
sel, poivre

1. Faites chauffer le beurre dans une poêle. Mettez les côtes à feu vif. Faites dorer 7 à 8 minutes de chaque côté. Salez, poivrez.

2. Pendant la cuisson des côtes, taillez le jambon en dés. Mettez les 2 paquets de ratatouille encore gelée dans une casserole avec les dés de jambon. Faites chauffer doucement pendant 10 à 15 minutes.

3. Placez les côtes dans un plat à four. Parsemez le dessus avec le gruyère râpé. Faites gratiner 10 minutes à four chaud.

4. Déglacez la poêle avec le jus de citron. Ajoutez la crème fraîche. Faites chauffer doucement. Servez les côtelettes nappées de cette sauce et entourez de ratatouille.

MON SECRET : *La ratatouille « attache » facilement. Il faut la remuer souvent avec une cuiller en bois.*

COTES DE VEAU AU JAMBON

380 calories

Garnies de petits pois et de champignons.

Préparation : 15 minutes
Cuisson : 30 minutes

Pour 6 personnes :

6 côtes de veau coupées minces
4 cuillerées à soupe de beurre
6 tranches de jambon cuit
200 g de champignons de Paris
300 g de petits pois
3/4 de tasse de vin blanc sec
2 cuillerées à soupe de persil haché
sel, poivre noir fraîchement moulu

1. Nettoyez les champignons et coupez-les en lamelles.
2. Ecossez les petits pois, plongez-les pendant un quart d'heure dans de l'eau bouillante salée en ébullition et égouttez-les.
3. Faites cuire les champignons à la casserole 5 à 6 minutes dans une demi-cuillerée de beurre.
4. Salez et poivrez la viande.
5. Faites fondre le restant du beurre dans une poêle, mettez-y à dorer le veau sur ses deux faces pendant 4 à 5 minutes de chaque côté.
6. Posez une tranche de jambon sur chaque côte de veau ; ajoutez dans la poêle les petits pois, les champignons et le vin et faites cuire à feu doux pendant 15 minutes. Saupoudrez de persil haché juste au moment de servir.

MON SECRET : *La même recette dans une formule gain de temps : avec petits pois et champignons en boîte que je mets alors dans la poêle en même temps que la viande.*

COTES DE VEAU A LA MOUTARDE

420 calories

Nappées de crème fraîche à la moutarde.

Préparation : 5 minutes
Cuisson : 20 minutes

Pour 4 personnes :

4 côtes de veau
1 cuillerée à soupe d'huile
40 g de beurre
8 cuillerées à soupe de crème
4 cuillerées à soupe de moutarde
sel, poivre

1. Chauffez l'huile et le beurre ensemble dans une poêle. Mettez à dorer les côtes de veau sur leurs deux faces une dizaine de minutes. Salez, poivrez puis laissez cuire encore 10 minutes sur feu doux.
2. Enlevez les côtes de la poêle et placez-les sur un plat tenu au chaud. Mettez la crème et la moutarde dans la poêle. Mélangez bien avec le jus de cuisson de la viande. Chauffez 2 minutes et versez sur les côtes.

MON SECRET : *Une garniture de purée de navets : les navets sont cuits à l'eau, passés à la moulinette ou mieux au mixer et additionnés de crème fraîche.*

COTES DE VEAU A L'OSEILLE

395 calories

La légère acidité de l'oseille relève la saveur d'une viande parfois fade.

Préparation : 10 minutes
Cuisson : 30 minutes

Pour 4 personnes :

4 côtes de veau de 200 g chacune environ
80 g de beurre
1 cuillerée à soupe de farine
100 g d'oseille
sel, poivre

1. Salez, poivrez les côtes de veau sur les deux faces. Passez-les dans la farine rapidement, tapotez-les pour qu'elles soient à peine enrobées.

2. Dans une grande poêle, faites fondre 40 g de beurre. Quand il est bien chaud, mettez les côtes de veau. Laissez dorer sur une face pendant 5 minutes. Retournez. Baissez légèrement le feu pour achever la cuisson.

3. Lavez l'oseille après l'avoir équeutée. Séchez-la superficiellement dans un torchon.

4. Dans une casserole, faites fondre le restant du beurre. Mettez-y l'oseille coupée en lamelles, remuez à la cuiller de bois pendant 5 minutes. Très rapidement, elle a fondu en une masse brunâtre.

5. Versez l'oseille dans la poêle où les côtes de veau achèvent de cuire. Mélangez-la dans le jus de cuisson de la viande. Servez sur plat chaud.

MON SECRET : *L'oseille n'est pas ici une garniture mais un élément de la sauce. Accompagnez de petites carottes et pommes de terre nouvelles.*

COTES DE VEAU PANÉES

310 calories

Les côtelettes se dissimulent sous une belle croûte de chapelure dorée à la poêle.

Préparation : 10 minutes
Cuisson : 15 minutes

Pour 6 personnes :

6 côtes de 150 g chacune
2 œufs
80 g de beurre
1 paquet de chapelure (100 g)
3 branches de persil

1. Battez les œufs entiers dans une assiette creuse. Disposez la chapelure dans une autre assiette creuse.

2. Passez chaque côtelette d'abord dans l'œuf (en la roulant bien des deux côtés), puis dans la chapelure.

3. Faites chauffer le beurre dans une grande poêle et mettez les escalopes quand il est très chaud. Faites cuire à feu vif 8 minutes environ de chaque côté.

4. Disposez les côtelettes dans le plat, versez le jus de cuisson dessus, salez, poivrez et

1 citron
sel, poivre

parsemez de persil haché. Mettez sur chaque côtelette une rondelle de citron et servez aussitôt.

MON SECRET : *De l'écorce d'orange râpée ajoutée à la chapelure donne un petit fumet agréable.*

COTES DE VEAU EN PAPILLOTES C

270 calories

Moelleusement cuites en robe d'argent.

Préparation : 15 minutes
Cuisson : 35 à 40 minutes

Pour 6 personnes :

6 côtes de veau de 1 cm 1/2 d'épaisseur environ
2 cuillerées à bouche de beurre
125 g de champignons
3 tomates
1 tranche de jambon
1/4 de tasse de vin blanc sec
3 cuillerées à soupe d'huile
2 cuillerées à soupe de persil haché
sel, poivre noir fraîchement moulu

1. Nettoyez les champignons et coupez-les en lamelles minces.

2. Plongez les tomates dans l'eau bouillante, pelez-les puis coupez-les en morceaux.

3. Coupez le jambon en petits dés.

4. Faites fondre le beurre dans une casserole ; mettez-y à revenir les champignons pendant 3 minutes. Ajoutez les tomates, le jambon, le vin, le sel et le poivre. Portez à ébullition et laissez cuire à feu doux pendant 10 minutes.

5. Salez et poivrez les côtes de veau ; faites chauffer 2 cuillerées à soupe d'huile d'olive dans une poêle, mettez-y à dorer les côtes sur chaque face pendant 6 minutes environ de chaque côté.

6. Coupez 6 feuilles de papier d'aluminium ménager d'une taille suffisante pour pouvoir envelopper chaque côte de veau ; graissez-les avec le restant de l'huile ; posez les côtes au milieu de chaque feuille et recouvrez de la sauce aux tomates, jambon et champignons. Saupoudrez de persil. Refermez le papier en forme de papillotes.

7. Placez les papillotes sur la plaque du four, faites cuire à four chaud (thermostat 7) pendant 15 minutes environ. Servez dans les papillotes.

MON SECRET : *Le jambon n'est pas indispensable. Il m'arrive de le supprimer ou de le remplacer par 2 cuillerées de chair à saucisses que je fais revenir avec les champignons.*

COTES DE VEAU SAUCE TOMATE

285 calories

Les côtelettes sont dorées dans le beurre et nappées de sauce tomate.

Préparation : 5 minutes
Cuisson : 15 minutes

Pour 6 personnes :

6 côtes de 150 g chacune
80 g de beurre
1 cuillerée à soupe de farine
3 cuillerées à café de concentré de tomate
3 brins de persil
sel, poivre

1. Mettez le beurre à fondre dans une grande poêle et faites dorer les côtes à feu vif 8 minutes de chaque côté.

2. Disposez-les sur un plat, salez et poivrez légèrement.

3. Remettez la poêle sur le feu et saupoudrez de farine. Mélangez quelques secondes à la cuiller en bois, puis ajoutez le concentré dilué dans un verre d'eau froide. Laissez épaissir, salez et poivrez.

4. Nappez de cette sauce les côtes et parsemez de persil haché.

MON SECRET : *Une cuillerée d'huile d'olive dans la sauce tomate avant d'en napper les côtelettes la rend plus onctueuse.*

COTES DE VEAU SAUTÉES

285 calories

Dorées, citronnées et persillées.

Préparation : 6 minutes
Cuisson : 15 minutes

Pour 6 personnes :

6 côtelettes de 150 g
80 g de beurre
3 branches de persil
1 citron
sel, poivre

1. Mettez le beurre à fondre dans une grande poêle et faites-y dorer les côtelettes à feu vif 8 minutes de chaque côté.

2. Mettez-les sur un plat et salez-les.

3. Remettez la poêle sur le feu avec une cuillerée d'eau et déglacez bien à l'aide d'une cuiller en bois. Salez ce jus et versez sur les côtelettes. Poivrez à volonté.

4. Saupoudrez de persil haché et garnissez de rondelles de citron.

MON SECRET : *Une cuillerée à soupe de madère pour déglacer la poêle au lieu de l'eau relève le goût.*

COTES DE VEAU VALLÉE D'AUGE

560 calories

Somptueusement habillées de crème au calvados, aux champignons et aux oignons.

Préparation : 20 minutes
Cuisson : 35 minutes

Pour 4 personnes :

4 côtes de veau
500 g de petits champignons de Paris
12 petits oignons blancs
8 cuillerées à soupe de crème fraîche
1 petit verre de calvados
75 g de beurre
sel, poivre

1. Nettoyez les champignons, laissez-les entiers. Pelez les petits oignons.
2. Cuisez 5 minutes à grande eau bouillante salée les champignons et les oignons. Egouttez-les.
3. Faites cuire les côtes de veau à la poêle dans le beurre, sur feu assez doux pour ne pas les laisser dorer. Salez, poivrez.
4. Après 10 minutes de cuisson de la viande, ajoutez dans la poêle les champignons et les oignons. Salez, poivrez. Laissez cuire encore 15 minutes.
5. Mettez les côtes dans un plat creux chaud et versez dans la poêle la crème fraîche et le calvados. Mélangez bien. Chauffez 3 minutes et nappez la viande avec cette sauce.

MON SECRET : *Il faut entailler les bordures des côtes de veau pour qu'elles ne se rétractent pas à la cuisson.*

ESCALOPES AU GRUYÈRE

405 calories

Enrobées de fromage râpé et panées.

Préparation : 10 minutes
Cuisson : 10 minutes

Pour 6 personnes :

6 escalopes très minces de 100 à 150 g chacune
120 g de gruyère
2 œufs
1 paquet de chapelure (100 g)
80 g de beurre
1 citron
sel, poivre

1. Dans une assiette creuse, battez les œufs.
2. Dans une autre assiette creuse, mélangez chapelure et gruyère râpé.
3. Passez chaque escalope dans l'œuf puis dans le mélange chapelure-fromage.
4. Faites chauffer le beurre sur feu vif dans une grande poêle et mettez-y les escalopes que vous ferez dorer 5 minutes de chaque côté.
5. Disposez-les dans le plat de service, salez et poivrez. Pressez le jus du citron dans la poêle et versez le jus de cuisson citronné sur les escalopes.

MON SECRET : *Le parmesan râpé fait aussi bien l'affaire, il se mélange encore mieux à la chapelure.*

ESCALOPES LIÉGEOISES

480 calories

Décorées d'anchois.

Préparation : 10 minutes
Cuisson : 10 minutes

Pour 6 personnes :

6 escalopes très minces de 150 g chacune
2 œufs
3 cuillerées à soupe de farine
1 paquet de chapelure (100 g)
6 filets d'anchois à l'huile
1 bassine de friture
sel, poivre
1 citron

1. Préparez 3 assiettes creuses : dans l'une, vous mettrez la farine, dans la seconde vous battrez les œufs assaisonnés de sel et de poivre ; dans la troisième vous disposerez la chapelure.

2. Roulez les escalopes dans la farine, puis dans l'œuf et enfin dans la chapelure. Appuyez un peu du bout des doigts pour bien faire adhérer la chapelure.

3. Mettez la bassine de friture sur feu vif et, lorsqu'elle est très chaude, faites-y glisser les escalopes (la friture doit alors former de gros bouillons). Laissez cuire 10 minutes, puis égouttez.

4. Disposez les escalopes sur un plat et placez sur chacune une rondelle de citron surmontée d'un filet d'anchois roulé. Servez très chaud.

MON SECRET : *Mettez au centre de chaque anchois roulé une olive verte dénoyautée. Faute d'appareil à dénoyauter les olives, vous n'avez qu'à détacher, à l'aide d'un couteau pointu, la chair en spirale autour du noyau. L'olive reprend naturellement sa forme.*

ESCALOPES MILANAISES

690 calories

Préparation : 10 minutes
Cuisson : 20 minutes

Pour 4 personnes :

4 escalopes très minces
100 g de beurre
2 œufs
6 cuillerées à soupe de farine
6 cuillerées à soupe de chapelure
3 cuillerées à soupe de parmesan râpé
2 citrons
sel, poivre

1. Battez les œufs dans une assiette creuse. Mettez la farine dans une deuxième assiette. Mélangez le parmesan et la chapelure dans une troisième assiette.

2. Salez et poivrez les escalopes. Passez-les successivement dans la farine, puis dans l'œuf et enfin dans la chapelure.

3. Chauffez le beurre dans une grande poêle. Quand il commence à grésiller, mettez-y les escalopes à feu moyen. Faites-les dorer sur chaque face puis poursuivez la cuisson à feu doux pendant 12 à 15 minutes.

Servez avec des quartiers de citrons.

MON SECRET : *Quand les escalopes sont bien dorées, je couvre la poêle pour achever la cuisson. Elles sont ainsi plus moelleuses.*

ESCALOPES PANÉES

340 calories

Enrobées d'œufs et de chapelure et poêlées au beurre.

Préparation : 10 minutes
Cuisson : 10 minutes

Pour 6 personnes :

6 escalopes pas trop épaisses de 150 g chacune
2 œufs
80 g de beurre
1 paquet de chapelure (100 g)
quelques brins de persil
1 citron
sel, poivre

1. Dans une assiette creuse, battez les œufs.
2. Dans une autre assiette creuse, disposez la chapelure.
3. Trempez chaque escalope d'abord dans l'œuf (des deux côtés) puis dans la chapelure.
4. Faites chauffer le beurre sur feu vif dans une grande poêle et mettez-y les escalopes à dorer 5 minutes de chaque côté.
5. Mettez les escalopes sur un plat, salez et poivrez, versez dessus le jus de cuisson et parsemez de persil haché. Posez pour finir une rondelle de citron sur chaque escalope et servez chaud.

MON SECRET : *Pour que la chapelure adhère bien, en quantité suffisante, il suffit de repasser l'escalope chapelurée dans l'œuf, puis à nouveau dans la chapelure.*

ESCALOPES A LA PARMESANE

510 calories

Au jambon et au fromage, dorées au four.

Préparation : 25 minutes
Cuisson : 35 minutes

Pour 6 personnes :

6 escalopes assez minces de 150 g chacune environ
250 g de champignons
1 pot de crème fraîche (150 g)
80 g de beurre
1 cuillerée à soupe de farine
6 minces tranches

1. Passez les escalopes dans la farine.
2. Chauffez la moitié du beurre dans une grande poêle et faites-y revenir les escalopes 5 minutes de chaque côté.
3. Retirez-les, salez, poivrez et tenez au chaud.
4. Nettoyez les champignons (lavez-les et essuyez-les) et émincez-les.
5. Dans une petite casserole, faites fondre le reste du beurre. Ajoutez les champignons et laissez cuire doucement pendant 10 minutes. Versez alors la crème et mélangez.
6. Allumez votre four (thermostat 8).
7. Disposez les escalopes en une seule couche dans un plat à four ; couvrez chacune

de jambon de Parme
sel, poivre

d'elles d'une tranche de jambon et nappez de sauce. Mettez au four 10 minutes.

8. Servez bien chaud dans le plat de cuisson.

MON SECRET : *Vous pouvez parsemer d'un peu de parmesan râpé avant de mettre au four.*

ESCALOPES POÊLÉES

280 calories

Préparation : 5 minutes
Cuisson : 10 minutes

Pour 6 personnes :

6 escalopes fines
de 150 g chacune
60 g de beurre
1 citron
3 ou 4 brins de persil
sel

1. Faites fondre le beurre dans une grande poêle à feu moyen et, lorsqu'il est très chaud, mettez-y à revenir les escalopes 5 minutes de chaque côté. Elles doivent être bien dorées.

2. Disposez-les sur un plat et salez-les.

3. Remettez la poêle sur le feu, ajoutez une cuillerée d'eau, salez, mélangez bien et versez sur la viande.

4. Coupez le citron en rondelles et hachez le persil. Parsemez les escalopes de persil et posez sur chacune une rondelle de citron.

MON SECRET : *Pas de feu trop vif pour le veau qui risquerait de se dessécher. Choisissez une viande rosée à grain serré moelleuse au toucher et à graisse blanche ferme.*

ESCALOPES EN ROBE

370 calories

Gratinées au four sous une garniture de bacon et de crème de gruyère.

Préparation : 5 minutes
Cuisson : 25 minutes

Pour 4 personnes :

4 escalopes minces
de 130 g chacune
environ
4 tranches fines
de bacon
60 g de beurre
4 portions de crème
de gruyère

1. Prenez une petite escalope par personne. Faites-les cuire à la poêle dans un peu de beurre, 6 minutes de chaque côté. Quand elles sont cuites, posez dessus des lamelles de fromage et enveloppez le tout d'une fine tranche de bacon. Maintenez avec un bâtonnet.

2. Rangez les escalopes ainsi préparées dans un plat allant au four. Parsemez de noisettes de beurre et passez au four pendant un petit quart d'heure.

MON SECRET : *Ni sel, ni poivre, bacon et fromage suffisant à assaisonner les escalopes. Je les sers avec des pâtes fraîches ou avec une purée mélangée d'oseille et d'épinards.*

ESCALOPES DE VEAU BOHÉMIENNE

295 calories

Avec tomates et poivrons cuits dans le vin blanc.

Préparation : 20 minutes
Cuisson : 30 minutes

Pour 4 personnes :

4 escalopes de veau très minces
1/4 de tasse de farine
2 cuillerées à soupe d'huile
1/2 tasse de vin blanc sec
4 poivrons rouges ou verts
250 g de tomates
sel, poivre noir fraîchement moulu

1. Coupez les poivrons en tranches minces et faites-les légèrement dorer à la poêle dans un petit peu d'huile.

2. Plongez les tomates pendant 30 secondes dans de l'eau bouillante, égouttez-les, pelez-les et coupez-les en 7 ou 8 morceaux chacune.

3. Passez les tranches de veau dans la farine.

4. Faites chauffer l'huile dans une poêle et mettez-y à dorer les escalopes sur leurs deux faces pendant 2 minutes de chaque côté.

5. Ajoutez le vin et faites cuire à feu moyen jusqu'à évaporation totale du liquide. Ajoutez alors les poivrons, les tomates, le sel, le poivre. Laissez cuire à feu doux pendant 20 minutes. Servez le tout ensemble, bien chaud.

MON SECRET : *J'entaille légèrement le pourtour des escalopes pour éviter que les bords ne se recroquevillent à la cuisson.*

ESCALOPES ZINGARA

430 calories

Poêlées avec un fin hachis de jambon et de champignons.

Préparation : 15 minutes
Cuisson : 20 minutes

Pour 4 personnes :

4 escalopes de 150 g chacune
200 g de champignons
150 g de jambon cuit
50 g de beurre
sel, poivre

1. Nettoyez les champignons ; coupez-les en minces lamelles.

2. Hachez grossièrement le jambon.

3. Faites revenir l'ensemble, à la poêle, dans la moitié du beurre pendant 6 à 7 minutes.

4. Ajoutez ensuite les escalopes. Salez, poivrez et laissez cuire une dizaine de minutes. Servez le tout ensemble bien chaud.

MON SECRET : *Je remplace volontiers le jambon cuit par du jambon de Bayonne. Dans ce cas, je sale moins.*

Artichauts à la barigoule. *(Recette page 613)*

Perdrix aux lentilles. *(Recette page 443)*

Fenouils au gratin. *(Recette page 648)*

Champignons à la crème. *(Recette page 632)*

FILET DE VEAU AU COGNAC

520 calories

Un mets délicat adouci de crème et relevé de sauce anglaise.

Préparation : 5 minutes
Cuisson : 1 heure

Pour 4 personnes :

800 g de filet de veau
60 g de beurre
1 verre de vin blanc
1 cuillerée à soupe de cognac
1 cuillerée à soupe de crème fraîche
1 cuillerée à soupe de sauce anglaise
sel, poivre

1. Faites dorer à la cocotte, dans le beurre, le filet de veau. Quand il est bien doré de tous côtés, salez-le, poivrez-le. Couvrez la cocotte et laissez cuire à feu doux 15 minutes. Arrosez alors de vin blanc. Poursuivez la cuisson pendant 30 minutes.

2. Ajoutez alors le cognac, la crème fraîche, la sauce anglaise. Mélangez bien et laissez cuire environ 15 minutes avant de servir.

MON SECRET : *Dans les grandes occasions, je mêle à la sauce des lamelles de truffes.*

NOIX DE VEAU AU BACON C

670 calories

Servie entourée de tomates cuites garnies de petits pois.

Préparation : 10 minutes
Cuisson :
viande, 20 minutes par livre
tomates, 5 minutes

Pour 6 personnes :

1,500 kg de noix de veau
150 g de bacon en un seul morceau
1/2 verre d'huile
1 kg de tomates bien fermes
80 g de beurre
1 boîte 4/4 de petits pois
sel, poivre

1. Faites larder par le boucher la noix de veau avec le bacon coupé en bâtonnets. Salez légèrement l'extérieur. Poivrez.

2. Badigeonnez le rôti d'huile et faites-le cuire au four 20 minutes par livre en arrosant plusieurs fois en cours de cuisson.

3. Pendant la cuisson de la viande, enlevez un chapeau aux tomates et creusez-les à l'aide d'une petite cuillère. Saupoudrez l'intérieur de sel fin et retournez-les sur une assiette pour qu'elles rendent leur eau.

4. Dix minutes avant de servir, faites chauffer le contenu de la boîte de petits pois, sans les faire bouillir. Disposez les tomates sur la plaque du four avec une noix de beurre à l'intérieur de chacune et placez-les sous le gril du four pendant 5 minutes.

5. Disposez le rôti sur un plat de service. Remplissez les tomates avec les petits pois

égouttés auxquels on ajoute le reste du beurre et disposez autour de la viande. Servez chaud.

MON SECRET : *Egouttez bien à fond les petits pois en boîte. Choisissez des fins ou des extra-fins au naturel.*

PAIN DE VEAU

380 calories

Parfumé aux truffes.

Préparation : 15 minutes
Cuisson : 1 h 30

Pour 6 personnes :

400 g de veau
250 g de mie de pain
1 tasse de lait cru
4 œufs
1 boîte de pelure de truffes
1 noix de beurre
2 cuillerées à soupe de chapelure
2 pincées de quatre-épices
sel, poivre

1. Faites tremper la mie de pain dans le lait.
2. Hachez le veau.
3. Mélangez-le à la mie de pain bien essorée.
4. Ajoutez les pelures de truffes et leur jus, les quatre-épices, le sel, le poivre et les 4 jaunes d'œufs. Mélangez longuement.
5. Beurrez un moule à cake ou une terrine. Saupoudrez de chapelure.
6. Battez les 4 blancs d'œufs en neige très ferme. Incorporez-les à la préparation.
7. Tassez le tout dans le moule et faites cuire 1 h 30 à four moyen. Servez froid après démoulage.

MON SECRET : *N'oubliez pas cornichons ou pickles et accompagnez d'une salade de haricots verts peu cuits, encore craquants, assaisonnés de citron et huile d'olive.*

PAIN DE VEAU ET PORC

600 calories

Un rôti de veau, porc et champignons hachés, cuit au beurre et arrosé de sauce à la crème.

Préparation : 20 minutes
Cuisson : 1 heure

Pour 6 personnes :

600 g de veau cru
300 g de porc cru

1. Faites tremper la mie de pain dans le lait.
2. Pelez les échalotes, hachez-les.
3. Nettoyez les champignons, coupez-les en minces lamelles.
4. Mélangez les viandes, les échalotes, les champignons, la mie de pain bien essorée, les œufs, la muscade, du sel, du poivre. Malaxez

haché
1 crépine
12 champignons
4 échalotes
2 œufs
1 poignée de mie de pain
1/2 tasse de lait
80 g de beurre
1/2 tasse de crème fraîche
1 pincée de muscade
sel, poivre

bien, puis façonnez un bloc en forme de rôti allongé. Enveloppez-le dans la crépine.

5. Faites-le cuire dans la cocotte couverte, dans le beurre, pendant 1 heure.

6. Au moment de servir, ajoutez la crème fraîche à la sauce de cuisson et chauffez sans laisser bouillir. Nappez le pain de veau avec cette sauce.

MON SECRET : *Pour le veau, un morceau dans le collet et pour le porc de l'échine.*

PAUPIETTES MARIA

695 calories

Une sauce aux champignons et aux oignons et du fromage dans la farce.

Préparation : 30 minutes
Cuisson : 45 minutes

Pour 4 personnes :

8 petites escalopes très fines d'environ 100 g chacune
200 g de gros pain rassis
150 g de beurre
1 cuillerée à soupe d'huile
3 cuillerées à dessert de persil haché
2 cuillerées à soupe de gruyère râpé
2 gousses d'ail
2 oignons
1/2 verre de madère ou de vin de Marsala
150 g de champignons de Paris
1 branchette de thym
1 feuille de laurier

1. Pelez les gousses d'ail et hachez-les. Hachez également le persil.

2. Râpez très finement la mie de pain rassis.

3. Mélangez le persil, l'ail et le pain, le gruyère, sel et poivre.

4. Sur la planche à découper, aplatissez bien les escalopes et éparpillez sur chacune d'elles 4 ou 5 très petits morceaux de beurre. Salez-les. Recouvrez-les ensuite avec le mélange mie de pain, fromage, persil et ail. Roulez chaque escalope sur elle-même pour enfermer soigneusement la farce. Ficelez pour maintenir ou tenez fermé avec des bâtonnets de bois ou de plastique.

5. Faites chauffer 60 g de beurre dans une poêle. Quand le beurre commence à grésiller, mettez-y les paupiettes les unes à côté les autres sans les serrer et faites-les dorer à feu moyen 15 minutes environ en les retournant de temps en temps. Salez et poivrez en cours de cuisson.

6. Pendant ce temps, lavez les 2 oignons, coupez-les en lamelles fines, nettoyez les champignons, coupez-les également en tran-

2 brins de persil
sel, poivre

ches minces. Mettez sur le feu une cocotte assez grande contenant 40 g de beurre et 1 cuillerée à soupe d'huile d'olive. Quand le beurre et l'huile sont bien chauds, ajoutez-y les oignons, un bouquet garni fait de thym, laurier, tiges de persil et ajoutez les paupiettes, le beurre restant dans la poêle et les champignons. Laissez cuire à feu doux, couvert, pendant 15 minutes.

7. Après 15 minutes de cuisson, ajoutez le vin de Madère ou de Marsala et laissez cuire encore un quart d'heure environ. Pour servir, débarrassez les paupiettes de leurs fils ou de leurs bâtonnets, rangez-les sur un plat de service bien chaud, versez dessus la sauce avec champignons et oignons.

MON SECRET : *L'été, je sers ces paupiettes froides avec une salade de tomates.*

PAUPIETTES DE VEAU

510 calories

Des tranches de veau, de bacon et de gruyère ficelées en rôti.

Préparation : 20 minutes
Cuisson : 20 minutes

Pour 6 personnes :

14 escalopes de veau
1 gousse d'ail
1/4 de tasse de persil finement haché
2 cuillerées à bouche de vin blanc sec
1 pincée de noix muscade
1/3 de tasse de farine
6 cuillerées à soupe de beurre
6 feuilles de sauge
sel, poivre noir fraîchement moulu

1. Pelez la gousse d'ail et coupez-la en lamelles fines.

2. Passez 2 escalopes au hachoir.

3. Assaisonnez ce hachis avec les lamelles d'ail, le persil, le vin, la muscade, du sel et du poivre.

4. Etendez un peu de ce mélange sur chacune des escalopes posées bien à plat. Roulez-les et attachez-les avec du fil de cuisine ou maintenez-les avec des bâtonnets.

5. Salez et poivrez la farine. Passez les paupiettes dans ce mélange.

6. Faites fondre le beurre dans une poêle, mettez-y à dorer les paupiettes pendant 3 à 4 minutes, ajoutez les feuilles de sauge puis prolongez la cuisson sur feu doux pendant 10 à 15 minutes environ.

MON SECRET : *Pour réussir cette cuisson rapide, il faut des escalopes extrêmement minces.*

POITRINE DE VEAU FARCIE

1 540 calories

Aussi savoureuse froide que chaude.

Préparation : 30 minutes
Cuisson : 2 heures

Pour 8 personnes :

1 poitrine de veau de 2 kg environ
850 g de chair à saucisse
1 gros bouquet de persil
3 gousses d'ail
3 œufs
1 boîte et demie de petits pois
1/2 tasse à thé de riz
80 g de beurre
1/2 verre d'huile
1 verre de vin blanc sec
3 branches de thym
sel, poivre

La poitrine de veau est un morceau de viande assez plat se terminant en pointe. Pour pouvoir la farcir, il faudra demander à votre boucher de l'ouvrir en deux dans le sens de l'épaisseur sans fendre les côtés, de façon à former une poche.

1. Mettez, sur le gaz allumé à feu fort, une casserole contenant un litre d'eau et une cuillerée à café de sel. Quand l'eau commence à bouillir, jetez-y en pluie une demi-tasse de riz ; réglez le gaz pour que le riz cuise en bouillonnant à gros bouillons.

2. Pendant que le riz cuit, hachez ensemble ail et persil.

3. Mettez deux œufs dans une petite casserole. Couvrez-les d'eau froide. Ajoutez une cuillerée à café de gros sel. Placez la casserole sur le feu et laissez cuire les œufs 10 minutes à partir du moment où l'eau commence à bouillir. Les œufs seront durs.

4. Allumez le four (thermostat 5). Ouvrez la boîte de petits pois et égouttez-les à fond.

5. Le riz ayant cuit pendant une bonne dizaine de minutes, égouttez-le ainsi que les œufs quand ils sont durs. Enlevez leurs coquilles, laissez-les entiers.

6. Dans un grand saladier, mettez chair à saucisse, ajoutez le hachis d'ail et de persil, le riz qui n'est pas tout à fait cuit, sel fin et dix tours de moulin à poivre. Mélangez bien tous les ingrédients de cette farce. Cassez un œuf, séparez le blanc du jaune. Ajoutez le jaune dans le saladier puis les petits pois.

7. Mettez sur la table de la cuisine la poche de veau et remplissez-la avec la farce que vous venez de préparer. Enfoncez bien la farce jusqu'à l'extrémité un peu pointue de la poitrine de veau. Tassez bien au fur et à mesure avec la main. Quand vous aurez rempli à peu près un tiers de la poitrine, glissez au milieu de la farce un œuf dur entier, puis continuez à mettre de la farce de façon à remplir presque jusqu'au bord de l'ouverture. Là, vous glisserez au centre le deuxième œuf dur en l'enfonçant bien dans la farce.

8. Prenez une grande aiguille de cuisine. Enfilez-la d'un fil très solide et refermez la poche de veau à grands points.

9. Mettez la poitrine de veau dans un grand plat allant au four et tartinez-la entièrement avec 80 grammes de beurre assez mou. Arrosez-la avec un demi-verre d'huile et mettez au fond du plat deux branches de thym. Saupoudrez de sel fin, donnez quatre tours de moulin à poivre et mettez au four. Vous laisserez la poitrine de veau farcie cuire pendant une dizaine de minutes, de façon à dorer le dessus, puis vous la retournerez pour la laisser dorer de l'autre côté pendant également une dizaine de minutes. Au bout de ce temps, vous verserez dans le fond du plat un verre de vin blanc sec et vous terminerez la cuisson de la viande dans le four qui ne doit pas être trop chaud pour ne pas la dessécher. Vous ferez cuire la poitrine de veau pendant encore 1 heure 30 à partir du moment où vous y aurez mis le vin blanc. Arrosez-la cinq ou six fois en cours de cuisson.

MON SECRET : *Chaude, je sers la poitrine farcie avec sa sauce de cuisson ; froide avec une salade à l'assaisonnement bien relevé.*

ROTI DE VEAU AU FROMAGE C — 880 calories

Des tranches de veau, de bacon et de gruyère ficelés en rôti.

Préparation : 20 minutes
Cuisson : 1 h 30

Pour 4 personnes :

1,200 kg de noix de veau
10 minces tranches de gruyère
10 tranches de bacon
80 g de beurre
1/2 verre de vin blanc
sel, poivre

1. Coupez le rôti en tranches d'un peu moins de 1 cm d'épaisseur sans aller jusqu'à la base de façon qu'elles ne se détachent pas les unes des autres.
2. Dans chaque fente ainsi constituée, glissez une tranche de bacon et une lamelle de gruyère. Ficelez le rôti pour bien le maintenir.
3. Salez-le légèrement à cause du bacon, poivrez-le fortement, mettez-le dans un plat allant au four, parsemez de noisettes de beurre et arrosez-le avec le vin blanc.
4. Faites cuire à four chaud (thermostat 7) pendant 1 h 30 en arrosant fréquemment.

MON SECRET : *Une demi-heure avant la fin de la cuisson, je couvre le rôti d'une feuille d'aluminium ménager pour éviter que le dessus ne se dessèche et durcisse.*

ROTI DE VEAU ORLOFF C

620 calories

Alternées, des tranches de veau et de la crème aux champignons.

Préparation : 20 minutes
Cuisson : 1 h 30

Pour 6 personnes :

1,500 kg de veau (noix pâtissière)
500 g de champignons de Paris
100 g de beurre
150 g de crème fraîche
1 jaune d'œuf
1 cuillerée à café de farine
sel, poivre

1. Mettez le rôti dans un plat allant au four, salez, poivrez, parsemez de noisettes de beurre (75 g) et faites cuire 1 h 30 à four moyen. Arrosez fréquemment en cours de cuisson. Laissez refroidir le rôti puis coupez-le en tranches régulières d'environ un doigt d'épaisseur.

2. Pendant la cuisson du rôti, nettoyez les champignons. Coupez-les en lamelles et faites-les cuire 10 à 15 minutes dans le restant du beurre. Passez-les ensuite à la moulinette pour obtenir un fin hachis.

3. Délayez la farine dans la crème fraîche et ajoutez-la au hachis de champignons. Laissez épaissir quelques minutes sur feu doux. Retirez la casserole du feu. Attendez que son contenu ait un peu refroidi et ajoutez un jaune d'œuf, du sel, du poivre et tournez vivement.

4. Tartinez chaque tranche de viande avec cette préparation et reconstituez le rôti en le mettant dans un plat allant au four. Arrosez-le avec le jus de cuisson du veau et faites chauffer et dorer légèrement en surface à four moyennement chaud.

MON SECRET : *Pour faire tenir les tranches ensemble, j'enfile une longue brochette dans le rôti reconstitué avant de le passer au four.*

SAUTÉ DE VEAU MARENGO

420 calories

Doucement mijoté dans une sauce à la tomate.

Préparation : 10 minutes
Cuisson : 2 heures

Pour 6 personnes :

1,500 kg de veau coupé en morceaux (épaule, carré, poitrine, flanchet...)
2 cuillerées à soupe d'huile

1. Hachez finement le persil, les échalotes pelées et un seul oignon pelé, tout ensemble. Emincez le deuxième oignon.

2. Chauffez dans une grande cocotte l'huile et le beurre. Faites-y revenir les morceaux de veau avec l'oignon émincé ; laissez à peine colorer.

3. Saupoudrez très vite du hachis de persil, d'échalotes et d'oignon. Ajoutez la farine en pluie, et remuez sur feu doux à la cuiller en bois jusqu'à ce que la farine blondisse.

50 g de beurre
2 oignons
2 échalotes
200 g de champignons
2 cuillerées à soupe de farine
2 cuillerées à soupe de concentré de tomate
1 verre de vin blanc
quelques brins de persil
1 bouquet garni
sel, poivre

4. Versez ensuite le vin blanc. Salez et poivrez, ajoutez le bouquet garni et laissez cuire tout doucement, à couvert, pendant 1 h 30 (en retournant les morceaux une fois ou deux).

5. Au bout de ce temps, ajoutez la sauce tomate (concentré délayé dans 3 cuillerées à soupe d'eau) et les champignons épluchés et coupés en morceaux. Laissez encore mijoter 30 minutes.

6. Servez bien chaud dans un plat creux après avoir retiré le bouquet garni.

MON SECRET : *Je préfère, quand cela est possible, utiliser des tomates fraîches plutôt que du concentré. Et j'ajoute dans la cocotte un quart d'heure avant la fin de la cuisson 2 douzaines d'olives vertes dénoyautées.*

VEAU AUX CHAMPIGNONS

530 calories

Deux saveurs qui s'allient heureusement.

Préparation : 10 minutes
Cuisson : 1 h 45

Pour 6 personnes :

1,400 kg de veau bardé et ficelé en rôti (longe, carré, épaule)
12 petits oignons
125 g de lard
500 g de champignons de Paris
60 g de beurre
1/2 verre de vin blanc
8 petits croûtons frits au beurre
sel, poivre

1. Faites fondre le beurre dans une cocotte et, lorsqu'il est chaud, mettez-y la viande à revenir. Tournez-la de tous les côtés pour qu'elle soit bien dorée partout.

2. Pelez les oignons. Mettez-les dans la cocotte. Ajoutez le vin, assaisonnez largement de sel et de poivre et portez à ébullition. Dès ce moment, réduisez le feu, couvrez la cocotte et laissez mijoter tout doucement pendant 1 heure.

3. Pendant ce temps, nettoyez les champignons. Après 1 heure de cuisson de la viande, ajoutez-les entiers dans la cocotte et laissez cuire encore 45 minutes, tout doucement.

4. Quelques minutes avant la fin de la cuisson, faites dorer les croûtons dans un peu de beurre.

5. Retirez la viande et découpez-la. Disposez les tranches dans un plat creux. Garnissez de croûtons sur lesquels vous disposerez des champignons. Nappez de sauce et servez chaud, après avoir retiré le bouquet garni.

MON SECRET : *Les jours de gala, je remplace les croûtons par des petites barquettes en pâte brisée que je garnis de champignons.*

VEAU EN COCOTTE

340 calories

Une sauce relevée de porto.

Préparation : 5 minutes
Cuisson : 1 h 30

Pour 6 personnes :

1,200 kg de veau (carré, longe ou épaule) bardé et ficelé en rôti
60 g de beurre
1/4 de verre de porto
sel, poivre

1. Dans une grande cocotte, mettez à fondre le beurre sur feu vif.

2. Faites-y dorer le veau sur toutes ses faces.

3. Réduisez légèrement le feu, puis laissez cuire 1 h 30 en tournant le morceau à plusieurs reprises en cours de cuisson dans la cocotte couverte.

4. En fin de cuisson, salez et poivrez.

5. Retirez la viande que vous découperez en tranches sur un plat que vous tenez au chaud. Versez dans la cocotte un quart de verre de porto ; laissez reprendre un bouillon puis servez en saucière en même temps que le veau.

MON SECRET : *Je mets dans la cocotte, après avoir fait dorer la viande, 5 ou 6 fines rondelles de citron.*

VEAU EN DAUBE

340 calories

De savoureuses tranches de veau et de porc prises dans une gelée au vin blanc et aux échalotes.

Préparation : 15 minutes (à faire 24 ou 48 heures à l'avance)
Cuisson : 4 heures au minimum

Pour 4 personnes :

500 g de filet de veau
300 g de filet de porc
1 pied de veau
3 échalotes
1/2 litre de vin blanc sec
un bouquet de persil
sel, poivre

1. Pelez les échalotes et émincez-les finement. Hachez le persil.

2. Coupez les filets de veau et de porc en grosses tranches.

3. Allumez votre four (thermostat 4).

4. Dans une terrine, disposez une couche d'échalotes (la moitié). Rangez les tranches de viande alternées dessus. A nouveau, une couche d'échalotes et le persil haché, sel et poivre. Arrosez de vin blanc. Placez sur le tout le pied de veau désossé et coupé longitudinalement.

5. Mettez le couvercle de la terrine et enfournez. Laissez cuire doucement au moins 4 heures.

6. La cuisson terminée, retirez le pied de veau et laissez refroidir la terrine sans y toucher dans un endroit frais (mais pas au réfrigérateur).

7. Démoulez le lendemain, voire le surlendemain. Servez froid avec des condiments au choix.

MON SECRET : *J'ajoute avec le vin blanc un petit verre de xérès.*

VEAU AU FOUR

340 calories

Une cuisson simple pour une viande de qualité.

Préparation : 2 minutes
Cuisson : 1 h 30

Pour 6 personnes :

1,200 kg de noix pâtissière bardée de lard et ficelée en rôti par le boucher
60 g de beurre
sel, poivre

1. Allumez votre four (thermostat 5).
2. Placez le rôti dans un plat à four. Parsemez-le de noisettes de beurre. Enfournez-le.
3. Laissez cuire 10 minutes environ, jusqu'à ce que la viande commence à dorer. A ce moment, salez, poivrez et arrosez avec le jus de cuisson. Laissez cuire environ 1 h 30 en tout, en arrosant de temps en temps.
4. La viande est cuite lorsqu'une aiguille plantée dans le rôti laisse s'échapper un jus incolore. Retirez alors le rôti et découpez-le en tranches que vous disposerez sur un plat. Tenez au chaud.
5. Versez un demi-verre d'eau dans le plat de cuisson et mettez sur le feu quelques instants jusqu'à ébullition. Versez alors en saucière et servez en accompagnement du plat de viande.

MON SECRET : *Dix minutes avant la fin de la cuisson, j'ajoute dans le plat des olives vertes dénoyautées.*

VEAU A LA MÉNAGÈRE

525 calories

Mijoté avec carottes et oignons.

Préparation : 25 minutes
Cuisson : 2 heures

Pour 6 personnes :

1,400 kg de veau (longe, épaule ou carré) ficelé

1. Epluchez carottes et oignons. Coupez les carottes en rondelles. Laissez les oignons entiers.
2. Coupez le lard en petits dés allongés. Piquez le rôti de part en part avec la pointe d'un couteau et enfoncez-y ces petits morceaux de lard (cette opération peut être faite par votre boucher).

150 g de lard fumé
1 kg de carottes
6 oignons
1/2 litre de bouillon
1 bouquet garni (persil, thym, laurier)
60 g de beurre
sel, poivre

3. Dans une grande cocotte, faites fondre le beurre. Lorsqu'il est chaud, mettez-y le morceau de veau que vous ferez dorer de tous les côtés.

4. Lorsque la viande est bien colorée, ajoutez les oignons, les carottes, le bouquet garni ; assaisonnez de sel et de poivre et versez sur le tout le bouillon chaud.

5. Laissez reprendre l'ébullition ; réduisez le feu, couvrez et laissez cuire 2 heures en retournant une fois ou deux le morceau de viande.

6. Retirez le bouquet garni et servez le veau coupé en tranches épaisses, sur un plat, entouré de sa garniture de légumes. Arrosez avec le jus de cuisson.

MON SECRET : *En hiver, j'utilise de grosses carottes que je coupe en rondelles. Mais, à la belle saison, je les remplace par des carottes nouvelles que je laisse entières et que je ne mets dans la cocotte que trois quarts d'heure avant la fin de la cuisson de la viande.*

VEAU EN RAGOUT

710 calories

Avec des petits pois et une sauce liée à la crème.

Préparation : 10 minutes
Cuisson : 1 heure

Pour 4 personnes :

750 g de poitrine de veau désossée, coupée en cubes de 3 cm de côté environ
1/4 de tasse de farine
1 branchette de thym
2 cuillerées à soupe d'huile
4 cuillerées à soupe de beurre
2 oignons
1 tasse de marsala ou de xérès doux

1. Ecossez les petits pois, faites-les cuire pendant 10 minutes dans l'eau bouillante salée et égouttez-les.

2. Nettoyez les champignons, émincez-les finement, faites-les sauter pendant 5 à 6 minutes dans du beurre.

3. Pelez les oignons et hachez-les finement.

4. Mélangez la farine, le sel, le poivre et la branchette de thym émiettée. Roulez le veau dans ce mélange.

5. Chauffez l'huile et 2 cuillerées de beurre dans une cocotte. Faites-y dorer ensemble le veau et les oignons. Ajoutez le vin et le concentré de tomate, couvrez et laissez cuire à feu doux pendant 45 minutes environ. Ajoutez alors le restant du beurre, la crème, les champignons et les petits pois et laissez cuire encore 5 minutes avant de servir.

1 cuillerée à café
de concentré de tomate
2 cuillerées à soupe
de crème fraîche
200 g de champignons
300 g de petits pois
sel, poivre noir
fraîchement moulu

MON SECRET : *Quand la saison des petits pois est terminée, j'emploie des surgelés. Même temps de cuisson.*

VEAU THONÉ A LA VÉNITIENNE C

770 calories

Un délicieux plat froid où s'allient heureusement viande et poisson.

Préparation : 20 minutes
Cuisson : 2 h 30 (+ 4 heures de repos au réfrigérateur)

Pour 6 à 8 personnes :

2 kg de noix de veau
1/4 de tasse d'huile
d'olive
4 oignons
1 boîte de 200 g
de thon en miettes
10 filets d'anchois
2 gousses d'ail
2 feuilles de laurier
1 branche de thym
2 tasses de vin
blanc sec
1 tasse de bouillon
de volaille pouvant être
préparé avec un cube
de concentré
1 morceau d'écorce
d'orange
1 zeste de citron
1/2 tasse
de mayonnaise
1/2 tasse de câpres
sel, poivre noir
fraîchement moulu

1. Pelez les oignons, coupez-les en lamelles fines.

2. Coupez les anchois en petits morceaux d'un demi-centimètre environ.

3. Pelez les gousses d'ail, émincez-les.

4. Faites chauffer l'huile dans une cocotte, mettez-y à dorer le morceau de veau.

5. Quand la viande est bien dorée sur toutes ses faces, ajoutez les oignons, le thon en miettes, les morceaux d'anchois, l'ail, le laurier, le vin, le bouillon, l'écorce d'orange, le zeste de citron, le sel et le poivre. Couvrez et laissez cuire à feu doux pendant 2 heures environ.

6. Laissez refroidir la viande dans son jus de cuisson, puis mettez-la sur la planche à découper et coupez-la en tranches assez minces.

7. Enlevez de la sauce de cuisson l'écorce d'orange, le laurier et le citron. Passez cette sauce au mixer ou dans une passoire très fine, mesurez-en 3 tasses que vous mélangerez peu à peu à la mayonnaise. Nappez les tranches de veau avec cette sauce et laissez reposer pendant 4 heures dans le réfrigérateur avant de servir, décoré avec des câpres.

MON SECRET : *Je sers avec une salade de riz à laquelle je mêle petits pois et olives vertes et noires dénoyautées.*

IX

Charcuterie, Tripes et Abats

ANDOUILLETTES GOURMANDES C

517 calories

Délicatement parfumées aux truffes.

Préparation : 5 minutes
Cuisson : 20 minutes

Pour 4 personnes :

4 andouillettes de Troyes
2 tranches de pain de mie de 1 cm d'épaisseur
1 petite boîte de lamelles de truffes
1 clou de girofle
sel, poivre
1/2 bouteille environ de sancerre

1. Entaillez légèrement la peau des andouillettes, en biais, par petits traits en travers, du tranchant du couteau ; faites chauffer le gril du four. Coupez le pain de mie en petits cubes.

2. Placez les andouillettes sur la grille du four sous le gril, environ au tiers supérieur, la lèchefrite en dessous pour recueillir le jus. Faites-les griller 5 minutes de chaque côté.

3. Pendant ce temps, faites griller les cubes de pain de mie dans la poêle sèche.

4. Disposez les andouillettes bien dorées dans un plat à four. Allumez le four. Entourez les andouillettes avec les croûtons grillés. Parsemez-les de lamelles de truffe. Salez, poivrez, ajoutez le clou de girofle. Versez le vin blanc pour que les andouillettes baignent suffisamment. Ajoutez le jus de cuisson.

5. Portez à four bien chaud pour 10 minutes et servez chaud.

MON SECRET : *Beurrer et ailler le plat à four avant d'y déposer les andouillettes.*

ANDOUILLETTE AU POUILLY

262 calories

Une très heureuse harmonie de saveurs.

Préparation : 10 minutes
Cuisson : 10 minutes

Pour 2 personnes :

1 andouillette
1/2 bouteille de pouilly

1. Coupez l'andouillette en quatre gros morceaux, faites-les dorer rapidement dans un peu d'huile. Arrosez de pouilly.

2. Mettez dans un four chaud une dizaine de minutes pour faire réduire et servez dans des assiettes chaudes.

MON SECRET : *Accompagnez de frites bien croustillantes et de bonne moutarde forte.*

ANDOUILLETTES A LA STRASBOURGEOISE

487 calories

Un plat nourrissant pour des menus d'hiver.

Préparation : 10 minutes
Cuisson : 30 minutes

Pour 4 personnes :

4 andouillettes
500 g de choucroute cuite
8 pommes de terre moyennes
1 grosse noix de saindoux
1/2 verre de vin blanc
1 cuillerée à café de kirsch

1. Faites cuire les pommes de terre à la vapeur ou à l'eau légèrement salée.

2. Dans une cocotte, faites fondre le saindoux, mettez la choucroute, arrosez avec le vin blanc, le kirsch, faites chauffer à petit feu, en remuant à la spatule de temps en temps pour détacher la choucroute et empêcher qu'elle attache.

3. Ciselez la peau des andouillettes, faites-les griller à la poêle sur les deux faces, 10 minutes de chaque côté, à feu doux, en veillant à ce qu'elles n'éclatent pas.

4. Disposez la choucroute dans le plat de service chaud ; dressez les andouillettes au milieu, entourez avec les pommes de terre.

MON SECRET : *J'ajoute dans la choucroute une pomme (fruit) crue, coupée en lamelles.*

ANDOUILLETTES VALLÉE D'AUGE

570 calories

Poêlées au beurre, avec cidre et calvados.

Préparation : 10 minutes
Cuisson : 20 minutes

Pour 6 personnes :

6 andouillettes
40 g de beurre
2 échalotes
1 pot de 250 g de crème fraîche
1 petit verre de calvados

1. Ciselez les andouillettes de petites fentes en croisillons, avec le tranchant du couteau. Dans une poêle faites fondre le beurre sans lui laisser prendre couleur. Quand il commence à mousser, mettez les andouillettes. A feu doux, faites-les dorer sur toutes les faces. Réservez-les au chaud.

2. Dans le jus de cuisson, mettez les échalotes émincées, laissez fondre à feu modéré sans blondir. Mouillez avec le cidre et faites réduire de deux tiers environ. Ajoutez la crème fraîche, tournez à la cuiller en bois, jusqu'à ce que la crème commence à épaissir. Salez,

1 verre de cidre sec
sel, poivre

poivrez, ajoutez le calvados, les andouillettes avec leur jus.

3. Laissez mijoter à petit feu de 5 à 7 minutes. Servez sur plat chaud les andouillettes nappées de la sauce.

MON SECRET : *Je sers en même temps une purée de pommes-fruits aromatisée d'une pointe de cannelle.*

BEIGNETS DE CERVELLE

880 calories

Dorés et croustillants à l'extérieur, moelleux à l'intérieur.

Préparation : 10 minutes
Cuisson : 25 minutes

Pour 4 personnes :

1 cervelle de veau
1 cuillerée de vinaigre
pâte à frire
sel, poivre

Laissez-la tremper une heure ou deux dans l'eau froide. Lavez-la, enlevez sa peau. Plongez-la dans une casserole d'eau froide avec sel, poivre, un peu de vinaigre, un oignon et du persil. Portez à ébullition et laissez cuire pendant 30 minutes. Egouttez, coupez la cervelle en morceaux réguliers et passez ceux-ci délicatement, un à un, dans la pâte à frire classique, puis dans le bain de friture d'huile.

BOUDIN A LA POÊLE

450 calories

Un appétissant boudin rissolé dans le beurre frais.

Préparation : 2 minutes
Cuisson : 15 minutes

Pour 6 personnes :

600 g de boudin
60 g de beurre

1. Coupez le boudin en tronçons et piquez-le de part en part avec une fourchette pour éviter qu'il n'éclate à la cuisson.

2. Mettez le beurre dans une grande poêle sur feu vif et lorsqu'il est très chaud (mais pas encore « noisette »), posez dedans les morceaux de boudin. Faites cuire 15 minutes en tournant de tous côtés.

3. Servez chaud, accompagné de purée de pommes de terre, ou de purée de pois cassés, ou encore de pommes reinettes poêlées.

MON SECRET : *Avant de servir, badigeonner les morceaux de boudin de moutarde aux quatre graines.*

BOUDIN AUX POMMES

620 calories

Saisi au gril, un merveilleux boudin entouré de pommes reinettes.

Préparation : 15 minutes
Cuisson :
10 minutes pour le boudin
20 minutes pour les pommes

Pour 6 personnes :

700 g de boudin
1 cuillerée à soupe d'huile
50 g de beurre
1 kg de pommes reinettes

1. Pelez et coupez les pommes en lamelles fines, après en avoir retiré les cœurs.

2. Dans une poêle, mettez le beurre à fondre et ajoutez les pommes. Laissez cuire doucement en secouant souvent une vingtaine de minutes.

3. Pendant ce temps, faites chauffer votre gril (cela demande un temps assez long car le gril doit être extrêmement chaud pour bien saisir la viande).

4. Coupez le boudin en tronçons, enduisez-les légèrement d'huile et piquez-le de part en part avec une aiguille d'acier, pour éviter qu'il n'éclate à la cuisson. Mettez sur le gril en retournant de tous les côtés pour que tout soit bien grillé. Comptez 10 minutes de cuisson.

5. Servez très chaud, entouré des pommes que vous salerez légèrement en fin de cuisson.

MON SECRET : *J'ajoute une pincée de cannelle sur les pommes.*

BOUTEFA AUX POIREAUX

705 calories

Le boutefa est un saucisson fumé à cuire.

Préparation : 20 minutes
Cuisson : 1 heure

Pour 4 personnes :

1 boutefa
1 kg de poireaux
80 g de beurre
1 cuillerée à soupe de farine
1 tasse de bouillon
sel, poivre

1. Nettoyez les poireaux ; coupez-les en tronçons ; faites-les revenir dans la cocotte avec 50 g de beurre. Salez et poivrez.

2. Lorsque les poireaux commencent à prendre couleur, ajoutez le bouillon et le boutefa. Couvrez et laissez cuire 1 heure à petit feu.

3. Dans une petite casserole, faites fondre le restant de beurre. Ajoutez la farine. Tournez vivement. Versez un grand bol d'eau, sel et poivre. Continuez à tourner (7 à 8 minutes) pour obtenir une sauce crémeuse.

4. Egouttez les poireaux, mettez-les dans un plat. Arrosez-les avec la sauce et disposez dessus le boutefa.

MON SECRET : *J'ajoute à la sauce, en même temps que l'eau, une cuillerée à soupe de vinaigre.*

BROCHETTES DE CŒUR

205 calories

Grillées « à vif », sans aucune matière grasse.

Préparation : 5 minutes
Cuisson : 15 minutes

Pour 4 personnes :

2 cœurs de veau
sel, poivre

1. Nettoyez les cœurs. Enlevez la graisse qui enrobe le sommet, ouvrez-les, enlevez les cloisons internes. Coupez les cœurs en gros cubes. Il vous en faut une vingtaine au moins.

2. Enfilez les morceaux de cœur par 5 ou 6 sur les brochettes.

3. Faites chauffer le gril. Quand il est brûlant, posez les brochettes. Aidez-vous de la spatule en bois pour détacher la viande si elle adhère. Faites cuire sur toutes les faces en retournant plusieurs fois pendant une quinzaine de minutes.

4. Salez, poivrez, servez.

MON SECRET : *Intercaler des feuilles de laurier entre les morceaux de viande.*

BROCHETTES DE FOIE

225 calories

Enveloppées d'une crépine qui les empêche de se dessécher.

Préparation : 15 minutes
Cuisson : 10 minutes

Pour 4 personnes :

600 g de foie d'agneau en un morceau
1 toilette (ou crépine) de porc
sel, poivre

1. Coupez, dans la longueur, des tranches de foie épaisses d'environ 3 cm.

2. Faites chauffer le gril. Quand il est brûlant, placez les lanières de foie et faites-les saisir 1 minute sur chaque face. Salez, poivrez. Déposez les tranches de foie dans une assiette.

3. Coupez-les en cubes. Entourez chacun d'un carré de toilette de porc.

4. Répartissez les cubes de foie sur les brochettes.

5. Replacez les brochettes sur le gril très chaud à feu vif. Retournez sur toutes les faces. Salez, poivrez à nouveau. Comptez 7 à 8 minutes de cuisson. Servez immédiatement.

MON SECRET : *La précuisson rapide des tranches de foie « raidit » cet abat qui, cru, glisserait sur les brochettes.*

BROCHETTES DE FOIE DE MOUTON AU CUMIN

215 calories

Un brin d'exotisme.

Préparation : 10 minutes
Cuisson : 10 minutes

Pour 6 personnes :

800 g de foie de mouton
1 cuillerée à soupe de cumin en poudre
1 cuillerée à soupe d'huile
sel, poivre

1. Coupez le foie en morceaux de 2 cm environ de côté. Mettez-les dans une assiette creuse, arrosez-les avec l'huile.

2. Roulez les morceaux de foie dans le cumin en poudre.

3. Enfilez-les sur les brochettes ; salez et poivrez et faites cuire 10 minutes sur les braises ardentes d'un barbecue ou sur la flamme du gaz.

MON SECRET : *Accompagnez de couscous en boîte ou cuit à la vapeur.*

BROCHETTES FORESTIÈRES

120 calories

Cubes de jambon et têtes de champignons.

Préparation : 10 minutes
Cuisson : 10 minutes

Pour 6 personnes :

2 tranches de jambon de Paris d'un bon centimètre d'épaisseur (450 g)
24 têtes de champignons de Paris
1 cuillerée à soupe d'huile
poivre

1. Nettoyez les champignons sans les peler.

2. Coupez le jambon en dés de 1 cm de côté.

3. Enfilez sur les brochettes jambon et têtes de champignons en les alternant. Arrosez-les d'huile, poivrez-les.

4. Faites cuire une dizaine de minutes sur le gril, au-dessus des braises d'un barbecue ou sur la flamme du gaz, en retournant à mi-cuisson.

MON SECRET : *Je roule les dés de jambon dans du paprika.*

CERVELLES AU BEURRE NOISETTE

210 calories

Avec un filet de vinaigre.

Préparation : 5 minutes
Cuisson : 15 minutes

Pour 4 personnes :

4 cervelles de mouton
60 g de beurre
1 feuille de laurier
1 branchette de thym
quelques brins de persil
1 pincée de quatre-épices
vinaigre
sel, poivre
1 cuillerée à soupe de chapelure blonde

1. Lavez soigneusement les cervelles à l'eau froide. Enlevez au mieux les filaments sanguins s'il en reste.

2. Remplissez d'eau aux trois quarts une grande casserole. Salez au gros sel. Ajoutez thym, laurier, persil, quatre-épices, poivre et un filet de vinaigre. Amenez à ébullition ; plongez les cervelles, laissez cuire à l'eau bouillante pendant 10 minutes.

3. Pendant ce temps, chauffez le beurre dans une poêle. Quand il commence à brunir, arrêtez le feu, laissez refroidir quelques instants. Salez, ajoutez quelques gouttes de vinaigre en évitant les projections produites par la rencontre du vinaigre froid et du beurre chaud.

4. Sortez les cervelles de l'eau avec une écumoire. Egouttez-les sur un torchon propre plié ou sur plusieurs épaisseurs de papier absorbant pour les assécher au maximum.

5. Placez les cervelles sur le plat de service très chaud. Arrosez-les avec le beurre noisette et saupoudrez de chapelure. Servez rapidement.

MON SECRET : *Du vinaigre blanc dans l'eau où cuisent les cervelles pour ne pas les colorer et du vinaigre de vin dans la sauce pour en relever le goût.*

CERVELLES PANÉES

280 calories

Des petits dés de cervelle en robe dorée.

Préparation : 15 minutes (+ 30 minutes de trempage des cervelles)
Cuisson : 10 minutes

Pour 4 personnes :

600 g de cervelles de veau

1. Lavez les cervelles ; débarrassez-les des peaux et de toutes les traces sanguinolentes et mettez-les à tremper dans de l'eau froide pendant 30 minutes. Egouttez et essuyez-les.

2. Coupez-les en petits dés.

3. Roulez ces petits dés dans la farine puis dans de l'œuf battu avec du sel et dans la chapelure.

4. Faites fondre le beurre à la poêle, mettez-y

1/4 de tasse de farine
1 œuf
1/3 de tasse de chapelure
3 cuillerées à soupe de beurre
sel

à dorer les morceaux de cervelle panées pendant une dizaine de minutes ; servez avec des quartiers de citron.

MON SECRET : *Il est important de bien essuyer les morceaux de cervelle avant de les paner. J'ai pour cela adopté du papier-linge bien absorbant.*

CERVELLES DE VEAU AU BEURRE NOIR

250 calories

Avec vinaigre et câpres.

Préparation : 15 minutes (+ 30 minutes de trempage des cervelles)
Cuisson : 35 minutes

Pour 4 personnes :

600 g de cervelles de veau
1 carotte
1 branche de céleri
1 branchette de thym
3 cuillerées à soupe de beurre
2 cuillerées à soupe de vinaigre
2 cuillerées à soupe de persil haché
1 cuillerée à soupe de câpres
sel

1. Lavez soigneusement les cervelles et débarrassez-les des peaux et des petites traces de sang. Mettez-les à tremper pendant 30 minutes dans de l'eau froide puis égouttez-les.
2. Pelez la carotte et coupez-la en lamelles. Nettoyez le céleri et coupez-le également en lamelles.
3. Mettez dans une casserole les cervelles, carotte, céleri, poivre, thym, sel et de l'eau de façon à bien recouvrir le tout. Portez à ébullition puis faites cuire à feu doux pendant 25 minutes. Egouttez soigneusement et mettez sur le plat de service chauffé.
4. Dans une petite casserole, faites chauffer le beurre jusqu'à ce qu'il soit brun ; ajoutez le vinaigre et le persil, versez-le sur les cervelles, saupoudrez avec des câpres.

MON SECRET : *Pour que le beurre dans la casserole n'éclabousse pas partout en grésillant, je mets une pincée de sel dons le fond du récipient.*

CHIPOLATAS AU VIN BLANC

660 calories

Un plat complet nourrissant et savoureux aussi.

Préparation : 15 minutes
Cuisson : 15 minutes

Pour 6 personnes :

12 saucisses chipolatas
6 tranches de pain de mie

1. Dans une poêle à fond épais, faites fondre une noix de beurre. Posez les saucisses piquées à la fourchette, faites-les rissoler doucement une dizaine de minutes en veillant à ce qu'elles n'éclatent pas. Retirez-les quand elles sont cuites, réservez-les au chaud.
2. Retirez un peu de jus de cuisson si les

100 g de beurre
2 échalotes
1 cuillerée à soupe d'huile
1/4 de litre de vin blanc sec
2 jaunes d'œufs
1 cuillerée à soupe de purée de tomates
1 cuillerée à soupe de crème fraîche
sel, poivre

saucisses ont rendu de la graisse. Mettez dans le restant les échalotes hachées. Remuez à la spatule jusqu'à ce qu'elles soient transparentes.

3. Mouillez les échalotes avec le vin blanc. Faites réduire d'un tiers environ.

4. Pendant ce temps, dans une autre poêle, faites dorer les tranches de pain dans l'huile et le beurre fondu.

5. Quand la sauce est réduite, salez, poivrez, ajoutez la sauce tomate, hors du feu, mettez les jaunes d'œufs, la crème fraîche, mélangez bien à la cuiller de bois, remettez la sauce sur feu doux, laissez épaissir sans bouillir.

6. Dans un plat long et chaud, disposez deux saucisses sur chaque tranche dorée, nappez avec la sauce.

MON SECRET : *Je sers en même temps une purée de pois cassés.*

CŒUR DE BŒUF A L'AGENAISE

900 calories

De tendres morceaux mijotés avec des pruneaux, du vin rouge et de la gelée de groseille.

Préparation : 10 minutes
Cuisson : 1 h 30

Pour 4 personnes :

1 cœur de bœuf
6 oignons
1 verre de vin rouge
1 verre d'eau
1 cuillerée à soupe de farine
250 g de pruneaux
1 cuillerée à soupe de gelée de groseille
60 g de beurre
sel, poivre

1. Pelez et émincez les oignons.

2. Faites fondre le beurre dans une cocotte et mettez-y les oignons à blondir. Saupoudrez de farine et tournez vivement. Mouillez avec l'eau et le vin et tournez jusqu'à épaississement.

3. Coupez le cœur en morceaux et mettez dans la cocotte. Ajoutez les pruneaux, sel et poivre. Remuez puis laissez mijoter doucement à couvert pendant 1 h 30.

4. Au moment de servir, délayez dans la sauce la gelée de groseille. Versez dans un plat et dégustez chaud (vous pouvez accompagner de pommes vapeur).

MON SECRET : *Je préfère dénoyauter les pruneaux.*

CŒUR DE BŒUF EN MATELOTE

560 calories

Accommodées d'une sauce au vin rouge, les tranches de cœur de bœuf sont garnies de croûtons frits.

Préparation : 20 minutes
Cuisson : 2 h 15

Pour 6 personnes :

1 gros cœur de bœuf
1 verre de vin rouge
150 g de beurre
75 g de farine
1 oignon
6 croûtons frits frottés d'ail
1 bouquet garni (persil, thym, laurier)
sel, poivre

1. Faites fondre 75 g de beurre dans une cocotte et mettez-y l'oignon entier à revenir. Ajoutez le cœur, que vous ferez revenir aussi quelques instants sur toutes ses faces (si l'oignon a tendance à brûler, retirez-le momentanément). Ajoutez le vin rouge et autant d'eau. Mettez le bouquet garni et assaisonnez de sel et de poivre. Couvrez et laissez cuire tout doucement pendant 1 h 30. Retirez le cœur et l'oignon avec l'écumoire.

2. Filtrez le liquide de cuisson.

3. Dans une petite casserole, faites fondre le reste du beurre et mélangez-le quelques instants à la farine sur le feu. Versez peu à peu le liquide passé, en tournant vivement et toujours sur le feu. La sauce obtenue doit être un peu épaisse. Faites-lui prendre juste un bouillon et remettez dans la cocotte vide.

4. Coupez le cœur en tranches d'un doigt environ d'épaisseur que vous couchez dans la sauce et remettez à mijoter à feu doux et à couvert encore une demi-heure.

5. Cinq minutes avant la fin de la cuisson, faites dorer les croûtons de pain dans un peu de beurre et frottez-les avec une gousse d'ail coupée en deux.

6. Servez dans un plat chaud et disposez par-dessus les croûtons.

MON SECRET : *Je n'ai pas toujours du bouillon de viande sous la main, mais toujours des cubes de concentré qui font parfaitement l'affaire.*

CŒURS DE VEAU BRAISÉS

240 calories

Cuits dans un jus adouci de carottes.

Préparation : 10 minutes
Cuisson : 2 heures

Pour 6 personnes :

2 cœurs de veau
2 oignons
80 g de beurre
3 carottes
1/2 verre de vin blanc
sel, poivre
bouquet garni

1. Pelez et coupez les carottes en petits bâtonnets. Pelez et émincez les oignons.

2. Chauffez le beurre dans une cocotte et mettez-y à revenir les oignons et les cœurs. Lorsqu'ils sont bien dorés, ajoutez les carottes et le vin. Salez et poivrez. Ajoutez le bouquet garni. Couvrez la cocotte et laissez mijoter sur feu très doux pendant 2 heures environ (en fin de cuisson, vérifiez que la viande est bien tendre en y enfonçant la pointe d'un couteau).

3. Versez les carottes et le jus de cuisson dans un plat (retirez le bouquet garni) et recouvrez des cœurs découpés en tranches. Servez bien chaud.

MON SECRET : *Une garniture de coquillettes assaisonnées au jus de cuisson des cœurs de veau.*

CŒURS DE VEAU SAUTÉS

210 calories

De savoureux steaks de cœur dorés dans le beurre et flambés au cognac.

Préparation : 5 minutes
Cuisson : 15 minutes

Pour 6 personnes :

2 cœurs de veau
80 g de beurre
2 cuillerées à soupe de farine
4 ou 5 branches de persil
1/2 verre de cognac
sel, poivre

1. Pratiquez une fente sur l'un des côtés de chaque cœur pour vous assurer qu'il ne reste pas de sang caillé à l'intérieur (si c'était le cas, retirez-le). Coupez en tranches de 3 cm d'épaisseur.

2. Dans une grande poêle, faites chauffer le beurre. Lorsqu'il est très chaud, mettez-y les tranches que vous ferez dorer 2 minutes de chaque côté.

3. Saupoudrez avec la farine et le persil haché, salez, poivrez et laissez encore 5 à 6 minutes.

4. Arrosez avec le cognac et faites flamber. Prolongez encore la cuisson 5 minutes en baissant un peu le feu.

5. Disposez les tranches sur le plat de service et arrosez avec la sauce de cuisson. Servez très chaud.

MON SECRET : *Avec un vieux calvados ou une « gnole » de pays c'est encore meilleur.*

CROQUETTES DE CERVELLE

385 calories

L'extérieur est croustillant, l'intérieur crémeux.

Préparation : 15 minutes (+ 30 minutes de trempage des cervelles)
Cuisson : 25 minutes

Pour 4 personnes :

600 g de cervelles de veau
1 cuillerée à soupe de vinaigre
2 oignons
1 œuf
1/4 de tasse de farine
5 cuillerées à soupe de beurre
sel, poivre blanc

1. Lavez les cervelles. Couvrez-les d'eau froide et laissez-les tremper 10 minutes. Egouttez-les. Couvrez-les de nouveau avec de l'eau froide à laquelle vous aurez ajouté le vinaigre. Chauffez jusqu'à ébullition. Faites cuire à feu doux pendant 15 minutes à compter de l'ébullition. Egouttez de nouveau, couvrez d'eau froide et laissez tremper ainsi pendant 15 minutes. Egouttez alors, nettoyez les cervelles en enlevant toutes les membranes.

2. Pelez les oignons, hachez-les finement.

3. Battez l'œuf.

4. Ecrasez les cervelles en purée fine à la moulinette ou avec une fourchette. Ajoutez-leur sel, poivre et oignons hachés. Mélangez bien cette préparation.

5. Façonnez-en 8 croquettes ; trempez-les d'abord dans l'œuf puis dans la farine. Faites fondre le beurre à la poêle, mettez-y à dorer les croquettes sur toutes leurs faces 7 à 8 minutes. Servez avec des quartiers de citron.

MON SECRET : *Avant de façonner la préparation en croquettes, je la mets une heure environ dans le réfrigérateur pour qu'elle devienne un peu ferme.*

FOIE DE CANARD AUX RAISINS

C 525 calories

Des tranches de foie poêlées sont enrichies d'une sauce très douce aux raisins et au porto.

Préparation : 15 minutes
Cuisson :
15 minutes pour la sauce
8 minutes envir. pour le foie

Pour 4 personnes :

4 tranches de foie de canard

1. Pelez et hachez finement l'oignon.

2. Dans une casserole, faites fondre 50 g de beurre et mettez-y l'oignon à blondir. Saupoudrez de farine et tournez vivement. Mouillez avec le vin blanc, le porto et un demi-verre d'eau. Ajoutez le bouquet garni et les raisins. Salez, poivrez et laissez cuire à tout petit feu, sans couvrir, 15 minutes.

3. A mi-cuisson de la sauce, mettez le reste

assez épaisses
250 g de raisins secs
1 petite cuillerée
à soupe de farine
1 oignon
1 bouquet garni
1 verre de vin blanc
1 cuillerée à soupe
de porto
80 g de beurre
sel, poivre

du beurre à fondre dans une poêle. Faites-y revenir les tranches de foie, environ 4 minutes de chaque côté.

4. Rangez-les sur un plat chauffé et versez dessus la sauce après avoir retiré le bouquet garni. Servez bien chaud.

MON SECRET : *Je fais préalablement tremper les raisins secs dans du thé brûlant très léger pour les faire gonfler.*

FOIE DE VEAU AU BASILIC

265 calories

Un abat délicat dans une sauce subtilement aromatisée.

Préparation : 5 minutes
Cuisson : 6 minutes

Pour 4 personnes :

4 tranches
de foie de veau
de 160 g chacune
12 feuilles de basilic
3 gousses d'ail
2 cuillerées à soupe
d'huile d'olive
sel, poivre

1. Epluchez les gousses d'ail et hachez-les finement avec le basilic. Arrosez ce hachis d'huile d'olive.

2. Mettez dans la poêle sur feu moyen. Cuisez 3 minutes puis ajoutez les tranches de foie de veau. Augmentez le feu. Cuisez le foie 3 minutes sur chaque côté. Salez, poivrez, servez.

MON SECRET : *Même recette avec du foie de génisse... moins fin, mais pour les fins de mois !...*

FOIE DE VEAU A LA MILANAISE C

310 calories

Enrobé de panure et doré au beurre.

Préparation : 10 minutes
(+ 1 heure de repos
au réfrigérateur)
Cuisson : 8 minutes

Pour 4 personnes :

600 g de foie de veau
en 4 tranches de 1/2 cm
environ d'épaisseur

1. Lavez le foie et séchez-le dans un papier absorbant. Frottez-le avec le poivre et arrosez-le avec le jus de citron. Mettez-le pendant 1 heure dans le réfrigérateur.

2. Battez ensemble l'œuf et l'eau.

3. Trempez les tranches de foie dans ce mélange puis passez-les dans la chapelure à laquelle vous avez ajouté du sel.

4. Faites fondre le beurre à la poêle ; quand

2 cuillerées à soupe de jus de citron
1 œuf
1 cuillerée à soupe d'eau
1/2 tasse de chapelure
4 cuillerées à soupe de beurre
2 cuillerées à soupe de persil haché
sel, poivre noir fraîchement moulu

il commence à grésiller, mettez-y à sauter le foie pendant 3 minutes sur chaque face.

5. Disposez le foie sur un plat de service tenu au chaud, passez le persil à la poêle 2 minutes, versez le jus de cuisson et le persil sur les tranches de foie.

MON SECRET : *Je sers le foie ainsi préparé sur des canapés de pain dorés au beurre à la poêle.*

FOIE DE VEAU EN PAPILLOTES

280 calories

Cuit au four sous un hachis de champignons et d'herbes.

Préparation : 10 minutes
Cuisson : 25 minutes

Pour 4 personnes :

4 tranches de foie de veau de 120 g chacune environ
4 échalotes
1 cuillerée à soupe de persil haché
200 g de champignons de Paris
60 g de beurre
sel, poivre

1. Nettoyez les champignons. Hachez-les finement. Pelez les échalotes. Hachez-les.

2. Mélangez champignons, échalotes et persil haché.

3. Faites cuire les tranches de foie à la poêle dans le beurre 3 minutes sur chaque face. Salez et poivrez à mi-cuisson.

4. Prenez du papier d'aluminium, quatre morceaux assez grands pour envelopper complètement les quatre tranches de foie. Posez chaque tranche sur un papier. Déposez dessus une couche du hachis de champignons, échalotes et persil. Fermez les papillotes.

5. Faites cuire 20 minutes au four moyennement chaud. Servez aussitôt dans les papillotes.

MON SECRET : *Un peu moins fin de goût, mais plus économique, le foie de génisse peut être ainsi cuisiné.*

FOIE DE VEAU A LA SICILIENNE

310 calories

Poêlé au bacon et au romarin.

Préparation : 5 minutes
Cuisson : 10 minutes

Pour 4 personnes :

4 tranches de foie de veau de 120 g chacune environ
4 lamelles de bacon
2 cuillerées à soupe de vinaigre de vin
60 g de beurre
2 pincées de romarin
sel, poivre

1. Faites chauffer 60 g de beurre dans la poêle, sur feu vif. Quand il grésille, mettez 4 lamelles de bacon. Laissez cuire 1 minute sur chaque face.

2. Ajoutez dans la poêle 4 tranches de foie de veau. Laissez-les cuire 3 minutes sur chaque face (le bacon reste dans la poêle). Saupoudrez avec 2 pincées de romarin. Salez, poivrez. Mettez les tranches de foie sur un plat chaud. Posez dessus les lamelles de bacon.

3. Dans la poêle, toujours sur le feu, versez une cuillerée à soupe de vinaigre de vin. Mélangez à la sauce de cuisson qui se trouve dans la poêle et versez sur les tranches de foie de veau.

MON SECRET : *Ne salez pas trop à cause du bacon. Et enlevez bien des tranches de foie les petits nerfs et veines blancs qui sont désagréables à la consommation.*

FOIE DE VEAU A LA VÉNITIENNE

360 calories

En fines lamelles doucement poêlées au beurre.

Préparation : 15 minutes
Cuisson : 20 minutes

Pour 4 personnes :

500 g de foie de veau en un seul morceau
125 g de beurre
5 oignons
1/4 de tasse de vin blanc
2 cuillerées à soupe de persil haché
sel, poivre noir fraîchement moulu

1. Coupez le foie en lamelles aussi minces que possible de 1 mm environ d'épaisseur. Coupez ces tranches en bandes de 2 cm de large sur 5 cm de long environ.

2. Pelez les oignons et émincez-les finement.

3. Faites fondre le beurre à la poêle. Mettez-y à dorer les oignons à feu très doux jusqu'à ce qu'ils soient jaunes et bien tendres, ce qui prend 15 minutes environ.

4. Ajoutez le foie et faites cuire à feu très doux 3 minutes en tournant sans cesse. Salez, poivrez, mettez dans un plat de service chaud. Mettez le vin et le persil dans la poêle, chauffez jusqu'à ébullition et versez sur le foie. Servez aussitôt.

MON SECRET : *Un filet de bon vinaigre de vin à la fin de la cuisson.*

GRAS-DOUBLE MINUTE F

480 calories

Emincé, revenu au beurre et persillé.

Préparation : 5 minutes
Cuisson : 10 minutes

Pour 4 personnes :

500 g de gras-double roulé (du feuillet de préférence) acheté cuit chez le tripier
75 g de beurre
persil haché
sel, poivre

1. Coupez le gras-double en lamelles.

2. Chauffez le beurre dans la poêle sur feu vif. Mettez le gras-double. Laissez chauffer 10 minutes en remuant fréquemment. Salez, poivrez. Saupoudrez de persil haché et servez avec de la moutarde forte.

MON SECRET : *Accompagnez de pommes rissolées et d'une salade verte.*

GRAS-DOUBLE A LA PROVENÇALE

560 calories

Un parfum d'ail et des petits lardons.

Préparation : 15 minutes
Cuisson : 2 heures minimum

Pour 6 personnes :

1 kg de gras-double nettoyé et blanchi
150 g de petit salé
1 oignon
2 tomates
1 cuillerée à soupe de saindoux
1 bouquet garni (thym, laurier, persil)
1 cuillerée à dessert de farine
2 gousses d'ail
1 petit bouquet de persil
sel, poivre

1. Découpez le gras-double en fines lanières.

2. Dans une cocotte, faites revenir au saindoux le lard coupé en petits dés, ajoutez l'oignon émincé et les tomates pelées et épépinées. Laissez bien revenir puis mouillez avec un demi-litre d'eau bouillante, ou mieux, de bouillon.
Ajoutez le gras-double, le bouquet garni, salez et poivrez. Laissez cuire 1 h 30 à 2 heures à tout petit feu.

3. Dix minutes avant de servir, liez la sauce avec de la farine délayée dans un quart de verre d'eau. Laissez cuire très doucement en remuant souvent. Retirez le bouquet garni et ajoutez l'ail et le persil haché.

MON SECRET : *Le saindoux n'est pas de rigueur. J'emploie aussi volontiers de l'huile.*

GRATINÉE PARMENTIER

725 calories

Saucisses de Toulouse et purée dorées au four.

Préparation : 10 minutes
Cuisson : 20 minutes

Pour 4 personnes :

8 saucisses de Toulouse
2 œufs
1/2 boîte de flocons de pommes de terre à préparer en purée
1 cuillerée à soupe de persil haché
60 g de beurre

1. Allumez le four à chaleur maximale.
2. Faites la purée selon le mode d'emploi indiqué sur l'emballage. Il faut compter 5 minutes de préparation.
3. Hors du feu, ajoutez à la purée les deux œufs. Mélangez bien. La purée se colore en jaune. Ajoutez-lui le persil haché.
4. Ouvrez les saucisses en deux dans le sens de la longueur. Faites-les sauter à la poêle sur feu vif, 1 minute sur chaque face.
5. Rangez les saucisses dans un plat à gratin en les plaçant côte à côte deux par deux, la partie plate sur le dessus. Recouvrez de purée. Parsemez de noisettes de beurre. Passez au four pour servir bien chaud.

MON SECRET : *Je sers en même temps des radis bien croquants.*

JAMBON MARTINIQUE

340 calories

Sucré, salé, un heureux mariage.

Préparation : 5 minutes
Cuisson : 10 minutes

Pour 6 personnes :

6 bananes juste mûres
6 tranches fines de jambon fumé (360 g)
50 g de sucre semoule

1. Après avoir pelé les bananes, roulez-les dans le sucre.
2. Enveloppez chacune dans une tranche de jambon, ficelez aux extrémités avec du fil de cuisine.
3. Faites cuire sur le gril du barbecue ou sur la flamme du gaz pendant 10 minutes, en retournant une fois.
4. Servez immédiatement.

MON SECRET : *Même recette « en papillote ». Chaque banane enrobée de jambon est enveloppée de papier d'aluminium. Comptez un bon quart d'heure de cuisson.*

JAMBON A L'ORANGE

240 calories

Du jambon chaud en sauce douce au porto et aux fruits.

Préparation : 5 minutes
Cuisson : 10 minutes

Pour 4 personnes :

4 belles tranches de jambon d'York (400 g)
1 orange
1 citron
3 cuillerées à soupe de gelée de groseille
1 verre à liqueur de porto
2 cuillerées à café de moutarde
1 pincée de poivre de Cayenne
1 noix de beurre

1. Pressez le jus d'une orange et d'un citron.

2. Dans une petite casserole, sur feu doux, délayez 3 cuillerées à soupe de gelée de groseille avec 1 verre à liqueur de porto. Ajoutez le jus de l'orange et du citron, 2 cuillerées à café de moutarde et 1 pincée de poivre de Cayenne. Faites chauffer doucement pendant 5 minutes.

3. Dans une poêle, chauffez 4 tranches de jambon d'York avec une noix de beurre. Versez la sauce sur le jambon et servez aussitôt.

MON SECRET : *Comme garniture, du maïs en grains chauffé avec un bon morceau de beurre et une cuillerée de crème.*

JAMBON A LA PROVENÇALE

585 calories

Jambon, ratatouille et fromage râpé.

Préparation : 5 minutes
Cuisson : 15 minutes

Pour 4 personnes :

4 courgettes longues
4 tomates
4 tranches de jambon (320 g)
100 g de gruyère râpé
60 g de beurre
2 cuillerées à soupe d'huile
sel, poivre

1. Lavez et essuyez courgettes et tomates et coupez-les en petits dés.

2. Faites chauffer l'huile dans la poêle sur feu vif. Quand elle commence à fumer, mettez-y les dés de courgettes et de tomates. Laissez cuire sur feu vif pendant une dizaine de minutes, en remuant de temps en temps. Salez, poivrez.

3. Parsemez de gruyère râpé et de beurre coupé en petits morceaux. Laissez cuire encore 5 minutes.

4. Versez dans un plat et servez avec les tranches de jambon.

MON SECRET : *Je pose les tranches de jambon sur les légumes, dans la poêle encore sur le feu, pour les chauffer 4 ou 5 minutes.*

Gratin d'aubergines à l'ail. *(Recette page 652)*

Faisan à la choucroute. *(Recette page 422)*

Côtes de blettes au lard. *(Recette page 641)*

Lentilles au petit salé. *(Recette page 604)*

JAMBON SUR TOASTS

255 calories

De délicieux toasts garnis de jambon et dorés au four.

Préparation : 15 minutes
Cuisson : 15 minutes

Pour 6 personnes :

125 g de jambon maigre en une seule tranche
1 cuillerée à soupe de farine
80 g de beurre
1 jaune d'œuf
1 cuillerée à soupe de crème fraîche
6 tranches de pain de mie rassis de 1 cm d'épaisseur
2 cuillerées à soupe de chapelure
sel, poivre

1. Détaillez le jambon en petits dés.

2. Faites fondre 30 g de beurre dans une petite casserole. Ajoutez la farine en remuant bien, puis mouillez avec 1 verre d'eau chaude ou un peu plus (la sauce doit, après avoir bouilli 2 ou 3 minutes, être assez épaisse). Salez et poivrez.

3. Hors du feu, ajoutez la crème fraîche, le jaune d'œuf et le jambon. Remettez sur le feu pour réchauffer mais ne laissez pas bouillir.

4. Allumez votre four (thermostat 8).

5. Faites fondre le reste du beurre dans une grande poêle et mettez-y frire les tranches de pain.

6. Disposez les croûtes sur un grand plat à gratin. Garnissez avec la farce au jambon et saupoudrez de chapelure. Laissez dorer 10 minutes au four. Servez aussitôt.

MON SECRET : *Une raclure de muscade dans la sauce m'a toujours paru indispensable.*

LANGUE DE BŒUF AU BOUILLON

350 calories

Un abat souvent négligé mais qui, bien cuisiné, est excellent.

Préparation : 30 minutes
Trempage : 24 heures
Cuisson : 3 heures pour pour la langue (+ 1 heure pour le court-bouillon)

Pour 6 personnes :

1 langue de bœuf

Pour le court-bouillon :
2 litres d'eau
1 verre de vinaigre
2 carottes
2 oignons

1. La veille, recouvrez largement d'eau froide la langue.

2. Six ou huit heures avant le repas, mettez dans un grand fait-tout 2 litres d'eau, 4 cuillerées à café rases de gros sel, les carottes coupées en rondelles, les oignons piqués de clous de girofle, le verre de vinaigre, le bouquet garni et un peu de poivre. Faites bouillir doucement sans couvercle pendant 1 heure. Laissez refroidir dans le fait-tout.

3. Trois heures et demie avant le repas, sortez la langue de l'eau et brossez-la énergiquement avec une brosse en chiendent.

4. Faites bouillir 2 litres d'eau et jetez-y la langue 10 minutes. Egouttez et enlevez alors

2 clous de girofle
1 bouquet garni
(persil, thym, laurier)
sel, poivre

la peau rugueuse qui la recouvre et le cornet.

5. Plongez la langue dans le court-bouillon refroidi et remettez sur le feu. Laissez prendre l'ébullition, puis comptez 3 heures de cuisson douce.

6. Sortez la langue et coupez-la légèrement en biais, en tranches de 1 cm d'épaisseur. Servez nappée d'une sauce tomate chaude dans laquelle vous aurez coupé des lamelles de cornichons.

MON SECRET : *Froide, la langue de bœuf au bouillon est également excellente avec une sauce vinaigrette relevée de moutarde, câpres et œufs durs. Ou bien coupée en dés et mêlée à une salade de betteraves et pommes de terre.*

LANGUES DE MOUTON A L'ANCIENNE

D

335 calories

Une cuisson mitonnée en cocotte.

Préparation : 15 minutes
Trempage : 2 heures
Cuisson : 2 h 30

Pour 6 personnes :

6 langues de mouton
125 g de lard
50 g de beurre
2 carottes
3 oignons
2 grands verres de bouillon de viande
1 verre de vin blanc
1 bouquet garni
(persil, thym, laurier)
sel, poivre

1. Préparez les langues de la même façon que pour les langues à la mayonnaise (trempage et épluchage). Recette page 579.

2. Coupez le lard en dés et faites-le dorer légèrement au beurre dans une grande cocotte. Ajoutez les oignons et les carottes coupés en rondelles et laissez dorer quelques instants.

3. Ajoutez alors les langues ; salez et poivrez. Ajoutez le bouquet garni. Versez le vin blanc sur le tout et faites prendre l'ébullition.

4. Lorsque le vin blanc est réduit de moitié (au bout de 4 à 5 minutes), ajoutez le bouillon et laissez cuire à feu moyen pendant 2 heures, à couvert. Vérifiez la cuisson (la viande doit être très tendre).

5. Sortez les langues et coupez-les en deux dans le sens de la longueur. Présentez-les au centre d'un grand plat, entourez des légumes et arrosez du jus de cuisson.

MON SECRET : *Pour enlever son acidité au vin blanc, je le chauffe jusqu'à ébullition puis j'approche une allumette enflammée de la surface. Le vin flambe et l'acidité disparaît.*

LANGUES DE MOUTON A LA MAYONNAISE D

450 calories

Un très agréable plat d'été.

Préparation : 15 minutes
Trempage : 2 heures
Cuisson : 2 heures
Repos : 2 à 3 heures

Pour 6 personnes :

6 langues de mouton
1/4 de litre de sauce mayonnaise

Pour le court-bouillon :
1 litre d'eau
1/2 verre de vinaigre
1 carotte
1 oignon
1 clou de girofle
1 bouquet garni
sel, poivre

1. Faites tremper les langues pendant 2 heures dans de l'eau froide. Egouttez-les.

2. Faites bouillir 2 litres d'eau et plongez-y les langues 10 minutes, puis trempez-les à nouveau dans l'eau froide ; la peau rugueuse qui les recouvre et les cornets s'enlèvent alors facilement : épluchez les langues.

3. Mettez-les cuire dans un court-bouillon refroidi (voir langue de bœuf) pendant 2 heures. Les langues doivent être très tendres ; piquez-les avec la pointe d'un couteau pour vous en assurer.

4. Egouttez-les et laissez-les refroidir.

5. Coupez-les en tranches fines, disposez-les sur un plat et nappez de sauce mayonnaise. Servez frais.

MON SECRET : *Quand je n'ai pas le temps de préparer une mayonnaise, j'arrose les langues froides d'une simple vinaigrette relevée de moutarde.*

LANGUE DE VEAU AUX LÉGUMES NOUVEAUX

550 calories

Une garniture printanière pour un plat de bonne saveur.

Préparation : 40 minutes
Trempage : 24 heures
Cuisson : 3 h 30 (+ 1 heure pour le court-bouillon).

Pour 4 personnes :

1 langue de veau
80 g de beurre
1 verre de vin blanc
1 oignon
1 bouquet garni
2 pommes de terre
2 navets
3 carottes

1. La veille, recouvrez largement la langue d'eau froide.

2. Six ou huit heures avant le repas, faites votre court-bouillon (voir recette de la langue de bœuf).

3. Préparez la langue de la même façon que la langue de bœuf et cuisez-la dans le court-bouillon pendant 1 heure.

4. Egouttez et essuyez-la bien.

5. Faites fondre le beurre dans une grande cocotte et mettez-y à revenir l'oignon entier ; ajoutez ensuite la langue que vous ferez dorer sur toutes ses faces. Arrosez avec le vin blanc, salez et poivrez. Mettez encore le bou-

150 g de petits pois
150 g de flageolets
sel, poivre

Pour le court-bouillon :
1 litre d'eau
1/2 verre de vinaigre
1 carotte
1 oignon piqué
d'un clou de girofle
1 bouquet garni
sel, poivre

quet garni et laissez mijoter à petit feu et à couvert.

6. Au bout d'une heure, ajoutez les carottes, les pommes de terre, les navets épluchés et coupés en dés, les flageolets et les petits pois. Prolongez la cuisson doucement pendant 1 h 30, à couvert.

7. Découpez la langue en tranches de 1 cm d'épaisseur, un peu de biais, et entourez-la des légumes. Servez aussitôt.

MON SECRET : *Je plonge la langue de veau dans le court-bouillon froid. Je laisse chauffer jusqu'à ébullition et je règle ensuite le feu pour obtenir une frémissement léger.*

RIS DE VEAU EN COCOTTE

415 calories

Rissolés et flambés au rhum, puis agrémentés de crème fraîche.

Préparation : 30 minutes
(+ 2 heures de trempage des ris de veau)
Cuisson : 35 minutes

Pour 4 personnes :

500 g de ris de veau
3 carottes
60 g de beurre
une douzaine de petits oignons grelots
1 tranche de lard de poitrine (150 g)
5 cl de rhum
2 cuillerées à soupe de crème fraîche
sel, poivre

1. Faites tremper les ris de veau dans l'eau froide pendant 2 heures en renouvelant l'eau plusieurs fois.

2. Plongez-les pendant 5 minutes dans l'eau bouillante légèrement salée.

3. Egouttez-les, rafraîchissez-les à l'eau froide ; enlevez les parties nerveuses et la peau fine qui les recouvre. Essuyez-les dans un linge.

4. Epluchez les oignons, les carottes. Coupez ces dernières en petits cubes ; coupez le lard en petits dés.

5. Mettez le beurre à fondre dans une cocotte. Faites doucement rissoler les ris de veau pendant une dizaine de minutes. Ajoutez les carottes, les petits oignons et les lardons. Laissez revenir à feu doux pendant 10 minutes. Salez et poivrez.

6. Arrosez les ris de veau avec le rhum, flambez. Couvrez, laissez cuire à feu très doux pendant 20 minutes. Au moment de servir, liez la sauce avec la crème fraîche. Servez aussitôt.

MON SECRET : *Pour rendre ce plat économiquement plus copieux, j'ajoute des champignons en même temps que les autres légumes ou des petits pois en boîte quelques minutes avant la fin de la cuisson.*

ROGNONS DE BŒUF AUX CHAMPIGNONS D

510 calories

Une bonne sauce bien relevée pour ces abats avantageux.

Préparation : 20 minutes
Cuisson : 1 h 30

Pour 6 personnes :

900 g de rognons de bœuf
120 g de beurre
1 verre de vin blanc sec
300 g de champignons
1 cuillerée à café de concentré de tomate
2 cuillerées à soupe de farine
quelques brins de persil
croûtons frits dans le beurre
sel, poivre

1. Mettez sur le feu une casserole d'eau. Fendez les rognons en deux dans le sens de l'épaisseur. Retirez la peau externe et toutes les petites peaux internes. Retirez également la graisse et, d'une manière générale, les parties blanches. Essuyez les rognons dans du papier absorbant et coupez-les en tranches de 1 cm d'épaisseur.

2. Jetez-les dans l'eau bouillante 5 minutes. Egouttez.

3. Pendant la cuisson des rognons, nettoyez et émincez les champignons.

4. Mettez fondre 60 g de beurre dans une poêle et faites-y sauter les champignons. Laissez-les dorer quelques instants, puis laissez encore cuire tout doucement 10 minutes.

5. Mettez chauffer le reste du beurre dans une cocotte et faites-y revenir les rognons blanchis. Retirez-les au bout de 4 minutes, après les avoir fait sauter de tous côtés.

6. Délayez la farine dans la poêle contenant les champignons. Mettez dans la sauteuse, à la place des rognons, le vin, le concentré de tomate délayé dans un demi-verre d'eau et les champignons. Laissez épaissir quelques instants sur le feu, sans cesser de remuer.

7. Ajoutez les rognons, le sel et le poivre et couvrez la cocotte. Laissez cuire tout doucement pendant 1 h 30.

8. Dressez les rognons sur un plat, nappez-les de sauce, garnissez de croûtons et saupoudrez de persil haché.

MON SECRET : *Je fais toujours blanchir les rognons de bœuf (c'est-à-dire cuire 5 minutes à l'eau bouillante). Cela leur enlève leur odeur forte.*

ROGNONS DE MOUTON EN BROCHETTE

215 calories

Huilés et grillés à feu vif.

Préparation : 10 minutes
Cuisson : 6 minutes

Pour 6 personnes :

6 rognons de mouton (750 g)
1 grosse tranche de lard fumé (100 g)
sel, poivre
1 cuillerée à soupe d'huile

1. Préparez le foyer au-dessus duquel vont griller les brochettes (barbecue, feu de bois, gril électrique).

2. Fendez chaque rognon en deux, dans le sens de l'épaisseur, mais sans séparer les deux moitiés.
Retirez toutes les parties blanches de l'intérieur des rognons : graisse et filaments nerveux. Essuyez les rognons dans un papier absorbant et enduisez-les d'huile avec le doigt.

3. Détaillez la tranche de lard fumé en 12 morceaux.

4. Prenez 6 brochettes. Enfilez sur chacune 1 morceau de lard, 1 rognon, 1 morceau de lard, un autre rognon et encore 1 morceau de lard. Salez et poivrez.

5. Posez les 6 brochettes sur une grille, au-dessus de la source de chaleur, et laissez-les cuire 3 minutes de chaque côté.

6. Retirez les morceaux des brochettes et disposez-les sur un plat garni de cresson. Servez immédiatement.

MON SECRET : *Les rognons doivent être embrochés à plat pour être cuits à cœur et ne pas rester sanguinolents.*

ROGNONS DE VEAU AU MARSALA C

310 calories

Un vin cuit capiteux pour corser une sauce minute.

Préparation : 10 minutes
Cuisson : 15 minutes

Pour 4 personnes :

600 g de rognons de veau

1. Lavez les rognons. Coupez-les en deux, enlevez la graisse du milieu, mettez-les à tremper 3 minutes dans l'eau bouillante additionnée de jus de citron, égouttez-les et coupez-les en tranches minces.

2. Faites fondre le beurre à la poêle, mettez-y à sauter les rognons 5 minutes. Salez,

2 cuillerées à soupe de jus de citron
4 cuillerées à soupe de beurre
1/2 tasse de marsala
3 cuillerées à dessert de persil haché
sel, poivre noir fraîchement moulu

poivrez, ajoutez le marsala, faites cuire à feu moyen encore 5 minutes, saupoudrez de persil et servez.

MON SECRET : *Juste avant de verser le marsala sur les rognons, je les saupoudre de 5 ou 6 pincées de zeste de citron finement râpé.*

ROGNONS DE VEAU A LA MOUTARDE

300 calories

De fines tranches en sauce moutardée et crémeuse.

Préparation : 5 minutes
Cuisson : 10 minutes

Pour 4 personnes :

2 rognons de veau
60 g de beurre
100 g de crème épaisse
1 cuillerée à soupe de moutarde
sel

1. Coupez les rognons en lamelles d'un doigt d'épaisseur.
2. Chauffez le beurre dans la poêle sur feu vif. Jetez-y les morceaux de rognons. Salez, remuez, laissez cuire 5 minutes.
3. Ajoutez la crème et la moutarde. Mélangez bien. Laissez chauffer 3 minutes et servez.

MON SECRET : *Il faut une moutarde bien forte pour relever la sauce des rognons.*

ROGNONS DE VEAU AU VIN BLANC

395 calories

Une sauce fine, liée à la crème.

Préparation : 10 minutes
Cuisson : 15 minutes

Pour 6 personnes :

700 g de rognons de veau

1. Fendez les rognons en deux dans le sens de l'épaisseur. Retirez toutes les parties blanches de l'intérieur, graisse et filaments nerveux. Coupez les rognons en tranches de 1 cm environ d'épaisseur et essuyez-les dans du papier absorbant.
2. Dans une sauteuse, chauffez 100 g de beurre et faites-y revenir rapidement les tran-

150 g de beurre
1 verre de vin blanc sec
1/2 verre de crème
quelques brins de persil
sel, poivre

ches de rognon (7 à 8 minutes). Salez et poivrez au bout de quelques instants et retirez les rognons que vous poserez sur une assiette.

3. A la place des rognons, mettez dans la sauteuse le vin blanc et laissez réduire de moitié sur le feu. Ajoutez alors la crème et le reste du beurre. Remuez pour que la sauce soit bien liée et remettez les rognons (sans le sang qui a coulé sur l'assiette).

4. Laissez réchauffer 3 à 4 minutes et servez aussitôt, saupoudré de persil haché.

MON SECRET : *Ne faites pas revenir les rognons à beurre trop chaud et feu trop vif, cela les durcirait immédiatement.*

ROGNONS AU VIN BLANC C

450 calories

Imprégnés de marinade et garnis d'oignons fondus au beurre.

Préparation : 20 minutes
(+ 1 heure de marinade)
Cuisson : 30 minutes

Pour 4 personnes :

600 g de rognons de veau
1/2 tasse de vin blanc sec
4 cuillerées à soupe de beurre
5 oignons
sel, poivre noir fraîchement moulu

1. Lavez les rognons, ouvrez-les en deux, enlevez la graisse du milieu, faites-les tremper 5 minutes dans de l'eau bouillante, égouttez-les, séchez-les et coupez-les en tranches, mettez-les dans un plat creux, arrosez-les avec le vin et laissez-les mariner pendant 1 heure.

2. Pendant que la viande marine, préparez les oignons. Pour cela, pelez-les et coupez-les en tranches très minces. Faites fondre le beurre à la poêle, faites-y revenir les oignons à feu très doux jusqu'à ce qu'ils soient légèrement dorés. Salez-les et poivrez-les.

3. Les rognons ayant mariné pendant 1 heure, égouttez-les et séchez-les. Gardez le vin de la marinade.

4. Dans la poêle où viennent de chauffer les oignons et où ils se trouvent encore, ajoutez les rognons et la moitié de la marinade. Couvrez et laissez cuire à feu doux 15 minutes. Au bout de 10 minutes de cuisson, ajoutez le reste de la marinade, laissez cuire encore 5 minutes et servez avec des croûtons frits.

MON SECRET : *En dernière minute, je lie la sauce avec 2 ou 3 cuillerées de crème fraîche et je saupoudre le tout de persil haché.*

SAUCISSES AU CHOU ET AUX ANCHOIS

375 calories

Une recette aussi originale que savoureuse.

Préparation : 15 minutes
Cuisson : 1 h 5

Pour 6 personnes :

1 chou de 3 livres
2 cuillerées à soupe d'huile
50 g de beurre
4 filets d'anchois
8 branches de persil
250 g de saucisses

1. Ecrasez les filets d'anchois avec une fourchette.

2. Lavez le persil, hachez les feuilles.

3. Coupez les saucisses en rondelles d'un doigt d'épaisseur environ.

4. Lavez soigneusement le chou et ne conservez que la partie pommée que vous coupez en 8 morceaux.

5. Faites cuire le chou dans de l'eau bouillante salée pendant 5 minutes. Egouttez-le soigneusement.

6. Chauffez ensemble l'huile et le beurre dans une casserole. Mettez-y les anchois et le persil. Faites revenir 3 minutes. Ajoutez les morceaux de chou et faites cuire à feu doux pendant 30 minutes à couvert.

7. Faites légèrement dorer les saucisses à la poêle pendant 4 à 5 minutes, mélangez-les au chou. Couvrez de nouveau et cuisez 20 minutes encore avant de servir.

MON SECRET : *Pour gagner du temps, j'emploie parfois de la pâte d'anchois au lieu d'anchois en filets.*

SAUCISSES AU FROMAGE

590 calories

Enrobées de lard et poêlées au beurre.

Préparation : 10 minutes
Cuisson : 5 à 7 minutes

Pour 4 personnes :

8 saucisses de Francfort
4 tranches de lard maigre
100 g de gruyère ou de cantal (en un bloc)

1. Ouvrez profondément chaque saucisse sur toute sa longueur, sans pourtant séparer les deux moitiés.

2. Détaillez le fromage en fines lamelles de 2 cm de largeur environ et glissez ces lamelles dans la fente pour en garnir la saucisse sur toute sa longueur.

3. Coupez les tranches de lard en deux et enroulez chaque saucisse dans une demi-tranche. Piquez pour la fixer un bâtonnet (ou les deux moitiés d'un bâtonnet en deux endroits).

8 bâtonnets de bois
60 g de beurre

4. Faites fondre le beurre dans une grande poêle et mettez-y les saucisses à revenir très doucement, environ 3 minutes de chaque côté. Retirez lorsque le fromage est fondu.

5. Rangez sur un plat et servez aussitôt.

MON SECRET : *Les bâtonnets en bois peuvent être des allumettes épointées ou des cure-dents vendus en boîte dans les grands magasins.*

SAUCISSES AU JAMBON

346 calories

Dans une fine sauce à la crème.

Préparation : 10 minutes
Cuisson : 30 minutes

Pour 6 personnes :

6 saucisses de Toulouse
3 tranches de jambon blanc
50 g de gruyère râpé
1 noix de beurre
1 tasse de crème

1. Faites fondre le beurre dans une poêle. Quand il commence à mousser, mettez les saucisses piquées à la fourchette et faites-les dorer sur toutes les faces pendant une dizaine de minutes.

2. Coupez les tranches de jambon en deux dans le sens de la longueur.

3. Enroulez chaque saucisse dans une demi-tranche de jambon, disposez-les dans un plat à four. Nappez avec la crème fraîche. Saupoudrez de gruyère râpé.

4. Mettez à four chaud pendant 10 minutes pour faire gratiner.

MON SECRET : *Je remplace parfois la crème fraîche par une tasse de bisque d'écrevisses en boîte à laquelle j'ajoute une cuillerée de crème.*

SAUCISSES EN ROBE

755 calories

Dans des crêpes fines tartinées de moutarde.

Préparation : 30 minutes
Cuisson : 20 minutes

Pour 6 personnes :

12 saucisses de Strasbourg

1. Préparez d'abord la pâte à crêpes. Dans un saladier, mettez la farine, faites un puits, cassez-y les œufs, ajoutez l'huile, le sel. Remuez à la spatule pour commencer à incorporer la farine. Petit à petit, ajoutez le lait, jusqu'à obtenir une pâte fluide.

2. Graissez une poêle à l'aide d'une demi-pomme de terre dont la tranche est imbibée

12 crêpes
50 g de gruyère râpé
moutarde forte

Pour les crêpes :
250 g de farine
3 œufs
1/2 cuillerée à café de sel
3/4 de litre de lait
3 cuillerées à soupe d'huile

d'huile. Faites la première crêpe aussi fine que possible en la retournant à la spatule. Procédez de la même manière pour toutes les crêpes.

3. Pochez à l'eau frémissante, pendant 10 minutes, les saucisses de Strasbourg. Egouttez-les, laissez refroidir.

4. Enroulez chaque saucisse dans une crêpe tartinée de moutarde. Disposez-les dans un plat à four, saupoudrez avec le gruyère râpé.

5. Mettez au four pour faire légèrement gratiner.

MON SECRET : *Je mélange le fromage râpé avec un zeste de citron râpé.*

TÊTE DE VEAU AU COURT-BOUILLON

370 calories

Une base pour diverses préparations.

Préparation : 20 minutes
Trempage : 6 à 8 heures
Cuisson : 2 heures au moins

Pour 6 personnes :

1 tête de veau
1 verre de vinaigre
50 g de farine
2 oignons
1 carotte
1 bouquet garni (persil, thym, laurier)
2 clous de girofle
sel, poivre

1. Six à huit heures avant la cuisson, mettez la tête de veau dans un récipient dans l'évier. Faites couler un filet d'eau dessus jusqu'au moment de la cuisson.

2. Désossez la tête de veau et ficelez-la en rôti.

3. Dans un grand fait-tout, mettez la tête. Recouvrez-la d'eau froide et portez à ébullition. Laissez bouillir 10 minutes, puis égouttez la tête et rincez-la à l'eau froide.

4. Remettez dans le fait-tout de l'eau froide. Délayez la farine dans un demi-verre d'eau et versez-la dans le fait-tout. Ajoutez encore le vinaigre, les oignons épluchés et piqués de clous de girofle, la carotte coupée en rondelles, le bouquet garni et 4 cuillerées à soupe de gros sel.

5. Plongez la tête de veau dans le fait-tout et mettez à cuire à feu moyen et à couvert pendant 2 heures au moins.

MON SECRET : *J'achète la tête de veau toute désossée et ficelée. Quel gain de temps sur la préparation ! Indispensable d'accompagner la tête de veau, chaude, froide ou tiède, d'une sauce : vinaigrette, gribiche, moutarde, etc.*

TRIPES AU CIDRE

740 calories

Une fine recette normande.

Préparation : 15 minutes
Cuisson : 4 à 5 heures

Pour 6 personnes :

8 échalotes
1 oignon
80 g de beurre
1,500 kg de tripes
1 bouteille 1/2 de cidre
thym, laurier
1 carotte
sel, poivre de Cayenne

1. Cuisez les tripes 15 minutes à grande eau bouillante salée.

2. Hachez les échalotes et l'oignon.

3. Faites-les revenir au beurre dans une cocotte.

4. Coupez les tripes bien égouttées en fines lanières, mettez-les dans la cocotte. Recouvrez de cidre, fermez la cocotte. Assaisonnez et laissez cuire doucement pendant 4 à 5 heures.

MON SECRET : *J'emploie du cidre très sec.*

TRIPES A LA NIÇOISE

850 calories

Avec des oignons et des tomates.

Préparation : 25 minutes
Cuisson : 5 heures

Pour 8 personnes :

2 kg de gras-double nettoyé et blanchi
1 pied de veau coupé en deux
3 grosses tomates
3 oignons
1 cuillerée à soupe de concentré de tomate
1/2 litre de vin blanc
1 litre de bouillon (ou d'eau)
1 verre d'huile d'olive
1 bouquet garni (dont 2 gousses d'ail, 1 clou de girofle, thym, laurier)
sel, poivre
parmesan râpé

1. Rincez le gras-double. Coupez-le en morceaux. Lavez le pied de veau.

2. Pelez et épépinez les tomates. Epluchez les oignons, coupez-les en quartiers.

3. Dans une cocotte, faites chauffer l'huile et mettez les oignons à revenir. Ajoutez le gras-double, le pied de veau, les tomates, le concentré, le bouquet garni. Mouillez avec le vin blanc et le bouillon, salez, poivrez.

4. Couvrez et faites cuire à très petit feu pendant 4 ou 5 heures ou plus. Ajoutez de l'eau pendant la cuisson si cela est nécessaire. Servez très chaud avec une coupe de parmesan râpé. Chaque convive le saupoudrera dans son assiette.

MON SECRET : *Pour peler les tomates sans difficulté, je les plonge 30 secondes dans de l'eau bouillante.*

TRIPES VOSGIENNES

485 calories

Finement émincées et cuites au vin blanc.

Préparation : 15 minutes
Cuisson : 2 heures

Pour 6 personnes :

800 g de gras-double cuit
3 branches de persil
3 échalotes
1/2 feuille de laurier
1 gousse d'ail
1 oignon
1 verre de vin blanc sec
60 g de beurre
1 tasse de mie de pain rassis

1. Coupez le gras-double en fines lanières.

2. Hachez ensemble persil, ail, échalotes, oignon.

3. Mélangez ce hachis à la mie de pain rassis.

4. Beurrez un plat à gratin ; mettez au fond une couche de hachis, puis une couche de gras-double et ainsi de suite.

5. Versez sur le tout le vin blanc. Parsemez de morceaux de beurre et mettez à cuire 2 heures à four doux.

MON SECRET : *Au fond du plat et au-dessus une couche de fines rondelles de pommes de terre crues qui font de cette préparation un plat complet.*

X

Plats Régionaux

BOUILLABAISSE C

760 calories

Une délicieuse soupe de poissons accompagnée de croûtons et de rouille.

Préparation et cuisson : 30 minutes

Pour 8 personnes :

2 kg de poissons les plus divers, dont :
a) **1 belle rascasse**
b) **du poisson à chair ferme, tel que baudroie, grondin, vive, anguille, murène ou congre**
c) **des poissons à chair plus fine tels que merlan ou poissons plats**
d) **quelques petites girelles, vieilles ou labres**
e) **1 crustacé bon marché (équille ou cigale)**
1 verre d'huile d'olive
1 oignon haché fin
3 gousses d'ail
1,500 kg de tomates ou 1 petite boîte de concentré
sel
poivre
quelques brins de persil haché
une pointe de safran
et, selon le goût : peau d'orange, clou de girofle, thym, laurier

1. Mettez 3 litres d'eau à bouillir dans une casserole.

2. Videz et écaillez les poissons si vous ne l'avez fait faire par votre poissonnier. Coupez-les en gros tronçons et lavez-les.
Frottez vos croûtons avec l'ail entier, puis hachez-le ainsi que l'oignon, et pelez vos tomates (après avoir glissé sur le pourtour la lame d'un couteau afin de décoller la peau).

3. Dans un grand fait-tout, faites chauffer l'huile et mettez-y à dorer l'ail et l'oignon. Ajoutez ensuite les tomates en morceaux ou le concentré, l'eau bouillante et tous vos poissons à l'exception du merlan ou autre poisson plat. Ajoutez sel et poivre, le persil haché et le safran (et, selon le goût, un morceau de peau d'orange, un clou de girofle, une branche de thym et une feuille de laurier). Versez l'eau sur le tout.

4. Portez à ébullition et laissez cuire à gros bouillons pendant 15 à 20 minutes.

5. Ajoutez vos merlans ou vos poissons plats qui cuiront quelques minutes. Retirez ensuite les poissons qui sont restés entiers (ceux du groupe d se sont défaits à la cuisson, donnant de l'épaisseur au bouillon). Servez-les sur un grand plat chaud.

6. Vous pouvez filtrer le bouillon, mais ce n'est pas obligatoire. Versez-le dans chaque assiette sur les croûtons frottés d'ail et servez avec de la rouille (recette p. 170).

MON SECRET : *Servez en même temps une corbeille de petits croûtons dorés au four pour que les amateurs de rouille puissent les tartiner.*

BOUILLABAISSE PORTUGAISE

475 calories

Une variante au porto.

Préparation : 10 minutes
Cuisson : 1 h 15

Pour 4 personnes :

1,500 kg de poisson en tout :
rouget
petite dorade
petit mulet
saint-pierre
5 oignons
3 gousses d'ail
1 citron
1/2 bouteille de porto sec
1/2 litre d'eau
2 cuillerées à soupe d'huile d'olive
5 tomates
queues de persil, laurier
sel, poivre

1. Demandez au poissonnier d'ôter la tête et les grosses arêtes des poissons. Epluchez les oignons et l'ail. Pressez le jus du citron.

2. Dans une grande casserole, versez une cuillerée à soupe d'huile d'olive. Faites chauffer, puis ajoutez 3 oignons coupés en morceaux, les queues de persil, les têtes et les grosses arêtes des poissons, le laurier, le jus de citron, du sel, du poivre. Versez l'eau et le porto et laissez cuire à feu doux pendant une demi-heure en écumant.

3. Coupez en rondelles 2 oignons, écrasez les gousses d'ail en purée.

4. Ebouillantez les tomates. Pelez-les et écrasez-les.

5. Passez le bouillon d'arêtes à travers une passoire fine. Versez-le dans une grande casserole avec l'oignon en rondelles, l'ail écrasé et les tomates concassées. Ajoutez une cuillerée d'huile d'olive et faites bouillir. Ajoutez alors les poissons et laissez cuire à petit feu pendant 30 minutes. Servez avec des croûtons frits dans de l'huile d'olive.

MON SECRET : *Le porto blanc convient mieux à cette recette, car il est plus sec que le rouge.*

BOURRIDE

740 calories

Des filets de poisson blanc servis chauds et nappés d'une odorante sauce à base d'aïoli.

Préparation et cuisson : 1 h 30

Pour 4 personnes :

4 beaux filets de baudroie (ou saint-pierre, turbot, barbue)
3 ou 4 têtes et queues

1. Mettez dans un fait-tout un litre d'eau froide, les têtes et les queues de poissons, un poireau coupé en petits tronçons, trois brins de persil, le zeste du citron et le vinaigre. Amenez lentement à ébullition et laissez frémir doucement 25 à 30 minutes.

2. Pendant que le bouillon cuit, préparez l'aïoli dans une grande jatte (voir recette, page 145).

3. Mettez sur le feu un autre fait-tout avec

de poissons divers
2 poireaux
5 ou 6 brins de persil
1 cuillerée à café de sel
poivre
1 citron
1 cuillerée à soupe de vinaigre
1 cuillerée à soupe d'huile d'olive
1 gousse d'ail
2 cuillerées à soupe de crème

Pour l'aïoli :
8 gousses d'ail
2 jaunes d'œuf
1 grand verre d'huile d'olive de très bonne qualité (25 cl)
1 pincée de sel
1 cuillerée à soupe de jus de citron

l'huile et l'autre poireau émincé. Dès que le mélange est chaud, ajoutez l'ail pilé et déposez les filets légèrement assaisonnés de sel et poivre.

4. Allumez votre four à température douce et filtrez le bouillon. Versez-le délicatement sur les filets et mettez au four ; laissez frémir pendant 10 à 15 minutes, selon l'épaisseur des poissons.

5. Sortez les filets avec précaution et disposez-les dans le plat de service que vous remettrez au four après l'avoir couvert d'une feuille d'aluminium.

6. Faites réduire le bouillon des deux tiers. Versez-y la crème en remuant bien et laissez bouillonner quelques secondes.

7. Placez une passoire au-dessus de la jatte contenant l'aïoli et versez-y la sauce chaude en tournant vivement pour bien l'amalgamer à l'aïoli (au besoin, demandez qu'on vous aide pour cette opération délicate).

8. Versez cette sauce sur les filets de poisson. Saupoudrez du persil restant et servez sans attendre.

MON SECRET : *A la saison des oignons nouveaux, je remplace les 2 poireaux par 6 ou 8 de ces oignons dont j'utilise aussi les pousses vertes.*

CASSOULET AUX HARICOTS FRAIS C

1 185 calories

Le traditionnel cassoulet aux trois viandes : porc, mouton et oie.

Préparation : 15 minutes
Cuisson : 3 h 20

Pour 10 personnes :

1,500 kg de haricots frais à écosser
3 oignons
200 g de tomates
6 gousses d'ail
4 cuillerées à soupe de farine
10 bardes de lard

1. Ecossez les haricots. Lavez-les et faites-les cuire dans de l'eau bouillante salée avec le bouquet de persil et les oignons. Environ 20 minutes plus tard, avant que la cuisson ne soit complète, au moment où les haricots cèdent sous la pression du doigt, égouttez-les en conservant le bouillon.

2. Tapissez une cocotte de bardes de lard. Mettez-y les haricots. Ajoutez le mouton piqué de trois gousses d'ail, le carré de porc frotté à l'ail, les saucisses fumées et l'oie coupée en morceaux.

3. Délayez la farine dans quatre louches de

10 saucisses fumées
500 g de mouton dans le gigot
500 g de carré de porc
500 g d'oie
5 tranches de jambon
1 bouquet garni
1 clou de girofle
1 bouquet de persil
sel, poivre

bouillon de cuisson des haricots. Versez dans la cocotte. Ajoutez les tomates coupées en quatre et épépinées, le bouquet garni, un clou de girofle. Salez, poivrez.

4. Couvrez la cocotte et mettez-la sur feu très doux pendant 3 heures. Dix minutes avant la fin de la cuisson, ajoutez le jambon. Pour présenter joliment le cassoulet, répartissez-le dans des petits plats rustiques ou des bols en grès individuels que vous tiendrez au chaud dans le four jusqu'au moment de servir.

MON SECRET : *Le restant du bouillon sert de base à une soupe : vous y ajoutez du bouillon préparé avec un cube de concentré et vous y cuisez du vermicelle fin ou des petits coudes.*

CHOU FARCI D

640 calories

Doucement mijoté à la cocotte.

Préparation : 15 minutes
Cuisson : 3 h 20

Pour 4 personnes :

1 chou vert de 800 g environ
350 grammes de chair à saucisse
100 grammes de beurre
2 oignons
2 cuillerées à café de persil haché
1 poignée de mie de pain
1/2 verre de lait
1/2 litre de bouillon (fait avec une tablette de concentré)
2 carottes
1 bouquet garni
sel, poivre

1. Faites tremper la mie de pain dans le lait.

2. Retirez les grosses feuilles extérieures du chou, lavez-le en le laissant entier, puis mettez-le à cuire 15 minutes dans l'eau bouillante salée.

3. Egouttez-le. Ecartez bien les feuilles et retirez le cœur.

4. Mélangez la chair à saucisse, la mie de pain bien essorée, le persil, le sel, le poivre.

5. Hachez les oignons.

6. Faites fondre 50 g de beurre dans une poêle et jetez-y les oignons hachés. Lorsqu'ils sont dorés, ajoutez la farce et faites revenir le tout pendant 2 minutes en remuant.

7. Glissez cette farce entre chaque feuille de chou. Tassez le reste de la farce au milieu du chou. Ficelez.

8. Faites fondre le reste du beurre dans une cocotte et mettez-y le chou.

9. Arrosez avec le bouillon. Ajoutez les carottes épluchées et coupées en rondelles et le bouquet garni. Salez, poivrez. Couvrez et laissez cuire à feu très doux pendant 3 heures en arrosant souvent. Servez très chaud.

MON SECRET : *La même recette peut être exécutée en ajoutant un peu de riz à la farce.*

CHOUCROUTE BRAISÉE

360 calories

Translucide et encore craquante, une savoureuse garniture pour vos charcuteries.

Préparation : 10 minutes
Cuisson : environ 3 heures

Pour 6 personnes :

1 kg de choucroute crue
250 g de petit salé
1 bouquet garni (persil, laurier et thym)
quelques baies de genièvre
2 cuillerées à soupe de graisse d'oie ou de saindoux
1/2 verre de vin blanc sec
environ 1/4 de litre de bouillon (de veau, de préférence)
poivre

1. Allumez le four au thermostat 5/6.

2. Lavez la choucroute à grande eau, plusieurs fois. Egouttez-la bien et pressez-la entre vos mains pour en extraire toute l'eau.

3. Sur le feu, faites fondre la graisse d'oie dans une cocotte en terre ou en fonte. Faites un lit de choucroute et disposez par-dessus le petit salé coupé en morceaux, le bouquet garni et les baies de genièvre enfermées dans un petit sac de mousseline. Poivrez abondamment mais ne salez pas (à cause du petit salé). Mouillez presque à hauteur avec le bouillon et le vin blanc.

4. Couvrez et mettez à cuire au four environ 3 heures. La cuisson terminée, la choucroute doit être encore craquante.

MON SECRET : *Si j'ai préparé cette choucroute à l'avance, je la réchauffe sur feu doux en y ajoutant un peu de vin blanc.*

CHOUCROUTE GARNIE A LA STRASBOURGEOISE

1 345 calories

La véritable choucroute alsacienne, garnie de carré de porc, de lard fumé, de jambonneau, de saucisses, de quenelles et de pommes vapeur.

Préparation : 20 minutes
Cuisson : 2 heures au moins

Pour 6 personnes :

1,500 kg de choucroute crue, bien blanche
400 g de lard fumé (en tranches)

1. Lavez la choucroute à plusieurs eaux. Egouttez-la bien et pressez-la entre vos mains pour en extraire toute l'eau. Mettez le carré de porc sous un filet d'eau froide.

2. Emincez les oignons et faites-les blondir dans la graisse d'oie dans une grande cocotte en fonte émaillée ou, mieux, en terre. Couchez-y alors la moitié de la choucroute et disposez dessus le lard, le carré de porc et le jambonneau, ainsi qu'un petit sachet de

750 g de carré de porc salé (ou une demi-épaule fumée)
6 saucisses de Strasbourg
6 quenelles de foie
1 jambonneau
2 oignons
2 gousses d'ail
1/4 de litre de vin blanc sec
1/4 de litre de bouillon (de veau, de préférence)
100 g de saindoux ou de graisse d'oie
2 clous de girofle
1 feuille de laurier
8 baies de genièvre
4 ou 5 grains de coriandre
poivre
6 grosses pommes de terre

mousseline renfermant les gousses d'ail entières, le laurier, les baies de genièvre, les clous de girofle et la coriandre. Poivrez largement, mais salez très peu ou pas du tout, le lard et le carré apportant suffisamment de sel à l'ensemble. Couvrez avec le restant de la choucroute et versez sur le tout un verre de bouillon (ou, à défaut, d'eau) et le vin blanc. Poivrez à nouveau, couvrez et laissez cuire à feu très doux pendant deux heures au moins.

3. Vingt minutes avant la fin de la cuisson, mettez les pommes de terre avec leur peau à bouillir dans l'eau salée.

4. Au dernier moment, faites pocher les saucisses de Strasbourg et les quenelles de foie (dans l'eau bouillante, mais hors du feu et à couvert). Faites dorer les saucisses blanches à la poêle ou au gril, 8 minutes environ.

5. Egouttez bien la choucroute après en avoir vérifié la cuisson (elle doit être translucide mais encore un peu craquante) et dressez sur le plat de service, sans oublier de retirer le sachet contenant les épices. Disposez par-dessus le lard et le carré de porc coupé en tranches, les saucisses, les quenelles, le jambonneau coupé en six et entourez de pommes de terre pelées.
Servez très chaud.

MON SECRET : *Je choisis — cela va de soi pour cette recette — un vin d'Alsace, riesling ou sylvaner.*

FONDUE ARMORICAINE

530 calories

Des dés de poissons blancs frits à l'huile et accommodés de sauce au persil.

Préparation : 20 minutes
Cuisson par morceau de poisson : 2 minutes

Pour 6 personnes :

1,200 kg de filets de poisson cru

1. Coupez les poissons en dés de 2 centimètres de côté environ.

2. Roulez-les dans 5 cuillerées de farine. Mettez-les sur un plat de service.

3. Pelez et émincez les oignons.

4. Chauffez le beurre dans une casserole. Ajoutez une cuillerée de farine. Tournez jusqu'à ce que le beurre ait absorbé la farine.

(saint-pierre, sole, lotte, merlan, bar, etc.)
6 cuillerées à soupe de farine
2 oignons
12 queues de persil
80 g de beurre
1/4 de litre de vin blanc
1 cuillerée à soupe de moutarde forte
sel, poivre, huile

Versez alors le vin blanc, un verre d'eau froide et les queues de persil. Salez, poivrez, Laissez cuire sur feu très doux pendant 10 minutes en tournant fréquemment.

5. Chauffez l'huile dans le caquelon sur le gaz. Quand elle est bien chaude, posez-la sur le réchaud à alcool à table.

6. Terminez la sauce : enlevez les queues de persil et ajoutez la moutarde. Mélangez bien. Chaque convive pique un morceau de poisson du bout de sa fourchette et le plonge 2 minutes dans l'huile frissonnante, puis le passe dans la sauce et enfin le déguste.

MON SECRET : *Si vous trouvez des gambas (crevettes géantes), coupez-les en tronçons et mêlez-les au poisson.*

FONDUE BOURGUIGNONNE

810 calories

Des cubes de bœuf saisis dans l'huile bouillante et accommodés de sauces les plus diverses.

Préparation : 15 minutes

Pour 4 personnes :

800 g de viande de bœuf filet de préférence (à la rigueur, faux filet ou rumsteck extra)
Au moins :
6 sortes de sauces ou condiments différents,
de l'huile d'arachide en quantité suffisante pour remplir le pot aux deux tiers
sel, poivre

---

1. Préparez les différentes sauces (on peut les faire à l'avance).

2. Posez le réchaud à alcool au centre de la table. Mettez à la place de chaque convive assiette, verre et fourchette. Disposez les sauces, sel, poivre et assaisonnement sur la table.

3. Coupez la viande en cubes de 2 cm environ. Il est important de ne pas couper la viande trop tôt : les sucs et jus s'écoulent. Disposez des assiettes de viande coupée de manière que chaque convive puisse se servir aisément.

4. Juste avant de se mettre à table, faites chauffer l'huile (sur la cuisinière), puis portez le pot à fondue sur le réchaud qui sera réglé de façon à assurer une chaleur suffisante (mais l'huile ne doit pas noircir).

5. Pour déguster, chaque convive pique un cube de viande sur la fourchette spéciale, le plonge dans la friture et l'assaisonne ensuite à son gré. La fondue peut être accompagnée de pommes de terre cuites à la vapeur.

QUELQUES SAUCES :

Mayonnaise mousseline

Mayonnaise bien relevée en moutarde et fines herbes et additionnée d'un blanc battu en neige.

Sauce tartare

Mayonnaise + œuf dur pilé + moutarde, échalote hachée, cornichons en rondelles fines, câpres, persil.

Sauce anchois

Œuf dur pilé + ail + deux ou trois filets d'anchois pilés + huile et vinaigre.

Sauce hongroise

Mayonnaise + paprika + poivre de Cayenne pour relever.

Sauce provençale

Tomates concassées cuites dans un peu d'huile à feu très doux avec ail et herbes (thym, sauge, basilic, romarin).

Sauce bolognaise

Un oignon haché, une cuillerée de viande hachée, deux cuillerées d'huile, trois à quatre tomates, le tout cuit à feu doux pendant une heure avec herbes et aromates.

Sauce rémoulade

Mayonnaise + une grosse cuillerée à soupe de moutarde.

Sauce verte

Mayonnaise + câpres + cornichons hachés + jus d'épinards.

Sauce exotique

Un piment rouge, un quart de cuiller à café de poivre de Cayenne, une demi-cuillerée à café de sel, deux cuillerées à soupe de vinaigre, quatre cuillerées à soupe d'huile, quatre clous de girofle, persil. Laissez macérer quinze jours avant de servir.

Condiments divers

Cornichons, oignons, poivrons d'Espagne, olives, persil haché. Ne pas oublier sel fin et moulin à poivre.

MON SECRET : *Pour éviter tout dégagement de fumée et d'odeur, mettez dans l'huile un morceau de pomme de terre crue non pelée.*

FONDUE GITANE

930 calories

Des cubes de viandes diverses cuites dans un bouillon de volaille.

Préparation : 20 minutes
Cuisson : 4 minutes par morceau de viande, 1 heure pour le poulet

Pour 6 personnes :

200 g de filet de bœuf
200 g de filet de veau
200 g de filet de porc
1 poulet
3 rognons de mouton
1 verre de xérès
sel, poivre
+ sauces

1. Faites cuire le poulet dans l'eau salée pendant 1 heure. Egouttez-le. Versez le bouillon dans le caquelon.

2. Prélevez les chairs du poulet. Détaillez-les en cubes. Faites de même pour les viandes. Coupez les rognons en deux. Salez.

3. Posez sur le réchaud, à table, le bouillon bouillant. Ajoutez-lui le xérès et du poivre. Quand le bouillon commence à bouillonner, on y fait cuire 3 à 4 minutes les morceaux de viande piqués au bout de fourchettes à longs manches et on les trempe dans une sauce relevée avant de déguster.
Toutes les sauces indiquées pour la fondue bourguignonne conviennent à la fondue gitane.

MON SECRET : *Il reste toujours du bouillon. Je l'allonge d'eau, je le corse d'un cube de concentré et je le sers avec de minuscules boulettes, grosses comme des billes faites avec les morceaux de poulet non utilisés pour la fondue : hachés, liés à l'œuf, roulés dans la farine et cuits au beurre, à la poêle.*

FONDUE SAVOYARDE

1 050 calories

Aux fromages, vin blanc et kirsch.

Préparation : 15 minutes
Cuisson : 10 minutes

Pour 6 personnes :

300 g de comté
300 g de gruyère
300 g d'emmenthal
18 dl de vin blanc très sec
1 pincée de cayenne
1 pincée de paprika

1. Frottez d'ail l'intérieur du caquelon.

2. Coupez le fromage en lamelles. Mettez-le dans le caquelon.

3. Ajoutez le vin, le cayenne, le paprika, le poivre gris.

4. Posez sur le gaz à feu doux et tournez sans arrêt avec une spatule en bois. Le fromage fond.

5. Dès qu'il commence à bouillir, ajoutez la fécule délayée dans le kirsch. Tournez pendant 3 minutes et posez le caquelon sur le réchaud à alcool allumé. La fondue est prête

1 pincée de poivre gris
1 cuillerée à bouche de fécule
1 petit verre de kirsch
1 baguette de pain frais coupée en carrés de la taille d'une bouchée
1 gousse d'ail

à être dégustée. Chacun pique un morceau de pain au bout de sa fourchette et le plonge dans le caquelon pour l'en retirer enrobé de pâte onctueuse et parfumée.

MON SECRET : *Cette recette est la plus classique de toutes. Il en existe bien des variantes : fondue toute au gruyère, comme dans le canton de Vaud ; mélange en parties inégales de gruyère suisse (1/3) et d'emmenthal (2/3) à Neuchâtel ; moitié gruyère, moitié cantal dans le Cantal où le fromage n'est plus coupé en lamelles mais grossièrement râpé.*

FRITTO MISTO C

265 calories

Un assortiment de poissons, viandes et légumes enrobés de pâte à frire et servis bien croustillants.

Préparation : 20 minutes (+ 2 heures de repos pour la pâte à frire)
Cuisson : 20 minutes

Pour 6 personnes :

300 g de filets de poisson blanc
3 foies de poulet
6 morceaux de blancs de poulet
6 tranches de courgette
6 tranches d'aubergine
3 bouquets de chou-fleur
6 fines tranches de cervelle
6 têtes de champignons
sel, poivre

2 tasses de farine
1/3 de tasse d'huile
3 blancs d'œufs

1. Coupez en 6 morceaux 300 grammes de poisson. Coupez chaque foie de poulet en deux, chaque bouquet de chou-fleur en deux, salez et poivrez tous ces aliments.

2. Préparez une pâte à frire. Pour cela, mélangez, dans une terrine ou dans un saladier, 2 tasses de farine, une demi-cuillerée à café de sel, 3 pincées de poivre blanc. Ajoutez un tiers de tasse d'huile et une tasse et demie d'eau tiède. Battez cette préparation jusqu'à ce qu'elle ait une consistance crémeuse. laissez-la reposer pendant 2 heures. Au moment de vous en servir, battez 3 blancs d'œufs en neige très ferme et ajoutez-les à la pâte.

3. Trempez les morceaux d'aliments dans la pâte.

4. Faites chauffer le bain de friture à température assez forte (180°) et faites frire les aliments par petites quantités jusqu'à ce qu'ils aient une coloration brune. Egouttez-les, tenez-les au chaud et servez-les garnis de persil et accompagnés de quartiers de citron.

MON SECRET : *Le foie de poulet peut être remplacé par du foie de veau. La cervelle surgelée est parfaite pour cette recette.*

GRATIN A LA PAYSANNE

925 calories

Une recette d'autrefois que l'on cuisait dans le four du boulanger.

Préparation : 20 minutes
Cuisson : 3 heures

Pour 4 personnes :

250 g de filet de porc cru
250 g de selle de mouton crue
700 g de pommes de terre à chair ferme
400 g d'oignons
1 verre d'huile d'olive
2 cuillerées à soupe de chapelure
1 feuille de laurier
sel, poivre

1. Pelez les pommes de terre et les oignons. Lavez et essuyez les pommes de terre, et coupez-les en rondelles fines. Coupez également en rondelles les oignons.

2. Allumez votre four (thermostat 5-6).

3. Tapissez le fond d'un plat à gratin avec la moitié des pommes de terre et des oignons. Posez dessus les deux morceaux de viande. Salez, poivrez et ajoutez la feuille de laurier. Arrosez avec l'huile d'olive et recouvrez avec le reste des légumes. Saupoudrez de chapelure.

4. Mettez à four moyennement chaud et laissez cuire doucement 3 heures environ. Le gratin doit être doré et croustillant. Servez chaud dans le plat de cuisson.

MON SECRET : *L'huile d'olive s'impose dans cette recette, et même bien fruitée.*

LENTILLES A L'ALSACIENNE

890 calories

Lentilles, lardons et pieds de porcs bien aromatisés.

Préparation : 15 minutes
(+ 12 heures de trempage)
Cuisson :
30 minutes pour les lentilles en autocuiseur ou 1 h 30
1 heure pour la viande

Pour 4 personnes :

500 g de lentilles
200 g de lard maigre en un morceau
2 pieds de porc préparés par

1. Douze heures avant la cuisson, couvrez les lentilles d'eau froide et laissez tremper.

2. Deux heures avant de servir, égouttez les lentilles et mettez-les soit dans un fait-tout, soit dans un autocuiseur. Ajoutez un oignon clouté de girofle, 1 carotte et l'ail. Recouvrez d'eau froide, salez et mettez cuire sous pression 30 minutes en autocuiseur et 1 h 30 autrement.

3. Pendant ce temps, faites revenir au beurre dans une cocotte le lard coupé en dés et les pieds de porc coupés en deux dans le sens de la longueur.

le charcutier
3 oignons
3 gousses d'ail
2 carottes
1 cuillerée à soupe de farine
20 g de beurre
3 clous de girofle
sel, poivre

4. Emincez les oignons restants ; coupez la carotte en dés. Ajoutez ces légumes dans la cocotte et laissez dorer.

5. Egouttez les lentilles et conservez le jus de cuisson.

6. Lorsque les légumes et la viande sont bien dorés, saupoudrez de farine, laissez roussir quelques instants en remuant, puis mouillez avec le jus de cuisson des lentilles. Couvrez et laissez cuire doucement 1 heure au moins jusqu'à ce que la viande soit bien tendre.

7. Quand tout est cuit à point, servez lentilles et viande sur un plat de service.

MON SECRET : *Si vous aimez ce qui croque sous la dent, vous pouvez remplacer les pieds de porc par des oreilles de porc, une par personne.*

LENTILLES AU PETIT SALÉ

895 calories

Délicatement aromatisées à la sauge.

Préparation : 10 minutes (+ 12 heures de trempage des lentilles)
Cuisson : 1 heure

Pour 6 personnes :

500 g de lentilles
1 oignon
2 carottes
1 bouquet garni
300 g de petit salé
6 saucisses fumées
4 cuillerées à soupe d'huile

1. Faites tremper 500 g de lentilles toute la nuit.

2. Egouttez-les, versez-les dans une grande cocotte avec l'oignon et les carottes épluchées ; ajoutez le bouquet garni, du poivre et une branche de sauge. Couvrez d'eau froide et aux premiers bouillons ralentissez le feu afin d'avoir un frémissement. Ajoutez le petit salé et les saucisses. Versez l'huile. Couvrez et laissez cuire encore 35 à 40 minutes. Salez à mi-cuisson. Au moment de servir, mettez les lentilles sur un plat chaud après les avoir égouttées s'il reste du liquide. Entourez-les des saucisses et du petit salé coupé en tranches.

MON SECRET : *Je sale les lentilles à mi-cuisson. Elles restent ainsi plus moelleuses.*

PAELLA C

745 calories

Le célèbre plat national espagnol, composé de riz, de poissons, de viandes et de légumes divers.

Préparation : 1 heure
(+ 1 ou 2 heures pour faire dégorger les calmars)
Cuisson : 1 heure environ

Pour 8 à 10 personnes :

1 grand bol de riz non glacé
1,500 kg de poissons divers (calmars, seiches, langoustes, grosses crevettes, turbot, colin, lotte...)
2 litres de moules ou de coques
1 kg de poulet coupé en morceaux (ou lapin, porc, canard)
quelques cuisses de grenouilles (facultatif)
1 kg de légumes mélangés (petits pois, flageolets, haricots verts, maïs frais)
2 gros artichauts (ou 8 petits)
750 g de tomates fraîches (ou 5 cuillerées à soupe de concentré de tomate
4 gros oignons
4 gousses d'ail
3 ou 4 piments verts doux
3 petits piments de Cayenne
1 bouquet garni (dans une mousseline)
1 pincée de feuilles de safran
sel, poivre
1 verre d'huile d'olive

1. Quelques heures à l'avance, préparez les calmars et faites-les dégorger. Battez-les, lavez-les et épongez-les. Coupez-les en tronçons.

2. Faites chauffer quelques cuillerées d'huile dans une poêle, et faites-y revenir les calmars. Retirez-les quand ils sont colorés. Si vous désirez ajouter de la langouste, faites-la revenir dans la même huile (après l'avoir pochée dans de l'eau bouillante, puis décortiquée et coupée en rondelles). Maintenez tous ces morceaux au chaud.

3. Epluchez et hachez finement les oignons et l'ail. Coupez les piments verts en lanières. Pelez et épépinez les tomates (ou délayez le concentré dans 3 cuillerées à soupe d'eau chaude).

4. Faites revenir dans une autre poêle les morceaux de viande dans l'huile restante et tenez-les au chaud.

5. Versez les deux huiles de cuisson dans une poêle à paella, et mettez-y à revenir le hachis d'oignon et d'ail. Ajoutez ensuite les piments verts et les tomates. Laissez cuire jusqu'à ce que vous obteniez une crème. Remuez alors à la spatule en bois et replacez dans cette sauce les calmars et autres poissons, la viande et les flageolets préalablement trempés dans l'eau froide. Mouillez de 10 verres d'eau chaude. Ajoutez le bouquet garni et les piments de Cayenne, attachés à un fil qui les reliera à l'anse de la cocotte. Poivrez et salez avec parcimonie. Couvrez et laissez bouillir une demi-heure.

6. Au bout de ce temps, ajoutez les fonds d'artichauts crus (citronnés et coupés en quatre), ainsi que les haricots verts coupés en morceaux. Laissez bouillir encore un quart d'heure.

7. Ajoutez alors les petits pois écossés et les grains de maïs. Goûtez alors la sauce et retirez les piments de Cayenne. Recouvrez et posez sur le couvercle les feuilles de safran pour les dessécher.

8. D'autre part, grattez et lavez les moules. Faites-les ouvrir à grand feu et sans rien dans une sauteuse non couverte, en les faisant sauter quelques minutes. Débarrassez-les de leurs coquilles et laissez reposer l'eau qu'elles ont rendue avant de la filtrer. Remettez ensuite les moules dedans pour les maintenir chaudes.

9. Dès que les petits pois sont cuits, ajoutez les moules et leur eau, et rectifiez l'assaisonnement. Laissez reprendre l'ébullition et ajoutez alors le bol de riz, soigneusement lavé et égoutté. Ne remuez plus, et laissez cuire à découvert, à gros bouillons, jusqu'à ce que le riz affleure à 1 centimètre 1/2 de la surface du liquide.

10. A ce moment, éteignez le feu et replacez le couvercle pour laisser gonfler le riz. Servez dès que le riz a absorbé toute la sauce. (Si la préparation est un peu collante, rajoutez simplement un peu d'eau chaude et secouez légèrement mais vivement la poêle.)

MON SECRET : *Il s'agit là d'une paella de luxe. A moindres frais, et plus généralement, je me limite à : crevettes et langoustines, moules, poulet, petits pois, tomates, oignons, poivrons, épices et, bien sûr, riz.*

POT-AU-FEU PROVENÇAL

810 calories

Le bœuf classique, mais aussi du mouton.

Préparation : 20 minutes
Cuisson : 3 h 30

Pour 6 personnes :

1,500 kg de bœuf dans la culotte
500 g d'épaule de mouton
1 bel os à moelle (enveloppé dans une mousseline)
2 ou 3 navets
6 carottes
6 poireaux
1 tomate
1 branche de céleri

1. Dans un fait-tout, placez les morceaux de viande dans l'eau froide ; ajoutez l'os à moelle. Vous pouvez également mettre un os de veau mais ne l'ajoutez qu'à mi-cuisson : moins dur et plus vite cuit, il se ramollirait et troublerait le bouillon.

2. Faites partir la cuisson à feu doux et augmentez graduellement la chaleur jusqu'à ébullition : ainsi, la viande ne sera pas saisie.

3. Couvrez ensuite la marmite et laissez frémir pendant au moins 3 heures, sans interruption, car, si l'ébullition s'arrête, un dépôt se produira au fond de la marmite et nuira plus tard à la limpidité du bouillon.

4. A mi-cuisson, poivrez et ajoutez les légumes épluchés et les aromates enfermés dans un linge. Dégraissez le bouillon.

1 oignon piqué de clous de girofle (2)
2 gousses d'ail
1 feuille de laurier
2 brindilles de thym
3 branches de persil
3 cuillerées de sel gris (60 g environ)
4 ou 5 grains de poivre
4 litres d'eau
petites rondelles de pain grillé

5. Au moment de servir, retirez l'os et tartinez de petites rondelles de pain grillé avec la moelle. Mettez-les au fond de la soupière et versez le bouillon par-dessus, à travers une passoire très fine.

MON SECRET : *Je sale au commencement de l'ébullition, ce qui facilite l'écumage du bouillon.*

POTÉE ALSACIENNE

950 calories

De succulentes cochonnailles sur un lit de chou parfumé aux épices.

Préparation : 20 minutes
Cuisson : 50 minutes en autocuiseur (2 à 3 heures en cocotte)

Pour 6 personnes :

1 jambonneau fumé ou une épaule de porc fumée
400 g de saucisson à l'ail
200 g de lard fumé en tranches
1 chou
250 g de carottes
3 ou 4 navets
1 ou 2 poireaux
6 grosses pommes de terre
1 bouquet garni (persil, thym, laurier)
quelques graines de coriandre et de genièvre
poivre, sel

1. Mettez 2 ou 3 litres d'eau à bouillir dans l'autocuiseur. Retirez les feuilles extérieures du chou. Coupez-le en quatre et débarrassez-le d'une partie des côtes. Jetez les quartiers dans l'eau bouillante salée et laissez-les cuire quelques minutes (le chou doit être à moitié cuit). Egouttez-le et rincez-le à l'eau froide.

2. Remplissez à nouveau votre autocuiseur avec de l'eau jusqu'à la moitié et portez à ébullition. Jetez-y le lard fumé, le jambonneau ou l'épaule et écumez au bout de quelques minutes (il se forme à la surface une mousse blanchâtre et grasse). Quand l'eau est redevenue propre, ajoutez les légumes entiers (carottes, navets et poireaux), ainsi que les quartiers de chou. Poivrez, salez peu ou pas du tout (le lard ayant salé l'eau) et mettez le bouquet garni et, enfermées dans une mousseline, les graines de coriandre et de genièvre. Fermez. Laissez cuire environ 40 minutes.

3. Ouvrez l'autocuiseur après avoir laissé échapper la vapeur et rajoutez-y les pommes de terre épluchées et le saucisson à l'ail. Remettez à cuire encore 10 minutes.

4. Dressez les légumes égouttés sur un plat avec le lard, le porc et le saucisson coupés en tranches. Servez aussitôt.

MON SECRET : *Le bouillon de cuisson peut servir de base à un excellent potage.*

POTÉE AU JAMBONNEAU

780 calories

Avec un assortiment de légumes nouveaux.

Préparation : 20 minutes
Cuisson : 3 heures

Pour 6 personnes :

2 jambonneaux frais
300 g de lard de poitrine frais, en un morceau
2 queues de porc
1 jarret de veau
12 pommes de terre nouvelles
6 carottes nouvelles
6 navets nouveaux
1 chou nouveau
1 oignon
2 clous de girofle
sel, poivre

1. Mettez dans un grand fait-tout 4 litres d'eau froide. Plongez-y les jambonneaux, salez (à raison d'une cuillerée à café rase de gros sel par litre d'eau) et poivrez. Portez à ébullition.

2. Au bout de 40 minutes d'ébullition, ajoutez le lard, le jarret, les queues de porc et l'oignon piqué de clous de girofle.

3. Au bout de 2 heures (soit 2 h 45 après le début de la cuisson), ajoutez les carottes et le chou épluchés mais entiers.

4. Dix minutes après, ajoutez les navets épluchés et les pommes de terre, épluchées et entières.

5. Comptez encore 20 minutes de cuisson. Vérifiez alors l'assaisonnement et pêchez les morceaux de viande avec une écumoire. Coupez-les en parts et mettez au centre d'un plat creux.

6. Egouttez les légumes (retirez l'oignon piqué de girofle) et disposez-les autour des viandes. Servez aussitôt.

MON SECRET : *Je ne racle pas les carottes nouvelles. Je me contente de les brosser sous le robinet.*

POTÉE DE SAUCISSES

304 calories

L'heureux mariage de légumes verts et de charcuterie.

Préparation : 30 minutes
Cuisson : 1 h à 1 h 15

Pour 6 personnes :

2 cœurs de choux verts
4 carottes
2 oignons
1 gousse d'ail
1 bouquet garni (persil, thym, laurier)
1/4 de litre de vin

1. Enlevez les feuilles dures des choux et les grosses côtes. Epluchez carottes, oignons, ail.

2. Dans un fait-tout, faites blanchir les choux à l'eau bouillante salée. A la reprise de l'ébullition, laissez cuire 5 minutes. Mettez les choux dans une passoire, passez à l'eau fraîche, égouttez. Pressez bien la masse dans les mains pour retirer le maximum d'eau, coupez grossièrement les choux.

3. Dans une grande cocotte, faites fondre le saindoux. Mettez les carottes en rondelles et

Paella. *(Recette page 605)*

Tagliatelles au pistou. *(Recette page 741)*

Morue frite à la toulonnaise. *(Recette page 362)*

Poitrine de veau farcie. *(Recette page 549)*

blanc sec
60 cm de saucisse d'Auvergne (10 cm par personne)
4 cuillerées à soupe de saindoux
sel, poivre

les oignons émincés, le bouquet garni. Faites revenir très doucement de 10 à 15 minutes. Ajoutez l'ail haché, les choux.

4. Faites revenir le tout en remuant à la spatule jusqu'à ce que l'humidité des choux se soit évaporée. Mouillez avec le vin blanc et un verre d'eau. Salez, couvrez, faites mijoter doucement jusqu'à ce que les choux soient moelleux.

5. Dans une poêle, faites fondre une noisette de saindoux. Piquez la saucisse sur toute sa longueur à la fourchette. Mettez-la en serpentine dans la poêle, faites-la rissoler doucement sur les deux faces.

6. Quand les choux sont tendres, évaporez rapidement l'excès de liquide, en faisant attention que les légumes n'attachent pas. Ajoutez la saucisse, couvrez, laissez encore une dizaine de minutes à très petit feu pour maintenir la chaleur.

7. Servez dans un plat creux rond et chaud les légumes au fond, la saucisse en rond sur le dessus.

MON SECRET : *J'ajoute un peu de muscade râpée à la cuisson des choux.*

XI
Légumes Frais

ARTICHAUTS A LA BARIGOULE D

515 calories

Farcis de lard et de champignons, mitonnés au four et nappés d'une sauce au vin.

Préparation : 20 minutes
Cuisson : 1 heure

Pour 6 personnes :

6 artichauts
200 g de champignons
125 g de lard salé
60 g de beurre
4 échalotes
1/2 verre d'huile
2 carottes
2 oignons
1 gousse d'ail
6 bardes de lard très fines
1 grand verre de vin blanc
1/2 litre de bouillon de viande
sel, poivre

1. Chauffez 3 litres d'eau bouillante dans un grand fait-tout.

2. Lavez et égouttez les artichauts, coupez les feuilles à moitié de leur hauteur et cuisez 10 minutes dans l'eau bouillante salée.

3. Pendant ce temps, hachez les champignons nettoyés, les échalotes, le persil, l'ail et le lard salé (gardez les couennes). Mettez cette farce dans un petit saladier, salez, poivrez et mélangez bien le tout.

4. Dans une grande poêle, chauffez le beurre et faites-y revenir cette préparation 3 à 4 minutes.

5. Egouttez les artichauts, écartez les feuilles pour enlever celles du centre ainsi que le foin (à la petite cuiller). Mettez-y à la place la farce que vous répartirez dans les six artichauts.

6. Enveloppez chaque artichaut d'une barde de lard et ficelez.

7. Mettez dans une cocotte les couennes de lard, les carottes en rondelles et les oignons en lamelles fines. Disposez les artichauts par-dessus. Ajoutez le vin blanc, l'huile et mettez sur le feu.
Laissez prendre l'ébullition et conservez sur le feu jusqu'à ce que le jus réduise de moitié.

8. Ajoutez alors le bouillon, couvrez et laissez cuire encore une heure environ.

9. Egouttez les artichauts, retirez les ficelles et les bardes de lard. Dressez sur le plat de service que vous tiendrez au chaud.

10. Filtrez le jus de cuisson. Versez sur les artichauts et servez immédiatement.

MON SECRET : *Si la sauce est un peu longue, faites-la réduire sur feu vif quelques minutes. Il ne faut pas que les artichauts en soient noyés.*

ARTICHAUTS BELVÉDÈRE

750 calories

Farcis d'une purée de thon et d'anchois.

Préparation : 20 minutes
Cuisson : 1 heure

Pour 6 personnes :

6 artichauts
250 g de miettes de thon à l'huile
1 boîte de filets d'anchois (10 anchois environ)
2 cuillerées à bouche de câpres
12 branches de persil
1 gousse d'ail
1/4 de tasse de chapelure
1 tasse d'huile d'olive
sel, poivre noir

1. Lavez les artichauts. Faites-les cuire pendant 10 minutes à l'eau bouillante salée. Egouttez-les. Enlevez les feuilles et le foin.

2. Lavez le persil. Pelez l'ail et coupez-le en tranches.

3. Dans un mixer, mettez le thon égoutté, les anchois, les câpres, le persil, l'ail et réduisez le tout en purée. Si vous n'avez pas de mixer, faites la même chose en écrasant avec une fourchette. Ajoutez au mélange 6 tours de moulin à poivre.

4. Répartissez ce mélange sur les cœurs d'artichauts.

5. Mettez les cœurs d'artichauts ainsi farcis dans une cocotte ; saupoudrez-les de chapelure, versez 1 cuillerée à bouche d'huile sur chaque artichaut, ajoutez 1 cm d'eau, couvrez la cocotte et faites cuire sur feu doux pendant 40 minutes.
En cours de cuisson, ajoutez un peu d'eau si celle que vous avez déjà mise s'est évaporée.
Les artichauts farcis au thon peuvent se servir chauds ou froids.

MON SECRET : *Une préparation gain de temps avec des fonds d'artichauts en conserve. Après les avoir farcis, je les passe simplement au four 10 à 15 minutes, le temps de les chauffer et de les gratiner légèrement.*

ARTICHAUTS A LA DIABLE

710 calories

Pour de petits artichauts tendres garnis d'une persillade aillée.

Préparation : 15 minutes
Cuisson : 55 minutes

Pour 6 personnes :

12 petits artichauts tendres et fermes

1. Lavez le persil, hachez-le. Pelez les gousses d'ail et coupez-les en lamelles minces.

2. Equeutez les artichauts ; avec une paire de ciseaux, coupez l'extrémité des feuilles. Lavez-les soigneusement. Disposez-les debout dans une sauteuse profonde ou un fait-tout, versez l'eau et l'huile jusqu'à mi-hauteur des artichauts. Si le niveau n'est pas

1/2 tasse d'huile d'olive
1/2 tasse d'eau
12 brins de persil
3 gousses d'ail
sel

atteint, ajoutez de l'huile et de l'eau en quantités égales.

3. Mettez un mélange de persil et d'ail entre les feuilles d'artichauts et saupoudrez de sel. Couvrez et faites cuire à feu moyen pendant 45 minutes. Enlevez alors le couvercle et cuisez à feu vif jusqu'à ce que le jus de cuisson des artichauts soit complètement évaporé. Servez chaud ou froid.

MON SECRET : *Je n'utilise pour cette recette que de petits artichauts de la taille d'un œuf, aux feuilles teintées de violet, les plus tendres Les gros artichauts ne conviennent pas du tout.*

ARTICHAUTS A LA PROVENÇALE

233 calories

Farcis d'ail et d'oignon.

Préparation : 15 minutes
Cuisson : 2 heures

Pour 6 personnes :

6 artichauts violets
2 oignons
2 gousses d'ail
1 verre d'huile d'olive
thym, laurier
sel, poivre

1. Lavez les artichauts ; enlevez les feuilles dures, coupez le bout des autres. Faites cuire les légumes 10 minutes à l'eau bouillante salée. Egouttez-les.

2. Epluchez les oignons ; emincez-les. Placez les artichauts dans une cocotte. Salez et poivrez-les en les ouvrant le plus possible afin d'atteindre leur cœur. Ajoutez les oignons et les gousses d'ail écrasées. Arrosez d'huile et portez sur le feu. Laissez revenir quelques minutes, en remuant de temps en temps.
Lorsque les oignons commencent à dorer, couvrez d'eau chaude. Ajoutez le thym, le laurier et couvrez la sauteuse. Laissez cuire 2 heures à petit feu.
Au moment de servir, dressez les artichauts sur un plat et versez la sauce dessus.

MON SECRET : *Je mets dans le fond de la cocotte quelques morceaux de lard gras.*

ARTICHAUTS A LA VINAIGRETTE F

135 calories

Des artichauts entiers cuits tout simplement et accompagnés d'une sauce vinaigrette.

Préparation : 5 minutes
Cuisson : 45 minutes

Pour 6 personnes :

6 artichauts
2 cuillerées à café de gros sel

Pour la sauce :
4 cuillerées d'huile
2 cuillerées de vinaigre
sel, poivre

1. Mettez dans un grand fait-tout 3 litres d'eau et le sel. Faites bouillir.

2. Pendant ce temps, lavez et égouttez les artichauts.

3. Mettez-les dans l'eau bouillante, laissez reprendre un bouillon, puis couvrez et réduisez le feu. Laissez cuire trois quarts d'heure.

4. Vérifiez la cuisson en arrachant une feuille et égouttez les artichauts la pointe en bas. Tenez au chaud.

5. Préparez une vinaigrette avec l'huile, le vinaigre, le sel et le poivre et servez en saucière avec les artichauts.

MON SECRET : *Il ne faut jamais conserver ni consommer des artichauts cuits depuis plus de 24 heures.*

ASPERGES A L'ANGLAISE

335 calories

Des asperges accompagnées de croûtons et de beurre fondu.

Préparation : 15 minutes
Cuisson : 25 minutes

Pour 4 personnes :

1,500 kg d'asperges
4 tranches de pain de mie épaisses d'un doigt

1. Mettez 3 litres d'eau salée dans un grand fait-tout et faites-la bouillir. Ajoutez quelques gouttes de jus de citron.

2. Epluchez les asperges et raccourcissez-les généreusement pour former des bottes de même longueur. Liez-les par 6 ou 7.

3. Placez-les debout dans l'eau bouillante, en veillant à ce que le niveau de l'eau arrive juste au-dessous des pointes (elles cuiront ainsi

100 g de beurre
1 citron
sel

sans trop s'amollir). Laissez bouillir doucement 20 à 25 minutes.

4. Pendant ce temps, faites dorer les tranches de pain dans 30 g de beurre à la poêle et disposez-les dans un plat.

5. Faites fondre doucement le beurre restant et versez-le en saucière. Salez légèrement.

6. Egouttez les asperges, déliez-les et disposez-les sur les croûtons. Servez aussitôt avec la saucière de beurre fondu.

MON SECRET : *Pour les personnes qui supportent difficilement le beurre cuit des croûtons grillés, je fais simplement griller les tranches de pain au grille-pain.*

ASPERGES A L'ESPAGNOLE

255 calories

Ces asperges fondantes sont cuites à l'eau et accompagnées d'œufs brouillés.

Préparation : 15 minutes
Cuisson : 35 à 45 minutes (selon que les asperges sont plus ou moins tendres)

Pour 4 personnes :

1 kg d'asperges
8 œufs
2 cuillerées à soupe de beurre
sel, poivre

1. Mettez bouillir 2 litres d'eau salée dans un fait-tout.

2. Grattez et lavez les asperges. Ficelez-les en bottes.

3. Plongez-les, debout, dans l'eau bouillante, en veillant à ce que le niveau de l'eau arrive juste au-dessous des pointes. Couvrez et laissez bouillir au moins 30 minutes.

4. Dix minutes avant la fin de la cuisson des asperges, faites fondre le beurre dans une casserole et ajoutez-y les œufs battus additionnés de sel et de poivre. Faites cuire doucement en tournant constamment pour obtenir des œufs brouillés. Retirez du feu et maintenez au chaud.

5. Egouttez les asperges et disposez-les de chaque côté d'un plat long, de sorte que les pointes décorent les deux extrémités du plat. Masquez le centre avec les œufs et servez aussitôt.

MON SECRET : *J'ajoute une cuillerée à soupe de moutarde blanche aux œufs au moment où je les bats en omelette.*

ASPERGES A L'ÉTOUFFÉE

165 calories

Très tendres et légèrement citronnées.

Préparation : 15 minutes
Cuisson : 1 heure

Pour 6 personnes :

2 kg d'asperges
1 bonne cuillerée à soupe d'huile ou de saindoux
1 filet de jus de citron ou de vinaigre
sel, poivre

1. Lavez et épluchez les asperges. Coupez-les par moitié.

2. Mettez la matière grasse dans une grande cocotte sur le feu. Sans attendre qu'elle soit chaude, disposez dessus les morceaux d'asperges blancs au fond, puis les parties vertes.

3. Salez, poivrez et ajoutez quelques cuillerées d'eau citronnée ou vinaigrée. Couvrez la cocotte, réduisez le feu et laissez cuire une heure très doucement.

4. Disposez dans un plat et servez très chaud.

MON SECRET : *Pour ce plat, vous pouvez utiliser de la très petite asperge, dite aspergette, à condition qu'elle soit bien fraîche : la base de la tige doit se casser facilement.*

ASPERGES GRATINÉES

315 calories

Un gratin d'asperges dorées au beurre et nappées de crème.

Préparation : 15 minutes
Cuisson : 35 minutes

Pour 6 personnes :

2,500 kg d'asperges
60 g de beurre
1/4 de litre de crème fraîche
80 g de fromage râpé
sel

1. Préparez les asperges en coupant le bout terreux et en épluchant entièrement la partie blanche. Coupez-les ensuite en bâtonnets de 5 à 6 cm de long.

2. Dans une grande sauteuse, faites fondre le beurre et mettez-y les asperges à revenir doucement en secouant souvent. Couvrez au bout de quelques minutes, et réduisez le feu. Laissez cuire 25 minutes.

3. Pendant ce temps, allumez le gril du four.

4. Répartissez les asperges dans un plat à four et nappez de crème. Parsemez le dessus de noisettes de beurre et de fromage râpé et faites dorer au four 10 minutes. Servez bien chaud.

MON SECRET : *Les asperges étant cassantes, il faut les peler à plat sur une table en allant de la tête vers le pied.*

ASPERGES AU PARMESAN F

310 calories

Beurre et fromage nappent les pointes d'asperges servies chaudes.

Préparation : 15 minutes
Cuisson : 35 minutes

Pour 6 personnes :

2 kg d'asperges
80 g de beurre
1/2 tasse de parmesan râpé
sel

1. Enlevez le bout terreux des asperges et grattez les tiges. Lavez-les.

2. Faites-les cuire pendant 20 minutes à l'eau bouillante salée. Elles doivent être fermes mais cependant tendres. Egouttez-les et mettez-les en une seule couche sur un plat allant au four.

3. Versez dessus le beurre fondu, saupoudrez de fromage, passez à four bien chaud (thermostat 8) pendant 10 minutes environ. Servez dans le plat de cuisson.

MON SECRET : *Pour que les asperges ne s'abîment pas à la cuisson, je les ficelle en petites bottes et je coiffe chaque botte de papier d'aluminium pour protéger les pointes.*

ASPERGES SAUCE MORNAY

225 calories

Cuites au naturel et nappées de sauce au fromage.

Préparation : 20 minutes
Cuisson : 20 minutes

Pour 6 personnes :

2,500 kg d'asperges
1/2 litre de sauce Mornay
(voir recette page 166)
sel

1. Mettez dans un grand fait-tout 3 litres d'eau salée à chauffer.

2. Pendant ce temps, épluchez vos asperges : coupez le bout terreux et épluchez entièrement la partie blanche. Ficelez les asperges en plusieurs bottes et faites un capuchon de papier d'aluminium autour de chaque botte du côté des têtes (pour empêcher que celles-ci ne se détachent à la cuisson).

3. Mettez dans l'eau bouillante salée et laissez cuire 20 minutes.

4. Sortez avec précaution, égouttez et disposez sur le plat de service.

5. Nappez de sauce Mornay et servez sans attendre.

MON SECRET : *Les asperges ne doivent jamais être trop cuites, mais légèrement fermes.*

AUBERGINES A LA GITANE

335 calories

Parfumées au paprika.

Préparation : 10 minutes
(+ 30 minutes pour dégorger)
Cuisson : 7 à 8 minutes
par friture

Pour 4 personnes :

4 aubergines
50 g de gruyère râpé
1 œuf
3 cuillerées à soupe de farine
1 pincée de paprika
1 bassine de friture
sel

1. Lavez les aubergines sans les peler. Coupez-les en tranches de 1 cm d'épaisseur dans le sens de la longueur.

2. Placez ces tranches entre deux plats (celui du dessus étant chargé d'un poids) après les avoir copieusement salées, et laissez dégorger 30 minutes.

3. Au bout de ce temps, faites chauffer l'huile de friture.

4. Disposez dans 3 assiettes le fromage râpé dans l'une, l'œuf battu dans la seconde, la farine dans la dernière.

5. Egouttez et épongez les aubergines dans du papier-linge. Parsemez-les de paprika. Trempez-les tour à tour dans le fromage, l'œuf et la farine.

6. Plongez-les dans l'huile très chaude, laissez cuire quelques minutes et égouttez.

7. Goûtez avant de rectifier l'assaisonnement et servez très chaud.

MON SECRET : *Je choisis de préférence des aubergines un peu courtes, bien rondes, à la peau luisante. Plus les aubergines sont jeunes, moins elles ont de petites graines à l'intérieur.*

AUBERGINES A L'HUILE

150 calories

Cuites sous le gril du four, fondantes, exquises.

Préparation : 5 minutes
Cuisson : 10 minutes au gril

Pour 4 personnes :

4 aubergines moyennes
sel, poivre
1/2 verre d'huile d'olive

1. Coupez la tige et le pédoncule des aubergines. Ne les pelez pas. Coupez-les en 7 ou 8 tranches dans le sens de la longueur.

2. Disposez les aubergines dans un plat à feu. Saupoudrez la surface de sel fin. Poivrez légèrement, arrosez d'huile d'olive.

3. Mettez le plat d'aubergines sous le gril du four. Faites cuire une dizaine de minutes.

MON SECRET : *Très bon accompagnement pour un rôti de veau.*

AUBERGINES SAUCE PIQUANTE

160 calories

A servir chauds ou froids, des dés d'aubergines avec tomates, oignons et aromates.

Préparation : 20 minutes
Cuisson : 40 minutes

Pour 6 personnes :

6 petites aubergines
4 cuillerées à bouche d'huile d'olive
4 oignons
10 branches de persil
6 feuilles de basilic
500 g de tomates
1/3 de tasse de vinaigre de vin
1 cuillerée à café de sel
poivre noir

1. Lavez les aubergines et, sans les éplucher, coupez-les en petits dés. Saupoudrez-les avec la moitié du sel et laissez-les en attente pendant que vous préparez la sauce.

2. Pour préparer la sauce, commencez par peler les oignons et les hacher. Hachez également le persil et le basilic ; plongez les tomates dans l'eau bouillante, pelez-les et coupez-les en très petits morceaux. Faites chauffer la moitié de l'huile dans une casserole, mettez-y à dorer les oignons tout doucement pendant une dizaine de minutes puis ajoutez le persil et le basilic, 5 tours de moulin à poivre, les tomates et le reste du sel. Quand le tout commence à bouillonner, réduisez le feu, couvrez la casserole et laissez cuire tout doucement pendant 20 minutes.

3. Egouttez les dés d'aubergines qui ont dû rendre de l'eau.

4. Chauffez le restant de l'huile dans une poêle. Mettez-y à dorer les dés d'aubergines pendant une dizaine de minutes. Retirez-les du feu, versez dessus le vinaigre, mélangez bien, puis versez le tout dans un plat de service.

5. La sauce étant cuite, versez-la sur les aubergines au vinaigre. Servez chaud ou froid.

MON SECRET : *Quand je sers ces aubergines froides, en hors-d'œuvre, je les accompagne de petites tranches de pain de seigle tartinées de beurre d'anchois. Ce mariage est une réussite.*

AUBERGINES ET TOMATES AU FOUR

430 calories

Un gratin où des lamelles de fromage s'intercalent entre les couches de légumes.

Préparation : 20 minutes
(+ 1 heure de repos)
Cuisson : 30 minutes

Pour 4 personnes :

2 aubergines moyennes
1/2 tasse de farine
1/4 de tasse d'huile
750 g de tomates
250 g de port-salut coupé en tranches
1/2 tasse de parmesan râpé
60 g de beurre
sel

1. Pelez les aubergines et coupez-les en tranches de 1 à 2 cm d'épaisseur. Saupoudrez-les de sel et laissez-les reposer 1 heure environ puis égouttez-les et séchez-les complètement dans un papier absorbant.

2. Plongez les tomates dans de l'eau bouillante pendant 1 minute, pelez-les et coupez-les en tranches.

3. Passez les tranches d'aubergines dans la farine.

4. Chauffez dans une sauteuse 2 cuillerées à soupe d'huile, mettez-y à dorer les tranches d'aubergines.

5. Mettez une couche d'aubergines dans un plat allant au four. Couvrez avec une couche de tomates, saupoudrez de poivre et de sel, couvrez avec une couche de tranches de fromage, saupoudrez de fromage râpé et recommencez à mettre une couche d'aubergines, 1 couche de tomates, 1 couche de lamelles de fromage, 1 couche de parmesan râpé. Parsemez de beurre. Arrosez avec le restant de l'huile. Faites cuire au four pendant 25 minutes (thermostat 7).

MON SECRET : *En Italie, dont cette recette est originaire, on utilise de la mozzarella, un excellent fromage frais, au lieu de port-salut. Si vous avez l'occasion d'en trouver — les épiciers italiens en vendent — n'hésitez pas à préparer ce gratin avec de la mozzarella.*

BEIGNETS DE CHAMPIGNONS

870 calories

Prenez de petits champignons entiers. S'ils sont frais, nettoyez-les et cuisez-les d'abord pendant 7 minutes avec un peu de beurre, du sel, du poivre et du jus de citron. Egouttez-les et laissez-les refroidir. S'ils sont en conserve, égouttez-les soigneusement. Versez-les dans la pâte à frire classique puis dans le bain de friture chaude d'huile.

BEIGNETS DE CHOU-FLEUR

760 calories

Coupez le chou-fleur en petits bouquets réguliers. Cuisez ceux-ci dans l'eau bouillante salée, mais arrêtez la cuisson quand ils sont encore fermes. Laissez-les égoutter et passez-les délicatement, un à un d'abord, dans la pâte à beignets soufflés, puis dans la friture d'huile bien chaude.

BEIGNETS DE COURGETTES

760 calories

Lavez-les. Coupez-les en rondelles d'un centimètre d'épaisseur environ. Plongez-les pendant 5 minutes dans l'eau bouillante salée. Egouttez-les sur un torchon. Jettez-les d'abord dans la pâte à frire classique, puis dans la friture d'huile.

BEIGNETS DE SALSIFIS

810 calories

Cuisez-les pendant 30 minutes dans de l'eau bouillante salée. Laissez-les égoutter et refroidir avant de les plonger dans la pâte à beignets classique puis dans le bain de friture d'huile.

BOHÉMIENNE

150 calories

Un plat de légumes très proche parent de la ratatouille.

Préparation : 20 minutes
Cuisson : 30 minutes envir.

Pour 4 personnes :

1 kg d'aubergines
4 tomates
2 oignons
2 gousses d'ail
1 petit bouquet de persil
3 cuillerées à soupe d'huile d'olive
50 g de fromage râpé
sel, poivre
gros sel

1. Epluchez les aubergines. Coupez-les en petits cubes. Mettez-les dans une passoire à pieds, saupoudrez-les de gros sel ; laissez dégorger pendant au moins une demi-heure.

2. Epluchez et émincez les oignons. Pelez et épépinez les tomates.

3. Hachez l'ail et le persil.

4. Dans une sauteuse, faites blondir les oignons dans l'huile. Ajoutez les tomates. Laissez-les rendre leur eau.

5. Mettez enfin les aubergines bien égouttées, l'ail et le persil hachés. Assaisonnez.

6. Laissez cuire une trentaine de minutes à feu moyen, en écrasant de temps en temps avec une fourchette.

7. Quelques minutes avant la fin de la cuisson, ajoutez le fromage râpé.
La cuisson terminée, il ne doit pas rester de liquide et les aubergines doivent être réduites en purée. L'ensemble doit être onctueux et bien homogène.

Mangez chaud ou froid.

MON SECRET : *Je ne trouve pas indispensable de peler les aubergines. Leur peau bien cuite est excellente.*

BOUQUETS DE CHOU-FLEUR

280 calories

A découvrir : le chou-fleur cru.

Préparation : 10 minutes
Pas de cuisson

Pour 4 personnes :

1/2 chou-fleur
1 bol de mayonnaise
1 cuillerée à soupe de vinaigre
huile
1 petit ramequin de sel fin

1. Détaillez le chou-fleur en petits bouquets (supprimez les grosses côtes que vous utiliserez dans un potage).

2. Lavez-les soigneusement et faites-les égoutter sur un torchon.

3. Préparez une vinaigrette avec l'huile, le vinaigre, un peu de sel et de poivre.

4. Disposez les bouquets sur un plat et servez-les avec leur triple accompagnement : croque au sel, vinaigrette, mayonnaise.

MON SECRET : *Je citronne le chou-fleur pour l'empêcher de jaunir.*

BOUQUETS DE CHOU-FLEUR DORÉS

195 calories

Enrobés de friture et croustillants.

Préparation : 10 minutes
Cuisson : 25 minutes

Pour 6 personnes :

1 chou-fleur
3/4 de tasse de farine
2 œufs
bain de friture
sel, poivre blanc

1. Séparez le chou-fleur en bouquets. Lavez-les.

2. Faites cuire ces bouquets de chou-fleur à l'eau bouillante salée pendant 15 minutes ; égouttez-les, laissez-les refroidir, épongez-les avec un papier absorbant.

3. Battez les œufs dans une assiette creuse.

4. Mélangez la farine, le sel, le poivre et roulez les bouquets dans ce mélange.

5. Trempez-les dans les œufs battus.

6. Chauffez le bain de friture, mettez-y à dorer les bouquets pendant 7 à 8 minutes. Egouttez-les bien sur du papier absorbant et servez-les très chauds.

MON SECRET : *Certaines personnes digèrent mal le chou-fleur. Il suffit, pour le rendre digeste, de le faire blanchir 5 minutes à l'eau bouillante salée avant de le cuire.*

BROCHETTES PROVENÇALES

110 calories

Tomates, oignons et champignons grillés.

Préparation : 10 minutes
Cuisson : 15 minutes

Pour 4 personnes :

4 petites tomates bien fermes
4 gros champignons de Paris
2 poivrons verts
2 gros oignons
2 cuillerées à soupe

1. Lavez, séchez les tomates. Coupez-les en deux. Epluchez oignons et champignons, coupez-les en quatre. Lavez, séchez les poivrons, ouvrez-les, enlevez pédoncules et graines, coupez-les en gros cubes.

2. Préparez les brochettes. Embrochez une demi-tomate, un quart d'oignon, un dé de poivron, un quartier de champignon, recommencez avec oignon, poivron, champignon, terminez par la demi-tomate. Procédez de même pour les autres brochettes.

3. Badigeonnez les légumes d'huile. Salez, poivrez.

d'huile
sel, poivre

4. Placez les brochettes sur le gril bien chaud. Faites griller en retournant les brochettes pour que les légumes soient bien dorés sur toutes les faces.

MON SECRET : *Excellente garniture pour des chipolatas ou pour des tranches de poisson dorées.*

CARDONS AU GRATIN

190 calories

Dans une moelleuse sauce Béchamel.

Préparation : 40 minutes
Cuisson : 1 heure

Pour 4 personnes :

2 kg de cardons
le jus d'un citron
1 cuillerée à soupe de farine
1 cuillerée à soupe d'huile
50 g de beurre

Pour la sauce Béchamel :
1/2 litre de lait
80 g de beurre
40 g de farine
2 œufs
sel, poivre
noix muscade

1. Nettoyez les cardons, retirez les branches dures puis détachez une à une les autres branches.

2. Coupez-les en tronçons en prenant soin d'ôter tous les filaments. Jetez-les au fur et à mesure dans de l'eau vinaigrée pour éviter qu'ils ne noircissent.

3. Dans une casserole, délayez la cuillerée de farine dans un litre d'eau froide et portez sur le feu. Dès que l'ébullition commence, jetez-y les cardons.
Salez, ajoutez le jus de citron et l'huile. Dès que l'ébullition reprend, baissez l'intensité du feu.
Pendant ce temps, préparez la béchamel : faites fondre la moitié du beurre dans une petite casserole, ajoutez la farine en remuant vivement avec la cuiller en bois. Versez en une fois le lait froid et assaisonnez sans cesser de remuer. Laissez épaissir sur feu doux pendant une vingtaine de minutes.
Hors du feu, ajoutez le reste du beurre et les jaunes d'œufs.

4. Egouttez les cardons cuits, disposez-les dans un plat à gratin beurré et nappez-les de la sauce.
Parsemez de noisettes de beurre et mettez à gratiner au four. Servez chaud.

MON SECRET : *J'ajoute à la béchamel deux cuillerées de crème fraîche.*

CARDONS AU JUS

160 calories

Un légume oublié dont la saveur s'apparente à celle de l'artichaut.

Préparation : 20 minutes
Cuisson : 40 minutes

Pour 4 personnes :

1 kg de cardons
le jus d'un demi-citron
80 g de beurre
50 g de fromage râpé
1 ou 2 cuillerées de jus de viande
sel, poivre

1. Pelez et lavez les cardons, coupez-les en tronçons de 5 cm.

2. Faites-les cuire à l'eau salée et citronnée pendant 25 minutes. Egouttez-les bien dans un linge.

3. Faites-les cuire dans une poêle avec le beurre ; assaisonnez et saupoudrez de fromage râpé ; ajoutez le jus de viande.
Servez bien chaud.

MON SECRET : *Au fur et à mesure que je les nettoie, je plonge les cardons dans de l'eau vinaigrée pour les empêcher de noircir.*

CAROTTES A L'ÉTUVÉE

105 calories

Persil et oignons accompagnent les carottes cuites à l'étouffée.

Préparation : 15 minutes
Cuisson : 20 minutes

Pour 4 personnes :

750 g de carottes
1 gros oignon
1 cuillerée à soupe de beurre
1 bouquet garni (persil, thym, laurier)
quelques brins de persil
sel, poivre

1. Pelez les carottes et l'oignon. Emincez-les finement.

2. Faites fondre le beurre dans une cocotte et ajoutez-y les légumes, en secouant pendant quelques minutes.

3. Ajoutez alors une tasse d'eau chaude et le bouquet garni. Salez, poivrez, couvrez et réduisez le feu légèrement. Laissez cuire une vingtaine de minutes (jusqu'à fléchissement).

4. Versez dans un plat et servez chaud, saupoudré de persil haché.

MON SECRET : *Quand c'est la saison, j'utilise des petites carottes nouvelles toutes rondes que je laisse entières.*

CAROTTES A LA FERMIÈRE

180 calories

De succulentes carottes liées par une sauce Béchamel enrichie de crème fraîche.

Préparation : 30 minutes
Cuisson : 40 minutes

Pour 6 personnes :

1 kg de carottes
1 verre de crème fraîche (100 g)
40 g de beurre
2 cuillerées à soupe de farine
1/2 litre de lait
sel, poivre

1. Grattez les carottes (ne les pelez pas, la partie la meilleure étant à l'extérieur). Si elles sont nouvelles, laissez-les entières. Si elles sont « vieilles », coupez-les en rondelles (et si elles sont vraiment grosses, enlevez le cœur vert).

2. Jetez-les dans l'eau bouillante salée et laissez bouillir à couvert pendant 40 minutes.

3. Pendant ce temps, préparez une sauce Béchamel, en faisant fondre le beurre dans une petite casserole. Mélangez sur le feu avec la farine et versez d'un coup le lait froid. Salez, poivrez et portez à ébullition sans cesser de remuer. Lorsque la sauce bout, ajoutez la crème, laissez chauffer quelques instants et rectifiez au besoin l'assaisonnement.

4. Egouttez les carottes, versez-les dans un plat creux, nappez de sauce à la crème et servez chaud.

MON SECRET : *Plus les carottes sont jeunes, plus le goût est fin. Je compte 40 minutes de cuisson pour des « vieilles », mais 20 à 25 minutes seulement pour des carottes nouvelles que je cuis dans très peu d'eau.*

CAROTTES VICHY

140 calories

Des petites carottes au beurre frais et saupoudrées de persil haché.

Préparation : 10 minutes
Cuisson : 35 minutes

Pour 4 personnes :

800 g de carottes (nouvelles et petites

1. Grattez et lavez les carottes. Essuyez-les dans du papier absorbant et, si elles ne sont pas très petites, coupez-les en rondelles.

2. Faites chauffer le beurre dans une grande poêle et jetez-y les carottes. Poursuivez la cuisson à feu vif et en secouant souvent pour faire dorer les carottes de tous les côtés,

de préférence)
80 g de beurre
1 petit bouquet de persil
sel

sans qu'elles attachent. Au bout de 10 minutes, réduisez le feu et couvrez. Secouez la poêle 5 ou 6 fois pendant la cuisson qui se prolonge 25 minutes.

3. Dix minutes avant de servir, salez.

4. Servez chaud, dans un plat creux, et saupoudrez au dernier moment de persil haché.

MON SECRET : *Si j'ai des restes de carottes Vichy, j'en fais un potage : je les passe à la moulinette, j'ajoute un cube de concentré de bouillon de volaille et une demi-tasse de crème. Je sers avec des croûtons dorés au beurre.*

CAVIAR D'AUBERGINES

145 calories

Une des formules de cette recette qui offre de nombreuses variantes.

Préparation : 25 minutes
Cuisson : 40 minutes

Pour 6 personnes :

4 aubergines bien mûres
4 tomates
4 cuillerées à soupe d'huile d'olive
1 bouquet garni (persil, thym, laurier)
sel, poivre

1. Lavez et essuyez les aubergines sans les peler. Coupez-les en quartiers.

2. Mettez dans une poêle 3 cuillerées à soupe d'huile d'olive, laissez chauffer et faites-y frire vivement les quartiers d'aubergines. Egouttez-les sur un torchon.

3. Pelez les tomates (après les avoir ébouillantées), coupez-les en quartiers et épépinez-les.

4. Mettez dans une casserole 1 cuillerée à soupe d'huile d'olive, les tomates, le bouquet garni, l'ail, sel et poivre. Laissez cuire doucement une dizaine de minutes.

5. Ajoutez alors les aubergines égouttées et laissez encore cuire une demi-heure à tout petit feu.

6. Passez le tout à la moulinette pour obtenir une purée et laissez refroidir.

7. Tenez au frais jusqu'au moment de servir.

MON SECRET : *Je sers avec des tranches de pain de mie ou de pain de campagne grillées.*

CÉLERI A L'ANTIBOISE

150 calories

Une délicieuse crudité de céleri en branches aux anchois.

Préparation : 10 minutes
Pas de cuisson

Pour 4 personnes :

1 cœur de céleri en branches
12 filets d'anchois à l'huile
2 cuillerées à soupe d'huile
1/2 cuillerée à soupe de vinaigre
poivre

1. Nettoyez le céleri. Coupez-le en lamelles dans le sens de la longueur.

2. Enlevez les arêtes des filets d'anchois. Passez-les à la moulinette. Ajoutez l'huile, le vinaigre et le poivre.

3. Nappez le céleri avec cette sauce.

MON SECRET : *Enlever très soigneusement les filaments durs du céleri.*

CÉLERI-RAVE DAME BLANCHE

250 calories

De fines lamelles de céleri-rave cuites à l'eau et liées par une sauce onctueuse.

Préparation : 30 minutes
Cuisson : 1 heure

Pour 4 personnes :

800 g de céleri-rave
80 g de crème

Pour la sauce :
30 g de beurre
30 g de farine
1/2 litre de lait
sel, poivre

1. Pelez et coupez le céleri en lamelles fines.

2. Recouvrez-les d'eau froide salée et faites cuire dans une grande casserole en comptant 30 minutes à partir de l'ébullition.

3. Dans une petite casserole, faites fondre le beurre, ajoutez la farine et laissez sur le feu en remuant environ 3 minutes. Versez alors le lait froid en une seule fois, salez, poivrez, et faites épaissir sur le feu sans cesser de remuer. Dès le premier bouillon, ajoutez la crème fraîche et retirez du feu.

4. Egouttez le céleri, disposez-le dans un plat creux, nappez de sauce et faites dorer 10 minutes au four.

MON SECRET : *Enlevez le cœur ligneux du céleri.*

CÉLERI-RAVE AU GRATIN

240 calories

Une bonne recette pour un légume trop souvent oublié.

Préparation : 10 minutes
Cuisson : 40 minutes

Pour 4 personnes :

500 g de céleri-rave
120 g de gruyère râpé
60 g de beurre
sel, poivre

1. Pelez le céleri, coupez-le en quartiers puis en tranches assez minces ; mettez-le dans une casserole avec trois quarts de litre d'eau froide. Salez, placez sur le feu et chauffez. Vous laisserez cuire pendant 30 minutes à partir du moment où l'eau commencera à bouillir.

2. Allumez le four.

3. Lorsque le céleri est cuit, égouttez-le, mettez-en une couche dans un plat allant au four. Saupoudrez de fromage râpé, couvrez avec une seconde couche de tranches de céleri et parsemez de nouveau de fromage râpé. Disposez des noisettes de beurre et faites gratiner à four vif pendant une dizaine de minutes. Servez dans le plat de cuisson.

MON SECRET : *Accompagne savoureusement des côtes de porc poêlées.*

CÈPES A LA BORDELAISE C

245 calories

Avec un fin hachis d'ail, échalotes et persil.

Préparation : 15 minutes
Cuisson : 20 minutes

Pour 4 personnes :

1 kg de cèpes
1/2 verre d'huile
1 citron
2 échalotes
2 gousses d'ail
1 cuillerée à soupe de persil haché
sel, poivre

1. Nettoyez soigneusement les cèpes. Séparez les chapeaux des pieds et hachez finement les pieds.

2. Pelez les échalotes et l'ail, et hachez-les.

3. Dans une poêle, mettez un demi-verre d'huile. Faites chauffer sur feu vif et, quand elle commence à « chanter », mettez les chapeaux des cèpes. Faites rissoler une bonne dizaine de minutes en retournant à mi-cuisson.

4. Ajoutez alors dans la poêle les pieds, les échalotes et l'ail hachés. Salez, poivrez et laissez cuire le tout encore 10 minutes sur feu moyen et à couvert.

5. En fin de cuisson, aspergez de jus de citron et parsemez de persil haché. Servez sans attendre.

MON SECRET : *Choisissez de préférence des cèpes pas trop gros, ils risquent moins d'avoir été attaqués par les insectes.*

CÈPES AUX FINES HERBES

320 calories

Dorés au beurre avec des échalotes et des fines herbes

Préparation : 15 minutes
Marinade : 2 heures
Cuisson : 20 minutes

Pour 6 personnes :

8 gros cèpes fermes
80 g de beurre
3 échalotes
1 cuillerée à soupe de fines herbes hachées
1 verre d'huile
sel, poivre

1. Nettoyez les cèpes et séchez-les dans un papier absorbant humide. Détachez les queues que vous conserverez.

2. Mettez les chapeaux mariner dans l'huile avec sel et poivre, pendant 2 heures, puis égouttez-les.

3. Hachez finement les queues des cèpes, les échalotes et les fines herbes.

4. Faites fondre le beurre dans une grande poêle et mettez-y à dorer les têtes environ 8 minutes, en les retournant au cours de la cuisson. Ajoutez le hachis et laissez cuire encore 5 minutes à petit feu. Assaisonnez de sel et poivre et servez.

MON SECRET : *Je garde l'huile où les chapeaux de cèpes ont mariné pour cuire des viandes de bœuf. Cette huile conserve un très fin parfum de cèpe qu'elle communique aux aliments.*

CHAMPIGNONS A LA CRÈME

365 calories

A servir en entrée ou en garniture d'un poulet ou d'un rôti de veau.

Préparation : 5 minutes
Cuisson : 15 minutes

Pour 4 personnes :

800 g de champignons de Paris
2 échalotes
75 g de beurre
1 cuillerée à soupe de farine
1 tasse de crème
125 g de jambon
1 cuillerée de persil
sel, poivre

1. Brossez et lavez les champignons.

2. Coupez-les en lamelles.

3. Faites-les sauter au beurre avec les échalotes hachées, une grosse gousse d'ail et le jambon coupé en morceaux.

4. Lorsque le tout est bien doré, saupoudrez avec une cuillerée de farine. Mélangez bien, salez et poivrez. Liez avec la crème fraîche. Servez saupoudré de persil haché.

MON SECRET : *Je lave les champignons dans de l'eau citronnée pour les empêcher de noircir.*

CHAMPIGNONS A LA GRECQUE

100 calories

Servis glacés, des petits champignons entiers, confits dans le vin blanc et les aromates.

Préparation : 10 minutes
Cuisson : 10 minutes
Repos au frais : 1 à 2 heures

Pour 6 personnes :

800 g de champignons de Paris (petits de préférence)
1/2 verre de vin blanc sec
3 cuillerées à soupe d'huile (d'olive de préférence)
le jus d'un citron
1 cuillerée à soupe de concentré de tomate
1 bouquet garni (persil, thym, laurier)
1 cuillerée à café de grains de coriandre
sel, poivre

1. Epluchez, lavez et essuyez les petits champignons. Ne les coupez pas.

2. Faites chauffer l'huile dans une grande poêle et jetez-y les champignons lorsqu'elle est très chaude. Faites-les sauter quelques secondes, puis ajoutez le jus du citron, le vin blanc, le concentré de tomate, la coriandre et le bouquet garni. Salez, poivrez et continuez la cuisson à feu très vif et en secouant souvent la poêle pendant 7 à 8 minutes.

3. Versez dans un plat creux, laissez refroidir et mettez au moins 1 heure au réfrigérateur avant de servir.

MON SECRET : *En même temps que le vin blanc, je mets un morceau de sucre qui en enlève l'acidité.*

CHOU A L'ÉTOUFFÉE

215 calories

Un chou fondant, cuit à l'étouffée avec lard et petits légumes.

Préparation : 15 minutes
Cuisson : 2 h 30

Pour 6 personnes :

1 gros chou, ou 2 petits (1,500 kg)

1. Retirez les feuilles défraîchies et coupez le trognon du chou, en l'évidant en forme de cône. Lavez sous le robinet. Coupez le chou en quartiers et retirez le maximum de côtes.

2. Faites chauffer un grand fait-tout d'eau salée et jetez-y le chou que vous ébouillanterez 20 minutes. Egouttez et rincez à l'eau froide. Egouttez de nouveau.

200 g de bardes de lard très fines
3 carottes
2 oignons
1 bouquet garni (persil, thym et laurier)
1 verre d'eau
sel, poivre

3. Tapissez le fond d'une grande cocotte avec toutes les bardes de lard, sauf une. Mettez-y le chou, les carottes en rondelles, l'oignon émincé, le bouquet garni, et assaisonnez de sel et poivre. Recouvrez avec la dernière barde de lard, versez l'eau que vous aurez fait chauffer et mettez sur le feu avec couvercle. Laissez cuire très doucement pendant deux heures.

4. Versez dans un plat creux et servez, après avoir retiré le bouquet garni.

MON SECRET : *J'écrase à la fourchette dans le fond de la cocotte deux cubes de concentré de bouillon de bœuf. Je sale alors très peu.*

CHOUX DE BRUXELLES A LA CRÈME

210 calories

Une riche garniture pour une volaille ou un rôti de porc.

Préparation : 10 minutes
Cuisson : 20 minutes

Pour 4 personnes :

1 kg de choux de Bruxelles
50 g de beurre
1 petit pot de crème fraîche
sel, poivre
quelques raclures de muscade

1. Epluchez les choux de Bruxelles, coupez la base des tiges et enlevez les feuilles abîmées. Lavez à grande eau.

2. Jetez-les dans 4 litres d'eau bouillante légèrement salée. Quand l'eau a repris l'ébullition, baissez le feu et maintenez la cuisson à petite ébullition pendant une quinzaine de minutes. Egouttez.

3. Faites fondre le beurre dans une sauteuse. Mettez-y les choux de Bruxelles, laissez un peu évaporer l'eau et faites sauter à feu relativement vif quelques minutes. Salez, poivrez, muscadez.

4. Versez la crème, légèrement allongée de lait si elle est épaisse. Remuez délicatement pour incorporer la crème sans briser les choux. Servez immédiatement sur plat très chaud.

MON SECRET : *Avant de verser la crème fraîche, j'y incorpore une cuillerée à soupe d'amandes râpées.*

CHOUX DE BRUXELLES EN FRICASSÉE

206 calories

Mijotés doucement dans de la bonne graisse d'oie.

Préparation : 30 minutes
Cuisson : 1 h 15 à 1 h 30

Pour 6 personnes :

1 kg de choux de Bruxelles
500 g de carottes nouvelles
300 g d'oignons nouveaux
3 cuillerées à soupe de graisse d'oie
sel, poivre
thym, laurier
1 cuillerée à café de sucre en poudre

1. Epluchez choux de Bruxelles, carottes et oignons.

2. Dans un fait-tout, amenez 4 litres d'eau salée à ébullition. Jetez-y les choux de Bruxelles après les avoir lavés à l'eau vinaigrée. Maintenez à petite ébullition une dizaine de minutes. Egouttez.

3. Coupez les carottes en tronçons si elles sont longues, gardez-les telles quelles si elles sont rondes.

4. Dans une cocotte, faites fondre une cuillerée à soupe de graisse d'oie. Mettez les oignons à petit feu. Quand ils deviennent transparents, saupoudrez-les avec le sucre. Retirez-les dès qu'ils commencent à devenir dorés.

5. Ajoutez un peu de graisse d'oie dans la cocotte. Faites comme précédemment dorer les carottes. Retirez-les.

6. Mettez le restant de graisse d'oie dans la cocotte et faites sauter les choux de Bruxelles quelques minutes. Remettez oignons et carottes, une feuille de laurier, une branche de thym. Laissez cuire quelques minutes en secouant doucement pour évaporer une partie de l'eau. Salez, poivrez. Couvrez la cocotte. Laissez mitonner jusqu'à cuisson des carottes.

MON SECRET : *Vous pouvez préparer cette fricassée la veille pour le lendemain, elle est excellente réchauffée à petit feu.*

CHOUX DE BRUXELLES AU JUS

195 calories

La plus simple des recettes, mais l'une des meilleures.

Préparation : 10 minutes
Cuisson : 20 minutes

Pour 4 personnes :

1 kg de choux de Bruxelles
50 g de beurre
4 cuillerées à soupe de jus de viande
sel, poivre
quelques raclures de muscade

1. Epluchez les choux, lavez-les à grande eau.

2. Jetez-les dans 4 litres d'eau bouillante légèrement salée. Quand l'eau reprend ébullition, baissez le feu pour maintenir une petite ébullition pendant une dizaine de minutes. Egouttez.

3. Dans une sauteuse, faites fondre le beurre et, quand il est chaud, faites-y sauter les choux de Bruxelles jusqu'à légère coloration. Quelques minutes avant de servir, ajoutez le jus de viande et faites délicatement rouler les choux dans ce jus de viande. Servez sur plat chaud.

MON SECRET : *C'est particulièrement délicieux en accompagnement d'un rôti de porc ou plus économiquement avec des saucisses.*

CHOUX DE BRUXELLES SAUTÉS

215 calories

Préparation : 20 minutes
Cuisson : 25 à 30 minutes

Pour 4 personnes :

1 kg de choux de Bruxelles
2 cuillerées à soupe de graisse d'oie
quelques raclures de muscade
sel, poivre

1. Epluchez les choux de Bruxelles en coupant le trognon et en enlevant les feuilles jaunies. Lavez-les à l'eau vinaigrée.

2. Amenez à ébullition dans une grande casserole 4 litres d'eau salée. Jetez-y les choux de Bruxelles. Quand l'ébullition reprend, baissez le feu et laissez cuire de 12 à 15 minutes. Egouttez soigneusement.

3. Dans une sauteuse, faites fondre la graisse d'oie. Lorsqu'elle est chaude versez les choux de Bruxelles, faites-les sauter à feu assez vif pour éliminer l'excès d'eau. Baissez le feu pour les faire légèrement rissoler en les faisant rouler dans la sauteuse par un mouvement de va-et-vient. Salez, poivrez, muscadez. Laissez cuire ainsi une dizaine de minutes.

MON SECRET : *J'effectue l'opération en deux fois : après le blanchiment à l'eau, je laisse égoutter les choux de Bruxelles jusqu'au moment de l'utilisation, plusieurs heures après. Ils sont beaucoup mieux égouttés et ont moins tendance à s'affaisser.*

CHOU-FLEUR AU FROMAGE

315 calories

Servi entier, doré au four.

Préparation : 10 minutes
Cuisson : 25 minutes

Pour 4 personnes :

1 chou-fleur de taille moyenne
6 cuillerées à soupe de gruyère râpé
75 g de beurre
2 cuillerées à soupe de chapelure
sel

1. Enlevez les feuilles du chou-fleur et le trognon tout en le laissant entier et lavez-le soigneusement.

2. Faites-le cuire pendant 25 minutes dans de l'eau bouillante salée. Vous pouvez, pour qu'il reste bien entier, l'envelopper dans une mousseline ou dans du papier d'aluminium.

3. Mettez le chou-fleur entier dans un plat allant au four.

4. Mélangez le fromage, la chapelure et le beurre fondu. Versez cette préparation sur le chou-fleur.

5. Mettez à four chaud (thermostat 8) pour faire dorer pendant 5 minutes environ.
Servez dans le plat de cuisson.

MON SECRET : *Je choisis un chou-fleur très blanc, à bouquets bien serrés et très fermes.*

CHOU-FLEUR AU GRATIN

255 calories

Des bouquets de chou-fleur au four nappés d'une sauce crémeuse.

Préparation : 10 minutes
Cuisson : 40 minutes

Pour 6 personnes :

1 gros chou-fleur (1,200 kg environ)
60 g de beurre
150 g de gruyère râpé
150 g de crème
sel, poivre

1. Lavez le chou-fleur ; détachez les bouquets en laissant le moins possible de tiges et de trognons.

2. Plongez le chou-fleur dans une casserole d'eau bouillante salée et laissez-le cuire 25 minutes. Egouttez-le.

3. Mélangez crème et fromage. Poivrez.

4. Allumez le gril du four. Beurrez un plat et répartissez-y les bouquets. Nappez de sauce à la crème, parsemez de noisettes de beurre et faites gratiner au four 10 minutes. Servez très chaud dans le plat de cuisson.

MON SECRET : *Je lave toujours le chou-fleur dans de l'eau vinaigrée pour déloger les petits « habitants » glissés entre les bouquets serrés.*

CHOU AU BOUDIN

545 calories

Un chou « cocotte » finement aromatisé et garni de boudin noir.

Préparation : 20 minutes
Cuisson : 30 minutes

Pour 4 personnes :

1 chou de 1 kg
1 cuillerée à soupe de beurre
1 verre 1/2 de bouillon de viande
250 g de boudin
2 carottes
1 pincée de muscade râpée
3 cuillerées à soupe rases de farine
1 grosse boule de mie de pain
thym, laurier
sel, poivre

1. Débarrassez le chou de ses feuilles extérieures flétries et coupez-le en quatre. Jetez-le dans une grande casserole d'eau bouillante salée et laissez-le blanchir 10 minutes avec la mie de pain (pour absorber l'odeur du chou).

2. Coupez les carottes en rondelles. Egouttez soigneusement le chou et mettez-le dans une grande cocotte. Disposez dessus les carottes et ajoutez le bouillon. Assaisonnez de sel, poivre, thym, laurier et muscade. Couvrez et faites mijoter une vingtaine de minutes à feu doux.

3. Lorsque la cocotte a déjà mijoté 10 minutes, faites fondre le beurre dans une poêle et mettez-y le boudin à revenir des deux côtés après l'avoir piqué de toutes parts (pour qu'il n'éclate pas).

4. Au bout des 20 minutes, versez le contenu de la poêle dans la cocotte et laissez encore cuire 10 minutes. Servez très chaud.

MON SECRET : *Il m'arrive de temps en temps de remplacer le boudin à griller par du boudin antillais, plus épicé, que je poche à eau frémissante.*

CHOU ROUGE EN DAUBE

505 calories

Un magnifique chou entier, farci de lard et braisé en cocotte.

Préparation : 30 minutes
Cuisson : 3 heures

Pour 4 personnes :

1 chou rouge pommé
150 g de lard salé
200 g de restes de viande
1 os cru
1 carotte
1 oignon

1. Retirez les feuilles abîmées de l'extérieur du chou. Jetez-le dans une grande casserole d'eau bouillante salée 10 minutes et égouttez.

2. Pendant ce temps, hachez le tiers du lard et le reste de viande. Pelez la carotte et l'oignon.

3. Enlevez le trognon du chou égoutté et remplissez le vide avec le hachis de lard et de viande. Faites des trous de part et d'autre du chou avec la pointe d'un couteau et piquez-y des petits morceaux du lard restant. Ficelez soigneusement.

1 couenne de lard
1 verre de vin rouge
50 g de beurre
2 cuillerées à soupe de farine
sel, poivre

4. Tapissez le fond d'une cocotte avec la couenne, côté gras vers le fond, et posez dessus le chou, entouré de l'os, la carotte et l'oignon entiers. Versez dessus le vin rouge, salez peu et poivrez davantage. Fermez hermétiquement et mettez à cuire à petit feu 3 heures.

5. Retirez le chou avec précaution et déposez-le sur un plat chaud. Retirez les ficelles.

6. Passez le jus de cuisson. Maniez le beurre avec la farine, incorporez-le au jus et faites reprendre un bouillon pour lier la sauce. Versez sur le chou et servez sans attendre.

MON SECRET : *Quand je n'ai pas de restes de viande, je fais une farce avec 100 g de bifteck, 100 g de grillade de porc et 50 g de chair à saucisse.*

CHOU ROUGE AUX MARRONS

405 calories

Pour accompagner volaille, porc ou gibier, de beaux marrons entiers dans une choucroute aux pommes.

Préparation : 20 minutes
Cuisson : 2 heures

Pour 6 personnes :

1 gros chou rouge
1 boîte 4/4 de marrons au naturel
4 pommes
1 grosse cuillerée à soupe de graisse d'oie
1 gros oignon
1 verre de vinaigre de vin
2 clous de girofle
1 feuille de laurier
2 cuillerées à café de sel
1 bonne cuillerée à soupe de sucre en poudre
poivre

1. Lavez le chou et découpez-le en fines lamelles ou hachez-le grossièrement. Mettez-le dans une terrine, saupoudrez de sel, de sucre et ajoutez le vinaigre. Mélangez bien le tout.

2. Dans une casserole, mettez 1 litre d'eau à bouillir.

3. Faites fondre la graisse d'oie dans une cocotte en verre ou en terre et mettez-y les pommes épluchées et coupées en quartiers. Laissez 5 minutes à feu vif en secouant fréquemment pour que les pommes soient bien dorées. Ajoutez alors le chou avec son jus, l'oignon émincé et les épices. Versez l'eau bouillante et, dès la reprise de l'ébullition, baissez le feu et couvrez. Laissez mijoter 1 h 30 environ.

4. Cinq minutes avant de servir, retirez les aromates et ajoutez les marrons égouttés. Servez bien chaud.

MON SECRET : *La cuisson dans un récipient en terre ou en verre à feu. Dans du métal, le chou rouge noircit.*

CHOU A LA VIENNOISE

450 calories

Une délicieuse cocotte de chou, poireaux, oignons et lapin cuits à l'étouffée au four.

Préparation : 20 minutes
Cuisson : 2 heures

Pour 6 personnes :

6 morceaux de lapin cru
1 ou 2 choux (soit 1,500 kg)
6 gros oignons
2 blancs de poireaux
1 cuillerée à café de vinaigre
100 g de beurre
sel, poivre

1. Epluchez tous les légumes. Emincez les oignons et cisaillez le chou en lanières.

2. Mettez chauffer 25 g de beurre dans une poêle et faites-y revenir rapidement les morceaux de lapin.

3. Mettez le reste du beurre dans une grande cocotte et faites-y revenir le chou, les oignons et les blancs de poireaux.

4. Ajoutez dans la cocotte le lapin, le vinaigre additionné d'un verre d'eau froide, sel et poivre.

5. Couvrez la cocotte et mettez-la à four doux (thermostat 4/5) pendant 2 heures, sans remuer.

6. Servez dans un plat creux en disposant les morceaux de lapin sur le dessus.

MON SECRET : *Pour éviter les bas morceaux du lapin, j'achète des morceaux sélectionnés, c'est un peu plus cher mais tout le monde est bien servi.*

CONCOMBRE AU BEURRE

150 calories

Une bonne façon de consommer le concombre cuit.

Préparation : 10 minutes
Cuisson : 10 minutes

Pour 4 personnes :

1 gros concombre
60 g de beurre
1 citron
1 cuillerée à soupe de vinaigre
1 cuillerée à soupe de persil haché
sel

1. Pelez le concombre. Egrenez-le.

2. Coupez-le en tranches de 2 cm environ d'épaisseur que vous faites cuire pendant 10 minutes à l'eau bouillante salée et légèrement vinaigrée.

3. Egouttez, arrosez avec le beurre fondu, le jus du citron et saupoudrez de persil haché. Servez tiède.

MON SECRET : *Cru, le concombre est mal toléré par certains. Aucun problème digestif quand il est cuit.*

Langoustes grillées au porto. *(Recette page 349)*

Poireaux à la paysanne. *(Recette page 667)*

Veau en ragoût. *(Recette page 555)*

Terrine de saumon. *(Recette page 230)*

COTES DE BLETTES AU LARD

510 calories

Une recette qui relève savoureusement ce légume assez fade.

Préparation : 20 minutes
Cuisson : 50 minutes

Pour 4 personnes :

700 g de côtes de blettes
200 g de cèpes
200 g de lard fumé coupé en dés
50 g de beurre
1 tasse de bouillon
Persil haché
50 g de crème
sel, poivre

1. Coupez les blettes et les cèpes en morceaux.

2. Mettez le lard dans une sauteuse avec le beurre et faites revenir.

3. Ajoutez alors les blettes et les cèpes et laissez encore prendre couleur durant quelques minutes.

4. Mouillez avec le bouillon, salez et poivrez et ajoutez du persil haché. Laissez cuire à couvert pendant 45 minutes. Liez à la crème au moment de servir.

MON SECRET : *J'ajoute au bouillon une cuillerée à soupe de porto.*

COURGETTES FARCIES

820 calories

Une farce de viande et d'oignons, et une bonne sauce tomate.

Préparation : 20 minutes
Cuisson : 1 heure

Pour 6 personnes :

3 courgettes
1/3 de tasse d'huile
2 oignons
400 g de bœuf haché
1/2 tasse de sauce tomate en boîte
sel, poivre noir fraîchement moulu

1. Choisissez des courgettes droites et bien fermes, lavez-les, égouttez-les, enlevez les tiges, coupez chaque courgette en deux dans le sens de la longueur, évidez-les avec une petite cuiller et hachez la pulpe. Mettez de côté les barquettes de courgettes.

2. Pelez les oignons et hachez-les finement.

3. Chauffez 2 cuillerées à dessert d'huile dans une sauteuse, mettez-y à revenir les oignons 5 minutes, ajoutez la pulpe de courgette et faites-la dorer 5 minutes également. Ajoutez enfin la viande de bœuf et cuisez de nouveau 5 minutes en remuant fréquemment pour empêcher la viande de former des boulettes. Salez, poivrez.

4. Avec cette préparation, remplissez les barquettes, disposez-les dans un plat allant au four, arrosez-les avec le restant de l'huile, nappez de sauce tomate et faites cuire pendant 40 minutes au four à thermostat 6.

MON SECRET : *Mêler aux oignons et à la viande 2 bonnes cuillerées à soupe de persil haché.*

COURGETTES FARCIES AU MAIGRE

380 calories

Délicieux, sans être trop riche en calories.

Préparation : 20 minutes
Cuisson : 1 heure

Pour 6 personnes :

1 kg de courgettes moyennes
1 bol de béchamel bien épaisse **(recette page 156)**
1 œuf dur
1 œuf cru
3 ou 4 filets d'anchois écrasés
80 g de fromage râpé
50 g de beurre
chapelure
sel, poivre
1 pincée de noix muscade

1. Ouvrez les courgettes en deux dans le sens de la longueur. Creusez-les, réservez la chair pour la farce. Faites-la cuire 10 minutes à l'eau bouillante salée. Egouttez bien.

2. Préparez la farce : dans une jatte, mélangez la sauce Béchamel aux anchois et à l'œuf dur haché ; ajoutez la chair des courgettes et assaisonnez : sel, poivre, noix muscade râpée. Liez le tout avec l'œuf cru et mélangez bien.

3. Remplissez les demi-courgettes de farce. Installez-les dans un plat à gratin beurré, ajoutez-y un demi-verre d'eau.

4. Saupoudrez de fromage râpé et de chapelure. Parsemez de noisettes de beurre et faites cuire 1 heure à four doux.

MON SECRET : *Mon fromage préféré pour cette recette est le parmesan. Très finement râpé, il s'incorpore parfaitement à la farce.*

COURGETTES FRITES

310 calories

De fondantes rondelles de courgettes cuites en grande friture.

Préparation : 10 minutes (+ 20 minutes pour faire dégorger les courgettes)
Cuisson : 8 à 10 minutes par friture

Pour 4 personnes :

5 courgettes moyennes

1. Pelez les courgettes et coupez-les en rondelles de l'épaisseur d'un doigt. Placez-les dans une passoire et saupoudrez-les de sel pour les faire dégorger une vingtaine de minutes.

2. Mettez l'huile à chauffer.

3. Essuyez et même essorez doucement les tranches dans un linge. Disposez la farine dans une assiette et trempez-y les tranches

3 cuillerées à soupe de farine
1 bassine de friture
sel

de courgettes une à une. Secouez-les pour retirer l'excédent de farine.

4. Plongez les courgettes en plusieurs fois dans la friture très chaude et laissez-les dorer quelques minutes. Egouttez bien.

5. Goûtez pour vérifier l'assaisonnement en sel et servez très chaud.

MON SECRET : *Dans la farine où je passe les tranches de courgettes, j'ai mélangé une bonne cuillerée à soupe de curry qui parfume légèrement les légumes.*

COURGETTES MOUSSELINE

710 calories

Cuits à la vapeur ces légumes gardent un bon goût de potager.

Préparation : 15 minutes
Cuisson : 20 minutes

Pour 4 personnes :

1 kg de petites courgettes

Pour la sauce mousseline :
1 œuf
1 verre d'huile
1 cuillerée à café de jus de citron
sel, poivre

1. Enlevez le pédoncule des courgettes. Lavez-les, frottez la peau, faites cuire les courgettes à la vapeur : placez-les dans une passoire sur une grande casserole d'eau bouillante sans que le fond de la passoire touche l'eau. Couvrez et maintenez une petite ébullition pendant 20 minutes.

2. Egouttez les courgettes. Coupez-les en deux dans le sens de la longueur ou en rondelles épaisses si vous préférez. Rangez-les dans un plat. Mettez au frais.

3. Préparez la sauce dont la base est une mayonnaise. Dans un bol, mettez le jaune d'œuf avec quelques gouttes d'huile, liez bien. Continuez à incorporer l'huile pratiquement goutte à goutte. Quand la mayonnaise est bien ferme, salez, poivrez, ajoutez le jus de citron en continuant à tourner. Battez le blanc d'œuf en neige ferme, incorporez-le, cuillerée après cuillerée, à la mayonnaise. Servez cette sauce en saucière avec les courgettes.

MON SECRET : *Je choisis des courgettes aussi petites que possible, car elles sont bien meilleures que les grosses. Rondes ou longues, peu importe.*

COURGETTES A L'ORIENTALE

290 calories

Un gâteau de courgettes, pommes de terre et tomates longuement mitonnées.

Préparation : 25 minutes
Cuisson : 1 bonne heure

Pour 4 personnes :

4 courgettes moyennes
5 pommes de terre moyennes
3 belles tomates
1 cuillerée 1/2 d'huile d'olive ou de saindoux
2 gousses d'ail
quelques brins de persil
sel, poivre

1. Lavez les courgettes sans les peler et détaillez-les en tranches coupées en biais.

2. Pelez les pommes de terre et coupez-les en rondelles.

3. Pelez les tomates, coupez-les en morceaux pour les épépiner.

4. Mettez l'huile dans le fond d'une cocotte et disposez par-dessus une couche de la moitié des courgettes.

5. Hachez l'ail et le persil. Parsemez les courgettes avec le quart de ce hachis. Salez et poivrez. Recouvrez avec une couche de la moitié des rondelles de pommes de terre. Assaisonnez de hachis et de sel et poivre. Superposez encore une couche de courgettes, d'assaisonnement, de pommes de terre et enfin d'assaisonnement.

6. Ajoutez enfin la pulpe des tomates et couvrez la cocotte.

7. Mettez sur feu doux et laissez mijoter une bonne heure. Servez bien chaud, dans le plat de cuisson.

MON SECRET : *Quand j'en trouve sur le marché, j'ajoute au persil quelques brins de « persil arabe » ou coriandre fraîche qui a le double avantage d'aromatiser les légumes et de neutraliser, dans l'haleine, la senteur de l'ail. Il en faut très peu car la coriandre est très parfumée.*

ENDIVES MEUNIÈRE

200 calories

Des endives cuites à l'eau et dorées au beurre.

Préparation : 10 minutes
Cuisson : 35 minutes

Pour 5 personnes :

1 kg d'endives
100 g de beurre
sel, poivre

1. Creusez le pied de chaque endive et retirez les feuilles flétries. Passez les endives sous le robinet d'eau froide pour les laver rapidement et essuyez-les aussitôt (l'endive ne doit pas tremper dans l'eau, cela la rend amère).

2. Jetez les endives dans une casserole d'eau salée bouillante. Prolongez la cuisson 20 minutes, puis égouttez-les.

3. Laissez les endives refroidir un peu pour ne pas vous brûler quand vous les presserez légèrement entre vos mains pour en extraire l'excédent d'eau.

4. Mettez le beurre à fondre dans une grande poêle et faites-y revenir les endives pendant 7 à 8 minutes de chaque côté, pour qu'elles soient bien dorées. N'hésitez pas à renforcer le feu si vous vous apercevez que les endives ont encore tendance à rendre de l'eau. Salez et poivrez en fin de cuisson.

5. Disposez sur le plat de service et servez bien chaud.

MON SECRET : *Pour éviter toute amertume, j'ajoute un peu de sucre en poudre aux endives mises à dorer.*

ENDIVES PARISIENNES

135 calories

Cuites à l'étouffée, les endives sont agrémentées de champignons et de bacon.

Préparation : 15 minutes
Cuisson : 1 heure

Pour 6 personnes :

750 g d'endives
250 g de champignons de Paris
3 cuillerées à soupe de beurre
1 citron
1 bouquet de fines herbes (persil, cerfeuil, estragon...)
6 minces tranches de bacon
sel, poivre

1. Epluchez, lavez rapidement et essuyez les endives.

2. Mettez les deux tiers du beurre fondre dans une cocotte. Ajoutez-y les endives que vous ferez revenir doucement.

3. Nettoyez et épongez les champignons. Hachez-les.

4. Versez ce hachis sur les endives rissolées et assaisonnez de sel et de poivre. Couvrez, réduisez le feu et laissez cuire très doucement au moins 50 minutes.

5. Dix minutes avant la fin de la cuisson, faites fondre le reste du beurre dans une poêle et faites-y frire le bacon.

6. Disposez les endives sur un plat. Arrosez-les avec le jus de citron. Garnissez avec les tranches de bacon disposées en croisillons et saupoudrez de fines herbes hachées. Servez aussitôt.

MON SECRET : *Je remplace parfois le bacon par de fines tranches de jambon de Bayonne très rapidement poêlé pour qu'il ne durcisse pas.*

ENDIVES ROTIES

180 calories

Au four avec un peu de beurre.

Préparation : 10 minutes
Cuisson : 1 heure environ

Pour 4 personnes :

500 g d'endives
75 g de beurre
1 citron
sel, poivre

1. Allumez votre four (thermostat 6/7).

2. Epluchez les endives, lavez-les rapidement et essuyez-les. Coupez-les en deux dans le sens de la longueur.

3. Beurrez un plat à four et disposez les demi-endives dedans, côté bombé contre le fond. Assaisonnez-les de sel et de poivre. Arrosez du jus du citron. Parsemez de petites noisettes de beurre.

4. Mettez au four et laissez cuire au moins 40 minutes (plutôt 1 heure).

5. Servez très chaud dans le plat de cuisson.

MON SECRET : *Je choisis de préférence des endives courtes, bien rondes, et je mets un peu de sucre en poudre à la cuisson pour adoucir une éventuelle amertume.*

ENDIVES SURPRISE

600 calories

Sous une béchamel gratinée, de délicieuses roulades d'endives au jambon.

Préparation : 25 minutes
Cuisson : 1 heure

Pour 4 personnes :

8 endives assez belles
8 tranches de jambon de Paris assez fines
100 g de gruyère râpé
1 cuillerée à soupe de beurre

Pour la béchamel :
1 cuillerée à soupe de beurre
2 cuillerées à soupe de farine
1/2 litre de lait
sel, poivre

1. Nettoyez et passez les endives sous le robinet d'eau froide, très rapidement. Essuyez-les.

2. Faites bouillir une grande casserole d'eau salée et plongez-y les endives. Laissez bouillir jusqu'à ce qu'elles soient tendres et transparentes (20 à 30 minutes).

3. Pendant la cuisson des endives, préparez une béchamel selon la recette classique.

4. Egouttez les endives. Passez-les sous l'eau froide pour les faire tiédir et pressez-les entre vos mains pour en exprimer toute l'eau, sans les écraser.

5. Allumez le four (thermostat 8).

6. Enroulez chaque endive dans une tranche de jambon et rangez-les dans un plat à gratin beurré. Mélangez la moitié du fromage à la béchamel et nappez-en le plat. Saupoudrez avec le reste du gruyère et parsemez de noi-

settes de beurre. Laissez gratiner 15 à 30 minutes et servez chaud dans le plat de cuisson.

MON SECRET : *Il ne faut jamais faire tremper les endives pour les nettoyer, elles noirciraient. Je me contente généralement, sauf quand elles sont terreuses, d'enlever soigneusement les premières feuilles et de les essuyer avec un torchon propre.*

ÉPINARDS A LA CRÈME

280 calories

Une onctueuse purée qui accompagne heureusement toutes les viandes.

Préparation : 20 minutes
Cuisson : 50 minutes

Pour 4 personnes :

2 kg d'épinards
100 grammes de beurre
1 tasse de crème fraîche
1 gros bouquet de persil
sel

1. Lavez et équeutez les épinards.
2. Mettez-les dans une cocotte avec le beurre. Couvrez la cocotte, posez-la sur petit feu, laissez cuire 10 minutes puis salez et ajoutez un bouquet de persil.
3. Couvrez de nouveau la cocotte et laissez cuire doucement pendant 1 demi-heure. Au bout de ce temps, passez à la moulinette, ajoutez la crème fraîche et laissez réchauffer, toujours à petit feu, dans la cocotte couverte une dizaine de minutes.

MON SECRET : *Choisir des épinards jeunes, tendres, de couleur vert clair.*

ÉPINARDS AU FROMAGE

350 calories

Mêlés de fromage et gratinés au four.

Préparation : 15 minutes
Cuisson : 30 minutes

Pour 6 personnes :

2,500 kg d'épinards
250 g de gruyère râpé
60 g de beurre
sel

1. Cassez les queues des épinards et lavez-les à plusieurs eaux.
2. Faites bouillir 3 litres d'eau salée dans un grand fait-tout et jetez-y les épinards. Laissez cuire 20 minutes sans couvercle et égouttez-les.
3. Rincez-les à l'eau froide et pressez-les entre vos mains pour en extraire toute l'eau.
4. Allumez le four (thermostat 8) et mettez-y le beurre à fondre dans un récipient.

5. Hachez les épinards et mélangez-les avec 200 g de gruyère râpé. Mettez-les dans un plat, parsemez le dessus avec le reste du fromage, arrosez de beurre fondu et mettez au four 10 minutes. Servez chaud, dans le plat de cuisson.

MON SECRET : *Pour faire un plat complet, je pose sur les épinards à leur sortie du four des œufs pochés.*

FENOUILS AU GRATIN

340 calories

Un délicieux mélange d'anis et de gruyère.

Préparation : 10 minutes
Cuisson : 1 heure

Pour 4 personnes :

4 bulbes de fenouil
80 g de beurre
80 g de fromage râpé
sel

1. Faites chauffer 1 litre d'eau salée.

2. Lavez les bulbes et coupez-les en quatre dans le sens de la longueur. Quand l'eau bout, plongez-y les fenouils, laissez cuire pendant 40 minutes dans la casserole ouverte.

3. Allumez le four à chaleur maximale.

4. Egouttez les bulbes. Rangez-les dans un plat allant au four. Recouvrez-les de fromage râpé, parsemez-les de noisettes de beurre et mettez à gratiner pendant une vingtaine de minutes.

MON SECRET : *Je sers avec des tranches de jambon pour un repas du soir.*

FEUILLES DE CHOU FARCIES

340 calories

Les feuilles de chou sont roulées en boule autour d'une farce de viande et riz.

Préparation : 20 minutes
Cuisson : 1 heure

Pour 6 personnes :

500 g de viande hachée crue (de bœuf)
100 g de riz
1 gros chou
2 oignons

1. Epluchez le chou et faites-le blanchir 3 à 4 minutes dans l'eau bouillante pour l'attendrir. Egouttez-le et détachez les feuilles sans les déchirer.

2. Pelez les oignons. Hachez-les avec les fines herbes.

3. Dans une terrine, mélangez la viande hachée, le riz cru, le hachis d'oignons et d'herbes, le concentré de tomate, le paprika. Salez et poivrez largement.

1 jaune d'œuf
1 citron
1 cuillerée à soupe de concentré de tomate
2 verres de bouillon
1 pincée de paprika
fines herbes
sel, poivre

4. Façonnez 8 boulettes avec cette farce et enveloppez chacune d'elles dans des feuilles de chou. Serrez-les l'une contre l'autre dans un linge que vous tordrez légèrement pour exprimer toute l'eau.

5. Rangez les boules dans une cocotte. Versez le bouillon dessus. Couvrez et laissez cuire 1 heure tout doucement.

6. Dressez le chou sur un plat. Mêlez dans un bol le jaune d'œuf et le jus du citron. Versez dessus petit à petit le liquide de cuisson en fouettant.
Nappez les boulettes avec la sauce et servez aussitôt.

MON SECRET : *Ce plat, qu'on appelle « farcis » dans le Midi, peut être simplement cuit au four sans nappage de sauce.*

FONDS D'ARTICHAUTS A LA BOLOGNAISE

400 calories

Nappés de sauce et de fromage et gratinés.

Préparation : 10 minutes
Cuisson : 15 minutes

Pour 4 personnes :

1 boîte de 4 fonds d'artichauts (gros)
1 boîte de sauce bolognaise
80 g de gruyère râpé
2 œufs
1 noix de beurre
poivre

1. Allumez le four à chaleur forte.

2. Ouvrez une boîte de 4 fonds d'artichauts, égouttez-les.

3. Ouvrez une boîte de sauce bolognaise, versez son contenu dans un grand bol. Ajoutez 40 g de gruyère râpé et 2 œufs entiers (blancs et jaunes). Battez le tout ensemble avec une fourchette.

4. Prenez un petit plat allant au four. Posez dedans les fonds d'artichauts. Nappez-les de sauce.

5. Donnez sur le plat 5 tours de moulin à poivre. Saupoudrez 2 cuillerées à soupe de gruyère râpé. Parsemez de noisettes de beurre.

6. Mettez à chauffer et à gratiner dans le four très près du grilloir. Servez dans le plat de cuisson.

MON SECRET : *On peut poser un œuf frit sur chaque artichaut au moment de servir.*

FONDS D'ARTICHAUTS GRATINÉS

260 calories

Jambon, champignons et herbes hachés recouvrent les fonds gratinés au four.

Préparation : 50 minutes
Cuisson : 35 minutes

Pour 6 personnes :

7 artichauts
150 g de jambon blanc
150 g de champignons
80 g de beurre
2 cuillerées à soupe de farine
2 échalotes
1 verre de lait
1 bouquet de fines herbes
sel, poivre, chapelure

1. Lavez les artichauts et jetez-les dans une casserole d'eau bouillante salée. Laissez cuire 20 minutes.

2. Enlevez le foin et les feuilles. Egouttez. Passez à la moulinette l'un des fonds d'artichauts.

3. Hachez le jambon.

4. Lavez et émincez les champignons, hachez l'échalote et faites-les revenir dans une petite poêle avec 40 g de beurre.

5. Dans une petite casserole, faites fondre le reste du beurre. Ajoutez la farine et laissez cuire quelques instants en remuant constamment, jusqu'à ce que le mélange roussisse. Mettez alors le lait et laissez épaissir sur le feu en remuant toujours. Salez et poivrez.

6. Incorporez à cette sauce l'artichaut réduit en purée, le jambon et le mélange champignons-échalote. Hachez les fines herbes, ajoutez-les hors du feu. Garnissez les fonds avec cette farce et saupoudrez de chapelure. Mettez-les dans un plat à four avec des noisettes de beurre.

7. Mettez gratiner au four 20 minutes et servez bien chaud.

MON SECRET : *Estragon, ciboulette, cerfeuil composent mon bouquet d'herbes fines. Je n'y mets pas de persil dont le parfum pourrait dominer.*

FONDS D'ARTICHAUTS A LA PARISIENNE

250 calories

Agrémentés de pointes d'asperges, et gratinés au four.

Préparation : 10 minutes
Cuisson : 1 h 30

Pour 6 personnes :

6 artichauts
1 oignon

1. Lavez les artichauts. Cuisez-les 20 minutes à l'eau bouillante salée. Egouttez-les. Enlevez les feuilles et le foin pour ne conserver que les cœurs. Pelez l'oignon. Coupez-le en rondelles.

2. Faites fondre les deux tiers du beurre dans une grande poêle et mettez-y les fonds à

60 g de beurre
1/2 litre de bouillon de viande
1 petite boîte de pointes d'asperges
120 g de crème fraîche
60 g de fromage râpé
sel, poivre

revenir avec l'oignon émincé. Mouillez avec le bouillon, salez et poivrez. Laissez cuire 1 heure.

3. Allumez le gril du four.

4. Dans une petite poêle, chauffez le reste du beurre. Faites-y revenir les pointes d'asperges égouttées, 5 minutes environ.

5. Placez les fonds égouttés dans un plat à gratin et répartissez dessus les pointes d'asperges. Nappez avec la crème fraîche et saupoudrez de fromage.

6. Passez 10 minutes au four et servez aussitôt.

MON SECRET : *Une variante : une garniture moitié petits pois, moitié pointes d'asperges.*

FONDS D'ARTICHAUTS SAUCE MORNAY

290 calories

Des fonds d'artichauts nappés de sauce au fromage.

Préparation : 1 h 30
Cuisson : 30 minutes

Pour 6 personnes :

6 artichauts
250 g de champignons
60 g de gruyère râpé
1 bol de sauce Mornay (voir recette page 166)
30 g de beurre
sel, poivre

1. Mettez 2 litres d'eau salée à chauffer dans une grande casserole.

2. Lavez les artichauts. Effeuillez-les. Coupez les parties filandreuses des fonds.

3. Jetez les fonds dans l'eau bouillante et laissez cuire 25 minutes.

4. Pendant ce temps, hachez les champignons nettoyés et faites-les revenir doucement dans un peu de beurre.

5. Allumez le four.

6. Egouttez les fonds et disposez-les dans un plat à gratin. Recouvrez avec le hachis de champignons assaisonné de sel et de poivre et nappez de sauce Mornay. Parsemez de gruyère râpé et mettez sur chaque fond une coquille de beurre.

7. Passez au four 10 minutes (il faut que les fonds soient gratinés) et servez bien chaud.

MON SECRET : *Je frotte les fonds d'artichauts encore crus avec du citron pour les empêcher de noircir.*

GIRLLES SAUTÉES

195 calories

Poêlées à l'huile, avec un fin hachis d'échalotes.

Préparation : 10 minutes
Cuisson : 30 minutes

Pour 4 personnes :

1 kg de girolles
4 cuillerées à soupe d'huile
2 échalotes
6 branches de persil
sel, poivre

1. Nettoyez rapidement les girolles en les roulant dans un torchon humide.

2. Dans une poêle faites chauffer la moitié de l'huile. Mettez les girolles dans l'huile bien chaude et laissez cuire à feu moyen pendant un quart d'heure environ pour leur faire rendre leur eau. Egouttez-les ensuite dans une passoire.

3. Pelez les échalotes et hachez-les finement.

4. Remettez sur le feu la poêle avec le restant de l'huile et attendez qu'elle fume. Jetez-y alors les champignons et le hachis d'échalotes. Salez et poivrez. Faites sauter pendant 3 à 4 minutes sur feu vif, puis couvrez et laissez cuire tout doucement pendant encore 15 minutes.

5. Vers la fin de la cuisson, lavez et hachez finement le persil. Versez dans un plat creux et servez très chaud, saupoudré de persil haché.

MON SECRET : *Vous pouvez remplacer les échalotes par 2 gousses d'ail si vos convives en sont amateurs.*

GRATIN D'AUBERGINES A L'AIL

380 calories

Très moelleux et bien aromatisé.

Préparation : 20 minutes
Cuisson : 25 minutes

Pour 4 personnes :

4 grosses aubergines
sel, poivre
2 dl 1/2 d'huile
1 gros Boursin à l'ail
1 gousse d'ail

1. Pelez les aubergines, coupez-les en lamelles dans le sens de la longueur, saupoudrez-les de sel et laissez-les dégorger.

2. Quand elles ont rendu leur eau, égouttez-les et essuyez-les avec du papier absorbant.

3. Faites-les dorer à l'huile une bonne dizaine de minutes, égouttez-les soigneusement.

4. Pétrissez le Boursin et la crème fraîche ou le fromage blanc, l'ail, la ciboulette, le poivre.

2 cuillerées à soupe de ciboulette hachée
60 g de crème fraîche ou de fromage blanc

5. Dans un plat creux mettez une couche d'aubergines, recouvrez d'une couche de fromage, aubergine, fromage, etc., en terminant par du fromage. Faites gratiner à four moyen un quart d'heure environ.

MON SECRET : *Le poivre doit être fraîchement moulu. Comptez dix bons tours de moulin à poivre.*

GRATIN D'AUBERGINES AU FOUR

385 calories

Un gâteau d'aubergines et de viande hachée finement aromatisé et gratiné au four.

Préparation : 15 minutes
Cuisson : 30 minutes

Pour 6 personnes :

1 kg d'aubergines
1/2 verre d'huile
2 oignons
2 gousses d'ail
70 g de beurre
300 g de restes de viande hachée
1 cuillerée à soupe de concentré de tomate
quelques brins de persil
60 g de parmesan râpé
sel, poivre

1. Epluchez les aubergines, coupez-les dans le sens de la largeur en rondelles d'un centimètre d'épaisseur. Mettez-les dans une grande poêle avec de l'huile. Faites-les revenir de tous côtés et retirez-les quand elles sont bien dorées.

2. Chauffez 40 g de beurre dans une petite poêle. Mettez-y l'oignon et l'ail finement hachés et laissez cuire 5 minutes en remuant. Ajoutez alors la viande hachée (déjà cuite), le concentré de tomate et le persil haché. Salez, poivrez et laissez sur feu doux pendant 5 minutes.

3. Allumez le four thermostat 6/7.

4. Dans un grand plat à gratin, disposez une couche d'aubergines (la moitié) puis une couche de farce (la moitié) et encore une couche de chaque. Saupoudrez de fromage et parsemez de noisettes de beurre.

5. Mettez 30 minutes à four chaud. Servez chaud dans le plat de cuisson.

MON SECRET : *Quand j'en ai le temps, je fais dégorger les tranches d'aubergines une bonne heure. Pour cela, je les saupoudre de gros sel. Elles rendent leur eau et je les éponge avant de les mettre dans la poêle.*

GRATIN DE COURGE

160 calories

Fondant et doré.

Préparation : 15 minutes
Cuisson : 50 minutes environ

Pour 6 personnes :

1,500 kg de courge
1/2 verre d'huile d'olive
1 cuillerée à soupe de farine
4 gousses d'ail
1 petit bouquet de persil
sel, poivre

1. Epluchez la courge. Coupez-la en tout petits cubes.

2. Déposez-les dans un plat à gratin bien huilé. Saupoudrez de farine et parsemez d'ail et de persil haché. Salez et poivrez. Arrosez d'huile.

3. Mettez à cuire à four chaud (50 minutes environ) jusqu'à ce que le dessus soit carbonisé.

MON SECRET : *Je poivre largement : quinze tours de moulin.*

GRATINÉ DE TOMATES

290 calories

Un flan aux tomates et aux oignons gratiné au four.

Préparation : 15 minutes
Cuisson : 30 minutes
(+ 10 minutes pour les oignons)

Pour 4 personnes :

6 tomates
3 gros oignons
1 œuf
1 verre de lait
80 g de beurre
2 cuillerées à soupe de gruyère râpé
fines herbes
sel, poivre

1. Pelez et émincez les oignons. Faites fondre la moitié du beurre dans une poêle et mettez-y les oignons à dorer doucement une dizaine de minutes, en remuant de temps à autre.

2. Pelez les tomates et coupez-les en rondelles.

3. Ajoutez-les, hors du feu, aux oignons.

4. Allumez le four (thermostat 7).

5. Hachez les fines herbes. Mêlez-les aux tomates et oignons. Salez, poivrez et ajoutez l'œuf battu en omelette. Versez le lait et mélangez bien le tout.

6. Beurrez un plat à gratin. Versez-y la préparation. Saupoudrez de gruyère râpé et de copeaux de beurre. Mettez au four 30 minutes. Retirez lorsque le gratin est bien doré. Servez aussitôt dans le plat de cuisson.

MON SECRET : *J'utilise de l'huile d'olive de préférence au beurre.*

HARICOTS VERTS A L'ANGLAISE

190 calories

Bien verts, bien fermes, avec un simple beurre fondu.

Préparation : 20 minutes
Cuisson : 20 minutes

Pour 6 personnes :

1 kg de haricots verts
80 g de beurre
quelques brins de persil
sel

1. Cassez les deux bouts des haricots et retirez les fils s'il y en a. Lavez-les et égouttez-les.

2. Faites bouillir dans une grande casserole 2 litres d'eau. Jetez-y les haricots et laissez-les cuire à gros bouillons et sans couvercle 15 à 20 minutes. Salez au milieu de la cuisson. Les haricots doivent être encore un peu fermes mais pas durs.

3. Egouttez-les et mettez-les dans un plat creux. Versez le beurre fondu dessus et mélangez. Parsemez de persil haché. Servez chaud.

MON SECRET : *Pour cette préparation très simple, il faut choisir des haricots bien frais et fins.*

HARICOTS VERTS BONNE MAMAN

170 calories

Assaisonnés aux petits oignons et aux fines herbes, des haricots tendres revenus dans le beurre.

Préparation : 25 minutes
Cuisson : 1 h 10

Pour 6 personnes :

1 kg de haricots verts
18 petits oignons blancs
60 g de beurre
fines herbes de toute sorte
sel

1. Cassez et débarrassez de leurs fils les haricots. Lavez-les et égouttez-les.

2. Faites bouillir une grande casserole d'eau salée (à raison d'une cuillerée à soupe de gros sel par litre). Jetez-y les légumes et laissez bouillir vivement 10 minutes sans couvrir.

3. Pendant ce temps, pelez les petits oignons et hachez les fines herbes.

4. Egouttez les haricots et passez-les à l'eau froide. Epongez-les soigneusement.

5. Faites fondre le beurre dans une cocotte et faites-y revenir les oignons parsemés du hachis d'herbes. Ajoutez ensuite les haricots

et laissez cuire doucement au moins 50 minutes, sans couvercle et en secouant la cocotte de temps en temps.

6. Rectifiez l'assaisonnement et servez bien chaud, dans un plat creux.

MON SECRET : *Je réserve toujours un bon tiers des fines herbes dont je saupoudre les haricots au moment de servir.*

HARICOTS VERTS A LA FERMIÈRE

185 calories

Avec œufs, beurre et crème.

Préparation : 30 minutes
Cuisson : 20 minutes

Pour 6 personnes :

1 kg de haricots verts
50 g de beurre
50 g de crème fraîche
1 jaune d'œuf
sel

1. Equeutez et lavez les haricots verts. Faites-les cuire à l'eau bouillante 15 à 20 minutes. Salez à mi-cuisson. Egouttez-les.

2. Faites fondre le beurre et la crème sur feu doux. Mettez le jaune d'œuf dans un bol et versez le mélange beurre-crème en filet dans le bol, en remuant vivement. Remettez quelques instants sur le feu en remuant constamment et en prenant garde de ne jamais faire bouillir.

3. Versez sur les haricots au moment de servir et mélangez.

MON SECRET : *Pour éviter que la sauce ne chauffe trop vite, placez-la au bain-marie.*

HARICOTS VERTS A LA SAUCE TOMATE

210 calories

A servir chaud ou froid.

Préparation : 25 minutes
Cuisson : 1 h 15

Pour 6 personnes :

1,500 kg de haricots verts frais

1. Effilez les haricots.

2. Faites-les cuire dans de l'eau salée en ébullition pendant 15 minutes. Egouttez-les aussitôt.

3. Pendant la cuisson des haricots, pelez les oignons et coupez-les en lamelles fines. Plongez les tomates dans de l'eau bouillante pen-

3/4 de tasse d'huile d'olive
4 oignons
6 tomates
1 pincée de thym
1 pincée d'origan
sel, poivre noir fraîchement moulu

dant quelques secondes, pelez-les et hachez-les grossièrement.

4. Les haricots étant cuits et égouttés, chauffez l'huile dans une casserole, mettez-y à revenir l'oignon émincé pendant 5 minutes, ajoutez les tomates, le sel, le poivre, l'origan et les haricots. Couvrez et laissez cuire à feu doux 1 heure en enlevant le couvercle pendant les 10 dernières minutes de cuisson. Servez chaud ou froid.

MON SECRET : *Je ne sale l'eau des haricots que vers le milieu de leur cuisson et je ne couvre pas la casserole. Ils restent ainsi bien verts.*

HARICOTS VERTS TOURANGELLE

135 calories

Des haricots au naturel tout simplement liés par un roux blond.

Préparation : 30 minutes
Cuisson : 25 minutes

Pour 4 personnes :

500 g de haricots verts
30 g de beurre
1 cuillerée à soupe de farine
1 jaune d'œuf
1 filet de citron
quelques brins de persil
sel, poivre

1. Equeutez et lavez les haricots. Egouttez-les.

2. Jetez-les dans une grande casserole d'eau bouillante et laissez cuire 20 minutes à gros bouillons. Salez à mi-cuisson. Egouttez et conservez un quart de litre du jus de cuisson.

3. Faites fondre, dans une casserole assez grande, le beurre. Ajoutez la farine. Quand elle a absorbé tout le beurre, mouillez avec le jus de cuison réservé, puis salez et poivrez. Laissez bouillir quelques minutes, puis liez la sauce hors du feu avec le jaune d'œuf. Ajoutez le jus de citron.

4. Remettez les haricots que vous avez tenus au chaud dans la casserole, mêlez bien et versez dans un plat creux chauffé. Parsemez de persil haché et servez aussitôt.

MON SECRET : *Pour conserver aux haricots verts leur couleur, je mets quelques feuilles de laitue dans l'eau de cuisson et je fais cuire à découvert.*

LAITUES FARCIES

200 calories

De belles laitues garnies d'œufs et de fines herbes et dorées à la cocotte.

Préparation : 25 minutes
Cuisson : 30 minutes

Pour 6 personnes :

6 belles laitues pommées
1 grosse poignée de mie de pain
5 cuillerées à soupe de lait
3 gousses d'ail
3 œufs
1 gros bouquet de fines herbes
2 cuillerées de saindoux
6 minces bardes de lard
1 verre de bouillon
épices
sel, poivre

1. Retirez les feuilles flétries des laitues et lavez-les, sans les défaire.

2. Jetez-les dans un grand fait-tout d'eau salée bouillante et laissez-les cuire 5 minutes. Rafraîchissez-les sans briser les feuilles et laissez égoutter sur une passoire.

3. Pendant ce temps, écrasez la mie de pain dans le lait, épluchez et hachez l'ail et ajoutez-le à la mie. Ajoutez encore les fines herbes hachées, les épices en poudre, sel, poivre et les œufs entiers. Mêlez bien le tout.

4. Introduisez cette farce au cœur de chaque laitue que vous refermerez et ficellerez soigneusement autour d'une mince barde de lard.

5. Faites fondre le saindoux dans une cocotte et faites-y revenir les laitues sur feu vif. Couvrez, réduisez le feu et poursuivez la cuisson tout doucement un bon quart d'heure (si le liquide de cuisson s'use, rajoutez un peu d'eau chaude ou de bouillon maigre). Servez bien chaud.

MON SECRET : *Quand j'ai le temps, au lieu de farcir le centre des laitues, je déplie délicatement les feuilles en partant de l'extérieur et je farcis légèrement en les refermant du cœur vers le pourtour.*

MANGE-TOUT CHARCUTIÈRE

365 calories

Œufs durs, jambon et ciboulette garnissent des haricots arrosés de beurre fondu.

Préparation : 20 minutes
Cuisson : 45 minutes environ

Pour 4 personnes :

500 g de haricots « mange-tout » très tendres
5 tomates

1. Faites bouillir une grande casserole d'eau salée.

2. Coupez les tomates en tranches épaisses, mettez-les dans une passoire après les avoir saupoudrées de sel fin. Laissez dégorger au moins 15 minutes.

3. Cassez et nettoyez les haricots. Jetez-les dans l'eau bouillante et laissez cuire vivement, sans couvercle, pendant 15 minu-

2 œufs
3 tranches de jambon
80 g de beurre
ciboulette
sel, poivre

tes environ (les mange-tout doivent rester croquants).

4. Pendant ce temps, mettez les œufs à durcir dans l'eau.

5. Egouttez les haricots, passez-les à l'eau froide et épongez-les soigneusement.

6. Dans une cocotte, faites fondre 30 g de beurre et mettez-y les mange-tout. Entourez-les des tranches de tomate égouttées. Laissez étuver doucement, sans couvrir et en secouant de temps en temps, de 20 à 30 minutes.

7. Pendant ce temps, refroidissez les œufs durs et hachez-les grossièrement. Hachez menu la ciboulette. Coupez le jambon en lanières.

8. Faites fondre doucement le reste du beurre à faible chaleur.

9. Dressez les haricots au centre d'un plat creux. Entourez-les des tranches de tomates. Saupoudrez l'ensemble des œufs hachés et de ciboulette. Garnissez de lanières de jambon disposées en croisillons. Arrosez de beurre fondu. Salez et poivrez. Servez.

MON SECRET : *J'utilise du beurre fermier demi-sel des Charentes pour arroser les légumes.*

MORILLES A LA TOMATE C

190 calories

Préparation : 20 minutes
Cuisson : 20 minutes

Pour 4 personnes :

800 g de morilles
1 citron
2 cuillerées à soupe de sauce tomate
40 g de beurre
sel

1. Lavez soigneusement les morilles pour les débarrasser de la terre et du sable qui se logent dans les cavités de ces champignons.

2. Coupez-les en morceaux.

3. Mettez-les dans une casserole sur feu vif avec le jus d'un demi-citron et une pincée de sel.

4. Après 3 minutes de cuisson, ajoutez la sauce tomate, le beurre et une cuillerée à soupe de jus de citron. Baissez le feu. Laissez cuire 15 minutes sans couvrir. Servez bien chaud.

MON SECRET : *Ne confondez pas concentré et sauce tomate. Le concentré serait beaucoup trop fort pour cette recette ; il « tuerait » le parfum des morilles.*

MOUSSELINE DE POIREAUX

302 calories

Une garniture originale et raffinée.

Préparation : 10 minutes
Cuisson : 25 minutes

Pour 6 personnes :

2 kg de poireaux
200 g de crème fraîche
1 jus de citron
sel, poivre

1. Epluchez, lavez les poireaux, coupez-les en morceaux. Jetez-les dans une casserole d'eau bouillante salée. Laissez cuire à petits bouillons jusqu'à ce qu'ils soient tendres. Egouttez.

2. Passez les poireaux à la moulinette pour les réduire en purée. Pressez dans une mousseline pour enlever l'eau.

3. Mettez la purée de poireaux dans une casserole. Ajoutez le jus de citron. Placez sur feu doux, salez, poivrez et, tout en battant vivement à la fourchette, incorporez la crème fraîche. Continuez à fouetter pour obtenir une mousse aussi légère que possible. Servez chaud en légumier.

MON SECRET : *Ce plat accompagne très bien les filets de poissons pochés et aussi les viandes blanches.*

NAVETS GLACÉS

195 calories

Transparents et fondants.

Préparation : 20 minutes
Cuisson : 40 minutes

Pour 6 personnes :

1 kg de navets
100 g de beurre
1 cuillerée à café de sucre en poudre
sel, poivre

1. Pelez les navets et faites-les cuire 10 minutes à l'eau bouillante salée après les avoir coupés en dés.

2. Chauffez le beurre dans une sauteuse. Ajoutez les navets et laissez-les cuire très doucement pour qu'ils deviennent transparents mais ne dorent pas. Salez et laissez cuire environ 20 minutes.

3. Saupoudrez alors avec le sucre et relevez un peu le feu pour faire caraméliser. Laissez cuire encore 10 minutes en faisant sauter de temps en temps.

4. Salez à nouveau et poivrez.

MON SECRET : *L'idéal pour cette recette, c'est d'avoir des petits navets nouveaux, bien tendres. Je les laisse alors entiers et prolonge la cuisson d'une dizaine de minutes. Si les navets sont gros, je les tourne en petites boules régulières avec l'appareil à pommes de terre.*

NAVETS AU NATUREL

135 calories

Préparation : 10 minutes
Cuisson : 20 minutes

Pour 6 personnes :

1 kg de navets
75 g de beurre
sel, poivre

1. Pelez les navets, lavez-les et coupez-les en dés (de la grosseur d'un dé à coudre).

2. Mettez dans une grande casserole 2 litres d'eau à chauffer. Jetez les navets dans l'eau bouillante et laissez cuire 10 minutes. Egouttez.

3. Remettez une nouvelle eau à chauffer avec 2 cuillerées à café de gros sel par litre d'eau. Mettez les navets (adoucis par la première cuisson) dans cette eau bouillante encore 10 minutes.

4. Vérifiez la cuisson (ils doivent être très tendres) et égouttez.

5. Disposez dans un plat creux et répartissez des petits morceaux de beurre dessus. Mélangez au moment de servir.

MON SECRET : *Il vaut mieux choisir des petits navets ronds que des navets longs.*

OIGNONS FARCIS

365 calories

Une farce à la viande et aux fines herbes.

Préparation : 25 minutes
Cuisson : 1 heure environ

Pour 6 personnes :

12 gros oignons
100 g de viande hachée (crue)
4 cuillerées à soupe de mie de pain
2 cuillerées à soupe de bouillon
150 g de beurre
2 œufs
fines herbes
sel, poivre

1. Pelez les oignons et creusez-les en cônes (après vous être munie de lunettes protectrices). Gardez le cœur des oignons que vous utiliserez dans une salade.

2. Allumez votre four (thermostat 6).

3. Faites fondre 50 g de beurre dans une poêle. Faites-y revenir la viande hachée avec sel et poivre. Retirez du feu et ajoutez la mie de pain émiettée, les fines herbes hachées et les deux œufs battus en omelette.

4. Beurrez largement un plat à gratin. Calez les oignons dedans et remplissez-les de farce. Arrosez-les de bouillon puis parsemez-les de noisettes de beurre. Enfournez.

5. Les oignons sont cuits lorsqu'ils sont transparents et bien dorés. Servez très chaud dans le plat de cuisson.

MON SECRET : *Je préfère à la mie de pain des biscottes écrasées au rouleau à pâtisserie : cela fait une sorte de chapelure qui se répartit mieux dans la viande.*

OIGNONS GLACÉS

230 calories

Dorés et fondants, une garniture raffinée.

Préparation : 20 minutes
Cuisson : 25 minutes

Pour 6 personnes :

500 g de petits oignons de taille régulière
150 g de beurre
1 cuillerée à soupe de sucre en poudre
sel

1. Pelez les petits oignons.
2. Faites fondre le beurre dans une poêle suffisamment grande pour contenir les oignons en une seule couche.
3. Mettez-y à dorer les petits oignons en secouant la poêle très souvent pour qu'ils ne brûlent pas, sur feu assez doux, 20 minutes environ.
4. Saupoudrez avec le sucre, relevez le feu et laissez caraméliser 5 minutes en secouant de temps en temps la poêle.
5. Salez en fin de cuisson et servez en accompagnement d'une viande.

MON SECRET : *Un long épluchage mais le résultat en vaut la peine. Ces oignons sont exquis avec des viandes blanches. Pour éviter que les oignons ne brûlent, vous pouvez ajouter quelques cuillerées à soupe d'eau et laisser cuire à couvert.*

OIGNONS MARINÉS

130 calories

Des anneaux d'oignons crus dans une vinaigrette.

Préparation : 15 minutes
Pas de cuisson
Macération : 24 heures

Pour 6 personnes :

700 g de gros oignons blancs
2 citrons non traités
4 cuillerées à soupe d'huile d'olive
6 cuillerées à soupe de vinaigre
sel, poivre

1. Pelez les oignons et coupez-les en rondelles minces.
2. Lavez les citrons et coupez-les également en rondelles minces.
3. Mettez les oignons dans un saladier et tapotez-les à la fourchette pour défaire les anneaux. Ajoutez les rondelles de citron et mêlez bien le tout.
4. Préparez une vinaigrette avec l'huile, le vinaigre, le sel et le poivre, et arrosez-en les rondelles.
5. Mélangez délicatement à la fourchette et laissez macérer 24 heures ou plus.

MON SECRET : *Excellent accompagnement pour toutes les viandes froides.*

PAIN DE LÉGUMES

460 calories

Epinards et courgettes liés à l'œuf.

Préparation : 10 minutes
Cuisson : 1 heure

Pour 4 personnes :

2 à 3 courgettes (200 g environ)
500 g d'épinards frais ou surgelés
1 gousse d'ail
1 branche de basilic
2 œufs
4 cuillerées à soupe d'huile d'olive
2 cuillerées à soupe de farine
60 g de beurre
chapelure
sel, poivre
1 verre de lait

1. Equeutez les épinards et lavez-les à grande eau. Epluchez et coupez les courgettes en gros dés. Faites cuire les légumes ainsi que la gousse d'ail entière et épluchée dans 4 cuillerées à soupe d'huile d'olive. Salez et poivrez (20 minutes de cuisson).

2. Pendant ce temps, chauffez le beurre dans une casserole sur feu doux. Versez la farine, tournez, puis ajoutez le lait froid en tournant avec une spatule en bois pour éviter les grumeaux. Salez et poivrez.

3. Passez alors les légumes égouttés à la moulinette Ajoutez à cette purée 1 branche de basilic coupée menu, 3 œufs battus et la préparation à base de farine. Remuez pour obtenir un mélange bien homogène et versez dans un moule à cake préalablement beurré. Saupoudrez de chapelure. Faites cuire à four doux pendant 30 minutes environ. Démoulez et servez chaud.

MON SECRET : *Les légumes doivent être égouttés à fond. N'hésitez pas à presser les épinards entre vos mains pour en exprimer toute l'eau. On peut aussi cuire un gros oignon avec les légumes et passer le tout à la moulinette.*

PANACHÉ D'AUBERGINES ET DE COURGETTES

160 calories

Un mélange très méridional.

Préparation : 15 minutes (+ 30 minutes de repos)
Cuisson : 35 minutes

Pour 4 personnes :

1 aubergine moyenne
4 petites courgettes

1. Pelez l'aubergine et coupez-la en cubes de 2 à 3 cm de côté. Saupoudrez-les de sel et laissez-les reposer 30 minutes. Au bout de ce temps, égouttez-les et séchez-les dans un papier absorbant.

2. Lavez les courgettes et, sans les peler, coupez-les en tranches fines.

3. Pelez l'oignon, hachez-le finement. Pelez

1/3 de tasse d'huile
1 oignon
2 gousses d'ail
4 cuillerées à soupe de chapelure
10 branches de persil
50 g de beurre
200 g de champignons
sel

les gousses d'ail et coupez-les en lamelles minces.

4. Nettoyez les champignons sans les peler, émincez-les et faites-les revenir pendant 7 à 8 minutes à la poêle dans du beurre.

5. Faites chauffer 2 cuillerées à bouche d'huile dans une sauteuse. Mettez-y à dorer les cubes d'aubergines sur toutes leurs faces pendant 6 à 7 minutes. Retirez-les de la sauteuse et tenez-les au chaud. Remettez 2 cuillerées d'huile dans la sauteuse, faites-y revenir les courgettes pendant 10 minutes environ. Salez-les. Mettez-les avec les aubergines.

6. Faites chauffer le restant de l'huile toujours dans la sauteuse. Mettez-y à revenir l'oignon haché 3 minutes, ajoutez-y l'ail, la chapelure et le persil haché. Salez. Faites cuire à feu doux 2 minutes en remuant constamment. Ajoutez enfin les champignons, chauffez 2 minutes. Versez le tout sur les aubergines et les courgettes.

MON SECRET : *Je sers ce panaché avec des tranches très fines de jambon de Bayonne.*

POIREAUX AUX ANCHOIS

270 calories

Des poireaux vinaigrette agrémentés de filets d'anchois.

Préparation : 10 minutes
Cuisson : 20 minutes

Pour 4 personnes :

12 blancs de poireaux
12 filets d'anchois à l'huile
10 échalotes
2 cuillerées à soupe de vinaigre
6 cuillerées à soupe d'huile
sel, poivre

1. Nettoyez soigneusement les blancs de poireaux.

2. Plongez-les dans une casserole d'eau bouillante salée et laissez-les cuire à feu moyen une vingtaine de minutes (jusqu'à ce qu'ils soient tendres).

3. Pendant ce temps préparez une vinaigrette dans un bol avec l'huile, le vinaigre, sel et poivre. Pelez et hachez les échalotes. Ajoutez-les dans le bol.

4. Egouttez et rafraîchissez les poireaux. Rangez-les dans un plat. Arrosez de vinaigrette aux échalotes. Disposez les filets d'anchois en croisillons sur les poireaux. Servez frais.

MON SECRET : *Je réserve le vert des poireaux pour une bonne soupe poireaux-pommes de terre.*

POIREAUX A L'ÉTUVÉE

75 calories

Une cuisson douce qui met en valeur la saveur du poireau.

Préparation : 10 minutes
Cuisson : 40 à 50 minutes

Pour 4 personnes :

8 beaux poireaux
1 cuillerée à soupe d'huile d'olive
sel, poivre, muscade
le jus d'un demi-citron

1. Epluchez les poireaux. Coupez-les au ras du vert que vous utiliserez pour un potage. Fendez en deux le blanc des poireaux, mais sans le séparer.

2. Dans une cocotte, mettez l'huile d'olive, rangez dessus les poireaux. Salez, poivrez, muscadez très légèrement. Couvrez et laissez cuire à feu doux pendant 15 minutes.

3. Ajoutez le jus de citron. Couvrez. Achevez la cuisson de 30 à 40 minutes, à très petit feu, en vérifiant de temps à autre que les poireaux n'attachent pas. Servez en accompagnement d'une grillade.

MON SECRET : *Vous pouvez remplacer le jus de citron par un peu de vin blanc sec ou un jus de viande.*

POIREAUX A LA FRANC-COMTOISE

98 calories

Le curieux mais savoureux apport d'une sauce au vin.

Préparation : 10 minutes
Cuisson : 1 h 30

Pour 6 personnes :

12 poireaux
30 g de beurre
1 cuillerée à soupe de farine
1 verre de vin d'Arbois rosé
sel, poivre

1. Epluchez les poireaux, lavez-les, coupez les blancs en tronçons.

2. Dans une sauteuse, faites fondre le beurre. Mettez les poireaux en les retournant pour leur faire prendre couleur. Saupoudrez avec la farine et mouillez aussitôt avec le vin. Salez, poivrez, couvrez.

3. Laissez mijoter à petit feu, en vérifiant que les poireaux n'attachent pas. Servez bien chaud.

MON SECRET : *Au moment de servir, j'ajoute à la sauce une noisette de beurre frais.*

POIREAUX AU GRATIN

200 calories

Dans une sauce au vin.

Préparation : 30 minutes
Cuisson : 1 h 15

Pour 4 personnes :

16 poireaux
1/2 litre de beaujolais
sel, poivre
6 gousses d'ail
moelle
2 échalotes
thym, laurier
75 g de beurre
60 g de crème

1. Choisissez des poireaux de moyenne grosseur, coupez-les aux 2/3 de la longueur (2/3 de blanc, 1/3 de vert), lavez-les, blanchissez-les quelques minutes (c'est-à-dire plongez-les dans l'eau bouillante salée 4 à 5 minutes).

2. Hachez deux échalotes, mettez-les dans un plat creux beurré allant au four que l'on garnira avec les poireaux, assaisonnez de sel et poivre, mouillez avec du beaujolais, et ajoutez thym et laurier et ail non pelé. Recouvrez avec un papier beurré, mettez au four à température moyenne, et laissez cuire une bonne heure.

3. Retirez les poireaux du plat de cuisson (où ils auront perdu une partie de leur eau) et disposez-les côte à côte, en attente, dans un autre plat beurré.

4. Faites réduire de moitié le jus de cuisson, ajoutez-lui la crème fraîche et versez la sauce obtenue sur les poireaux.

5. Passez au four vif quelques minutes et servez chaud.

MON SECRET : *Je garde deux ou trois verts des poireaux pour les utiliser dans un potage.*

POIREAUX GRATINÉS A LA SAVOYARDE

295 calories

Une recette qui enrichit « l'asperge du pauvre », puisque tel est le surnom du poireau.

Préparation : 20 minutes
Cuisson : 30 minutes

Pour 4 personnes :

1 kg de poireaux
200 g de gruyère râpé

1. Epluchez et lavez les poireaux. Ne conservez que le blanc et la partie la plus tendre du vert. Coupez-les en tronçons de 4 ou 5 cm. Mettez-les à cuire dans l'eau bouillante salée pendant 20 minutes. Ils doivent être cuits mais encore un peu fermes.
Egouttez-les et pressez-les doucement pour en exprimer toute l'eau.

50 g de beurre
1 gousse d'ail
chapelure
sel, poivre
noix de muscade

2. Frottez un plat en terre avec la gousse d'ail épluchée et beurrez-le largement. Saupoudrez-le d'un peu de chapelure et disposez par-dessus une couche de poireaux. Saupoudrez à nouveau d'un peu de chapelure, de gruyère râpé, de sel, de poivre et de muscade râpée.
Mettez une seconde couche de poireaux puis une autre couche de chapelure, râpé, sel, poivre et muscade et ainsi de suite jusqu'à épuisement des ingrédients.
Terminez par une couche de chapelure et de fromage. Parsemez de noisettes de beurre.

3. Faites gratiner à four chaud pendant une dizaine de minutes.
Servez dans le plat de cuison.

MON SECRET : *Ma largesse en fromage; j'en mets beaucoup et je choisis le meilleur, du beaumont.*

POIREAUX A LA PAYSANNE

182 calories

Lardons et rondelles de poireaux : un régal rustique !

Préparation : 10 minutes
Cuisson : 35 à 40 minutes

Pour 4 personnes :

1 kg de poireaux
125 g de lard maigre
25 g de beurre
sel, poivre

1. Epluchez, lavez les poireaux. Coupez toute la partie blanche en rondelles.

2. Coupez le lard en dés. Dans une sauteuse, faites fondre le beurre et mettez les lardons à revenir. Quand ils sont dorés, ajoutez les rondelles de poireaux. Couvrez.

3. Faites cuire pendant 30 minutes environ, en remuant souvent. Salez, poivrez, servez très chaud.

MON SECRET : *Vous pouvez servir cette préparation dans des fonds de tartes individuels réchauffés au four ou accompagnée de saucisses.*

POIVRONS AU BEURRE D'ANCHOIS

290 calories

L'incomparable saveur des poivrons charnus bien grillés.

Préparation : 15 minutes
Cuisson : 15 minutes

Pour 6 personnes :

6 gros poivrons (rouges de préférence)
1 bol de sauce au beurre d'anchois (recette page 146)
poivre

1. Sous le gril du four faites griller les poivrons de tous côtés, environ 10 à 15 minutes.

2. Mettez-les à refroidir 1/2 heure dans un saladier couvert ou dans un sac en plastique fermé, de manière à enlever la peau facilement.

3. Enlevez les grains en même temps que la peau et détaillez les poivrons en filets. Installez les filets de poivrons dans un poêlon avec la sauce au beurre d'anchois et faites chauffer 10 minutes à four doux.
Servez chaud dans le poêlon.

MON SECRET : *Les poivrons ainsi préparés se gardent plusieurs jours dans le réfrigérateur. J'en prépare toujours plus qu'il n'en faut pour un repas et les sers aussi bien chauds que froids.*

POIVRONS FARCIS AU RIZ

345 calories

Nappés de sauce tomate.

Préparation : 10 minutes
Cuisson : 30 minutes

Pour 4 personnes :

8 poivrons verts
200 g de riz
100 g de fromage râpé
200 g de sauce tomate
75 g de beurre
sel, poivre

1. Sur le gril du four, grillez les poivrons de tous côtés. Laissez-les refroidir.

2. Pelez-les sans les ouvrir complètement. Laissez les queues, enlevez les graines.

3. Faites cuire le riz à l'eau salée 15 à 20 minutes. Egouttez-le.

4. Ajoutez le beurre et les trois quarts du fromage râpé.

5. Farcissez les poivrons avec le riz ; redonnez-leur leur forme.

6. Dressez dans un plat à gratin, toutes les queues étant regroupées au milieu.

7. Arrosez de sauce tomate, saupoudrez du reste de fromage râpé et parsemez de quelques noisettes de beurre.

8. Mettez à gratiner quelques minutes à four chaud.

MON SECRET : *Pour enlever facilement la peau des poivrons, je les mets à refroidir dans un saladier couvert.*

POIVRONS AU FROMAGE FRAIS

175 calories

Farcis aux crudités, œufs et fines herbes, et servis très frais.

Préparation : 15 minutes
Cuisson : 15 minutes

Pour 4 personnes :

4 poivrons
2 fromages aux fines herbes et à l'ail
2 œufs
1 dizaine d'olives noires
2 cuillerées à soupe d'huile d'olive
1 cuillerée à soupe de vinaigre
1 belle carotte
sel, poivre

1. Coupez les poivrons à la base de leur tige et retirez les graines. Faites bouillir une grande casserole d'eau salée et plongez-y les poivrons 10 minutes. Sortez-les et égouttez-les soigneusement.

2. En même temps, faites durcir les œufs 10 minutes dans de l'eau bouillante. Ecalez-les dès qu'ils sont refroidis et coupez-les en rondelles.

3. Raclez et râpez finement la carotte. Assaisonnez-la avec l'huile d'olive, vinaigre, sel et poivre. Dénoyautez les olives et coupez-les en morceaux.

4. Mélangez le fromage aux fines herbes et à l'ail avec la carotte, les olives et les œufs durs. Farcissez de ce mélange les poivrons refroidis. Servez frais.

MON SECRET : *Pour retirer les graines, je racle l'intérieur des poivrons avec une petite cuiller.*

PURÉE DE CÉLERI-RAVE

210 calories

Une délicieuse purée de pommes de terre relevée de céleri, et adoucie de crème fraîche.

Préparation : 20 minutes
Cuisson : 45 minutes

Pour 6 personnes :

500 g de céleri-rave
500 g de pommes de terre
1 grand pot de crème fraîche (150 g)
50 g de beurre
sel, poivre

1. Pelez et coupez le céleri en quartiers. Jetez-le dans l'eau bouillante salée et laissez-le cuire à petits bouillons 20 minutes.

2. Pendant ce temps, pelez, lavez et coupez les pommes de terre en quartiers également. Au bout des vingt minutes, jetez-les dans la casserole et laissez encore cuire 20 minutes dès que l'ébullition est reprise.

3. Egouttez et passez au presse-purée ou au mixer.

4. Assaisonnez de sel et de poivre, et ajoutez la crème et le beurre en battant énergique-

ment la purée pour bien les incorporer et pour qu'elle soit légère. Servez sans attendre.

MON SECRET : *Je sers avec du gibier rôti, du veau, du canard ou plus économiquement avec des saucisses de Toulouse poêlées.*

RATATOUILLE NIÇOISE

220 calories

Tous les légumes du Midi mijotés dans l'huile d'olive.

Préparation : 30 minutes
Cuisson : 1 h 15

Pour 6 personnes :

1 kg de tomates
3 ou 4 gros poivrons
500 g de courgettes
2 ou 3 aubergines
3 oignons
3 gousses d'ail
1 feuille de laurier
1/2 verre d'huile d'olive
1 pointe de cayenne
sel, poivre
18 olives noires dénoyautées

1. Nettoyez les légumes : rincez les poivrons, coupez-les en lamelles et retirez les graines.

2. Epluchez les aubergines ; coupez-les en dés.

3. Grattez légèrement les courgettes, coupez-les également en dés.

4. Epluchez les oignons, émincez-les.

5. Dans un grand fait-tout à fond épais, faites chauffer l'huile et mettez-y les oignons, les dés de courgettes et d'aubergines à revenir. Lorsqu'ils sont dorés, retirez-les et réservez-les.

6. Dans le même fait-tout, faites également revenir les gousses d'ail et les poivrons. Au bout de 5 minutes mettez les tomates. Laissez revenir une dizaine de minutes en remuant avec la cuiller en bois puis ajoutez les courgettes et les aubergines réservées. Assaisonnez et laissez cuire à couvert et à feu doux pendant 1 heure, ajoutez les olives.
Servez chaud ou froid.

MON SECRET : *Une cuisson lente et remuer souvent car la ratatouille a tendance à « attacher ». Je découvre la cocotte une dizaine de minutes avant la fin de la cuisson.*

SALSIFIS A LA NORMANDE

395 calories

Avec crème, oignon et cidre.

Préparation : 5 minutes
Cuisson : 15 minutes

Pour 4 personnes :

1. Rincez les salsifis à l'eau froide. Jetez-les dans une casserole d'eau bouillante pour les réchauffer.

2. Epluchez, émincez l'oignon. Dans une casserole, faites fondre une noix de beurre, met-

1 boîte 4/4 de salsifis en conserve
100 g de beurre
1 gros oignon
1 cuillerée à soupe de farine
2 verres de cidre sec
1 grand pot de crème fraîche
1 jus de citron
sel, poivre, muscade

tez l'oignon et faites-le blondir à feu doux. Ajoutez 50 g de beurre, la farine, travaillez le mélange à la cuiller de bois.

3. Lorsque le mélange a épaissi, mouillez avec le cidre, sans cesser de remuer, en ajoutant le restant du beurre par petits morceaux. Salez, poivrez, muscadez.

4. Egouttez les salsifis, dressez-les sur le plat de service maintenu au chaud.

5. Au moment de servir, incorporez la crème fraîche à la sauce, puis le jus de citron. Laissez mijoter quelques minutes. Nappez les salsifis avec la sauce et servez immédiatement.

MON SECRET : *Je colore parfois la sauce avec une pointe de concentré de tomate. Le cidre peut être remplacé par du vin blanc.*

SALSIFIS SAUTÉS

150 calories

Préparation : 40 minutes
Cuisson : 30 à 40 minutes

Pour 6 personnes :

1,500 kg de salsifis
80 g de beurre
2 cuillerées à soupe de farine
1 gousse d'ail
4 brins de persil
sel, poivre
2 jus de citron

1. Epluchez les salsifis avec un couteau économique. Coupez-les en tronçons de 10 cm environ et jetez-les dans une casserole d'eau mélangée au jus de citron pour que les salsifis restent blancs. Délayez la farine dans un peu d'eau froide.

2. Faites chauffer 2 litres d'eau. Quand elle commence à frissonner, versez la farine délayée et remuez jusqu'à l'ébullition. Salez, ajoutez les salsifis. Laissez cuire à couvert, à feu moyen. Vérifiez la cuisson en piquant un salsifis de la pointe du couteau. Dès qu'elle s'enfonce facilement, arrêtez la cuisson. Egouttez, rafraîchissez à l'eau froide.

3. Dans la poêle faites fondre le beurre. Quand il commence à mousser, mettez les salsifis épongés dans du papier absorbant. Faites mijoter en remuant souvent pendant 20 minutes.

4. Hachez le persil et l'ail.

5. Salez, poivrez les salsifis. Dressez-les sur le plat de service chaud, saupoudrez avec la persillade aillée.

MON SECRET : *J'utilise fréquemment des salsifis en conserve, c'est plus facile, il n'y a qu'à les faire sauter.*

TOMATES EN BOULETTES

435 calories

D'originales croquettes de tomate frites au beurre et arrosées de sauce piquante.

Préparation : 10 minutes
Cuisson : 30 minutes

Pour 4 personnes :

6 tomates moyennes
2 oignons
50 g de gruyère râpé
2 jaunes d'œufs
+ 1 blanc
2 cuillerées à soupe de farine
30 g de beurre
sel, poivre

1. Lavez et coupez les tomates en quartiers. Mettez-les dans une casserole avec 1/2 verre d'eau, les oignons émincés et un peu de sel. Couvrez et laissez cuire doucement jusqu'à obtention d'une purée.

2. Dans une terrine, mélangez à cette purée le fromage râpé et les jaunes d'œufs. Salez et poivrez. Ajoutez juste ce qu'il faut de farine pour former une pâte consistante, et pétrissez bien. Battez le blanc en neige. Ajoutez-le à la pâte.

3. Formez des petites boulettes aplaties.

4. Faites fondre le beurre dans une poêle. Faites-y frire les boulettes 7 à 8 minutes de chaque côté.

5. Disposez les boulettes bien dorées dans un plat, nappez de sauce tomate et servez aussitôt

MON SECRET : *J'utilise des tomates bien mûres qui ne peuvent plus être mises en salade et je les poche quelques instants à l'eau bouillante pour enlever la peau.*

TOMATES A LA BRETONNE

310 calories

Farcies de haricots dans une sauce relevée.

Préparation : 15 minutes
Pas de cuisson

Pour 4 personnes :

4 tomates bien fermes
1/2 boîte de haricots

1. Lavez et essuyez les tomates. Coupez un chapeau à leur sommet et évidez-les soigneusement sans les percer.
Saupoudrez le fond de sel fin et retournez-les afin que l'eau qu'elles vont « rendre » s'égoutte bien.

2. Epluchez et hachez finement l'ail et l'oignon. Mettez-les dans un bol avec l'huile, le

Thon en cocotte. *(Recette page 388)*

Poivrons au fromage frais. *(Recette page 669)*

Soupe aux choux. *(Recette page 186)*

Écrevisses en fricassée. *(Recette page 325)*

blancs
1 oignon
1 gousse d'ail
1 branche de thym
1/2 feuille de laurier
3 cuillerées à soupe d'huile
1 cuillerée à soupe de vinaigre
1 douzaine d'olives noires
sel, poivre

vinaigre, sel et poivre en abondance. Roulez le thym et le laurier entre vos mains au-dessus du bol pour les réduire en poussière et mélangez bien le tout.

3. Versez les haricots dans une passoire et passez-les quelques instants sous le robinet d'eau chaude pour les rincer et les tiédir à la fois (ainsi ils s'imprégneront mieux de sauce).

4. Mélangez les haricots avec la sauce et remplissez les tomates de cette préparation. Décorez avec les olives dénoyautées que vous poserez sur le dessus, reposez le chapeau légèrement en travers, et servez frais.

MON SECRET : *J'utilise l'intérieur des tomates en l'ajoutant à un autre plat, une viande en cocotte, par exemple, ou une soupe de légumes.*

TOMATES AU CAMEMBERT

145 calories

Des moitiés de tomates gratinées sous des lamelles de fromage.

Préparation : 10 minutes
Cuisson : 20 minutes

Pour 4 personnes :

4 tomates
1/2 camembert
2 cuillerées à soupe d'huile
sel, poivre

1. Lavez les tomates, essuyez-les, coupez-les en deux.

2. Chauffez l'huile dans une poêle, mettez-y à cuire les tomates, d'abord sur la partie ronde ensuite sur la partie plate, à feu assez vif, en tout une dizaine de minutes. Salez et poivrez en cours de cuisson.

3. Sortez les tomates de la poêle et mettez-les dans un plat allant au four. Posez sur chacune d'elles de minces lamelles de camembert débarrassé de sa croûte et passez au four bien chaud pour que le fromage fonde et gratine pendant une dizaine de minutes.

MON SECRET : *Du camembert trop fait et peu présentable convient très bien pour cette recette.*

TOMATES AU FOUR F

340 calories

Saupoudrées d'une persillade aillée et de chapelure.

Préparation : 10 minutes
Cuisson : 15 minutes

Pour 4 personnes :

4 grosses tomates bien fermes
1/3 de tasse de chapelure
12 branches de persil
1 gousse d'ail
1/4 de tasse d'huile
sel, poivre noir fraîchement moulu

1. Lavez les tomates, coupez-les en deux dans le sens de la largeur.

2. Lavez le persil, hachez finement les feuilles.

3. Pelez la gousse d'ail, coupez-la en lamelles minces.

4. Mélangez la chapelure, le persil, l'ail, le sel, le poivre et 2 cuillerées à dessert d'huile. Versez ce mélange sur chaque moitié de tomate.

5. Disposez les tomates ainsi garnies dans un plat allant au four, arrosez-les avec le restant de l'huile, mettez à cuire au four thermostat 7 pendant 15 minutes.

MON SECRET : *Pour que les tomates restent fermes à la cuisson, je les fais dégorger 1/2 heure avant de les utiliser (saupoudrer de sel pour leur faire rendre leur eau).*

XII

Légumes Secs

FÈVES PRINTEMPS

2 126 calories

Un délicieux légume accommodé aux herbes.

Préparation : 30 minutes
Cuisson : 1 heure environ

Pour 6 personnes :

5 kg de fèves
20 petits oignons blancs
150 g de jambon blanc
100 g de beurre
1 cuillerée à café d'herbes de Provence
sel, poivre

1. Ecossez les fèves, pelez les oignons, coupez le jambon en dés.

2. Dans une casserole, amenez à ébullition 2 litres d'eau. Jetez les fèves et laissez cuire environ 5 minutes. Versez dans une passoire et rafraîchissez vivement à l'eau.

3. Incisez la peau des fèves pour l'enlever facilement. Réservez les fèves dépouillées.

4. Dans une sauteuse à fond épais, faites fondre la moitié du beurre, ajoutez les oignons, le jambon, les herbes de Provence. Faites légèrement sauter, baissez le feu, laissez cuire 20 minutes en remuant à la spatule.

5. Ajoutez les fèves, mouillez avec un bon verre d'eau chaude, salez, poivrez, couvrez. Laissez cuire à petit feu. Remuez de temps en temps à la spatule sans briser les fèves, jusqu'à ce qu'elles soient cuites (cela dépend de leur taille et de leur fraîcheur).

6. Déposez le contenu de la sauteuse sur le plat de service avec l'écumoire. Faites réduire rapidement le jus de cuisson si nécessaire, ajoutez le restant du beurre, remuez, versez la sauce sur les fèves, servez très chaud.

MON SECRET : *Quand j'utilise du jambon fumé, je ne sale pas.*

FÈVES PROVENÇALES

1 770 calories

Un harmonieux mariage avec de petits artichauts et des lardons.

Préparation : 40 minutes
Cuisson : 1 heure environ

Pour 6 personnes :

3 kg de fèves
12 petits artichauts poivrade

1. Ecossez les fèves. Jetez-les dans 2 à 3 litres d'eau bouillante légèrement salée et laissez-les cuire 5 minutes. Egouttez-les, rafraîchissez-les sous l'eau froide, enlevez la peau en incisant la fève sur le côté.

2. Enlevez les feuilles des artichauts pour ne conserver que les fonds. Passez-les au jus de citron au fur et à mesure pour qu'ils ne noir-

200 g de poitrine fumée
24 petits oignons blancs
4 grosses tomates
1 citron
100 g de beurre
sel, poivre
quelques brindilles de thym

cissent pas. Coupez la poitrine fumée en lardons, épluchez les oignons.

3. Dans une cocotte, faites fondre la moitié du beurre. Mettez les lardons, les oignons, faites-les roussir en remuant à la spatule. Mettez les artichauts, le thym, mouillez avec un verre d'eau. Couvrez et laissez cuire à petit feu 30 minutes.

4. Pochez les tomates à l'eau bouillante pour pouvoir enlever la peau. Coupez-les en quartiers dans la cocotte, ajoutez les fèves, le restant du beurre, remuez doucement. Goûtez la sauce, salez s'il est nécessaire, poivrez. Couvrez et laissez cuire à petit feu.

MON SECRET : *Je mouille moitié eau, moitié vin blanc, la sauce est meilleure. C'est très bon avec du chevreau grillé.*

FÈVES A LA TOURANGELLE

2 210 calories

Aromatisées à l'estragon frais.

Préparation : 30 minutes
Cuisson : 1 heure environ

Pour 6 personnes :

4 kg de fèves
24 petits oignons nouveaux
200 g de jambon de pays
100 g de beurre
2 jaunes d'œufs
1 grosse poignée de cerfeuil
sel, poivre

1. Epluchez les fèves et les oignons. Coupez le jambon en lamelles. Hachez le cerfeuil.

2. Jetez les fèves dans 4 litres d'eau bouillante salée. Laissez cuire à frémissement environ 45 minutes. Vérifiez que les fèves sont cuites, égouttez-les, réservez-les au chaud.

3. Dans une sauteuse, faites fondre le beurre et mettez les oignons à blondir, ajoutez le jambon, mouillez avec 5 ou 6 cuillerées à soupe de la cuisson des fèves. Hors du feu, liez avec les jaunes d'œufs battus en omelette, salez si nécessaire, poivrez, jetez le cerfeuil haché. Remettez sur petit feu et laissez mijoter 5 minutes sans bouillir.

4. Mettez les fèves maintenues au chaud dans un légumier, couvrez avec la sauce, servez bien chaud.

MON SECRET : *Vous pouvez remplacer le cerfeuil par quelques brins d'estragon, cela donne un autre goût, également raffiné.*

FLAGEOLETS AUX CHAMPIGNONS F

240 calories

Un mélange velouté de crème.

Préparation : 5 minutes
Cuisson : 10 minutes

Pour 4 personnes :

1 boîte 4/4 de flageolets au naturel
1 petite boîte de champignons de Paris
100 g de crème fraîche
sel, poivre

1. Ouvrez la boîte de flageolets. Egouttez-les. Mettez-les dans une casserole.

2. Ouvrez la boîte de champignons, égouttez-les, ajoutez-les aux flageolets.

3. Faites chauffer le mélange sur feu doux, puis ajoutez 100 g de crème et retirez du feu dès le premier bouillon. Salez et poivrez.

MON SECRET : *Idéale garniture pour un gigot ou une épaule de mouton rôtis.*

HARICOTS A LA BERRICHONNE

820 calories

Un bon ragoût de haricots rouges au lard et aux aromates.

Préparation : 10 minutes
(+ 12 heures de trempage pour les haricots)
Cuisson : 2 heures

Pour 6 personnes :

600 g de haricots rouges
3/4 de litre de vin rouge
3 carottes
1 oignon piqué de 3 clous de girofle
3 gousses d'ail
400 g de lard de poitrine
30 g de beurre
sel, poivre
1 petite cuillerée de farine

1. Faites tremper 600 g de haricots rouges 12 heures. Egouttez-les.

2. Versez-les dans une marmite avec 400 g de lard, 3 carottes épluchées coupées en deux, 1 oignon clouté, 3 gousses d'ail, du poivre fraîchement moulu, pas de sel.

3. Ajoutez les trois quarts d'un litre de vin rouge. Laissez cuire deux petites heures à très petit feu, avec couvercle.

4. Salez en fin de cuisson. Enlevez l'ail, ajoutez le beurre pétri avec la farine pour lier la sauce. Vérifiez l'assaisonnement, poivrez bien. Servez les haricots avec l'oignon, les carottes et le lard coupé en tranches.

MON SECRET : *Pour pétrir le beurre et la farine, le plus simple est de les écraser ensemble avec une fourchette, le beurre étant sorti du réfrigérateur à l'avance. On peut réduire en purée les gousses d'ail cuites et les remettre dans les haricots.*

HARICOTS BLANCS AU BEURRE

390 calories

De bons haricots frais très simplement préparés.

Préparation : 25 minutes
Cuisson : 30 minutes

Pour 6 personnes :

1,500 kg de haricots à écosser
80 g de beurre
quelques branches de persil
sel

1. Ecossez les haricots.

2. Faites chauffer dans une grande casserole 2 litres d'eau salée à raison de 2 cuillerées à café rases de gros sel par litre d'eau. Jetez-y les haricots et laissez bouillir franchement et sans couvercle pendant 30 minutes.

3. Egouttez et versez dans un plat creux ou un légumier.

4. Ajoutez au moment de servir le beurre détaillé en petits morceaux et mélangez. Parsemez de persil haché et servez sans attendre.

MON SECRET : *J'ajoute toujours dans l'eau de cuisson une branchette de thym, une demi-feuille de laurier et un clou de girofle.*

HARICOTS BLANCS AU GRATIN

740 calories

Dorés sous un hachis d'oignons et de chapelure.

Préparation : 5 minutes
Cuisson : 20 minutes

Pour 4 personnes :

1 boîte 4/4 de haricots blancs
2 oignons
60 g de beurre
poivre
chapelure

1. Hachez finement les oignons.

2. Faites fondre 30 g de beurre dans une poêle. Faites-y blondir les oignons 3 ou 4 minutes.

3. Mettez les haricots blancs dans un plat allant au four. Poivrez.

4. Couvrez les haricots avec les oignons juste blondis, saupoudrez de chapelure et disposez par-dessus le reste du beurre en petits dés. Gratinez à four vif une quinzaine de minutes.

MON SECRET : *Une variante : ajouter aux oignons dans la poêle de la chair à saucisse, 120 g pour 4 personnes.*

HARICOTS BLANCS MARINÉS

340 calories

Une excellente entrée toutes saisons.

Préparation : 10 minutes
Cuisson : 2 h 15

Pour 6 personnes :

375 g de haricots secs
1 carotte
2 oignons
2 clous de girofle
1 bouquet garni
(thym, laurier, persil)
1 verre d'huile d'olive
1 citron
sel, poivre

1. Après les avoir lavés et fait tremper s'ils ne sont pas de l'année, mettez les haricots dans une casserole d'eau froide non salée. Faites chauffer et laissez cuire une première fois 15 minutes environ à partir de l'ébullition. Egouttez les haricots.

2. Remettez-les dans la casserole avec la carotte coupée en quatre, 1 oignon piqué de clous de girofle, le bouquet garni. Couvrez d'eau froide. Mettez sur le feu avec un couvercle. Cuisez 2 heures. Vous salerez et poivrerez à mi-cuisson.

3. Egouttez les haricots. Mettez-les dans un plat. Arrosez-les d'huile d'olive et de jus de citron. Saupoudrez d'oignons très finement hachés. Laissez les haricots mariner au moins 2 heures avant de les servir tièdes ou froids.

MON SECRET : *Un hachis de fines herbes au moment de servir.*

HARICOTS BLANCS A LA PROVENÇALE

490 calories

Doucement mijotés avec tomates et oignons.

Préparation : 20 minutes
Cuisson : 2 heures

Pour 6 personnes :

1 kg de haricots à écosser
125 g de beurre
4 oignons
4 clous de girofle
2 gousses d'ail
6 tomates
1 feuille de laurier
sel, poivre

1. Ecossez les haricots. Coupez les tomates en quartiers. Pelez les oignons. Piquez-les de clous de girofle.

2. Faites fondre le beurre dans une sauteuse ou une grande poêle. Faites-y revenir les oignons entiers. Dès qu'ils commencent à dorer, versez trois quarts de litre d'eau. Attendez l'ébullition pour ajouter les haricots, l'ail, les tomates épluchées et la feuille de laurier, laissez mijoter doucement pendant 1 heure en surveillant qu'il reste toujours du liquide dans le récipient. Si nécessaire, remettez-en un peu.

3. Au bout d'une heure de cuisson, assaisonnez de sel et poivre. Laissez cuire encore une demi-heure et davantage si les haricots ne

sont pas encore tout à fait tendres. Servez bien chaud.

MON SECRET : *Une version rapide de cette recette : une boîte de haricots blancs chauffés dans une bonne sauce tomate.*

HARICOTS AUX CHOUX

755 calories

Accommodés à la graisse d'oie et aux lardons.

Préparation : 5 minutes
Cuisson : 25 minutes

Pour 6 personnes :

2 choux de 800 g
1 boîte 4/4 de haricots blancs à la graisse d'oie
200 g de lard maigre
50 g de beurre ou de graisse d'oie
1 bouquet garni
sel, poivre

1. Coupez les choux en quatre, lavez-les et faites-les blanchir à l'eau bouillante 7 à 8 minutes. Egouttez-les.

2. Coupez en morceaux 250 g de lard maigre.

3. Dans une cocotte, mettez 50 g de beurre ou de graisse d'oie avec les lardons. Lorsqu'ils sont blonds, ajoutez les choux égouttés, un demi-verre d'eau, le bouquet garni, le sel et le poivre. Couvrez la cocotte et laissez cuire tout doucement pendant 15 minutes.

4. Au bout de ce temps, ouvrez la boîte de haricots et versez son contenu dans la cocotte. Mélangez en soulevant avec une cuiller en bois. Laissez cuire encore 10 minutes. Servez avec des saucisses grillées ou un rôti de porc.

MON SECRET : *Choisir de jeunes choux verts, de forme allongée, moins forts et plus tendres que les gros choux ronds.*

HARICOTS SAUTÉS A LA LYONNAISE

421 calories

Mijotés avec des oignons.

Préparation : 10 minutes
Cuisson : 2 h 10

Pour 6 personnes :

750 g de haricots blancs
75 g de beurre
3 oignons

1. Cuisez les haricots pendant 2 heures à l'eau bouillante. Salez à mi-cuisson.

2. Pelez les oignons, coupez-les en rondelles. Faites-les dorer à la poêle dans le beurre. Ajoutez les haricots cuits bien égouttés. Faites sauter le tout ensemble. Vérifiez l'assaisonnement.

3. Dressez les haricots et les oignons mêlés dans un plat creux. Remettez la poêle sur le

filet de vinaigre
persil haché

feu et, quand elle est bien chaude, retirez-la du feu ; aussitôt, versez dedans un filet de vinaigre. Arrosez les haricots avec le vinaigre brûlant et jetez dessus quelques pincées de persil haché. Servez.

MON SECRET : *Il m'arrive d'être plus généreuse en oignons lorsque j'ai des convives qui en aiment le goût. J'en mets alors cinq au lieu de trois.*

HARICOTS AU THON

235 calories

Un mariage inattendu et heureux.

Préparation : 10 minutes
(+ 1 heure de trempage pour les haricots)
Cuisson : 2 heures

Pour 6 personnes :

1 tasse 1/2 à thé de haricots blancs secs
1 gousse d'ail
2 oignons
1/2 tasse d'huile
2 boîtes de thon au naturel de 200 g
1 cuillerée à café de sel
poivre noir

1. Lavez les haricots sous le robinet d'eau froide.

2. Mettez-les dans une casserole, couvrez d'eau, posez sur le feu et, dès que l'eau commence à bouillir, retirez la casserole du feu. Laissez les haricots tremper pendant 1 heure dans cette eau.

3. Pelez la gousse d'ail. Fendez-la en deux.

4. Pelez les oignons ; coupez-les en lamelles fines.

5. Les haricots ayant trempé pendant 1 heure, égouttez-les, remettez-les dans une casserole, couvrez-les d'eau froide, ajoutez l'ail, chauffez jusqu'au moment où l'eau commence à bouillir et laissez cuire alors à feu doux pendant 2 heures. Salez après 1 h 30 de cuisson.

6. Les haricots étant cuits, égouttez-les, enlevez la gousse d'ail, ajoutez-leur les oignons en rondelles, l'huile et 6 tours de moulin à poivre. Egouttez le thon au naturel, coupez-le en gros morceaux et disposez-le sur les haricots pour servir froid, chaud ou tiède.

MON SECRET : *J'utilise pour cette recette une bonne huile d'olive vierge.*

HARICOTS A LA TOSCANE

230 calories

Des haricots blancs bien moelleux.

Préparation : 10 minutes
(+ 1 heure de trempage pour les haricots)
Cuisson : 2 h 45

Pour 6 personnes :

1 tasse 1/2 de haricots blancs secs (tasse à thé)
3/4 de tasse d'huile d'olive
8 oignons
10 branches de persil
1/2 cuillerée à café de sel
poivre noir

1. Lavez les haricots sous le robinet d'eau courante.

2. Mettez-les les dans une casserole, couvrez-les d'eau. Placez-les sur le feu. Dès l'ébullition, retirez la casserole du feu et laissez tremper pendant 1 heure. Au bout de ce temps, égouttez-les, remettez-les dans la casserole, couvrez-les d'eau froide et faites chauffer jusqu'à ébullition. Couvrez et baissez le feu de façon que le liquide n'ait qu'un faible bouillonnement et laissez cuire pendant 2 h 30. Salez à mi-cuisson. Egouttez les haricots.

3. Pelez les oignons et coupez-les en tranches fines.

4. Lavez le persil et hachez-le finement.

5. Chauffez l'huile dans une poêle, mettez-y à dorer les oignons, retirez la poêle du feu, mélangez les haricots et les oignons, ajoutez 6 tours de moulin à poivre. Versez dans un saladier, laissez refroidir et saupoudrez de persil haché.

MON SECRET : *Saler à mi-cuisson, ce qui empêche les haricots de durcir.*

LENTILLES AU CHORIZO

760 calories

Des lentilles aux tomates, relevées au chorizo bien pimenté.

Préparation : 30 minutes
(+ 12 heures de trempage)
Cuisson :
1 h 30 pour les lentilles
15 minutes pour le chorizo

Pour 4 personnes :

500 g de lentilles
2 oignons
1 gousse d'ail

1. Douze heures avant la cuisson, couvrez les lentilles d'eau froide. Laissez tremper.

2. Deux heures avant de servir, égouttez les lentilles et mettez-les dans une casserole, recouvertes d'eau froide. Faites chauffer doucement et laissez cuire à petit feu trois quarts d'heure. Ajoutez alors une cuillerée à café de gros sel et poursuivez la cuisson doucement encore trois quarts d'heure.

3. Quinze minutes avant la fin de la cuisson des lentilles, émincez les oignons finement

2 cuillerées à soupe d'huile
250 g de chorizo
1 pincée de poudre de piment rouge
500 g de tomates
sel
persil haché (1 cuillerée à soupe)

et hachez l'ail. Pelez les tomates, coupez-les en quartiers et épépinez-les. Coupez le chorizo en minces tranches.

4. Faites chauffer l'huile dans une cocotte et faites-y revenir l'oignon et l'ail. Saupoudrez de piment et ajoutez les quartiers de tomate et le persil haché. Tournez vivement sur le feu, puis salez et ajoutez le chorizo en rondelles.

5. Egouttez les lentilles, mettez-les dans la cocotte et laissez mijoter doucement une quinzaine de minutes. Versez dans un plat et servez très chaud.

MON SECRET : *Il y a deux espèces de chorizo : doux et piquant. Si vous utilisez ce dernier, vous pouvez vous abstenir de pimenter, à moins que vous n'aimiez les plats vraiment très relevés.*

LENTILLES AU CHOU

450 calories

Lentilles et chou vert en purée épicée.

Préparation : 20 minutes (+ 12 heures de trempage)
Cuisson : 1 h 45

Pour 6 personnes :

500 g de lentilles
1 petit oignon et 1 gros
1 piment rouge
la moitié d'un petit chou vert
100 g de beurre (ou 1/2 verre d'huile)
1 gousse d'ail
1 cuillerée à soupe de curry en poudre
1 cuillerée à café de concentré de tomate
1 filet de jus de citron
sel, poivre

1. Faites tremper les lentilles dans l'eau froide.

2. Deux heures avant de servir, pelez le petit oignon et égrenez le piment. Mettez-les avec les lentilles égouttées dans une casserole et recouvrez d'eau froide. Laissez cuire 45 minutes à petit feu.

3. Ajoutez alors un peu de sel, puis le chou coupé en lanières. Remettez cuire 45 minutes au moins (jusqu'à ce que les lentilles soient presque en purée).

4. Quinze minutes avant la fin de la cuisson, pelez et hachez finement l'ail et l'oignon. Faites-les revenir dans la matière grasse. Ajoutez le curry, laissez cuire 2 ou 3 minutes, puis incorporez le concentré de tomate. Ajoutez enfin les lentilles et le chou qui ont pratiquement absorbé leur eau. Salez, citronnez et laissez encore mijoter 10 minutes.
Servez bien chaud.

MON SECRET : *J'utilise un petit chou de Milan entier que je blanchis quelques minutes à l'eau bouillante avant de le découper.*

LENTILLES A LA DIJONNAISE

475 calories

Un bon plat rustique de lentilles relevées d'une sauce au jambon et à la moutarde.

Préparation : 25 minutes
(+ 12 heures de trempage)
Cuisson : 1 h 30

Pour 6 personnes :

150 g de jambon ou de restes de viande
500 g de lentilles
50 g de beurre
2 oignons
2 cuillerées à soupe de farine
2 verres de bouillon
2 cuillerées à soupe de moutarde de Dijon
sel

1. Douze heures avant la cuisson, faites tremper les lentilles dans l'eau froide.

2. Une heure et demie avant de servir, mettez celles-ci, bien égouttées, dans une casserole avec 1 oignon entier et recouvrez juste d'eau. Portez doucement à ébullition et laissez cuire 45 minutes à petit feu. Ajoutez alors 1 cuillerée à café de gros sel et laissez encore cuire 45 minutes tout doucement.

3. Quinze minutes avant la fin de la cuisson des lentilles, hachez l'oignon restant et coupez le jambon en petits morceaux.

4. Faites fondre le beurre dans une poêle pour y faire revenir la viande et le hachis d'oignon. Saupoudrez de farine, tournez vivement et mouillez avec le bouillon. Laissez cuire quelques minutes pour faire épaissir, assaisonnez de sel, poivre et moutarde.

5. Mêlez cette sauce aux lentilles égouttées, et servez bien chaud.

MON SECRET : *J'utilise de la moutarde à l'ancienne où le grain est présent, moins liante mais plus « goûteuse » à cause de ces fines aspérités.*

LENTILLES AUX ÉPINARDS

540 calories

Lentilles et épinards en branches sont liés par une sauce aux épices.

Préparation : 30 minutes
(+ 12 heures de trempage)
Cuisson : 1 h 30

Pour 6 personnes :

500 g de lentilles
500 g d'épinards en branches (crus)
6 petits oignons
2 piments rouges (frais ou en conserve)

1. Douze heures avant la cuisson, faites tremper les lentilles dans l'eau froide.

2. Deux heures avant de servir, égouttez les lentilles et lavez les épinards à grande eau. Pelez les petits oignons et épépinez les piments.

3. Mettez tout ceci dans une casserole d'eau, salez et laissez cuire doucement 1 h 15 environ pour que les lentilles soient bien tendres.

4. Dix minutes avant la fin de la cuisson, faites sauter au beurre ou à l'huile dans une poêle toutes les épices avec l'oignon et l'ail hachés.

Pour l'assaisonnement :
150 g de beurre
ou 3/4 de verre d'huile
1 oignon
finement haché
1 gousse d'ail
finement hachée
2 clous de girofle
2 cardamomes
en grains
1 cuillerée à café
de cannelle
1/2 cuillerée à café
de curcuma
1/2 cuillerée à café
de cumin en poudre
sel

Laissez dorer 2 ou 3 minutes, puis ajoutez lentilles et épinards (égouttés s'il reste du jus dans la casserole). Salez et laissez mijoter encore 10 minutes à petit feu.

5. Versez dans un plat creux et servez bien chaud.

MON SECRET : *Au lieu de lentilles brunes dites « du Chili », utilisez des petites lentilles vertes dites « du Puy » qui, un peu plus fermes, ne se défont pas à la cuisson.*

LENTILLES AU FROMAGE BLANC

710 calories

Un plat de lentilles épicées, servies chaudes accommodées de fromage blanc et de noix de coco.

Préparation : 20 minutes
(+ 12 heures de trempage)
Cuisson : 1 h 30

Pour 6 personnes :

500 g de lentilles
2 gros oignons
2 gousses d'ail
4 piments rouges (frais, secs ou en conserve)
1 cuillerée à café
de curcuma en poudre
200 g de noix
de coco râpée
1 pot de 250 g
de fromage blanc frais
100 g de beurre
(ou 1/2 verre d'huile)
sel

1. Douze heures avant la cuisson des lentilles, faites-les tremper dans l'eau froide.

2. Une heure et demie avant de servir, égouttez les lentilles. Mettez-les dans une casserole et recouvrez juste d'eau froide. Laissez cuire doucement 45 minutes puis salez et laissez encore cuire doucement 30 minutes.

3. Quinze minutes avant la fin de la cuisson des lentilles, hachez finement l'oignon, l'ail et le piment.

4. Faites sauter tous ces ingrédients dans la matière grasse, ainsi que le curcuma. Laissez cuire quelques minutes.

5. Egouttez les lentilles. Versez-les dans le hachis sauté, ajoutez le coco râpé et le fromage frais. Amalgamez bien le tout, salez et chauffez encore quelques instants. Versez dans un plat creux et servez sans attendre.

MON SECRET : *Comme j'utilise généralement de la noix de coco sèche, je la mélange à 2 cuillerées à soupe de crème fraîche.*

LENTILLES A L'INDIENNE

540 calories

Des lentilles cuites à l'eau et liées dans une sauce aux épices.

Préparation : 15 minutes
(+ 12 heures de trempage)
Cuisson : 1 h 45

Pour 6 personnes :

500 g de lentilles
200 g de beurre
(ou 1 verre d'huile)
1 oignon
1 gousse d'ail
2 cuillerées à soupe de vinaigre
1 cuillerée à soupe de coriandre en poudre
1 cuillerée à soupe de curcuma
1/2 cuillerée à soupe de cumin en poudre
1/2 cuillerée à soupe de piment rouge en poudre
sel

1. Douze heures avant la cuisson, faites tremper les lentilles dans l'eau froide.

2. Deux heures avant de servir, faites dans un bol une pâte épaisse avec le vinaigre, la coriandre, le curcuma, le cumin et le piment rouge.

3. Epluchez et hachez finement l'oignon et l'ail.

4. Egouttez les lentilles.

5. Mettez les lentilles dans une casserole, recouvrez-les d'eau froide et laissez cuire doucement 45 minutes. Salez, puis laissez encore sur le feu 30 minutes.

6. Dans une poêle, faites revenir au beurre le hachis d'ail et d'oignon, 2 ou 3 minutes. Ajoutez la pâte d'épices et continez à faire sauter. Ajoutez alors les lentilles égouttées et laissez mijoter encore 10 minutes avant de servir.

MON SECRET : *Quand les lentilles sont bien imprégnées de la sauce, juste avant de servir, j'ajoute un filet de citron.*

LENTILLES A LA MEXICAINE

635 calories

Une épaisse purée de lentilles au porc fumé, servie avec des bananes ou des ananas frais.

Préparation : 15 minutes
(+ 12 heures de trempage)
Cuisson : 1 h 30

Pour 6 personnes :

3 tranches de 200 g environ de poitrine de porc fumée
1 oignon
500 g de lentilles
1/2 tasse de sauce tomate (ou de concentré

1. Douze heures avant la cuisson, faites tremper les lentilles dans l'eau froide.

2. Egouttez-les 2 heures avant de servir.

3. Coupez en petits morceaux la poitrine fumée et l'oignon.

4. Faites chauffer l'huile dans une cocotte et mettez-y le porc et les oignons à dorer. Ajoutez ensuite la sauce tomate, sel et poivre. Mouillez avec 2 litres d'eau au moins. Versez dans la cocotte les lentilles qui doivent être complètement recouvertes. Faites cuire à feu très doux et à couvert environ 1 h 30. Les

de tomate dilué dans un peu d'eau)
6 bananes ou la même quantité d'ananas frais
sel, poivre
2 cuillerées à soupe d'huile

lentilles doivent être tendres et le bouillon de cuisson épais.

5. Disposez dans le fond d'un plat de service creux les bananes en rondelles (ou les ananas en dés). Versez dessus la préparation et servez aussitôt.

MON SECRET : *Quand j'utilise de l'ananas en boîte, plus sucré, j'ajoute à la cuisson des lentilles 1 ou 2 piments langue d'oiseau.*

LENTILLES AU TAPIOCA

320 calories

Une préparation qui rend ces légumes secs très digestes.

Préparation : 10 minutes (+ 12 heures de trempage)
Cuisson : 1 h 40

Pour 6 personnes :

500 g de lentilles
1 oignon
3 carottes
1 cuillerée à soupe de tapioca
sel

1. Faites tremper les lentilles pendant 12 heures dans l'eau froide.

2. Epluchez les carottes et l'oignon et coupez-les en gros tronçons.

3. Mettez les lentilles égouttées, les carottes et l'oignon dans un fait-tout avec 2 litres d'eau froide et 2 cuillerées à soupe de gros sel. Poivrez et portez à ébullition.

4. Laissez cuire 1 h 30, sans couvercle.

5. Délayez le tapioca dans un peu d'eau froide ; versez dans le fait-tout et laissez cuire encore 10 minutes.

6. Passez au mixer ou au presse-purée. Servez bien chaud.

MON SECRET : *Une recette que l'on peut faire avec des lentilles en boîte. D'où 1 h 30 de gain de temps !*

LENTILLES A LA TOMATE

580 calories

Cuites en casserole, puis au four, les lentilles sont nappées de purée de tomates et garnies de saucisses.

Préparation : 30 minutes (+ 12 heures de trempage)
Cuisson : 1 h 30

Pour 6 personnes :

500 g de lentilles
1 oignon

1. Douze heures avant la cuisson, faites tremper les lentilles dans l'eau froide.

2. Deux heures avant de servir, épluchez et hachez finement l'ail, l'oignon, le persil et le céleri.

3. Egouttez les lentilles. Jetez-les dans 2 litres d'eau bouillante. Ajoutez le hachis de légumes et d'herbes. Laissez cuire tout douce-

1 cuillerée à soupe de persil haché
1/2 gousse d'ail
1 pied de céleri
50 g de beurre
2 cuillerées à soupe de purée de tomates (ou concentré dilué)
6 à 8 saucisses fumées
sel, poivre

ment 1 heure environ, jusqu'à ce que les lentilles soient tendres. Salez à mi-cuisson.

4. Egouttez-les et mettez l'eau de cuisson en réserve pour en faire un potage.

5. Mettez les lentilles dans un plat à four beurré. Etendez dessus la purée de tomates et disposez les saucisses. Mettez au four (thermostat 4) 30 minutes et servez chaud dans le plat de cuisson.

MON SECRET : *Des merguez préalablement piquées à la fourchette pour qu'elles n'éclatent pas remplacent très bien les saucisses fumées.*

PETITS POIS A L'ANGLAISE

145 calories

Tout simplement cuits à l'eau et servis avec du beurre frais.

Préparation : 30 minutes
Cuisson : 20 minutes

Pour 6 personnes :

2 kg de petits pois non écossés
75 g de beurre
sel, poivre

1. Ecossez les petits pois.

2. Mettez dans une casserole 2 litres d'eau salée (à raison d'une cuillerée à soupe de gros sel par litre d'eau). Chauffez.

3. Jetez les petits pois dans l'eau bouillante et laissez-les cuire sans couvercle et à feu vif 15 minutes si vous les aimez encore fermes, 20 minutes si vous les aimez plus tendres.

4. Egouttez. Versez dans un plat et parsemez de petites noisettes de beurre. Mélangez au moment de servir.

MON SECRET : *Très important : la qualité du beurre dans cette recette « au naturel ». Le meilleur est un beurre fermier doux, non pasteurisé.*
Il faut servir les petits pois immédiatement égouttés, ils jaunissent si on les laisse attendre trop longtemps.

PETITS POIS A LA FLORENTINE F 615 calories

Avec des petits dés de jambon.

Préparation : 15 minutes
Cuisson : 15 minutes

Pour 4 personnes :

750 g de petits pois écossés ou 1 paquet de petits pois surgelés
1 gousse d'ail
100 g de jambon en 1 seule tranche
1/2 tasse d'eau
12 branches de persil
1/4 de tasse d'huile
sel, poivre blanc

1. Pelez la gousse d'ail, écrasez-la sous une lame de couteau.
2. Coupez le jambon en petits dés.
3. Lavez le persil, hachez finement les feuilles.
4. Mettez petits pois, ail, jambon, persil, huile ensemble dans une casserole avec l'eau ; chauffez jusqu'à ébullition, laissez cuire à feu doux pendant 15 minutes et servez.

MON SECRET : *A faire aussi avec des petits pois en boîte. Dans ce cas, inutile d'ajouter de l'eau et 5 à 6 minutes de réchauffage suffisent.*

PETITS POIS A LA FRANÇAISE 220 calories

Une cuisson simple qui conserve toute leur saveur aux petits pois.

Préparation : 20 minutes
Cuisson : 50 minutes

Pour 6 personnes :

2 kg de petits pois non écossés
80 g de beurre
4 oignons moyens
2 laitues
1 cuillerée à café

1. Ecossez les petits pois.
2. Faites fondre le beurre dans une cocotte et, sans attendre qu'il chante, versez les petits pois. Secouez la cocotte pour enrober tous les pois de beurre, couvrez et laissez mijoter 20 minutes à feu très doux.
3. Pendant la cuisson des pois, épluchez les oignons et lavez soigneusement la salade.
4. Au bout des 20 minutes, ajoutez dans la cocotte les laitues et les oignons entiers. Salez, poivrez et saupoudrez avec le sucre.

de sucre en poudre
sel, poivre

5. Remettez le couvercle sur la cocotte (si vous utilisez une cocotte équipée d'un couvercle à réserve d'eau, versez un verre d'eau sur le couvercle). Laissez mijoter à très petit feu pendant une demi-heure, en veillant à ce qu'il reste toujours assez d'humidité dans la cocotte.

6. Versez dans un plat creux et servez chaud. Ajoutez, si vous le désirez, une bonne noix de beurre.

MON SECRET : *Je réserve cette recette aux tendres petits pois nouveaux du printemps. Quant aux pois un peu plus durs, je les cuis de la même façon mais pendant une bonne heure et en ajoutant des lardons.*

POIS CHICHES A LA CATALANE

1 045 calories

Pois chiches, tomates, chorizo et lard fumé mijotés en cocotte.

Préparation : 5 minutes
Cuisson : 20 minutes

Pour 4 personnes :

1 grosse boîte de pois chiches au naturel
150 g de chorizo
125 g de lard fumé
1 bouquet garni
1 petite boîte de tomates pelées (4 tomates)
2 cuillerées à soupe d'huile

1. Coupez 125 g de lard en bâtonnets et 150 g de chorizo en tranches, épépinez les tomates et hachez-les grossièrement.

2. Faites chauffer 2 cuillerées à soupe d'huile dans une cocotte et mettez dorer les lardons puis les tranches de chorizo. Ajoutez les tomates en morceaux et le bouquet garni. Laissez cuire doucement 5 minutes.

3. Pendant ce temps, ouvrez la boîte de pois chiches ; versez-les avec leur jus dans la cocotte. Couvrez et laissez mijoter 10 minutes. Servez bien chaud.

MON SECRET : *Une gousse d'ail dans la cocotte, même deux pour ceux qui en aiment le parfum.*

POIS CHICHES EN SALADE

775 calories

Pois chiches et rondelles d'oignons en vinaigrette.

Préparation : 10 minutes
Pas de cuisson

Pour 4 personnes :

1 boîte 4/4 de pois chiches au naturel
4 petits oignons
3 cuillerées à soupe de vinaigre de vin
6 cuillerées à soupe d'huile d'olive
1 cuillerée à soupe de persil haché
sel, poivre

1. Epluchez et coupez 4 petits oignons en rondelles fines.

2. Dans un saladier, mélangez 3 cuillerées à soupe de vinaigre de vin, 6 cuillerées à soupe d'huile d'olive, le sel et le poivre. Ajoutez les oignons.

3. Ouvrez la boîte de pois chiches. Egouttez-les et versez-les dans le saladier. Saupoudrez d'une cuillerée à soupe de persil haché. Laissez-les macérer quelques instants avant de servir.

MON SECRET : *J'ajoute quelques filets d'anchois et un petit piment coupé en minces lamelles.*

PURÉE DE PETITS POIS F

200 calories

La garniture printanière du veau.

Préparation : 20 minutes
Cuisson : 25 minutes

Pour 6 personnes :

2 kg de pois non écossés
30 g de beurre
1 laitue
1 oignon
80 g de crème fraîche
sel, poivre

1. Ecossez les petits pois. Pelez l'oignon. Lavez la laitue.

2. Cuisez le tout ensemble 20 minutes à l'eau bouillante salée. Egouttez. Passez à la moulinette.

3. Ajoutez le beurre et la crème fraîche. Poivrez. Mélangez. Chauffez 3 minutes et servez.

MON SECRET : *Une version rapide de cette recette avec petits pois en boîte. La purée est prête en 10 minutes. N'oubliez pas le poivre.*

XIII

Pommes de Terre, Pâtes et Riz

ALIGOT

715 calories

Une pâte de pommes de terre et de cantal fondu.

Préparation : 20 minutes
Cuisson : 45 minutes

Pour 4 personnes :

1 kg de pommes de terre
400 g de cantal frais en fines lamelles
3 cuillerées à soupe de crème fraîche
50 g de beurre
1 gousse d'ail
sel

1. Epluchez les pommes de terre, faites-les cuire à l'eau salée.

2. Egouttez-les, réduisez-les en purée fine dans une casserole. Ajoutez le beurre, mélangez bien sur feu doux.

3. Hors du feu, incorporez l'ail écrasé puis, petit à petit, les lamelles de cantal, en grattant bien le fond de la casserole et en soulevant la pâte à la spatule en bois afin de l'étirer.

4. Ajoutez la crème et continuez à travailler la pâte de 10 à 15 minutes en la replaçant de temps en temps sur le feu pour la maintenir bien chaude.
L'aligot se sert dans la casserole de cuisson.

MON SECRET : *A servir bien chaud avec des saucisses grillées ou poêlées.*

COQUILLETTES AU BEURRE

290 calories

Des pâtes de bonne qualité simplement assaisonnées.

Préparation : 5 minutes
Cuisson : 10 à 12 minutes

Pour 6 personnes :

400 g de coquillettes
80 g de beurre
100 g de gruyère
sel, poivre

1. Dans une casserole assez grande, faites bouillir au moins 3 litres d'eau salée (avec 2 cuillerées à café de gros sel par litre d'eau).

2. Dès qu'elle bout, versez-y les pâtes et laissez sur feu très vif pour que l'ébullition reprenne très vite.

3. Laissez cuire assez vivement pendant 10 minutes environ à partir de la reprise de l'ébullition et sans couvrir.

4. Egouttez les coquillettes. Versez-les dans le plat de service. Mélangez avec beurre, fromage, et servez sans attendre.

MON SECRET : *Poivrer au moulin au moment de servir, sauf si le plat est destiné à de jeunes enfants.*

COQUILLETTES A LA MÉDITERRANÉENNE

405 calories

Une fraîche salade de poisson, d'œufs et de coquillettes.

Préparation : 10 minutes
Cuisson :
10 minutes
pour les coquillettes
10 minutes pour les œufs

Pour 6 personnes :

250 g de coquillettes
800 g environ de poisson froid cuit au court-bouillon (merlan, colin, morue, saint-pierre)
2 œufs
1 vingtaine d'olives noires
5 cuillerées à soupe d'huile
1 citron
sel, poivre

1. Jetez les coquillettes dans de l'eau bouillante salée et laissez-les cuire 10 minutes.

2. Mettez les œufs à durcir dans l'eau bouillante 10 minutes.

3. Egouttez et refroidissez le tout.

4. Epluchez et effeuillez le poisson. Ajoutez les coquillettes soigneusement égouttées. Versez dessus le jus du citron et l'huile. Salez et poivrez. Mélangez bien.

5. Dénoyautez les olives et répartissez-les sur le dessus du saladier. Enlevez les coquilles et coupez les œufs en rondelles. Décorez-en la salade. Servez bien frais.

MON SECRET : *Dans cette salade de coquillettes, on peut ajouter du thon ou des restes de poisson blanc au court-bouillon.*

COQUILLETTES A LA NIÇOISE

415 calories

Les coquillettes en vinaigrette sont parsemées d'un hachis d'herbes, d'œuf et d'olives.

Préparation : 15 minutes
Cuisson : 10 minutes

Pour 4 personnes :

400 g de pâtes
2 cuillerées à soupe d'huile
1 cuillerée à soupe de vinaigre
1 œuf dur
100 g d'olives noires
persil
moutarde
sel, poivre

1. Jetez les coquillettes dans une grande casserole d'eau bouillante salée et laissez-les cuire 10 minutes.

2. Pendant ce temps, écalez l'œuf dur et passez-le à la moulinette. Dénoyautez les olives. Hachez-les ainsi que le persil.

3. Dans un saladier, faites une vinaigrette face encore 6 à 8 minutes et servez sans le poivre.

4. Egouttez les coquillettes et mettez-les dans le saladier. Mélangez bien et parsemez la surface avec le hachis d'œufs, de persil et d'olives.

MON SECRET : *A la bonne saison, je remplace le persil par du basilic frais et parfumé.*

CROQUETTES DE POMMES DE TERRE

330 calories

Une recette simple et rapide pour accompagner viandes ou poissons.

Préparation : 15 minutes
Cuisson : 10 minutes

Pour 6 personnes :

1 paquet de purée instantanée
3 œufs entiers et 1 jaune
3 cuillerées à soupe de chapelure
1 bassine d'huile de friture
sel, poivre

1. Préparez la purée selon le mode d'emploi en la faisant assez sèche.
2. Mélangez à la purée un œuf entier plus un œufs restants.
3. Chauffez le bain de friture. Battez les deux œufs restant.
4. Façonnez à la main des petites boulettes légèrement aplaties. Passez chaque boulette dans les œufs battus puis dans la chapelure.
5. Jetez dans la friture bouillante 5 ou 6 croquettes à la fois et laissez cuire 10 minutes en retournant à mi-cuisson.
6. Egouttez et servez sur un plat garni de papier absorbant plié en plusieurs épaisseurs.

MON SECRET : *A accompagner d'une sauce tomate.*

CROQUETTES DE POMMES DE TERRE AU PARMESAN

680 calories

Enrichies de parmesan et de muscade, les croquettes sont panées et dorées à la poêle.

Préparation : 20 minutes
(+ 1 heure de repos)
Cuisson : 35 minutes

Pour 6 personnes :

1 kg de pommes de terre
80 g de beurre
3 œufs + 1 jaune d'œuf
1/2 tasse de parmesan râpé

1. Faites cuire les pommes de terre sans les peler pendant 25 minutes. Egouttez-les, pelez-les et passez-les à la moulinette pour obtenir une purée sèche.
2. Ajoutez à cette purée le beurre, un œuf entier, le jaune d'œuf, le fromage, le sel, le poivre et la muscade. Battez avec une fourchette pour bien mélanger. Laissez refroidir cette préparation dans le réfrigérateur pendant une heure.
3. Avec la purée, façonnez 12 croquettes.
4. Battez les 2 œufs qui restent.

1/2 tasse de chapelure
2 tasse d'huile d'arachide
2 pincées de noix muscade
sel, poivre blanc

5. Trempez les croquettes dans les œufs battus, passez-les dans la chapelure.

6. Chauffez l'huile dans une grande poêle. Dès qu'elle est chaude, mettez-y à dorer sur toutes leurs faces les croquettes et servez-les dès qu'elles sont bien dorées.

MON SECRET : *Je mêle à la purée du persil haché, au moins 3 cuillerées à soupe.*

ESTOUFFADE DE POMMES DE TERRE

350 calories

Un gâteau de pommes de terre gratinées au four avec des oignons et du fromage.

Préparation : 20 minutes
Cuisson : 50 minutes

Pour 6 personnes :

1 kg de pommes de terre
6 oignons
100 g de gruyère râpé
30 g de beurre
3 ou 4 feuilles de laurier
sel, poivre
fines herbes

1. Pelez, lavez et coupez les pommes de terre en rondelles fines. Pelez et émincez les oignons. Hachez les fines herbes.

2. Beurrez un plat ou une cocotte allant au feu. Disposez dans le fond une couche de pommes de terre. Saupoudrez de sel, poivre et d'une feuille de laurier que vous « chiffonnerez » entre vos mains. Recouvrez d'une couche d'oignon. Saupoudrez de fromage et continuez ainsi jusqu'à épuisement des légumes. Terminez par une couche de gruyère et parsemez de noisettes de beurre.

3. Démarrez la cuisson sur feu doux, à couvert. Laissez cuire 20 minutes.

4. Au bout de 10 minutes, allumez votre four (thermostat 5).

5. Au bout des 20 minutes, retirez le couvercle et placez la cocotte dans le four où la cuisson se prolongera 30 minutes environ (les pommes de terre doivent devenir fondantes). Servez aussitôt, dans le plat de cuisson après avoir saupoudré de fines herbes.

MON SECRET : *Il existe dans le commerce des pommes de terre émincées précuites et des oignons lyophilisés que j'utilise quand j'ai vraiment très peu de temps : préparation inexistante et cuisson réduite.*

GALETTE DE POMMES DE TERRE

525 calories

Une savoureuse omelette de pommes de terre râpées et finement assaisonnées.

Préparation : 15 minutes
Cuisson : 15 minutes

Pour 4 personnes :

700 g de grosses pommes de terre à chair ferme
1 gros oignon
2 œufs
1 cuillerée à café de persil haché
1 verre d'huile
sel, poivre
muscade râpée

1. Pelez, lavez et épluchez les pommes de terre. Râpez-les grossièrement ou passez-les à la moulinette (grosse grille). Mettez le hachis dans une passoire, salez largement et laissez dégorger 5 à 10 minutes.

2. Versez les pommes de terre râpées dans un saladier avec l'oignon émincé, le persil haché, les œufs, le poivre, la muscade et encore un peu de sel. Mélangez bien à la fourchette pour obtenir une préparation homogène.

3. Mettez l'huile à chauffer dans une grande poêle. Versez le mélange et aplatissez à la fourchette pour former une galette. Laissez dorer 6 à 8 minutes, puis retournez la galette à l'aide d'une spatule. Laissez cuire l'autre face encore 6 à 8 minutes et servez sans attendre.

MON SECRET : *Une gousse d'ail râpée en même temps que les pommes de terre en relève finement le goût qui s'associe bien à celui de la muscade.*

GATEAU DE PATES

665 calories

Jambon et roquefort anoblissent ce soufflé de pâtes au lait.

Préparation : 15 minutes
Cuisson : 25 à 30 minutes

Pour 4 personnes :

250 g de nouillettes
50 g de beurre
1 litre de lait
75 g de jambon
3 œufs
100 g de roquefort
1 pincée

1. Faites chauffer le lait, salez et poivrez. Lorsqu'il bout, jetez dedans les pâtes et laissez-les cuire le temps indiqué sur le paquet, temps qui varie selon les marques. Les pâtes étant cuites ne les égouttez pas.

2. Battez les œufs en omelette.

3. Coupez le jambon en tout petits dés.

4. Ecrasez le roquefort avec une fourchette.

5. Aux œufs battus en omelette ajoutez le roquefort écrasé, le jambon, le beurre fondu, la muscade râpée. Poivrez mais ne salez pas.

de muscade râpée
sel, poivre

6. Hors du feu ajoutez cette préparation aux pâtes toujours non égouttées.

7. Beurrez un moule à soufflé, versez-y la préparation et faites cuire à four bien chaud (thermostat 7-8) pendant 15 minutes. Vous pouvez servir dans le plat de cuisson ou démouler à la sortie du four.

MON SECRET : *Je n'achète jamais du roquefort précoupé et emballé sous cellophane. Il est plus sec, moins crémeux que celui que le fromager prélève sur la meule à votre demande.*

GNOCCHI AUX POMMES DE TERRE

365 calories

Largement arrosés de sauce tomate, beurre fondu, fromage râpé.

Préparation : 30 minutes
Cuisson : 35 minutes

Pour 6 personnes :

1 kg de pommes de terre d'une qualité très sèche et bien ferme
2 jaunes d'œufs
1 cuillerée à café de sel fin
1 tasse 1/3 de farine
100 g de beurre
gros sel

1. Lavez les pommes de terre et faites-les cuire à l'eau bouillante salée pendant 20 à 25 minutes environ sans les peler. Egouttez-les, pelez-les, remettez-les dans la casserole sur feu doux pour complètement les sécher. Puis écrasez-les en purée très fine. A cette purée ajoutez les jaunes d'œufs, le sel fin, juste assez de farine pour faire une pâte. Mélangez bien cette pâte en la travaillant avec une cuiller en bois et ajoutez-lui 20 grammes de beurre. Mélangez de nouveau.

2. Sur une planche légèrement farinée, roulez la pâte en lui donnant la forme d'un boudin de la grosseur d'un doigt, coupez ce boudin en morceaux de 2 à 3 centimètres de long.

3. Faites-les cuire à l'eau bouillante salée jusqu'à ce qu'ils remontent à la surface, ce qui prend 10 minutes environ. Retirez les gnocchi de leur eau de cuisson avec l'écumoire, servez-les avec le restant de beurre fondu et du fromage râpé ou avec une sauce tomate.

MON SECRET : *J'arrive à préparer des gnocchi à base d'une purée faite avec une boîte de préparation instantanée. Je gagne ainsi du temps. Mais pour réussir, il faut que la purée soit très sèche, donc y ajouter moins de lait que ne l'indique le mode d'emploi.*

GNOCCHI A LA ROMAINE

500 calories

Semoule, beurre, fromage en couches onctueuses.

Préparation : 30 minutes
Cuisson : 25 minutes

Pour 6 personnes :

1 tasse 1/4
de semoule fine
4 tasses de lait
120 g de beurre
3 œufs
1 tasse
de parmesan râpé
sel

1. Faites chauffer le lait avec le sel et 20 grammes de beurre. Quand le lait bout, versez-y en pluie la semoule en remuant régulièrement avec une cuiller en bois jusqu'à épaississement. Laissez mijoter 10 minutes et retirez du feu.

2. Ajoutez en battant avec une fourchette les œufs et 1/4 de tasse de fromage râpé.

3. Versez dans un plat beurré en couche de 1 centimètre 1/2 environ ou étendez sur une planche humide. Laissez refroidir. Coupez cette pâte refroidie en morceaux ronds ou carrés de 2 à 3 centimètres de large environ (pour faire des gnocchi ronds utilisez un verre).

4. Faites fondre le reste du beurre.

5. Dans un plat allant au four mettez les gnocchi en couches superposées en arrosant chaque couche de beurre fondu et en saupoudrant de fromage râpé.

6. Mettez à cuire à four chaud (thermostat 8) pendant 10 minutes environ jusqu'à ce que les gnocchi soient bien dorés.

MON SECRET : *J'ajoute au lait une pincée de noix muscade.*

GRATIN DAUPHINOIS

600 calories

La vraie recette de ce célèbre plat savoyard.

Préparation : 15 minutes
Cuisson : 1 h 15 environ

Pour 4 personnes :

1,500 kg de pommes
de terre à chair jaune
(de Hollande, par ex.)
1/2 litre de crème
fraîche
50 g de beurre

1. Epluchez et lavez les pommes de terre. Essuyez-les soigneusement et coupez-les en minces rondelles.

2. Mettez-les dans une terrine, assaisonnez-les de sel, de poivre et d'un rien de cannelle râpée.

3. Frottez l'intérieur d'un plat à gratin avec la gousse d'ail. Beurrez le plat.

4. Disposez les pommes de terre en couches et versez la crème fraîche par-dessus de façon à recouvrir toutes les pommes de terre.

1 gousse d'ail
1 pointe de cannelle râpée
sel, poivre

Parsemez la surface du plat de noisettes de beurre.

5. Mettez à cuire à four moyen, plutôt doux (thermostat 5) pendant 1 heure 1/4. Quelques minutes avant la fin de la cuisson, augmentez la puissance du feu pour faire dorer le dessus. Servez aussitôt, le gratin n'aime pas attendre.

MON SECRET : *La tradition veut que l'on frotte l'intérieur du plat non seulement avec de l'ail mais aussi avec un petit navet cru. Essayez, la saveur du gratin s'en ressent agréablement.*

GRATIN DE POMMES DE TERRE

235 calories

De minces rondelles aillées cuites au four.

Préparation : 15 minutes
Cuisson : 1 heure

Pour 6 personnes :

1 kg de pommes de terre à chair ferme
6 à 8 gousses d'ail
1 ou 2 feuilles de laurier
1 verre d'huile d'olive
sel, poivre

1. Epluchez les pommes de terre, lavez et épongez-les. Coupez-les en minces rondelles.

2. Huilez un plat en terre. Disposez les pommes de terre en couches en y intercalant les gousses d'ail et les feuilles de laurier. Salez et poivrez entre chaque couche.

3. Arrosez avec l'huile et un petit verre d'eau.

4. Faites cuire au four, à chaleur moyenne, plutôt douce, pendant une heure. La chaleur du four doit être très régulière.

MON SECRET : *Avant d'huiler le plat en terre, je le frotte avec une gousse d'ail.*

HACHIS PARMENTIER

540 calories

Pour utiliser des restes de pot-au-feu.

Préparation : 20 minutes
Cuisson : 40 minutes

Pour 6 personnes :

400 g de bœuf bouilli
100 g de lard fumé

1. Pelez et lavez les pommes de terre et coupez-les en quartiers. Jetez-les dans une casserole d'eau bouillante et laissez-les cuire 15 minutes.

2. Pendant ce temps, hachez le bœuf, le lard fumé et le persil.

3. Dans une petite poêle, faites fondre l'oi-

Génoise. *(Recette page 829)*

Salade de fruits. *(Recette page 797)*

Beignets de pommes. *(Recette page 810)*

Moka hérisson. *(Recette page 832)*

100 g de mie de pain
1/2 verre de lait
+ 1/2 litre
pour la purée
1 oignon
100 g de beurre
1 œuf
quelques brins de persil
1 kg de pommes
de terre
100 g de gruyère râpé
sel, poivre

gnon émincé dans 30 g de beurre, sans le laisser prendre couleur.

4. Trempez la mie de pain dans le demi-verre de lait tiède.

5. Mélangez dans une jatte le bœuf, le lard, le persil, l'oignon et la mie de pain trempée. Ajoutez l'œuf entier, assaisonnez de sel et de poivre, et amalgamez bien le tout.

6. Egouttez les pommes de terre, et passez-les au presse-purée. Ajoutez-leur le demi-litre de lait chaud, salez et poivrez.

7. Allumez votre four (thermostat 6-7).

8. Dans un grand plat à gratin, répartissez le hachis en une couche bien plane. Etendez dessus la purée dont vous aplanirez aussi la surface. Saupoudrez de gruyère râpé (ou de chapelure). Parsemez de noisettes de beurre et mettez assez haut dans le four 20 minutes. Servez chaud dans le plat de cuisson.

MON SECRET : *Je cuis les pommes de terre non pas dans l'eau mais dans du bouillon de pot-au-feu... quand il m'en reste.*

JAUNETS PARMENTIER

450 calories

Cuites à la grande friture, des croquettes de purée de pommes de terre.

Préparation : 20 minutes
Cuisson : 30 minutes
(+ 8 minutes par friture)

Pour 6 personnes :

12 pommes de terre moyennes
5 jaunes d'œufs
3 cuillerées à soupe de beurre
6 cuillerées à soupe de farine
1 bassine de friture
sel

1. Pelez, lavez et coupez les pommes de terre. Mettez-les dans une casserole d'eau froide, salée, et faites bouillir 25 minutes.

2. Egouttez les pommes de terre et écrasez-les à la fourchette. Laissez-les refroidir un moment.

3. Mélangez à la purée les jaunes, un peu de sel, le beurre et la farine. Etendez cette pâte au rouleau sur 2 centimètres d'épaisseur.

4. Faites chauffer l'huile.

5. Découpez la pâte en rondelles à l'aide d'un verre à porto et faites-les cuire quelques minutes dans la friture très chaude. Egouttez et servez sans attendre.

MON SECRET : *Pour que les pommes de terre pelées ne grisaillent pas à la cuisson, j'ajoute à l'eau de cuisson la valeur d'une cuillerée à entremets de vinaigre blanc ou de jus de citron.*

MACARONI EN CROQUETTES

350 calories

Enrobés de pâte et dorés en pleine friture.

Préparation : 5 minutes
Cuisson : 25 minutes

Pour 6 personnes :

300 g de macaroni coupés
1 bassine d'huile de friture
3 cuillerées à soupe de farine
2 œufs
1/3 de litre de lait
sel, poivre

1. Faites cuire les pâtes 10 à 14 minutes à grande eau bouillante salée.
2. Egouttez-les soigneusement.
3. Préparez une pâte assez épaisse en mélangeant 3 cuillerées à soupe de farine, 2 œufs battus, 1/3 de litre de lait, sel et poivre. Mettez les macaroni dans cette préparation.
4. Chauffez la friture.
5. Prenez avec une grande cuiller un peu de mélange de macaroni et de pâte et jetez dans la friture fumante. Laissez environ 3 minutes. Recommencez l'opération autant de fois qu'il le faudra, car vous ne pourrez pas mettre plus de trois « louchées » à la fois dans votre bain de friture.
6. Disposez les croquettes de macaroni dans un plat, saupoudrez-les de sel et de poivre, servez sans laisser refroidir.

MON SECRET : *Je garnis le plat de branches de persil frit.*

MACARONI AUX DEUX FROMAGES

570 calories

Parmesan et gruyère pour ce gratin très italien.

Préparation : 5 minutes
Cuisson : 35 minutes

Pour 6 personnes :

500 g de macaroni
60 g de beurre
1 tasse de parmesan râpé
1 tasse de gruyère râpé
1 tasse de crème fraîche épaisse
sel

1. Faites cuire les macaroni à l'eau bouillante salée jusqu'à ce qu'ils soient tendres mais fermes. Egouttez-les soigneusement, rincez-les à l'eau froide, égouttez-les de nouveau.
2. Dans un plat allant au four, mélangez les macaroni avec le beurre et les fromages. Ajoutez la crème, mettez au four pendant 20 minutes environ à thermostat 8.
Les macaroni aux deux fromages doivent être bien gratinés.

MON SECRET : *Je poivre généreusement la crème fraîche.*

MACARONI AU FROMAGE FRAIS

360 calories

Mariage original et résultat savoureux.

Préparation : 10 minutes
Cuisson : 15 minutes

Pour 6 personnes :

500 g de macaroni
250 g de ricotta
ou de fromage frais
3 cuillerées à dessert
d'eau chaude
parmesan râpé
1 pincée de noix
muscade
poivre noir
fraîchement moulu
sel

1. Faites cuire les macaroni 10 minutes environ à grande eau bouillante salée. Egouttez-les soigneusement, tenez-les au chaud.

2. Dans un saladier, mélangez le fromage frais, le poivre, le sel, la noix muscade. Battez avec l'eau chaude.

3. Versez cette préparation sur les macaroni chauds, mélangez et servez avec le parmesan râpé.

MON SECRET : *Je bats fortement le fromage frais avec l'eau chaude pour obtenir une sorte de crème.*

MACARONI AU GRATIN

420 calories

Enrichis de jambon et de champignons.

Préparation : 10 minutes
Cuisson : 20 minutes

Pour 6 personnes :

400 g de macaroni
200 g de jambon cuit
150 g de champignons
1 oignon
1 cuillerée à café
de concentré de tomate
100 g de gruyère râpé
50 g de beurre
sel, poivre

1. Faites cuire les macaroni à l'eau bouillante salée une dizaine de minutes.

2. Allumez votre four (thermostat 8).

3. Dans une petite poêle, faites fondre 40 grammes de beurre. Emincez les champignons et l'oignon que vous ferez revenir 5 minutes dans le beurre chaud.

4. Hachez le jambon. Ajoutez les champignons et l'oignon. Délayez le concentré de tomate dans un peu d'eau, et ajoutez au hachis. Salez et poivrez.

5. Beurrez un plat à gratin. Disposez dans le fond la moitié des macaroni égouttés. Etalez ensuite le hachis, et recouvrez avec le reste des macaroni.

6. Saupoudrez de fromage et parsemez de petites noisettes de beurre.

7. Passez au four 7 à 8 minutes, jusqu'à ce que les macaroni dorent. Servez chaud dans le plat de cuisson.

MON SECRET : *Mêler au jambon les restes d'un rôti de veau ou d'une volaille, grossièrement hachés.*

MACARONI A LA LYONNAISE

590 calories

Un gratin savoureux de macaroni aux tomates et au jambon.

Préparation : 10 minutes
Cuisson : 10 minutes
(+ 20 minutes)

Pour 4 personnes :

300 g de macaroni courts
100 g de jambon de Paris
1 petit cervelas
1 poignée de mie de pain rassis
quelques brins de persil
100 g de gruyère râpé
2 belles tomates
30 g de beurre
sel, poivre

1. Jetez les macaroni dans une grande casserole d'eau bouillante salée. Laissez cuire 12 minutes puis égouttez.

2. Pendant la cuisson des pâtes, hachez ensemble le jambon, le cervelas, le pain et le persil. Salez et poivrez le hachis (légèrement).

3. Allumez votre four (thermostat 7).

4. Beurrez un plat à gratin. Disposez au fond les macaroni bien égouttés. Recouvrez du hachis de viande. Recouvrez encore de tranches de tomates, puis de fromage râpé. Parsemez enfin de copeaux de beurre et mettez à gratiner au four.

5. Servez très chaud dans le plat de cuisson.

MON SECRET : *Vous pouvez remplacer le beurre par 2 cuillerées à soupe d'huile d'olive parfumée aux herbes de Provence.*

MACARONI A LA NIÇOISE

395 calories

Dans une riche sauce aillée.

Préparation : 15 minutes
Cuisson : 30 minutes

Pour 6 personnes :

400 g de macaroni
3 tomates

1. Faites cuire les macaroni 10 à 15 minutes à l'eau bouillante salée.

2. Pendant que les macaronis cuisent, dénoyautez les olives et coupez-les en fines rondelles. Epluchez l'ail et hachez-le.

3. Dans une petite casserole, faites fondre le beurre et ajoutez l'ail haché. Remuez cons-

6 gousses d'ail
80 g de parmesan râpé
12 olives vertes
60 g de beurre
1/4 de verre
de vin rouge
sel, poivre

tamment, sur feu très doux, pour ne pas que l'ail colore. Ajoutez les olives et le vin et laissez cuire très doucement 5 minutes environ.

4. Allumez votre four (thermostat 7-8).

5. Egouttez les macaroni.

6. Beurrez un plat à gratin, et versez-y les macaroni. Vérifiez l'assaisonnement de la sauce (rajoutez au besoin sel et poivre) et versez-la sur les pâtes.

7. Coupez les tomates en fines rondelles et disposez-les sur le dessus. Saupoudrez avec le fromage râpé.

8. Mettez au four 15 minutes. Servez dès la sortie, dans le plat de cuisson.

MON SECRET : *J'ajoute une cuillerée à café de concentré de tomate dans la sauce au vin.*

MACARONI EN TIMBALE

380 calories

Une sauce riche pour un bon plat de pâtes.

Préparation : 15 minutes
Cuisson : 20 minutes

Pour 6 personnes :

400 g de macaroni
100 g de beurre
1 boîte de sauce tomate
250 g de champignons
125 g d'olives vertes dénoyautées
125 g de parmesan râpé
sel, poivre

1. Jetez les pâtes dans l'eau bouillante salée, et laissez-les cuire à feu vif et sans couvercle 10 minutes à partir de la reprise de l'ébullition. Egouttez.

2. Pendant la cuisson des pâtes, nettoyez et émincez les champignons.

3. Dans une grande cocotte, faites fondre le beurre. Mettez-y à revenir les champignons, en remuant constamment pour ne pas qu'ils attachent, et laissez-les mijoter quelques minutes à feu doux. Réduisez le feu au maximum, et couvrez la cocotte.

4. Versez la sauce tomate dans la cocotte, ajoutez les macaroni bien égouttés, les olives et le parmesan.

5. Laissez réchauffer quelques minutes sur feu doux, en mélangeant bien le tout, et servez chaud, dans un plat creux.

MON SECRET : *La préparation peut être enrichie de dés de jambon.*

NOUILLES A L'AMÉRICAINE

380 calories

Une appétissante salade mixte au jambon, au poulet, aux pâtes et au fromage.

Préparation : 10 minutes
Cuisson : 10 minutes

Pour 6 personnes :

200 g de nouilles ou coquillettes
200 g de blanc de poulet cuit
100 g de gruyère en un morceau
125 g de jambon en une seule tranche
2 cuillerées à soupe de vinaigre
1 cuillerée à soupe de moutarde
6 cuillerées à soupe d'huile
sel, poivre

1. Jetez les pâtes dans l'eau bouillante et faites-les cuire 10 minutes. Egouttez. Refroidissez-les sous le robinet et égouttez à nouveau. Versez dans un saladier.

2. Ajoutez dans le saladier le jambon en petits morceaux, le poulet en copeaux et le gruyère en petits dés.

3. Préparez dans un bol une vinaigrette avec moutarde, vinaigre, huile, sel et poivre. Versez sur le saladier.
Mélangez soigneusement et servez bien frais.

MON SECRET : *Vous pouvez demander à votre charcutier un « talon » de jambon ou des « chutes » : ce sont des morceaux généralement épais, de moins bonne présentation que les tranches, mais vendus moins cher.*

NOUILLES AUX ANCHOIS

415 calories

Un heureux mariage à l'italienne.

Préparation : 5 minutes
Cuisson : 15 minutes environ

Pour 6 personnes :

400 g de petites nouilles plates
12 filets d'anchois
5 cuillerées à soupe d'huile d'olive
sel, poivre

1. Faites cuire les nouilles à grande eau bouillante salée : le temps de cuisson dépend selon les marques, conformez-vous au mode d'emploi porté sur l'emballage.

2. Les pâtes étant cuites, égouttez-les soigneusement, mettez-les dans un plat, ajoutez les filets d'anchois et l'huile, poivrez, mélangez bien le tout et servez.

MON SECRET : *Si vous utilisez des filets d'anchois salés, n'oubliez pas de les faire dessaler avant de les utiliser. Si vous prenez des filets d'anchois à l'huile en boîte, vous pourrez ajouter aux pâtes l'huile qui est dans la boîte.*

NOUILLES AU BEURRE F

200 calories

La façon la plus simple de cuire et d'assaisonner des pâtes.

Préparation : 5 minutes
Cuisson : 10 minutes

Pour 6 personnes :

400 g de nouilles
100 g de beurre
sel, poivre

1. Mettez dans une grande casserole 3 litres d'eau avec 3 cuillerées à soupe rases de gros sel.
2. Dès qu'elle bout, jetez-y les nouilles sans réduire le feu (les nouilles ne doivent pas se déposer au fond de la casserole ; l'ébullition doit donc reprendre très vite).
3. Laissez cuire 10 minutes à partir de la reprise de l'ébullition sans couvercle.
4. Egouttez soigneusement et versez dans un plat.
5. Ajoutez le beurre et du poivre.
6. Mélangez et servez aussitôt.

MON SECRET : *Quand vous achetez des pâtes, vérifiez bien que sur l'emballage la mention « blé dur » soit portée. Seules les pâtes de blé dur sont bonnes.*

NOUILLES A LA BOLOGNAISE

760 calories

Mêlées à des dés de jambon et saupoudrées de parmesan.

Préparation : 5 minutes
Cuisson : 15 minutes environ

Pour 4 personnes :

300 g de nouilles aux œufs
80 g de beurre
125 g de jambon cuit
1 tasse de parmesan râpé
sel

1. Coupez le jambon en petits dés.
2. Faites cuire les nouilles à grande eau bouillante salée : le temps de cuisson dépend de la marque, respectez celui qui est indiqué sur l'emballage.
3. Trois minutes avant la fin de la cuisson des nouilles, faites fondre le beurre dans une sauteuse, mettez-y à revenir les morceaux de jambon 3 minutes.
4. Egouttez soigneusement les nouilles, ajoutez-leur le jambon et le beurre de cuisson, le fromage râpé, mélangez bien et servez.

MON SECRET : *J'utilise des talons de jambon moins chers que des tranches.*

NOUILLES A LA FLORENTINE

630 calories

Une très décorative couronne d'épinards encerclant des nouilles à la tomate.

Préparation : 10 minutes
Cuisson : 2 fois 10 minutes pour les épinards
12 minutes pour les nouilles

Pour 6 personnes :

400 g de nouilles
1 kg d'épinards
1 tasse de sauce tomate
80 g de beurre
sel

1. Remplissez d'eau salée une casserole et un grand fait-tout. Faites bouillir. Tenez la sauce tomate chaude.

2. Jetez les nouilles dans la casserole et les épinards (soigneusement lavés) dans le fait-tout, en deux fois.

3. Egouttez les nouilles au bout de 12 minutes et chaque « fournée » d'épinards au bout de 10 minutes.

4. Mêlez les nouilles à la sauce tomate chaude et conservez au chaud.

5. Egouttez les épinards. Rincez-les très rapidement à l'eau froide et pressez-les entre vos mains pour en exprimer toute l'eau. Mettez-les à réchauffer dans une casserole avec le beurre, et un peu de sel.

6. Disposez les épinards en couronne sur un grand plat. Mettez au centre les nouilles à la tomate et servez sans attendre.

MON SECRET : *Je choisis des épinards bien verts, avec de grandes feuilles de préférence en bouquets, c'est plus facile à nettoyer, et je les lave dans plusieurs eaux. Plus faciles encore à utiliser les épinards surgelés.*

NOUILLES FRAICHES A L'ALSACIENNE

510 calories

Confectionnées le jour même, les nouilles sont cuites à l'eau et parsemées de mie de pain dorée au beurre.

Préparation : 40 minutes
Repos de la pâte : 2 à 3 h
Cuisson : 8 à 10 minutes

Pour 6 personnes :

1. Trois heures auparavant, mettez la farine dans une terrine. Creusez un trou au centre dans lequel vous mettrez les œufs et un demi-verre d'eau tiède salée. Mêlez le tout à la cuiller en bois, puis travaillez énergiquement à la main pour que la pâte devienne lisse.

500 g de farine
5 œufs
sel

Pour la sauce :
100 g de mie de pain (7 ou 8 tranches de pain de mie)
50 g de beurre
1 verre de lait

Etendez-la au rouleau à pâtisserie sur une planche farinée, en lui donnant la forme d'une grande galette ronde, épaisse de quelques millimètres seulement. Laissez la pâte ainsi étendue pendant une vingtaine de minutes.

2. Ce temps écoulé, farinez légèrement cette pâte et formez-en un rouleau. Découpez ce rouleau en bandelettes d'un demi-centimètre de large à l'aide d'un couteau bien aiguisé. Déroulez ces bandelettes et éparpillez-les sur la planche farinée. Laissez de nouveau sécher 2 à 3 heures.

3. Vingt minutes avant le repos, mettez 2 à 3 litres d'eau salée à chauffer. Faites cuire les nouilles dans l'eau bouillante 8 à 10 minutes.

4. Pendant ce temps, mettez chauffer le beurre dans une poêle et faitez-y revenir la mie de pain émiettée (vous pouvez le faire à la moulinette). Lorsqu'elle est bien dorée, ajoutez le lait froid. Laissez gonfler sur le feu encore quelques instants. Egouttez les nouilles, versez-les dans un plat creux et nappez de la sauce.

MON SECRET : *S'il reste de ces nouilles, j'en fourre une omelette.*

NOUILLES FRAICHES A LA CRÈME

405 calories

Les nouilles, préparées à la maison avec farine et œufs, sont arrosées de crème et de vinaigre.

Préparation : 40 minutes
Repos de la pâte : 2 à 3 h
Cuisson : 8 à 10 minutes

Pour 6 personnes :

500 g de farine
5 œufs
sel

Pour la sauce :
1 petit pot

1. Trois heures auparavant, mettez la farine dans une terrine. Creusez un trou au centre dans lequel vous mettrez les œufs et un demi-verre d'eau tiède salée. Mêlez le tout à la cuiller en bois puis travaillez énergiquement à la main pour que la pâte devienne lisse. Etendez-la au rouleau à pâtisserie sur une planche farinée, en lui donnant la forme d'une grande galette ronde, épaisse de quelques millimètres seulement. Laissez la pâte ainsi étendue pendant une vingtaine de minutes.

2. Ce temps écoulé, farinez légèrement cette

de crème fraîche
2 cuillerées à soupe de vinaigre

pâte et formez-en un rouleau. Découpez ce rouleau en bandelettes d'un demi-centimètre de large à l'aide d'un couteau bien aiguisé. Déroulez ces bandelettes et éparpillez-les sur la planche farinée. Laissez de nouveau sécher 2 à 3 heures.

3. Vingt minutes avant le repas, mettez 2 à 3 litres d'eau salée à chauffer. Faites cuire les nouilles dans l'eau bouillante 8 à 10 minutes.

4. Faites chauffer légèrement dans une petite casserole la crème avec un filet de vinaigre. Egouttez les nouilles, versez-les dans un plat creux et nappez-les de cette sauce.

MON SECRET : *Attention ! la crème ne doit pas bouillir.*

NOUILLES AU GRATIN

405 calories

Largement enrichies de fromage.

Préparation : 10 minutes
Cuisson : 25 minutes

Pour 6 personnes :

400 g de nouilles
150 g de gruyère râpé
80 g de beurre
sel, poivre

1. Cuisez les pâtes à grande eau bouillante salée une dizaine de minutes.

2. Pendant la cuisson des nouilles, faites chauffer le four (thermostat 6).

3. Beurrez un plat à gratin. Couchez-y la moitié du fromage râpé. Parsemez avec la moitié du beurre en petites noisettes. Salez et poivrez légèrement. Recommencez à alterner une couche de nouilles et une de fromage. Ajoutez sel et poivre. Parsemez de noisettes de beurre et enfournez.

4. Laissez gratiner 15 minutes et servez chaud, dans le plat de cuisson.

MON SECRET : *Vous pouvez ajouter entre chaque rangée une pincée de fenouil en poudre.*

NOUILLES AUX ŒUFS A LA CRÈME

640 calories

Une recette à la fois riche et simple.

Préparation : 5 minutes
Cuisson : 15 minutes environ

Pour 4 personnes :

300 g de nouilles aux œufs
1 tasse de crème fraîche épaisse
2 cuillerées à dessert de beurre
1 tasse de parmesan râpé

1. Faites cuire les nouilles aux œufs à grande eau bouillante salée, le temps de cuisson variant suivant la marque des pâtes. Si ce sont des pâtes que vous avez faites vous-même, cuisez-les 4 minutes seulement. Dans tous les cas égouttez-les soigneusement.

2. Chauffez à feu doux 1/2 tasse de crème et une cuillerée de beurre dans une petite casserole. Ajoutez les nouilles chaudes et remuez délicatement à l'aide de deux fourchettes.

3. Ajoutez le fromage, le reste de la crème et du beurre. Soulevez et remuez les nouilles jusqu'à ce qu'elles soient bien enrobées de sauce. Servez très chaud.

MON SECRET : *Je fais parfois un mélange de parmesan et de gruyère. C'est excellent.*

NOUILLES AU ROQUEFORT

360 calories

Avec une pointe d'ail.

Préparation : 10 minutes
Cuisson : 15 minutes

Pour 4 personnes :

250 g de nouilles
120 g de roquefort
4 cuillerées à soupe de crème fraîche
2 gousses d'ail
sel, poivre

1. Faites cuire les pâtes à grande eau bouillante salée, le temps indiqué sur le paquet.

2. Ecrasez le roquefort avec une fourchette, ajoutez-lui la crème fraîche et du poivre.

3. Pelez les gousses d'ail et frottez-en l'intérieur d'un plat creux de service.

4. Les pâtes étant cuites, égouttez-les puis mettez-les dans une casserole à feu doux pendant 2 minutes avec le mélange roquefort-crème. Tournez doucement pour que les pâtes s'imprègnent bien de fromage et de crème. Pour les servir, versez-les dans le plat frotté à l'ail.

MON SECRET : *Très bonne garniture pour un rôti de veau.*

NOUILLETTES AUX ANCHOIS

405 calories

Une originale et savoureuse association.

Préparation : 10 minutes
Cuisson :
3 à 5 minutes pour les nouilles
5 minutes pour l'assaisonnement

Pour 4 personnes :

350 g de nouillettes à cuisson rapide
12 filets d'anchois (à l'huile ou dessalés)
4 cuillerées à soupe d'huile d'olive
4 cuillerées à soupe de sauce tomate
sel

1. Placez sur le feu une casserole contenant 2 litres d'eau salée.

2. En attendant qu'elle bouille, mettez dans une petite casserole l'huile, les anchois, et laissez cuire très doucement pendant 5 minutes.

3. Jetez les nouillettes dans l'eau bouillante et laissez-les cuire 3 à 5 minutes (selon les marques).

4. Lorsque les anchois ont cuit 5 minutes, ajoutez dans la casserole 2 cuillerées de sauce tomate et mélangez soigneusement. Réduisez le feu au maximum.

5. Egouttez les pâtes, mettez-les dans un plat et assaisonnez-les avec la sauce aux anchois. Servez bien chaud.

MON SECRET : *Une cuillerée à soupe de câpres peut être ajoutée à la sauce aux anchois, mais sans le vinaigre.*

PAIN A LA PARISIENNE

250 calories

Un soufflé au jambon et aux champignons.

Préparation : 15 minutes
Cuisson : 50 minutes

Pour 6 personnes :

250 g de purée de pommes de terre très sèche
250 g de champignons de Paris frais ou en boîte
250 g de jambon de Paris
4 œufs
1/2 citron
1 verre à moutarde de lait
1 noix de beurre
sauce tomate
sel

1. Hachez finement le jambon.

2. Faites cuire les champignons coupés en lamelles pendant 5 minutes dans une poêle avec le jus de citron.

3. Mélangez la purée, le jambon, les champignons, le lait, les œufs entiers. Salez.

4. Remplissez un moule à soufflé beurré avec cette préparation. Faites cuire à four moyen 45 minutes.

5. Démoulez sur un plat creux et servez aussitôt avec une sauce tomate.

MON SECRET : *Quand la saison le permet, j'ajoute à ce pain (avant cuisson) des fines herbes hachées.*

PATES A LA CRÉMIÈRE

625 calories

Des macaroni aux oignons et au fromage, gratinés au four.

Préparation : 15 minutes
Cuisson : 12 minutes
(+ 10 minutes)

Pour 4 personnes :

350 g de macaroni
100 g de gruyère râpé
75 g de beurre
4 oignons
sel

1. Jetez les macaroni dans l'eau bouillante salée et laissez cuire 12 à 13 minutes.
2. Pendant ce temps, pelez et émincez les oignons.
3. Mettez le beurre fondre dans un plat à feu et faites-y dorer les oignons.
4. Ajoutez les macaroni soigneusement égouttés et faites revenir le tout ensemble.
5. Allumez le four (thermostat 8).
6. Lorsque le tout est bien doré, parsemez de fromage râpé et passez au four 10 minutes pour gratiner.
Servez bien chaud dans le plat de cuisson.

MON SECRET : *Quand j'en trouve chez un épicier italien, je remplace le gruyère râpé par de fines tranches de mozzarella qui devient très fondante et crémeuse à la cuisson.*

PATES AU FROMAGE

400 calories

Beurre et gruyère assaisonnent nouilles, coquillettes ou spaghetti.

Préparation : 10 minutes
Cuisson : 11 minutes

Pour 6 personnes :

450 g de pâtes
de votre choix
100 g de beurre
125 g de gruyère râpé
sel, poivre

1. Faites cuire les pâtes 10 à 12 minutes à grande eau salée, sans les couvrir. Egouttez-les. Mettez-les dans un plat creux chaud.
2. Ajoutez le beurre fondu et le fromage râpé. Poivrez. Mélangez. Servez bien chaud.

MON SECRET : *J'ajoute aux pâtes une pincée de muscade.*

PATES AUX ŒUFS

460 calories

Une base pour des pâtes aux formes diverses.

Préparation : 20 minutes (+ 20 minutes de repos)
Cuisson : variable suivant la forme des pâtes

Pour 4 personnes :

4 tasses de farine
4 œufs
1 cuillerée à dessert d'huile d'arachide
1/2 cuillerée à café de sel

1. Mélangez sur une planche la farine et le sel. Faites un creux au centre et mettez-y les œufs et l'huile. Travaillez la farine avec les doigts jusqu'à l'obtention d'une pâte ferme. Pétrissez-la pour la rendre souple et élastique, ce qui demande 10 à 15 minutes environ. Couvrez cette pâte d'un saladier et laissez-la reposer 20 minutes. Elle sera ainsi plus facile à étendre.

2. Divisez la pâte en trois parties. Farinez légèrement une planche à pâtisserie, étendez la pâte au rouleau en une feuille aussi mince que possible. Plus elle sera fine, meilleures seront les pâtes. A cette feuille de pâte mince vous donnerez des formes différentes. Vous pouvez faire :

Des fettuccine :

Saupoudrez légèrement de farine la feuille de pâte, coupez-la en rubans de 1 cm à 1,5 cm de large, étendez-les sur un linge propre et laissez-les sécher environ 1 heure. Les fettuccine se laissent cuire à grande eau bouillante salée pendant 4 minutes. Vous les égoutterez bien et vous les servirez avec une sauce ou avec du beurre fondu.

Des tagliatelle :

Les tagliatelle se coupent comme les fettuccine mais en rubans plus larges : 2 cm. Ils se cuisent et s'accommodent de la même façon.

Des lasagnes :

Saupoudrez de farine la feuille de pâte, coupez-la en bandes de 18 à 20 cm de long sur 4 à 5 cm de large ; faites-les cuire 4 minutes à grande eau bouillante salée, égouttez bien à fond et servez avec du beurre fondu ou une sauce.

Des cannelloni :

Coupez la feuille de pâte en carrés de 10 à 12 cm de côté. Faites-les cuire 8 à 10 minutes à grande eau bouillante salée ; ne mettez à cuire en même temps que quelques carrés,

retirez-les de l'eau au fur et à mesure qu'ils sont cuits avec une écumoire, plongez-les dans l'eau froide, égouttez-les, disposez-les côte à côte sur un linge propre.
Vous farcirez ces cannelloni à votre goût soit avec une farce faite de viande hachée mêlée à des épinards et à des oignons hachés, soit une farce faite de restes de volailles et de foies de volailles hachés liés avec une béchamel. Vous trouverez diverses recettes de farces. Dans tous les cas, on dispose les cannelloni dans un plat allant au four, on les nappe d'une sauce tomate, on les saupoudre de fromage râpé et on fait cuire une quinzaine de minutes dans un four à thermostat 8.

MON SECRET : *Utiliser de la fleur de farine très blanche et tamisée.*

PATES AUX POIS CHICHES

590 calories

Finement aromatisées d'ail et de laurier.

Préparation : 5 minutes
Cuisson : 20 minutes

Pour 4 personnes :

1 boîte 1/2 de pois chiches au naturel
250 g de pâtes (coudes ou coquillettes ou macaroni)
4 cuillerées à soupe d'huile
2 gousses d'ail
1 grand verre d'eau
1 feuille de laurier
sel, poivre

1. Ouvrez la boîte de pois chiches, versez son contenu dans une casserole, ajoutez-y 2 gousses d'ail, 4 cuillerées à soupe d'huile, 1 grand verre d'eau, le sel, le poivre, la feuille de laurier et portez à ébullition.

2. A ce moment, versez les pâtes en pluie, laissez cuire le temps nécessaire : de 12 à 15 minutes selon les pâtes. Puis retirez l'ail et le laurier et servez aussitôt.

MON SECRET : *On peut ajouter au contenu de la casserole une cuillerée de concentré de tomate.*

POMMES CHIPS

270 calories

Dorées, gondolées, croustillantes.

Préparation : 20 minutes
Cuisson : 8 minutes

Pour 6 personnes :

1 kg de pommes de terre (de Hollande, Rosa ou Saint-Malo)
1 bassine de friture
sel

1. Epluchez les pommes de terre et lavez-les. Essuyez-les soigneusement dans du papier absorbant.

2. Coupez-les en rondelles très fines presque transparentes (certaines moulinettes sont équipées d'une grille à fentes très recommandée pour obtenir des tranches fines « comme du papier à cigarettes »).

3. Epongez avec du papier absorbant et mettez dans le panier métallique de votre friteuse.

4. Chauffez le bain de friture. Plongez-y les pommes de terre pendant 4 minutes. Sortez-les de la friture puis remettez-les pour 4 minutes encore.

5. Egouttez. Servez chaud ou froid, saupoudré de sel fin.

MON SECRET : *Saupoudrées d'un mélange de sel fin et de paprika, les chips accompagnent parfaitement les viandes rouges.*

POMMES PAILLE

270 calories

De minces bâtonnets croustillants.

Préparation : 15 minutes
Cuisson : 8 minutes

Pour 6 personnes :

1 kg de pommes de terre à chair ferme
1 bassine de friture
sel

1. Pelez et coupez les pommes de terre en petits bâtonnets comme des allumettes.

2. Lavez-les et essuyez-les dans un torchon ou du papier absorbant. Mettez dans le panier de la friteuse.

3. Chauffez le bain de friture. Plongez-y les pommes 4 minutes, retirez-les, plongez-les de nouveau 4 minutes.

4. Egouttez et saupoudrez de sel fin.

MON SECRET : *Il faut brasser plusieurs fois les pommes paille à l'eau claire pour éliminer la fécule qui les ferait se coller entre elles à la cuisson.*

POMMES DE TERRE A L'ANGLAISE

230 calories

Arrosées de beurre fondu et saupoudrées de persil.

Préparation : 10 minutes
Cuisson : 20 minutes

Pour 6 personnes :

1,300 kg de petites pommes de terre
100 g de beurre
quelques branches de persil
sel

1. Epluchez les pommes de terre et lavez-les.
2. Mettez-les dans une grande casserole avec 2 litres d'eau froide et 2 cuillerées à soupe rases de gros sel.
3. Portez à ébullition et laissez cuire à couvert et à petit feu pendant 20 minutes environ (un peu plus si les pommes de terre ne sont pas très petites).
4. Egouttez. Faites fondre le beurre dans un bol que vous mettrez au bain-marie (dans l'eau de cuisson). Hachez le persil.
5. Disposez les pommes de terre dans un légumier, arrosez avec le beurre fondu et parsemez de persil haché. Servez chaud.

MON SECRET : *La bonne présentation des pommes de terre dépend de leur qualité. Il faut demander de la belle-de-Fontenay, Rosa, Roseval ou Viola.*

POMMES DE TERRE A LA BOULANGÈRE

185 calories

Un gratin où sont mêlés oignons et pommes de terre.

Préparation : 15 minutes
Cuisson : 50 minutes

Pour 6 personnes :

1 kg de pommes de terre
5 oignons
1 verre d'eau
80 g de beurre
1 bouquet garni (persil, thym, laurier)
sel, poivre

1. Epluchez les pommes de terre et les oignons. Coupez le tout en rondelles d'un demi-centimètre d'épaisseur environ.
2. Faites chauffer le four (thermostat 7).
3. Beurrez un plat à feu. Répartissez-y les pommes de terre et les oignons mélangés. Salez, poivrez et versez l'eau dessus. Ajoutez le bouquet garni.
4. Beurrez un papier sulfurisé et couvrez-en le plat.
5. Démarrez la cuisson sur le feu.
6. Dès l'ébullition, mettez à four chaud 20 minutes. Retirez alors le papier beurré et tassez bien les pommes de terre à l'aide d'un ustensile plat (spatule, écumoire...).

Remettez au four 20 minutes au moins. Les pommes doivent être dorées.

7. Servez immédiatement ou, si le plat doit attendre, recouvrez-le à nouveau d'un papier beurré et laissez-le au four dont vous aurez réduit sensiblement la température.

MON SECRET : *Je glisse dans le gratin 2 gousses d'ail écrasées sous une lame de couteau. L'eau pure peut être remplacée par un mélange en parties égales d'eau et de lait.*

POMMES DE TERRE AU CANTAL

375 calories

Des pommes entières fourrées de fromage râpé et cuites au four.

Préparation : 10 minutes
Cuisson : 50 minutes

Pour 4 personnes :

4 grosses pommes de terre
150 g de cantal râpé
75 g de beurre
sel, poivre

1. Pelez les pommes de terre, lavez-les, essuyez-les bien. Tous les centimètres, faites une entaille assez profonde mais ne prenant pas toute la hauteur de la pomme de terre.

2. Disposez les pommes de terre ainsi préparées dans un plat allant au four, beurré, et arrosez-les avec du beurre fondu. Mettez-les à four chaud (thermostat 7) pendant 40 minutes.

3. Sortez les pommes de terre du four. Avec une petite cuiller, glissez du cantal râpé dans toutes les fentes et remettez au four une dizaine de minutes avant de servir.

MON SECRET : *Une garniture raffinée pour des filets de sole pochés arrosés d'un beurre fondu.*

POMMES DE TERRE FARCIES

235 calories

Une fine farce de jambon et champignons.

Préparation : 20 minutes
Cuisson : 35 minutes

Pour 6 personnes :

1 kg de pommes de terre (grosses de

1. Pelez les pommes de terre ; coupez-les en deux dans le sens de la longueur. Creusez l'intérieur d'un centimètre ou deux, pour obtenir de petites caissettes ovales.

2. Faites bouillir 1 litre d'eau avec 1 cuillerée à soupe de gros sel et jetez-y les pommes de terre. Cuisez-les 10 minutes.

préférence, mais égales)
1 cuillerée à soupe d'huile
40 g de beurre
1 oignon
1 échalote
125 g de champignons
125 g de jambon
sel, poivre

3. Pendant la cuisson des pommes, épluchez et hachez l'oignon, l'échalote, les champignons et le jambon.

4. Faites chauffer le beurre et l'huile dans une petite poêle et faites-y blondir le hachis. Salez, poivrez et réduisez le feu. Laissez cuire quelques minutes en remuant de temps en temps.

5. Allumez votre four (thermostat 6/7).

6. Farcissez les demi-pommes de terre avec le hachis. Beurrez un plat à four et disposez-les dedans. Arrosez avec un verre d'eau.

7. Mettez au four et laissez cuire 25 minutes en arrosant de temps en temps avec le jus de cuisson.
Servez chaud dans le plat de cuisson.

MON SECRET : *Ici, la farce se compose de jambon et champignons. Le jambon peut être remplacé par des restes de viande blanche ou par de la chair à saucisse. Hors du feu, je lie la farce avec un jaune d'œuf.*

POMMES DE TERRE AU FOUR

255 calories

Des tomates et des oignons rendent ces pommes moelleuses.

Préparation : 10 minutes
Cuisson : 50 minutes

Pour 4 personnes :

4 grosses pommes de terre
1 cuillerée à soupe d'huile
3 oignons
2 tomates
60 g de beurre
sel, poivre noir fraîchement moulu

1. Pelez les pommes de terre et coupez-les en 8 quartiers. Pelez les oignons, émincez-les.

2. Plongez les tomates dans de l'eau bouillante pendant 1 minute, pelez-les et coupez-les en six.

3. Huilez un plat allant au four, mettez-y ensemble les pommes de terre, les tomates, les oignons. Salez, poivrez et parsemez de noisettes de beurre.

4. Mettez au four (thermostat 7) et laissez cuire pendant 50 minutes en remuant de temps en temps en cours de cuisson. Servez dans le plat de cuisson.

MON SECRET : *Ce plat rustique accompagne aussi bien des poissons au court-bouillon ou au four que des viandes rôties ou braisées.*

POMMES DE TERRE FRITES

295 calories

Croquantes et dorées, les célèbres « frites ».

Préparation : 15 minutes
Cuisson : 10 minutes par friture

Pour 6 personnes :

1 kg 500 de pommes de terre
1 bassine de friture
sel

1. Pelez les pommes de terre. Lavez-les et essuyez-les soigneusement dans du papier absorbant. Coupez-les en bâtonnets d'un petit centimètre de côté.

2. Faites chauffer la friture. Pour voir si elle est à bonne température, trempez le bout d'un bâtonnet : il doit se produire une mousse abondante. Plongez alors dans la bassine le panier métallique avec la moitié des bâtonnets bien séchés. Laissez cuire doucement (mais la friture doit toujours mousser) pendant 5 minutes environ, jusqu'à ce que les frites ramollissent et deviennent blond pâle.

3. Egouttez-les. Laissez chauffer quelques instants la friture seule, testez-la avec un bâtonnet et mettez la seconde fournée à cuire de la même façon. Egouttez et retirez la friture du feu.

4. Dix minutes avant de servir, faites chauffer à nouveau la friture. Lorsqu'elle est bien chaude, versez-y les frites déjà rissolées, en une fois, et laissez cuire encore 5 minutes à petits bouillons, jusqu'à ce que les frites soient bien dorées et bien fermes. Egouttez-les.

5. Versez dans un plat creux et saupoudrez abondamment de sel. Servez immédiatement.

MON SECRET : *Choisir des pommes de terre à chair ferme : hollande, rosa, par exemple.*

POMMES DE TERRE GROS SEL F

260 calories

Servies dans leur peau croustillante, des pommes cuites sans eau ni beurre.

Préparation : 5 minutes
Cuisson : 1 heure

Pour 4 personnes :

1. Lavez et brossez soigneusement les pommes de terre (sans les éplucher). Essuyez-les.

2. Placez-les avec le gros sel dans un « diable » de terre ou une casserole à fond épais.

12 pommes de terre
assez grosses
et de forme allongée
80 g de beurre
1 cuillerée 1/2 à soupe
de gros sel

Couvrez hermétiquement le récipient et laissez cuire sur feu doux jusqu'à ce que la peau des pommes de terre soit croustillante. (Ne prêtez pas attention aux craquements que fait entendre le sel.)

3. Au moment de servir, coupez les pommes de terre en deux dans le sens de la longueur. Incisez profondément la chair de quelques coups de couteau et placez sur chaque moitié un copeau de beurre qui fondra aussitôt.

MON SECRET : *Le résultat est pratiquement le même si vous faites cuire les pommes de terre au four dans des « papillotes » d'aluminium. C'est particulièrement exquis avec des pommes de terre nouvelles et du beurre noisette.*

POMMES DE TERRE A LA NORMANDE

365 calories

Bouillies puis doucement chauffées dans la crème fraîche.

Préparation : 15 minutes
Cuisson : 25 minutes

Pour 6 personnes :

1,500 kg de pommes
de terre
150 g de crème fraîche
60 g de beurre
Sel

1. Epluchez, lavez et coupez les pommes de terre en quatre.

2. Mettez 2 litres d'eau froide dans une casserole, ajoutez les pommes de terre et 2 cuillerées à soupe de gros sel.

3. Portez à ébullition et laissez bouillir doucement 20 minutes à couvert.

4. Egouttez.

5. Mettez les pommes de terre dans une cocotte. Répartissez dessus le beurre en petits morceaux et versez la crème. Laissez chauffer doucement et comptez encore 5 minutes de cuisson très douce à partir du premier bouillon.
Mélangez, rectifiez l'assaisonnement et servez chaud.

MON SECRET : *Un petit hachis de fines herbes relève le goût.*

POMMES DE TERRE NOUVELLES A LA MARMANDE

300 calories

Une savoureuse garniture de pommes rissolées, tomates rôties au four et salade de laitue et d'œufs.

Préparation : 20 minutes
Cuisson :
20 minutes pour les pommes
20 minutes pour les tomates
10 minutes pour les œufs

Pour 4 personnes :

500 g de petites pommes de terre nouvelles
500 g de tomates
20 g de beurre
1 pincée de sucre
4 œufs
1 laitue
1/2 tasse de vinaigrette
sel, poivre

1. Faites durcir les œufs à l'eau bouillante salée (10 minutes).

2. Allumez le four (thermostat 7).

3. Grattez, lavez et essuyez les pommes de terre que vous conserverez entières.

4. Faites fondre le beurre dans une sauteuse et mettez-y les pommes à rissoler à découvert.

5. Lavez et essuyez les tomates. Posez-les sur la grille du four.

6. A mi-cuisson des pommes de terre, ajoutez une pincée de sucre. Secouez la sauteuse de temps à autre.

7. Epluchez et lavez la laitue. Mettez-la dans un saladier avec la vinaigrette et les œufs durs coupés en rondelles.

8. Retirez les tomates lorsqu'elles commencent à fléchir sous le doigt et à se rider. Servez-les dans le même plat que les pommes, après avoir salé le tout. Servez en même temps le saladier.

MON SECRET : *Vous pouvez utiliser des pommes de terre nouvelles « grattées » ou des petites pommes de terre précuites en sachets longue conservation, si vous voulez vous éviter la peine de l'épluchage.*

POMMES DE TERRE EN PAPILLOTES

180 calories

Et leur sauce aux fines herbes.

Préparation : 10 minutes
Cuisson : 1 heure

Pour 8 personnes :

8 grosses pommes de terre de même taille
150 g de beurre bien

1. Lavez et essuyez soigneusement les pommes de terre. Ne les pelez pas. Enveloppez chacune dans une feuille de papier d'aluminium.

2. Mettez-les à rôtir dans la braise du barbecue ou dans le four bien chaud pendant 1 heure environ.

3. Servez avec le beurre ou avec la crème

frais ou 1 grand bol
de crème fraîche
4 pincées de paprika
ciboulette
et persil haché
sel, poivre

fraîche salée, poivrée et saupoudrée des fines herbes hachées et de paprika.

MON SECRET : *L'accompagnement idéal de toutes les viandes cuites au barbecue.*

POMMES DE TERRE EN ROBE DES CHAMPS

240 calories

Services toutes chaudes dans leur peau, accompagnées de bon beurre.

Préparation : 5 minutes
Cuisson : 35 minutes

Pour 6 personnes :

2 kg de pommes
de terre à chair ferme
gros sel
beurre frais

1. Lavez les pommes de terre à l'eau froide en les brossant énergiquement avec une brosse en chiendent ou en nylon.
2. Mettez-les sans les peler dans une casserole avec 2 litres d'eau froide et 2 cuillerées à soupe rases de gros sel.
3. Mettez sur feu vif et, dès l'ébullition, réduisez le feu et couvrez. Vérifiez qu'une ébullition douce se poursuit et laissez cuire 30 minutes environ. Vers la fin de la cuisson, piquez de temps en temps les pommes de terre avec la pointe d'un couteau. S'il s'enfonce sans résistance, retirez les pommes aussitôt : une cuisson trop prolongée les ferait éclater.
4. Egouttez et servez bien chaud, accompagné de beurre frais.

MON SECRET : *Au lieu de beurre laitier, je sers du beurre salé breton.*

POMMES DE TERRE AU ROQUEFORT

250 calories

Une délicieuse saveur-surprise.

Préparation : 15 minutes
Cuisson : 25 minutes

Pour 6 personnes :

12 petites pommes
de terre à chair jaune
150 g de roquefort
6 cuillerées à soupe
d'huile d'olive

1. Faites chauffer une casserole d'eau salée. Jetez les pommes de terre lavées mais non épluchées dans l'eau bouillante et laissez cuire 25 minutes.
2. Pendant ce temps, préparez dans un bol une vinaigrette avec l'huile, le vinaigre, un peu de sel et beaucoup de poivre.
3. Lavez et hachez finement le persil.
4. Pelez les pommes de terre cuites et coupez-les en rondelles.

2 cuillerées à soupe de vinaigre
quelques brins de persil
3 cuillerées à soupe de lait
sel, poivre

5. Ecrasez le roquefort dans une cocotte avec 3 cuillerées à soupe de lait et laissez fondre sur feu doux. Ajoutez les pommes de terre en rondelles et mélangez doucement.

6. Versez le tout dans un saladier, assaisonnez avec la vinaigrette et servez chaud, saupoudré de persil haché.

MON SECRET : *Pour les amateurs, j'ajoute une gousse d'ail coupée en fines lamelles. Vous pouvez remplacer le roquefort par un mélange de restes de fromages fermes passés à la moulinette.*

POMMES DE TERRE SAUTÉES

280 calories

Dorées au beurre, à la poêle.

Préparation : 10 minutes
Cuisson : 25 minutes

Pour 6 personnes :

1,200 kg de pommes de terre à chair ferme
120 g de beurre
quelques brins de persil
sel, poivre

1. Pelez les pommes de terre et coupez-les en rondelles de 1/2 cm d'épaisseur.

2. Chauffez le beurre dans une grande poêle et, lorsqu'il mousse, mettez les pommes de terre. Secouez vivement pour faire sauter. Laissez cuire doucement pendant 15 minutes en secouant souvent, sans couvercle.

3. Salez, poivrez et laissez encore cuire 10 minutes en secouant fréquemment. Versez dans un plat creux et servez bien chaud, saupoudré de persil haché.

MON SECRET : *Je fais ainsi dorer à la poêle des pommes de terre déjà bouillies. Une dizaine de minutes à feu vif suffisent.*

POTIRON BRIARDE

290 calories

Une délicate purée de potiron recouverte d'une béchamel aux œufs.

Préparation : 20 minutes
Cuisson :
15 minutes pour le potiron
10 minutes pour la sauce

Pour 6 personnes :

700 g de potiron
1/2 litre de lait

1. Epluchez le potiron et détaillez-le en cubes.

2. Mettez un verre de lait dans une casserole et lorsqu'il bout, jetez-y les morceaux de potiron. Salez, poivrez, ajoutez le bouquet garni. Laissez bouillir doucement jusqu'à ce qu'il soit bien tendre (15 minutes environ).

3. Pendant ce temps, préparez une béchamel épaisse avec le reste du lait, 20 g de beurre et la farine.

1 bonne cuillerée à soupe de farine
80 g de beurre
2 jaunes d'œufs
1 oignon
1 bouquet garni
sel, poivre

4. Pelez et émincez l'oignon. Faites chauffer 20 g de beurre dans un plat à feu et mettez-y l'oignon à revenir.

5. Passez le potiron en purée que vous remettrez sur le feu, dans le plat contenant les oignons. Laissez chauffer doucement une dizaine de minutes.

6. Mettez le reste du beurre à fondre très doucement.

7. Assaisonnez la béchamel et liez-la, hors du feu, avec les 2 jaunes. Etalez-la sur la purée de potiron. Arrosez de beurre fondu et servez bien chaud dans le plat de cuisson.

MON SECRET : *Je mets une demi-gousse de vanille dans le lait où je fais cuire le potiron.*

PURÉE GRATINÉE

195 calories

Une purée légère sous une croûte de fromage doré.

Préparation : 15 minutes
Cuisson : 15 minutes

Pour 6 personnes :

1 paquet de purée instantanée
2 œufs
60 g de gruyère râpé
50 g de beurre
sel

1. Préparez la purée selon le mode d'emploi. Laissez-la refroidir.

2. Allumez le four (thermostat 8).

3. Beurrez un grand plat à gratin.

4. Cassez les œufs et séparez les blancs des jaunes. Mélangez les jaunes à la purée froide.

5. Battez les blancs en neige ferme avec une pincée de sel fin. Mélangez doucement à la purée, en soulevant de bas en haut pour ne pas faire retomber les blancs.

6. Etalez la purée dans le plat beurré. Saupoudrez de fromage râpé et parsemez de noisettes de beurre.

7. Passez au four 15 minutes environ pour bien dorer. Servez très chaud, dans le plat de cuisson.

MON SECRET : *On peut incorporer du gruyère râpé dans la purée au lieu de n'en mettre que sur le dessus, cela avant d'y mêler les blancs d'œufs.*

PURÉE DE POMMES DE TERRE

240 calories

Blanche, légère, onctueuse et savoureuse, la purée de nos grand-mères.

Préparation : 15 minutes
Cuisson : 20 à 30 minutes

Pour 4 personnes :

8 grosses pommes de terre, de préférence rondes et anciennes
2 verres de lait environ
20 g de beurre
sel
muscade, poivre... (facultatif)

1. Pelez et lavez les pommes de terre.

2. Faites-les cuire dans l'eau salée que vous laisserez bouillir jusqu'à ce que les pommes laissent pénétrer la lame d'un couteau. Videz alors l'eau et remettez les pommes dans la casserole sur le feu quelques instants pour bien les assécher.

3. Dans un récipient placé dans un bain-marie, écrasez vos pommes de terre, à la fourchette, au pilon ou au presse-purée. L'important, c'est de faire cette opération à la chaleur.

4. Fouettez ensuite la purée sur le feu en y incorporant du lait chaud sans la noyer (elle doit adhérer à la cuiller de service). Rectifiez l'assaisonnement en sel.

5. Ajoutez un bon morceau de beurre et versez dans un plat. Servez sans attendre.

MON SECRET : *Une pincée de muscade dans la purée au moment de la battre. J'ajoute une gousse d'ail à la cuisson des pommes de terre et je l'écrase en même temps qu'elles.*

PURÉE ROSE AUX SALSIFIS

110 calories

Un délicieux mélange de trois légumes.

Préparation : 10 minutes
Cuisson : 20 minutes

Pour 6 personnes :

1 boîte 4/4 de salsifis en conserve
3 grosses pommes de terre
1 petite betterave
1 cuillerée à soupe de moutarde
4 cuillerées à soupe

1. Rincez les salsifis, jetez-les dans une casserole d'eau bouillante pour en achever la cuisson. Ils doivent être très tendres. Egouttez.

2. Lavez les pommes de terre. Faites-les cuire dans leur peau en les mettant à l'eau froide salée. Quand elles sont cuites, rafraîchissez-les, épluchez-les.

3. Pelez la betterave.

4. Passez à la moulinette les salsifis, les pommes de terre, la betterave. Mélangez bien pour obtenir une purée rose. Assaisonnez avec la moutarde, l'huile, le vinaigre. Mélan-

d'huile
2 cuillerées à soupe de vinaigre
sel, poivre
persil haché

gez bien. Goûtez, salez, poivrez. Saupoudrez de persil haché. Gardez au frais jusqu'au moment de servir. Ce plat se sert en hors-d'œuvre.

MON SECRET : *Je sers cette originale purée avec des tranches de cervelas pour en faire un plat complet au lieu d'un hors-d'œuvre.*

RAGOUT DE POMMES DE TERRE

300 calories

Une sauce brune aux oignons, parfumée de laurier.

Préparation : 5 minutes
Cuisson : 35 minutes

Pour 4 personnes :

1 kg de pommes de terre
60 g de beurre
2 oignons moyens
1 cuillerée à soupe de farine
1/2 feuille de laurier
1/2 litre d'eau
sel, poivre

1. Faites cuire les pommes de terre dans leur peau. Après les avoir bien lavées, mettez-les dans une casserole, couvrez largement d'eau, salez au gros sel, portez à ébullition. Quand l'eau bout, baissez le feu mais maintenez un léger bouillonnement. Laissez cuire de 15 à 20 minutes. Les pommes de terre sont cuites quand la chair cède un peu sous une spatule en bois. Ne piquez jamais les pommes de terre en cours de cuisson, elles se briseraient. Egouttez, laissez refroidir partiellement ou totalement.

2. Epluchez les pommes de terre. Coupez-les en rondelles épaisses de 2 cm environ ; réservez-les dans un saladier. Epluchez les oignons, coupez-les en rondelles très fines ou hachez-les.

3. Dans une grande poêle, faites fondre le beurre. Quand il est bien chaud, ajoutez l'oignon. Laissez dorer à feu moyen en remuant à la spatule en bois. Quand ils ont légèrement pris couleur, saupoudrez avec la farine. Laissez roussir. Ajoutez l'eau froide en tournant, la sauce épaissit. Continuez à tourner jusqu'au début d'ébullition, salez, poivrez au goût, ajoutez la demi-feuille de laurier, les rondelles de pommes de terre. Retournez-les dans la sauce et laissez réchauffer 5 minutes avant de servir.

MON SECRET : *Choisir une qualité de pommes de terre ne se défaisant pas à la cuisson (hollande).*

RATATOUILLE CATALANE

500 calories

Des piments doux garnis de riz en salade.

Préparation : 30 minutes
Cuisson : 20 minutes
(pour le riz)

Pour 4 personnes :

200 g de riz
1 litre de bouillon
1 cuillerée à soupe d'huile d'olive
4 piments doux d'Espagne (assez gros)
4 tomates
1 gros oignon
2 cuillerées à café de câpres
1 verre de vinaigrette à l'huile d'olive
sel, poivre

1. Lavez et égouttez le riz.

2. Faites chauffer l'huile dans une grande casserole et mettez-y le riz, puis mouillez avec le bouillon. Laissez bouillir doucement une vingtaine de minutes au maximum.

3. Pendant la cuisson du riz, faites griller les piments sur feu très doux pour faire se soulever la peau et la retirer facilement. Coupez-les en deux dans le sens de la longueur et retirez les graines.

4. Pelez et épépinez les tomates coupées en quartiers.

5. Refroidissez le riz sous l'eau et égouttez-le soigneusement. Mélangez-le dans une terrine avec les morceaux de tomates et les câpres. Ajoutez la vinaigrette.

6. Remplissez les demi-piments de cette farce. Décorez de quelques anneaux d'oignon cru. Servez frais.

MON SECRET : *L'oignon rouge d'Espagne est plus doux et plus décoratif.*

RAVIOLI

2 140 calories

De dodus coussinets fourrés d'une farce à la viande.

Préparation : 30 minutes
(+ 20 minutes de repos pour la pâte)
Cuisson : 7 minutes

Pour 6 personnes :

Pâte :
4 tasses de farine
3 œufs
4 cuillerées à bouche d'eau froide
1 pincée de sel

1. Mélangez la farine et le sel dans un plat. Creusez un trou au centre, mettez-y les œufs et l'eau. Travaillez le tout avec les doigts jusqu'à ce que se forme une boule de pâte. Si la pâte est trop dure, rajoutez un peu d'eau, si elle est trop molle, rajoutez un peu de farine.

2. Sur une planche ou une table farinée, pétrissez la pâte jusqu'à ce qu'elle soit homogène et élastique. Pour faciliter le pétrissage, saupoudrez de temps en temps la pâte avec la farine.

3. Couvrez la pâte avec un bol. Laissez-la reposer 20 minutes avant de l'utiliser.

Farce :
Hachis très fin de jambon, ou poulet ou veau, avec épinards cuits et bien essorés

Ravioli :
Séparez la pâte en deux parties égales. Au rouleau, étendez chaque partie en une bande de 2 à 3 cm d'épaisseur ; alignez sur l'une des bandes des petits tas de farce de la grosseur d'une cuillerée à café placés tous les 5 cm environ. Recouvrez avec la seconde bande de pâte. Appuyez autour des tas, avec l'index, pour souder les deux épaisseurs de pâte, coupez avec une roulette à pâtisserie ou un couteau bien effilé en carrés de 5 cm. Pincez dans vos doigts les bords des ravioli pour bien souder les deux faces, laissez reposer 2 heures avant la cuisson.
Plongez-les dans une grande quantité d'eau salée en ébullition, faites-les cuire jusqu'à ce que les pâtes montent à la surface, ce qui prend environ 7 minutes. Retirez-les avec l'écumoire et servez-les avec du beurre fondu et du fromage râpé ou avec une sauce tomate ou bolognaise à votre goût.

MON SECRET : *Je mets un peu d'huile dans l'eau de cuisson des ravioli pour qu'ils ne se collent pas ensemble.*

RISOTTO AUX LENTILLES

850 calories

Une amusante variante à servir avec des chipolatas.

Préparation : 10 minutes
Cuisson : 30 minutes

Pour 4 personnes :

1 boîte 1/2 de lentilles
2 tasses à café de riz
1 tablette de concentré de viande
1 cuillerée à soupe d'huile
50 g de beurre
1 gros oignon
4 saucisses de Toulouse ou chipolatas

1. Epluchez l'oignon et hachez-le finement.
2. Faites dissoudre 1 tablette de concentré de viande dans 2 tasses d'eau bouillante.
3. Faites chauffer 1 cuillerée à soupe d'huile et 50 g de beurre dans une cocotte et faites-y blondir l'oignon, puis ajoutez le riz non lavé. Tournez avec une cuiller en bois pour qu'il s'imprègne de matière grasse.
4. Versez le bouillon sur le riz. Ouvrez la boîte de lentilles, versez son contenu dans la cocotte, mélangez. Portez à ébullition puis baissez le feu, couvrez et laissez mijoter 20 minutes sans remuer.
5. Au bout de ce temps, faites griller les saucisses ou faites-les dorer à la poêle. Servez-les avec le risotto bien chaud.

MON SECRET : *Ne pas remuer pendant la cuisson pour ne pas écraser les lentilles.*

RISOTTO A LA MILANAISE

440 calories

Parfumé et coloré d'une pointe de safran.

Préparation : 10 minutes
Cuisson : 35 minutes

Pour 4 personnes :

2 tasses de riz
3 cuillerées à soupe de beurre
3 oignons
1/4 de tasse de vin blanc sec
3 pointes de couteau de safran
4 tasses 1/2 de consommé de volaille (pouvant être préparé avec un cube de concentré)
2 cuillerées à soupe de persil haché
1/2 tasse de parmesan râpé
1 cuillerée à café de sel

1. Pelez les oignons et hachez-les finement.

2. Faites fondre 2 cuillerées à soupe de beurre dans une cocotte, mettez-y les oignons, faites cuire à feu doux jusqu'à ce que les oignons soient très légèrement dorés. Mettez alors le riz jusqu'à ce qu'il jaunisse également sans cesser de tourner. Ajoutez le vin, le safran, le sel. Faites cuire jusqu'à absorption du vin.

3. Ajoutez alors le bouillon, tasse par tasse, et laissez cuire jusqu'à ce que le riz soit à point, c'est-à-dire encore ferme. Vous comptez à peu près 25 à 30 minutes au maximum. Ajoutez le reste du beurre, mélangez puis versez le persil et le fromage. Retirez du feu ; laissez reposer dans la casserole couverte pendant 5 minutes avant de servir.

MON SECRET : *Je demande à mon boucher 1 ou 2 os à moelle et je mets la moelle dans la cocotte en même temps que les oignons. Cela enrichit savoureusement la préparation.*

RISOTTO AUX SEICHES

500 calories

Un délicieux riz où se marient les saveurs de la mer et du vin.

Préparation : 30 minutes
Cuisson : 45 minutes

Pour 6 personnes :

1 grosse seiche
1 verre d'huile
1 gros oignon

1. Retirez la peau de la seiche, videz-la et débarrassez-la de l'os et des yeux, en prenant soin de ne pas crever les deux poches de l'intérieur dont l'une contient l'encre (que vous jetez) et l'autre une substance jaune (que vous gardez pour l'ajouter plus tard à la sauce afin de lui donner du goût). Lavez ce qui reste, coupez-le en bandes que vous sécherez dans du papier-linge.

1 gousse d'ail
1 cuillerée à soupe de concentré de tomate dilué dans un peu d'eau
sel, poivre
1 ou 2 verres de vin blanc ou rouge
2 verres de riz

2. Mettez l'huile dans une grande poêle et faites-y revenir l'oignon et l'ail hachés fin, ajoutez le concentré de tomate et laissez cuire quelques minutes en remuant. Ajoutez la seiche, la substance jaune, salez, poivrez et laissez cuire une dizaine de minutes, sans couvercle, en remuant de temps en temps. Au fur et à mesure que la sauce épaissit, liquéfiez-la avec le vin, peu à peu.

3. Lorsque le vin est évaporé, mouillez avec la même quantité d'eau bouillante et laissez aussi s'évaporer sur feu doux environ 15 minutes. Mettez le riz lavé et égoutté à cuire 20 minutes dans la sauce en ajoutant, dès qu'il sèche, un peu d'eau bouillante, et en remuant de temps en temps.

MON SECRET : *Une pointe de couteau de safran dans la sauce tomate.*

RIZ AU BOUILLON

350 calories

Une lente cuisson dans un bouillon aromatisé.

Préparation : 5 minutes
Cuisson : 25 minutes

Pour 4 personnes :

250 g de riz
1 litre de bouillon (poule, veau, pot-au-feu)
50 g de beurre
1 oignon
1 bouquet garni (persil, thym, laurier)
sel, poivre

1. Versez le riz dans une passoire fine et passez-le sous le robinet quelques instants en le remuant du bout des doigts. Egouttez-le.

2. Dans une grande casserole, chauffez le bouillon avec le bouquet garni, l'oignon épluché et coupé en quartiers, sel et poivre.

3. Dès l'ébullition, jetez-y le riz, laissez reprendre un bouillon en remuant pour que le riz ne colle pas au fond de la casserole, puis réduisez le feu. Laissez cuire 25 minutes à très petits bouillons, sans couvercle et sans remuer.

4. Au bout de ce temps, le riz doit avoir absorbé tout le bouillon. Retirez le bouquet garni et ajoutez le beurre, hors du feu. Mélangez délicatement pour ne pas écraser les grains de riz et servez chaud, dans un plat creux ou en garniture.

MON SECRET : *Vous pouvez remplacer l'oignon par un petit poireau coupé en morceaux qui se mélangeront agréablement au riz.*

RIZ CANTONAIS AU POISSON

335 calories

Merlan, crevettes, champignons, œufs, petits pois, mélangés pour le plaisir des yeux et du palais.

Préparation : 15 minutes
Cuisson : 35 minutes

Pour 6 personnes :

250 g de riz
6 filets de merlan
100 g de crevettes roses décortiquées
10 g de champignons noirs séchés
20 g de champignons parfumés
3 œufs
1/4 de boîte de petits pois
50 g de saindoux
3 cuillerées à soupe de sauce nuoc-mâm
1 piment rouge
sel, poivre

1. Coupez les filets de merlan en lamelles.

2. Faites tremper 15 minutes dans de l'eau tiède les champignons noirs et les champignons parfumés.

3. Cuisez le riz 20 minutes dans de l'eau bouillante salée ; égouttez-le.

4. Dans 25 g de saindoux, chauffé dans une poêle, faites revenir le poisson. Ajoutez les crevettes, les champignons égouttés, le riz et les petits pois. Assaisonnez et maintenez au chaud.

5. Avec les œufs, préparez une omelette et faites-la cuire à la poêle dans le reste de saindoux. Ensuite, coupez-la en fines lamelles et ajoutez-les au plat de riz tenu au chaud.

6. Servez avec une sauce cantonaise : versez dans un bol 3 cuillerées à soupe de nuoc-mâm, coupé avec 1 cuillerée à soupe d'eau et ajoutez un piment rouge haché.
Ce plat peut également se manger froid.

MON SECRET : *Tous les ingrédients exotiques sont maintenant en vente partout. C'est bien commode. J'achète dans ces rayons spécialisés un pot de sauce au piment. Quand je n'ai pas de piment rouge, j'ajoute à la sauce nuoc-mâm un peu de ce piment en pot.*

RIZ FERMIÈRE

415 calories

Chaque grain de riz est imprégné de bon beurre frais.

Préparation : 3 minutes
Cuisson : 30 minutes

Pour 4 personnes :

300 g de riz
3 litres d'eau

1. Mettez le riz dans une passoire fine et lavez-le sous le robinet, en le malaxant du bout des doigts. Egouttez-le.

2. Faites bouillir l'eau salée dans une grande casserole. Jetez-y le riz, remuez puis laissez bouillir 6 minutes.

3. Egouttez le riz.

Brioche aux framboises. *(Recette page 815)*

Œufs à la neige. *(Recette page 781)*

Crêpes aux pommes. *(Recette page 822)*

Profiteroles. *(Recette page 840)*

120 g de beurre
sel

4. Remettez-le dans la casserole avec le beurre ; mélangez délicatement pour ne pas écraser les grains de riz.
Mettez sur feu très doux, couvrez et laissez cuire doucement 25 minutes. Servez immédiatement.

MON SECRET : *Riz fermière, jambon, salade, voilà un bon menu familial du soir. Vous pouvez ajouter à la cuisson du riz une cuillerée à café de curry.*

RIZ AU FROMAGE

490 calories

Enrichi de beurre et de gruyère.

Préparation : 7 minutes
Cuisson : 20 minutes

Pour 4 personnes :

250 g de riz
80 g de beurre
150 g de gruyère râpé
1 cuillerée à soupe de gros sel
poivre, muscade

1. Dans une grande casserole, faites chauffer 3 litres d'eau salée.
2. Pendant ce temps, versez le riz dans une passoire fine et remuez-le du bout des doigts sous le robinet quelques instants.
3. Jetez le riz dans l'eau bouillante et laissez-le cuire à petits bouillons et sans couvercle pendant 20 minutes.
4. Egouttez-le soigneusement.
5. Au moment de servir, versez-le dans un plat creux, ajoutez le beurre, le fromage râpé, le poivre et une pincée de noix muscade râpée. Mélangez et servez chaud.

MON SECRET : *Pour que le riz ne colle pas, il suffit de l'étaler après cuisson dans un grand plat à feu et de le passer quelques minutes au four pour le dessécher.*

RIZ AU SAFRAN

350 calories

Très coloré et exotiquement savoureux.

Préparation : 15 minutes
Cuisson : 25 minutes

Pour 6 personnes :

400 g de riz
1 bonne pincée de safran (10 g)

1. Versez le riz dans une passoire fine et mettez-le quelques instants sous le robinet en le malaxant du bout des doigts. Egouttez.
2. Epluchez et émincez l'oignon (en fines lamelles).
3. Dans une grande casserole, mettez 30 g de beurre à fondre. Quand il est chaud, faites-y dorer l'oignon en remuant constamment.

1 litre de bouillon
1 petit verre
de vin rouge
80 g de beurre
1 oignon
sel, poivre

4. Lorsque l'oignon est bien coloré, ajoutez le riz égoutté. Remuez vivement, puis saupoudrez de safran, de sel et de poivre.

5. Mélangez quelques instants sur le feu, puis versez le bouillon froid et le vin en une seule fois. Laissez reprendre l'ébullition et comptez 20 minutes de cuisson douce avec couvercle.

6. Au bout de ce temps, le riz doit avoir absorbé tout le bouillon. Versez-le dans un plat creux au moment de servir, et mêlez-y rapidement le reste du beurre.

MON SECRET : *Si vous remplacez le safran par du curry, vous avez la base du riz à la cantonaise qui comporte lamelles de jambon, d'omelette, pousses d'oignons.*

RIZ SAUTÉ

295 calories

Doré dans des matières grasses, cuit dans du bouillon.

Préparation : 5 minutes
Cuisson : 25 minutes

Pour 6 personnes :

350 g de riz
60 g de beurre
ou de graisse d'oie
ou de saindoux
3/4 de litre de bouillon
sel, poivre

1. Lavez le riz dans une passoire fine sous l'eau courante.

2. Essuyez-le dans un torchon ou du papier absorbant.

3. Mettez le beurre à chauffer dans une grande cocotte et versez-y le riz. Remuez sans arrêt à la cuiller en bois pour le faire dorer et laissez-le colorer ainsi pendant 4 à 5 minutes.

4. Versez le bouillon sur le riz, salez et poivrez. Laissez prendre l'ébullition et comptez encore 20 minutes de cuisson à petit feu avec couvercle.

5. A la fin de la cuisson, le riz doit être moelleux mais sec. Servez très chaud dans un plat creux ou en garniture.

MON SECRET : *Au lieu de laver le riz, vous pouvez le frotter dans un torchon propre et le jeter à sec dans la matère grasse.*

SPAGHETTI A LA CARBONARA

730 calories

Une riche garniture d'œufs, de lardons et de jambon.

Préparation : 10 minutes
Cuisson : de 15 à 20 minutes

Pour 6 personnes :

500 g de spaghetti
3 tranches de lard fumé d'un peu moins d'un demi-centimètre d'épaisseur, environ
80 g de beurre
150 g de jambon cuit
2 jaunes d'œufs
1 tasse de parmesan râpé

1. Coupez le lard fumé en julienne, c'est-à-dire en tout petits morceaux.
2. Coupez de la même façon le jambon.
3. Faites cuire les spaghetti dans une grande quantité d'eau bouillante salée ; le temps de cuisson varie selon les marques, respectez celui qui est indiqué sur l'emballage.
4. Pendant que les spaghetti cuisent, faites brunir légèrement le lard dans le beurre à la poêle. Ajoutez le jambon et laissez-le dorer légèrement aussi.
5. Battez les jaunes d'œufs, ajoutez-leur un quart de la tasse de fromage.
6. Les spaghetti étant cuits, égouttez-les bien à fond. Ajoutez-leur la préparation de jaunes d'œufs et de fromage, puis le lard et le jambon. Parsemez avec le reste du parmesan râpé et servez aussitôt.

MON SECRET : *Le jambon doit être en une seule tranche pour pouvoir être coupé en dés.*

SPAGHETTI A L'HUILE ET A L'AIL

F

530 calories

A servir « al dente », c'est-à-dire les pâtes étant bien fermes.

Préparation : 5 minutes
Ouisson : 10 minutes

Pour 4 personnes :

500 g de spaghetti fins
1/2 tasse d'huile d'olive
4 gousses d'ail
6 branches de persil

1. Pelez les gousses d'ail, laissez-les entières.
2. Lavez le persil, hachez les feuilles.
3. Faites cuire les spaghetti à grande eau bouillante salée ; le temps de cuisson varie suivant les marques, respectez celui qui est indiqué sur l'emballage.
4. Vers la fin de la cuisson des spaghetti, faites chauffer l'huile dans une poêle, mettez-y à brunir les gousses d'ail ; enlevez-les et jetez-les dès qu'elles ont pris couleur.
5. Les spaghetti étant cuits, égouttez-les soigneusement, arrosez-les avec l'huile, saupoudrez de persil, remuez et servez.

MON SECRET : *A la saison, je hache avec le persil 2 ou 3 feuilles de basilic.*

SPAGHETTI AUX PETITS POIS

485 calories

Spaghetti et petits pois sont finement aromatisés de lard et d'herbes.

Préparation : 15 minutes
Cuisson : 20 minutes

Pour 4 personnes :

250 g de spaghetti
2 cuillerées à soupe d'huile
2 oignons
1 gousse d'ail
1 branche de persil
1 demi-pied de céleri
75 g de lard maigre
200 g de petits pois en conserve
80 g de gruyère râpé
sel, poivre

1. Jetez les spaghetti dans l'eau bouillante salée et laissez-les cuire 10 à 12 minutes. Egouttez-les.

2. Pendant ce temps, pelez et émincez l'oignon. Epluchez l'ail. Coupez le céleri et le lard en petits dés. Hachez le persil.

3. Faites chauffer l'huile dans une cocotte et mettez-y tous ces ingrédients à dorer. Dès que le mélange a pris couleur, ajoutez les petits pois. Salez, poivrez, réduisez le feu et laissez cuire tout doucement une dizaine de minutes.

4. Ajoutez alors les spaghetti bien égouttés et mélangez. Versez dans un plat creux chauffé. Saupoudrez de fromage râpé et servez aussitôt.

MON SECRET : *Exceptionnellement, car je leur laisse généralement toute leur longueur, je casse les spaghetti en deux avant de les plonger dans l'eau bouillante : ils s'imprègnent mieux des senteurs des autres ingrédients et sont plus faciles à manger.*

SPAGHETTI A LA TOMATE F

505 calories

Une sauce à l'huile et à l'ail.

Préparation : 10 minutes
Cuisson : 15 minutes

Pour 4 personnes :

500 g de spaghetti
1/4 de tasse d'huile d'olive
2 gousses d'ail
750 g de tomates
12 branches de persil
sel, poivre noir fraîchement moulu

1. Pelez les gousses d'ail, fendez-les en deux.

2. Plongez les tomates dans l'eau bouillante, égouttez-les, pelez-les, coupez-les en dés.

3. Lavez le persil, hachez finement les feuilles.

4. Chauffez l'huile dans une casserole, mettez-y les gousses d'ail à brunir ; dès qu'elles sont colorées enlevez-les, jetez-les et remplacez-les par les dés de tomates. Salez, poivrez, laissez cuire à feu doux pendant 15 minutes environ.

5. Pendant ce temps, faites cuire les spaghetti à grande eau bouillante salée.

6. La sauce étant cuite, ajoutez-lui le persil haché.

7. Egouttez les spaghetti bien soigneusement et assaisonnez-les avec la sauce tomate. Servez facultativement avec du parmesan râpé.

MON SECRET : *En plein été, quand les tomates sont bien rouges et bien mûres, je les fais revenir à peine trois minutes dans l'huile, ce qui leur laisse leur goût de légumes frais cueillis.*

TAGLIATELLES AU PISTOU

550 calories

Un délicieux parfum de basilic.

Préparation : 10 minutes
Cuisson : 15 minutes

Pour 6 personnes :

500 g de tagliatelles
4 gousses d'ail
200 g de parmesan râpé
12 feuilles de basilic
6 cuillerées à soupe d'huile d'olive
sel, poivre

1. Mettez à cuire les tagliatelles à l'eau bouillante salée pendant 10 minutes.

2. D'autre part, pilez dans un mortier ail et feuilles de basilic. Lorsque le tout est réduit en pâte, versez petit à petit l'huile d'olive en tournant avec une cuillère en bois et ajoutez le parmesan rapé. Salez et poivrez.

3. Lorsque les pâtes sont cuites, égouttez-les, versez la sauce dessus et servez.

MON SECRET : *Je saupoudre de 2 cuillerées à soupe de pignons.*

XIV
Fruits, Entremets, Soufflés et Glaces

ABRICOTS A LA CRÈME

340 calories

Des oreillons d'abricots sur un coussin de crème Chantilly.

Préparation : 5 minutes
Pas de cuisson

Pour 4 personnes :

350 g de crème Chantilly
1 boîte d'abricots au sirop

1. Egouttez les abricots et gardez le sirop.
2. Garnissez une coupe de crème Chantilly.
3. Disposez dessus les demi-abricots, régulièrement.
4. Nappez avec un peu de sirop (de la boîte) et servez frais.

MON SECRET : *Parfumez la chantilly au marasquin. Il faut pour cela ajouter 2 pincées de gomme adragante en poudre à la crème avant de la battre puis la liqueur après l'avoir battue (2 cuillerées à soupe pour 1/2 litre de crème).*

ABRICOTS SECS EN COMPOTE

215 calories

Des abricots gorgés de sirop et servis très frais.

Préparation : 10 minutes
Trempage : 24 heures
Cuisson : 1 heure

Pour 6 personnes :

400 g d'abricots secs
125 g de sucre en poudre
3/4 de litre d'eau

1. La veille, lavez les abricots et mettez-les à tremper dans une terrine avec suffisamment d'eau pour qu'ils soient largement recouverts.
2. Le jour même, mettez dans une casserole l'eau et le sucre à bouillir.
3. Egouttez les abricots et versez-les dans le sirop bouillant. Laissez cuire 1 heure environ en réduisant à très petit feu (pour que les abricots gardent une belle présentation). Les abricots sont cuits lorsqu'ils sont tendres (vérifiez en enfonçant la pointe d'un couteau).
4. Versez dans une coupe et laissez refroidir avant de mettre au réfrigérateur au moins 1 heure.

MON SECRET : *Je sers en même temps une crème anglaise. Ou bien je couvre de cette compote des tranches épaisses de brioche et je passe au four pour servir tiède.*

ABRICOTS SURPRISE

270 calories

Un dessert à succès pour grands et petits.

Préparation : 10 minutes
Cuisson : 20 minutes
Repos au frais : 1 à 2 heures

Pour 6 personnes :

6 très gros abricots bien mûrs
150 g de crème fraîche
100 g de sucre en poudre
1/2 verre d'eau

1. Coupez les abricots en deux. Retirez les noyaux et cassez-en quelques-uns pour en extraire les amandes.
2. Mettez dans une casserole moyenne l'eau, le sucre et les amandes. Mettez sur feu vif et laissez bouillir 10 à 12 minutes sans couvercle.
3. Plongez les fruits dans ce sirop bouillant, retirez du feu, couvrez et laissez pocher 5 à 6 minutes.
4. Egouttez les abricots (en les sortant délicatement avec une cuiller pour ne pas les écraser) et laissez refroidir.
5. Nappez le fond du plat de service avec la crème fraîche.
6. Disposez régulièrement les demi-abricots sur le dessus pour simuler des jaunes d'œufs.
7. Mettez au réfrigérateur en attendant de servir.

MON SECRET : *Hors saison, j'utilise des abricots au sirop. Comme ils sont assez petits, j'en compte trois par personne.*

ANANAS EN COMPOTE

445 calories

Une délicieuse salade d'ananas et d'oranges.

Préparation : 10 minutes
Cuisson : 30 minutes
Repos : 2 heures

Pour 6 personnes :

1 ananas frais de 1 kg
2 oranges
1/2 citron
200 g de sucre en poudre
1/4 de litre d'eau

1. Préparez l'ananas : coupez-le en quatre dans le sens de la longueur avec un grand couteau tranchant. Retirez ensuite l'écorce (comme pour un melon) puis la partie centrale ligneuse, et coupez la chair en petits morceaux réguliers.
2. Pelez les oranges et divisez-les en quartiers. Epépinez-les.
3. Dans une grande casserole, mettez le sucre et l'eau et faites bouillir. Ajoutez alors ananas, oranges et citron et laissez bouillir 30 minutes, en réduisant le feu.
4. Retirez du feu. Versez dans un compotier et laissez refroidir. Lorsque la compote est froide, mettez-la une heure ou deux au réfrigérateur avant de servir.

MON SECRET : *Je parfume la compote juste au moment de servir d'un peu de rhum vieux.*

BANANES BARBECUE

208 calories

Cuites sur les braises, dans leur peau.

Pas de préparation
Cuisson : 10 minutes

Pour 4 personnes :

4 bananes
8 cuillerées à soupe de sucre en poudre

1. Déposez les bananes dans leur peau sur le gril, au-dessus des braises ardentes. Retournez-les après 5 minutes. Faites cuire 5 minutes sur l'autre face.

2. Epluchez rapidement les bananes, déposez-les dans une assiette. Saupoudrez de sucre.

3. Pendant ce temps, vous aurez fait rougir les pincettes du barbecue dans la braise. Appliquez-les en travers sur les bananes pour faire fondre le sucre qui caramélise.

MON SECRET : *Servir avec une jatte de crème fraîche.*

BANANES EN ROBE

370 calories

Grillées dans leur peau, caramélisées et flambées au rhum.

Préparation : 15 minutes
Cuisson : 6 minutes

Pour 6 personnes :

6 bananes
150 g de beurre
30 morceaux de sucre (pour le caramel)
6 verres à liqueur de rhum

1. Faites chauffer votre gril.

2. Lorsqu'il est bien chaud, posez les bananes non épluchées dessus et laissez-les cuire 3 minutes de chaque côté.

3. Pendant la cuisson des bananes, faites un caramel avec le sucre, le beurre et un demi-verre d'eau : mettez tout ceci dans une casserole (en veillant à ce que tous les morceaux de sucre soient bien humidifiés) et faites chauffer doucement.

4. Epluchez les bananes et disposez-les sur un plat que vous maintiendrez au chaud.

5. Laissez le caramel blondir mais pas brunir et versez-le sur les bananes dès qu'il a atteint la coloration désirée.

6. Faites tiédir le rhum dans une petite casserole (ne le faites pas trop chauffer : l'alcool s'évapore à 80°). Enflammez-le dans la casserole et versez sur les bananes. Laissez flamber et servez immédiatement.

MON SECRET : *En ajoutant une demi-cuillerée à café d'alcool à 90° dans le rhum, il brûle mieux.*

BAVAROIS AU CAFÉ

1 115 calories

Une savoureuse crème glacée à la finesse exquise.

Préparation : 30 minutes
Cuisson : 15 minutes
Réfrigération : 8 heures

Pour 6 personnes :

1/2 litre de crème Chantilly
1/2 litre de lait
175 g de sucre semoule
7 feuilles de gélatine
3 cuillerées à dessert de café soluble
6 jaunes d'œufs

1. Chauffez le lait jusqu'à ébullition.

2. Séparez les blancs et les jaunes des œufs. Ajoutez le sucre et le café soluble aux jaunes et tournez avec la cuiller en bois pendant une dizaine de minutes. Mettez dans une casserole sur feu très doux et sans cesser de tourner, versez petit à petit le lait bouillant. La préparation ne doit pas bouillir. Retirez-la du feu aussitôt qu'elle atteint l'extrême limite avant l'ébullition.

3. Filtrez cette crème, mettez-la dans un récipient où vous la laissez tiédir sans cesser de la remuer avec une spatule.

4. La crème étant tiède, ajoutez-lui les feuilles de gélatine préalablement trempées quelques minutes dans de l'eau froide. Mélangez bien.

5. La crème étant complètement froide, ajoutez-lui la chantilly. Mélangez avec douceur.

6. Huilez légèrement un moule à bavarois. Versez-y la préparation et mettez à glacer pendant 6 ou 8 heures au moins avant de démouler.

MON SECRET : *Quand j'ajoute la chantilly à la crème, je place le récipient contenant cette dernière sur de la glace pilée.*

BAVAROIS AUX FRAISES

Même recette que le bavarois au café mais en supprimant le café et en ajoutant à la crème, en même temps que la chantilly, 500 g de fraises cuites 15 minutes à feu doux avec 500 g de sucre.

BAVAROIS RICHE C

715 calories

Un délicieux édifice de chantilly et de crème au kirsch.

Préparation : 20 minutes
Cuisson : 10 minutes
Réfrigération : 4 heures

Pour 8 à 10 personnes :

1 litre de lait
+ 1 tasse de lait
+ 3 cuillerées à soupe
400 g de sucre
1 gousse de vanille
16 jaunes d'œufs
20 g de gélatine
1 litre de crème fraîche
1 cuillerée à soupe de Maïzena
2 cuillerées à soupe de kirsch
1 sachet de sucre vanillé

1. Faites tremper la gélatine dans un verre d'eau tiède.

2. Mettez dans la casserole sur feu vif 1 litre de lait, 300 g de sucre et la vanille. Eteignez le feu lorsque le lait commence à bouillir. Ajoutez-lui alors la gélatine ramollie et enlevez la gousse de vanille.

3. Délayez 1 cuillerée à soupe de Maïzena dans une tasse de lait froid.

4. Mettez 16 jaunes d'œufs dans un grand saladier. Battez-les, ajoutez-leur le lait bien chaud, petit à petit, en battant sans cesse. Ajoutez enfin la Maïzena délayée.

5. Versez le tout dans une casserole sur feu doux. Laissez chauffer en tournant sans arrêt. Quand la crème commence à frémir, retirez la casserole du feu et continuez de tourner pendant 2 minutes. Ajoutez le kirsch.

6. Dans un récipient profond, délayez doucement 1 litre de crème fraîche avec 3 cuillerées à soupe de lait, le tout bien froid. Ajoutez 100 g de sucre et un glaçon. Fouettez lentement, d'un geste large, pour faire de la chantilly.

7. Dès que la crème tient aux branches du fouet, cessez de battre. Otez le glaçon et ajoutez le sucre vanillé.

8. Mélangez doucement la chantilly et la crème refroidie. Versez dans un moule rond à bord haut. Mettez dans le réfrigérateur pendant au moins 4 heures avant de démouler.

MON SECRET : *Ce merveilleux dessert peut, à la saison, être décoré de framboises et de fraises des bois.*

BAVAROIS A LA VANILLE

Même recette que le bavarois au café mais en supprimant le café et en faisant bouillir le lait avec une gousse de vanille fendue en deux.

CARROTTES RAPÉES A L'ORANGE

120 calories

Une appétissante crudité riche en vitamines.

Préparation : 15 minutes
Pas de cuisson

Pour 4 personnes :

500 g de carottes
2 oranges
1 cuillerée à soupe de sucre en poudre
1 citron
sel

1. Grattez les carottes, lavez-les, râpez-les.
2. Arrosez-les avec le jus du citron. Ajoutez le sucre, le sel et mélangez.
3. Pelez les oranges à vif. Coupez-les en rondelles fines.
4. Disposez les carottes râpées au milieu d'un plat et entourez des rondelles d'oranges. Servez frais.

MON SECRET : *On peut ajouter au citron une cuillerée à soupe d'eau de fleur d'oranger.*

CERISES DÉGUISÉES

35 calories

Des cerises à l'eau-de-vie enrobées de fondant blanc.

Préparation : 20 minutes
Pas de cuisson

Pour une cinquantaine de cerises :

1/2 boîte de fondant (acheté tout préparé dans les épiceries fines)
50 cerises à l'eau-de-vie
quelques cuillerées de sucre glace

1. Egouttez les cerises sur une grille environ 1 heure (prenez des cerises qui ont conservé au moins 1 cm de queue).
2. Faites chauffer le fondant (dans sa boîte ouverte) au bain-marie. Remuez avec une spatule. Le fondant doit atteindre une consistance coulante mais non liquide. Sa température ne doit pas dépasser 35-40°, sinon il perdrait son brillant.
3. Trempez les fruits dans le fondant en les tenant par la queue et déposez-les aussitôt sur une planche recouverte de sucre glace.
4. Laissez sécher et placez chaque cerise dans une caissette de papier.

MON SECRET : *Un petit verre de kirsch parfume agréablement le fondant.*

CERISES POCHÉES AU VIN DE BORDEAUX C

860 calories

Servies en coupe avec de la chantilly.

Préparation : 20 minutes
Cuisson : 40 minutes

Pour 6 personnes :

1 kg de belles cerises
200 g de sucre en poudre
1 bouteille de très bon bordeaux rouge
1 bâtonnet de cannelle ou 1/2 cuillerée à café de cannelle en poudre
2 pincées de fécule
2 cuillerées à soupe de gelée de groseille

Pour garnir :
250 g de crème fraîche (battue en chantilly avec 4 cuillerées à soupe de lait cru et 2 paquets de sucre vanillé)
200 g de macarons bien moelleux

1. Equeutez les cerises et dénoyautez-les.
2. Avec le vin, le sucre et la cannelle, préparez un sirop que vous faites bouillir 15 minutes dans une casserole. Au bout de ce temps, baissez le feu et plongez les cerises dans le sirop frissonnant. Laissez-les pocher tout doucement pendant 10 minutes, pas plus, leur pulpe s'échapperait.
3. Egouttez les cerises dans une passoire, recueillez le sirop et faites-le encore réduire. Il doit vous en rester un quart de litre environ, pas plus. Ajoutez 2 pincées de fécule pour l'épaissir, laissez cuire 5 minutes, puis ajoutez la gelée de groseille.
4. Répartissez les cerises dans des coupes individuelles ou versez-les dans une belle coupe de verre, nappez-les de sirop et mettez-les au réfrigérateur jusqu'au moment de servir.
5. Servez avec la crème Chantilly (dans une coupe à part) et les macarons.

MON SECRET : *Choisir pour cette recette des cerises anglaises qui ne se défont pas à la cuisson.*

CLAFOUTIS

325 calories

Des cerises juteuses dans un flan vanillé moelleux.

Préparation : 20 minutes
Cuisson : 45 minutes

Pour 6 personnes :

4 œufs
9 cuillerées à soupe

1. Lavez, équeutez et dénoyautez les cerises.
2. Allumez votre four à thermostat 6.
3. Battez les œufs entiers en omelette, ajoutez sel et sucre semoule. Mélangez bien.
4. Tamisez la farine et jetez-la en pluie dans les œufs. Mélangez jusqu'à ce que le mélange soit bien lisse.

de sucre semoule
1 pincée de sel
5 cuillerées à soupe de farine
1/4 de litre de lait
60 g de beurre
500 g de cerises noires
1 sachet de sucre vanillé

5. Faites fondre la moitié du beurre dans le four et ajoutez-le à la pâte, une fois légèrement refroidi. Délayez enfin avec le lait.

6. Beurrez abondamment un plat en terre ou en porcelaine à feu. Disposez les cerises dans ce plat. Versez la pâte sur les cerises. Parsemez le dessus de quelques noisettes de beurre.

7. Faites cuire à four moyen (jusqu'à ce que le dessus commence à dorer). Dès la sortie du four, saupoudrez de sucre vanillé.
Servez tiède.

MON SECRET : *La formule du clafoutis peut être utilisée avec d'autres fruits que les cerises. Certaines personnes préfèrent ne pas dénoyauter les cerises, le noyau renforçant la saveur. Mais la dégustation est bien moins agréable !*

COMPOTE DE CERISES

355 calories

Des fruits cuits nappés de sirop épais.

Préparation : 10 minutes
Cuisson : 15 minutes

Pour 4 personnes :

600 g de cerises
200 g de sucre
1 grand verre d'eau

1. Coupez les queues des cerises et lavez les fruits à l'eau fraîche. Mettez-les dans une casserole avec le sucre et un bon verre d'eau. Laissez cuire quelques minutes en prenant soin de ne pas laisser caraméliser (8 à 10 minutes).

2. Retirez du feu. Laissez refroidir pendant 2 heures. Egouttez. Disposez les fruits dans un compotier. Faites recuire doucement le sirop 5 minutes pour qu'il épaississe et versez-le sur les cerises. Servez froid.

MON SECRET : *Pour les personnes âgées, mieux vaut dénoyauter les cerises. Dans ce cas, mettez les noyaux dans un petit sachet de mousseline et cuisez-les en même temps que les fruits auxquels ils apportent une saveur particulière.*

COMPOTE DE MELON

180 calories

Des cubes de melon cuits dans un sirop aromatisé au rhum.

Préparation : 10 minutes
(à faire 2 heures à l'avance)
Cuisson : 20 minutes

Pour 6 personnes :

1,500 kg de melon
10 cuillerées à soupe de sucre en poudre
1 cuillerée à soupe de rhum
le zeste d'un demi-citron

1. Retirez l'écorce et les graines du melon. Détaillez la chair en cubes.

2. Mettez ces cubes dans une casserole. Saupoudrez-les de sucre et ajoutez le zeste râpé du demi-citron. Faites cuire à couvert, tout doucement (15 minutes environ) jusqu'à ce que les fruits deviennent transparents.

3. Retirez les morceaux à l'aide d'une écumoire et laissez réduire le sirop à découvert jusqu'à ce qu'il nappe bien la cuiller.

4. Disposez le melon dans une coupe. Versez le rhum dans le sirop et nappez-en les fruits. Laissez refroidir complètement. Dégustez bien frais.

MON SECRET : *Une excellente recette pour utiliser du melon insuffisamment mûr ou fade.*

COMPOTE DE POIRES AU CITRON

270 calories

A servir froid, de fondants quartiers au sirop.

Préparation : 10 minutes
Cuisson : 30 minutes

Pour 6 personnes :

1 kg de poires
200 g de sucre
1 citron

1. Pelez les poires. Enlevez cœurs et pépins. Coupez les fruits en quartiers.

2. Mettez-les dans une casserole avec le sucre, le jus du citron et 2 verres d'eau.

3. Couvrez et faites cuire à feu très doux pendant 30 minutes. Servez froid avec le sirop de cuisson.

MON SECRET : *Un zeste de citron ou une demi-gousse de vanille aromatisent agréablement le sirop.*

COUPE DES QUATRE SAISONS D C 510 calories

Un cocktail de fruits dans une crème anglaise vanillée.

Préparation : 25 minutes
Cuisson : 15 minutes

Pour 8 personnes :

6 œufs
1 litre de lait
100 g de sucre
1 ou 2 belles gousses de vanille
1 cuillerée 1/2 à soupe de fécule
5 centilitres de rhum

Pour la garniture des fruits :
1/2 boîte de pêches au sirop
1/2 boîte de poires au sirop
1 flacon de marrons au sirop
300 à 400 g de fraises ou framboises
(Ces fruits peuvent varier suivant la saison. Vous pouvez également employer des abricots ou ananas au sirop, des griottes au sirop, ou simplement des fruits frais.)

Pour le sirop à la vanille :
6 cuillerées à soupe de sucre en poudre
1 verre de jus des fruits
1 gousse de vanille
5 centilitres de rhum

1. Préparez la crème : fendez les gousses de vanille et mettez-les dans le lait, amenez à ébullition, laissez doucement bouillir 8 à 10 minutes afin que le lait se parfume bien.

2. Cassez les œufs dans une terrine, ajoutez le sucre en poudre et la fécule, battez énergiquement au fouet, puis versez le lait bouillant petit à petit sans cesser de remuer au fouet. Faites épaissir à feu doux, ajoutez le rhum, versez dans une jatte et laissez refroidir.

3. Ouvrez les boîtes de fruits, égouttez-les en recueillant leur jus.

4. Préparez un sirop à la vanille : versez dans une casserole 1 verre de jus de fruits mélangés, ajoutez 6 cuillerées à soupe de sucre et 1 gousse de vanille fendue dans le sens de la longueur, le rhum, amenez à ébullition, laissez épaissir de façon que le sirop, une fois refroidi, nappe bien les fruits.

5. Disposez les 4 sortes de fruits sur la crème bien froide, nappez les fruits avec le sirop à la vanille et tenez au frais jusqu'au moment de servir.

MON SECRET : *La patience, pour préparer la crème qui doit cuire 10 à 15 minutes sur feu très doux sans que l'on cesse de la tourner avec un fouet ou une cuiller en bois.*

COUPES SUZON

625 calories

Chocolat, oranges et amandes personnalisent cette glace vanille-chocolat.

Préparation : 10 minutes
Pas de cuisson

Pour 4 personnes :

1 glace vanille-chocolat (1/2 litre)
1/2 pot de marmelade d'oranges
50 g d'amandes grillées
4 tuiles

Quinze minutes avant de servir : placez au réfrigérateur la marmelade d'oranges et quatre coupes individuelles.
Au moment de servir :

1. Sortez les coupes froides.

2. Emplissez-les de la façon suivante :
— une couche de marmelade d'oranges ;
— une couche d'amandes ;
— une couche de glace à la vanille ;
— une couche de marmelade d'oranges ;
— une couche d'amandes ;
— une couche de glace au chocolat,
et continuez ainsi jusqu'à ce que la coupe soit remplie.

Garnissez le dessus avec des amandes grillées et une boule de glace au chocolat. Servez avec les tuiles.

MON SECRET : *J'ai un petit appareil pour faire les boules de glace. Bon marché et en vente partout.*

CREME ALSACIENNE

325 calories

Parfumée au kirsch et à base de petits-suisses.

Préparation : 10 minutes
Pas de cuisson

Pour 4 personnes :

8 petits-suisses double crème
4 œufs
4 cuillerées à soupe de sucre en poudre

1. Séparez les blancs et les jaunes des œufs. Mettez les jaunes dans une terrine avec 4 cuillerées à soupe de sucre en poudre. Tournez avec une cuiller en bois jusqu'à ce que le mélange blanchisse.

2. Ajoutez alors les petits-suisses double crème. Tournez de nouveau pour obtenir une pâte bien lisse. Ajoutez-lui une cuillerée à soupe de kirsch. Mélangez de nouveau. Mettez cette crème au frais jusqu'au moment de la servir.

1 cuillerée à soupe de kirsch
8 cerises confites

3. Battez alors en neige très ferme les blancs d'œufs. Ajoutez-les à la crème en les mélangeant doucement. Versez la préparation dans un compotier et décorez le dessus avec 8 cerises confites disposées en couronne.

MON SECRET : *J'ajoute à la crème des petits morceaux de fruits confits grossièrement hachés, cela avant d'y mêler les blancs en neige.*

CRÈME ANGLAISE

260 calories

Une sauce à base de lait sucré lié par des jaunes d'œufs, délicieuse pour napper vos desserts.

Préparation et cuisson : 15 minutes

Pour 6 personnes :

1 litre de lait
6 jaunes d'œufs
150 g de sucre semoule
1 gousse de vanille

1. Mettez les jaunes d'œufs dans une terrine, versez le sucre en pluie et travaillez à la spatule jusqu'à ce que le mélange devienne mousseux.

2. Faites bouillir le lait avec la gousse de vanille fendue sur toute sa longueur.

3. Retirez la vanille. Versez peu à peu le lait bouillant sur le mélange œufs-sucre en remuant bien (afin de ne pas coaguler les œufs). Lorsque la moitié est incorporée, on peut aller plus vite.

4. Remettez dans la casserole et faites épaissir à feu doux en remuant sans arrêt. La cuisson est terminée lorsque la mousse a complètement disparu et que la crème nappe la cuiller. Ne laissez surtout pas atteindre l'ébullition, car la crème tournerait. Il faudrait alors la battre vigoureusement au fouet, une fois refroidie.

5. Versez immédiatement dans un récipient froid.

MON SECRET : *Je conseille aux débutantes de délayer dans le lait une cuillerée à dessert de Maïzena. Cela évite à la crème tout risque de « tourner », ce qui arrive facilement pour cette préparation dont la cuisson est assez délicate.*

CRÈME AU BEURRE

440 calories

Pour fourrer génoises, mokas, bûches de Noël... une mousse très fine de sucre, d'œufs et de beurre frais.

Préparation : 15 minutes
Pas de cuisson

Pour fourrer un gâteau de 25 cm de diamètre (6 personnes) :

1 plaquette de beurre (250 g)
150 g de sucre semoule
2 œufs entiers
parfum au choix (cacao, café, liqueur...)

1. Cassez les œufs dans une petite casserole et mélangez bien. Versez ensuite le sucre en pluie et travaillez à la spatule sur feu très doux (pour ne pas coaguler les œufs) jusqu'à ce que le sucre soit bien fondu (il ne doit présenter aucune granulation).

2. Laissez refroidir en tournant fréquemment.

3. Dans une jatte, mettez le beurre coupé en petits morceaux et travaillez-le à la spatule jusqu'à ce qu'il soit réduit en crème. (Il ne faut surtout pas le faire chauffer.) Ajoutez le mélange œufs-sucre complètement refroidi comme on incorpore l'huile à une mayonnaise, c'est-à-dire en filet et sans cesser de battre au fouet ou à la spatule. La crème doit être lisse et bien prise.

4. Ajoutez le parfum choisi. Mélangez.

MON SECRET : *J'ébouillante le bol dans lequel je travaille le beurre qui se réduit ainsi plus facilement en crème.*

CRÈME CHANTILLY

190 calories

De la crème fraîche et du sucre battus en flocons légers.

Préparation : 10 minutes
Pas de cuisson

Pour 4 à 6 personnes :

250 g de crème fraîche encore liquide
50 g de sucre glace
1 cuillerée à café de vanille liquide ou une pincée de vanille en poudre
1 glaçon pilé

1. Mettez 1 heure avant l'utilisation dans votre réfrigérateur une terrine ronde vide. Tenez également la crème fraîche au réfrigérateur.

2. Videz la crème dans la terrine, ajoutez le sucre et la vanille, ainsi que le glaçon finement pilé.

3. Battez au fouet (le batteur électrique donne d'excellents résultats, fouets à blancs d'œufs). Arrêtez dès que la crème, devenue mousseuse, forme un « bec » à la pointe du fouet (sinon, vous risquez de faire du beurre).

4. Mettez au frais jusqu'au moment de servir.

MON SECRET : *Pour alléger encore la crème on peut lui ajouter un blanc d'œuf battu en neige.*

CRÈME AU CHOCOLAT

390 calories

Une crème au chocolat sans œufs.

Préparation : 5 minutes
Cuisson : 15 minutes

Pour 4 personnes :

3/4 de litre de lait
5 cuillerées à soupe de sucre
200 g de chocolat à cuire
1 pincée de vanille en poudre
2 cuillerées à soupe de Maïzena
50 g de beurre

1. Faites chauffer le lait dans une casserole et, dès qu'il est chaud, ajoutez le sucre et le chocolat en morceaux, en tournant jusqu'à ce que tout soit bien fondu. Ajoutez la vanille.

2. Dans un peu d'eau, délayez la Maïzena et versez dans le lait. Laissez cuire 10 minutes encore en remuant sur petit feu.

3. Ajoutez le beurre et laissez refroidir en tournant de temps en temps pour empêcher la formation d'une peau sur votre crème.

4. Servez bien froid.

MON SECRET : *J'ajoute au lait chocolaté une cuillerée à café de café soluble.*

CRÈME FRANGIPANE

420 calories

Une crème pâtissière enrichie d'amandes en poudre.

Préparation : 5 minutes
Cuisson : 10 minutes

Pour 6 personnes :

1 litre de lait
2 œufs entiers + 4 jaunes (ou 4 œufs entiers mais la crème sera moins fine)
150 g de sucre
125 g de farine
2 cuillerées à soupe de poudre d'amandes
50 g de beurre

1. Dans une terrine, travaillez les œufs entiers, les jaunes et le sucre à la spatule, jusqu'à ce que le mélange blanchisse. Incorporez alors la farine.

2. Faites bouillir le lait.

3. Versez peu à peu le lait bouillant sur le mélange œufs-sucre, en allant très doucement et en remuant bien pour ne pas coaguler les œufs. Lorsque la moitié est incorporée, vous pouvez verser plus vite.

4. Remettez sur feu doux sans cesser de remuer jusqu'au premier bouillon.

5. Retirez du feu. Ajoutez le beurre et la poudre d'amandes. Mélangez soigneusement.

6. Versez dans un récipient froid et laissez refroidir.

MON SECRET : *Une pincée de sel dans la crème fait ressortir le parfum des amandes.*

CRÈME AUX MACARONS

280 calories

Une crème vanillée saupoudrée de macarons caramélisés.

Préparation : 5 minutes
Cuisson : 15 minutes

Pour 4 personnes :

3/4 de litre de lait
100 g de sucre
1 gousse de vanille
5 jaunes d'œufs
1 cuillerée à café de fécule

Garniture :
50 g de macarons
2 sachets de sucre vanillé
1 noisette de beurre

1. Faites chauffer le lait avec une gousse de vanille fendue. Battez les jaunes d'œufs et le sucre de façon à rendre la préparation mousseuse. Ajoutez la fécule. Versez dessus, doucement, le lait bouillant en continuant de battre. Faites épaissir sur feu doux (10 minutes environ). Laissez refroidir. Versez dans une coupe.

2. Ecrasez les macarons. Faites fondre une noisette de beurre dans une poêle, jetez-y les macarons, le sucre vanillé et remuez jusqu'à ce que la préparation commence à caraméliser.

3. Décorez le dessus de la crème avec ces granulés de macarons vanillés.

MON SECRET : *Le seul point délicat de la recette est le moment où l'on verse le lait bouillant sur la préparation aux œufs, car ceux-ci risquent alors de former des petits grumeaux. Il faut verser le lait très très lentement sans cesser de battre le mélange.*

CRÈME AU MARSALA

140 calories

Mousseuse et richement corsée.

Préparation : 10 minutes
Cuisson : 10 minutes

Pour 6 personnes :

8 jaunes d'œufs
1/2 tasse de sucre cristallisé
1 tasse de marsala

1. Battez au fouet dans une casserole les jaunes d'œufs et le sucre jusqu'à ce que le mélange épaississe.

2. Ajoutez le vin.

3. Placez la casserole au-dessus d'un récipient contenant de l'eau chaude (bain-marie) et battez jusqu'à ce que la crème soit chaude et très épaisse. Veillez surtout à ne pas laisser bouillir.

4. Remplissez à la cuiller de grands verres ou des coupes à sorbet. Servez immédiatement cette crème qui doit être dégustée chaude.

MON SECRET : *Mieux qu'une casserole, utilisez — si possible — un saladier ou tout autre récipient en métal à fond rond. Cette forme rend plus facile et plus efficace le travail de la crème au fouet.*

CRÈME MINUTE AU GRAND MARNIER

310 calories

Une mousse légère et parfumée.

Préparation : 10 minutes
Pas de cuisson

Pour 4 personnes :

6 petits-suisses
4 œufs
100 g de sucre semoule
2 cuillerées à soupe de Grand Marnier
4 cuillerées à soupe de crème

1. Mélangez au fouet les jaunes d'œufs et le sucre.
2. Battez les blancs en neige ferme.
3. Ajoutez les petits-suisses, la crème, le Grand Marnier, les blancs d'œufs battus en neige.
Servez glacé.

MON SECRET : *Une pincée de sel dans les blancs d'œufs : ils montent en neige plus facilement.*

CRÈME PATISSIÈRE

405 calories

Nature ou parfumée, une crème onctueuse et lisse pour fourrer gâteaux ou tartes.

Préparation : 5 minutes
Cuisson : 10 minutes

Pour 6 personnes :

1 litre de lait
2 œufs entiers + 4 jaunes (ou 4 œufs entiers, mais la crème sera moins fine)
150 g de sucre
125 g de farine
parfum au choix (vanille, liqueur, café, chocolat...)
50 g de beurre (facultatif)

1. Dans une terrine, travaillez les œufs entiers, les jaunes et le sucre à la spatule, jusqu'à ce que le mélange blanchisse. Incorporez alors la farine et le parfum.
2. Faites bouillir le lait.
3. Versez peu à peu le lait bouillant sur le mélange œufs-sucre, en allant très doucement et en remuant bien pour ne pas coaguler les œufs. Lorsque la moitié est incorporée, vous pouvez verser plus vite.
4. Remettez sur feu doux sans cesser de remuer jusqu'au premier bouillon.
5. Retirez du feu.
6. Versez dans un récipient et laissez refroidir.

MON SECRET : *J'ajoute 50 g de beurre à la crème après l'avoir retirée du feu et je mélange soigneusement. Cela empêche la formation d'une peau sur la crème quand elle se refroidit.*

CRÈME RENVERSÉE

210 calories

Un onctueux flan d'œufs au lait nappé de caramel.

Préparation : 15 minutes
Cuisson : 45 minutes au four ou 8 minutes sous pression en autocuiseur

Pour 6 personnes :

1/2 litre de lait
7 cuillerées à soupe de sucre semoule
3 œufs
1 bâton de vanille ou 1 cuillerée à soupe de vanille liquide

Pour le caramel :
75 g de sucre en morceaux (15 morceaux de sucre n° 4)

1. Caramélisez votre moule : mettez-le sur feu moyen avec le sucre mouillé jusqu'à ce qu'il prenne la couleur désirée. Vous pouvez choisir n'importe quelle sorte de moule pour la cuisson au four.

2. Faites bouillir le lait avec le sucre et la vanille.

3. Allumez votre four à thermostat 5.

4. Battez vivement à la fourchette les œufs entiers avec le sucre dans une terrine ou un saladier assez grand pour contenir ensuite le lait. En continuant de battre à la fourchette, versez le lait chaud sur les œufs, très doucement au début, un peu plus rapidement dès que la moitié est incorporée.

5. Versez cette crème liquide dans le moule caramélisé. Elle ne doit absolument pas bouillir.

6. Pour la cuisson au four : posez le moule dans un récipient plus grand : lèchefrite, plat à four...). Isolez le fond avec une grille ou du papier absorbant plié en plusieurs épaisseurs et remplissez d'eau ce récipient jusqu'à hauteur de la crème. Mettez à four doux et laissez cuire doucement. La crème est cuite lorsqu'elle est ferme au centre (pour vous en assurer, secouez légèrement le moule) et retirez du four.

7. Laissez refroidir avant de démouler.

MON SECRET : *Vous pouvez utiliser des ramequins individuels que vous napperez de caramel vendu en flacon dans les épiceries.*

FIGUES A LA CRÈME

385 calories

Caramélisées au four et masquées de chantilly.

Préparation : 10 minutes
Cuisson : 15 minutes

Pour 4 personnes :

8 figues bien mûres
4 cuillerées à soupe

1. Allumez le four (thermostat 7/8).

2. Prenez 8 belles figues noires bien mûres. Avec un petit couteau, enlevez l'extrême partie pointue côté tige sur un petit centimètre environ de façon que l'on voie l'intérieur rouge du fruit.

3. Prenez un plat allant au four et rangez

de sucre en poudre
300 g de crème
Chantilly

dedans les figues côte à côte, la partie ouverte étant sur le dessus. Saupoudrez-les avec 4 cuillerées de sucre en poudre.

4. Mettez les figues ainsi sucrées dans le four. Quand vous commencez à sentir une légère odeur de caramel, ce qui va se produire au bout d'une dizaine de minutes environ, vous commencerez à surveiller la cuisson car il faut que le sucre soit caramélisé mais pas complètement noir. Vous sortirez alors le plat du four et vous laisserez refroidir les figues.

5. Les figues étant tout à fait froides, nappez-les largement de crème Chantilly en les laissant dans le plat. Ne mettez pas ce dessert dans le réfrigérateur, il ne faut pas que les figues ni le caramel soient complètement glacés.

MON SECRET : *Très commode : la crème Chantilly en bombe toujours prête à l'emploi. Mais à garder dans le réfrigérateur !*

FLAN AUX CAROTTES

175 calories

Un dessert crémeux, à base de carottes et d'œufs.

Préparation : 15 minutes
Cuisson : 45 minutes

Pour 6 personnes :

1 tasse 1/2 à thé de farine
400 g de carottes
1 poignée de raisins de Malaga
2 œufs
3 cuillerées à soupe d'eau de fleur d'oranger
4 cuillerées de sucre vanillé
1 noix de beurre

1. Nettoyez les carottes. Cuisez-les 15 minutes à l'eau bouillante non salée. Passez-les à la moulinette.

2. Allumez le four (thermostat 4/5).

3. Dans une terrine, travaillez la farine avec l'eau de fleur d'oranger et une demi-tasse à thé d'eau froide. Ajoutez le sucre vanillé et les deux tiers des carottes en purée. Ajoutez les œufs battus en omelette (et au besoin 1 ou 2 cuillerées à soupe de lait).

4. Versez cette pâte dans un moule à tarte largement beurré. Parsemez de raisins secs.

5. Passez au four 30 minutes environ. Le flan doit prendre consistance et colorer. A la sortie du four, saupoudrez de sucre vanillé. Laissez refroidir.

MON SECRET : *Je fais tremper les raisins secs pendant 1 heure dans du rhum.*

FLAN A LA NORMANDE

470 calories

Des pommes dans une pâte légère.

Préparation : 25 minutes
Repos de la pâte : 1 heure
Cuisson : 40 minutes

Pour 6 personnes :

6 pommes
pâte à crêpes
1 zeste de citron
50 g de beurre
50 g de sucre

1. Une heure avant la cuisson, préparez une pâte à crêpes sur la base de 250 g de farine (voir recette page 836).

2. Râpez le zeste de citron très finement et incorporez-le à la pâte, puis laissez reposer 1 heure sous un torchon.

3. Dix minutes avant la cuisson, allumez votre four (thermostat 6/7).

4. Pelez les pommes, coupez-les en quartiers. Retirez les cœurs puis émincez-les en fines lamelles.

5. Répartissez les lamelles dans un grand plat beurré. Versez dessus la pâte à crêpes en soulevant les pommes de part et d'autre avec une fourchette pour bien répartir la pâte.

6. Saupoudrez de sucre et parsemez de noisettes de beurre.

7. Mettez au four et laissez cuire 35 à 40 minutes. Le flan doit ressortir doré.

8. Servez tiède ou froid dans le plat de cuisson.

MON SECRET : *J'arrose les lamelles de pommes d'un peu de calvados.*

FRAISES AU BORDEAUX

175 calories

Macérées dans un bon vin fruité.

Préparation : 10 minutes
Pas de cuisson
Macération : 2 ou 3 heures

Pour 6 personnes :

600 g de fraises
100 g de sucre semoule
2 verres de bordeaux

1. Lavez les fraises sous une fine pluie d'eau. Egouttez-les et essuyez-les rapidement dans du papier absorbant. Retirez les queues.

2. Mettez les fraises dans une jatte et saupoudrez de sucre.

3. Versez par-dessus le vin ou autre boisson alcoolisée. Laissez macérer plusieurs heures au frais mais non au froid, en remuant une fois ou deux pour que tous les fruits soient trempés.

4. Servez frais.

MON SECRET : *Un bordeaux rouge bien fruité ou un blanc sucré, monbazillac, par exemple. Dans ce dernier cas, je réduis à 80 g la quantité de sucre.*

FRAISES A LA CHANTILLY

245 calories

Un régal des yeux et du palais.

Préparation : 10 minutes
Pas de cuisson

Pour 4 personnes :

500 g de fraises
1/4 de litre de crème Chantilly
sucre en poudre

1. Lavez les fraises sous une pluie d'eau très fine (utilisez le pommeau de la douche, par exemple, mais ne trempez jamais les fraises dans l'eau car elles perdraient leur arôme).

2. Egouttez-les et retirez les queues.

3. Préparez une crème Chantilly très ferme.

4. Disposez les fraises dans un compotier, recouvrez-les de chantilly et servez en même temps un petit bol de sucre en poudre.

MON SECRET : *Pour réussir une chantilly, je mets la crème double bien froide dans une jatte que je pose dans un récipient plus grand garni de glace pilée. Je bats avec un fouet ou avec deux fourchettes.*

FRAISES AU CITRON

170 calories

Une pointe d'acidité qui fait ressortir le parfum des fraises.

Préparation : 10 minutes
Pas de cuisson
Repos au frais : 2 heures

Pour 6 personnes :

600 g de fraises
100 g de sucre semoule
2 citrons

1. Lavez les fraises sous une fine pluie d'eau, égouttez-les et essuyez-les délicatement dans du papier absorbant. Retirez les queues.

2. Mettez-les dans une jatte et saupoudrez-les de sucre.

3. Pressez les citrons et versez le jus sur les fraises.

4. Mettez au frais 2 heures (remuez délicatement 1 fois ou 2 pour que toutes les fraises soient bien macérées). Servez frais.

MON SECRET : *Il ne faut enlever la queue des fraises qu'après les avoir lavées pour éviter que l'eau ne pénètre la chair du fruit par le trou alors formé.*

FROMAGE BLANC EN CROQUETTES

655 calories

D'appétissants beignets sucrés.

Préparation : 10 minutes
Cuisson : 5 minutes

Pour 4 personnes :

3 œufs
350 g de fromage blanc bien égoutté
100 g de farine (4 cuillerées à soupe bien pleines)
75 g de sucre en poudre (3 cuillerées à soupe bien pleines)
1/2 cuillerée à café de bicarbonate de soude
1 tasse de chapelure
bain de friture

1. Ecrasez le fromage blanc avec une fourchette dans une assiette.

2. Placez la bassine à friture sur le feu.

3. Dans un saladier, mettez le fromage écrasé, la farine, le sucre en poudre, le bicarbonate et les 3 œufs. Mélangez bien le tout avec une cuiller en bois pour obtenir une pâte lisse et ferme.

4. Prenez cette pâte par cuillerées de façon à former des boules ayant environ la grosseur de la moitié d'un œuf.

5. Etalez la chapelure sur un morceau de papier d'aluminium. Roulez-y les boulettes et plongez-les dans le bain de friture chaud. Laissez-les cuire 5 minutes à grande friture. Egouttez-les avec l'écumoire et servez-les aussitôt saupoudrées de sucre.

MON SECRET : *Il existe des fromages blancs « lissés » que l'on n'a pas besoin d'écraser à la fourchette.*

FROMAGE BLANC AUX FRUITS

215 calories

Servies très fraîches, des coupes de fruits enrobés dans un onctueux fromage blanc.

Préparation : 5 minutes
Repos au froid : 1 heure

Pour 6 personnes :

250 g de fromage blanc
1 petit pot de crème fraîche (100 g)
500 g de fruits de saison ou de fruits au sirop (bananes, pêches, abricots, cerises, fraises, framboises, ananas...)
50 g de sucre en poudre

1. Pelez, lavez, dénoyautez les fruits (vous pouvez mélanger plusieurs variétés de fruits) et coupez-les en petits dés ou en fines rondelles.

2. Battez le fromage blanc au fouet avec le sucre et la crème fraîche.

3. Incorporez les fruits délicatement.

4. Répartissez dans des coupes et mettez au frais avant de servir.

MON SECRET : *Commode pour utiliser des fruits trop mûrs.*

GLACE DES BÉNÉDICTINS F

315 calories

Aux savoureux parfums de liqueur et de vanille.

Préparation : 5 minutes
Réfrigération : 2 à 3 heures

Pour 4 personnes :

1 boîte de crème vanille
1 verre de crème fraîche
2 cuillerées à soupe de Bénédictine
2 cuillerées à soupe de sucre semoule

1. Mettez le thermostat du réfrigérateur au froid maximal.

2. Fouettez la crème fraîche. Battez un peu la crème à la vanille.

3. Mélangez les deux crèmes.

4. Ajoutez le sucre et la Bénédictine. Fouettez pour que le mélange soit bien homogène.

5. Versez dans le tiroir à glace du réfrigérateur et laissez prendre 2 à 3 heures.

MON SECRET : *Une recette bien d'aujourd'hui, préparée en quelques minutes. La crème fraîche doit être fouettée, simplement pour être allégée, mais pas montée en chantilly.*

GLACE AU CAFÉ

270 calories

Parfumé à l'extrait de café, un dessert glacé à la crème fraîche.

Préparation : 20 minutes
Cuisson : 5 minutes
Congélation : 3 heures

Pour 4 personnes :

3 œufs
150 g de sucre en poudre
3 cuillerées à soupe rases de Maïzena
1/2 litre de lait
1 cuillerée à soupe d'extrait de café (ou 2 cuillerées à café de café soluble)
1 petit pot de crème fraîche (100 g)

1. Dans une terrine, travaillez les jaunes d'œufs avec le sucre en poudre et la Maïzena.

2. Faites chauffer le lait, puis versez-le bouillant, peu à peu, sur le mélange. Portez à ébullition sans cesser de remuer à la spatule.

3. Battez en neige 2 blancs seulement et versez la crème bouillante dessus en battant vivement. Ajoutez le café (si vous employez du café soluble, diluez-le dans 1 cuillerée d'eau). Laissez complètement refroidir.

4. Battez la crème fraîche et incorporez-la au mélange. Fouettez quelques instants (la crème obtenue doit être absolument lisse).

5. Versez dans le bac de l'évaporateur du réfrigérateur et laissez congeler 3 heures.

MON SECRET : *J'« habille » la glace, au moment de la servir, d'un décor de grains de café du confiseur.*

GLACE AU CITRON

340 calories

Fromage blanc citronné et crème fouettée mêlés en une glace légère.

Préparation : 30 minutes
Congélation : 3 heures max.

Pour 6 personnes :

200 g de fromage blanc
1 verre de lait
1 œuf
200 g de sucre semoule
2 citrons
(1 zeste et 2 jus)
2 petits pots de crème fraîche (200 g)

1. Séparez le blanc du jaune d'œuf. Afin d'obtenir une crème absolument lisse, battez pendant quelques minutes le fromage blanc et le lait ensemble. Ajoutez ensuite au mélange le jaune d'œuf et le sucre.

2. Fouettez la crème.

3. Pressez le jus des citrons, ajoutez-le petit à petit dans la crème. Mettez ensuite le zeste d'un seul citron finement râpé.

4. Terminez en incorporant la crème fouettée puis le blanc d'œuf battu en neige ferme.

5. Versez dans un bac à glaçons et mettez à congeler dans le freezer du réfrigérateur.

MON SECRET : *Pour bien faire « monter » la crème en la fouettant, il faut qu'elle soit très froide. Battez-la dans une jatte placée dans un saladier contenant des glaçons.*

GLACE A LA FRAISE

260 calories

Tout le parfum du fruit royal de l'été.

Préparation : 15 minutes
Cuisson : 10 minutes
(+ 5 heures de réfrigérateur)

Pour 6 personnes :

1,750 kg de fraises
1 tasse de sucre en poudre
1/4 de tasse de jus d'orange
1 cuillerée à dessert de jus de citron
3/4 de tasse d'eau
1 tasse de crème fraîche épaisse

1. Mettez ensemble le sucre, le jus d'orange, le jus de citron et l'eau dans une casserole sur le feu ; chauffez et faites cuire pendant 5 à 6 minutes à partir du moment où le mélange commence à bouillir.
Vous obtenez un sirop épais que vous retirez du feu.

2. Nettoyez les fraises et écrasez-les en purée au mixer ou au chinois.

3. Mélangez les fraises et le sirop.

4. Fouettez la crème fraîche et ajoutez-la à la préparation.

5. Versez le tout dans un bac à glace ou dans un moule, mettez dans le freezer pendant au moins 5 heures avant de démouler pour servir.

MON SECRET : *Je décore de chantilly au moment de servir.*

GLACE AUX FRUITS

405 calories

Bananes, oranges et ananas : frais et délicieux.

Préparation : 25 minutes
Pas de cuisson
Réfrigération : 3 heures

Pour 6 personnes :

3 bananes très mûres
1/2 tasse de lait
1/2 tasse de jus d'orange
1/2 tasse de petits dés d'ananas frais ou en boîte
60 g de macarons
150 g de sucre en poudre
3 cuillerées à soupe de jus de citron
1/4 de litre de crème fraîche épaisse

1. Sur feu doux dans une petite casserole, faites chauffer une demi-tasse de lait. Arrêtez le gaz dès que le lait commence à bouillir et laissez-le refroidir.
2. Pelez 3 bananes, mettez-les dans un saladier à fond assez large et écrasez-les avec une fourchette de façon à obtenir une purée bien fine. Arrosez cette purée avec une demi-cuillerée à café de jus de citron.
3. Dans le saladier, ajoutez aux bananes la demi-tasse de lait froid bouilli, une demi-tasse de jus d'orange et mélangez bien le tout en tournant avec une cuiller en bois.
4. Prenez une demi-tasse de morceaux d'ananas frais ou en boîte et bien égouttés. Ecrasez-les dans une assiette à soupe avec une fourchette de façon à les réduire en purée. Si l'ananas est légèrement fibreux, vous pouvez le passer à la moulinette fine ou le réduire en purée avec un mixer ; l'essentiel est que vous obteniez une purée bien fine que vous ajouterez au mélange bananes, orange et lait.
5. Prenez 60 g de macarons assez secs que vous allez émietter entre vos doigts de façon à former une chapelure fine. Ajoutez cette chapelure dans le saladier qui contient déjà les fruits. Ajoutez ensuite 150 g de sucre en poudre, c'est-à-dire 6 cuillerées à soupe très pleines. Ajoutez encore 3 cuillerées à soupe de jus de citron, un quart de litre de crème épaisse et mélangez le tout en le battant avec un fouet.
6. Versez dans les deux bacs à glaçons de votre freezer ou dans un moule à glace, si la dimension de votre freezer vous permet d'en glisser un. Vous laisserez dans le réfrigérateur pendant 3 ou 4 heures avant de démouler, ce que vous ferez juste au moment de servir.

MON SECRET : *Le moulage dans de simples bacs à glaçons ne donne pas des glaces très spectaculaires. Mieux vaut pour les servir les détailler en boules à l'aide d'une cuiller spéciale (bon marché, en vente partout) et les présenter dans des coupes individuelles.*

Charlotte aux fruits. *(Recette page 819)*

Tarte aux quetsches. *(Recette page 848)*

Gâteau roulé. *(Recette page 828)*

Sorbets. *(Recette page 800)*

GLACE A LA MENTHE

165 calories

Une merveilleuse fraîcheur parfumée.

Préparation : 10 minutes
Réfrigération : 2 heures

Pour 8 personnes :

1 litre d'eau
200 g de sucre gélifiant
1 verre de sirop de menthe

1. Mettez le sucre et l'eau dans une casserole, chauffez jusqu'à ébullition. Laissez refroidir.

2. Ajoutez alors le sirop de menthe. Mélangez bien. Mettez dans le bac à glaçons.

3. Faites prendre dans le freezer pendant 2 heures environ.

MON SECRET : *A la saison de la menthe fraîche, j'en plante une branchette au milieu du sorbet.*

GLACE AU PAMPLEMOUSSE

500 calories

Un frais dessert enrichi de crème fouettée.

Préparation : 30 minutes
Congélation : 3 heures envir.

Pour 6 personnes :

2 pamplemousses
400 g de sucre en poudre
8 jaunes d'œufs
250 g de crème fraîche

1. Retirez en ruban le zeste des pamplemousses. Mettez les zestes avec le sucre dans une casserole et ajoutez juste assez d'eau pour que le sucre soit imbibé. Portez à ébullition en évitant de remuer. Dès que le sirop entre vraiment en ébullition, il est à point. Versez-le doucement encore bouillant sur les jaunes d'œufs tout en battant vigoureusement.

2. Versez le mélange dans une casserole et faites épaissir sur feu doux en battant sans cesse. Quand la crème a épaissi, retirez-la du feu, fouettez-la sans arrêt jusqu'à ce qu'elle soit froide.

3. Extrayez le jus des pamplemousses et ajoutez-le au mélange ainsi que la crème fouettée. Versez dans le bac à glace du réfrigérateur ou dans un moule.

4. Fouettez la crème deux ou trois fois pendant la congélation pour éviter la formation de paillettes.

MON SECRET : *Il ne faut utiliser que le zeste des pamplemousses, c'est-à-dire l'écorce superficielle sans aucune peau blanche en dessous. Lavez soigneusement ces fruits ; l'écorce est le plus souvent traitée aux produits chimiques.*

GLACE A LA VANILLE

1 610 calories

Classique, délicieuse, facile à réussir.

Préparation : 30 minutes
Cuisson : 20 minutes
Congélation : 2 heures

Pour 1 litre de glace à la vanille

6,5 dl de lait (environ 2/3 d'un litre)
1 gousse de vanille
6 jaunes d'œufs
175 g de sucre fin (glace ou semoule fine)
125 g de crème fraîche

Une heure avant la préparation de la glace, réglez le réfrigérateur au plus froid.

1. Fendre la gousse de vanille sur toute sa longueur. Mettez-la dans le lait. Chauffez lentement jusqu'à ébullition. Couvrez, laissez infuser 15 minutes hors du feu. Retirez la gousse de vanille (les petits points noirs qui persistent dans la glace à la vanille sont un indice de qualité).
2. Dans une terrine, travaillez longuement les jaunes d'œufs et le sucre (le sucre glace donne de meilleurs résultats, mais il n'est pas indispensable).
3. Versez progressivement le lait chaud vanillé en remuant sans arrêt.
4. Faites épaissir la crème sur feu doux, dans une casserole toujours en remuant sans arrêt. Retirez du feu dès que la crème nappe la cuiller, aussitôt que la mousse qui recouvrait la surface a disparu. La crème ne doit pas bouillir.
5. Laissez refroidir en remuant de temps en temps pour éviter la formation d'une peau à la surface.
6. Quand la crème est parfaitement froide, ajoutez la crème fraîche en utilisant de préférence un fouet à main pour faire le mélange.
7. Versez dans le bac de la sorbetière qui ne doit pas être rempli à plus des deux tiers, en suivant les conseils d'emploi indiqués par le constructeur.
8. Versez 2 ou 3 cuillerées d'eau dans l'évaporateur. Placez la sorbetière sur cette eau qui gèlera. Branchez le moteur.
9. Quand la glace est prise (entre 40 et 50 minutes selon les cas), retirez les pales. Diminuez l'intensité du froid. Laissez terminer la congélation pendant une heure ou deux.

Cette glace sert de base à de nombreuses préparations, mais peut être servie nature, simplement démoulée sur un napperon.

MON SECRET : *Toujours utiliser de la vanille en gousses choisies bien luisantes : ce sont les plus parfumées.*

GROSEILLES CARDINAL

210 calories

Nappées d'un sirop de framboises au kirsch.

Préparation : 20 minutes
Pas de cuisson

Pour 4 personnes :

500 g de groseilles rouges
150 g de framboises bien mûres
60 g de sucre en poudre
3 cuillerées à soupe de kirsch
1/2 sachet de sucre vanillé

1. Enlevez les queues des framboises. Lavez les fruits. Mettez-les dans un morceau d'étamine (ou n'importe quel autre linge blanc très fin). Placez-vous au-dessus d'un bol et tordez le linge pour écraser les framboises et faire sortir tout leur jus.

2. Ajoutez à ce jus le sucre en poudre et un demi-sachet de sucre vanillé en remuant avec une cuiller, pour le faire fondre.

3. Le sucre étant bien fondu, ajoutez au mélange 2 cuillerées à soupe de kirsch. Vous avez un sirop parfumé.

4. Lavez les groseilles et égrenez-les avec une fourchette. Mettez-les dans une jatte transparente.

5. Arrosez les groseilles avec le sirop de framboises au kirsch. Mettez au frais pendant au moins 1 heure. Au moment de servir, ajoutez 1 cuillerée à soupe de kirsch. Mélangez le tout délicatement pour ne pas abîmer les groseilles.

MON SECRET : *Au moment de servir, j'ajoute à la cuillerée à soupe de kirsch une cuillerée à café de jus de citron qui fait ressortir le parfum des groseilles.*

ILE FLOTTANTE D

260 calories

Une merveille de légèreté.

Préparation : 30 minutes
Cuisson : 45 minutes
Repos au frais : 2 à 3 heures

Pour 6 personnes :

1. Séparez les blancs des jaunes.

2. Mettez les blancs dans un saladier avec une pincée de sel (pour les faire monter) et une pincée de poudre adragante (pour les faire tenir) et battez-les en neige très ferme.

6 œufs
1 litre de lait
125 g de sucre en poudre + 15 morceaux pour le caramel
1 pincée de poudre adragante (que vous trouverez dans les magasins spécialisés dans les fournitures pour pâtisserie)
1 bâton de vanille
sel

3. Incorporez à cette neige 4 cuillerées à soupe de sucre en poudre, en pluie, et en soulevant de bas en haut pour ne pas faire retomber les œufs.

4. Caramélisez votre moule (moule à charlotte de 20 cm de diamètre) sur le feu avec 15 morceaux de sucre mouillés dans 2 cuillerées à soupe d'eau. Dès que le sucre brunit, inclinez votre moule pour le caraméliser sur tout l'intérieur, y compris les bords.

5. Allumez votre four (thermostat 5).

6. Versez les blancs battus dans le moule et placez celui-ci dans un plat à bord haut que vous remplirez d'eau chaude. Mettez un couvercle sur le moule contenant les blancs et enfournez le tout. Au bout de 15 minutes, les blancs doivent être montés jusqu'au couvercle. Retirez-le et laissez encore 30 minutes au four en évitant d'ouvrir la porte.

7. Pendant ce temps, préparez la crème anglaise : dans une terrine, battez les jaunes d'œufs avec le reste du sucre. Faites bouillir le lait avec la vanille et versez en filet et très doucement dans le mélange œufs-sucre, sans cesser de remuer. Lorsque vous avez incorporé la moitié du lait, vous pouvez verser plus vite.

8. Remettez sur le feu et laissez chauffer doucement en tournant constamment jusqu'à ce que la mousse disparaisse et que la crème nappe la cuiller. Ne laissez surtout pas bouillir, car la crème tournerait. Retirez du feu et versez dans un récipient froid.

9. Dès que les blancs sont cuits, sortez le moule et plongez-le dans l'eau froide jusqu'à 1 cm du bord. Laissez refroidir dans l'eau froide.

10. Dès que la crème est froide, mettez-la au moins 1 heure au réfrigérateur.

11. Au moment de servir, trempez le moule 30 secondes dans l'eau bien chaude (pour dissoudre le caramel) et démoulez sur un plat creux. Versez la crème autour. Elle va soulever les blancs cuits plus légers et former ainsi l'île flottante. Servez bien frais.

MON SECRET : *Je teinte les blancs d'œufs en rose en y mêlant des cerises confites hachées menu.*

LAIT DE POULE A LA VANILLE

265 calories

Réconfortant et délicieux.

Préparation : 5 minutes
Cuisson : 10 minutes

Pour 4 personnes :

4 jaunes d'œufs
1 gousse de vanille
4 cuillerées à soupe de sucre en poudre
4 verres de lait

1. Versez le lait dans une casserole, ajoutez la gousse de vanille fendue dans le sens de la longueur, amenez le lait à ébullition, laissez-le bouillir lentement avec la vanille pendant une dizaine de minutes.

2. Cassez les œufs en séparant les jaunes des blancs, mettez les jaunes dans une terrine, ajoutez du sucre en poudre, battez le mélange énergiquement pendant 5 minutes.

3. Versez le lait bouillant petit à petit sur le mélange jaunes-sucre et servez bien chaud ou glacé.

MON SECRET : *En plus de la vanille, je parfume parfois le lait d'un peu de zeste de citron râpé ou d'une cuillerée de bon rhum.*

MARMELADE DE RHUBARBE

100 calories

Un bon dessert classique familial et économique.

Préparation : 30 minutes
Cuisson : 15 minutes

Pour 4 personnes :

1 botte de rhubarbe
15 morceaux de sucre

1. Epluchez la rhubarbe, enlevez les feuilles et les parties trop filandreuses des côtes. Coupez les côtes en petits morceaux dans une passoire et lavez-les à l'eau fraîche.

2. Mettez la rhubarbe dans une casserole avec les morceaux de sucre. Mouillez avec un demi-verre d'eau. Faites chauffer à petit feu.

3. Quand le liquide commence à bouillir, le sucre fond. Mélangez bien à la spatule de bois. Laissez cuire une dizaine de minutes. La rhubarbe doit avoir fondu et être devenue transparente. Laissez cuire encore quelques minutes si nécessaire.

4. Vérifiez le goût. Si la marmelade vous paraît un peu acide, rajoutez du sucre en poudre. Laissez refroidir.

MON SECRET : *En même temps que la marmelade de rhubarbe, je sers de la crème fraîche vanillée.*

MARQUISE AU CHOCOLAT

460 calories

Prise au froid, une fine mousse de chocolat au rhum et à l'orange.

Préparation : 15 minutes
Cuisson : 5 minutes
Repos en réfrigérateur : 24 heures (ou 3 heures dans l'évaporateur)

Pour 6 personnes :

200 g de beurre fin
1 grosse plaque de chocolat (250 g)
4 cuillerées à soupe de sucre glace
2 cuillerées à soupe de rhum
50 g d'écorce d'orange confite
6 œufs
Pour le décor : vermicelles de chocolat ou chocolat râpé

1. Cassez le chocolat en petits morceaux, mettez-le dans une casserole avec le rhum et faites fondre à feu doux (ou mieux, au bain-marie).

2. Détaillez le beurre en petits morceaux dans une terrine et travaillez-le à la spatule pour le transformer en pommade. Ajoutez doucement le chocolat bien fondu et fouettez énergiquement cette pâte pour la rendre légère.

3. Ajoutez ensuite les jaunes d'œufs un à un et fouettez jusqu'à ce que le mélange éclaircisse. Incorporez ensuite le sucre glace puis l'écorce d'orange confite coupée en petits morceaux.

4. Battez les blancs en neige et ajoutez-les en dernier à la préparation.

5. Versez ce mélange dans un moule à charlotte ou un moule à côtes et mettez dans le réfrigérateur pendant 24 heures (si vous êtes pressée, mettez 2 heures dans l'évaporateur, puis 1 ou 2 heures sur une clayette du réfrigérateur).

6. Pour démouler, passez une lame de couteau pour décoller les bords, plongez le moule 20 secondes dans de l'eau chaude et retournez sur le plat de service. Parsemez de vermicelles de chocolat ou de chocolat râpé.

MON SECRET : *Dès que le chocolat fondu est devenu moelleux, travaillez-le vite à la cuiller en bois pour qu'il reste lisse.*

MARRONS A LA LYONNAISE

485 calories

Un entremets exquis de marrons vanillés et allégés de blancs d'œufs.

Préparation : 1 heure
Cuisson : 1 h 30

Pour 6 personnes :

1 kg de marrons de belle qualité

1. Incisez les marrons circulairement et horizontalement. Jetez-les dans une casserole d'eau bouillante 2 minutes pour vous permettre d'enlever les peaux plus facilement. Elles doivent en effet « venir » ensemble.

2. Faites bouillir 2 litres d'eau et jetez-y à nouveau les marrons épluchés et laissez-les

125 g de beurre frais
200 g de sucre en poudre
2 sachets de sucre vanillé
3 œufs

bouillir 20 minutes au moins, jusqu'à ce qu'ils soient bien tendres. Egouttez-les.

3. Allumez votre four (thermostat 4/5).

4. Passez les marrons à la moulinette ; ajoutez le beurre réduit en crème et le sucre. Séparez les blancs des jaunes d'œufs et incorporez les jaunes à la préparation.

5. Battez les blancs en neige ferme et mélangez-les délicatement aux marrons.

6. Beurrez un plat à four qui puisse être présenté à table. Versez-y la préparation et mettez au four 1 heure. Servez encore chaud.

MON SECRET : *Si la purée est un peu liquide, j'ajoute un œuf de plus à la préparation.*

MELONS DES BÉNÉDICTINS

155 calories

Au creux de chaque demi-melon, de la liqueur aux plantes.

Préparation : 10 mintues
Pas de cuisson

Pour 6 personnes :

3 melons moyens bien fermes, mais mûrs à point
6 petites cuillerées de sucre en poudre
3 verres à liqueur de Bénédictine

1. Coupez les melons par leur milieu, de façon à obtenir un demi-melon par personne.

2. Enlevez les graines et les filaments à la petite cuiller.

3. Mettez dans le creux de chaque demi-melon une cuillerée de sucre en poudre et un demi-verre de Bénédictine.

4. Mettez au frais 1 heure avant de servir.

MON SECRET : *Je perfore la chair des melons avec une aiguille à tricoter (en faisant bien attention de ne pas traverser l'écorce) afin que la liqueur pénètre dans la pulpe.*

MELON AU CASSIS

170 calories

Une délicieuse salade de melon et framboises macérée dans la liqueur de cassis.

Préparation : 15 minutes
Pas de cuisson
Macération : plusieurs heures

Pour 6 personnes :

1 gros melon à point
250 g de framboises fraîches
100 g de sucre semoule
1 verre à liqueur de cassis

1. Décalottez le melon après l'avoir lavé. Enlevez la pulpe en prenant soin de ne pas crever l'écorce qui servira à la présentation et de ne pas lacérer le fruit. Coupez la chair retirée en petits dés, en éliminant les graines. Mettez-les dans un saladier.

2. Nettoyez rapidement les framboises et ajoutez-les au contenu du saladier. Saupoudrez avec le sucre. Arrosez avec la liqueur de cassis.

3. Remplissez le melon avec cette salade de fruits et mettez au réfrigérateur une heure ou deux pour déguster glacé.

MON SECRET : *A présenter aussi dans des demi-melons individuels.*

MELONS AU MUSCAT

255 calories

De succulents melons « surprise » macérés au vin de Frontignan.

Préparation : 15 minutes
Macération : 2 heures mini.
Pas de cuisson

Pour 6 personnes :

6 petits melons à parfaite maturité
6 cuillerées à soupe de sucre
12 cuillerées à soupe de muscat de Frontignan

1. Lavez les melons, choisis bien mûrs et de taille convenable pour constituer des portions individuelles.

2. Retirez une calotte au quart supérieur de leur hauteur et creusez la chair avec une petite cuillère en formant des petites boules de la taille de billes. Eliminez les graines quand elles se présentent. Laissez environ 1 cm de pulpe adhérant à l'écorce.

3. Remettez la pulpe de melon dans la cavité de l'écorce. Saupoudrez d'une cuillerée de sucre dans chacun et arrosez avec deux cuillerées de muscat.

4. Posez les calottes servant de couvercle.

5. Placez dans le réfrigérateur et laissez macérer pendant 2 heures au moins avant de servir très frais.

MON SECRET : *J'enveloppe chaque melon dans du papier d'aluminium avant de les met-*

tre dans le réfrigérateur afin qu'ils conservent bien leur parfum et que leur odeur ne se communique pas aux autres aliments placés dans l'appareil.

MELON AU PASTIS

170 calories

Une saveur nouvelle à découvrir.

Préparation : 10 minutes
Pas de cuisson

Pour 6 personnes :

3 petits melons
6 cuillerées à café de pastis
6 cuillerées à café d'eau
3 cuillerées à café de sucre semoule

1. Coupez les melons en deux. Retirez les graines à l'aide d'une petite cuiller.

2. Mélangez sucre, eau, pastis.

3. Remplissez les demi-melons avec cette préparation. Mettez au frais 1 ou 2 heures au moins avant de servir.

MON SECRET : *Je poivre au moulin l'intérieur des melons avant de les remplir. Eh oui ! Même avec une préparation sucrée ! Le poivre la pimente originalement.*

MIEL A LA CRÈME F

210 calories

Aromatisé au kirsch.

Préparation : 5 minutes
Pas de cuisson

Pour 6 personnes :

6 gros petits-suisses
6 cuillerées à café de miel
3 cuillerées à dessert de kirsch

1. Battez le tout ensemble à la fourchette.

2. Répartissez la crème obtenue dans des petits pots individuels.
Servez frais.

MON SECRET : *Des petits-suisses double crème. Si ce dessert est destiné à des enfants je supprime l'alcool.*

MOUSSE DE CAFÉ GLACÉE

225 calories

Un velours dans la bouche.

Préparation : 30 minutes
(à faire 1 heure à l'avance)
Pas de cuisson
Congélation : 1 heure

Pour 4 personnes :

4 jaunes d'œufs
40 g de sucre
1 tasse de café très fort
100 g de crème fraîche
25 g de chocolat à croquer ou fondant
25 g de noix hachées

1. Préparez un café très fort (le double des proportions habituelles, soit 2 cuillerées à soupe de café moulu par tasse).

2. Travaillez longuement les jaunes d'œufs et le sucre. Ajoutez le café. Faites épaissir au bain-marie (ou à feu extrêmement doux) dans une casserole inoxydable. Laissez refroidir.

3. Fouettez la crème fraîche, incorporez-la à la crème au café.

4. Répartissez dans des ramequins. Mettez au réfrigérateur, dans l'évaporateur, pour qu'elle devienne très ferme (1 heure environ).
Avant de servir, faites fondre le chocolat dans très peu d'eau. Versez un peu de chocolat fondu sur chaque ramequin et saupoudrez de noix hachée.

MON SECRET : *Peut se préparer aussi avec du café soluble ou de l'extrait de café.*

MOUSSE AU CHOCOLAT

610 calories

Onctueuse... un vrai velours !

Préparation : 10 minutes
Cuisson : 5 minutes

Pour 4 personnes :

75 grammes de chocolat à cuire
75 grammes de sucre en poudre
3 œufs

1. Cassez en morceaux 75 grammes de chocolat à cuire. Mettez-les dans une petite casserole avec deux cuillerées à soupe d'eau. Posez sur feu très doux et laissez fondre en tournant avec une cuillère en bois. Retirez la casserole du feu quand le chocolat forme une pâte lisse.

2. Ajoutez trois jaunes d'œufs en tournant sans cesse.

3. Battez trois blancs d'œufs en neige très ferme. Ajoutez-leur 75 grammes de sucre en poudre.

4. Mélangez délicatement le chocolat et les blancs. Répartissez dans des coupes. Servez glacé.

MON SECRET : *J'ajoute aux blancs en neige le zeste d'une orange finement râpé.*

MOUSSE AUX FRUITS

180 calories

A servir très frais, une délicate mousse aux œufs parfumée aux fruits.

Préparation : 10 minutes
Pas de cuisson

Pour 6 personnes :

3 œufs
1 pincée de sel
500 g de fruits (cerises, fraises, ananas, abricots)
100 g de sucre en poudre

1. Broyez finement les fruits, soit au mixer, soit au moulin à légumes.

2. Séparez les blancs des jaunes des œufs.

3. Dans une casserole, travaillez les jaunes avec le sucre. Ajoutez les fruits réduits en purée et mettez à épaissir sur feu très doux, sans laisser bouillir et sans cesser de remuer.

4. Battez en neige ferme les blancs avec la pincée de sel, et incorporez délicatement au mélange, en soulevant de bas en haut.

5. Mettez dans des coupes et tenez au frais avant de servir.

MON SECRET : *Il existe dans les épiceries fines des purées de fruits destinées à la préparation des glaces qui conviennent très bien pour cette recette. Une ressource pour l'hiver.*

MOUSSE AU KIRSCH

230 calories

Des fruits frais sous une crème légère.

Préparation : 20 minutes
Pas de cuisson
Réfrigération : 2 ou 3 heures

Pour 6 personnes :

1 kg de fruits d'été (cerises, framboises, fraises, abricots, prunes...)
1/2 verre de kirsch
150 g de sucre en poudre
2 œufs + 4 jaunes d'œufs

1. Epluchez, lavez, dénoyautez et coupez en deux au besoin les fruits. Placez-les dans une grande coupe et mettez au réfrigérateur pendant 2 ou 3 heures.

2. Au moment de servir, mettez les 6 jaunes d'œufs dans une terrine. Ajoutez le sucre et le kirsch et mélangez vivement pour faire fondre le sucre.

3. Ajoutez dans la terrine les blancs d'œufs et fouettez la préparation jusqu'à ce qu'elle prenne une belle teinte blond pâle et une consistance mousseuse.

4. Versez sur les fruits et servez aussitôt.

MON SECRET : *Pour incorporer du sucre à des jaunes d'œufs, il ne faut pas le verser en une fois, mais peu à peu et en pluie.*

MOUSSE AU MADÈRE

120 calories

Un délicat mélange de citron et de madère.

Préparation : 15 minutes env.
Pas de cuisson

Pour 4 personnes :

3 œufs entiers
3 cuillerées à soupe de sucre en poudre
1 zeste de citron
1 verre (2 dl) de madère

1. Dans une terrine, travaillez au fouet les œufs entiers avec le sucre jusqu'à ce que le mélange blanchisse et double de volume. Ajoutez alors le madère et le zeste de citron.

2. Posez alors la terrine sur une casserole remplie d'eau froide que vous mettrez sur feu moyen. Continuez à fouetter dans le bain-marie. Au bout de quelques minutes, la crème épaissit et prend la consistance d'une mayonnaise mousseuse et légère. Servez immédiatement.

MON SECRET : *Ne servir que des petites quantités de ce dessert très riche malgré son prix de revient peu élevé et l'accompagner de biscuits légers.*

MULATRES AUX FRAMBOISES

328 calories

Un dessert de la belle saison cuit à la poêle.

Préparation : 5 minutes
Cuisson : 5 minutes

Pour 6 personnes :

12 tranches de pain de mie (ou de pain ordinaire
150 g de sucre en poudre
200 g de beurre
200 g de crème fraîche
300 g de framboises (ou davantage si elles sont sauvages fraîchement cueillies)

1. Coupez la croûte des tranches de pain.

2. Beurrez-les, saupoudrez largement avec le sucre en poudre.

3. Dans une poêle, faites fondre le reste du beurre. Posez les tranches côté non beurré dans la matière grasse chaude.

4. Baissez le feu, couvrez la poêle et laissez cuire doucement pendant 2 ou 3 minutes. Retirez du feu.

5. Attendez quelques minutes avant de découvrir afin que le sucre forme une couche glacée.

6. Faites glisser les tranches grillées sur un plat à l'aide d'une spatule en bois.

7. Sur chaque tranche de pain, disposez des framboises saupoudrées de sucre, recouvrez d'une cuillerée de crème fraîche.

MON SECRET : *En hiver, j'utilise des framboises surgelées bien égouttées.*

ŒUFS A LA CRÈME

370 calories

Amandes et citron parfument délicatement ce flan moelleux.

Préparation : 10 minutes
Cuisson : 30 minutes

Pour 4 personnes :

8 jaunes d'œufs
150 g de crème fraîche
125 g d'amandes effilées
1 pincée de cannelle en poudre
2 ou 3 zestes de citron
2 cuillerées à soupe de sucre en poudre

1. Allumez votre four (thermostat 6/7).
2. Dans une terrine, battez longuement les jaunes avec la crème.
3. Ajoutez au mélange la cannelle, les zestes de citron râpés finement, le sucre en poudre et les amandes effilées.
4. Beurrez un moule de 24 cm de diamètre et versez-y la préparation. Mettez à four chaud 25 à 30 minutes.
5. En fin de cuisson, faites passer le four sur la position « gril » pour que le gâteau prenne couleur (2 ou 3 minutes).
6. Laissez refroidir avant de servir frais dans le plat de cuisson.

MON SECRET : *Quand je suis pressée, je cuis les œufs à la crème dans des ramequins individuels : 10 minutes au four suffisent alors.*

ŒUFS A LA NEIGE

250 calories

Légers, mousseux, nappés de crème anglaise.

Préparation : 30 minutes
Cuisson : 15 minutes

Pour 6 personnes :

6 œufs
100 g de sucre en poudre (ou 20 morceaux n° 4)
1 litre de lait
1 bâton de vanille

1. Séparez les blancs des jaunes des œufs.
2. Battez les blancs en neige très ferme (jusqu'à ce qu'on puisse les « couper » avec une cuiller).
3. Mettez le lait, la vanille et le sucre dans une grande casserole. Faites chauffer en remuant de temps en temps pour dissoudre entièrement le sucre.
4. Lorsque le lait est proche de l'ébullition, retirez la vanille, baissez le feu le plus possible et approchez la terrine contenant les blancs battus.
5. Au moment où le lait monte, jetez-y de grosses cuillerées de blancs. Procédez très rapidement : les blancs font redescendre le lait, laissez celui-ci remonter, puis retournez les « œufs ». Le lait redescend, puis remonte à

nouveau ; pêchez les blancs avec une écumoire et égouttez-les. L'opération ne doit pas durer plus d'une minute au total. Recommencez tant qu'il reste des blancs.

6. Filtrez le lait chaud et remettez-le sur le feu. Faites avec ce lait et les jaunes d'œufs une crème anglaise (voir recette). Laissez refroidir dans un compotier.

7. Lorsque la crème est froide, posez dessus les blancs cuits. Tenez au frais jusqu'au moment de servir.

MON SECRET : *Je parsème d'amandes effilées.*

OMELETTE AUX ABRICOTS

325 calories

Nappée de marmelade d'abricots au kirsch.

Préparation : 5 minutes
Cuisson : 10 minutes

Pour 4 personnes :

8 œufs
1 petit pot de marmelade d'abricots
1 cuillerée à soupe de bon kirsch
1 verre d'eau
1 pincée de sel
20 g de beurre

1. Dans une casserole, délayez sur feu doux la marmelade et l'eau. Ajoutez le kirsch et maintenez au chaud sans laisser bouillir.

2. Battez rapidement les œufs avec un peu de sel.

3. Faites fondre le beurre dans une grande poêle. Cuisez l'omelette que vous roulerez sur un plat.

4. Nappez de sauce à l'abricot et servez aussitôt.

MON SECRET : *Je saupoudre de macarons ou de biscuits à la cuiller écrasés en chapelure.*

OMELETTE FLAMBÉE AU GRAND MARNIER

490 calories

Un grand dessert classique.

Préparation : 5 minutes
Cuisson : 10 minutes

Pour 4 personnes :

8 œufs
1 pincée de sel

1. Battez les œufs et la pincée de sel.

2. Faites chauffer le beurre dans une poêle. Versez les œufs et cuisez comme une omelette ordinaire. En même temps, faites chauffer le plat de service.

3. Chauffez le Grand Marnier dans une petite casserole.

50 g de beurre
3 cuillerées à soupe de Grand Marnier
250 g de marmelade d'oranges

4. Faites glisser l'omelette sur le plat de service. Etalez une couche de marmelade d'oranges. Saupoudrez de sucre. Arrosez immédiatement l'omelette avec le Grand Marnier et flambez.

MON SECRET : *Je mets dans les œufs battus avant de les cuire deux noix de beurre fondu.*

OMELETTE DE NOËL

640 calories

Une somptueuse omelette truffée de marrons glacés et nappée de chocolat, puis flambée au rhum.

Préparation et cuisson : 20 minutes

Pour 4 personnes :

8 œufs
150 g de débris de marrons glacés, grossièrement écrasés
125 g de chocolat noir
100 g de beurre
1/2 verre d'eau (ou de lait) + 1/2 verre d'eau
1/2 verre de rhum
1 cuillerée à soupe de sucre en poudre
1/2 pincée de sel

1. Dans une casserole posée sur feu très doux ou au bain-marie, versez un demi-verre d'eau et posez le chocolat bien à plat, coupé en plusieurs morceaux. Laissez fondre le chocolat sans y toucher puis, lorsqu'il est bien lisse, ajoutez l'eau ou le lait et les deux tiers du beurre en petits morceaux. Tournez vivement. Ajoutez le sucre, mélangez bien puis maintenez au chaud dans le bain-marie.

2. Faites fondre le reste du beurre dans une grande poêle. Battez vivement les œufs et le sel dans un bol et faites-les cuire en omelette ordinaire.

3. Lorsqu'elle est à point, posez dessus les débris de marrons et roulez en faisant glisser sur un plat chaud.

4. Nappez l'omelette avec le chocolat chaud.

5. Faites tiédir rapidement le rhum dans une louche, enflammez-le dans la louche et versez aussitôt sur l'omelette. Servez dès que les flammes sont tombées.

MON SECRET : *La même recette avec du whisky est également délicieuse avec une saveur un peu différente.*

OMELETTE SUCRÉE FLAMBÉE

182 calories

Une omelette traditionnelle, flambée au sortir de la poêle au rhum, au kirsch ou au curaçao.

Préparation : 10 minutes
Cuisson : 5 minutes à peine

Pour 4 personnes :

6 œufs
4 cuillerées à soupe de sucre semoule
1 pincée de sel
30 g de beurre
1/2 verre d'alcool au choix : rhum, kirsch, curaçao...

1. Cassez les œufs dans un saladier. Ajoutez le sel et une cuillerée à soupe de sucre. Ne les battez pas.

2. Faites tiédir la liqueur dans une petite casserole au bain-marie (elle ne doit pas bouillir).

3. Dans une poêle à fond épais, faites fondre le beurre sur feu vif. Battez les œufs à la fourchette.

4. Versez vivement dans la poêle et procédez comme pour une omelette ordinaire, en ramenant les bords de l'omelette vers le centre. Laissez dorer et faites glisser sur un plat de service supportant la chaleur (porcelaine à feu ou métal).

5. Versez la liqueur sur l'omelette chaude et enflammez. Arrosez avec le liquide flambant. Servez immédiatement.

MON SECRET : *Battez en neige la moitié des blancs d'œufs et ajoutez-les au mélange avant de cuire l'omelette. Elle sera ainsi plus légère.*

PAIN PERDU F

335 calories

La transformation des restes de pain en un délicieux dessert.

Préparation : 10 minutes
Cuisson : 15 minutes

Pour 6 personnes :

6 tranches de pain de mie ou de pain de campagne rassis
1/2 litre de lait
2 œufs
50 g de sucre
100 g de beurre
cannelle

1. Battez les œufs avec le lait.

2. Faites tremper les tranches de pain dans ce mélange, juste le temps de les imprégner, sans les laisser trop ramollir.

3. Faites fondre les 100 g de beurre dans une poêle. Faites-y dorer les tranches de pain des deux côtés. Dressez-les sur un plat, saupoudrez de sucre et de cannelle en poudre. Servez chaud.

MON SECRET : *Servir avec de la confiture chauffée à laquelle je mêle une cuillerée de liqueur.*

PAMPLEMOUSSES GLACÉS

445 calories

Servis dans leur écorce, des fruits d'hiver garnis de glace à la vanille.

Préparation : 15 minutes
Pas de cuisson

Pour 4 personnes :

1/2 litre de glace vanille
2 pamplemousses
1 pomme
1 poire
1 banane
3 cuillerées à soupe de sucre en poudre

1. Coupez les pamplemousses en deux dans le sens horizontal. Enlevez la chair avec une cuiller sans abîmer la peau. Coupez-la en dés.

2. Pelez, épépinez les fruits. Coupez-les en petits morceaux réguliers. Ajoutez les dés de pamplemousse, le sucre.

3. Garnissez le fond des demi-pamplemousses avec la salade de fruits. Disposez dessus des boules de glace à la vanille.

MON SECRET : *Les glaces industrielles ne valent pas toujours celles qui sont faites à la maison. Ce n'est pas le cas des glaces à la vanille dont le parfum est naturel dans toutes les préparations.*

PAMPLEMOUSSES GRILLÉS F

195 calories

Et aromatisés de liqueur.

Préparation : 3 minutes
Cuisson : 6 minutes

Pour 4 personnes :

2 pamplemousses
4 cuillerées à soupe de sucre
4 cuillerées à café de Bénédictine
4 demi-cuillerées à soupe de beurre

1. Coupez les pamplemousses en deux, dans le sens de l'épaisseur.

2. Saupoudrez chaque moitié de sucre. Ajoutez le petit morceau de beurre et mettez sous le gril du four pour faire caraméliser le sucre.

3. Sortez du four, arrosez de Bénédictine et servez immédiatement.

MON SECRET : *Je détache les pamplemousses de leur écorce et je sépare les tranches avec un petit couteau-scie spécial à lame courbe. C'est ainsi plus facile à manger.*

PAMPLEMOUSSES EN SOUFFLÉ

350 calories

Une belle présentation, une légèreté remarquable.

Préparation : 30 minutes
Cuisson : 20 minutes

Pour 6 personnes :

6 pamplemousses
50 g de beurre
50 g de Maïzena
5 œufs
150 g de sucre en poudre
1 zeste d'orange (non traitée) râpé

1. Lavez et brossez soigneusement les pamplemousses.
2. Retirez une calotte aux deux tiers de la hauteur des fruits et videz la pulpe à l'aide d'une petite cuiller.
3. Pressez cette pulpe pour en extraire tout le jus. Filtrez et mesurez-en un tiers de litre.
4. Faites fondre le beurre dans une casserole, ajoutez la Maïzena et mélangez vivement. Hors du feu, mouillez avec le tiers de litre de jus et remettez sur feu doux sans cesser de remuer pour faire épaissir. Ajoutez le sucre et le zeste d'orange râpé (si la préparation est trop épaisse, rajoutez un peu de jus de pamplemousse).
5. Allumez le four (thermostat 6).
6. Séparez les blancs des jaunes. Incorporez les jaunes dans la casserole et battez les blancs en neige ferme. Ajoutez-les délicatement à la préparation.
7. Versez dans les écorces, calez-les dans un plat à four et faites cuire 20 à 25 minutes sans ouvrir le four.

Servez dès la sortie du four.

MON SECRET : *Je choisis des pamplemousses roses : ils sont plus juteux et plus doux.*

PARFAIT AU COGNAC

310 calories

Onctueux, velouté... parfait !

Préparation : 8 minutes
Congélation : 1 h 30

Pour 6 personnes :

250 g de crème fraîche
1/2 dl de cognac
1 jaune d'œuf
50 g de sucre glace

1. Fouettez la crème fraîche comme pour une crème Chantilly.
2. D'autre part, délayez le jaune d'œuf avec le sucre glace et le cognac.
3. Mélangez délicatement les deux préparations.
4. Versez dans une jatte. Faites congeler dans l'évaporateur (ou mieux dans le compartiment conservateur) pendant 1 h 30.

MON SECRET : *Pour réussir la chantilly, je mets un glaçon dans la crème avant de la battre.*

PARFAIT AUX FRUITS

335 calories

Une glace « minute » composée de fruits frais et de crème fraîche.

Préparation : 10 minutes
Congélation : 2 heures au minimum
Pas de cuisson

Pour 6 personnes :

500 g de fruits
1/2 pot de crème fraîche de 250 g (ou 150 g de crème fraîche + 100 g de fromage blanc battu)
200 g de sucre glace

1. Lavez, équeutez, dénoyautez ou pelez les fruits selon ce que vous utiliserez. Réduisez-les en purée fine.

2. Incorporez la crème fraîche et le sucre à cette purée. Battez au fouet ou au batteur électrique pour rendre le mélange mousseux. (Tout peut être fait en une seule opération si vous possédez un mixer plongeant).

3. Versez dans un bac à glace et mettez dans l'évaporateur de votre réfrigérateur. Branchez sur le froid maximal et laissez 2 heures au moins en évitant d'ouvrir la porte du réfrigérateur. Pour démouler, trempez 10 secondes le moule dans l'eau tiède.

MON SECRET : *Choisir des fruits bien mûrs à pulpe juteuse : abricots et fraises sont parfaits pour cette recette.*

PÊCHES GLACÉES

500 calories

Pêches, fraises et framboises : un dessert raffiné.

Préparation : 30 minutes
Cuisson : 15 minutes
Réfrigération : 2 à 3 heures

Pour 6 personnes :

Pour la glace :
500 g de fraises
250 g de crème fraîche
250 g de sucre glace
le jus d'un demi-citron

Pour la garniture :
3 belles pêches
75 g de sucre
1 verre d'eau
1 gousse de vanille
250 g de framboises

1. Ecrasez les fraises dans une terrine. Ajoutez le sucre glace et le jus de citron. Fouettez la crème et ajoutez-la au mélange. Versez dans un bac à glace et faites congeler 2 ou 3 heures.

2. Pendant ce temps, mettez l'eau, le sucre et la gousse de vanille à bouillir pendant 2 ou 3 minutes. Pelez les pêches, coupez-les en deux et laissez-les pocher dans ce sirop jusqu'à ce qu'elles soient bien tendres. Laissez-les refroidir dans le sirop.

3. Au moment de servir, répartissez la glace dans des coupes individuelles, posez au milieu une demi-pêche et entourez-la de framboises. Nappez le tout avec le sirop de cuisson des pêches et servez très frais.

MON SECRET : *Pour peler facilement les pêches, je les plonge 2 minutes dans de l'eau bouillante. Pour simplifier la préparation vous pouvez utiliser une glace toute faite.*

PÊCHES MELBA

366 calories

Avec une glace à la vanille et des framboises, le tout arrosé de sirop.

Préparation : 35 minutes
Cuisson : 12 minutes

Pour 6 personnes :

1/2 litre de glace à la vanille
6 pêches moyennes

Sirop préparé avec :
2 dl d'eau (1 verre)
100 g de sucre
1 verre à liqueur de kirsch
125 g de framboises fraîches ou surgelées
80 g de sucre
30 g d'amandes effilées

1. Ebouillantez les pêches pour les éplucher plus facilement. Coupez-les en deux en ôtant les noyaux.

2. Faites bouillir l'eau et le sucre pendant 2 ou 3 minutes dans une casserole inoxydable. Ajoutez le kirsch. Pochez les demi-pêches pendant 5 à 10 minutes (selon leur degré de maturité) dans ce sirop. Laissez refroidir dans le sirop puis égouttez les fruits et mettez-les au frais.

3. Ecrasez les framboises (au mixer ou à la moulinette). Ajoutez le sucre. Chauffez très peu de temps, juste pour dissoudre le sucre (1 minute à peine) et laissez refroidir.

4. Enfin, faites blondir quelques amandes effilées à feu doux dans une poêle à sec. Remuez à la cuiller en bois, en surveillant la couleur qui doit être à peine blonde et uniforme. Laissez refroidir.

5. Mettez les coupes vides dans le réfrigérateur.

6. Juste avant de servir, répartissez la glace dans les coupes. Si vous possédez une cuiller spéciale à glace, formant des boules, le résultat est plus joli. Sinon, utilisez 2 cuillers à soupe pour former des boules le plus régulières possible.

7. Déposez sur la glace deux demi-pêches cuites au sirop. Nappez de purée de framboises. Parsemez quelques amandes grillées.

MON SECRET : *Je remplace parfois les amandes grillées par des pralines concassées.*

PÊCHES AU VIN F

190 calories

Dans un sirop aromatisé à la cannelle.

Préparation : 15 minutes
Pas de cuisson
Réfrigération : au moins 30 minutes

Pour 6 personnes :

1. Mettez deux litres d'eau dans une grande casserole et portez à ébullition. Plongez-y les pêches non pelées, retirez immédiatement du feu et sortez les pêches au bout d'une minute.

2. Epluchez-les (la peau doit s'enlever facile-

1 kg de pêches
à chair jaune
2 verres de bon vin
rouge
1/2 citron
5 à 6 cuillerées à soupe
de sucre en poudre
1 pincée de cannelle
en poudre

ment). Coupez-les en deux et retirez les noyaux.

3. Mettez les demi-pêches dans une coupe, côté bombé vers le fond. Saupoudrez de sucre. Arrosez avec le vin. Répartissez aussi le jus du demi-citron et la pincée de cannelle dans la coupe.

4. Mettez au frais jusqu'au moment de servir (il vaut mieux laisser macérer quelques heures).

MON SECRET : *Trente minutes de macération suffisent mais si vous pouvez les laisser attendre quelques heures au frais, ces pêches n'en seront que meilleures.*

POIRES EN DOME

533 calories

Nappées de crème anglaise.

Préparation : 1 heure
Cuisson : 15 minutes

Pour 6 personnes :

8 poires
1 litre d'eau
200 g de sucre
1/2 gousse de vanille
1/8 de litre de lait
2 jaunes d'œufs
3 feuilles de gélatine
1 verre à liqueur
d'alcool
crème anglaise
(1/2 litre)

1. Pelez et coupez les poires en deux.

2. Préparez un sirop avec l'eau, le sucre et la vanille. Faites cuire les poires dans ce sirop bouillant 5 minutes. Egouttez-les.

3. Faites une crème anglaise (recette page 756) mélangez à la crème chaude la gélatine préalablement trempée dans un verre d'eau froide.

4. Avant complet refroidissement, ajoutez à la crème anglaise 1 verre à liqueur de kirsch ou d'alcool de poires.
Dans un saladier profond et de base étroite, posez côte à côte, bien serrées, les demi-poires la partie queue vers le bas.

5. Versez la crème qui pendant la préparation du plat aura pris de la consistance en se refroidissant. Mettez au frais.

6. Démoulez pour servir.

MON SECRET : *L'alcool n'est pas indispensable dans la crème anglaise. La vanille convient également, surtout pour les enfants.*

POIRES GLACÉES D

745 calories

Glace au chocolat, crème mousseuse au rhum et poires pochées.

Préparation : 50 minutes
Cuisson : 20 minutes
(à faire plusieures heures à l'avance)

Pour 6 personnes :

1 kg de poires mûres et fondantes
1/4 de litre d'eau
150 g de sucre
vanille
1 litre de glace au chocolat

Pour le sabayon :
1/2 litre de rhum blanc
1 verre de vin blanc sec
4 jaunes d'œufs
80 g de sucre en poudre
1/2 tasse de crème fouettée

1. Plusieurs heures à l'avance, pelez les poires et coupez-les en deux.

2. Faites bouillir l'eau avec le sucre et la vanille et mettez-y les poires à pocher pendant 20 minutes. Laissez-les refroidir dans le sirop puis mettez au réfrigérateur.

3. Au moins une heure avant de servir, préparez le sabayon : dans un petit saladier, fouettez les jaunes et le sucre. Calez le saladier sur une casserole d'eau très chaude et continuez à fouetter en ajoutant le rhum et le vin blanc, jusqu'à ce que la crème devenue très mousseuse commence à épaissir. Laissez refroidir.

4. Un quart d'heure avant de servir, fouettez la crème fraîche et tenez-la au frais.

5. Au moment de servir, placez la glace au chocolat au centre d'une coupe. Disposez dessus les poires. Mélangez sabayon froid et crème fouettée et servez à part.

MON SECRET : *Des poires au sirop peuvent servir de base à cette délicieuse préparation.*

POMMES A L'ARDÉCHOISE

350 calories

Très riche, à base de pommes et de marrons.

Préparation : 5 minutes
Cuisson : 15 minutes

Pour 4 personnes :

4 pommes
8 marrons au sirop
2 cuillerées à soupe de Grand Marnier
150 g de crème de marrons sucrée

1. Epluchez les pommes. Enlevez les pépins à l'aide d'un vide-pomme.

2. Garnissez chaque cavité avec un marron.

3. Mettez-les dans un plat beurré et faites cuire à four chaud pendant 15 minutes.

4. Mélangez le Grand Marnier avec la crème de marrons et décorez les pommes avec cette crème et les 4 marrons restants.

MON SECRET : *Les jours de fête, je couronne ces pommes d'un peu de chantilly.*

POMMES BONNE FEMME

300 calories

D'odorantes pommes au four sur des tranches de pain caramélisées.

Préparation : 10 minutes
Cuisson : 30 minutes

Pour 6 personnes :

6 pommes reinettes
6 tranches de pain de 1 cm d'épaisseur (pain ordinaire ou pain de mie)
6 cuillerées à dessert de sucre
100 g de beurre
1/2 verre d'eau

1. Lavez et essuyez les pommes.
2. Evidez-les ; pour cela utilisez soit un vide-pomme, soit un couteau pointu ou un couteau éplucheur, et creusez un canal central en retirant le cœur et les pépins.
3. Beurrez des deux côtés les tranches de pain. Posez-les dans un plat allant au four.
4. Placez une pomme sur chaque tranche de pain.
5. Remplissez de beurre la cavité de chaque pomme et surmontez-la d'un dôme de sucre. Mettez un peu d'eau dans le fond du plat.
6. Faites cuire à four assez chaud (thermostat 6) pendant environ 30 minutes. Servez chaud.

MON SECRET : *Quand les pommes sont dans le plat, avant la cuisson, je les saupoudre de zeste de citron râpé.*

POMMES « CONFISEUR »

275 calories

Fourrées de fruits confits variés.

Préparation : 20 minutes
Cuisson : 35 à 40 minutes

Pour 6 personnes :

8 belles pommes
80 g de beurre
60 g de sucre en poudre (4 cuillerées à soupe)
120 g de fruits confits mélangés
1 cuillerée à soupe de rhum

1. Pelez les pommes. Retirez les cœurs et creusez une ouverture (utilisez un vide-pomme ou simplement une petite cuiller).
2. Allumez votre four (thermostat 5-6).
3. Hachez les fruits confits et arrosez avec la cuillerée de rhum.
4. Beurrez grassement un plat à four. Installez-y les pommes, ouverture vers le haut, et remplissez chaque cavité de fruits confits-pommes-rhum. Saupoudrez chaque fruit d'un peu de sucre et disposez sur le sommet de chaque pomme une noix de beurre.
5. Versez un demi-verre d'eau au fond du plat et enfournez. Laissez 35 à 40 minutes en arrosant de temps en temps les fruits avec le jus de cuisson.
Servez chaud.

MON SECRET : *J'ajoute une noisette de beurre frais sur chaque pomme au moment de servir.*

POMMES AU FOUR F

80 calories

Fondantes et dorées dans un jus sucré.

Préparation : 5 minutes
Cuisson : 35 minutes

Pour 6 personnes :

6 pommes saines
100 g de sucre en poudre

1. Allumez votre four (thermostat 5-6).
2. Lavez, essuyez et équeutez les pommes.
3. Rangez-les dans un plat à four et piquez-les en deux ou trois endroits à la fourchette pour qu'elles n'éclatent pas à la cuisson.
4. Ajoutez le sucre et versez une cuillerée à soupe d'eau froide dans le fond du plat ; enfournez.
5. Retirez au bout de 35 minutes environ : les pommes doivent être ridées et dorées, mais pas défaites. Servez bien chaud.

MON SECRET : *Choisir de belles grosses pommes, canadas ou reines des reinettes.*

POMMES MERINGUÉES

150 calories

Une fine compote sous un dôme de meringue blonde.

Préparation : 20 minutes
Cuisson : 30 minutes

Pour 6 personnes :

1 kg de pommes
150 g de sucre semoule
3 blancs d'œufs
vanille ou zeste de citron
sel

1. Lavez et équeutez les pommes. Coupez-les en quartiers sans les peler ni les évider.
2. Mettez-les dans une casserole (préférez l'émail ou l'inox à l'aluminium) et versez 1/4 de litre d'eau dessus. Couvrez la casserole et laissez cuire à petit feu pendant 15 à 20 minutes. Les pommes doivent être à moitié réduites en purée.
3. Passez au presse-purée ou au tamis (mais pas au mixer, car les peaux et les pépins doivent être éliminés). Ajoutez le sucre et le parfum.
4. Allumez le four (thermostat 4-5).
5. Disposez la purée encore chaude dans un grand plat à gratin.
6. Battez les blancs avec une pincée de sel en neige ferme, et lorsqu'ils sont bien durs, ajoutez le sucre en pluie, et mélangez en soulevant de bas en haut pour ne pas faire retomber la neige.
7. Etalez cette meringue sur la compote de façon à la masquer entièrement, et passez au four 15 minutes.

8. Servez tiède ou chaud dans le plat de cuisson.

MON SECRET : *Un truc gain de temps : utiliser de la compote de pommes en boîte.*

POMMES DE PAIN

685 calories

Un odorant pudding nappé de confiture d'abricots.

Préparation : 20 minutes
Cuisson : 20 minutes
(+ 30 minutes)

Pour 8 personnes :

2 kg de pommes
275 g de sucre en poudre
1 pain de 2 livres, rassis de préférence
75 g de beurre
6 cuillerées à soupe de rhum ou de kirsch
6 cuillerées à soupe de confiture d'abricots

1. Pelez, évidez et coupez les pommes en quartiers. Mettez-les dans une grande casserole à sec, et faites cuire tout doucement à couvert, jusqu'à ce que les pommes se défassent.
2. Ecrasez la compote à la fourchette et sucrez-la (plus ou moins) selon la variété de pommes que vous employez).
3. Allumez le four (thermostat 6).
4. Coupez le pain en tranches de 1 centimètre d'épaisseur que vous beurrerez d'un côté. Imbibez le côté non beurré de chaque tranche d'un peu de rhum ou de kirsch.
5. Beurrez un plat à four. Mettez une couche de compote. Recouvrez de pain et continuez ainsi en terminant par de la compote.
6. Passez au four 30 minutes environ.
7. Nappez de confiture d'abricots à la sortie du four et servez chaud ou tiède dans le plat de cuisson.

MON SECRET : *Je délaye la confiture d'abricots avec un peu de rhum.*

PRUNEAUX CUITS F

215 calories

Très simple et très diététique.

Préparation : 10 minutes
Trempage : 3 heures au moins
Cuisson : 1 heure

Pour 6 personnes :

1. Quelques heures avant la cuisson, lavez soigneusement les pruneaux, sans les dénoyauter.
Recouvrez-les d'eau froide et laissez-les reposer au moins pendant 3 heures.
2. Versez les pruneaux et leur eau dans une

500 g de pruneaux
80 g de sucre
en poudre

casserole, saupoudrez de sucre et mettez sur feu doux. Laissez cuire à petits bouillons et à couvert pendant 1 heure.

3. Laissez refroidir et mettez au réfrigérateur quelques instants avant de servir.

MON SECRET : *Je mets dans le sirop de cuisson un zeste de citron.*

PRUNEAUX AU THÉ

215 calories

L'arôme du thé de Ceylan pénètre le fruit.

Préparation : 10 minutes
Repos : 3 heures au moins
Pas de cuisson

Pour 6 personnes :

500 g de pruneaux
3/4 de litre de thé de Ceylan
80 g de sucre

1. Lavez les pruneaux à l'eau froide.
2. Préparez 3/4 de litre de thé de Ceylan, assez fort.
3. Dès que le thé est infusé, versez-le bouillant sur les pruneaux disposés dans une coupe.
4. Saupoudrez de sucre en poudre et laissez macérer 3 heures avant de servir.

MON SECRET : *Choisir des pruneaux charnus, tendres et brillants.*

PRUNEAUX AU VIN

265 calories

Gonflés de bon bordeaux aromatisé à l'orange.

Préparation : 10 minutes
Repos : 3 heures
Cuisson : 5 minutes

Pour 6 personnes :

500 g de pruneaux
100 g de sucre en poudre
3 verres de bordeaux rouge
3 verres d'eau
1 zeste d'orange

1. Deux heures avant de les utiliser, lavez sans dénoyauter les pruneaux.
2. Dans une casserole mettez l'eau, le vin, le sucre et le zeste d'orange. Chauffez jusqu'à ébullition et versez le liquide bouillant sur les pruneaux.
3. Laissez macérer 3 heures avant de servir.

MON SECRET : *Une pincée de cannelle dans le vin.*

PUDDING AUX FRUITS

250 calories

Enrobés de caramel, fruits frais et biscottes liés par une crème aux œufs.

Préparation : 40 minutes
Repos : 1 heure
Cuisson : 45 minutes au four

Pour 6 personnes :

2 poires ou 2 pommes
150 g de sucre semoule
1 verre d'eau
12 biscottes
1/3 de litre de lait
3 œufs
10 morceaux de sucre pour le caramel

1. Caramélisez le fond et le bord d'un moule à charlotte avec 10 morceaux de sucre. Pour cela humectez d'eau les morceaux de sucre. Placez-les dans le moule. Mettez sur feu moyen. Dès que le sucre a pris une couleur blond foncé, retirez le moule du feu (avec un gant protecteur) et inclinez-le de tous côtés pour que le caramel recouvre bien les parois.

2. Epluchez les fruits et coupez-les en lamelles d'un demi-centimètre d'épaisseur.

3. Faites bouillir un verre d'eau avec 100 g de sucre quelques minutes. Quand une goutte de sirop tombé sur une assiette froide se fige, jetez les fruits dans la casserole. Laissez cuire sans couvercle jusqu'à évaporation complète de l'eau.

4. Battez les œufs en omelette avec 50 g de sucre.

5. Faites bouillir le lait et versez-le avec précaution sur les œufs tout en battant.

6. Imbibez une à une, très largement, les biscottes avec cette crème.

7. Remplissez le moule de couches alternées de biscottes et de fruits, en terminant par des biscottes. Arrosez avec le reste de crème et tassez bien avec une assiette surmontée d'un poids.

8. Attendez une heure avant de faire cuire pour que la crème pénètre bien partout.

9. Mettez au four (thermostat 6-7) pendant 45 minutes.

10. Laissez refroidir complètement avant de démouler.

MON SECRET : *Pour la pâtisserie — comme pour tous les usages culinaires — je casse toujours les œufs séparément pour éviter qu'un œuf mauvais ne gâte les autres.*

RIZ AU LAIT

234 calories

Un dessert classique toujours apprécié.

Préparation : 10 à 15 minutes
Cuisson : 45 minutes pour le riz + 10 minutes au four

Pour 6 personnes :

1 litre de lait
1 pincée de sel
150 g de sucre
180 g de riz
2 œufs
1 gousse de vanille

1. Lavez le riz, cuisez-le deux minutes à l'eau bouillante, puis égouttez-le et terminez sa cuisson dans le lait bouillant vanillé. Réglez l'ébullition pour qu'elle soit très lente. Le riz doit avoir absorbé le lait en 45 minutes environ.

2. Ajoutez alors le sucre, les œufs entiers battus en omelette, une pincée de sel et mêlez délicatement à la fourchette.

3. Placez le riz dans un plat allant au four. Mettez à four doux pendant 10 à 15 minutes. Servez tiède ou froid.

MON SECRET : *Avant de mettre le riz au four, je dispose dessus des pêches au sirop coupées en lamelles.*

RIZ PRINCESSE

355 calories

Un délicieux gâteau de riz enrichi aux fruits confits.

Préparation : 10 minutes
Cuisson : 1 heure

Pour 6 personnes :

100 g de riz
3/4 de litre de lait
5 cuillerées à soupe de sucre semoule
1 paquet de crème instantanée à la vanille
60 g de fruits confits
2 verres à liqueur de rhum
12 morceaux de sucre pour le caramel

1. Coupez les fruits en morceaux et mettez-les macérer dans le rhum.

2. Lavez et égouttez le riz et mettez-le bouillir 2 à 3 minutes dans une casserole d'eau. Egouttez-le.

3. Faites bouillir le lait. Jetez-y le riz, couvrez à demi pour éviter une trop grande évaporation et poursuivez la cuisson à feu très doux pendant 3/4 d'heure environ.

4. Sucrez. Ajoutez la poudre contenue dans le paquet de crème instantanée et laissez cuire encore 3 minutes en remuant à la spatule pour éviter que le riz n' « attache ». Ajoutez les fruits confits.

5. Caramélisez un moule à manqué. Pour cela, humectez d'eau les morceaux de sucre. Placez-les dans le moule. Mettez sur feu moyen. Dès que le sucre a pris une couleur blond foncé, retirez le moule du feu (avec un gant de protection) et inclinez-le de tous côtés pour que le caramel recouvre bien les parois.

6. Versez le riz dans le moule caramélisé et laissez refroidir avant de démouler.

MON SECRET : *Il faut laver le riz, mais dans une passoire, sous le jet d'eau. Ne le laissez jamais tremper.*

SALADE DE FRUITS

140 calories

Des fruits de saison rafraîchis dans un sirop liquoré.

Préparation : 10 à 20 minutes selon les fruits
Pas de cuisson

Pour 6 personnes :

1 kg de fruits non préparés (oranges, bananes, ananas, cerises, fraises)
100 g de sucre
1/2 litre d'eau
2 cuillerées à soupe de liqueur (kirsch, rhum, curaçao)
1 citron

1. Lavez, pelez, dénoyautez au besoin les fruits (si vous utilisez des oranges, pelez-les à vif). Placez les fruits dans un saladier et citronnez-les.

2. Dans une petite casserole, mettez le sucre à fondre dans l'eau, sur le feu. Lorsque le sucre est dissous, retirez du feu, ajoutez la liqueur et versez chaud, sur les fruits.

3. Laissez refroidir puis mettez 2 heures au réfrigérateur avant de servir (pendant ce temps, le sucre pénètre dans les fruits et les rend plus savoureux).

MON SECRET : *Je mélange volontiers à une salade de fruits quelques minces lamelles de citron pelé « à vif ».*

SALADE DE FRUITS AU YAOURT

325 calories

Fruits d'hiver et yaourt aromatisés au rhum.

Préparation : 15 minutes
Pas de cuisson

Pour 4 personnes :

4 bananes
2 oranges
3 cuillerées à soupe de rhum
3 pots de yaourt au naturel
90 g de sucre semoule (6 cuillerées à soupe rases)

1. Pelez les oranges et les bananes. Coupez les fruits en petits morceaux et arrosez-les de rhum.

2. Versez les yaourts dans un compotier, fouettez-les vivement avec le sucre. Ajoutez les fruits arrosés de rhum. Servez immédiatement cette salade qui doit être très fraîche.

MON SECRET : *Sans rhum et avec des yaourts à 0 % de matière grasse, voilà une recette de régime.*

SALADE D'ORANGES

175 calories

Des fruits ensoleillés simplement préparés.

Préparation : 10 minutes
Pas de cuisson

Pour 6 personnes :

10 oranges à peau fine et bien juteuses
2 cuillerées à soupe d'eau de fleur d'oranger
1 cuillerée à café de cannelle en poudre
4 cuillerées à soupe de sucre en poudre

1. Pelez les oranges à vif.

2. Coupez-les en rondelles très fines (enlevez les pépins) et rangez-les dans une coupe bien évasée ou dans un plat.

3. Arrosez avec l'eau de fleur d'oranger, saupoudrez avec la cannelle et le sucre.

4. Mettez au réfrigérateur et servez bien frais (ce dessert est meilleur quand il a macéré 2 à 3 heures).

MON SECRET : *Présentée dans des coupes individuelles décorées de cerises confites, cette simple salade peut figurer dans un menu de réception amicale.*

SORBET A L'ABRICOT

240 calories

Le riche parfum de l'un des fruits les plus savoureux de l'été, relevé d'un filet de citron.

Préparation : 10 minutes
Congélation : 30 à 35 minutes (+ 30 minutes)

Pour 6 personnes :

750 g d'abricots
250 g de sucre glace
1 jus de citron
100 g d'amandes effilées

1. Essuyez les abricots. Dénoyautez-les. Passez-les au presse-purée ou au mixer.

2. Ajoutez à la purée de fruits obtenue le jus de citron et 250 g de sucre glace. Mélangez.

3. Versez la préparation dans la sorbetière. Mettez à congeler 30 à 35 minutes.

4. Au bout de ce temps, retirez la sorbetière du freezer puis remettez le bac sans le moteur 30 minutes afin que le sorbet achève de prendre.

5. A l'aide d'une cuiller trempée dans l'eau chaude, ou mieux, d'un appareil spécial, formez des boules que vous mettez dans des coupes individuelles. Saupoudrez d'amandes effilées.

MON SECRET : *J'applique exactement la même recette à des pêches.*

SORBET A L'ANANAS

190 calories

Des ananas et des blancs en neige mêlés en une mousse glacée au kirsch.

Préparation : 20 minutes
Congélation : 2 heures

Pour 4 personnes :

1/2 boîte d'ananas au sirop en morceaux
3 cuillerées à soupe de sucre glace
1 citron
1 blanc d'œuf
1 petit verre de kirsch (ou de marasquin)

1. Broyez au mixer (ou au moulin à légumes grille fine) les morceaux d'ananas et ajoutez le sirop de la boîte. Incorporez le sucre et le jus de citron.

2. Versez dans le bac à glace de votre réfrigérateur et mettez-le dans l'évaporateur en branchant sur froid maximal.

3. Mettez une terrine vide à refroidir dans le réfrigérateur.

4. Au bout d'une heure, battez le blanc d'œuf en neige pas trop dure.

5. Videz dans la terrine bien froide la glace qui a commencé à durcir. Battez-la au fouet quelques minutes jusqu'à ce qu'elle devienne blanche et mousseuse. Ajoutez le blanc, puis la liqueur.

6. Remettez dans le bac et laissez au froid encore 1 heure avant de servir.

MON SECRET : *Je prends du sucre glace car il empêche le sorbet de « pailleter » pendant la congélation.*

SORBET A L'ANANAS FRAIS

324 calories

La fraîcheur et la finesse du fruit exotique.

Préparation : 40 minutes
Pas de cuisson
Congélation : 4 heures

Pour 8 personnes :

(1 ananas garni)
1 gros ananas + 1 petit (ou 1 ananas 1/2)

Sirop de sucre :
550 g de sucre
300 g d'eau

Meringue :
2 blancs d'œufs
100 g de sucre glace

1. Coupez le panache de l'ananas destiné à contenir le sorbet.

2. Videz la pulpe avec précaution pour ne pas abîmer la peau. Epluchez le deuxième ananas. Retirez la partie centrale des fruits qui est dure et non parfumée, coupez la pulpe en morceaux et réduisez-la en purée (mixer ou moulin à légumes).

3. Ajoutez à cette pulpe le sirop de sucre, obtenu en faisant dissoudre à froid le sucre dans l'eau.

4. Mettez à congeler le mélange dans les bacs du réfrigérateur (évaporateur réglé au froid maximal) ou dans une sorbetière électrique.

5. Remuez 4 ou 5 fois à la fourchette pendant la congélation qui demandera de 2 à 4 heures

selon la puissance du réfrigérateur. Si vous utilisez la sorbetière électrique, faites tourner le moteur par intermittence seulement.

6. Pendant la congélation, préparez la meringue : battez au bain-marie, non bouillant, sucre glace et blancs d'œufs jusqu'à ce que vous obteniez une masse ferme et brillante. Battez quelques minutes hors du feu. Laissez refroidir. Mettez en réfrigérateur.

7. Quand le sorbet est pris en glace, incorporez délicatement la meringue, remettez dans l'évaporateur jusqu'au moment de servir.

MON SECRET : *Pour servir le sorbet dans l'écorce d'ananas, posez l'écorce très froide au centre d'un plat contenant de la glace concassée. Remplissez de sorbet, cuillerée par cuillerée. Posez le panache.*

SORBET AU CITRON

280 calories

Léger, glacé, acidulé, rafraîchissant.

Préparation : 15 minutes
Pas de cuisson

Pour 4 personnes :

4 citrons
300 g de sucre en poudre

1. Pressez le jus des citrons. Ajoutez-lui 1 litre d'eau.

2. Versez dans ce liquide le sucre en poudre. Remuez pour faire fondre.

3. Versez dans un bac à glaçons ou dans un moule. Placez dans le freezer de votre réfrigérateur pendant au moins 3 heures.

MON SECRET : *Je décore la glace démoulée de petites rosaces en chantilly au centre desquelles je pique des cerises confites.*

SORBET AU CITRON ET CRÈME A L'ORANGE

Deux desserts toutes saisons.

Pour 4 personnes :

Préparation : 10 minutes
Cuisson : 5 minutes

Sorbet au citron :

205 calories

1. Pressez le jus de 4 citrons et ajoutez-les à 1 litre d'eau. Ajoutez 300 g de sucre en poudre. Faites bien fondre le sucre. Mettez à prendre au réfrigérateur et servez dans des coupes.

Tarte à la rhubarbe. *(Recette page 850)*

Pithiviers des rois. *(Recette page 838)*

Mousse aux fruits. *(Recette page 779)*

Madeleines. *(Recette page 830)*

MON SECRET : *Je décore avec des cerises confites.*

Pour 4 personnes :

Préparation : 10 minutes
Cuisson : 10 minutes

Crème à l'orange : **320 calories**

2. Mêlez 6 jaunes d'œufs avec 250 g de sucre en poudre. Ajoutez 1 litre et demi de jus d'orange et faites chauffer pour faire prendre doucement dans une casserole sans laisser bouillir et en tournant avec une cuiller en bois sans arrêt. Versez dans des coupes et servez très frais.

MON SECRET : *Je mélange les jaunes d'œufs et le sucre en le tournant avec une cuiller en bois jusqu'à ce qu'il blanchisse.*

SORBET AUX FRAISES

570 calories

Une jolie couleur qui ne doit rien aux redoutables colorants chimiques.

Préparation : 15 minutes
Congélation : 30 à 35 minutes (+ 30 minutes)

Pour 6 personnes :

1 kg de fraises
200 g de sucre
1 verre d'eau
1 jus de citron

1. Lavez les fraises, égouttez-les, équeutez-les et réduisez-les en purée.

2. Faites fondre sur le feu, dans une casserole, 200 g de sucre avec un verre d'eau.

3. Laissez bouillir quelques secondes puis mélangez ce sirop léger à la purée de fraises. Ajoutez le jus de citron.

4. Versez dans le bac de la sorbetière. Mettez à congeler 30 à 35 minutes. Retirez au bout de ce temps la sorbetière du freezer puis remettez-y le bac sans le moteur 30 minutes afin que le sorbet achève de prendre.

5. A l'aide d'une cuiller trempée dans l'eau bouillante, raclez la surface du sorbet pour former des rouleaux que vous servirez dans des coupes. Garnissez avec des fraises entières.

MON SECRET : *On vend des purées de fraises en flacons qui — hors saison — permettent de réaliser cette recette.*

SORBET AU MELON

260 calories

Un fruit rarement utilisé pour préparer glaces et sorbets, mais qui donne d'excellents résultats.

Préparation : 15 minutes
Congélation : 30 à 35 minutes (+ 30 minutes)

Pour 4 personnes :

1 melon de 1 kg
250 g de sucre semoule
1 verre d'eau

1. Avec la pointe d'un couteau à éplucher, découpez en dents de scie la calotte du melon.

2. A la cuiller, et sans abîmer l'écorce, retirez toute la chair. Mettez le melon évidé dans le réfrigérateur.

3. Ecrasez la chair au presse-purée, au mixer ou même à la fourchette.

4. Dans une casserole, faites fondre sur le feu 250 g de sucre avec un verre d'eau. Laissez bouillir quelques secondes seulement.

5. Mélangez intimement la chair du melon à ce sirop très léger. Versez la préparation dans le bac de la sorbetière. Mettez à congeler.

6. Après l'arrêt des pales, retirez le sorbet du bac et remplissez-en le melon, en tassant bien. Reposez la calotte sur le melon. Remettez au freezer au moins 30 minutes.

MON SECRET : *Le jus d'un demi-citron dans le sirop.*

SORBET AU SAUTERNES

C

425 calories

Convient parfaitement pour conclure un repas riche.

Préparation : 10 minutes
Cuisson : 5 minutes

Pour 6 personnes :

1/2 litre de bordeaux blanc sucré (sauternes)
1/4 de litre d'eau
500 g de sucre en poudre
le jus de 2 citrons
1 jus d'orange
6 cuillerées à soupe de sauternes

1. Dans une casserole en émail ou en porcelaine à feu, faites fondre le sucre et l'eau et laissez bouillir 5 minutes, puis laissez refroidir.

2. Lorsque le sirop est froid, ajoutez-y le vin, les jus de citron et d'orange et versez le mélange dans la sorbetière électrique que vous mettez au freezer pour 2 heures au moins.

3. Au moment de servir, répartissez le sorbet dans des verres à pied et arrosez-le d'une cuillerée à soupe de sauternes par personne.

MON SECRET : *Quand je suis pressée, je prépare ce dessert avec du sorbet au citron acheté tout fait. Mais le sauternes est irremplaçable, sinon par un autre bordeaux sucré, le monbazillac, par exemple.*

SOUFFLÉ A LA BÉNÉDICTINE D C 230 calories

Une merveille de légèreté.

Préparation : 10 minutes
Cuisson : 10 minutes

Pour 4 personnes :

8 œufs
4 cuillerées à dessert de sucre en poudre
4 cuillerées à dessert de Bénédictine
2 noix de beurre

1. Allumez le four à chaleur moyenne (thermostat 5/6).

2. Cassez les œufs. Mettez les blancs dans un saladier et les jaunes dans un second saladier.

3. Ajoutez aux jaunes 4 cuillerées à dessert de sucre et tournez avec une cuiller en bois pendant 4 bonnes minutes. Ajoutez alors 4 cuillerées à dessert de Bénédictine. Tournez de nouveau pour bien mélanger.

4. Avec un fouet à main ou électrique, battez les 8 blancs en neige très ferme. Ajoutez-les au mélange de jaunes, sucre et liqueur.

5. Dans un plat à gratin, parsemez 2 noix de beurre coupées en 4 morceaux. Mettez le plat au four juste le temps de voir le beurre fondre puis prendre une couleur légèrement dorée. Sortez alors le plat du four et versez-y votre mélange.

6. Remettez vite au four sans attendre et laissez cuire 10 minutes. Résistez à la tentation d'ouvrir la porte du four, ce qui compromettrait la cuisson. Au bout de 10 minutes, sortez le plat du four et portez-le vite à table.

MON SECRET : *La cuisson est très rapide, à condition d'être faite dans un plat à four — en pyrex, c'est très présentable — moins profond que le classique plat à soufflé.*

SOUFFLÉ A LA LIQUEUR 410 calories

Une pâte chaude et vaporeuse, parfumée à l'orange et au Grand Marnier.

Préparation : 20 minutes
Cuisson : 30 minutes

Pour 4 personnes :

4 œufs
1 orange

1. Brossez l'orange sous l'eau froide. Essuyez-la. Frottez les morceaux de sucre sur son zeste et mettez-les dans le lait froid. Délayez la crème de riz dans un demi-bol de ce lait.

2. Faites bouillir le reste de lait et versez lentement la crème de riz délayée tout en remuant. Le mélange épaissit immédiatement.

20 morceaux de sucre (n° 4)
1/3 de litre de lait
2 cuillerées à soupe de crème de riz
30 g de beurre + 15 g pour le moule
1 verre à porto de Grand Marnier (ou curaçao, ou Bénédictine)
1 cuillerée à soupe de sucre semoule (pour le moule)

3. Hors du feu, ajoutez le beurre en morceaux puis les jaunes d'œufs un à un, en remuant vivement. Laissez tiédir avant d'incorporer la liqueur qui liquéfie la pâte.

4. Pendant ce temps, allumez votre four à thermostat 6.

5. Battez les blancs en neige ferme et ajoutez-les à la préparation en mélangeant délicatement, de bas en haut.

6. Versez cette préparation dans le moule beurré et sucré qui ne doit être rempli qu'aux deux tiers. Mettez à four chaud, à 10 cm environ du bas. N'ouvrez pas le four avant 15 ou 20 minutes.
Au bout d'une demi-heure, le soufflé doit être doré, gonflé et éclaté en son milieu. Servez immédiatement.

MON SECRET : *Je mets le moule à four pas trop chaud et j'augmente la température en fin de cuisson.*

SOUPE AU VIN

350 calories

Agrémentée de raisins secs et de cerises, une curieuse soupe que l'on sert au dessert.

Préparation : 10 minutes
Cuisson : 15 minutes

Pour 6 personnes :

50 g de beurre
1 cuillerée à soupe de farine
1 litre de vin rouge
4 cuillerées à soupe de sucre en poudre
150 g de raisins de Corinthe (ou, en saison, des cerises bien mûres)
1 zeste de citron râpé
1 pincée de cannelle
1 pincée de safran
4 jaunes d'œufs
croûtons frits au beurre

1. Dans une grande caserole, faites fondre le beurre sur feu doux. Ajoutez la farine et mélangez bien avec une cuiller en bois. Ajoutez alors ensemble le vin, le sucre, la cannelle, le safran, le zeste et les raisins. Amenez à ébullition sans cesser de tourner et laissez cuire encore 10 minutes en remuant de temps à autre.

2. Fouettez les jaunes dans un saladier assez grand et versez-y peu à peu le liquide bouillant en tournant énergiquement.

3. Remettez dans la casserole et faites cuire encore 5 minutes en remuant.

4. Mettez dans un plat creux des croûtons frits au beurre, versez la soupe par-dessus et servez aussitôt.

MON SECRET : *On peut utiliser des cerises en conserve et additionner la soupe d'un petit verre de kirsch. En Franche-Comté, cette soupe est servie en hors-d'œuvre.*

TOT-FAIT A LA RHUBARBE

150 calories

De la compote de rhubarbe en soufflé.

Préparation : 15 minutes
Cuisson : 55 minutes

Pour 6 personnes :

250 g de rhubarbe
150 g de sucre en poudre
1 cuillerée à soupe de Maïzena
3 cuillerées à soupe de lait
2 cuillerées à soupe de beurre
le zeste d'un demi-citron
6 œufs

1. Epluchez les tiges de rhubarbe et coupez-les en petits cubes. Ajoutez 100 g de sucre et le zeste de citron haché, dans une casserole. Faites fondre à feu très doux, sans eau et sans couvercle, pendant 35 minutes environ (retirez dès que la rhubarbe s'affaisse sous le doigt).

2. Allumez votre four (thermostat 7).

3. Ecrasez les morceaux de rhubarbe et mélangez-y le beurre, les jaunes d'œufs, la Maïzena délayée dans le lait et une cuillerée à soupe de sucre.

4. Battez les blancs en neige ferme et incorporez-les délicatement au mélange.

5. Versez dans un plat beurré à haut bord. Saupoudrez de sucre et passez au four 20 minutes. Servez chaud ou tiède.

MON SECRET : *Choisir des tiges de rhubarbe bien rouges.*

TOURTE AU GRUYÈRE

300 calories

Un flan au fromage sucré.

Préparation : 10 minutes
Cuisson : 20 minutes

Pour 6 personnes :

300 g de gruyère râpé
4 œufs
75 g de sucre (3 cuillerées à soupe bien pleines)
1/4 de zeste d'un citron
1 cuillerée à soupe d'eau-de-vie

1. Allumez le four.

2. Garnissez un moule carré de 20 cm de côté d'un papier d'aluminium beurré.

3. Dans une terrine, mélangez les jaunes avec le sucre. Ajoutez le fromage râpé, l'eau-de-vie et le zeste du citron râpé. Mélangez bien.

4. Battez les blancs en neige ferme. Ajoutez-les délicatement à la pâte.

5. Versez le tout dans le moule. Faites cuire à four chaud 20 minutes. Démoulez et servez froid.

MON SECRET : *Excellent aussi servi tiède.*

YAOURT CERISETTE F

155 calories

Un frais régal de yaourt battu aux cerises et au kirsch.

Préparation : 10 minutes
Cuisson : 5 minutes

Pour 6 personnes :

500 g de cerises
100 g de sucre
1/2 litre de yaourt
1/2 verre d'eau
1 verre à liqueur de kirsch

1. Lavez et dénoyautez les cerises.
2. Faites-les cuire avec le sucre et très peu d'eau pendant 5 minutes environ. Laissez refroidir. Enlevez les cerises avec une écumoire.
3. Mélangez le sirop de cuisson à 1/2 litre de yaourt. Fouettez vivement.
4. Ajoutez le kirsch et enfin les cerises. Servez frais en petites coupes.

MON SECRET : *Je supprime le kirsch de la recette quand je la destine à de jeunes enfants.*

YAOURTS AU MIEL F

150 calories

Un mélange onctueux et doux.

Préparation : 5 minutes
Pas de cuisson

Pour 4 personnes :

4 yaourts nature
4 cuillerées à soupe de miel

1. Battez yaourt et miel ensemble pour obtenir un mélange homogène.
2. Répartissez dans des ramequins et mettez dans le réfrigérateur jusqu'au moment de servir.

MON SECRET : *Pour éviter que le miel ne colle à la cuiller avec laquelle vous le versez dans le yaourt, passez-la à l'eau froide.*

XV
Pâtisserie

APPLE-CAKE A LA POÊLE

370 calories

Une épaisse crêpe aux pommes à déguster chaude.

Préparation : 10 minutes
Cuisson : 15 minutes

Pour 4 personnes :

3 pommes
1 œuf
125 g de farine
100 g de sucre vanillé
2 cuillerées à soupe de beurre
1 pincée de bicarbonate

1. Dans une terrine, battez l'œuf entier en lui incorporant peu à peu la farine et le bicarbonate de soude mélangés. Ajoutez de l'eau jusqu'à ce que vous obteniez la consistance d'une pâte à beignets (nappant le dos d'une cuiller). Ajoutez le sucre en poudre.

2. Pelez les pommes et coupez-les en lamelles. Incorporez-les délicatement à la pâte.

3. Faites fondre 1 cuillerée à soupe de beurre dans une grande poêle et versez-y la préparation. Couvrez et laissez cuire 7 à 8 minutes sur feu doux. Faites glisser la crêpe sur une assiette. Remettez 1 cuillerée à soupe de beurre dans la poêle, et replacez-y la crêpe sur l'autre face. Laissez cuire encore 7 à 8 minutes. Servez aussitôt.

MON SECRET : *Je saupoudre d'un peu de sucre vanillé, après cuisson, juste au moment de servir.*

BEIGNETS

285 calories

Une pâte légère à la bière.

Préparation : 10 minutes
Repos : 1 heure
Cuisson : 3 minutes par friture

Pour 4 personnes :

150 g de farine
1 œuf entier + 2 blancs
1 cuillerée à soupe d'huile
1/4 de cuillerée à café de sel

1. Mettez dans un saladier la farine, l'œuf entier, la cuillerée d'huile, et le sel. Mélangez bien à la cuiller en bois.

2. Ajoutez-y la bière peu à peu, en fouettant, pour obtenir une pâte très épaisse mais non sèche.
Laissez reposer une heure si possible.

3. Au moment d'utiliser la pâte, mettez la friture sur le feu.

4. Battez les deux blancs d'œufs en neige très ferme et incorporez-les délicatement à la pâte.

5. Jetez cette pâte par cuillerée dans l'huile

3/4 de verre de bière (environ)
1 bassine de friture

chaude et laissez 3 minutes environ avant d'égoutter. Servez bien chaud.

MON SECRET : *Ces beignets « au naturel » seront largement saupoudrés de sucre. J'ai toujours en réserve pour ce genre de recette un bocal de sucre en poudre dans lequel je glisse 2 gousses de vanille pour le parfumer.*

BEIGNETS DE POMMES

500 calories

Frites dans une pâte levée à la bière, des rondelles de pommes fondantes, parfumées au kirsch et à la cannelle.

Préparation : 15 minutes
Repos de la pâte : 1 heure
Cuisson : 3 minutes par friture

Pour 6 personnes :

4 ou 5 grosses pommes
1 petit verre de kirsch
2 cuillerées à soupe de sucre
1 petit bol de sucre mélangé avec
1 cuillerée de cannelle
1 friteuse remplie d'huile

Pour la pâte à beignets :
10 cuillerées à soupe de farine
1 œuf
1 cuillerée à soupe d'huile
1 verre de bière blonde
2 blancs d'œufs
1 pincée de sel
1 pincée de sucre
1 pincée de levure chimique

1. Une heure et demie à l'avance, battez ensemble dans une jatte l'œuf entier, la bière, l'huile, le sel, le sucre. Mélangez la farine à la levure, et versez-la en pluie tout en battant à la fourchette comme pour une omelette. Couvrez la jatte avec un torchon et laissez reposer une heure dans un endroit tempéré.

2. Pelez les pommes. Evidez-les avec un vide-pomme (si vous n'avez pas de vide-pomme, coupez les pommes en deux horizontalement et retirez les loges avec une petite cuiller). Coupez-les en rondelles épaisses que vous mettez dans un saladier. Versez dessus le kirsch et saupoudrez des deux cuillerées de sucre. Laissez macérer.

3. Au moment d'utiliser la pâte à beignets, mettez votre bassine d'huile à chauffer, puis battez les deux blancs en neige très ferme. Incorporez-les doucement à la pâte. Trempez chaque rondelle dans cette pâte et plongez-la dans la friture très chaude (la friture doit bouillonner fortement dès l'introduction des rondelles).

4. Laissez dorer les beignets 3 minutes, égouttez-les et servez-les chauds, saupoudrés de sucre et de cannelle.

MON SECRET : *Accompagner de gelée de groseille.*

BEIGNETS SOUFFLÉS

295 calories

Gonflés, légers, dorés.

Préparation : 10 minutes
Cuisson : 5 minutes

Pour 4 personnes :

80 g de beurre
4 œufs
1 pincée de sel fin
4 grosses cuillerées à soupe de farine
bain de friture
sucre en poudre

1. Mettez dans une casserole 1/4 de litre d'eau, le sel, le beurre, et faites chauffer doucement.

2. Lorsque le beurre et le sel sont bien fondus, retirez du feu et ajoutez la farine d'un coup. Mélangez bien.

3. Remettez sur le feu et travaillez très énergiquement à la cuiller en bois jusqu'à ce que la pâte se décolle de la casserole.

4. Retirez du feu et ajoutez les œufs, un à un, en battant vigoureusement à la cuiller en bois.

5. Faites des petites boules de la valeur d'une cuillerée à soupe. Cuisez, dans un bain de friture très chaude, 5 minutes environ.
Servez saupoudré de sucre.

MON SECRET : *Accompagner de crème fraîche, confitures, crème au chocolat à votre goût.*

BISCUIT DE SAVOIE

315 calories

Une pâte fine et légère parfumée à l'orange.

Préparation : 20 minutes
Cuisson : 50 minutes

Pour 6 personnes :

1 tasse à thé de farine tamisée
1 pincée de sel
2 cuillerées à dessert d'eau froide
1 tasse 1/4 de sucre cristallisé

1. Mélangez la farine et le sel.

2. Battez les jaunes d'œufs avec l'eau puis, peu à peu, versez en fouettant trois quarts de tasse de sucre pour obtenir un mélange pâle.

3. Incorporez ce mélange à la farine.

4. Ajoutez le zeste d'orange.

5. Battez les blancs d'œufs en neige très ferme. Versez-y peu à peu le reste du sucre en battant pour avoir un mélange ferme et onctueux.

6. Ajoutez ces blancs battus à la farine.

2 cuillerées à dessert de zeste d'orange râpé
8 blancs d'œufs
8 jaunes d'œufs

7. Versez le tout dans un moule non graissé de 20 à 25 cm de diamètre environ.

8. Faites cuire à four chaud (thermostat 6) pendant 50 minutes environ. Laissez le gâteau dans son moule puis retournez-le sur une grille. Vous ne le démoulerez que lorsqu'il sera complètement froid.

MON SECRET : *Je mêle à la farine une pincée de poudre d'anis.*

BISCUIT DE SAVOIE MAIGRE

192 calories

Léger et mousseux grâce à ses blancs en neige, un biscuit tout simple, préparé sans matières grasses

Préparation : 20 minutes
Cuisson : 30 minutes

Pour 6 personnes :

3 œufs assez gros
150 g de sucre semoule
1 pincée de sel fin
2 cuillerées à soupe de farine
3 cuillerées à soupe de fécule de pomme de terre
15 g de beurre pour le moule

1. Allumez votre four au thermostat 4/5.

2. Cassez les œufs en séparant les blancs des jaunes.

3. Mettez les jaunes dans une terrine avec le sucre et le sel. Travaillez avec une cuiller en bois pendant une dizaine de minutes (le mélange doit doubler de volume tout en devenant plus clair et plus onctueux). Ajoutez alors la farine et la fécule. Mélangez bien.

4. Battez les blancs d'œufs en neige ferme. Ajoutez-les à la pâte avec précaution en mélangeant de bas en haut. Dès que le mélange est très homogène, prenez un moule de 24 cm, beurrez-le et farinez-le, et versez-y la préparation.

5. Enfournez à mi-hauteur dans un four très doux. Laissez 30 minutes et vérifiez la cuisson : le gâteau doit avoir rempli le moule, avoir pris une teinte blond pâle, le centre doit résister à la pression du doigt et une aiguille d'acier piquée au milieu doit ressortir parfaitement sèche.

6. Laissez refroidir démoulé sur une grille et servez en accompagnement une crème ou une salade de fruits.

MON SECRET : *J'ajoute aux jaunes d'œufs battus une cuillerée à café de zeste d'orange râpé.*

BISCUIT DE SAVOIE AU FROMAGE

675 calories

Un gâteau de fête fourré de fromage blanc, de chocolat et de chantilly.

Préparation : 30 minutes
Pas de cuisson

Pour 6 personnes :

1 biscuit de Savoie de 20 cm de diamètre environ acheté tout prêt
750 g de fromage blanc
1/2 tasse de sucre cristallisé
3 jaunes d'œufs
5 cuillerées à dessert de liqueur d'orange
4 cuillerées à dessert de cacao en poudre non sucré
1/4 de tasse d'eau
1 tasse de crème fraîche épaisse
3 pincées de cannelle

1. Travaillez ensemble le fromage, le sucre, de façon à ce que vous obteniez un mélange pâle.

2. Battez ce mélange avec les jaunes d'œufs en une crème mousseuse. Mettez-en la moitié de côté, ajoutez le cacao à la seconde moitié. Ajoutez également 3 cuillerées de liqueur d'orange.

3. Coupez le biscuit en deux dans l'épaisseur de façon à obtenir 2 disques de 2 à 3 cm d'épaisseur chacun. Placez l'un des disques dans un plat creux, arrosez-le d'eau dans laquelle vous aurez dilué le restant de la liqueur d'orange. Etendez le mélange de fromage à l'œuf en une couche, puis mettez une couche de fromage au cacao. Recouvrez avec le second disque de biscuit, laissez refroidir pendant plusieurs heures au réfrigérateur.

4. Au moment de servir, fouettez la crème, étalez-la sur le gâteau et saupoudrez de cannelle.

MON SECRET : *Bonne formule pour un gâteau d'anniversaire : préparez-en deux semblables et superposez-les avant de les mettre au réfrigérateur. Décor de chantilly et de bougies au moment de passer à table.*

BRIOCHE

370 calories

A base d'œufs, de beurre frais et de farine, une merveilleuse pâte gonflée et dorée au four.

Préparation : 25 minutes
Repos de la pâte : 3 heures
Cuisson : 30 minutes

Pour 6 personnes :

125 g de beurre
1/4 de verre

1. Beurrez largement le moule (à défaut de moule à côtes, vous pouvez utiliser un moule à charlotte ou un moule à cake).

2. Faites ramollir le reste du beurre sans le laisser fondre.

3. Faites tiédir le lait pour y délayer la levure.

4. Versez la farine en tas sur la planche à pâtisserie. Faites un creux au milieu, dans

de lait tiède
10 g de levure de boulanger
250 g de farine
1 cuillerée à soupe de sucre semoule
1/2 cuillerée à café de sel
2 œufs
20 g de beurre (pour le moule)

lequel vous versez le sucre, le sel, les œufs.

5. Pétrissez à la main en ajoutant peu à peu la levure délayée dans le lait.

6. Incorporez le beurre ramolli. La pâte doit avoir approximativement la consistance d'une pâte à pain, c'est-à-dire souple.

7. Travaillez-la soigneusement sur la planche jusqu'à ce qu'elle se décolle de la main (10 minutes environ).

8. Déposez la pâte dans son moule. Formez une tête. La pâte doit arriver au tiers de la hauteur du moule. Couvrez avec un torchon et mettez dans un endroit tiède à l'abri de toute source de chaleur ou de tout courant d'air pendant 3 heures environ.

9. Lorsque la brioche remplit le moule, faites cuire à four chaud. Démoulez et servez tiède.

MON SECRET : *Les restes de brioche se conservent bien dans du papier d'aluminium. Repassez-les quelques minutes au four pour les servir tièdes avec des confitures ou de la crème, ou coupées en tranches imbibées d'un peu de rhum.*

BRIOCHE AUX AMANDES F

465 calories

Fourrée de deux confitures différentes.

Préparation : 15 minutes
Pas de cuisson

Pour 6 personnes :

1 brioche mousseline longue
1/2 pot de gelée de groseille
4 cuillerées à soupe de confiture d'abricots
100 g d'amandes effilées

1. Coupez la brioche en trois tranches dans le sens de la longueur.

2. Battez la gelée de groseille pour la rendre plus souple. Etendez-la sur chaque tranche.

3. Reformez la brioche. Badigeonnez l'extérieur de confiture d'abricots et roulez-la dans les amandes effilées.

MON SECRET : *Un décor de cerises et angéliques confites.*

BRIOCHES FOURRÉES

275 calories

Crème et fromage onctueux : simple et excellent.

Préparation : 15 minutes
Pas de cuisson

Pour 6 personnes :

6 petites brioches au beurre
75 g de roquefort
3 cuillerées à soupe environ de fromage blanc
1 cuillerée à soupe de lait
2 cuillerées à soupe de crème fraîche
poivre

1. Enlevez les têtes des brioches. Creusez l'intérieur.

2. Ecrasez finement le roquefort à la moulinette ou avec une fourchette. Mélangez avec le fromage blanc et 1 cuillerée de lait (ou d'eau). Vous obtenez un mélange lisse assez consistant. Poivrez.

3. Ajoutez la crème fraîche. Répartissez au fond des brioches et recouvrez-les de leur chapeau. Servez froid.

MON SECRET : *Une recette que je trouve commode pour un pique-nique raffiné : ces brioches fourrées sont facilement transportables, chacune enveloppée de papier d'aluminium.*

BRIOCHE AUX FRAMBOISES

600 calories

Décorée de fruits et nappée de crème vanillée.

Préparation : 15 minutes
Cuisson : 10 minutes

Pour 4 personnes :

300 g de framboises
1 brioche en couronne
3 œufs
2 cuillerées à soupe de fécule
1/2 cuillerée à café de vanille en poudre
1/2 verre de kirsch
1 litre de lait
150 g de sucre en poudre

1. Dans un saladier, mélangez jaunes d'œufs, fécule, vanille et sucre.

2. Versez peu à peu le lait bouillant sans cesser de remuer.

3. Mettez dans une casserole sur le feu et laissez cuire doucement en continuant de tourner. Dès que la crème épaissit, enlevez-la du feu. Laissez-la refroidir.

4. Sur le plat de service, disposez la brioche. Arrosez-la avec le kirsch. Placez au centre les framboises et versez dessus la crème.

MON SECRET : *Allonger le kirsch d'un peu d'eau sucrée.*

BUCHE AUX MARRONS

795 calories

Sous d'épais flocons de chantilly, une superbe bûche aux marrons et au chocolat.

Préparation : 1 heure
Cuisson : 1 heure
Réfrigération : plusieurs heures

Pour 6 personnes :

1 kg de marrons (ardéchois)
3/4 de litre de lait
1 plaque de 250 g de chocolat
100 g de beurre
1 cuillerée à soupe de sucre

1. Incisez les marrons en travers et sur tout le pourtour suffisamment profondément pour entailler les deux peaux.

2. Jetez-les dans une casserole d'eau bouillante et laissez-les deux minutes avant de les égoutter. Retirez alors les deux peaux à la fois (elles viennent assez facilement).

3. Faites bouillir le lait avec le sucre et jetez-y les marrons épluchés. Laissez cuire sans remuer et à couvert 30 minutes à feu doux.

4. Passez le contenu de la casserole à la moulinette et ajoutez-y le beurre.

5. Mettez dans une casserole le chocolat (en une seule épaisseur) et 2 cuillerées à soupe d'eau. Mettez fondre à très petit feu ou, mieux, au bain-marie. Ne touchez pas au chocolat avant qu'il soit complètement ramolli (il prend alors une couleur plus claire et un aspect brillant). Lorsqu'il est complètement fondu, délayez avec l'eau et ajoutez à la purée de marrons en mélangeant soigneusement.

6. Versez sur une feuille de papier d'aluminium pliée en double, et en relevant les bords de la feuille façonnez un rouleau. Mettez au réfrigérateur plusieurs heures.

7. Sortez la bûche durcie par le froid, décollez et retirez l'aluminium. Tenez au frais jusqu'au moment de servir.

MON SECRET : *Un décor de chantilly dans lequel je pique diverses sucreries achetées chez les confiseurs, en massepain ou sucre candi : pères Noël, champignons, etc.*

CAKE

430 calories

Des fruits confits et des raisins secs enrobés dans une pâte fondante au rhum.

Préparation : 25 minutes
Cuisson : 45 minutes

Pour 8 personnes :

3 œufs
125 g de sucre semoule
250 g de farine
175 g de beurre
100 g de raisins de Corinthe
100 g de fruits confits
1 verre à liqueur de rhum
1/2 paquet de levure chimique
1 pincée de sel
10 g de beurre (pour le moule)

1. Lavez les raisins et coupez les fruits confits en morceaux. Faites macérer le tout dans le rhum.
2. Dans une terrine, travaillez à la spatule le beurre légèrement ramolli jusqu'à consistance de pommade. Ajoutez le sucre petit à petit et une pincée de sel. Travaillez vigoureusement ce mélange qui doit être onctueux.
3. Incorporez les œufs entiers l'un après l'autre.
4. Versez ensuite la farine d'un seul coup puis ajoutez les fruits et le rhum. Terminez par la levure chimique et mélangez bien.
5. Allumez votre four au thermostat 6 et chemisez un moule à cake de papier sulfurisé beurré. Versez-y la pâte qui ne doit emplir le moule qu'aux trois quarts.
6. Enfournez et n'ouvrez pas le four pendant les 10 premières minutes. Au bout de 10 minutes, réduisez la température (thermostat 4). Cuisez 45 minutes au total.
7. Démoulez et laissez refroidir sur la grille. Servez froid (c'est même meilleur un peu rassis).

MON SECRET : *Je fais deux cakes à la fois. Une seule cuisson, donc gain de temps. La conservation est excellente dans une boîte hermétique (plastique ou métal).*

CHARLOTTE AUX AMANDES

535 calories

Poudre d'amandes, kirsch et légers biscuits à la cuiller.

Préparation : 45 minutes
(recette à préparer la veille)
Cuisson : 15 minutes

Pour 6 personnes :

Pour la crème anglaise :
3 jaunes d'œufs
75 g de sucre
1/2 litre de lait
1 gousse de vanille

1. Préparez la crème anglaise (recette p. 756), laissez-la refroidir.
2. Réduisez le beurre en crème sans le faire fondre mais en le travaillant à la cuiller en bois ou au fouet électrique. Ajoutez peu à peu le sucre en travaillant longuement, puis la poudre d'amandes et enfin 3 ou 4 cuillerées de crème anglaise afin de rendre le mélange onctueux.
3. Recouvrez le fond d'un moule à charlotte avec des biscuits imbibés d'un mélange d'eau

150 g d'amandes en poudre
120 g de sucre en poudre
120 g de beurre
30 biscuits à la cuiller
4 cuillerées à soupe de kirsch
1/2 verre d'eau

et de kirsch. Sur cette première couche de biscuits étalez 3 cuillerées de crème.

4. Remettez des biscuits, de la crème et remplissez ainsi le moule. Terminez par une couche de biscuits.

5. Couvrez le moule d'une petite assiette, posez un poids, mettez au réfrigérateur pendant au moins 12 heures.

6. Démoulez au moment de servir.

MON SECRET : *Décorer avec des amandes effilées légèrement grillées.*

CHARLOTTE AU CHOCOLAT

600 calories

Une couronne de biscuits imbibés de liqueur et de la crème de marrons chocolatés.

Préparation : 15 minutes
Cuisson : 15 minutes
Réfrigération : 12 heures

Pour 4 personnes :

200 g de biscuits à la cuiller
1 petit verre de Grand Marnier
175 g de chocolat à croquer
60 g de beurre plus 1 noix de beurre
1 boîte de 200 g de purée de marrons au naturel
4 œufs
1 pincée de sel
150 g de crème Chantilly

1. Dans une assiette creuse, versez un petit verre de Grand Marnier. Ajoutez un petit verre d'eau.

2. Trempez dans ce liquide 200 g de biscuits à la cuiller de façon à les imbiber légèrement. Rangez les biscuits au fur et à mesure dans le fond et contre les parois d'un moule à charlotte de 22 centimètres de diamètre. Vous utiliserez ainsi tous les biscuits à la cuiller sauf huit.

3. Cassez en morceaux 175 g de chocolat à croquer. Mettez-les dans une petite casserole avec une noix de beurre. Laissez fondre sur feu très doux en tournant avec une cuiller en bois.

4. Ajoutez 60 g de beurre coupé en petits morceaux et le contenu d'une boîte de 200 g de purée de marrons au naturel. Remettez sur feu doux et tournez vivement avec une cuiller en bois, jusqu'à ce que vous obteniez un mélange bien lisse. Retirez alors la casserole du feu.

5. Séparez les blancs des jaunes de quatre œufs.

6. Ajoutez les jaunes d'œufs à la crème que vous venez de préparer.

7. Mettez dans les blancs une pincée de sel et battez-les en neige très ferme. Ajoutez-les délicatement à la préparation précédente qui doit être froide.

8. Versez la moitié de cette crème dans le moule garni de biscuits à la cuiller. Mettez une couche de biscuits en utilisant la moitié de ceux qui vous restent puis couvrez avec la seconde moitié de crème ; terminez par une couche de biscuits à la cuiller. Mettez la charlotte au frais pendant au moins douze heures avant de la démouler pour servir. Décorez-la de crème Chantilly.

MON SECRET : *Il faut du chocolat noir, peu sucré.*

CHARLOTTE AUX FRUITS

550 calories

Un régal de biscuits à la cuiller, de chantilly et de fruits au sirop.

Préparation : 15 minutes
Réfrigération : 12 heures minimum
Pas de cuisson

Pour 6 personnes :

1/2 boîte de fruits au sirop (ananas, abricots, pêches)
30 biscuits à la cuillère
3 cuillerées à soupe de kirsch
8 à 10 cerises confites

Pour la crème Chantilly :
1 pot de 250 g de crème fraîche
1 cuillerée à soupe de sucre glace
1/2 sachet de sucre vanillé
1 glaçon

1. Coupez les fruits en lamelles.

2. Battez la crème en chantilly avec le sucre glace et le glaçon pilé.

3. Retirez le sirop des fruits et ajoutez-y le kirsch.

4. Mettez au fond d'un moule à charlotte de 16 cm de diamètre une rondelle de papier sulfurisé ou d'aluminium. Disposez des morceaux de fruits au fond du moule. On peut à ce moment décorer avec quelques cerises confites.

5. Tapissez les bords du moule d'une rangée de biscuits, partie bombée contre les parois, en les imbibant légèrement un à un du mélange kirsch-sirop. Mettez également une couche de biscuits contre le fond.

6. Remplissez ensuite le moule en alternant crème Chantilly, biscuits, fruits en morceaux, biscuits, crème, biscuits, etc.
Terminez par des biscuits.

7. Recouvrez avec une assiette sur laquelle vous posez un poids. Mettez au réfrigérateur 12 heures au moins. Démoulez au moment de servir, retirez le papier et entourez d'un cordon de chantilly, ou de quelques noix.

MON SECRET : *On peut utiliser des fruits frais, pelés, coupés en lamelles et cuits une dizaine de minutes dans très peu d'eau sucrée, juste assez pour les couvrir. Essayez les poires !*

CHARLOTTE STRASBOURGEOISE D C

700 calories

Une jolie composition de biscuits à la cuiller imbibés de kirsch et liés par une crème anglaise aux amandes.

Préparation : 20 minutes
Repos : 24 heures
Cuisson : 30 minutes

Pour 10 personnes :

1 trentaine de biscuits à la cuiller
375 g d'amandes en poudre (environ 25 cuillerées à soupe)
375 g de sucre en poudre (environ 25 cuillerées à soupe)
375 g de beurre

Pour le sirop :
1/2 verre de kirsch
1/2 verre d'eau
6 cuillerées à soupe de sucre

Pour la crème :
1/2 litre de lait
4 jaunes d'œufs
6 cuillerées à soupe de sucre en poudre
1 cuillerée à soupe de kirsch

1. Un jour à l'avance, préparez une crème anglaise : mettez le lait à chauffer. Pendant ce temps, battez dans un saladier les jaunes et le sucre et versez dessus le lait bouillant, petit à petit, en tournant vivement. Remettez sur le feu et, sans cesser de tourner, laissez cuire jusqu'à ce que la crème nappe la cuiller (attention, elle ne doit pas bouillir). Laissez refroidir quelques heures, puis ajoutez-y une cuillerée de kirsch.

2. Quelques heures après, malaxez dans une terrine le beurre pour le ramollir en crème et ajoutez les amandes et le sucre. Mélangez bien puis ajoutez la crème anglaise refroidie. Mélangez bien à nouveau.

3. Dans une petite casserole, mettez l'eau et le sucre pour le sirop et laissez cuire 7 à 8 minutes. Laissez refroidir et ajoutez le kirsch.

4. Garnissez les bords et le fond d'un moule à charlotte de biscuits trempés un à un dans le sirop. Découpez en biseau ceux qui tapissent le fond et coupez ceux des bords au ras du moule. Versez sur les biscuits la moitié de la crème aux amandes, disposez une nouvelle couche de biscuits et versez le reste. Recouvrez de biscuits.

5. Couvrez la charlotte d'une assiette surmontée d'un poids et mettez au réfrigérateur 24 heures avant de démouler.

MON SECRET : *On peut remplacer les biscuits par des tranches de brioche au beurre.*

CŒURS AU SUCRE

775 calories

Préparation : 20 minutes
Repos de la pâte : 2 heures
Cuisson : 5 minutes
par friture

Pour 6 personnes :

500 g de farine
50 g de beurre
7 cuillerées à soupe de sucre en poudre
1 cuillerée à soupe de rhum
1 cuillerée à soupe de zeste de citron râpé
1 cuillerée à soupe de poudre de lait
1 pincée de sel
1 pincée de bicarbonate de soude
1 bassine d'huile

1. Dans un bol chauffé, mettez le beurre et malaxez-le à la fourchette pour le réduire en crème.

2. Mettez la farine dans un grand saladier. Formez un puits et mettez-y 3 cuillerées à soupe de sucre, le rhum, le lait en poudre, le sel, le bicarbonate et le tiers d'un verre d'eau.

3. Mélangez bien le tout pour former une pâte lisse que vous mettrez en boule et que vous laisserez reposer sous un torchon pendant 2 heures.

4. Etalez la pâte en lui donnant 2 doigts d'épaisseur et découpez-la en forme de cœurs.

5. Chauffez la friture.

6. Plongez les cœurs dans l'huile chaude et retirez-les quand ils sont bien gonflés et colorés (5 minutes à peine).

7. Egouttez-les soigneusement.

8. Mélangez les 4 cuillerées restantes de sucre en poudre avec le zeste de citron. Roulez les cœurs dans ce sucre parfumé et servez chaud.

MON SECRET : *J'ai sous la main 3 bains de friture différents, dans des bocaux fermés : un pour les « sucreries », un pour les mets salés, un troisième pour les préparations à base de poissons.*

CRÊPES LÉGÈRES

305 calories

Fines et dorées, elles sont délicatement parfumées au citron.

Préparation : 10 minutes
Repos de la pâte : 1 heure
Cuisson : 15 minutes

Pour 6 personnes (25 à 30 crêpes) :

200 g de farine
5 œufs

1. Mettez la farine dans une terrine. Creusez un trou au centre.

2. Faites tiédir le lait et l'eau. Versez-les sur la farine et délayez. Ajoutez une noix de beurre fondu et une bonne pincée de sel. Laissez reposer 1 heure environ.

3. Ce temps écoulé, délayez les jaunes d'œufs avec un peu de pâte et incorporez-les à l'en-

100 g de beurre
1/2 litre de lait
1 verre d'eau
1/2 zeste de citron râpé
100 g de sucre en poudre
1 pincée de sel

semble. Ajoutez le zeste, le reste du beurre fondu et le sucre. Mélangez soigneusement.

4. Battez les blancs d'œufs en neige ferme et incorporez-les à la pâte. Pour obtenir des crêpes extrêmement fines, vous pourrez allonger avec un peu d'eau ou de lait.

5. Faites chauffer votre poêle (il est inutile de mettre un morceau de beurre dedans, car le beurre entre déjà en grande quantité dans la composition de la pâte). Versez-y une petite quantité de pâte et répartissez-la vivement sur toute la surface en inclinant votre poêle. Laissez cuire à feu vif et, au premier dégagement de buée, retournez la crêpe avec une palette ou, si vous êtes habile, faites-la sauter.

MON SECRET : *Les crêpes doivent être servies chaudes. Au fur et à mesure qu'elles sont cuites, mettez-les dans un plat placé au-dessus d'une casserole d'eau bouillonnant doucement et couvrez d'aluminium ménager.*

CRÊPES AUX POMMES

305 calories

Dans une pâte bien sucrée, de fines lamelles de pommes.

Préparation : 15 minutes plus 1 heure de repos pour la pâte
Cuisson : 6 minutes par crêpe

Pour 6 personnes :
500 g de farine
200 g de sucre en poudre
1 pincée de sel
12 œufs
1 litre 1/2 de lait
6 pommes

1. Délayez la farine à laquelle vous ajoutez le sucre et le sel avec d'abord les œufs entiers puis le lait. Vous obtenez une pâte moyennement liquide que vous laisserez reposer au frais pendant 1 heure.

2. Pendant que la pâte repose, pelez les pommes et coupez-les en lamelles minces que vous ferez cuire pendant 10 minutes à la poêle dans du beurre.

3. Graissez la poêle, versez-y une louche de pâte à crêpes, parsemez de quelques tranches de pommes, recouvrez d'encore un peu de pâte, faites cuire 3 minutes d'un côté, retournez et faites cuire 3 minutes de l'autre. Tenez les crêpes au chaud au fur et à mesure qu'elles sont préparées.

MON SECRET : *Les pommes que je préfère pour cette recette sont les reinettes.*

FRIANDS AUX AMANDES

350 calories

De délicieux petits fours maison.

Préparation : 30 minutes
Cuisson : 15 minutes

Proportions pour une quinzaine de petits friands :

125 g de beurre
100 g d'amandes en poudre
150 g de sucre
3 blancs d'œufs
50 g de farine
2 ou 3 gouttes d'essence d'amandes amères

1. Faites cuire le beurre à feu très doux jusqu'à couleur noisette. Laissez refroidir.

2. Egalement sur feu doux, travaillez les amandes, le sucre et les blancs d'œufs jusqu'à ce que le sucre soit fondu. Ajoutez ensuite la farine, puis le beurre.

3. Versez dans de petits moules à friands beurrés et farinés. Faites cuire à four moyen 15 minutes (thermostat 5/6). Démoulez aussitôt cuit et laissez refroidir sur grille.

MON SECRET : *Se conservent très bien dans des boîtes en métal hermétiques.*

GALETTE ANTILLAISE

400 calories

Fourrée d'une délicieuse crème à la vanille.

Préparation : 15 minutes
Cuisson : quelques minutes

Pour 6 personnes :

1 galette feuilletée achetée toute faite de 22 à 24 cm
2 jaunes d'œufs
1 bonne cuillerée à soupe de Maïzena
1 bonne cuillerée à soupe de farine
5 cuillerées à soupe de sucre en poudre
50 g de poudre d'amandes
1/4 de litre de lait
2 gousses de vanille

1. Délayez farine, Maïzena et sucre dans le lait froid. Mettez dans une casserole et ajoutez les gousses de vanille.

2. Portez doucement à ébullition, tout en remuant, et laissez cuire quelques secondes puis ajoutez la poudre d'amandes. Laissez encore 2 minutes sur le feu sans cesser de remuer.

3. Retirez du feu et incorporez les 2 jaunes, vivement, puis laissez refroidir.

4. Un quart d'heure avant de servir, coupez votre galette en deux épaisseurs et faites-la tiédir.

5. Au moment de servir, retirez les gousses de vanille de la crème et fourrez-en la galette.

MON SECRET : *Je coupe les gousses de vanille en deux dans le sens de la longueur : elles donnent ainsi tout leur parfum à la crème.*

GALETTE DES ROIS

330 calories

Un disque de feuilletage recouvert d'une belle croûte brillante et ambrée.

Préparation : 5 minutes
(+ temps de décongélation de la pâte)
Cuisson : 25 minutes

Pour 6 personnes (pour 1 galette de 25 cm de diamètre) :

1 pâte feuilletée surgelée de 250 g
1 jaune d'œuf
1 cuillerée à soupe de lait
1 cuillerée à soupe de sucre en poudre
1 fève

1. Allumez votre four à thermostat 8.
2. Etalez votre pâte en un disque de 25 cm de diamètre environ et soulevez un côté pour introduire la fève par le dessous.
3. Mélangez le jaune avec le lait et, à l'aide d'un pinceau, badigeonnez-en toute la surface de la galette. Vous pouvez également faire quelques incisions décoratives avec un couteau pointu sur le dessus de la galette. Saupoudrez avec la cuillerée de sucre.
4. Posez sur une tôle simplement humectée d'un peu d'eau et mettez à four très chaud en évitant d'ouvrir la porte dans les premières minutes.
5. Surveillez la galette qui doit être bien dorée mais ne doit pas brûler. Servez encore chaud.

MON SECRET : *J'accompagne la galette chaude de confiture et de crème fraîche.*

GATEAU AUX BISCUITS F

370 calories

Moelleusement imbibé de crème au chocolat.

Préparation : 20 minutes
Pas de cuisson

Pour 4 personnes :

6 douzaines de biscuits secs (petits-beurre)
2 boîtes de 200 g de crème au chocolat
1 verre de rhum

1. Ouvrez les boîtes de crème.
2. Mettez le rhum dans une assiette creuse.
3. Préparez un plat à fond très plat.
4. Trempez rapidement chaque biscuit dans le rhum. Il ne faut pas trop les imbiber.
5. Sur le plat, alignez une rangée de 6 biscuits. Nappez-la de crème au chocolat. Alternez couches de crème et de biscuits et recouvrez avec le reste de crème. Mettez au frais.

MON SECRET : *Cette formule très simplifiée devient une recette plus raffinée quand je remplace la crème en boîte par une bonne crème au beurre.*

GATEAU LÉGER

295 calories

Un biscuit moelleux au bon goût de beurre frais.

Préparation : 25 minutes
Cuisson : 30 minutes

Pour 6 personnes :

100 g de beurre
100 g de farine
200 g de sucre semoule
6 blancs d'œufs
vanille ou citron

1. Allumez le four à thermostat 6.

2. Faites fondre le beurre doucement sans trop le faire chauffer.

3. Dans une terrine, mélangez soigneusement le beurre et le sucre jusqu'à ce que le mélange devienne mousseux. Ajoutez la farine en pluie. Mélangez.

4. Battez les blancs en neige très ferme. Ajoutez-les au mélange avec précaution.

5. Parfumez soit avec de la vanille en poudre soit avec un peu de zeste de citron râpé.

6. Versez dans le moule et mettez au four. Au bout de 10 minutes, ramenez à thermostat 4 et laissez cuire encore 15 minutes. Enfoncez la lame d'un couteau dans le centre du gâteau ; si elle ressort sèche et propre, le gâteau est cuit.

7. Démoulez et laissez refroidir. Servez avec une crème ou fourré de confiture.

MON SECRET : *Je fourre avec de la confiture de bananes additionnée d'un peu de rhum.*

GATEAU MADELEINE D

320 calories

Une pâte très fine et très légère.

Préparation : 20 minutes
Cuisson : 1 heure

Pour 6 personnes :

130 g de farine
140 g de sucre semoule
5 œufs
12 amandes décortiquées
1 petit verre à liqueur de kirsch
le zeste de 1/4 de citron
1 cuillerée à soupe de sucre glace

1. Prenez au bout de vos doigts 20 g de beurre et tartinez-en le fond d'un moule carré de 25 cm de côté ; saupoudrez-le avec 1/2 cuillerée à café de farine. Coupez 4 bandes de papier d'aluminium de 26 cm de long sur 6 cm de large. Disposez ces bandes à l'intérieur du moule, contre les bords qu'elles doivent tapisser en dépassant de 3 cm environ. Dans le moule ainsi garni, la pâte du gâteau montera et ne s'affaissera pas en refroidissant.

2. Passez un saladier sous le robinet d'eau bouillante de façon à le tiédir. Essuyez-le. Cassez dedans 5 œufs. Ajoutez 140 g de sucre en poudre et le zeste râpé d'un quart de citron. Battez ce mélange avec un fouet

20 g de beurre
1/2 cuillerée à café
de farine

métallique, patiemment, pendant 15 minutes. Versez alors un petit verre à liqueur de kirsch ; battez encore un instant puis ajoutez d'un seul coup 130 g de farine. Mélangez le tout avec une cuiller en bois, pas en tournant la pâte, mais en la battant à petits coups dans tous les sens avec le bord de la cuiller.

3. Allumez le four à thermostat 5/6.

4. Versez la pâte dans le moule garni de papier. Parsemez dessus 12 amandes décortiquées. Saupoudrez avec 1 cuillerée à soupe de sucre glace. Mettez le moule dans le four qui doit être très doux. Laissez cuire pendant 1 heure. Le gâteau doit gonfler d'environ un tiers de la hauteur qu'avait la pâte quand vous l'avez mise dans le moule.

5. Quand le gâteau est cuit, sortez-le du four et laissez-le refroidir à moitié avant de le démouler. Renversez-le alors sur une grille sans enlever le papier. Attendez pour cela qu'il soit complètement refroidi.

MON SECRET : *J'accompagne ce gâteau d'une jatte de simple crème fraîche assez épaisse.*

GATEAU MOELLEUX AU CITRON

380 calories

Un tendre biscuit imbibé de sirop au citron et au rhum.

Préparation : 20 minutes
Cuisson : 20 minutes

Pour 4 personnes :

125 g de farine
75 g de sucre
60 g de beurre
2 œufs
1 sachet de levure chimique

Sirop :
3 citrons + 2 zestes
75 g de sucre
6 cuillerées à soupe de rhum

1. Mélangez sucre et œufs, ajoutez la farine, le beurre ramolli, la levure, puis le zeste râpé des 3 citrons, pour obtenir une pâte souple.

2. Mettez cette pâte dans un moule à manqué de 22 cm de diamètre beurré et fariné.

3. Faites cuire à four moyen pendant 15 à 20 minutes.

4. Pendant ce temps, préparez le sirop : pressez le jus des 3 citrons, mettez-le dans une casserole avec le rhum, le sucre et les 2 zestes : laissez bouillir quelques minutes.

5. Démoulez le gâteau sur un plat, laissez-le refroidir puis arrosez-le avec le sirop chaud.

MON SECRET : *Gâteau de dessert ou de goûter qui peut être décoré de fruits confits ou couvert d'une mince couche de gelée au citron sur laquelle on saupoudre du sucre glace.*

GATEAU DE POMMES MOSCOVITE

D

410 calories

Très moelleux, nappé de gelée de groseille.

Préparation : 20 minutes
Cuisson : 45 minutes

Pour 8 personnes :

3 jaunes d'œufs
200 g de sucre en poudre
75 g de beurre
1 paquet de sucre vanillé
1 paquet de levure chimique
375 g de farine
1 pincée de sel
3 belles pommes
2 cuillerées à soupe de gelée de groseille
2 verres de lait
2 cuillerées à soupe de sucre glace

1. Allumez votre four (thermostat 5/6) et mettez-y fondre le beurre quelques minutes.

2. Séparez les blancs des jaunes et travaillez les jaunes au fouet avec le sucre pour faire blanchir le mélange. Ajoutez le beurre fondu, la levure mélangée à la farine.

3. Mélangez et versez suffisamment de lait pour obtenir une pâte molle.

4. Beurrez et farinez un moule. Versez-y la pâte.

5. Pelez et coupez les pommes en quartiers. Divisez chaque quartier en tranches sans aller jusqu'au bout : les tranches doivent rester attachées à leur base. Disposez-les sur la pâte régulièrement. Mettez au four 40 mn.

6. A la sortie du four, enduisez les pommes de gelée et remettez au four encore 5 minutes. Laissez refroidir et saupoudrez de sucre glace avant de servir.

MON SECRET : *Une pincée de cannelle et une de girofle dans le mélange levure et farine.*

GATEAU DES ROIS AUX FRUITS CONFITS

D

1 200 calories

Une magnifique brioche en forme de couronne.

Préparation : 25 minutes
Repos de la pâte : 5 heures environ
Cuisson : 40 minutes

Pour 6 personnes :

1 kg de farine
300 g de sucre

1. Préparez un levain : délayez la levure dans un quart de verre d'eau légèrement tiède, mélangez-la à 125 g de farine en pétrissant lentement. Couvrez et laissez reposer. Le levain sera prêt quand il aura doublé de volume.

2. Dans une terrine, travaillez les œufs avec le sucre et le zeste d'orange. Ajoutez le beurre ramolli et coupé en petits morceaux. Versez

6 œufs
200 g de beurre
200 g de fruits confits hachés
1 zeste d'orange râpé
40 g de levure de boulanger
sucre concassé

ensuite, tout doucement, les 875 g de farine, en remuant.

3. Ajoutez le levain, les fruits confits et pétrissez le tout à la main pendant une dizaine de minutes.

4. Mettez la pâte dans une terrine farinée et recouvrez d'une serviette. Laissez reposer 3 heures environ dans un endroit tiède. Donnez à la pâte la forme d'un rouleau de la grosseur du poignet et disposez-la en couronne en croisant les deux bouts l'un sur l'autre. Faites en sorte que la couronne soit bien ronde et régulière.

5. Glissez la fève dans la pâte. Installez-la sur une planche farinée et mettez en attente dans un endroit tiède pendant encore 1 heure environ. Dorez le dessus de la couronne au jaune d'œuf délayé dans un peu d'eau et saupoudrez-la de sucre concassé.

6. Faites cuire à four moyen, plutôt doux, pendant 40 à 45 minutes. Décorez le gâteau, une fois cuit, avec des morceaux de fruits confits : angélique, écorce d'orange confite et cerises.

MON SECRET : *Employer des fruits confits d'excellente qualité. Savez-vous que certains sont faits avec de la pâte de pomme de terre colorée et chimiquement aromatisée ?*

GATEAU ROULÉ

240 calories

Fourré de chocolat ou de confiture, un appétissant rouleau de biscuit léger.

Préparation : 20 minutes
Cuisson : 10 minutes

Pour 6 personnes :

4 œufs
125 g de farine
125 g de sucre semoule
1 cuillerée à soupe de sucre cristallisé
1 cuillerée à café de levure chimique
parfum au choix

1. Allumez votre four à thermostat 7.

2. Cassez les œufs et séparez les blancs des jaunes. Travaillez les jaunes et le sucre pendant 10 minutes en versant le sucre progressivement. Le mélange doit devenir blanc.
Ajoutez la farine petit à petit, puis la levure.

3. Battez les blancs en neige et incorporez-les au mélange. Ajoutez selon le goût un parfum au choix. La pâte doit être assez ferme, elle se liquéfie si vous mélangez trop longtemps.

4. Beurrez un moule carré ou rectangulaire, à bords ras de préférence (la lèchefrite du

(citron ou vanille)
15 g de beurre pour le moule ou le papier

Pour la garniture :
1/3 de pot de gelée
ou de confiture
ou crème au beurre
ou sauce au chocolat (250 g de chocolat en plaque fondu dans 4 cuillerées à soupe de lait)
ou crème Chantilly + fraises, framboises ou autres fruits

four peut convenir). Versez la pâte dans le moule et faites cuire à four chaud. Autre technique de cuisson : coupez un papier cristal aux dimensions de la tôle du four. Beurrez-le abondamment. Versez la pâte jusqu'à 3 cm des bords et mettez à four chaud. Roulez ensemble papier et biscuit et laissez refroidir. Retirez ensuite le papier.

5. Pendant la cuisson, préparez la garniture. Démoulez sur la planche à pâtisserie recouverte de sucre cristallisé. Etalez la garniture et roulez avec précaution. Si vous ne voulez pas rouler votre gâteau chaud à cause de la garniture (crème au beurre ou crème Chantilly), recouvrez-le, une fois démoulé, avec un torchon humide et plié en plusieurs épaisseurs, ce qui permet d'attendre 1 heure environ.

MON SECRET : *Autre technique : rouler le gâteau chaud dans un torchon humide. Une fois le gâteau refroidi, le torchon se détache facilement du gâteau qui a pris sa forme.*

GÉNOISE

245 calories

Un biscuit tendre et délicat qui sert de base aux gâteaux les plus sophistiqués.

Préparation : 30 minutes
Cuisson : 30 minutes

Pour 6 personnes :

3 œufs assez gros
100 g de sucre semoule
1/2 cuillerée à café de sel
100 g de farine
50 g de beurre + 15 g pour le moule

1. Allumez votre four à thermostat 5.

2. Dans une grande terrine, mettez les œufs entiers avec le sucre et le sel. Posez la terrine dans un récipient contenant de l'eau très chaude mais non bouillante et battez au fouet jusqu'à ce que la pâte triple de volume et devienne très ferme (20 à 30 minutes au fouet à main, 10 à 15 minutes au fouet électrique avec fouets à blancs d'œufs, en arrêtant le moteur toutes les 5 minutes pour le laisser refroidir).

3. Faites fondre le beurre à feu extrêmement doux (quelques instants dans le four). Saupoudrez la farine à la surface du mélange œufs-sucre. Mélangez délicatement avec la cuiller en bois, puis ajoutez le beurre fondu.

4. Beurrez un moule de 24 cm et versez-y cette pâte. Enfournez à mi-hauteur à chaleur moyenne.

Au bout de 30 minutes environ, vérifiez la cuisson en piquant une aiguille d'acier au milieu du gâteau ; si elle en ressort propre et sèche, le gâteau est cuit.

5. Démoulez sur une grille et laissez refroidir. Fourrez avec une crème au beurre ou des confitures. Vous pouvez aussi recouvrir d'un glaçage.

MON SECRET : *Pour n'avoir pas à fendre le gâteau si vous voulez le fourrer, vous pouvez répartir la pâte dans deux moules de même dimension.*

MADELEINES

1 560 calories

Fondantes et parfumées au citron.

Préparation : 20 minutes
Cuisson : 10 minutes

Pour 18 madeleines :

2 gros œufs
150 g de sucre semoule
150 g de farine
125 g de beurre
1 zeste de citron râpé
1/2 cuillerée à café de levure chimique (facultatif)

1. Travaillez les œufs entiers et le sucre jusqu'à ce que le mélange soit mousseux.

2. Ajoutez à cette pâte le beurre fondu et la farine cuillerée par cuillerée, puis le zeste.

3. Beurrez les divisions d'un moule à madeleines et remplissez-les de pâte. Mettez à cuire à four chaud 10 minutes (thermostat 7).

4. Démoulez et laissez refroidir sur une grille.

MON SECRET : *J'emploie un beurre de première qualité, du fermier, doux.*

MERINGUES AUX FRAMBOISES

750 calories

Trois disques de meringue superposés, fourrés de chantilly et de framboises.

Préparation : 10 minutes
Cuisson : 1 heure

Pour 6 personnes :

8 blancs d'œufs
500 g de sucre en

1. Allumez le four à thermostat 2.

2. Mettez dans un saladier à fond rond 8 blancs d'œufs, 500 g de sucre en poudre, 1 pincée de sel, 1 cuillerée à soupe de jus de citron. Battez avec un fouet jusqu'à ce que le mélange soit ferme, lisse et brillant.

3. Beurrez largement avec 2 noix de beurre

poudre
1 cuillerée à soupe de jus de citron
4 cuillerées à soupe de farine
2 noix de beurre
500 g de crème Chantilly
700 g de framboises
1 pincée de sel

et farinez légèrement la plaque du four. Répartissez dessus, en 3 galettes de même dimension et de 2 doigts environ d'épaisseur, la mousse de blancs d'œufs. Si votre plaque n'est pas assez grande, vous pouvez disposer les 3 couches de meringue sur 2 ou 3 plaques que vous mettrez à cuire ensemble à four extrêmement doux une bonne heure. Laissez refroidir dans le four entrouvert.

4. Les meringues étant froides, mettez-en une sur un plat bien plat ; nappez-la de crème Chantilly mise avec une poche à douille. Répartissez des framboises sur la crème. Placez dessus la seconde galette de meringue, garnissez-la également de crème et de fruits. Terminez avec la troisième meringue que vous décorez joliment, toujours avec des framboises et de la chantilly.

MON SECRET : *L'addition du jus de citron aux blancs d'œufs est destinée à les faire « monter » plus facilement. Un filet de vinaigre donne les mêmes résultats.*

MERINGUE ITALIENNE

110 calories

Une mousse de blancs d'œufs dorée au four, qui décore des génoises, des omelettes norvégiennes et des tartes aux fruits.

Préparation : 15 minutes
Cuisson : 5 à 10 minutes

Pour 1 gâteau ou 1 tarte pour 6 personnes :

3 blancs d'œufs
1 pincée de sel
1 verre d'eau
150 g de sucre

1. Dans une petite casserole, faites fondre le sucre dans l'eau et laissez bouillir quelques minutes, jusqu'à ce qu'une goutte de sirop se fige sur une assiette froide en une sorte de gouttelette.

2. Pendant la cuisson du sucre, battez les blancs d'œufs salés en neige ferme, dans une terrine.

3. Versez en filet le sirop de sucre bouillant sur les bords de la terrine contenant les blancs en neige, tout en battant vigoureusement : le mélange gonfle et devient très brillant.

4. Garnissez le dessus du gâteau que vous voulez meringuer, ainsi que les bords dans

certains cas, mettez quelques minutes à four assez chaud pour dorer.

MON SECRET : *On peut parfumer ce meringage en additionnant les blancs battus de noix de coco râpée ou d'amandes en poudre.*

MOKA HÉRISSON

950 calories

Un délicieux dessert-surprise.

Préparation : 20 minutes
Cuisson : 30 minutes

Pour 6 à 8 personnes :

200 g d'amandes effilées
6 œufs
175 g de sucre
80 g de farine
100 g de beurre
1 cuillerée à café de levure chimique

Crème au beurre :
4 œufs
150 g de sucre
400 g de beurre
extrait de café

Pour le glaçage :
1/2 tablette de chocolat à cuire
Une belle noix de beurre
2 cuillerées à soupe de de lait

Le biscuit :

1. Pilez 125 g d'amandes avec 3 œufs, ajoutez le sucre en poudre et 3 jaunes d'œufs, travaillez la pâte pour qu'elle soit bien lisse. Ajoutez la levure et les blancs battus en neige ferme ; terminez en incorporant le beurre fondu.

2. Versez cette préparation dans un moule à charlotte beurré et légèrement fariné.

3. Faites cuire à four moyen 30 minutes. Démoulez tiède et laissez refroidir sur une grille. Ce biscuit peut être fait facilement la veille. Il se coupera mieux.

La crème :

1. Mettez le sucre et les œufs entiers dans une casserole à fond épais sur feu tout doux. Travaillez le mélange au fouet jusqu'à ce qu'il soit mousseux et épais.

2. Retirez du feu, ajoutez le beurre par petits morceaux et l'extrait de café.

3. Laissez refroidir.

4. Le lendemain : coupez le gâteau en trois ou quatre tranches, selon son épaisseur. Tartinez abondamment de crème.

5. Préparez le glaçage : mettez le chocolat dans une casserole avec le lait, faites fondre en tournant, ajoutez le beurre : vous obtenez une pâte coulante très épaisse et lisse. Versez-la sur le gâteau ; garnissez d'amandes effilées et grillées.

MON SECRET : *Vous pouvez également imbiber légèrement chaque rondelle de biscuit d'un petit sirop au kirsch.*

NÈGRE EN CHEMISE

620 calories

Servi glacé, un pavé au chocolat masqué de chantilly.

Préparation : 40 minutes
Repos au froid : 2 à 3 heures

Pour 6 personnes :

175 g de beurre
100 g de sucre semoule
250 g (une grosse plaque) de chocolat fin à croquer
1 cuillerée à soupe d'eau ou de lait
4 œufs

Pour la crème fouettée :
1 pot de crème fraîche (250 g)
2 cuillerées à soupe de sucre glace
1 glaçon

---

1. Mettez le beurre dans une terrine et travaillez-le jusqu'à ce qu'il se transforme en pommade (sans le faire chauffer car il perdrait son arôme). Ajoutez le sucre et remuez le mélange à la spatule ou au batteur pour qu'il devienne bien onctueux.

2. Cassez le chocolat en petits morceaux et mettez-le dans une casserole avec l'eau ou le lait. Faites-le fondre à feu très doux et versez-le dans le beurre et le sucre. Mélangez bien.

3. Cassez les œufs en séparant les blancs des jaunes. Incorporez les jaunes à la crème au chocolat.

4. Battez les blancs en neige ferme et incorporez-les également au mélange avec délicatesse.

5. Versez cette préparation dans un moule beurré (bol ou petit saladier). Mettez au réfrigérateur ou dans un endroit très frais jusqu'au lendemain. Si vous n'avez que 2 ou 3 heures devant vous, mettez-le juste sous l'évaporateur du réfrigérateur.

6. Au moment de servir, battez la crème en chantilly avec le sucre glace et le glaçon pilé. Servez démoulé sur un plat, masqué entièrement de crème Chantilly.

MON SECRET : *Vous reconnaîtrez la fraîcheur de la crème à sa consistance : plus elle est liquide, plus elle est fraîche.*

PATE A BEIGNETS CLASSIQUE

205 calories

Allégée par des blancs d'œufs.

Préparation : 10 minutes
(+ 1 heure de repos)

Pour 4 personnes :

150 g de farine
(5 cuillerées très

1. Mettez dans un saladier la farine, l'œuf entier, l'huile et un peu de sel.

2. Mélangez bien avec une cuiller en bois. Ajoutez-y la bière peu à peu pour obtenir une pâte beaucoup plus épaisse que la pâte à crêpes. Laissez reposer 1 heure si possible.

3. Battez les blancs d'œufs en neige très

pleines)
1 œuf entier et deux blancs
1 cuillerée à soupe d'huile
1/4 de cuillerée à café de sel
3/4 de verre de bière environ

ferme. Incorporez-les délicatement à la pâte avant de l'utiliser.

MON SECRET : *Un assortiment de garnitures variées : pommes, bananes, ananas, etc.*

PATE A BEIGNETS SOUFFLÉS

170 calories

Des beignets aériens, sans garniture.

Préparation : 15 minutes

Pour 4 personnes :

150 g de farine
80 g de beurre
(4 cuillerées à soupe très pleines)
4 œufs
1 pincée de sel

1. Dans une casserole, faites chauffer un quart de litre d'eau, sel, morceaux de beurre ou de margarine. Quand ceux-ci sont fondus, retirez la casserole du feu. Jetez-y la farine, d'un seul coup. Mélangez. Reportez sur le feu. Travaillez très énergiquement, avec une cuiller en bois jusqu'à ce que la pâte n'adhère plus ni à la cuiller ni à la casserole.

2. Retirez du feu et ajoutez les œufs un à un, en battant vigoureusement. Cette recette est également appelée pâte à choux. Cuisez par cuillerée dans un bain chaud d'huile.

MON SECRET : *Je remplace le beurre par de la margarine, plus économique.*

PATE BRISÉE

265 calories

Un rien sucrée, une pâte à tarte dorée et craquante.

Préparation : 20 minutes
Repos : 1/2 heure
Cuisson : de 15 minutes (seule) à 30 minutes (garnie)

Pour une tarte de 25 cm de diamètre environ :

200 de farine
100 g de beurre

1. Mettez la farine dans une grande terrine, déposez-y le morceau de beurre et, avec la pointe d'un couteau, divisez-le en très petits morceaux (de la taille d'une noisette) en évitant d'y mettre les doigts.

2. Faites un creux au centre, mettez-y le sel et le sucre, puis versez l'eau peu à peu en mélangeant à la spatule.

3. Formez une boule avec les mains (la pâte doit être collante mais pas trop molle). Roulez dans la farine sans pétrir.

1/2 cuillerée à café
de sel fin
1 à 2 cuillerées à soupe
de sucre en poudre
selon le goût
1/2 verre d'eau environ

4. Laissez reposer une demi-heure (pas indispensable).

5. Etalez, sans pétrir, avec la paume de la main. Cette opération donne de la cohésion à la pâte.

6. Pliez en quatre (la pâte sera plus facile à étaler ensuite et elle sera presque feuilletée).

7. Etalez avec un rouleau fariné sur une planche farinée.

8. Ne graissez le moule que si la garniture contient œufs, sucre et lait. Pliez la pâte en quatre, transportez-la dans le moule puis dépliez-la et faites-la adhérer en pressant très légèrement du bout des doigts sans la déchirer.

9. Découpez la pâte en donnant un coup de rouleau sur le bord du moule. Pincez avec les doigts pour former le bord de la tarte, piquez le fond avec une fourchette et mettez au four (thermostat 8/9).

MON SECRET : *J'emploie toujours de la farine tamisée. On en vend partout. Elle est sans mauvaises surprises.*

PATE A CHOUX

295 calories

Une pâte qui gonfle et se transforme au four en petits choux dorés, prêts à être fourrés de crème.

Préparation : 15 minutes
Cuisson : 15 à 20 minutes

Pour 4 à 6 personnes
(environ 18 petits
choux) :

1/4 de litre d'eau
1/2 cuillerée à café
de sel
1 cuillerée à soupe
de sucre
75 g de beurre
150 g de farine

1. Allumez votre four à thermostat 6.

2. Dans une casserole, mettez l'eau, le sel, le sucre, le beurre coupé en morceaux et faites bouillir.

3. Dès l'ébullition, retirez du feu et mettez toute la farine d'un coup. Remuez énergiquement à la spatule, jusqu'à ce qu'il se forme une boule se détachant de la casserole (si cela ne se produit pas spontanément, remettez sur feu très doux et remuez, juste le temps que la pâte soit suffisamment sèche pour se détacher).

4. Cassez l'œuf et ajoutez-le à la pâte. Mélangez parfaitement et ajoutez le second. Même

4 œufs moyens (pour une bonne réussite, respectez strictement ces proportions)

chose pour le troisième et seulement la moitié du quatrième.

5. Vérifiez la consistance de la pâte qui doit être ferme et souple ; si elle est trop sèche, ajoutez la deuxième moitié du quatrième œuf ; si elle est encore trop sèche, ajoutez un demi-œuf supplémentaire.

6. A l'aide de 2 cuillers, dressez des petits tas de la valeur d'une cuillerée à soupe sur une tôle beurrée.
Mettez à four assez chaud 15 à 20 minutes en plaçant la tôle à mi-hauteur. Les choux sont cuits quand ils sont dorés et très légers. (Ne les retirez pas du four avant cuisson complète, sinon ils retomberaient.)

MON SECRET : *En été, je les fourre de framboises fraîches et de crème Chantilly.*

PATE A CRÊPES SUCRÉE

110 calories

Une pâte légère, vanillée.

Préparation : 15 minutes
Cuisson : 4 minutes par crêpe

Pour 18 crêpes moyennes :

100 g de farine ou
4 cuillerées à soupe
2 cuillerées à soupe de Maïzena
2 cuillerées à soupe de sucre
2 cuillerées à soupe d'huile
1 pincée de sel
1 sachet de sucre vanillé
2 verres de bière environ
60 g de beurre
2 œufs

1. Dans un saladier ou une terrine, mélangez la farine et la Maïzena, creusez un puits au milieu et mettez le sel, l'huile, le sucre et les œufs entiers.

2. Parfumez à la vanille, délayez le tout en versant peu à peu la bière. La pâte est assez liquide.

3. Faites cuire les crêpes en versant un peu de la pâte dans une poêle très chaude sur feu vif. La poêle doit être graissée avec un peu de beurre. Versez une demi-louche de pâte au fond de la poêle pour que la pâte s'étale en couche très fine.

4. Quand une crêpe est cuite d'un côté, retournez-la et laissez-la cuire encore jusqu'à ce qu'elle se décolle facilement. Mettez du beurre dans la poêle entre chaque crêpe.

MON SECRET : *Je laisse reposer la pâte 2 heures avant de l'utiliser.*

PATE FEUILLETÉE D

310 calories

Une pâte qui gonfle et se détache à la cuisson en minces feuilles dorées et croustillantes.

Préparation : 20 minutes
Repos de la pâte : 3 fois 20 minutes
Cuisson : de 20 à 30 minutes selon garniture

Pour 6 personnes

(pour une tarte de 25 cm de diamètre) :
200 g de farine
1 verre d'eau (environ 1 dl)
1 cuillerée à café de sel
150 g environ de beurre

1. Faites dissoudre le sel dans un verre d'eau.

2. Mettez la farine dans une terrine. Creusez un trou au centre, versez-y l'eau et délayez d'abord à la cuiller en bois, ensuite à la main.

3. Travaillez rapidement (la pâte est rugueuse et sa consistance est celle de la pâte à pain). Laissez-la reposer 15 à 20 minutes dans la terrine recouverte d'un torchon.

4. Sur une planche farinée, étalez la pâte en rond en laissant la partie centrale plus épaisse (1,5 cm) que les bords (0,5 cm).

5. Pétrissez le beurre à la fourchette ou débitez-le en petits cubes que vous laisserez ramollir à température ambiante. Déposez-le sur la partie épaisse de la pâte et enfermez-le en rabattant les bords de la pâte et en les soudant avec un peu d'eau.

6. Etalez cette pâte en un rectangle allongé (la pression du rouleau doit être régulière et le beurre ne doit pas s'échapper de la pâte).

7. Pliez en trois le rectangle de pâte, en rabattant le premier tiers vers vous et le troisième en remontant.

8. Tournez la pâte d'un quart de tour pour mettre l'ouverture à droite (cette opération de pliage en tournant s'appelle « donner un tour »). La pâte feuilletée classique est « à 6 tours », c'est-à-dire trois séries de 2 tours avec un repos tous les 2 tours.

9. Donnez tout de suite le deuxième tour : étalez à nouveau le rectangle, pliez en trois et donnez un quart de tour à droite.
Laissez reposer 15 à 20 minutes au frais.

10. Reprenez la pâte, placez bien l'ouverture à droite et donnez les troisième et quatrième tours. Laissez reposer 15 à 20 minutes au frais. (Si vous voulez utiliser votre pâte le lendemain seulement, laissez-la à ce stade au réfrigérateur pour 1 jour.)

11. Donnez enfin les deux derniers tours (la pâte est devenue plus souple et plus mania-

ble qu'aux deux premiers tours). La pâte feuilletée est prête à l'utilisation. Tapissez-en une tourtière et mettez à four chaud (thermostat 8) au moins 20 minutes.

MON SECRET : *Cette pâte peut être préparée la veille de son utilisation. Vous donnerez 4 tours seulement, vous envelopperez d'aluminium et vous placerez dans le bas du réfrigérateur. Le jour de l'utilisation, donnez les deux derniers tours.*

PETS-DE-NONNE

500 calories

De petites boules de pâte à choux dorées dans la friture et roulées dans le sucre.

Préparation : 5 minutes
Cuisson : 2 à 3 minutes par friture

Pour 4 personnes (environ 18 pets-de-nonne) :

1 pâte à choux faite avec 150 g de farine
1 bassine de friture
quelques cuillerées à soupe de sucre cristallisé

1. Préparez une pâte à choux selon la recette classique (voir page 835).
2. Mettez la bassine à friture sur le feu.
3. Farinez vos mains, et façonnez de petites boules de pâte, de la grosseur d'une cuillerée à soupe environ.
4. Mettez-les à cuire quelques minutes dans la friture pas trop chaude, jusqu'à ce qu'elles soient bien dorées.
5. Egouttez et roulez dans le sucre cristallisé.
6. Servez chaud.

MON SECRET : *Les pets-de-nonne gonflent beaucoup, il ne faut pas mettre les boulettes de pâte trop près les unes des autres.*

PITHIVIERS DES ROIS D

540 calories

Une croustillante galette fourrée aux amandes.

Préparation : 30 minutes (+3 heures de décongélation si la pâte est surgelée)

Pour 6 à 8 personnes :

500 g de pâte feuilletée achetée toute prête

1. Laissez lentement la pâte surgelée revenir à une température ambiante normale (3 heures au moins).
2. Préparez ensuite la crème aux amandes : placez les amandes en poudre dans un mortier et pilez-les pour rendre la poudre plus fine encore et faire ressortir l'huile d'amandes.
3. Ajoutez aux amandes pilées le sucre glace,

Crème aux amandes :
200 g d'amandes en poudre
80 g de sucre glace
100 g de beurre
2 jaunes d'œufs (en réserver un pour dorer)
1 verre à liqueur de cognac

Dorage :
1/2 jaune d'œuf
25 g de sucre glace

---

les jaunes d'œufs (en enlever la moitié d'un pour dorer le gâteau), le beurre ramolli en pommade et non fondu, ce qui retirerait toute la finesse de la crème d'amandes.

4. Parfumez avec un peu de cognac et battez bien la crème qui doit être très mousseuse.

5. Divisez la pâte feuilletée en deux, l'une des parts étant un peu plus grande que l'autre. La plus grande des deux servira de socle.

6. Etalez le morceau de pâte le plus grand en formant un disque très régulier de 3 à 4 centimètres d'épaisseur.

7. Avec précaution, transportez cette première abaisse sur la tôle du four humide, mais non graissée.

8. Etalez la crème d'amandes sur cette première abaisse jusqu'à 2 centimètres des bords.

9. Humectez ces 2 centimètres de bordure avec un pinceau.

10. Etalez la deuxième abaisse de pâte qui doit être un peu plus mince que la première. Découpez-la aux mêmes dimensions que la première et posez-la délicatement sur la crème. Faites adhérer les bords en les pressant légèrement du bout des doigts.
Incisez tout le pourtour de petits coups de couteau (celui-ci tenu verticalement). Badigeonnez la surface de jaune d'œuf.
Dessinez des arabesques avec la pointe du couteau, faites deux ou trois petites incisions profondes sur le dessus pour permettre à la vapeur de s'échapper pendant la cuisson.

11. Placez dans un four chaud à mi-hauteur. Laissez cuire sans ouvrir la porte du four pendant environ 30 minutes (four assez chaud, thermostat 6/7).

12. Saupoudrèz la surface de sucre glace. Remettez au four une dizaine de minutes. Le pithiviers doit être gonflé et doré. Laissez refroidir sur une grille. Servez tiède de préférence.

MON SECRET : *En badigeonnant la surface du pithiviers de jaune d'œuf, il ne faut pas en faire couler sur les bords de la pâte, ce qui empêcherait le feuilletage de gonfler à la cuisson. Le pinceau est indispensable.*

PROFITEROLES D

300 calories

Des petits choux fourrés de chantilly et nappés d'une sauce au chocolat chaude.

Préparation : 15 minutes
Cuisson : 20 minutes

Pour 8 personnes :

500 g de pâte à choux
200 g de crème Chantilly
250 g de chocolat à cuire
40 g de beurre
1 verre de lait

1. Préparez une pâte à choux selon la recette classique (voir page 835).
2. Beurrez légèrement la tôle du four, et déposez dessus de petits tas de pâte à l'aide d'une cuiller à café.
3. Faites cuire à four chaud jusqu'à ce que les petits choux soient dorés et gonflés (20 minutes environ).
4. Laissez-les refroidir et fourrez-les de crème Chantilly avec une poche à douille.
5. Faites fondre le beurre et le chocolat dans le lait.
6. Disposez les petits choux dans une grande jatte et arrosez avec la sauce au chocolat chaude.

MON SECRET : *J'utilise de préférence du chocolat noir qui fait ressortir la finesse de la crème Chantilly.*

QUATRE-QUARTS

305 calories

Allégé par des blancs en neige, un biscuit doré et fondant.

Préparation : 20 minutes
Cuisson : 30 à 40 minutes

Pour 6 personnes :

125 g de beurre
125 g de sucre semoule
125 g de farine
3 œufs

1. Allumez votre four à thermostat 5.
2. Dans une terrine tiède, travaillez le beurre en crème à l'aide d'une spatule. Versez le sucre sur le beurre, et travaillez vigoureusement quelques minutes pour que le mélange blanchisse.
3. Ajoutez les jaunes d'œufs, puis la farine, et mélangez bien.
4. Battez les blancs en neige ferme et mélangez-les au tout en soulevant la pâte de bas en haut.
5. Beurrez un moule à manqué et versez-y la pâte. Mettez au four et vérifiez la cuisson au bout de 30 minutes, à l'aide d'une aiguille d'acier plongée en son milieu (l'aiguille doit ressortir sèche).

MON SECRET : *J'ajoute deux cuillerées à soupe de cognac pour parfumer.*

SABLÉS

350 calories

Des petits gâteaux secs blond pâle, friables sous la dent, et aux formes amusantes.

Préparation : 20 minutes
Cuisson : 10 minutes environ

Pour 6 personnes (30 à 40 gâteaux de 8 cm de diamètre environ) :

1 œuf entier
1/4 de cuillerée à café de sel
125 g de sucre
250 g de farine
125 g de beurre de bonne qualité

1. Dans une terrine, mettez le sucre, l'œuf entier et le sel. Travaillez le mélange à la spatule jusqu'à ce qu'il soit mousseux et qu'il ait doublé de volume.

2. Tamisez la farine et ajoutez-la d'un coup. Mélangez d'abord à la spatule, et continuez à la main : soulevez la pâte avec les doigts en l'effritant (elle ne doit pas faire corps, mais s'effriter en une infinité de petits grains. Cela s'appelle « sabler » la pâte).

3. Versez ce sable sur la planche, et mettez le beurre coupé en petits morceaux au milieu.

4. Pétrissez à la main pour incorporer le beurre (si elle est bien pétrie, la pâte ne colle plus aux doigts).

5. Formez-en une boule, grattez la planche, farinez légèrement et étalez au rouleau en une abaisse d'un demi-centimètre d'épaisseur.

6. Allumez le four (thermostat 4/5).

7. Découpez des formes variées à l'emporte-pièce, avec le moins de perte possible.

8. Soulevez chaque morceau à la spatule, et posez les gâteaux sur la tôle graissée. Les gâteaux ne gonflent pas à la cuisson, mais lorsqu'ils sont cuits, ils prennent une belle couleur blond pâle.

9. Retirez-les et faites-les refroidir sur une grille sans les superposer.

10. Servez-les tièdes ou froids. (Vous pouvez les conserver 15 jours dans une boîte métallique.)

MON SECRET : *On peut piquer sur la pâte, avant la cuisson, de petits raisins de Corinthe macérés au rhum.*

SAVARIN SURFIN

620 calories

Remplie de crème pâtissière, une couronne de pâte bien levée et humectée de rhum.

Préparation : 20 minutes
Cuisson : 25 minutes

Pour 6 personnes :

120 g de farine
50 g de beurre
+ 15 g pour le moule
150 g de sucre semoule
3 cuillerées à soupe de lait
1 cuillerée à café de levure chimique
3 œufs
1 pincée de sel
de la crème pâtissière pour garniture

Pour le sirop :
1/2 litre d'eau
1 paquet de sucre vanillé
250 g de sucre
6 cuillerées à soupe de rhum

1. Allumez votre four à thermostat 6 et beurrez soigneusement un moule en couronne.

2. Dans une terrine, mettez les jaunes d'œufs, le sucre et le sel. Travaillez à la cuiller en bois pendant 10 minutes environ, jusqu'à ce que le mélange blanchisse et devienne onctueux.

3. Ajoutez le lait chaud, puis la farine, et enfin le beurre fondu sans trop le faire chauffer.

4. Battez les blancs en neige et ajoutez-les délicatement à ce mélange. Ajoutez enfin la levure.

5. Versez rapidement dans le moule beurré et enfournez.

6. Pendant la cuisson, faites chauffer l'eau, le sucre et le rhum pour le sirop. Retirez du feu juste avant l'ébullition.

7. Démoulez le savarin, mettez-le sur le plat de service et arrosez-le chaud avec le sirop chaud également, en versant peu à peu pour que le savarin absorbe tout.

8. Remplissez le creux avec une crème pâtissière (recette page 760).

MON SECRET : *On peut décorer la couronne de demi-cerises confites et de morceaux d'angélique.*

TARTE ALSACIENNE A LA CONFITURE

775 calories

Un grand sablé aux amandes garni de confiture et de croisillons de pâte.

Préparation : 20 minutes
Cuisson : 30 minutes

Pour 6 personnes :

1. Détaillez le beurre en morceaux et travaillez-le dans une terrine avec le sucre et l'œuf; ajoutez la farine et les amandes en poudre. Mélangez bien le tout pour obtenir une pâte homogène.

250 g de farine
250 g de sucre en poudre
250 g d'amandes en poudre
125 g de beurre
1 œuf
1/2 pot de confiture de votre choix (myrtilles, quetsches ou framboises)

---

2. Allumez votre four au thermostat 4/5.

3. Etendez les 3/4 de votre pâte au rouleau sur une planche farinée, en une abaisse ronde de 1 centimètre d'épaisseur. Foncez-en une tourtière beurrée. Abaissez le reste de la pâte en un disque moins épais et divisez-la en minces rubans. Entourez les bords de la tourtière avec un de ces rubans. Mettez les autres par-dessus en les quadrillant, et soudez-les les uns aux autres avec un peu d'eau.

4. Garnissez chaque creux de confiture et mettez au four pendant 30 minutes. Servez tiède ou froid.

MON SECRET : *La pâte sablée est fragile. Pour la démouler sans risques, mieux vaut utiliser une tourtière à fond amovible.*

TARTE AUX AMANDES ET AU CITRON

430 calories

Sur un fond de pâte sablée, crème onctueuse et fruits en lamelles fines.

Préparation : 30 minutes
Cuisson : 45 minutes

Pour 6 personnes :

Pour la pâte sablée (pour un moule de 22 cm) :
1 jaune d'œuf
1 pincée de sel fin
4 cuillerées à soupe de sucre en poudre
125 g de farine
60 g de beurre

Pour la crème :
2 œufs
100 g de sucre en poudre

1. Préparez la pâte dans une terrine : travaillez le jaune d'œuf avec sucre et sel. Ajoutez en une fois toute la farine et effritez la préparation du bout des doigts de façon à obtenir un sable grossier.

2. Ajoutez le beurre détaillé en petits morceaux et pétrissez à la main pour obtenir une boule de pâte souple et non collante.

3. Beurrez légèrement un moule de 22 centimètres. Etalez la pâte et garnissez-en votre moule. Pincez les bords du bout des doigts (pour qu'ils ne s'affaissent pas à la cuison) et piquez le fond à la fourchette.

4. Allumez le four (thermostat 5/6).

5. Préparez la crème : mélangez dans une terrine les œufs entiers, le sucre et les amandes, le jus et le zeste râpé du citron.

6. Versez cette crème dans la pâte crue et enfournez.

100 g de poudre d'amandes
1 citron non traité

Pour le décor :
2 citrons non traités
1/2 verre d'eau
4 cuillerées à soupe de sucre en poudre

7. Pendant la cuisson, lavez et brossez les citrons réservés pour le décor. Coupez les rondelles fines.

8. Dans une grande casserole, mettez le sucre et mouillez-le avec l'eau. Disposez bien à plat les rondelles dessus. Mettez sur feu très doux en interposant un diffuseur de chaleur, et laissez cuire sans remuer pendant 20 minutes. Laissez refroidir sans y toucher.

9. Lorsque la tarte est cuite, laissez-la tiédir un peu avant de la démouler. Rangez dessus les tranches de citron et nappez avec un peu de jus de cuisson des citrons. Servez tiède ou froid.

MON SECRET : *Le beurre ne doit pas être dur pour être incorporé à la pâte. Je le sors à l'avance du réfrigérateur.*

TARTE AUX CERISES

380 calories

Sur une pâte sablée, des cerises juteuses enrobées d'une crème épaisse.

Préparation : 20 minutes
Cuisson : 45 à 50 minutes

Pour 6 à 8 personnes :

1 pâte sablée pour un moule de 25 cm (Voir recette « Tarte aux amandes et aux citrons »)
750 g de cerises
2 jaunes d'œufs ou 1 œuf entier
100 g de sucre (125 g si les fruits sont acides)
3 cuillerées à soupe de farine
1/4 de litre de lait
30 g de beurre
1 cuillerée à soupe de kirsch (facultatif)

1. Allumez votre four à thermostat 6/7.

2. Garnissez le moule avec la pâte.

3. Dénoyautez les cerises et rangez-les sur la pâte crue en tassant bien.

4. Faites chauffer le lait, juste assez pour que le beurre fonde dedans.

5. Mélangez les jaunes d'œufs avec le sucre. Ajoutez la farine puis le lait tiède.

6. Ajoutez le kirsch et versez sur les fruits.

7. Mettez à four chaud (thermostat 6/7) 45 à 50 minutes. La tarte doit alors être gonflée et dorée.

8. Servez froid.

MON SECRET : *Une variante : je mêle aux cerises fraîches qui garnissent la tarte une quinzaine de cerises à l'eau-de-vie.*

TARTE AU CITRON

605 calories

Une crème mousseuse dans une pâte brisée.

Préparation : 15 minutes
Cuisson : 35 minutes

Pour 6 personnes :

Pâte brisée :
220 g de farine
100 g de beurre
1 cuillerée à soupe de sucre
1/2 cuillerée à café de sel fin
1/2 verre d'eau
Garniture :
2 œufs + 2 blancs d'œufs
120 g de sucre semoule
75 g de beurre
2 citrons

1. Préparez une pâte brisée : mettez les 100 g de beurre en petits morceaux dans les 200 g de farine, effritez à peine du bout des doigts. Ajoutez une cuillerée de sucre, le sel fin, un demi-verre d'eau et formez rapidement une boule de pâte souple mais non collante.

2. Etalez avec la paume de la main sur une planche farinée en étirant la pâte, pliez en quatre, puis étalez au rouleau.

3. Garnissez un moule à tarte de 24 cm de diamètre légèrement beurré.

4. D'autre part, travaillez les œufs entiers avec le sucre, ajoutez le beurre fondu, le jus des deux citrons et le zeste râpé d'un seul citron.

5. Versez cette crème sur la pâte et mettez à cuire à four moyen pendant 30 minutes.

6. Battez les deux blancs d'œufs en neige très ferme. Etalez-les sur le dessus de la tarte et remettez 7 à 8 minutes au four.

7. Démoulez chaud et laissez refroidir avant de servir.

MON SECRET : *Je décore le dessus de la tarte avec de fines rondelles de citron.*

TARTE AU FROMAGE BLANC

530 calories

Cuite dans une pâte brisée, une onctueuse mousse citronnée de fromage blanc et d'œufs battus.

Préparation : 30 minutes
Cuisson : 30 minutes

Pour 6 personnes :

300 g de pâte brisée (pour un moule moyen)
300 g de fromage blanc gras
4 œufs

1. Abaissez la pâte et foncez-en une tourtière beurrée. Piquez le fond de part en part.

2. Allumez votre four au thermostat 7/8.

3. Dans une terrine écrasez bien le fromage blanc et travaillez-le avec les jaunes d'œufs, le sucre, le lait, la farine, le zeste et le sucre vanillé. Amalgamez bien le tout et incorporez-y doucement les 4 blancs battus en neige, en soulevant bien la pâte pour ne pas les faire « retomber ».

6 cuillerées à soupe de sucre en poudre
1 verre de lait
1 cuillerée à soupe de farine
1 paquet de sucre vanillé
1 zeste de citron râpé (ou 1 petit verre de kirsch)
2 cuillerées à soupe de sucre glace

4. Garnissez la tourtière avec la préparation et mettez à four chaud 30 minutes.

5. Retirez du four et retournez la tarte sur une grille (pour éviter l'affaissement du fromage blanc et pour obtenir une surface bien lisse).

6. Lorsque la tarte est froide, retournez-la dans sa position normale, et saupoudrez abondamment de sucre glace.

MON SECRET : *J'ajoute au fromage blanc des raisins de Smyrne macérés dans le kirsch.*

TARTE MERINGUÉE

360 calories

Sous un manteau de neige se cachent une pâte brisée et de fines lamelles de pommes fondantes.

Préparation : 15 minutes
Cuisson : 35 minutes

Pour 6 personnes :

1 pâte brisée pour un moule de 25 cm environ
500 g de pommes (reinettes de préférence)
50 g de sucre semoule + 50 g pour la meringue
2 blancs d'œufs
30 g de beurre

1. Allumez le four (thermostat 8).

2. Garnissez le moule de pâte et piquez celle-ci à la fourchette.

3. Pelez les pommes, coupez-les en fines lamelles et rangez-les sur la pâte, en les faisant chevaucher légèrement. (Plus il y aura de pommes, meilleure sera la tarte.)

4. Saupoudrez avec 50 grammes de sucre et ajoutez le beurre en petites noisettes sur le dessus.

5. Mettez à four chaud 30 minutes environ, en plaçant la tarte à 10 centimètres de la partie inférieure du four. (Une fois cuite, la tarte doit être caramélisée.)

6. Pendant ce temps, battez les 2 blancs en neige et mélangez délicatement avec 50 grammes de sucre. Sortez la tarte, étalez cette meringue sur le dessus et remettez à cuire quelques minutes.

7. Démoulez aussitôt cuite et servez tiède de préférence.

MON SECRET : *Je saupoudre les blancs battus étalés sur la tarte d'une pincée de cannelle avant de mettre au four.*

TARTE AUX MIRABELLES

620 calories

Sur une pâte brisée, des mirabelles cuites dans une crème.

Préparation : 15 minutes
Cuisson : 35 minutes

Pour 6 personnes :

1 pâte brisée pour un moule de 24 cm
500 g de mirabelles ou 1 boîte de mirabelles au sirop
25 g de farine
50 g de crème fraîche ou 1/2 verre de lait
50 g de sucre semoule
1 œuf

1. Allumez votre four à thermostat 7.
2. Garnissez le moule avec la pâte.
3. Lavez (ou égouttez) les mirabelles, coupez-les en deux et disposez-les régulièrement sur la pâte en mettant le côté bombé sur le dessous.
4. Dans un bol, battez à la fourchette l'œuf entier avec la farine. Ajoutez le sucre, puis le lait froid (ou la crème). Versez cette préparation sur les fruits.
5. Faites cuire à four chaud 35 minutes.
6. Servez tiède ou froid.

MON SECRET : *Ajoutez à la crème une cuillerée d'alcool de mirabelle.*

TARTE A L'ORANGE

480 calories

Sur un fond de pâte croustillante une crème fine et parfumée.

Préparation : 15 minutes
Cuisson : 35 minutes

Pour 6 personnes :

1 pâte brisée pour 6 petits moules en forme de barquette (ou 1 tourtière de 25 cm de diamètre)
1 œuf
150 g de sucre en poudre
1 orange juteuse et non traitée
70 g de beurre

1. Faites chauffer votre four (thermostat 7).
2. Beurrez les petits moules ou la tourtière. Etalez la pâte à 1/2 centimètre d'épaisseur et foncez-en les moules. (Gardez les chutes de pâte.) Piquez le fond des moules et aplatissez les bords avec la lame d'un couteau.
3. Râpez le zeste de l'orange et pressez celle-ci pour en exprimer tout le jus.
4. Dans une terrine cassez les œufs entiers et battez-les avec le sucre, le jus et le zeste de l'orange. Mettez le beurre fondre quelques instants dans le four, puis versez-le dans la préparation.
5. Versez cette crème sur la pâte.
6. Mettez à four chaud 35 minutes environ. La tarte est cuite lorsque la pâte a pris une belle couleur blond pâle. Laissez refroidir sur une grille avant de servir.

MON SECRET : *J'ajoute deux cuillerées à soupe d'eau de fleur d'oranger à la crème.*

TARTE AUX POIRES

405 calories

Des demi-poires enrobées de crème et cuites au four sur une pâte brisée.

Préparation : 10 minutes
Cuisson : 40 minutes

Pour 6 à 8 personnes :

1 pâte brisée pour un moule de 25 cm de diamètre
700 g de poires fondantes pas trop mûres
100 g de crème fraîche (1 petit pot)
50 g de sucre
1 verre à liqueur de kirsch

1. Allumez le four thermostat 7.

2. Garnissez le moule avec la pâte, que vous piquerez en plusieurs endroits pour l'empêcher de boursoufler (ou recouvrirez de haricots, ou d'un autre moule, plus petit).

3. Mettez à four chaud 10 minutes.

4. Pendant ce temps, épluchez les poires et coupez-les en deux, retirez le cœur.

5. Sortez la pâte du four et disposez dessus les demi-poires en forme de marguerite.

6. Mélangez crème, sucre et kirsch et versez sur les poires.

7. Remettez cuire à four chaud 30 minutes. Servez tiède de préférence.

MON SECRET : *Vous pouvez décorer, au moment de servir, d'un cordon de crème Chantilly.*

TARTE AUX QUETSCHES

D

320 calories

Des quetsches bien sucrées enfoncées dans une pâte levée, et cuites au four.

Préparation : 30 minutes
Repos de la pâte : 24 heures
Cuisson : 25 minutes

Pour 6 personnes :

Pour la pâte levée :
8 cuillerées à soupe de farine (125 g)
75 g de beurre
1 œuf
1 petit verre de lait tiède
5 g de levure de boulanger

1. La veille, préparez un levain en délayant la levure dans 1/2 verre de lait tiède et en la mélangeant avec 3 cuillerées à soupe de farine. Roulez cette pâte en boule, farinez le dessus et laissez lever dans un endroit tiède pendant une heure environ. Sortez le beurre pour qu'il ramollisse.

2. L'heure passée, versez 5 cuillerées à soupe de farine dans une terrine et creusez-y un trou : mettez-y le sel, le sucre, l'œuf et le restant de lait tiède. Mélangez rapidement et travaillez la pâte à la main très vigoureusement pendant 8 à 10 minutes, en la soulevant et en la laissant tomber brusquement pour l'aérer. Détaillez le beurre ramolli en petits

1 cuillerée à soupe de sucre
1 pincée de sel

Pour la garniture :
1 kg de quetsches
6 cuillerées à soupe de sucre en poudre
1 pincée de cannelle en poudre
2 cuillerées à soupe de sucre glace

morceaux et incorporez-le à la pâte. Travaillez à nouveau la pâte à la main jusqu'à ce qu'elle se décolle des doigts, puis mélangez pâte et levain. Couvrez ensuite la terrine avec un torchon propre plié en quatre et laissez lever jusqu'à ce que la pâte ait doublé de volume. Foncez-en une tourtière beurrée et mettez au réfrigérateur jusqu'au lendemain.

3. Le jour même, allumez le four thermostat 7/8, dénoyautez les quetsches et garnissez-en la tourtière. Saupoudrez avec le sucre et mettez à four chaud une demi-heure. Démoulez la tarte, saupoudrez de sucre glace et de cannelle en poudre. Servez tiède.

MON SECRET : *Je meringue parfois cette tarte. Une bonne dizaine de minutes avant la fin de la cuisson je la couvre de blancs d'œufs battus en neige très ferme et légèrement sucrés et je remets au four pour faire prendre et dorer.*

TARTE AUX QUETSCHES ET AU KIRSCH

500 calories

Avec une onctueuse crème au kirsch.

Préparation : 15 minutes
Cuisson : 45 à 50 minutes

Pour 6 personnes :

1 pâte brisée pour un moule de 25 cm
750 g de quetsches
1 œuf
125 g de sucre
50 g de farine
1/4 de litre de lait
30 g de beurre
2 cuillerées à soupe de kirsch

1. Allumez le four (thermostat 6/7).
2. Lavez et coupez les quetsches en deux. Retirez les noyaux.
3. Garnissez un moule avec la pâte, piquez le fond à la fourchette et rangez-y les demi-quetsches, le côté bombé contre la pâte.
4. Saupoudrez avec deux cuillerées à soupe de sucre.
5. Mélangez l'œuf et le restant du sucre, ajoutez la farine puis le lait et le beurre fondu. Ajoutez le kirsch, mélangez bien et versez sur les fruits.
6. Mettez à four assez chaud pour 45 ou 50 minutes. La tarte doit dorer.
7. Servez froid (et même le lendemain).

MON SECRET : *Choisir des fruits bien mûrs, à la chair fondante et sans acidité.*

TARTE AU RAISIN

350 calories

Les raisins frais sont rangés sur la pâte cuite et nappés de gelée de groseille liquorée.

Préparation : 30 minutes
Cuisson : 20 à 25 minutes

Pour 6 personnes :

1 pâte brisée pour un moule de 25 cm environ
1 kg de raisin
3 cuillerées à soupe de gelée de groseille
2 cuillerées à soupe de kirsch

1. Allumez votre four (thermostat 5/6).
2. Garnissez le moule avec la pâte, piquez-en le fond à la fourchette ou disposez dessus un autre moule plus petit ou des haricots (pour empêcher la pâte de boursoufler).
3. Mettez au four 20 à 25 minutes. La pâte doit commencer à dorer.
4. Pendant ce temps, lavez, égrenez et épépinez les fruits.
5. Dans une petite casserole, liquéfiez à feu doux la gelée de groseille en tournant avec une cuiller en bois. Hors du feu, ajoutez le kirsch.
6. Sortez la pâte cuite du four. Etalez une mince couche de gelée sur le fond de la tarte.
7. Rangez dessus les raisins et badigeonnez-les à l'aide d'un pinceau doux avec la gelée restante. Servez sans attendre, pour que la croûte n'ait pas le temps de ramollir.

MON SECRET : *Je mélange raisins blancs et noirs par moitiés ou par quartiers.*

TARTE A LA RHUBARBE

510 calories

Un petit goût acide apprécié des amateurs.

Préparation : 20 minutes
Cuisson : 35 minutes

Pour 4 personnes :

250 g de pâte brisée
750 g de tiges de rhubarbe
60 g de crème fraîche
2 œufs
40 g de farine
60 g de sucre en poudre

1. Pelez et lavez les tiges de rhubarbe. Essuyez-les et détaillez-les en tronçons de 2 à 3 centimètres.
2. Etalez la pâte au rouleau ; foncez-en une tourtière ; disposez-y les morceaux de rhubarbe.
3. Mélangez ensemble la farine, la crème, les œufs et le sucre ; nappez la rhubarbe avec cette préparation.
4. Mettez à cuire à four chaud pendant 35 minutes. Au sortir du four, saupoudrez de sucre en poudre.

MON SECRET : *Quand ce n'est plus la saison de la rhubarbe, je fais la même tarte avec le contenu d'un pot de confiture de rhubarbe.*

TARTE AU SUCRE

365 calories

Du sucre fondu dans le beurre s'étale en crème onctueuse sur une pâte brisée.

Préparation : 20 minutes
Repos de la pâte : 1 heure
Cuisson : 30 minutes

Pour 6 personnes :

350 g de pâte brisée surgelée ou faite à la maison (voir recette p. 834)
50 g de beurre
200 g de vergeoise (sucre blond) ou de sucre en poudre
quelques cuillerées de lait ou de crème fraîche
10 g de beurre pour le moule

1. Allumez le four à thermostat 7.
2. Etendez la pâte brisée au rouleau et garnissez-en une tourtière beurrée.
3. Enfournez 15 minutes et sortez la tarte.
4. Saupoudrez-la largement avec le sucre et répartissez sur le sucre le beurre en petits morceaux. Ajoutez quelques cuillerées de lait ou de crème pour humecter le sucre.
5. Remettez au four 15 minutes. En fin de cuisson, la tarte est recouverte d'une sorte de crème.
6. Servez tiède ou froid.

MON SECRET : *Dans cette recette c'est la vergeoise qu'il faut utiliser : c'est du sucre roux, de canne ou de betterave en partie raffiné.*

TARTE TATIN

630 calories

Des pommes entières caramélisées sur un fond de pâte brisée.

Préparation : 15 minutes
Cuisson : 55 minutes

Pour 6 personnes :

Pour la pâte :
200 grammes de farine
100 grammes de beurre
1 pincée de sucre
1 pincée de sel
1/3 de verre d'eau
Pour la garniture :
1 kg et demi de pommes calville

1. Mettez dans un saladier huit cuillerées à soupe de farine. 100 grammes de beurre coupé en petits morceaux, une pincée de sucre et une pincée de sel. Mélangez en pressant entre les paumes de vos mains de façon à former une pâte granuleuse. Ajoutez alors un tiers de verre à moutarde d'eau. Mélangez de nouveau, toujours avec les mains, et formez une boule de pâte. Mettez-la de côté.
2. Pelez sept grosses pommes. Coupez les fruits en deux dans le sens de la hauteur. Enlevez les cœurs et les pépins avec un petit couteau pointu.

125 grammes de beurre
125 grammes de sucre semoule
1 sachet de sucre vanillé
1/2 cuillerée à café de cannelle en poudre
1 citron

3. Allumez le four à thermostat 7/8.

4. Dans un moule rond à bords lisses de 5 à 6 centimètres de profondeur mettez 125 grammes de beurre et 125 grammes de sucre semoule. Allumez le gaz à feu fort, posez dessus le moule. Quand le sucre commence à blondir, enlevez le moule du feu et mettez dedans les demi-pommes « debouts », bien serrées les unes contre les autres. Saupoudrez-les d'un sachet de sucre vanillé. Ajoutez deux pincées de cannelle. Râpez au-dessus un peu de zeste de citron. Remettez le moule sur le gaz allumé à feu doux et laissez cuire les pommes une demi-heure.

5. Pendant ce temps, sur la table bien farinée, avec le rouleau à pâtisserie, étalez la pâte sur un demi-centimètre d'épaisseur.

6. Les pommes ayant cuit une demi-heure, elles sont tendres et légèrement caramélisées. Enlevez le moule du feu et laissez-les tiédir. Quand elles sont froides, recouvrez-les d'une couche de pâte, en évitant de la replier sur les bords extérieurs du moule. Il faut que le bord de la pâte soit à l'intérieur du moule et non à l'extérieur.

7. Mettez le moule dans le four chaud et faites cuire pendant ving-cinq minutes. Vous servirez cette tarte tiède ou froide en retournant le moule de façon que les pommes se trouvent sur le desus.

MON SECRET : *Ne démoulez pas à la sortie du four, attendez que la tarte soit tiède.*

TOASTS-DESSERT

480 calories

Une couche de confiture caramélisée.

Préparation : 5 minutes
Cuisson : 5 minutes

Pour 4 personnes :

8 tranches de pain de mie

1. Mélangez œufs, lait, sucre et sucre vanillé.

2. Trempez les tranches de pain de mie dans ce mélange.

3. Dorez-les à la poêle, au beurre, des deux côtés.

4. Dans un plat allant au four, disposez les tranches deux par deux.

8 cuillerées à soupe de confiture
1/4 de litre de lait
2 œufs
2 cuillerées à soupe de sucre
1 sachet de sucre vanillé
150 g de beurre

5. Recouvrez chaque tranche d'une cuillerée à soupe de confiture et passez sous le gril du four quelques minutes afin de faire légèrement caraméliser la confiture.
Servez chaud.

MON SECRET : *Choisir une confiture qui ne soit pas trop liquide et surtout pas une gelée de fruits. La marmelade d'abricots, par exemple, est parfaite pour cette recette.*

TOT-FAIT

290 calories

Parfumé à la mirabelle.

Préparation : 10 minutes
Cuisson : 30 minutes

Pour 4 personnes :

4 œufs
125 g de sucre en poudre
4 cuillerées à soupe de farine
1 litre de lait
1 petit verre à liqueur d'alcool de mirabelle
20 g de beurre

1. Dans une terrine, battez les œufs avec le sucre jusqu'à ce que celui-ci soit complètement fondu. Ajoutez la farine petit à petit.

2. En continuant à remuer le mélange à la spatule de bois, versez peu à peu le lait, puis l'alcool de fruit. Faites chauffer le four.

3. Beurrez un moule rond « à manqué », de 18 à 20 centimètres de diamètre. Versez la pâte dans le moule. Mettez à four chaud 30 minutes. Servez au sortir du four.

MON SECRET : *A essayer aussi avec un autre bon alcool blanc, poire ou framboise, par exemple.*

TOURTE A LA NOIX DE COCO

885 calories

Dans une pâte croustillante et dorée une crème aux saveurs exotiques.

Préparation : 25 minutes
(+ 2 heures de repos)
Cuisson : 40 minutes

Pour 6 personnes :

Pour la pâte :
350 g de farine
200 g de beurre

1. Dans une terrine, mettez la farine en formant un creux au centre.

2. Dans ce creux placez les jaunes d'œufs, le beurre ramolli, le sel, le sucre.

3. Mélangez rapidement et travaillez avec les mains.

4. Lorsque la pâte ne colle plus aux doigts, réunissez-la en boule et laissez-la reposer 2 heures.

3 jaunes d'œufs
1 pincée de sel
1 cuillerée à soupe de sucre

Pour la garniture :
250 g de noix de coco râpée
150 g de sucre en poudre
2 paquets de sucre vanillé
4 centilitres de rhum
le lait de la noix de coco ou 1 petite tasse de lait
80 g de beurre

---

5. Dans une casserole, faites chauffer en même temps le lait, le beurre, le sucre et la vanille ainsi que la noix de coco.

6. Lorsque le mélange est chaud, tournez et ajoutez le rhum.

7. Partagez la pâte en deux parties : l'une légèrement plus grosse que l'autre.

8. Etalez la partie la plus grosse au rouleau sur une table farinée et garnissez-en le fond et les bords d'un moule à manqué beurré de 25 centimètres de diamètre.

9. Versez-y la noix de coco.

10. Aplatissez au rouleau la deuxième boule de pâte et recouvrez-en le dessus du gâteau en soudant les bords de la pâte avec un peu d'eau.

11. Mettez à four doux (thermostat 5) pendant 40 minutes. Servez tiède.

MON SECRET : *Pour que le dessus de la tourte soit bien doré et brillant, je passe à la surface — avant la cuisson — un morceau de coton trempé dans du lait.*

Table des Recettes

LÉGUMES SECS 675

POMMES DE TERRE, PATES ET RIZ 695

FRUITS, ENTREMETS, SOUFFLÉS ET GLACES 743

Table des illustrations

Documents photographiques de
Christian DÉLU